LE FEDERALISME ALLEMAND FACE AU DROIT COMMUNAUTAIRE

Collection Logiques Juridiques
dirigée par Gérard MARCOU

Le droit n'est pas seulement un savoir, il est d'abord un ensemble de rapports et pratiques que l'on rencontre dans presque toutes les formes de sociétés. C'est pourquoi il a toujours donné lieu à la fois à une littérature de juristes professionnels, produisant le savoir juridique, et à une littérature sur le droit, produite par des philosophes, des sociologues ou des économistes notamment.
Parce que le domaine du droit s'étend sans cesse et rend de plus en plus souvent nécessaire le recours au savoir juridique spécialisé, même dans des matières où il n'avait jadis qu'une importance secondaire, les ouvrages juridiques à caractère professionnel ou pédagogique dominent l'édition, et ils tendent à réduire la recherche en droit à sa seule dimension positive. A l'inverse de cette tendance, la collection « Logiques juridiques » des Éditions L'Harmattan est ouverte à toutes les approches du droit. Tout en publiant aussi des ouvrages à vocation professionnelle ou pédagogique, elle se fixe avant tout pour but de contribuer à la publication et à la diffusion des recherches en droit, ainsi qu'au dialogue scientifique sur le droit. Comme son nom l'indique, elle se veut plurielle.

Xavier Volmerange

LE FEDERALISME ALLEMAND FACE AU DROIT COMMUNAUTAIRE

Cet ouvrage a été couronné par le prix spécial 1999 du G.R.A.L.E.
Groupement de Recherches sur l'Administration Locale en Europe

Préface de Gérard Marcou

Editions L'Harmattan
5-7 rue de l'Ecole Polytechnique
75005 Paris

L'Harmattan Inc.
55, rue Saint-Jacques
Montréal (Qc) - CANADA H2Y 1K9

ISBN : 2-7384-9411-0

Préface

Le livre de M. Volmerange, « Le fédéralisme allemand face au droit communautaire», est sans doute la première étude de cette ampleur consacrée à l'impact de la construction européenne sur la Constitution d'un Etat membre. Au moment où l'on débat de la réforme des institutions de l'Union européenne en vue de son élargissement, où l'on s'interroge sur la place qu'il convient de faire, et s'il convient de faire une place, aux collectivités territoriales des Etats membres dans le système communautaire, alors que le droit communautaire pénètre, à des degrés divers, toutes les branches du droit, cette question est cruciale, et c'est aussi, à la croisée des chemins, la plus difficile. Or, il est deux domaines en particulier où la confrontation du droit communautaire et de la constitution peut être conflictuelle ; c'est d'une part celui des droits fondamentaux (que l'on songe au conflit possible entre le régime de protection sociale basé sur les principes constitutionnels et la tendance de la Cour de Justice à faire de la concurrence l'*ultima ratio* de l'ordre juridique communautaire), et d'autre part celui de l'organisation des pouvoirs publics, ce qui inclut la structure unitaire ou fédérale de l'Etat et l'organisation territoriale de celui-ci. Ce dernier domaine devrait être hors d'atteinte du droit communautaire, en vertu du principe de l'autonomie institutionnelle des Etats membres au regard du droit communautaire, mais ce serait oublier la pression qu'exercent sur les institutions des Etats certaines politiques communautaires, ainsi que l'obligation pour les Etats d'assurer l'application effective du droit communautaire sur l'ensemble de leur territoire. De plus, il existe un tiers parti, celui des collectivités territoriales subnationales, qui, selon les cas, cherchent à préserver leurs prérogatives face au droit communautaire et/ou à accroître leurs marges de manœuvre et à gagner de nouveaux pouvoirs sur l'Etat en prenant appui sur les politiques communautaires. Ceci est particulièrement vrai des *Länder* qui composent la République fédérale d'Allemagne.

C'est dire que ce livre devra intéresser non seulement tous les spécialistes de l'Allemagne, mais bien au-delà de ce cercle, tous ceux qui s'interrogent sur les relations entre l'ordre juridique communautaire et les normes constitutionnelles, et par voie de conséquence sur la nature même de l'Union européenne.

Xavier Volmerange analyse l'évolution des rapports entre le système fédéral et l'intégration européenne dans le cadre de la confrontation de deux ordres juridiques, l'ordre juridique établi par la Loi fondamentale et l'ordre juridique communautaire. Or, d'une part, l'article 24 de la Loi fondamentale permet à la Fédération de transférer par la loi des « droits souveraineté à des institutions internationales », ce qui l'autorise à renoncer à sa compétence exclusive en faveur de normes juridiques d'origine externe, mais d'autre part l'organisation fédérale de l'Etat est non seulement de nature constitutionnelle, mais en outre elle ne peut être remise en cause par une révision constitutionnelle (art.79.III). Malgré cette garantie, l'intégration communautaire a provoqué une érosion du fédéralisme de deux manières. D'une part, l'article 24 permettait en fait à la Fédération de disposer des compétences des Länder au bénéfice de la Communauté européenne ; d'autre part, en présence de directives dont la transposition appartenait à la compétence des Länder, le détail de leur contenu ne laissait guère à ceux-ci de liberté, alors qu'ils n'avaient pas participé à sa détermination. On doit à la vérité de dire que l'érosion de la compétence législative des Länder a été bien davantage atteinte par la centralisation opérée par le législateur fédéral, au moyen d'une interprétation large de son pouvoir d'intervention dans les matières de compétences concurrentes, mais cette érosion est devenue plus sensible quand elle a commencé à jouer davantage en faveur de la Communauté européenne, car alors elle n'était plus corrigée par la participation des Länder, comme elle l'était par leur participation à la législation fédérale.

En présence de cette évolution il s'est produit une adaptation institutionnelle dont les Länder ont été le moteur et qui a provoqué ou influencé plusieurs révisions de la Loi fondamentale. Leur action s'est portée sur plusieurs fronts. Les Länder sont intervenus en direction de la Commission et du Parlement européen, ainsi que vers les régions des autres Etats membres en vue de gagner leur soutien, pour obtenir un droit d'accès des collectivités subnationales au processus communautaire de décision. Ces efforts ont abouti à la création du Comité des Régions, et surtout à la possibilité donnée aux Etats membres de se faire représenter au Conseil par toute personne ayant rang de ministre, ce qui permettait à des ministres des autorités fédérées d'être désignés. Ils ont tiré de l'oubli le principe de subsidiarité, au point de parvenir à le faire inscrire dans le traité relatif à la Communauté européenne, mais sans dissiper les ambiguïtés qui le caractérisent, et qui expliquent que ce principe, naïf dans sa philosophie, vague dans son contenu et incertain dans sa portée, n'ait plus joué aucun rôle en Allemagne après l'adoption de la Loi fondamentale, alors qu'il avait été évoqué dans les débats qui l'avaient précédée. Dans l'ordre interne, les Länder ont cherché à la fois à renforcer leur autonomie et à développer leur participation à la politique et à la législation fédérales. C'est sur le premier point qu'ils ont eu le moins de succès. A la faveur de l'unification avec la RDA, ils ont tenté, dès 1990, d'imposer une révision d'ensemble du système fédéral, dans le but de récupérer certaines compétences et de prévenir leur absorption à l'avenir par le pouvoir fédéral ; mais la révision constitutionnelle de 1994 ne leur donne en ce domaine que de bien modestes satisfactions. En revanche, le nouvel article 23 de la Loi fondamentale, introduit à la suite du traité de Maastricht, les associe, au travers du Bundesrat, à la détermination de la position allemande, que le gouvernement fédéral doit représenter et défendre dans les instances communautaires ; cela donne lieu à une procédure complexe qui conduit à lier plus ou moins le gouvernement fédéral à l'avis du Bundesrat selon que les intérêts des Länder sont seulement touchés, ou affectés de manière prépondérante, ou que leurs compétences exclusives sont en cause ; dans ce cas, c'est un délégué des Länder désigné par le Bundesrat qui pourra représenter l'Allemagne au Conseil. Toutefois, ce qui paraît relativement simple quand on le ramène à son principe devient d'une complexité qui laisse perplexe l'observateur quand on considère les modalités auxquelles il aboutit et que détaillent encore une loi et un accord entre le gouvernement fédéral et les Länder. Et pourtant, comme le montre Xavier Volmerange, cela ne constitue sans doute qu'une « victoire à la Pyrrhus » : si ce dispositif n'a pas provoqué de crise c'est parce qu'il oblige aussi les Länder à assumer l'objectif d'intégration européenne inscrit dans la Loi fondamentale comme un objectif de l'Etat, et parce que toutes les parties ont cherché à éviter le blocage ; mais en outre, le renforcement de la participation du Bundesrat à la politique européenne de l'Allemagne ne signifie pas que les droits des Länder en tant que tels seront mieux protégés contre la pénétration du droit communautaire.

L'auteur interprète ces évolutions à la lumière du principe de loyauté fédérale, qui trouve place à la fois dans la Loi fondamentale et dans le traité relatif à la Communauté européenne, un principe qui tire son origine de l'accord qui est à la base de tout ordre fédéral. Alors que la loyauté fédérale dans le cadre de la Loi fondamentale et la loyauté communautaire paraissaient d'abord s'opposer, la loyauté communautaire s'exerçant au détriment de la loyauté fédérale envers les Länder, les révisions de la Loi fondamentale et des traités conduisent à la longue à leur intégration. Cette intégration se réalise non seulement par les procédures déjà évoquées qui assurent une participation collective plus importante des Länder à la politique européenne de l'Allemagne, mais aussi par le renforcement de la protection de l'ordre constitutionnel allemand par la Cour constitutionnelle fédérale.

Tandis que l'article 23 de la Loi fondamentale constitutionnalise l'objectif de la construction d'une Europe unie, et même les principes auxquels devrait obéir l'Union européenne, et que l'Allemagne doit donc promouvoir, la Cour constitutionnelle fédérale a fixé également les limites constitutionnelles de l'intégration communautaire, et les contours du noyau intangible de l'ordre constitutionnel allemand. On savait depuis 1986 que la Cour constitutionnelle fédérale se réservait le pouvoir de se déclarer compétente pour assurer la protection des droits fondamentaux en cas de défaillance de la Cour de Justice des Communautés européennes, par rapport au standard de la Loi fondamentale, et qu'elle pourrait même à ce titre accueillir un recours constitutionnel contre un acte communautaire, que son arrêt pourrait ainsi rendre inapplicable en Allemagne. Les arrêts du 12 octobre 1993 à propos du traité du Maastricht, et celui du 22 mars 1995 à propos de la position adoptée par le gouvernement fédéral dans la négociation de la directive dite « Télévision sans frontières » lui ont permis de préciser sa position, à partir d'une analyse de la nature juridique de la Communauté européenne. On soulignera que la Cour constitutionnelle fédérale est la première haute juridiction d'un Etat membre à prendre position sur ce sujet. Pour la Cour, en effet, l'Union européenne est une « association d'Etats » (*Staatenverbund*), fondée sur le principe de spécialité ; il en résulte que la Cour constitutionnelle fédérale pourrait être amenée à vérifier que les actes du droit communautaire dérivé ne vont pas au-delà des droits souverains (*Hoheitsrechte*) que les institutions communautaires tiennent des traités (arrêt du 12 octobre 1993). Bien plus, la Cour affirme que la Loi fondamentale fait obligation aux institutions fédérales de « s'opposer à toute évolution à long terme par laquelle un élargissement progressif des compétences communautaires, et surtout des compétences transversales, pourrait porter atteinte aux compétences matérielles qui demeurent aux Etats, et par là même aux droits des Länder ». Dans ces deux arrêts, la Cour invoque le principe de la loyauté communautaire pour suggérer la recherche d'un équilibre entre le respect mutuel des ordres constitutionnels des Etats membres et l'intégration européenne : le principe majoritaire « trouve sa limite dans l'obligation, qui résulte de la loyauté communautaire, de prise en considération mutuelle des principes constitutionnels et des intérêts élémentaires des Etats membres » (12 octobre 1993) ; si une majorité se dégage au Conseil en faveur d'une décision portant atteinte au principe du fédéralisme, le gouvernement fédéral devrait « faire valoir le principe de considération réciproque qui découle de la loyauté communautaire » (22 mars 1995).

La Cour ne ferme pourtant pas la porte à une évolution au terme de laquelle l'Union européenne aurait une autre nature et serait dotée d'organes dont la légitimité démocratique serait équivalente à celle du régime établi par la Loi fondamentale. En deçà de ce terme, toutefois, la Cour constitutionnelle fédérale défend les droits politiques des citoyens allemands en protégeant l'ordre constitutionnel national.

On observe donc une interaction complexe entre l'ordre constitutionnel allemand et l'ordre juridique communautaire. La dynamique de l'intégration européenne a provoqué, ou plus exactement accentué et révélé, une évolution des équilibres du fédéralisme allemand, en faveur du pouvoir fédéral ; cette évolution a elle-même nourri une volonté, non seulement de préserver, mais aussi de renforcer les droits constitutionnels des Länder, qui doivent être pris en compte, en retour, par l'ordre juridique communautaire. C'est à la Cour de Justice et à la Cour constitutionnelle fédérale qu'il revient d'assurer la conciliation deux ordres juridiques.

On peut tirer de nombreux enseignements de la vaste étude de M. Volmerange, et on laissera au lecteur le soin de trouver ceux qui lui conviennent. Par rapport à bien des débats qui ont lieu en France, on voudrait en mentionner ici seulement trois, qui nous paraissent particulièrement devoir retenir l'attention. On retiendra tout d'abord, que si l'ordre constitutionnel allemand a été sensible, peut-être plus que d'autres à la pression du droit communautaire, il a aussi fait la preuve de sa capacité d'adaptation, d'autant que depuis 1990 il a dû aussi absorber le choc de l'unification. Deuxièmement, l'exemple de l'Allemagne montre que, contrairement à une idée trop facilement reçue, le régime fédéral n'est pas forcément le mieux adapté ou le plus favorable à la construction européenne ; l'autonomie des composantes peut conduire à des solutions de nature à affaiblir la position de l'Etat membre, même si, en l'espèce, l'Allemagne a su surmonter cet obstacle. Enfin, on relèvera que le Conseil constitutionnel et le Conseil d'Etat français ne sont pas isolés à soutenir que le droit communautaire ne prime pas sur la Constitution ; cette position est en fait également celle de la Cour constitutionnelle italienne et du Tribunal constitutionnel espagnol. Et pourtant, l'intégration européenne pousse à un ajustement réciproque des ordres juridiques. Le rôle des hautes juridictions, nationales et communautaire, est ici essentiel ; mais leurs jurisprudences doivent assimiler le principe de loyauté, condition de la compatibilité mutuelle des ordres juridiques. C'est la direction qui nous est indiquée par la Cour constitutionnelle fédérale ; c'est aussi celle du réalisme. Si les Etats ont besoin de l'Europe, l'Europe ne se fera pas sans les Etats ; cela passe par la prise en compte de leurs différences constitutionnelles et administratives.

Gérard Marcou
Professeur à l'Université Paris I
Panthéon-Sorbonne

Remerciements

Les remerciements sont tout d'abord adressés à nos directeurs de thèse car le rapport de confiance réciproque a grandement facilité la réflexion. Monsieur le professeur Georg Ress, de l'Université de la Sarre, a d'emblée accepté de codiriger nos recherches sans savoir si une soutenance sous le régime de cotutelle serait ou non possible. Monsieur Gérard Marcou, professeur à l'Université de Paris I, a été un codirecteur de thèse rigoureux et diligent, en même temps qu'il nous a laissé une grande latitude dans le travail de recherche.

Nous tenons également à remercier tout particulièrement Monsieur le professeur Christian Autexier, qui nous a accueilli au sein de la chaire de droit public français de l'Université de la Sarre. Ce long séjour en Allemagne nous a permis de mener à bien nos travaux de recherche. Ses conseils, remarques ou critiques ont été particulièrement précieux. Il faut en outre saluer l'énergie qu'il a déployée pour permettre une soutenance sous le régime de cotutelle.

M. Wolfgang Willenbacher (représentation du Land de Rhénanie-Palatinat à Bonn), M. Lars von Dewitz (commission du Bundesrat pour les questions européennes), Mme Heike Peltz et le Dr. Mentler (représentation du Land de Bavière à Bonn), M. Sonnenhol (ministère fédéral des affaires étrangères), M. Gazecki (ministère fédéral pour l'aménagement du territoire) nous ont accordé de longs entretiens à Bonn. L'accueil a été particulièrement chaleureux, et les informations communiquées très précieuses. Les renseignements et documents fournis par M. Bremm (ministère fédéral de l'économie) ont pu être également utilement exploités.

Le DAAD (office allemand d'échange universitaire) nous a accordé une bourse pour étudier en Allemagne et le CRAPS (Centre de recherches administratives politiques et sociales, Lille II) nous a apporté son soutien matériel dans la réalisation du travail.

Nos parents et Placide Mabaka se sont livrés à l'ingrat travail de relecture.

Enfin, Elizabeth, par ses encouragements, a également contribué à la réalisation de ce travail.

Avertissements

Sauf indication contraire, les traductions sont celles de l'auteur. Celles de la Loi fondamentale allemande (LF) sont extraites de la publication du Centre Juridique franco-allemand de l'Université de la Sarre, puisqu'il s'agit là de la version officielle (édition synoptique bilingue), 3., neubearbeitete Auflage, 1996, Christian Autexier, Jean-François Flauss, Michel Fromont, Constance Grewe, Olivier Jouanjan et Pierre Koenig.

Le mode de citation de la Loi fondamentale répond à un souci de précision. Ainsi l'article 23 V 2 LF renvoie-t-il à l'article 23, alinéa 5, phrase 2 de la Loi fondamentale puisqu'il est d'usage dans la doctrine constitutionnelle allemande d'alterner les chiffres arabes et les chiffres romains pour citer une disposition de ce texte.

L'abondance de sigles allemands peut rapidement lasser le lecteur. C'est pourtant la seule manière de lever le doute sur l'origine d'un texte car ce sigle est celui unanimement adopté en Allemagne. Aussi rappelons-nous ici quelques uns des principaux sigles fréquemment utilisés :

BVerfGE : Entscheidung des Bundesverfassungsgericht (Décision de la Cour constitutionnelle fédérale). Ce sigle est toujours suivi de deux chiffres. Le premier indique le numéro du recueil et le second celui de la page. Ainsi la décision BVerfGE 89, 155, renvoie-t-elle à la décision contenue dans le 89ème recueil à la page 155. Les décisions de la Cour constitutionnelle sont traditionnellement citées sans autre référence de nom ou de date. Lorsque ces décisions sont particulièrement célèbres, nous les mentionnons en outre par le nom attribué par la doctrine et précisons la date : Solange I et II, Vielleicht, Maastricht, etc...

BGBl. :Bundesgesetzblatt, Journal officiel de la République fédérale d'Allemagne .

EUZBLG : Gesetz über die Zusammenarbeit von Bund und Ländern in Angelegenheiten der Europäischen Union : loi sur la coopération de la Fédération et des Länder dans les affaires de l'Union européenne du 12 mars 1993.

EUZBBG : Gesetz über die Zusammenarbeit von Bundesregierung und Deuschem Bundestag in Angelegenheiten der Europäischen Union : loi sur la coopération du gouvernement fédéral et du Bundestag allemand dans les affaires de l'Union européenne du 12 mars 1993.

GOBR : Geschäftsordnung des Bundesrates, règlement intérieur du Bundesrat.

On retrouvera l'ensemble des abréviations dans la liste de la page suivante.

Les articles des Traités communautaires sont cités par deux chiffres différents en raison de la nouvelle numérotation entrée en vigueur avec le Traité d'Amsterdam. L'article 92 (87) CE renvoie à l'article 92 de l'ancienne numérotation et à l'article 87 de la numérotation actuelle du Traité CE. Il en va de même pour les autres Traités communautaires.

On trouvera enfin en annexe des extraits des principales décisions de la Cour constitutionnelle fédérale et les textes législatifs (in extenso) relatifs au droit communautaire.

Liste des principales abréviations

AEAP.......Annuaire européen d'administration publique
Aff. ....Affaire
AfP...........Archiv für Presserecht
AIJC.........Annuaire international de justice constitutionnelle
AJDA.......Actualité juridique - droit administratif
AöR ....Archiv des öffentlichen Rechts
APZ..........Aus Politik und Zeitgeschichte
AUE.........Acte unique européen
BayVBl. Bayerische Verwaltungsblätter
BB............Betriebsberater
Bd ....Band
BFH ....Bundesfinanzhof
BEI...........Banque européenne d'investissement
BGBl........Bundesgesetzblatt
BK ....Kommentar zum Grundgesetz (Bonner Kommentar)
BR............Bundesrat
B.R.D.......Bundesrepublik Deutschland
BT............Bundestag
BVerfG ....Bundesverfassungsgericht
BVerfGE..Entscheidung des Bundesverfassungsgerichts, amtliche Sammlung
BVerfGG..Gesetz über das Bundesverfassungsgericht
BVerwGE Entscheidung des Bundesverwaltungsgerichts, amtliche Sammlung
CCA.........Cadre communautaire d'appui
CCF ....Cour constitutionnelle fédérale
CDU.........Christlich-Demokratische Union
CE............Communauté européenne
CECA ......Communauté européenne du charbon et de l'acier
CEE ....Communauté économique européenne
CJCE........Cour de justice des communautés européennes
COREPER Comité des représentants permanents
CSU ....Christlich-Soziale Union
DÖD ....Der Öffentliche Dienst
DÖV ....Die Öffentliche Verwaltung
DRiZ........Deutsche Richterzeitung
Drucks. ....Drucksache
DV ....Deutsche Verwaltung
DVBl ....Deutsches Verwaltungsblatt
EA............Europa-Archiv
EEA ....Einheitliche Europäische Akte
EG............Europäische Gemeinschaft (en)
EIB...........Europäische Investitionsbank
EP ....Europäisches Parlament
EU............Europäische Union
EuGH.......Gerichtshof der Europäischen Gemeinschaften
EuGRZ.....Europäische Grundrechte Zeitschrift
EuR..........Europarecht (Zeitschrift)
EUZBBG.Gesetz über die Zusammenarbeit von Bundesregierung und Deuschem Bundestag in Angelegenheiten der Europäischen Union vom 12 März 1993
EUZBLG..Gesetz über die Zusammenarbeit von Bund und Ländern in Angelegenheiten der Europäischen Union vom 12 März 1993
EuZW ......Europäische Zeitschrift für Wirtschaftsrecht
EWG........Europäische Wirtschaftsgemeinschaft
FAG ....Finanzausgleichgesetz
FAZ..........Franfurter Allgemeine Zeitung
FEDER ....Fonds européen de développement régional
FEOGA Fonds européen d'orientation et de garantie agricole
FS.............Festschrift
FSE..........Fonds social européen
GFK ....Gemeinschaftliches Förderkonzept
GG ....Grundgesetz
GO ....Geschäftsordnung
GRW........Gemeinschaftaufgabe Regionale Wirtschaftsstruktur
HA ....Hauptausschuß
HandelsBl. Handelsblatt
HdbStR ....Handbuch des Staatsrechts der Bundesrepublik Deutschland, *Josef Isensee und Paul Kirchhof (Hrsg),* , Band I- VIII, Heidelberg 1987-1997, C.F. Müller Juristischer Verlag,.
Hrsg. ....Herausgeber

JOCE ....Journal officiel des Communautés européennes

JöR...........Jahrbuch des öffentlichen Rechts

JOCE ....Journal officiel des Communautés européennes

JuS ....Juristische Schulung

JZ.............Juristischenzeitung

Komm ......Kommentar

LF ....Loi fondamentale

NJ ....Neue Justiz

NJW.........Neue Juristische Wochenschrift

NWVBl.Nordrhein-Westfälische Verwaltungsblätter

NVwZ......Neue Zeitschrift für Verwaltungsrecht

PUF..........Presse universitaire de France

RBDC......Revue belge de droit constitutionnel

RDP ....Revue de droit public

Rec...........Recueil

RFAP ....revue française d'administration publique

RFDA ......Revue française de droit administratif

RFDC.......Revue française de droit constitutionnel

RFSP........Revue française de science politique

RGDIP .....Revue générale de droit international public

RIW ....Recht der Internationalen Wirtschaft

RMCUE...Revue du Marché commun et de l'Union européenne

RRJ ....Revue de la recherche juridique

Rs.............Rechtsache

RTDE........Revue trimestrielle de droit européen

RUDH......Revue universelle des droits de l'Homme

Slg............Sammlung

SPD..........Sozialdemokratische Partei Deutschlands

Sten. Ber ..Stenographischer Bericht

SZ ....Süddeutsche Zeitung

T.U.E ....Traité sur l'Union européenne

TVA ....Taxe sur la valeur ajoutée

VR ....Verwaltungsrundschau

VerwArch Verwaltungs-Archiv

VVDtStRL. Veröffentlichungen der Vereinigung der Deutschen Staatsrechtslehrer

VwGO......Verwaltungsgerichtsordnung

VwVfG ....Verwaltungsverfahrengesetz

WP ....Wahlperiode

ZaöRV .....Zeitschrift für auslandisches Recht und Völkerrecht

ZfRV........Zeitschrift für Rechtsvergleichung

ZG............Zeitschrift für Gesetzgebung

ZParl ....Zeitschrift für Parlamentsfragen

ZRP..........Zeitschrift für Rechtspolitik

Sommaire

Introduction

Le fédéralisme allemand constitue l'un des éléments essentiels de la Loi fondamentale, inaccessible au pouvoir de révision de la Constitution car il confère à celle-ci son identité profonde. Le principe fédéral fait donc l'objet d'une protection particulière, précisée à l'article 79 III LF :

« Toute modification de la présente Loi fondamentale qui toucherait à l'organisation de la Fédération en Länder, au principe du concours des Länder à la législation ou aux principes énoncés aux articles 1 et 20, est interdite ».

Ce principe fédéral est également affirmé à l'article 20 I LF :

« La République fédérale d'Allemagne est un Etat fédéral, démocratique et social ».

L'origine d'une telle protection doit être recherchée dans la volonté du Constituant de 1949 de ne pas permettre des atteintes à la Constitution d'une nature comparable à celles que la Constitution de Weimar avait connues par les lois dites d'habilitation des 24 mars 1933 et 30 janvier 1934, qui permettaient une confusion des pouvoirs au profit du gouvernement puisque celui-ci pouvait même créer de nouvelles normes de droit constitutionnel[1].

Mais l'évolution continue du régime allemand vers un système toujours plus unitaire pouvait faire douter de la capacité et de la volonté du juge de Karlsruhe de défendre les compétences législatives exclusives des Länder. La dérive vers un Etat plus unitaire s'explique notamment par le rôle social de l'Etat. Celui-ci vise à rapprocher les conditions de vie différentes sur l'ensemble du territoire et tend donc à traiter tous les Länder sur un pied d'égalité en unifiant la législation au niveau fédéral.

La Cour constitutionnelle aurait pu considérer qu'elle remplissait sa mission de gardienne de la Constitution en veillant simplement au respect de l'organisation de la Fédération en Länder et au principe du concours de la législation des Länder à la législation fédérale. Ces deux exigences posées par l'article 79 III LF n'ont en effet jamais été remises en cause. Dans la Loi fondamentale , il n'est en outre jamais question des compétences législatives exclusives des Länder.

Le rôle du juge constitutionnel dans la défense des compétences législatives exclusives des Länder était donc une question vitale pour eux car l'évolution du régime vers un système plus unitaire allait trouver un prolongement à travers la pression de plus en plus forte du droit communautaire. La Cour de justice a en effet affirmé la primauté absolue et sans condition du droit communautaire[2].

On constate ici le même phénomène dans le système fédéral allemand et dans le système communautaire. Le droit communautaire vise finalement à instaurer une libre concurrence sur l'ensemble du territoire des quinze pays membres, ce qui a également pour corollaire l'harmonisation des conditions de vies. Par conséquent les tendances unitaires, sans même parler des mesures communautaires spécifiques visant à rapprocher les législations des Etats membres, sont immanentes à l'action de la Communauté : lorsqu'une norme communautaire entre en vigueur, elle est destinée à produire les mêmes effets dans l'ensemble des pays membres. Du point de vue communautaire, il importe peu que cette norme entre en conflit avec d'éventuelles entités infra-étatiques. C'est également le cas lorsqu'il s'agit d'une directive et que, par conséquent, le choix de la forme et des moyens pour la transposer est laissé aux instances nationales. Cela signifie que la compétence pour la transposition peut revenir aux Länder mais le contenu de la directive lie toujours l'Etat membre. Cette marge de manœuvre permet en fait d'assurer un caractère plus unitaire au droit communautaire en

---

[1] *Cf. Olivier Jouanjan,* Annuaire international de justice constitutionnelle, 1994, p. 229-244 (231-232).

[2] *Cf. infra.* p. 51.

garantissant l'efficacité maximale de la directive, et ne permet pas de préserver les compétences des Länder.

La jurisprudence du juge communautaire signifie que le droit national doit toujours s'effacer devant la norme communautaire, même s'il s'agit d'une règle de droit constitutionnel (donc placée au sommet de la hiérarchie des normes dans l'ordre juridique interne) et même si cette règle fait partie des éléments inaccessibles au pouvoir de révision de la Constitution. On aboutit donc à un paradoxe puisque ce qui est interdit au pouvoir constituant dérivé serait permis au pouvoir législatif communautaire.

Ce paradoxe semblait renforcé par la façon dont les pouvoirs de souveraineté de la République fédérale d'Allemagne pouvaient être transférés à des institutions internationales. Jusqu'à la révision constitutionnelle du 21 décembre 1992, l'article 24 LF a en effet servi de vecteur aux transferts de droits de souveraineté au profit des institutions communautaires. Cet article énonce de manière laconique :

> « La Fédération peut transférer, par voie législative, des droits de souveraineté à des institutions internationales ».

Aucune condition formelle, matérielle ou procédurale ne semblait donc s'opposer à des transferts de droits de souveraineté au profit des institutions communautaires.

La conjonction de ces facteurs faisait planer de lourdes menaces sur le fédéralisme allemand : la Cour constitutionnelle ne semblait pas disposée à défendre les droits des Länder face aux extensions des compétences fédérales et quand bien même cela eût été sa volonté, il n'était pas assuré qu'elle eût les moyens de la défendre. Ces doutes ont été levés par la jurisprudence constitutionnelle. La Cour a tout d'abord affirmé que

> « Les Länder dans la Fédération ne constituent encore des Etats que s'il leur reste de façon indisponible un noyau de compétences matérielles propres ».

Cette jurisprudence tend à montrer que la seule participation des Länder à la législation fédérale n'est pas suffisante dans le cadre d'un régime fédéral. Fédéralisme, autonomie et participation sont des termes étroitement liés dans la théorie juridique du fédéralisme depuis *Georges Scelle* :

> (...) il n'y a vraiment fédéralisme que si les collectivités associées participent par leurs représentants à la constitution de ces organes fédéraux et à l'élaboration de leurs décisions[3] ».

Le principe d'autonomie se manifeste au contraire par le caractère étatique des entités fédérées. C'est ainsi qu'elles disposent notamment d'une constitution et de compétences législatives exclusives.

Il existe donc une étroite corrélation inversement proportionnelle entre ces deux grands principes. Lorsqu'un système institutionnel est fondé sur l'autonomie, la participation des entités fédérées est faible, en revanche une forte participation des Etats fédérés se traduit par un faible degré d'autonomie. Quel que soit le degré d'autonomie ou de participation, ces deux principes sont toujours présents. Dans le cas contraire, il ne s'agit plus d'une structure de type fédéral. Une autonomie sans participation conduirait ainsi à la création d'un nouvel Etat à côté de l'ancienne structure fédérale alors qu'une participation sans autonomie (système vers lequel la République fédérale d'Allemagne semblait s'orienter) conduirait, dans le meilleur des cas, à une forme de décentralisation dans le cadre d'un Etat unitaire.

---

[3] A contrario, *Georges Scelle* étudie l'hypothèse dans laquelle cette caractéristique n'existe pas : «A défaut de cette participation (...) il y aurait "droit de subordination" et non "droit de collaboration" et c'est la collaboration qui est la caractéristique du Droit fédéral, qui distingue le fédéralisme de la vassalité, de la tutelle, de la colonisation». *Georges Scelle*, Manuel de droit international public, Domat Montchrestien, 1948, 1008 p. (256-257).

La Cour constitutionnelle fédérale a ensuite précisé que les transferts de droits de souveraineté à des institutions internationales étaient soumises aux limites de la Loi fondamentale, ce qui inclut les limites imposées au pouvoir de révision de la Constitution, c'est-à-dire non seulement les droits fondamentaux mais aussi le fédéralisme. Or cette jurisprudence heurte le principe de primauté du droit communautaire, posé par la Cour de justice.

L'étude du fédéralisme allemand face au droit communautaire ne se résume pas à la résolution d'une simple équation arithmétique, fût-elle à plusieurs inconnues, mais plutôt à un calcul de forces, propre à la science physique. Ce type de calcul permet en effet de déterminer les causes capables de déformer un corps ainsi que de modifier ou de produire son mouvement lors d'une collision. Cela revient donc à mesurer l'impact du droit communautaire sur la structure fédérale de la Loi fondamentale. Le recours à des images empruntées à la science physique et aux sciences naturelles permet de mieux faire comprendre la collision entre les deux ordres juridiques.

S'agissant d'un système à trois dimensions, le calcul vectoriel, c'est-à-dire le calcul de force, doit intervenir dans l'espace et non dans le plan puisque se conjuguent les intérêts des Länder, de la Fédération et de l'Union européenne.

Ce calcul vectoriel peut comporter plusieurs niveaux de difficultés. Le modèle le plus simple est celui où deux corps indéformables entrent en collision. L'énergie du mobile en mouvement est alors intégralement transmise au mobile fixe (dans un système où les frottements n'existent pas). La mécanique entre le droit communautaire et la Loi fondamentale correspond au contraire à un modèle présentant un degré de difficulté très élevé. Une telle construction constitue en effet une "complication terrible"(eine heillose Komplikation), comme le faisait remarquer *Hans Kelsen* en 1927 lorsqu'il étudiait l'annexion (pacifique !) de l'Autriche au Reich allemand[4]. Il s'agissait alors de l'intégration d'un Etat fédéral dans un Etat fédéral mais les constatations de *Hans Kelsen* peuvent être transposées *mutatis mutandis* à l'Union européenne et à la RFA, bien que l'Europe ne constitue pas un Etat fédéral.

"Complication terrible", parce que l'on est en présence de deux corps en mouvement, autonomes l'un par rapport à l'autre et qui suivent, dans un premier temps du moins, une trajectoire indépendante. Cette autonomie du droit communautaire a tout d'abord été affirmée par la Cour de justice[5] puis par la Cour constitutionnelle allemande[6]. Mais les juges n'en font pas découler les mêmes conséquences : pour le juge de Luxembourg, l'autonomie fonde la primauté du droit communautaire. Le juge de Karlsruhe accepte en revanche de faire prévaloir le droit communautaire, uniquement lorsque celui-ci n'est pas susceptible de porter atteinte aux éléments qui confèrent à la Loi fondamentale son identité. Dans les autres cas, c'est le droit national qui doit primer.

Concernant le droit communautaire, le déplacement est inscrit dans sa nature même. Pour subsister, le droit communautaire doit rester en mouvement, de la même façon qu'une bicyclette doit rouler pour se maintenir en équilibre[7] car le droit communautaire fonde une

---

[4] *Hans Kelsen*, Die staatsrechtliche Durchführung des Anschlusses Österreichs an das Deutsche Reich, Zeitschrift für öffentliches Recht, 1927, p. 329-352 (331).

[5] « Le traité de la CEE a institué un ordre juridique propre » CJCE 1964/07/15, Costa/ENEL, Aff. 6/64, Rec. p. 1141.

[6] « Le droit communautaire et le droit interne des Etats membres sont deux ordres juridiques internes distincts et différents, le droit créé par le Traité CEE est issu d'une "source autonome"», BVerfGE 22, 293 (296), trad. in: RTDE 1968 p. 203-206 (204).

[7] *Josef Isensee*, Integrationsziel Europastaat ?, in FS Ulrich Everling, 567-592 (568).

Union sans cesse plus étroite entre les peuples de l'Europe, comme le précise l'article A (1) TUE. Certains mécanismes du droit communautaire visent justement à maintenir l'Union européenne en équilibre comme, par exemple, le principe de l'acquis communautaire selon lequel il n'est plus possible de revenir sur les progrès juridiques déjà réalisés. Il y a ici un effet cliquet. Le mouvement du droit communautaire se justifie en lui même, sans qu'il soit besoin de préciser le but à atteindre. C'est ce que la Cour constitutionnelle souligne dans son arrêt du 12 octobre 1993 à propos du Traité de Maastricht en citant l'ancien président de la Commission européenne :

«Si l'étiquette d'"Union' européenne" contient peut-être, dans le désir d'une poursuite de l'intégration, une indication quant au stade final d'un processus d'intégration européenne après de nouvelles modifications des traités, cette question reste en définitive ouverte dans l'objectif visé (*Delors,* Entwicklungsperpektiven der Europäischen Gemeinschaften, dans : Aus Politik und Zeitgeschichte1/93, p. 3 [4])»[8].

Le droit allemand est, lui aussi, animé d'un mouvement propre, indépendant de l'influence du droit communautaire, et qui a conduit à un renforcement des compétences fédérales depuis 1949[9].

"Complication terrible" encore, parce que dans cette collision entre deux ordres juridiques, les réactions vont être multiples et correspondent aux lois de la physique. Lorsque deux mobiles entrent en collision, il se produit un dégagement d'énergie. Dans le cadre du fédéralisme allemand et de l'intégration européenne, cette énergie est partiellement absorbée par les deux ordres juridiques, dans la mesure où chacun d'entre eux va intégrer des éléments, qui du droit communautaire, qui du droit allemand. Cela va entraîner en même temps des réactions en chaînes et des ajustements car chaque ordre va s'adapter aux effets de l'autre ordre juridique, comme le montre l'exemple des jurisprudences constitutionnelle et communautaire sur la protection des droits fondamentaux.

La Loi fondamentale repose essentiellement sur la protection des droits fondamentaux, à la différence de l'ordre juridique communautaire. Par conséquent, le juge constitutionnel a toujours gardé une compétence de réserve vis-à-vis du juge communautaire, qui lui permet en toute circonstance d'exercer son contrôle sur la protection des droits fondamentaux, telle qu'elle est assurée par les articles 1 à 19 LF. De son côté, le juge communautaire a développé une jurisprudence favorable aux droits fondamentaux pour justement s'adapter aux exigences de l'ordre juridique allemand. En retour, le juge constitutionnel a donc accepté d'abaisser sa garde dans certaines circonstances et a reconnu le juge communautaire en tant que juge légal au sens de l'article 101 I 2 LF. Mais pour continuer à justifier son contrôle dans le cadre d'un ordre communautaire de plus en plus soucieux de garantir un niveau élevé de protection des droits sans toutefois égaler le niveau de protection garanti en Allemagne, le juge constitutionnel a défini sa relation avec le juge communautaire dans le cadre d'un " rapport de coopération ". Le juge communautaire a donc su faire évoluer sa jurisprudence pour ne plus être confronté directement au juge constitutionnel et celui-ci a pris en compte cette évolution dans sa jurisprudence en gardant toutefois une compétence subsidiaire, qui lui permet de garantir les principes structurants de la Loi fondamentale.

---

[8] BVerfGE 89, 155 [189] II 1.a.

[9] Voir notamment *Konrad Hesse*, Der unitarische Bundestaat, Verlag C.F. Müller, Karlsruhe, 1962, 34 p. ; *Michel Fromont*, L'évolution du fédéralisme allemand depuis 1949, in : Mélanges Burdeau, L.G.D.J. 1977, p. 660-679 ; *Stéphane Rials,* Destin du fédéralisme, LGDJ 1986, 78 p. (27-51) ; *Elisabeth Zoller,* Droit constitutionnel, PUF, Collection droit fondamental, 1998, 629 p. (379). On reviendra plus en détail par la suite sur cette évolution du fédéralisme allemand dans les développements.

Les éléments structurants de la Loi fondamentale et des traités communautaires constituent des coques indéformables qui ne peuvent aucunement s'adapter à l'autre ordre juridique. On touche ici les limites de l'intégration. L'énergie résiduelle du choc entre les deux ordres juridiques va donc apparaître dans la jurisprudence de la Cour de justice et celle de la Cour constitutionnelle fédérale. Les juges vont donc jouer ici le rôle de sismographes car ils révèlent l'incompatibilité entre les deux ordres et mesurent les secousses qui se produisent.

La rencontre de l'ordre juridique communautaire avec l'ordre juridique allemand va laisser une empreinte sur ce dernier : il va s'agir du point d'application de la collision, qui va être perceptible directement sur les éléments structurants de la Loi fondamentale en raison du caractère ouvert de celle-ci. L'influence du droit communautaire est directement perceptible sur le noyau identitaire de la Loi fondamentale, résumé à l'article 79 III LF.

Le point d'application du droit communautaire sur l'ordre juridique allemand n'est pas resté immuable. Il a tout d'abord été constitué par les droits fondamentaux, à travers une série de jurisprudences de la Cour constitutionnelle à partir de 1967. Il a porté ensuite sur le caractère étatique de la République fédérale, mis en évidence à l'occasion de l'arrêt du 12 octobre 1993 des juges de Karlsruhe[10]. L'ordre constitutionnel allemand est composé de plusieurs strates, qui apparaissent au fur et à mesure de l'intégration progressive du droit communautaire. La souveraineté de l'Allemagne constitue la couche la plus profonde du régime fondé par la Loi fondamentale mais elle n'est pas venue se substituer à la protection des droits fondamentaux dans la confrontation entre les deux ordres juridiques. La jurisprudence de la Cour constitutionnelle la plus récente à propos de l'organisation du marché des bananes est à nouveau axée sur la protection des droits fondamentaux des importateurs allemands, ce qui montre que cette caractéristique du droit allemand constitue toujours une position fermement défendue par le juge allemand et que celui-ci n'est pas disposé à abandonner ce type de contrôle au juge communautaire.

Sans connaître de revirement à 180 degrés, la direction du droit communautaire a également connu certaines variations. Tout d'abord étranger aux droits des entités infra-étatiques, le droit communautaire les a peu à peu intégrés dans son mécanisme décisionnel. Cette évolution a eu notamment lieu sous la pression des Länder allemands qui, en raison de circonstances politiques internes à partir du milieu des années quatre-vingts, étaient en mesure de s'opposer à une intégration européenne plus poussée. On mesure ici une nouvelle fois l'interaction entre les deux ordres juridiques : le nouvel article 146 (203) CE permet aux Länder d'être représentés au sein du Conseil de la Communauté, qui constitue le véritable organe législatif. La Loi fondamentale a pris en compte cette évolution du droit communautaire par l'importante révision constitutionnelle du 21 décembre 1992[11].

L'ampleur, enfin, de la force du droit communautaire sur l'ordre juridique allemand est déterminée par la jurisprudence de la Cour de justice. Car comme le faisait remarquer *Hallstein*, alors président de la Commission européenne, la seule arme de la Communauté, c'est le droit qu'elle fixe et seule la CJCE est en mesure de le faire respecter[12]. Le conflit qui oppose la CJCE à la Cour constitutionnelle allemande à propos de la primauté du droit communautaire montre comment celle-là n'a non seulement jamais dévié de la position qu'elle avait prise dès les premières années de la Communauté économique européenne

---

[10] *Christian Autexier*, Introduction au droit public allemand, PUF 1997, p. 163.

[11] BGBl. I, p. 2086.

[12] Intervention dans le débat juridique sur le rapport Dehousse, session de juin 1965 du PE reproduit in: RTDE 1965, p. 247-254 (250).

mais encore qu'elle l'a toujours renforcée au fur et à mesure de sa jurisprudence. La primauté communautaire fait partie des éléments structurants de l'ordre juridique fondé à Rome en 1957, au même titre que le sont les droits fondamentaux pour la Loi fondamentale. Il n'est donc guère étonnant d'avoir vu les juges communautaires et allemands s'affronter lorsque ces deux principes sont contradictoires.

Il va donc falloir construire et analyser le polygone des forces qui s'appliquent entre l'Union européenne, le gouvernement fédéral et les Länder. Cette tâche est toutefois facilitée par l'existence d'un principe commun au fédéralisme allemand et au droit communautaire : la Bundestreue. Ce principe est particulièrement difficile à traduire en français. Il est tantôt rendu par le terme de fidélité, tantôt par celui de loyauté mais ces deux termes se complètent mutuellement car ce principe traduit la volonté de tous les acteurs institutionnels de vivre en bonne intelligence et de ne rien faire qui puisse porter atteinte de manière irrémédiable aux intérêts de l'Union européenne, des Etats membres ou des Länder.

Si la loyauté est propre à tous les régimes fédéraux, elle a été particulièrement théorisée par la doctrine allemande[13]. *Rudolf Smend* est généralement considéré comme le père de la loyauté fédérale, ce qui peut sembler excessif dans la mesure où on en trouve des manifestations à l'époque du Saint Empire Romain germanique[14]. En fait, le principe est sans doute aussi vieux que le fédéralisme lui-même car les deux principes sont consubstantiels. Ils ont même une étymologie commune (fœdus, fides)[15]. *Rudolf Smend* a cependant été le premier à théoriser et systématiser la nature des relations entre les différentes entités de l'Empire allemand en les fondant sur un principe constitutionnel non-écrit.

Dans les dernières années de l'Empire allemand, il tente de mettre en évidence les multiples liens qui existent entre ses différents composants, qui ne se déclinent pas uniquement sur le mode dominé/dominant, ce qui était alors la grille d'interprétation retenue par la doctrine[16] :

> « L'Empire et les Etats membres ne sont pas uniquement placés dans une relation de subordination et de supériorité qui devrait être déduite de la Constitution de l'Empire (...), mais aussi dans une relation de Fédération à alliés (Verhältnis des Bundes zu den Verbündeten) ; c'est-à-dire que chaque allié est redevable envers les autres et envers l'ensemble, de la loyauté fédérale en tant que partie contractante (schuldet die Bundes-, die "Vertrags"-Treue), il doit remplir les devoirs qui lui incombent et exercer ses droits selon la Constitution de l'Empire »[17].

Cette nouvelle vision des relations entre les Etats fédérés et l'Etat central est en fait une passerelle lancée entre le passé et le présent, entre un rapport fondé sur l'assujettissement et l'égalité, comme celle-ci prévaut en droit international public :

> « (Les devoirs des Etats membres vis-à-vis de l'Empire) doivent être remplis et revendiqués dans un esprit d'accomplissement d'alliance (im Geist der Bündniserfüllung) et revendiqués dans le

[13] « (elle) représente un des instruments-clés de la doctrine constitutionnelle allemande dans l'effort entrepris par elle pour influencer de manière constructive la solution des problèmes concrets posés par la réalité quotidienne de l'ordre constitutionnel allemand », *H.A. Schwarz-Liebermann von Wahlendorf,* Une notion capitale du droit constitutionnel allemand: la Bundestreue (fidélité fédérale), RDP 1979, p. 769-792 (769). Sur la notion, on pourra se reporter à l'ouvrage suivant : *Hartmut Bauer,* Die Bundestreue, Tübingen, Mohr 1992, 431 p.

[14] *Hartmut Bauer, op.cit ;* p. 30

[15] *Bernard Voyenne,* Histoire de l'idée fédéraliste, les sources, Presses d'Europe, 1976, 317 p. (27).

[16] Voir par exemple *Paul Laband,* Das Staatsrecht des Deutschen Reiches, Band 1, 5. Aufl., Tübingen 1911, p. 102 ; *Heinrich Triepel,* Die Reichaufsicht : Untersuchungen zum Staatsrecht des Deutschen Reiches, Berlin, Springer 1917, 734 p. (451).

[17] *Rudolf Smend,* Ungeschriebenes Verfassungsrecht im monarchischen Bundesstaat, in : Festgabe für Otto Mayer, J.C.B. Mohr, Tübingen 1916, p. 245-270, réimp. in : Staatsrechtliche Abhandlungen, Duncker & Humblot, Berlin 1955, 39-59 (51).

style diplomatique du droit des gens. Il en va naturellement de même des devoirs de l'Empire envers les Etats membres »[18].

Il prenait ainsi le contre-pied de la doctrine dominante, corsetée dans son positivisme juridique, et qui voyait encore dans la Constitution le moyen pour chaque Etat de défendre ses droits. Ainsi selon, *Paul Laband*, le fait pour les Etats membres de donner des instructions à ses représentants dans l'intérêt de l'ensemble de l'Empire constituait "un devoir patriotique" et une "nécessité politique" mais ne les empêchait pas de "garder à l'esprit leurs propres intérêts particuliers et égoïstes"[19].

Dans le meilleur des cas, le principe était reconnu mais ses effets juridiques étaient alors niés. Selon *Gerhard Anschütz*, il n'était pas possible de voir dans la loyauté fédérale un droit coutumier puisque la conviction juridique, condition *sine qua non* pour qu'une coutume produise des effets juridiques, faisait défaut. Il s'agissait donc tout au plus d'éthique et de politique mais en aucun cas de droit public. Une atteinte au principe ne pouvait donc pas constituer une entorse au droit et encore moins à la Constitution[20]. *Triepel* accueille plus favorablement la notion en reconnaissant qu'il existe, à côté des intérêts du Reich, d'autres devoirs des Etats membres, qui seraient un droit constitutionnel non-écrit et qui formeraient d'autres intérêts communs reconnus par la Constitution (andere von der Reichverfassung anerkannte Gemeininteresse)[21].

La doctrine était donc plutôt réservée sur la notion de loyauté fédérale, d'autant plus que ce principe avait pour cadre un Etat fédéral monarchique, ce qui explique en même temps les difficultés pour le transposer dans un Etat fédéral parlementaire et moderne[22]. Selon *Rudolf Smend*, la loyauté fédérale était le prolongement de l'origine conventionnelle (Vertragstreue) de la Constitution, c'est-à-dire le prolongement des pactes et accords passés entre les différents souverains pour fonder un Etat fédéral. Le recours au peuple, en tant que pouvoir constituant originaire, pour fonder la République de Weimar, faisait donc disparaître le lien matériel (plus ou moins fictif d'ailleurs) qui pouvait exister entre les différents composants de l'Etat[23] alors même que la notion n'avait pas encore eu le temps de s'affirmer sous l'Empire. C'est la question de l'incompatibilité éventuelle entre fédéralisme et régime parlementaire qui est ici soulevée.

La loyauté fédérale a, selon *Rudolf Smend*, nécessairement un caractère non écrit.

> «La mesure avec laquelle l'Empire doit informer les Etats membres, voire prendre en considération leur avis divergent et trouver un arrangement, ne peut pas être fixée dans une phrase vague, sans risquer nécessairement des malentendus et des interprétations divergentes. (...) Il en va de même pour la détermination des devoirs envers les Etats membres. La mesure dans laquelle les Etats membres peuvent agir dans le domaine des affaires étrangères sans dépasser la " haute politique " réservée à l'Empire (...) ne pourrait pratiquement pas être exprimée dans un article constitutionnel ; et si tel était le cas, la tournure extrêmement minutieuse et alambiquée (sorgfältigste und bestüberlegte Fassung) serait dans le cas d'espèce plus dommageable qu'utile, alors que le principe général de loyauté est suffisamment flexible pour trouver une réponse adéquate dans l'esprit et dans les détails en toutes circonstances à de telles questions »[24].

---

[18] *Rudolf Smend, op. cit.* p. 56.

[19] *Paul Laband*, Das Staatsrecht des Deutschen Reiches, Band 1, 5. Aufl., Tübingen 1911, p. 246.

[20] *Georg Meyer, Gerhard Anschütz*, Lehrbuch des Deutschen Staatsrechts, 7. Aufl., München, 1919, p. 697-698.

[21] *Heinrich Triepel*, Die Reichaufsicht : Untersuchungen zum Staatsrecht des Deutschen Reiches. Berlin, Springer 1917. 734 p. (451).

[22] Les réserves formulées par la doctrine se sont prolongées jusque sous le régime fondé par la Loi fondamentale, *Cf. Konrad Hesse, op. cit.* p. 8-9.

[23] *Hartmut Bauer, op. cit.*, p. 68

[24] Rudolf Smend, op. cit., p.55-56.

Rudolf Smend lui-même était conscient des dangers qui pourraient résulter d'une utilisation incontrôlée d'un principe non-écrit et souligne les graves objections constitutionnelles (schweren verfassungsmäßigen Bedenken) qui pourraient être avancées à l'encontre du principe qu'il avait mis en évidence[25]. Cependant, même une norme de droit écrite est sujette à diverses interprétations. C'est donc ici plutôt le problème de l'organisation d'un contrôle de constitutionnalité qui est soulevé[26]. Sous la République de Weimar[27], comme sous la République de Bonn, le rôle du juge sera effectivement décisif pour la reconnaissance du principe de loyauté fédérale en tant que principe du droit constitutionnel allemand.

Sous la République de Weimar, la notion de loyauté fédérale s'affirme peu à peu sans toutefois que la Cour d'Etat n'emploie le terme, n'utilise les travaux de la doctrine sur le sujet, ni ne développe la logique du principe jusqu'à son terme. Elle n'élabore pas une théorie de la fédération dans laquelle le concept de loyauté prendrait naturellement sa place. Il s'agit au contraire d'affaires ponctuelles qui donnent à la Cour l'occasion de rappeler les devoirs de prendre en considération les intérêts réciproques du gouvernement central et des Länder[28]. Le décision la plus marquante de la Cour d'Etat est celle du 25 octobre 1932, dite " coup de Prusse " (Preußenschlag). Le gouvernement du Reich avait fait joué l'article 48 al. 1 de la Constitution, qui l'autorisait à intervenir sur le territoire d'un Land si ce dernier manquait à ses obligations (Reichexecution). La question était donc de savoir si les devoirs du Land étaient strictement ceux définis dans la Constitution ou si au contraire on pouvait y adjoindre certaines obligations non écrites. Le motif de la mise en œuvre de cette mesure était les attaques à l'encontre du gouvernement du Reich de la part du ministère de l'Intérieur prussien, qui rendaient impossible, aux yeux de celui-là, la nécessaire coopération entre les deux gouvernements. En fait ce ne sont pas seulement les déclarations du Ministre de l'Intérieur prussien, *Carl Severing,* qui étaient visées mais aussi le comportement hésitant du gouvernement prussien à l'égard des mouvements communistes, qui avait été considéré comme un véritable affront à l'encontre de la politique du Reich.

Dans cette affaire, la Cour reconnaît certes un devoir de loyauté des Länder envers le Reich auquel il peut effectivement être porté atteinte par de simples déclarations. En l'espèce, la Cour ne considère toutefois pas que les déclarations incriminées constituent une telle atteinte au devoir de loyauté.

> « Il peut arriver qu'à une époque de tensions extrêmes il soit possible de trouver dans les critiques publiques sévères d'un ministre d'un Land à l'égard de la politique du Reich, une atteinte au devoir de loyauté (Treupflicht) (...). L'examen des déclarations du ministre Severing ne laisse toutefois pas apparaître que les limites du devoir de réserve aient été dépassées, de telle sorte qu'elles ne sauraient être regardées comme une atteinte au devoir du Land vis-à-vis du Reich ».

Quant à l'attitude du gouvernement prussien envers les communistes, la Cour ne considère pas davantage qu'elle est constitutive d'un motif de mise en œuvre de la Reichexecution car il faudrait pour cela que le gouvernement prussien soit dans un état

---

[25] *Rudolf Smend, op. cit*, p. 53.

[26] *H.A. Schwarz-Liebermann von Wahlendorf, op. cit.*, p. 778 : « Par ce biais, nous reconnaissons le lien nécessaire et naturel qui entre existe entre le développement libre et organique de la doctrine de la Bundestreue et la mise en place d'une juridiction constitutionnelle *stricto sensu* ».

[27] La République de Weimar n'avait pas mis en place une Cour constitutionnelle mais avait institué par une loi de 1921 une Cour d'Etat, conformément à l'article 108 de la Constitution, qui pouvait connaître des conflits de nature politique.

[28] *Hartmut Bauer, op. cit.*, p. 91-92.

d'impuissance et de servitude (Unfreiheit und Schwäche) envers les communistes, ce qui n'est pas le cas[29].

La Cour reconnaît donc le principe en tant que catégorie juridique, même si elle ne le met pas en œuvre[30]. Le principe n'implique pas seulement des devoirs réciproques entre le Reich et les Länder mais aussi entre les Länder eux-mêmes. C'est ce que la Cour a précisé dans une autre affaire " baisse du niveau du Danube " (Donauversinkung). En se fondant sur les principes du droit international public, elle rappelle alors le devoir des Länder de prendre en considération leurs intérêts réciproques alors qu'aucune obligation inscrite dans la Constitution ne les y obligeaient (En l'espèce, la politique de l'eau du gouvernement de Bade risquait de porter préjudice aux autres Länder traversés par le fleuve)[31].

Sous la République de Bonn, la Cour constitutionnelle fédérale reconnut très rapidement l'existence de la loyauté fédérale et ses effets juridiques.

> « Le principe constitutionnel non écrit d'un devoir réciproque de la Fédération et des Länder d'avoir un comportement fédéral domine la relation de l'ensemble de l'Etat et de ses membres, ainsi que la relation constitutionnelle entre ses membres. Il en découle aussi bien des devoirs supplémentaires concrets pour les Länder, allant au-delà de ceux expressément mentionnés dans la Constitution fédérale, que des limitations concrètes dans l'exercice des compétences attribuées à la Fédération et aux Länder par la Loi fondamentale »[32].

Mais le principe de loyauté fédérale a également profité de l'évolution du régime allemand vers un fédéralisme coopératif dans la mesure où la multiplication des décisions associant la Fédération et les Länder sont autant d'occasions de faire jouer le principe.

Le fédéralisme coopératif s'est non seulement manifesté par l'apparition des tâches communes lors de la réforme de 1969[33] mais aussi par le constant renforcement des droits du Bundesrat, en tant que compensations aux pertes de compétences législatives des Länder[34]. Le Bundesrat représente donc l'organe coopératif par excellence puisqu'il s'agit d'une institution fédérale, chargée de représenter les intérêts des Länder et qu'elle est composée de représentants des exécutifs des Länder, tout en participant au processus législatif. Il se trouve non seulement sur la ligne de partage des compétences fédérées et fédérales mais aussi sur la ligne de partage des compétences législatives et exécutives.

Le rôle accru du Bundesrat dans l'ordonnancement institutionnel allemand et le respect de la loyauté fédérale sont des dénominateurs communs du problème de l'intégration européenne dans le cadre de la Loi fondamentale.

"Complication terrible" enfin, pour reprendre l'expression de *Hans Kelsen,* car le gouvernement fédéral n'est pas seulement tenu au principe de loyauté fédérale mais aussi au principe de loyauté communautaire, exprimé à l'article 5 (10) CE :

---

[29] *Harmut Bauer, op. cit.,* p. 93-94, d'où les citations sont extraites.

[30] Selon *H.A Schwarz-Liebermann von Wahlendorf, op. cit.,* p. 780, « Il est permis d'interpréter le refus d'appliquer ce principe dans le cas en question surtout comme l'écho d'une situation devenue inextricable, annonciatrice de la décomposition de la République et du triomphe de l'"homme fort" ».

[31] *Harmut, Bauer,op. cit.* p. 95-96.

[32] BVerfGE 01, 315 et BVerfGE 12, 255.

[33] Sur le fédéralisme coopératif, voir *Constance Grewe-Leymarie,* Le fédéralisme coopératif en RFA, Economica, 1981, 233 p. et plus particulièrement p. 91-132 sur les tâches communes.

[34] A l'origine, l'approbation du Bundesrat dans la procédure législative était requise dans seulement treize cas. Il y en a aujourd'hui plus de quarante, *Cf. Uwe Volkmann,* Bundesstaat in der Krise ? DÖV 1998, p. 613-623 (618). Cette évolution a été renforcée par la jurisprudence de la Cour constitutionnelle fédérale qui a estimé qu'une disposition législative isolée suffit à soumettre l'ensemble de la loi à l'approbation du Bundesrat, *Cf.* BVerfGE 01, 76 (79) - Steuerverwaltung ; BVerfGE 08, 274 (294-295) - Preisgesetz ; BVerfGE 37, 363 - Bundesrat. Ce sont actuellement les deux-tiers des lois qui sont soumises à l'approbation du Bundesrat.

« Les Etats membres prennent toutes mesures générales ou particulières propres à assurer l'exécution des obligations découlant du présent traité ou résultant des actes des institutions de la Communauté. Ils facilitent à celle-ci l'accomplissement de sa mission.

Ils s'abstiennent de toutes mesures susceptibles de mettre en péril la réalisation des buts du présent traité ».

Cette double obligation du gouvernement fédéral de respecter à la fois la loyauté fédérale et communautaire le met dans une position particulièrement délicate. S'il se conforme au précepte de la loyauté fédérale, il risque de ralentir la construction communautaire en faisant suite aux revendications des Länder. Inversement, si le gouvernement fédéral respecte le principe de la loyauté communautaire sans prendre suffisamment en considération les droits des Länder, c'est le fédéralisme allemand qui peut être mis en danger.

Les loyautés peuvent donc être antagonistes mais elles peuvent aussi constituer le commun dénominateur entre les ordres juridiques allemand et communautaire.

Dans la mesure où l'on se trouvait dans un système de loyautés alternatives et incompatibles, le respect simultané de ces deux loyautés semblait impossible (Première partie). Mais les évolutions réciproques du droit allemand et du droit communautaire tendent à un nouveau modèle dans lequel les politiques sont davantage imbriquées. La collision entre les deux ordres juridiques n'est plus frontale et leurs rapports sont plus subtils. Il s'agit bien d'un modèle de loyautés cumulatives dans la mesure où il existe une certaine synergie entre le droit allemand et le droit communautaire. Cela signifie en même temps que les loyautés sont intégrées. La loyauté communautaire comprend la loyauté fédérale, de la même façon que la loyauté fédérale englobe la loyauté communautaire (Deuxième partie).

Première partie.
Des loyautés alternatives

Si la Fédération est tenue d'avoir un comportement loyal envers les Länder, elle est, dans le même temps, tenue d'avoir une attitude comparable envers les institutions communautaires. Mais cette double obligation peut se révéler inconciliable. La Fédération est dans l'obligation de faire un choix car les droits et obligations qui découlent du principe de loyauté, qu'elle soit fédérale ou communautaire, ne peuvent s'exercer pleinement que dans le cadre d'un système institutionnel à deux niveaux. L'intervention du troisième niveau que constitue l'Union européenne est en effet susceptible d'entraîner une perturbation de l'équilibre institutionnel interne. Les droits des Länder sont remis en cause par l'intégration européenne car celle-ci conduit à une unification de plus en plus grande. Un tel processus constitue donc un danger pour les particularismes nationaux et plus encore pour les particularismes régionaux ou locaux.

C'est ainsi que le ministre du Land de Rhénanie du Nord-Westphalie, *Karl Arnold*, lors de l'élaboration du projet de la Communauté européenne du charbon et de l'acier en 1951, exprima la crainte de voir les Länder « rabaissés au rang de pures entités administratives et perdre leur qualité d'Etat »[42].

Cette dénaturation des Länder, passant du statut d'Etat à celui d'entité administrative, était justement la solution préconisée par *Hans Kelsen* lorsqu'il étudiait en 1927 l'éventualité d'un rattachement pacifique de l'Autriche à l'Empire allemand.

> « L'Autriche se transforme - (...) - en Etat unitaire de la même nature que les autres Etats membres allemands ; cela signifie que les Länder autrichiens en tant qu'Etats membres, c'est-à-dire dotés de corps législatifs et de gouvernements disparaissent. Ou bien : la Fédération autrichienne avec son organe législatif central et son gouvernement central disparaît, l'annexion ayant lieu au niveau des Länder, de telle sorte que chacun de nos Länder actuels devient un Etat membre du Reich allemand[43].(...) Le chemin de l'annexion ne peut être trouvé que par une voie médiane. L'Autriche doit se rattacher en tant qu'unité au Reich allemand, doit acquérir en tant que tel (...) le statut d'un Etat membre dans le Reich allemand et les Länder autrichiens dans leurs particularités doivent persister, sans que la constitution du Reich allemand ne soit perturbée par la complication terrible d'un Etat fédéral dans un Etat fédéral »[44].

Dans cette optique, les Länder autrichiens perdaient donc leur qualité d'Etat et acquéraient une situation comparable aux provinces prussiennes[45]. Cette atteinte, précise *Kelsen*, pouvait être d'autant mieux supportée qu'elle était moindre par rapport à celle subie par la Fédération autrichienne[46]. On comprend la crainte des Länder allemands devant le risque d'une telle évolution qui conduirait à leur faire perdre leur qualité d'Etat.

Il se produit donc une collision entre, d'une part, un ordre juridique fédéral, qui laisse certaines compétences aux Länder et, d'autre part, un ordre juridique communautaire qui

---

35 61ème séance du Bundesrat, le 27 juillet 1951, p. 445.

36 BVerfGE 34, 1 (19).

37 *Hans Kelsen*, Die staatsrechtliche Durchführung des Anschlusses Österreichs an das Deutsche Reich, Zeitschrift für öffentliches Recht 1927, p. 329-352 (334).

38 *Ibid.* p.336.

39 *Ibid*, p. 340.

40 *Ibid.* p. 336.

41 *Hans Peter Ipsen*, Als Bundestaat in der Gemeinschaft, in : Probleme des europäischen Rechts, Festschrift für Walter Hallstein zu seinem 65. Geburstag, Herausgegeben von Ernst von Caemmerer, Hans-Jürgen Schlochauer und Ernst Steindorff, Vittorio Klostermann 1966, Frankfurt am Main, p. 248-265 (256).

42 61ème séance du Bundesrat, le 27 juillet 1951, p. 445.

43 *Hans Kelsen*, Die staatsrechtliche Durchführung des Anschlusses Österreichs an das Deutsche Reich, Zeitschrift für öffentliches Recht 1927, p. 329-352 (334).

44 *Ibid.* p.336.

45 *Ibid*, p. 340.

46 *Ibid.* p. 336.

tend à une intégration de plus en plus forte (Titre 1). Il faut toutefois rappeler que ces deux ordres juridiques ne sont pas de la même nature. L'ordre juridique allemand s'inscrit dans le cadre d'un Etat, ce qui n'est pas le cas de l'Union européenne, qui est composée d'Etats mais qui n'en forme pas un[47].

Le gouvernement fédéral est placé dans une situation délicate puisque s'il fait suite aux *desiderata* des Länder il risque de ralentir l'intégration européenne et de manquer au précepte de la loyauté communautaire ; inversement, en favorisant l'intégration européenne, il risque de mettre en danger les droits des Länder. Les loyautés sont donc alternatives car les intérêts des Länder et de l'Europe communautaire sont divergents. Ce mode alternatif des relations entre les institutions communautaires, le gouvernement fédéral et les Länder, se trouve renforcé par le fait que la Communauté européenne, frappée d'amaurose envers les Länder, n'a reconnu que très tardivement et de manière incomplète l'existence des entités infra-étatiques. Cette maladie du nerf optique rend provisoirement aveugle. *Hans Peter Ipsen* avait dès 1966 mis en évidence cette caractéristique du droit communautaire lorsqu'il parlait de *Landes-Blindheit*[48]. Dans ces conditions, le gouvernement fédéral était donc l'unique interlocuteur des institutions communautaires.

Entre respecter les prérogatives des Länder ou contribuer à l'intégration européenne, le gouvernement allemand a fait son choix. Il a privilégié la construction communautaire au moment même où la jurisprudence de la Cour constitutionnelle fédérale accompagnait l'unitarisation progressive du fédéralisme allemand[49].

La conjonction de ces deux séries de facteurs constituait un danger pour les Länder qui voyaient fondre progressivement leurs compétences. Cette évolution ne pouvait toutefois pas se poursuivre jusqu'à la complète disparition des Länder allemands. Une telle évolution aurait alors été sanctionnée par la jurisprudence de la Cour de Karlsruhe car le caractère fédéral de l'Etat allemand fait partie des éléments structurants de la Loi fondamentale mentionnés à l'article 79 III LF.

La réduction des compétences législatives des Länder, qui traduisait l'évolution du fédéralisme allemand vers un modèle plus unitaire, a été compensée par l'accroissement des compétences communes entre la Fédération et les Länder, ce qui renforçait les compétences du Bundesrat.

Cette évolution allait finalement permettre aux Länder, par l'intermédiaire du Bundesrat, d'exiger une plus grande prise en considération de leurs intérêts. Mais le rôle des Länder ne pouvait s'exercer efficacement que par l'entremise du gouvernement fédéral puisqu'ils n'avaient pratiquement aucun contact avec les institutions communautaires. A partir du milieu des années 80, le Bundesrat a donc été associé à la définition de la politique du gouvernement fédéral dans les affaires de la Communauté européenne. Les Länder ont su tirer profit de l'évolution du fédéralisme pour réagir efficacement à l'érosion progressive de leurs compétences. C'est la réplique du séisme (Titre 2).

---

[47] *Dieter Grimm*, Braucht Europa eine Verfassung ?, JZ 1995, p. 581-591 (584-585).

[48] *Hans Peter Ipsen*, Als Bundestaat in der Gemeinschaft, in : Probleme des europäischen Rechts, Festschrift für Walter Hallstein zu seinem 65. Geburstag, Herausgegeben von Ernst von Caemmerer, Hans-Jürgen Schlochauer und Ernst Steindorff, Vittorio Klostermann 1966, Frankfurt am Main, p. 248-265 (256).

[49] *Cf. Gérard Marcou*, L'évolution récente du fédéralisme allemand sous l'influence de l'intégration européenne et de l'unification, RDP 1995, p. 883-919 (886-887).

Titre 1.
La collision des ordres juridiques

La collision entre le fédéralisme allemand et l'intégration européenne est d'autant plus violente que le fédéralisme allemand est davantage fondé sur le principe de participation, comme en témoigne le rôle prépondérant du Bundesrat dans l'ordonnancement institutionnel par rapport à celui des Landtage.

L'Europe communautaire se caractérise, en revanche, par la grande autonomie des Etats membres comme le montre la règle de l'unanimité qui prévaut encore dans de nombreux domaines[50]. L'intégration d'un Etat fédéral fondé sur la participation au sein d'une Europe qui préserve encore assez largement l'autonomie des Etats membres est donc rendue plus difficile. Cette difficulté est encore accrue par le fait que, dans les traités instituant les Communautés européennes, la structure institutionnelle des Etats qui les composent n'est pas prise en considération : les Traités fondateurs avaient une fonction essentiellement économique et non politique. La question des entités infra-étatiques relevait donc exclusivement des Etats membres. Ainsi, du point de vue du droit communautaire, les Etats étaient tous traités sur un pied d'égalité c'est-à-dire considérés comme des Etats unitaires[51].

Le choc s'explique aussi par la force d'inertie des deux ordres juridiques car le fédéralisme constitue une forme de répartition des compétences fortement ancrée en Allemagne, remontant à la fin du Moyen-âge[52]. Le Saint Empire romain germanique constituait déjà une alliance souple d'Etats rattachés à l'Empereur par des relations "semi-internationales et semi-constitutionnelles"[53]. Certes, en 1949 cette option pour le fédéralisme semblait constituer une gageure car les nouveaux Länder étaient davantage dus au hasard des zones d'occupation qu'à l'histoire allemande. A l'exception de la Bavière et des deux villes hanséatiques, Brême et Hambourg, les frontières des Länder ne correspondent en effet pas aux anciennes provinces et Etats allemands. En 1949, les Alliés ont donc joué un rôle prépondérant dans le façonnement du nouvel Etat. En imposant la capitulation sans conditions du IIIème Reich, ils disposaient de la souveraineté et du pouvoir d'organisation. Cette pression

---

[50] Il faut toutefois préciser d'une part que l'Europe communautaire n'a pas (encore) une structure fédérale mais qu'elle en emprunte certaines caractéristiques, notamment depuis le Traité de Maastricht et d'autre part que les progrès de l'intégration européenne tendent à renforcer la participation au détriment de l'autonomie avec l'extension de la règle de la majorité.

[51] Si les Länder n'étaient pas pris en considération, le droit communautaire primaire reconnaissait l'existence de collectivités publiques territoriales, mais de manière incidente. Par exemple l'art. 68 III CEE (supprimé depuis le Traité d'Amsterdam) relatif au prêt pour le financement direct ou indirect d'un Etat membre ou de ses collectivités publiques territoriales, incluait également les Länder.

[52] *Cf. Thomas Nipperdey,* Le fédéralisme dans l'histoire allemande, in: Réflexions sur l'histoire allemande", trad. de l'allemand par Claude Orsoni, Gallimard, N.R.F. 1992, p. 81-155 (82). En 1495, un compromis put être négocié entre l'empereur Maximilien et les Stände. Ceux-ci acceptèrent que fût proclamée une paix nationale perpétuelle (ewiger Landfriede) qui portait interdiction de toutes les guerres privées. Pour juger des conflits pouvant survenir entre Stände et passer outre aux dénis de justice dont les sujets pouvaient souffrir de la part de leur seigneur, prince ou ville, la Cour de justice de la chambre impériale (Reichskammergericht) était instituée, sous la présidence d'un juriste nommé par le Reichstag et composé par moitié de juristes et de représentants des Stände. Cette institution est la première structure de type fédéral en Allemagne. La monnaie commune (gemeiner Pfennig) fut brièvement instaurée mais ne résista pas à la résistance passive des Stände et l'idée d'un régiment d'empire fut également abandonnée. La Cour de justice de la chambre impériale subsista en revanche jusqu'en 1806. *Cf. Joseph Rovan,* Histoire de l'Allemagne des origines à nos jours, Seuil 1994, 921 p. (242-243). Celle-ci consacre, en outre, la réception du droit romain puisque par l'acte de 1495, les juges prêtèrent serment d'après «le droit de l'empire et le droit commun». Jusqu'à cette date, la diversité des coutumes et usages locaux provoquaient constamment des conflits et s'opposaient à la réalisation de tout progrès politique et social. En cas de conflit, la priorité était donnée à la législation locale selon le principe formulé par l'adage: "Le droit communal prime le droit de Land et le droit de Land prime le droit commun". *Cf.* Léontin-Jean Constantinesco, La résolution des contrats synallagmatiques en droit allemand, publications de l'institut de droit comparé de l'Université de Paris, 1940, Librairie Arthur Rousseau, p. 13-15.

[53] *Georg Ress,* Les Länder allemands et l'intégration européenne, RFDC 1993, p. 657-662 (657).

extérieure n'est d'ailleurs pas un phénomène nouveau dans l'histoire constitutionnelle allemande car en 1648, 1815 et 1919, la structure fédérale allemande avait déjà connu une forte influence de l'étranger[54]. Si le rétablissement du fédéralisme en Allemagne après la seconde guerre mondiale résulte aussi de la volonté des alliés, il est toutefois exagéré de dire qu'il avait été imposé à l'Allemagne par eux[55].

Dans le séisme qui se produit par la rencontre des ordres communautaire et allemand, les Länder sont les victimes de la collision. Dans cette secousse propre à la science tectonique, c'est la plaque fédérale qui passe sous la plaque communautaire et non l'inverse. Ce faisant, le droit communautaire va polir les traits saillants du système institutionnel allemand, ce qui va provoquer l'érosion du fédéralisme (Chapitre 1).

Si l'influence du droit communautaire sur l'ordre juridique interne est indéniable, il reste toujours soumis à l'approbation du juge constitutionnel qui est donc en mesure de s'y opposer par des réserves de constitutionnalité. En effet, c'est bien au juge de la Constitution qu'il revient de vérifier la compatibilité des normes communautaires avec les éléments structurants de la Loi fondamentale qu'il est chargé de protéger. « Gardien de l'ordre juridique interne, il remplit sa mission en choisissant à chaque fois les solutions qui en préservent la cohésion, dans la limite des pouvoirs qui sont les siens »[56]. Le juge tente donc de concilier les normes de droit international avec les principes essentiels de la Loi fondamentale. Lorsqu'il existe plusieurs interprétations possibles d'un traité international, il doit accorder la priorité à celle qui permet de conclure à la compatibilité du traité avec l'ordre juridique interne *(völkerrechtsfreundliche Auslegung)*[57]. Le juge a donc un rôle de transaction.

La jurisprudence du juge constitutionnel allemand ne va tout d'abord pas porter sur la compatibilité du droit communautaire avec la structure fédérale allemande mais sur la compatibilité du droit communautaire avec la protection des droits fondamentaux tels qu'ils sont garantis aux articles 1 à 19 de la Loi fondamentale.

Pour la Cour de justice, l'objet du contrôle exercé par la Cour constitutionnelle allemande importe peu : il est de toute façon non conforme au droit communautaire puisque d'une part, selon l'article 164 CE, c'est à elle seule qu'échoit l'interprétation et l'application du traité, et que d'autre part la primauté du droit communautaire s'oppose au contrôle de tout juge national, fût-il constitutionnel.

Le juge constitutionnel ne provoque pourtant pas les tensions entre les deux ordres juridiques. Comme un sismographe, il les révèle et les enregistre. Si ce rôle du juge constitutionnel n'est pas propre à la Cour de Karlsruhe, il y est plus important que dans les autres pays membres de l'Union européenne en raison de la multitude des voies de recours réservées aux organes de l'Etat et aux particuliers (Chapitre 2).

---

[54] *Wolfgang Graf Vitzthum*, L'intégration de l'Europe et le fédéralisme en Allemagne., RRJ 1989, p. 553-568 (554).

[55] On a pu ainsi parler de "fédéralisme octroyé", *cf. Helmut Lindemann*, Das antiquierte Grundgesetz, Hambourg 1966, p. 43, cité d'après *Monique Pereira de Azevedo*, Les relations entre les Länder allemands et la Communauté européenne: vers une intégration des régions au sein de l'Europe communautaire, Thèse Paris I, 1993, p. 20. Comment par ailleurs justifier la position des Américains qui auraient voulu imposer une structure fédérale en Allemagne pour l'affaiblir.

[56] *Gérard Marcou*, Les mutations de droit de l'administration en Europe, L'Harmattan, Coll. Logiques juridiques, 352 p. (333-334).

[57] *Cf.* BVerfGE 04, 157 (168) ; BVerfGE 36, 14 ; BVerfGE 73, 339. Sur ce point, voir *Jochen A. Frowein, Karin Oellers-Frahm*, Rapport allemand, in : Pierre Michel Eisemann (sous la dir.), L'intégration du droit international et communautaire dans l'ordre juridique communautaire - Etude de la pratique en Europe, Kluwer law international, The Hague/London/Boston, 1996, p. 69-117 (85 et 87-88).

Chapitre 1. L'érosion du fédéralisme

Le fédéralisme semble être un principe fermement ancré dans l'ordonnancement institutionnel allemand. Il semble même impossible d'y porter atteinte car il bénéficie d'une triple garantie mentionnée à l'article 79 III LF.

« Toute modification de la Loi fondamentale qui toucherait à l'organisation de la Fédération en Länder, au principe du concours des Länder à la législation ou aux principes énoncés aux articles 1 et 20[58], est interdite ».

Les garanties de l'article 79 III LF ne s'opposent en revanche pas à une évolution du fédéralisme. Le principe même du fédéralisme est d'ailleurs étranger à une définition rigide, fixée une fois pour toute car le fédéralisme est un modèle dynamique de l'organisation de l'Etat. Sa flexibilité autorise un déplacement de la ligne de partage entre les compétences de la Fédération et celles des entités fédérées. De la même façon, les relations horizontales et verticales entre les différents organes de l'Etat peuvent changer de nature. Cette évolution, immanente au principe du fédéralisme ne produit jamais de modifications brutales dans l'ordonnancement institutionnel. Tout changement brusque serait d'ailleurs étranger à la lettre et à l'esprit de l'article 79 III LF.

Le fédéralisme allemand s'est donc modifié peu à peu sous la pression de deux séries de facteurs. Une pression endogène tout d'abord, propre à tout les Etats fédéraux et qui tend à concentrer les compétences au niveau fédéral. Cette évolution a été accompagnée par la jurisprudence de la Cour constitutionnelle fédérale. Non seulement le juge de Karlsruhe n'a jamais sanctionné l'accroissement continu des compétences fédérales au détriment de celles des Länder, mais il l'a encouragé en estimant que l'intervention du législateur fédéral dans le domaine de la législation concurrente relevait d'une décision politique et à ce titre ne pouvait donc pas être soumise à son contrôle. Cette évolution traduit en fait la volonté d'union. Elle permet de distinguer le fédéralisme du régionalisme qui tend au séparatisme[59].

Cette volonté d'union s'est manifestée par les mécanismes institutionnels mis en place et qui ont permis le renforcement des compétences législatives fédérales. C'est ainsi qu'on est passé d'un fédéralisme dualiste à un fédéralisme unitaire[60] car les compétences des Länder se sont réduites à la portion congrue. Cela signifie que les Länder se sont trouvés dépossédés de leurs compétences sans pour autant que le principe même du fédéralisme soit remis en cause.

Le fédéralisme allemand est également soumis à une pression exogène, qui résulte de l'intégration progressive du droit communautaire. Cette pression a également rogné les compétences des Länder au fur et à mesure que des compétences étaient transférées par la Fédération aux institutions communautaires. La prégnance du droit communautaire était en outre grandement facilitée par le caractère ouvert de l'ordre constitutionnel allemand (Section 1).

Cette pression a renforcé les tendances naturelles du régime vers une plus grande centralisation car c'est la Fédération qui déterminait seule les transferts de compétences aux institutions communautaires. Le fédéralisme unitaire, ce n'est plus tout à fait le fédéralisme ; mais ce n'est pas non plus l'Etat unitaire. En contrepartie de cette perte de compétence législative des Länder, ceux-ci ont été associés à l'exercice des compétences fédérales et le

---

[58] L'article 20 LF énonce : "La République fédérale d'Allemagne est un Etat fédéral démocratique et social".

[59] *Cf. Gérard Marcou,* L'administration publique en France et en Allemagne. Des systèmes différents des valeurs communes, RFAP 1996, p. 357-373 (369).

[60] *Cf. Konrad Hesse,* Der unitarische Bundestaat, Verlag C.F. Müller, Karlsruhe, 1962, 34 p.

fédéralisme est devenu coopératif[61]. Mais ce qui est remarquable dans ce mouvement, c'est que les transferts de compétences ne se sont pas uniquement produits de manière verticale c'est-à-dire des Länder vers la Fédération mais aussi de manière horizontale du pouvoir législatif vers le pouvoir exécutif. Le fédéralisme allemand n'est plus seulement unitaire, il n'est plus seulement coopératif, il est également devenu exécutif (Section 2).

Section 1. Le caractère ouvert de l'ordre constitutionnel

Si, grâce à son efficacité, le droit communautaire a réussi à pénétrer le droit allemand au point d'en influencer l'ordre constitutionnel, c'est aussi parce que la Loi fondamentale elle-même contient les germes d'une telle évolution : elle renferme en effet la tension qui peut se manifester entre le principe du fédéralisme et le processus d'intégration européenne.

Dès 1949, l'ancrage de la République fédérale d'Allemagne est expressément mentionné dans le préambule de la Loi fondamentale.

> « Conscient de sa responsabilité devant Dieu et devant les hommes,
>
> animé de la volonté de sauvegarder son unité nationale et étatique et de servir la paix du monde dans une Europe unie, en qualité de membre égal en droit,
>
> le peuple allemand dans les Länder de Bade*, Bavière, Brême, Hambourg, Hesse, Basse-Saxe, Rhénanie du Nord-Westphalie, Rhénanie-Palatinat, Schleswig-Holstein, Wurtemberg-Bade* et Wurtemberg-Hohenzollern*,
>
> afin de donner un nouvel ordre à la vie politique pendant une période transitoire,
>
> a, en vertu de son pouvoir constituant, adopté la présente Loi fondamentale de la République fédérale d'Allemagne »[62].

Placée en tête de la Loi fondamentale, l'adhésion à une Europe unie est à nouveau réaffirmée à l'article 24 II LF :

> « Pour sauvegarder la paix, la Fédération peut adhérer à un système de sécurité mutuelle collective ; elle consentira à cet effet aux limitations de ses droits de souveraineté qui établissent et garantissent un ordre pacifique durable en Europe et entre les peuples du monde ».

L'Union européenne en 1949 n'est pas encore un objectif assigné à l'action de l'Etat comme elle le deviendra à la suite du Traité de Maastricht, mais elle est déjà un objectif constitutionnel. Cet objectif va donc pouvoir se glisser dans la brèche de l'ordre institutionnel (I) et sa réalisation va être facilitée par l'efficacité du droit communautaire (II).

I. La brèche de l'ordre institutionnel

Toute constitution présente une certaine étanchéité (plus ou moins grande) avec l'ordre juridique extérieur. C'est ce que l'on peut appeler une sorte de cuirasse constitutionnelle (Verfassungspanzer). Or, en raison de la conception dualiste dominante en Allemagne, cette étanchéité semble particulièrement bien assurée et limite, par conséquent, l'influence que peuvent exercer le droit international et le droit communautaire sur l'ordre juridique interne (§ 1). L'article 24 I LF vient cependant contrebalancer le caractère dualiste de la Loi fondamentale en rendant poreux l'ordre juridique allemand au droit communautaire. C'est ainsi que cet article a pu être qualifié de "levier d'intégration" (§ 2).

---

[61] *Constance Grewe-Leymarie*, Le fédéralisme coopératif en RFA, Economica, 1981.

* Les Länder de Bade, Wurtemberg-Bade et Wurtemberg-Hohenzollern ont été restructurés par une loi du 4 mai 1951 selon l'article 118 LF. Le Land de Sarre est entré dans la Fédération le 1er janvier 1957.

[62] L'extrait cité du préambule est celui de 1949. Il a été modifié à la suite de la réunification

§ 1. L'insertion de l'ordre juridique international dans l'ordre allemand

Deux grandes théories permettent d'expliquer l'articulation entre l'ordre juridique interne et l'ordre juridique international : le dualisme et le monisme[63]. *A priori*, le monisme constitue le système le plus ouvert à l'ordre international car celui-ci est en prise directe avec l'ordre interne. Le dualisme permet au contraire d'instaurer ce que l'on pourrait appeler une "antichambre" entre l'ordre international et l'ordre interne, en soumettant la validité des normes internationales à une loi, ce qui implique un contrôle permanent du législateur national sur l'emprise du droit international. L'Allemagne, pays de tradition dualiste, apparaît donc comme protégée des éventuelles atteintes à sa sphère de souveraineté[64]. C'est sans compter le caractère ouvert de l'ordre juridique allemand.

A. Monisme et dualisme

Les conséquences qui découlent de chaque théorie permettent de déterminer le statut du droit extérieur dans l'ordonnancement institutionnel de l'Etat. En 1949, le constituant conserve la tradition dualiste de l'Allemagne tout en voulant faciliter l'insertion d'un droit issu d'une autre source.

1°) La différence entre les deux notions

Dans la théorie du dualisme, on considère que l'ordre juridique international et les ordres juridiques nationaux sont des systèmes indépendants, donc séparés. Ainsi, *Triepel* analyse-t-il les rapports entre ces deux ordres juridiques comme des systèmes qui peuvent tout au plus se toucher mais en aucun cas se recouper[65]. Pour qu'un traité international puisse s'appliquer dans l'ordre interne d'un Etat l'ayant valablement ratifié, il faut que celui-ci soit transformé, c'est-à-dire qu'il fasse l'objet d'une réception dans l'ordre interne par le biais d'une norme nationale (une loi le plus souvent). Par cette transformation, il y a donc une intériorisation du traité international, c'est-à-dire que celui-ci prend le rang de la norme nationale qui a permis sa transformation. Ainsi, le traité ne sera pas doté de tous les attributs de la primauté mais se verra simplement reconnaître le rang d'une simple loi car c'est la constitution nationale qui organise ce processus d'assimilation. Ce qui signifie que les dispositions du traité ont une valeur infra-constitutionnelle et qu'elles pourront être remises en cause par une loi postérieure.

A la théorie dualiste s'oppose la théorie moniste, défendue notamment par *Kelsen*. Ici, la norme internationale s'applique sans transformation dans l'ordre interne et prend le rang suprême dans la hiérarchie des normes, ce qui exclut donc tout conflit avec la Constitution de l'Etat et les lois nationales, mêmes postérieures. Ici, la constitution se plie au droit externe. Le monisme permet donc de passer outre les pesanteurs propres à chaque système juridique national et donc une applicabilité immédiate des différentes sources du droit communautaire[66].

---

[63] V. par exemple *Michael Schweitzer*, Staatsrecht III, Staatsrecht, Völkerrecht, Europarecht, 5. Aufl. C.F. Müller, Heidelberg 1995, p. 10-31.

[64] L'opposition classique entre dualisme et monisme ne joue plus un grand rôle dans le débat doctrinal en Allemagne : l'interprétation dualiste l'emporte largement sur l'interprétation moniste. *Cf. Christian Autexier*, Introduction au droit public allemand, PUF 1997, p. 152.

[65] *Heinrich Triepel*, Völkerrecht und Landesrecht, Leipzig 1899, Verlag von C.L. Hirschfeld, 452 p. (111).

[66] Il est possible de s'en tenir à ce vocabulaire: « les modalités de "pénétration" du droit communautaire dans les droits internes ont été définies en empruntant les termes d'applicabilité directe, d'applicabilité immédiate, d'effet immédiat, d'effet direct, d'immédiateté, sans que ce vocabulaire corresponde en réalité à une différenciation conceptuelle très claire », *Denys Simon*, Le système juridique communautaire, PUF 1997, p 239.

La tension qui se manifeste entre les ordres communautaire et allemand s'explique notamment par le fait que l'Allemagne est un pays à tradition dualiste alors que le droit communautaire repose plutôt sur la théorie moniste afin d'affirmer la primauté du droit communautaire[67].

Ni la clarté et la fermeté de la jurisprudence de la Cour de justice, ni la facilité pour transférer des droits de souveraineté à des institutions internationales ne peuvent effacer les effets de la théorie dualiste en Allemagne, qui autorise le juge constitutionnel à vérifier la compatibilité des normes communautaires avec les éléments essentiels de la Loi fondamentale. Le droit communautaire ne bénéficie donc que d'une primauté partielle, qui ne vaut que pour les aspects secondaires de la Loi fondamentale.

On assiste dans un premier temps à une incompréhension réciproque entre la CJCE et la Cour constitutionnelle fédérale. Les deux cours reconnaissent l'une et l'autre la primauté du droit communautaire mais pour le juge constitutionnel, il ne s'agit que d'une primauté partielle. Chacun cherche à marquer son territoire en indiquant son interprétation de la règle communautaire sans se soucier de la logique développée par l'autre ordre juridictionnel, chacun campe donc sur ses positions[68]. L'objectif visé par les cours respectives va être d'influencer le plus possible l'interprétation du droit communautaire et le hiatus provient du fait que les deux Cours ne disposent pas de la même grille d'interprétation. Alors que la Cour de justice met l'accent sur la primauté absolue du droit communautaire, la Cour de Karlsruhe, sans nier totalement la primauté du droit communautaire, se réfère à la hiérarchie des normes : si la Cour constitutionnelle reconnaît que le droit communautaire prime, dans certains cas, le droit fédéral lorsque celui-là ne remet pas en cause les éléments structurants de la Loi fondamentale[69], en revanche elle ne lui confère pas un rang supérieur à la constitution dans la pyramide des normes[70] en raison justement de la théorie dualiste.

Ces conceptions différentes vont entraîner des interférences entre le juge constitutionnel et le juge communautaire puisqu'elles vont produire des oppositions et des renforcements. Même si le droit communautaire emprunte certaines techniques qui s'apparentent à la théorie dualiste, le résultat visé n'est pas le même que celui obtenu dans le cadre de cette théorie. Ainsi les directives doivent-elles être transposées dans l'ordre juridique interne pour être applicables mais cette transposition ne doit pas s'analyser comme une réception ou prendre la forme d'une transformation en droit national[71]. Le droit communautaire s'appuie sur la théorie moniste pour s'affirmer dans l'ordre interne, niant ainsi l'option du constituant allemand.

2°) L'option du constituant : le caractère dualiste de la Loi fondamentale

Les délibérations dans les comités du Conseil parlementaire qui ont eu lieu lors de l'élaboration de la Loi fondamentale concernant la nature et la résolution des conflits entre

---

[67] Voir par exemple *Vlad Constantinesco,* Cour constitutionnelle fédérale, droits fondamentaux et droit communautaire. Une musique nouvelle sur un air ancien, RTDE 1987, p. 545-553 (552) ; également *Denys Simon,* Le système juridique communautaire, PUF 1997, p. 241.

[68] *François Hervouët,* Politique jurisprudentielle de la CJCE et des juridictions nationales, Réception du droit communautaire par le droit interne des Etats, RDP 1992, p. 1257-1292 (1277).

[69] *Cf. Paul Kirchhof,* in : *Conseil constitutionnel,* Protection constitutionnelle et protection internationale des Droits de l'Homme : Concurrence ou complémentarité ? IXe Conférence des Cours constitutionnelles européennes, Paris-mai 1993, Volume I, p. 13-93 (44).

[70] *Cf. Paul Kirchhof,* Rechtsschutz durch BVerfG und EuGH, in:*Detlef Merten* (Hrsg.), Föderalismus und Europäische Gemeinschaften unter besonderer Berücksichtigung von Umwelt und Gesundheit, Kultur und Bildung, Duncker & Humblot, Berlin, 1990, p. 109-123 (118).

[71] Voir par exemple *Joël Rideau,* Droit institutionnel de l'Union et des Communautés européennes, LGDJ 1994, p. 10 ; également Denys Simon, Le système juridique communautaire, PUF 1997, p. 242.

le droit international public et le droit interne montrent que l'on est parti de la conception dualiste dominante dans la pratique juridique pour aboutir à une solution harmonieuse avec le droit international public[72]. Ainsi, l'article 25 LF énonce :

« Les règles générales du droit international public font partie du droit fédéral. Elles sont supérieures aux lois et créent directement des droits et des obligations pour les habitants du territoire fédéral ».

L'article 100 II LF dispose en outre :

« Si au cours d'un litige, il y a un doute sur le point de savoir si une règle de droit international public fait partie intégrante du droit fédéral et crée directement des droits et des obligations pour les individus (art. 25), le tribunal doit soumettre la question à la décision de la Cour constitutionnelle fédérale. »

La Cour constitutionnelle fédérale a une interprétation large de cet article :

« Les règles générales du droit international public sont principalement le droit international public coutumier applicable, complété par les principes généraux et reconnus du droit »[73].

Cet article ne saurait faire illusion ; la Loi fondamentale n'affiche pas ici son caractère moniste[74] car cette disposition ne vaut pas pour les traités même si ceux-ci codifient les règles générales du droit international[75].

En effet, la plupart des traités négociés par le gouvernement doivent faire l'objet d'une loi d'approbation comme le prévoit l'article 59 II LF[76] :

« Les traités réglant les relations politiques de la Fédération, ou relatifs à des matières qui relèvent de la compétence législative fédérale, requièrent l'approbation ou le concours des organes respectivement compétents en matière de législation fédérale, sous la forme d'une loi fédérale ».

---

[72] *Cf. Menzel,* in: Dolzer/Vogel (Hrsg.), BK, Art. 25 p. 6.

[73] BVerfGE 23, 288 (317), BVerfGE 31, 145 (177). Critique: *Cf. Michael Schweitzer,* Staatsrecht III, *op. cit.* p. 146, n° 354. En effet, la formule de l'article 25 LF n'est pas très claire: *Cf.* également: *Albert Bleckmann,* Der Grundsatz Völkerrechtsfreundlichkeit der deutschen Rechtsordnung, DÖV 1996, p. 137-145 (137). La Cour constitutionnelle a également posé comme condition que ces règles soient reconnues par la plus grande majorité des Etats, ce qui n'implique pas nécessairement l'assentiment de la République fédérale, BVerfGE 15, 25 (34) ; BVerfGE 16, 27 (33) ; BVerfGE 23, 288 (317). Il s'agit par exemple des règles diplomatiques ou de celles relatives au droit de la guerre, également la règle *pacta sunt servanda,* BVerfGE 31, 145 (178).

[74] *Pierre-Marie Dupuy* affirme que par cet article, la Loi fondamentale montre clairement son option moniste, ce qui est fort discutable. *Pierre-Marie Dupuy,* Droit international public, *op. cit.* p. 374. *Christian Autexier* souligne au contraire le caractère dualiste de la Loi fondamentale, y compris à travers l'article 25 LF : « Il est même possible de voir dans l'article 25 LF la confirmation du caractère dualiste de la Loi fondamentale puisque les règles introduites par l'article 25 ont une valeur supralégislative mais infraconstitutionnelle, comme le souligne implicitement l'article 100 II LF qui fonde la compétence du juge constitutionnel pour déterminer si une règle générale du droit international fait partie intégrante du droit fédéral ». *Cf. Christian Autexier,* Introduction au droit public allemand, PUF 1997, p. 153-154. Selon *Thibaut de Berranger,* « L'Allemagne est un pays de tradition dualiste, mais assez atténuée », in: Constitutions nationales et construction communautaire, LGDJ 1995, p. 160.

[75] *Cf. Michael Schweitzer,* Staatsrecht III, *op. cit.,* p.147 n° 355. Opinion contraire in: Les documents de travail du Sénat, série législation comparée, octobre 1993, p. 7-11, Le contrôle de constitutionnalité des actes communautaires: « Les dispositions de l'article 25 de la Loi fondamentale, selon lesquelles les règles générales du droit international s'intègrent automatiquement dans le droit interne à un niveau supérieur à celui des lois ne valent pas pour les traités, à moins que ceux-ci ne reprennent une des règles générales de droit international ».

[76] *Pierre Pescatore* relève toutefois que l'article 25 LF a introduit la notion d'effet direct dans l'armature du droit constitutionnel allemand et rien ne dit que l'idée générale de cet article ne puisse pas être étendue à d'autres catégories de normes internationales, même s'il reconnaît que la formule de l'article 25 LF ne semble pas susceptible d'être étendue aux traités CEE. Cf. *Pierre Pescatore,* L'application directe des traités européens par les juridictions nationales, RTDE 1966, p. 697-723 (707). Pour la relation entre le droit constitutionnel allemand et le droit communautaire, *cf. Rudolf Geiger,*Grundgesetz und Völkerrecht, 2. überarb. Auflage, München 1994, Beck.

C'est ainsi que pour le droit communautaire et jusqu'au Traité de Maastricht, le juge allemand a puisé le fondement constitutionnel de la reconnaissance de l'effet direct du droit communautaire dans l'article 24 I LF[77] qui énonce :

« La Fédération peut transférer, par voie législative, des droits de souveraineté à des institutions internationales ».

Malgré la conception dualiste dominante de la Loi fondamentale, le constituant a voulu marquer sa volonté d'ouverture.

B. La volonté d'ouverture

L'étude des débats qui ont eu lieu lors de l'élaboration de la Loi fondamentale montre que les difficultés engendrées par l'article 24 I LF avaient déjà été clairement perçues. Mais dans cette période d'après-guerre, l'Allemagne devait politiquement montrer le caractère ouvert de son ordre constitutionnel et les propositions formulées pour encadrer les transferts des droits de souveraineté sont restées vaines. Ironie de l'histoire, les propositions avancées à cette époque feront l'objet des modifications constitutionnelles intervenues le 21 décembre 1992 à l'occasion du Traité de Maastricht, au moment où l'intégration de l'Allemagne à l'Europe n'a plus à être démontrée.

Le député Seebohm (DP) défendait en première lecture l'opinion selon laquelle pour une affaire aussi importante que le transfert de droits de souveraineté, une simple loi n'était pas suffisante et qu'il fallait plutôt prévoir une loi adoptée à la majorité qualifiée. « Derrière une telle mesure, il devrait vraiment y avoir la grande majorité affirmée du peuple à travers ses représentants »[78]. Selon lui, le premier alinéa devait donc être rédigé comme suit : « La Fédération peut, par voie législative à la majorité requise pour une modification de la Constitution, transférer des droits de souveraineté à des institutions internationales ».

Le deuxième amendement, proposé également par le Dr. Seebohm retenait la formulation suivante : « La Fédération peut, par voie législative à la majorité légale des membres, transférer des droits de souveraineté à des institutions internationales. »[79]

En deuxième lecture, lors de la 29ème séance du 5 janvier 1949, le Hauptausschuß proposa de rédiger l'article 24 I comme suit : « Cette loi requiert l'approbation des deux tiers du Bundesrat ».

La réponse du Dr. Eberhard (SPD) résume l'interprétation qui prévalait alors[80] :

« Nous avons décidé d'affirmer dans la Loi fondamentale que des droits de souveraineté peuvent être transférés à des institutions internationales par une simple loi, afin d'établir de manière univoque notre disposition à jouer notre rôle dans l'ordre européen et l'ordre pacifique du monde (...) ».

L'article 24 I LF allait donc être un instrument au service de l'intégration.

§ 2. L'article 24 I LF : un levier d'intégration

L'article 24 I de la Loi fondamentale a permis à l'Allemagne de prendre part à l'intégration européenne[81]. Celui-ci énonce :

---

[77] *Thibaut de Berranger, op. cit.* p. 161.

[78] *Cf.* HA-Steno, p. 70, Drs. 298 du 19.11.1948, p. 6. *in* : JöR, 1951, NF 1, Entstehungsgeschichte der Artikel des Grundgesetzes, p. 227-228

[79] *Ibid.*

[80] *Ibid.*

[81] Voir par exemple: *Thomas Remmers*, Europäische Gemeinschaften und Kompetenzverluste der deutschen Länder, Verlag Peter Lang 1992, p. 63-7 ; *Tobias Busch*, Bundesländer und Grundgesetz im Spannungsfeld der europäischen Integration, Centaurus-Verlagsgesellschaft, Pfaffenweiler 1990, 250 p.(28-35).

« La Fédération peut transférer, par voie législative, des droits de souveraineté à des institutions internationales. »

Sous cette formule laconique, l'article 24 I allait opérer un glissement des compétences au détriment des Länder. *Ipsen* a qualifié cet article de levier d'intégration (*Integrationhebel*)[82]. Cette image, empruntée à la mécanique, met en évidence comment une loi simple peut entraîner une modification des compétences fixées par la Loi fondamentale.

L'article 24 I LF n'exige pas l'approbation du Bundesrat pour transférer des droits de souveraineté à des institutions internationales car une simple loi suffit. Or, dans la logique constitutionnelle, deux arguments plaident pour une participation renforcée du Bundesrat. Premièrement en raison de l'importance que constitue un transfert de droits de souveraineté car celui-ci est susceptible d'entraîner des modifications rampantes de la Loi fondamentale, donc des distorsions entre la constitution formelle et la constitution matérielle. Deuxièmement parce que les droits de souveraineté en question concernent non seulement ceux de la Fédération mais aussi ceux des Länder. Or même si le Bundesrat est un organe fédéral, il représente les intérêts des Länder, ce qui justifierait son intervention.

A. Les modifications matérielles de la Loi fondamentale

Toute modification formelle de la Loi fondamentale est soumise à des conditions précises. L'article 79 I 1 et 79 II LF énonce en effet :

« La Loi fondamentale ne peut être modifiée que par une loi qui en modifie ou en complète expressément le texte.

Une telle loi doit être approuvée par les deux tiers des membres du Bundestag et les deux tiers des voix du Bundesrat. »

Dans les faits, on constate que le débat relatif à l'exigence d'une procédure législative conforme à une loi modifiant la Loi fondamentale n'a pas été à l'ordre du jour au moment de la mise en place de la Communauté économique européenne ou de l'Acte unique européen. Cette question avait pourtant été soulevée lors de l'adhésion à la Communauté européenne de défense et à la CECA[83].

En effet, si on considère que tout transfert de compétences entraîne un glissement institutionnel, l'ordre établi par la Loi fondamentale se trouve modifié, ce qui justifie donc que les transferts de souveraineté soient soumis aux conditions solennelles d'une modification formelle de la Loi fondamentale.

En n'exigeant pas cette condition, l'article 24 I LF est un élément perturbateur de l'équilibre institutionnel : la Loi fondamentale pouvait ainsi connaître des modifications matérielles, sans que les conditions de forme requises pour cela, soient nécessaires.

Ainsi par exemple l'article 106 I point 1 énonce que le produit des droits de douanes revient à la Fédération. Or la Communauté a supprimé les droits sur les échanges intracommunautaires et se protège des importations des pays tiers par un tarif douanier commun qui fait partie de ses ressources propres. L'article 106 I point 1 LF est donc devenu caduc sans modification de la Loi fondamentale, ce qui constitue une entorse au principe, conforme à un Etat de droit, selon lequel la norme suprême ne devrait pas pouvoir subir des modifications sans l'intervention du pouvoir de révision de la Constitution[84]. Cet aspect

---

[82] *Ipsen*, Das Verhältnis des Rechts der Europäischen Gemeinschaften zum nationalen Recht, in: "Aktuelle Fragen des europäischen Gemeinschaftsrechts", 1965, p. 56.

[83] *Hans Peter Ipsen*, Die Bundesrepublik Deutschland in den Europäischen Gemeinschaften, in: Handbuch des Staatsrechts der Bundesrepublik Deutschlands, Isensee/Kirchhof, Band VII, C.F. Müller, Heidelberg 1992, (§ 181, n°7).

[84] Il faut toutefois noter que la possibilité d'opérer une modification matérielle de la Loi fondamentale sans modification formelle est prévue à titre exceptionnel au 79 I 2 LF: « En ce qui concerne les traités

mérite cependant d'être relativisé car les éléments structurants de la Loi fondamentale restent sous la protection du juge constitutionnel. Cela signifie en même temps que les dispositions secondaires de la Constitution peuvent être modifiées par le droit communautaire. Le contrôle du juge constitutionnel n'est donc pas quantitatif mais qualitatif : il ne s'étend pas à toutes les dispositions de la Loi fondamentale mais seulement aux dispositions les plus importantes, c'est-à-dire celles qui restent intangibles, même en cas de révision de la Constitution[85].

Le constituant était sans doute conscient du danger que pouvait représenter des modifications rampantes de la Loi fondamentale. Entre deux maux, il a choisi celui qui risquait de mettre en péril l'ordonnancement institutionnel interne et non celui qui risquait de ralentir ou de rendre plus difficile l'adhésion allemande à un ordre européen et international pacifique. Ce choix allait entraîner des transferts de droits de souveraineté des Länder et donc porter atteinte au fédéralisme sans toutefois le faire complètement disparaître.

B. Les transferts de droits de souveraineté des Länder

Les droits de souveraineté visés par l'article 24 I LF ne sont pas précisés. Il faut donc en déduire qu'il peut s'agir des droits non seulement de nature législative mais aussi administrative ou judiciaire. L'étendue des droits ici visés est donc très vaste puisqu'il peut également s'agir des droits qui constituent les éléments essentiels de la souveraineté, comme la défense ou la monnaie par exemple.

L'élément le plus important pour les Länder réside dans le fait que la Fédération peut non seulement transférer ses propres droits de souveraineté mais aussi ceux des Länder. La maxime "*nemo plus juris alium potest quam ipse habet*" ne s'applique donc pas. Paradoxalement, cette entorse constitutionnelle était quantitativement de moins en moins importante en raison de l'évolution vers un fédéralisme unitaire. Mais c'est aussi parce que les Länder ont vu fondre leurs compétences dans l'ordre interne qu'ils ont défendu avec plus d'ardeur leurs compétences résiduelles, à savoir essentiellement l'enseignement d'une part et la radio et télédiffusion d'autre part.

Une participation institutionnelle renforcée du Bundesrat était alors assimilée à un obstacle à l'intégration. Dans la mise en balance des intérêts entre l'option pour un système institutionnel ouvert (en apparence) et la mise en place d'une procédure institutionnelle conforme au principe de participation, le constituant a choisi la première solution. L'entorse à ce dernier principe apparaît d'autant plus grave que non seulement les droits de souveraineté des Länder étaient susceptibles d'être transférés, mais encore ceux-ci allaient entraîner un glissement constitutionnel par des modifications matérielles de la Loi fondamentale, opérant ainsi un déséquilibre institutionnel.

Finalement, la seule restriction que l'on peut relever à la lecture de l'article 24 I de la Loi fondamentale, c'est que seule la Fédération est habilitée à transférer des droits de

---

internationaux ayant pour objet un règlement de paix, la préparation d'un règlement de paix ou l'abolition d'un régime d'occupation, ou qui sont destinés à la défense de la République fédérale, il suffit, pour mettre au clair que les dispositions de la Loi fondamentale ne font pas obstacle à la conclusion et à la mise en vigueur des traités, d'un supplément au texte de la Loi fondamentale qui se limite à cette clarification ».

[85] *Paul Kirchof*, in : *Conseil constitutionnel*, Protection constitutionnelle et protection internationale des Droits de l'Homme : Concurrence ou complémentarité ? IXe Conférence des Cours constitutionnelles européennes, Paris-mai 1993, Volume II, p. 1000-1001. Opinion contraire, voir *Jochen A. Frowein, Karin Oellers-Frahm*, Rapport allemand, in : Pierre Michel Eisemann (sous la dir.), L'intégration du droit international et communautaire dans l'ordre juridique communautaire - Etude de la pratique en Europe, Kluwer law international, The Hague/London/Boston, 1996, p. 69-117 (96) : « Depuis (la décision Solange II, BVerfGE 73, 339), on peut dire que le droit dérivé communautaire a priorité sur l'ensemble du droit allemand, y compris sur les droits fondamentaux ».

souveraineté. La Loi fondamentale considère que l'intervention d'institutions internationales dans l'ordre interne dépasse le cadre des compétences des Länder et relève donc de l'intérêt fédéral. C'était sans tenir compte des limitations que la Cour constitutionnelle allemande allait préciser : en voulant affirmer le caractère résolument ouvert de l'ordre étatique allemand, le constituant de 1949 mettait en même temps des obstacles invisibles à une intégration de l'Allemagne au sein du système communautaire. Les réserves du juge constitutionnel sont donc susceptibles de nuire à l'efficacité du droit communautaire, défendue par la Cour de justice des Communautés européennes.

II. L'efficacité du droit communautaire

La question de savoir dans quelle mesure le droit communautaire prime le droit national en cas de conflit n'est pas expressément réglée dans les traités communautaires[86].Par conséquent, la jurisprudence de la CJCE revêt une importance toute particulière.

Dans le droit interne allemand, si l'article 31 de la Loi fondamentale énonce : « Le droit fédéral prime le droit de Land », mais une disposition analogue fait défaut en droit communautaire dans les traités fondateurs. La primauté du droit communautaire a donc été proclamée par le juge communautaire et vise à lui assurer un effet direct mais cette jurisprudence heurte les pays de tradition dualiste.

§ 1. Le droit communautaire ne bénéficie que d'une primauté d'application

Le droit communautaire apparaît *prima facie* bien fragile face au droit des Etats membres, dont il tire sa légitimité. Il aura donc du mal à s'imposer face au droit des Etats d'autant plus qu'il dépend de ceux-ci pour être mis en œuvre. *Georges Scelle* prend en compte l'aspect sociologique pour expliquer dans quelle mesure le droit international peut réussir à s'imposer : « Si la solidarité internationale est suffisamment puissante, le droit interne internationalement contraire tombera en désuétude. Dans le cas inverse, le phénomène intersocial s'évanouira »[87]. Mais la dimension sociologique ne peut pas se substituer à la dimension juridique, surtout quand celle-ci a pour cadre les Constitutions des Etats membres de l'Union européenne.

De plus, la contrariété d'une norme nationale avec une norme communautaire ne la rend pas invalide mais simplement inapplicable. Dans l'ordre fédéral allemand au contraire, lorsque les Länder édictent une norme qui n'entre pas dans leur domaine de compétence, cette norme est déclarée non-valide.

A. Primauté d'application et primauté de validité

La primauté d'application du droit communautaire et la primauté de validité du droit fédéral sont propres à chaque ordre juridique. Le droit communautaire ne peut donc pas prendre exemple sur le modèle allemand.

Selon l'article 31 LF, le droit fédéral prime le droit de Land. En fait cette disposition est superflue dans le dispositif constitutionnel allemand. En revanche, une disposition analogue n'existe pas dans les traités communautaires alors même qu'elle serait nécessaire pour

---

[86] *Cf. Hans Dieter Jarass,* Konflikte zwischen EG Recht und nationalem Recht vor den Gerichten der Mitgliedstaaten, DVBl. 1995, p. 954-962 (958). C'est pour cette raison que le Parlement européen était favorable à l'insertion d'une disposition dans le Traité d'Amsterdam qui prévoyait expressément la primauté du droit communautaire sur le droit national. Sur ce point, voir l'exposé des motifs du rapport sur les relations entre le droit international public, le droit communautaire et le droit constitutionnel des Etats membres pour l'adoption d'une proposition de résolution par le Parlement européen (24 septembre 1997, A4-0278/97).

[87] *Georges Scelle,* Le phénomène juridique du dédoublement fonctionnel, in: Rechtsfragen des internationalen Organisation, FS für Hans Wehberg, Walter Schätzel und Hans-Jürgen Schlochauer (éd.), Vittorio Klostermann 1956, p. 324-342 (330).

garantir la primauté du droit communautaire de manière univoque. C'est ce qu'exprime *J. Mertens de Wilmars* en constatant : « Une première démarche consiste à reconnaître que le problème n'est pas tant un problème de hiérarchie de normes que de répartition de compétences »[88].

Si la primauté du droit fédéral par rapport au droit de Land est clairement affirmée, tout comme la primauté du droit communautaire sur les droits nationaux, celle-ci n'est pas de la même nature. Dans les deux cas, il existe un conflit entre deux normes issues de sources différentes mais il y a une distinction dans les effets de la primauté. Alors que dans le cadre du droit communautaire il est question d'une primauté d'application, c'est d'une primauté de validité dont il question dans l'ordre juridique allemand. Les fondements sont différents dans chaque ordre et on ne peut pas extrapoler la solution appliquée dans un système à l'autre ordre.

1°) La primauté d'application du droit communautaire

Dans la théorie moniste, la norme interne contraire doit être abrogée. Or dans le cadre du droit communautaire, la CJCE reconnaît elle-même que le droit communautaire ne saurait rendre invalide la norme interne contraire : le droit communautaire ne se moule pas dans la théorie moniste. Il ne bénéficie que d'une primauté d'application et non une primauté de validité.

La primauté d'application signifie que la norme de droit interne, non conforme au droit communautaire, ne devient pas nulle. En cas de conflit, les autorités nationales et plus particulièrement le juge seront simplement dans l'obligation de laisser celle-ci inappliquée.

La jurisprudence de la CJCE a évolué sur la question de la primauté du droit communautaire[89] : après avoir abordé la question en terme d'opposabilité[90], puis d'applicabilité[91], la Cour a durci sa position dans l'arrêt Simmenthal[92] :

> « En vertu du principe de la primauté du droit communautaire, les dispositions du traité et les actes des institutions directement applicables ont pour effet, dans les rapports avec le droit interne des Etats membres, non seulement de rendre inapplicable de plein droit, du fait même de leur entrée en vigueur, toute disposition contraire de la législation nationale existante, mais encore - en tant que ces dispositions et actes font partie intégrante de l'ordre juridique applicable sur le territoire de chacun des Etats membres - d'empêcher la formation valable de nouveaux actes législatifs nationaux dans la mesure où ils seraient incompatibles avec des normes communautaires. »

Par cette formule, la Cour n'a pas entendu affirmer l'invalidité des dispositions concernées[93] : le juge national chargé d'appliquer dans le cadre de sa compétence les dispositions du droit communautaire a l'obligation d'assurer le plein effet de ces normes. De sa propre autorité, il doit au besoin laisser inappliquée toute disposition nationale, même postérieure, sans demander ou attendre l'élimination préalable de celle-ci par voie législative ou par tout autre procédé constitutionnel. Cette affirmation de la Cour semble correspondre à la théorie moniste du droit international public. Ainsi, selon *Kelsen,*

---

88 *J. Mertens de Wilmars,* Les enseignements communautaires des jurisprudences nationales, RTDE 1970, p. 454-468 (462).

89 *Cf. Guy Isaac,* Droit communautaire général, 3ème éd. Masson, p. 170.

90 CJCE 1964/07/15, Costa/ENEL, Aff. 6/64, Rec. p. 1141.

91 CJCE 1972/03/07, Marinex, aff. 84/71, Rec. p. 89.

92 CJCE 1978/03/09, Simmenthal, Aff. 106/77, Rec. p. 629. *Cf. Dominique Carreau,* Droit communautaire et droits nationaux: concurrence ou primauté. La contribution de l'arrêt Simmenthal, RTDE 1978, p. 381-418 et plus particulièrement concernant l'Allemagne: p. 407-410.

93 *Guy Isaac, ibid.* p. 170.

« (La) contrariété entre (les dispositions d'une loi étatique et un traité international) n'affecte ni la validité de la loi, ni la validité du traité. (...) une disposition analogue se retrouve dans le cadre de l'ordre juridique étatique, sans que l'on songe pour autant à mettre le moins du monde en doute l'unité de cet ordre. Ce que l'on appelle une loi inconstitutionnelle est une loi valable et le reste, sans que cela oblige le juriste à considérer la Constitution comme abrogée ou modifiée de fait. (...) la "contrariété à une norme (Normwidrigkeit)" ne signifie pas un conflit entre la norme inférieure et la norme supérieure, mais signifie seulement que la norme inférieure est annulable ou qu'un organe responsable de son édiction est punissable »[94].

Et plus loin :

« Une norme du droit étatique ne peut pas être nulle ; elle ne peut être qu'annulable, mais elle ne peut pas être annulée pour "contrariété au droit international" que si le droit international ou l'ordre lui-même prévoient une procédure qui conduit à cette annulation »[95].

Corrélativement, la CJCE a déclaré que seule la juridiction nationale était compétente pour interpréter le droit national[96] ; une compétence de contrôle des normes juridiques nationales à l'aune du droit communautaire n'a pas été conférée à la CJCE[97]. Ceci ne l'a pas empêchée de préciser que

« la primauté et l'effet direct des dispositions du droit communautaire ne dispensent pas les Etats membres d'éliminer de leur ordre juridique interne les dispositions incompatibles avec le droit communautaire »[98].

La Cour de justice a même été jusqu'à constater qu'un Etat membre (en l'occurrence la France) avait manqué à ses obligations en ne modifiant pas sa législation[99].

Le droit communautaire ne peut donc jamais déclarer la nullité d'une norme nationale, à la différence du droit fédéral vis-à-vis du droit des Länder, car celui-ci bénéficie d'une primauté de validité.

2°) La primauté de validité du droit fédéral

L'article 31 LF est généralement présenté comme l'instrument permettant de garantir la primauté du droit fédéral par rapport aux droits des Länder. Cet article a pourtant un caractère redondant dans le dispositif constitutionnel allemand et a dû être nié lors de la révision de la Loi fondamentale redéfinissant les compétences législatives respectives entre les Länder et la Fédération.

---

[94] *Hans Kelsen*, Théorie pure du droit, trad. par Charles Eisenmann, Dalloz 1962, pp. 432-433.

[95] *Ibid.* p. 447.

[96] CJCE 1984/04/10, Von Colson et Kamann / Land Nordrhein-Westfalen, aff. 14/83, Rec. p. 1891 (1908 n° 25) ; CJCE 1984/04/10, Harz/Deutsche Tradax, aff. 79/83, Rec. 1921 (1942 n°25). "La nature des sanctions prévues en RFA en cas de discrimination dans l'accès à l'emploi (...) a été longuement discutée devant la Cour. Il appartient à la seule juridiction nationale de statuer sur ce point d'intepértation relatif à son droit national".

[97] *Matthias Pechstein & Johannes Cirkel*, EuGH-Zuständigkeit für deutsches Verfassungsrecht ? DÖV 1997 pp. 365-371 (365).

[98] CJCE 1988/03/24, Commission c/ Italie, Aff. 104/86, Rec. p. 1813.

[99] En l'espèce il s'agissait de dispositions du code du travail maritime qui réservaient certains emplois aux ressortissants nationaux : CJCE 1974/04/04, Commission contre République française, Aff. 167/83, Rec. p. 359. Cette position de la Cour semble donc ouvrir une brèche dans le principe de primauté d'application du droit communautaire. Voir également CJCE 1988/04/26, Commission contre RFA, Aff. 74/86, Rec. p. 2139 à propos du taux maximal de chaptalisation du vin dans les régions Mosel-Saar-Ruwer, Mittelrhein et Ahr. En l'espèce la loi allemande avait porté le taux à 4,5% en violation d'un règlement communautaire. La Cour rappelle : « L'introduction ou le maintien inchangé dans la législation d'un Etat membre, d'un texte incompatible avec une disposition du droit communautaire, même directement applicable dans l'ordre juridique des Etats membres, créent une situation de fait ambiguë en maintenant les sujets de droit concernés dans un état d'incertitude quant aux possibilités qui leur sont réservées de faire appel au droit communautaire et constituent un manquement aux obligations des articles 5 et 189 du traité ».

a) Le caractère superflu de l'article 31 LF

L'article 31 LF a un caractère surabondant dans le dispositif constitutionnel allemand. En effet, la répartition des compétences entre la Fédération et les Länder telle qu'elle est prévue aux articles 70 à 75 LF pour les compétences législatives, permet de trouver une solution en cas de conflit sans avoir recours à l'article 31 LF[100]. Dans ce cadre, l'article 31 LF a plutôt un rôle préventif, ainsi qu'une valeur déclaratoire et historique[101].

Selon la jurisprudence de la Cour constitutionnelle fédérale, le droit de Land incompatible avec le droit fédéral est déclaré nul[102] : il n'existe même pas puisque la compétence du législateur du Land, pour édicter cette norme, fait défaut[103]. Le conflit se résume donc bien à un conflit de compétence et il n'est pas possible d'extrapoler cette solution au conflit qui oppose le droit communautaire et le droit national. La primauté d'application du droit communautaire n'affecte pas l'existence d'une norme juridique nationale contraire, à la différence de la solution allemande.

b) La négation de l'article 31 LF lors de la révision du 27 octobre 1994

Les exigences des Länder pour un renforcement du fédéralisme ont influencé la révision de la Loi fondamentale du 27 octobre 1994[104]. Celle-ci opère une redéfinition des compétences législatives entre la Fédération et les Länder[105]. Mais pour assurer la transition entre l'ancienne réglementation et la nouvelle de manière souple et garantir la sécurité et la clarté juridique, il s'est avéré nécessaire de réduire la portée de l'article 31 LF : l'article 125 a I (nouveau) LF prévoit donc que le droit édicté comme droit fédéral, mais qui ne pourrait plus l'être en raison du glissement au profit des Länder en matière de législation concurrente et de législation cadre, reste en vigueur à titre de droit fédéral, mais il peut être

---

[100] Le système de répartition des compétences administratives tant entre l'Union européenne et les Etats membres qu'entre la Fédération et les Länder est plus simple puisque d'une part, à l'exception des art. 85 CE (81) et s., la compétence d'exécution revient aux Etats membres (*cf. Michael Schweitzer*, Die Verwaltung der Europäischen Gemeinschaften, Die Verwaltung 17 (1984), p. 137 ss.) et que d'autre part l'article 30 LF précise:"L'exercice des prérogatives étatiques et l'accomplissement des tâches de l'Etat incombent aux Länder, à moins que la présente Loi fondamentale n'en dispose autrement". Les compétences respectives sont donc ici assez clairement délimitées, ce qui n'empêche pas la Communauté d'agir dans des domaines de compétence des Länder.

[101] *Cf.* par exemple *Bernhardt* in: Dolzer/Vogel (Hg.), BK, Art. 31, n° 6 : "Si l'article 31 était formulé différemment ou même s'il faisait défaut, il serait tout à fait possible d'aboutir au même résultat à partir des dispositions de la Loi fondamentale relatives à la répartition des compétences et au contrôle des normes en considérant la tradition constitutionnelle allemande". Egalement *Emrich,* Das Verhältnis des Rechts der Europäischen Gemeinschaften zum Recht der Bundesrepublik Deutschland, N.G. Elwert Verlag Marburg 1969, 148 p. (51-52). On peut enfin noter que la constitution autrichienne ne contient aucune disposition comparable à l'article 31 LF, ce qui montre que celle-ci n'est pas indispensable dans le cadre d'un système fédéral.

[102] §§ 78 et 82 de la loi relative à la Cour constitutionnelle fédérale : « Si la Cour constitutionnelle fédérale est convaincue qu'un texte du droit fédéral est incompatible avec la Loi fondamentale ou qu'un texte du droit d'un Land est incompatible avec la Loi fondamentale ou avec toute autre règle de droit fédéral, elle déclare que la loi est nulle ». Traduction réalisée par *Christian Autexier,* Etudes et documents du CEJF, n° 2. La Cour constitutionnelle peut également déclarer le droit du Land incompatible avec une loi d'approbation d'un traité international puisque celle-ci fait bien partie du droit fédéral. Jusqu'à présent, le juge constitutionnel n'a jamais déclaré la nullité d'une telle loi. Le juge constitutionnel fédéré peut également vérifier indirectement la compatibilité du droit communautaire avec le droit du Land. La Cour constitutionnelle bavaroise a par exemple contrôlé la conformité de la loi bavaroise sur le droit de vote actif et passif des résidents communautaires avec la Constitution de ce Land sans relever d'incompatibilité (décision du 15 mai 1997), NVwZ 1998, 54 et NJW 1998, 531.

[103] BVerfGE 29, 11 (17).

[104] BGBl. I, 3146.

[105] Voir *infra* p. 58 et p. 303.

remplacé par le droit du Land[106]. Ces dispositions transitoires viennent écorner le dogme selon lequel le droit fédéral prime le droit de Land.

B. L'apparente analogie

Le raisonnement du juge de Luxembourg quant à la primauté du droit communautaire rappelle *mutatis mutandis* la règle de l'article 31 LF : «Le droit fédéral prime le droit de Land[107]». Non seulement une partie de la doctrine[108] mais aussi la jurisprudence transposent la règle de l'article 31 LF aux relations entre le droit communautaire et le droit national. Ce rapprochement n'est ni possible, ni souhaitable.

1°) Un rapprochement impossible

C'est ainsi que le 9 avril 1963, le Tribunal des finances de Brême, après avoir reconnu l'effet direct d'un règlement communautaire affirme :

> « S'il est vrai que dans la République fédérale le droit de la CEE et le droit interne sont applicables simultanément (...) le droit supranational doit, en cas de conflit, prévaloir sur le droit national de la même manière que le droit fédéral vis-à-vis du droit de Land[109] ».

Dans l'absolu, cette thèse est séduisante mais les relations entre le droit des Länder et le droit fédéral ne sont pas de la même nature que celles qui régissent le droit communautaire et le droit national[110]. C'est ce qu'exprime la Cour administrative fédérale dans une affaire où une norme nationale entrait en collision avec une norme de droit communautaire :

> « La solution ne peut pas être trouvée dans une application par analogie de l'article 31 LF qui postule la primauté du droit fédéral par rapport aux dispositions du droit de Land. Ici, le droit fédéral prime (bricht) le droit de Land avec cette conséquence que le droit de Land contraire est définitivement nul et ne peut plus exister. Cette réglementation émane de l'organisation fédérale de l'Allemagne et de la relation spécifique qui en découle entre la Fédération et les Länder qui n'autorise pas la validité simultanée des normes juridiques contradictoires entre elles »[111].

Comme le montre la Cour dans la suite du raisonnement, c'est parce que la Communauté n'est pas un Etat, même fédéral, que le droit communautaire ne jouit que d'une primauté d'application : les deux ordres sont dotés l'un et l'autre d'une autonomie respective de telle sorte que l'autorité d'édicter des normes pour le législateur national ne doit être limitée par le droit communautaire que dans la mesure nécessaire à une bonne exécution du droit communautaire. Les institutions nationales peuvent s'appuyer sur la Constitution d'un Etat, ce qui n'est pas le cas des institutions communautaires. Par conséquent, l'article 31 de la Loi fondamentale qui énonce que le droit fédéral prime le droit de Land, n'intervient ni directement ni par analogie dans ces rapports entre le droit communautaire et le droit allemand[112].

---

[106] Cf. *Hubertus Rybak und Hans Hofmann*, Verteilung der Geseztgebungsrechte zwischen Bund und Länder nach der Reform des Grundgesetzes, NVwZ 1995, p. 230-235 (235).

[107] «Bundesrecht bricht Landesrecht».

[108] Voir par ex. *Eberhard Grabitz*, Gemeinschaftsrecht bricht nationales Recht, Hamburg 1966, 132 p.; *Werner Thieme*, Das Grundgesetz und die öffentliche Gewalt internationaler Staatengemeinschaft, VVDStRL 18 (1960), p. 50 (68-69).

[109] cité par *J. Mertens de Wilmars*, Les enseignements communautaires des jurisprudences nationales, RTDE 1970, p. 454-438 (459).

[110] En ce sens: *Manfred Zuleeg*, Deutsches und europäisches Verwaltungsrecht, VVDStRL 1993 (53), p. 154-201, (159) : « Les tentatives n'ont pas manqué pour transposer (l'article 31LF) à la relation entre le droit communautaire et le droit des Etats membres ».

[111] BVerwGE 87, 154 (158).

[112] *Hartmut Maurer*, Droit administratif allemand, trad. par Michel Fromont, LGDJ 1994, p. 87. Edition originale : Allgemeines Verwaltungsrecht, CH Beck'sche, München 1992.

Ce qui prévaut dans l'ordre interne allemand, ce n'est pas la question de la primauté du droit fédéral par rapport au droit des Länder, mais plutôt la question de la répartition des compétences, ce qui explique qu'en cas de conflit entre primauté et répartition des compétences, celle-ci l'emporte sur la règle posée à l'article 31 LF.

En revanche, dans l'ordre juridique communautaire, ce qui compte c'est la question de la primauté. C'est ainsi que la CJCE justifie ce principe tant en amont qu'en aval. En amont, il a recours au principe de loyauté et en aval il a recours à une interprétation téléologique car seul le respect de la primauté permet d'assurer l'uniformité et, partant, l'efficacité du droit communautaire[113].

2°) Un rapprochement non souhaitable

La portée de la distinction ne fait pas l'unanimité en doctrine, selon les juges dissidents dans l'arrêt Solange I, la différence entre les deux notions aurait plutôt un caractère fictif et mérite d'être relativisée :

> « La distinction entre absence de validité et inapplicabilité d'une norme se ramène à l'emploi de mots différents. Objectivement il n'y a pas de différence entre ces deux notions. Lorsqu'une juridiction déclare une disposition entièrement inapplicable pour violation d'une norme de droit de rang supérieur, elle décide en réalité que cette règle ne vaut pas, qu'elle n'est donc pas valable[114] ».

La distinction entre la primauté d'application et la primauté de validité ne se rapporte pas seulement à une différence de vocabulaire ; la primauté d'application permet d'introduire une certaine souplesse dans le rapport entre deux normes issues d'ordres juridiques différents.

La coexistence de normes contradictoires ne constitue pas un obstacle insurmontable et constitue même un système souple plutôt bien adapté à la nature même du droit communautaire comme l'a souligné la Cour administrative fédérale :

> « (La primauté d'application) répond davantage aux exigences pratiques du droit communautaire que la théorie d'une nullité définitive du droit national en contradiction avec le droit communautaire. Le droit communautaire ne se développe pas nécessairement comme une unité homogène mais progresse - de façon différenciée selon les secteurs - souvent seulement à petits pas et non toujours de façon régulière[115] ».

Et d'illustrer sa démonstration par un exemple :

> « Alors que les taxes d'effets équivalents furent abolies en 1967 et 1968 , (...) les dispositions relatives aux exceptions destinées à éviter une discrimination du commerce à l'intérieur des frontières communautaires vis-à-vis du commerce avec les pays tiers ne suivirent que fin 1976. Il n'y a aucune raison en droit pour exiger du législateur national d'adapter continuellement son travail au stade correspondant du développement des dispositions communautaires[116] ».

Manfred Zuleeg note également que si les domaines d'application des règles communautaires et des règles nationales se recoupent, la solution qui prévaut en droit européen permet une simple suspension de l'application du droit national de telle sorte que celui-ci puisse à nouveau s'exercer dans l'hypothèse où pour une raison déterminée, le droit communautaire ne devait plus s'appliquer (même si celle-ci reste bien improbable)[117].

---

[113] En voulant opérer une hiérarchie entre les deux solutions envisageables en matière de primauté, certains auteurs affirment que la primauté d'application se situe à un niveau moindre par rapport à la solution plus radicale de l'article 31 LF qui renvoie à la primauté de validité, *Cf. Eberhard Schmidt-Aßmann*, Deutsches und europäisches Verwaltungsrecht, DVBl. 1993, p. 924-936 (930-931).

[114] BVerfGE 37, 271 (299).

[115] BVerwGE 87, 154.

[116] BVerwGE 87, 154.

[117] *Manfred Zuleeg*, Die Kompetenzen der Europäischen Gemeinschaften gegenüber den Mitgliedstaaten, JÖR 20

Les Etats membres de l'Union européenne sont dans une situation plus avantageuse que les Länder allemands car ceux-ci doivent s'incliner et reconnaître le caractère nul des normes qu'ils ont édictées même quand il n'y a pas de collision frontale avec le droit fédéral puisque le défaut de compétence est ici le critère déterminant.

En revanche, la primauté d'application n'affecte pas la situation de la loi votée par un parlement national même lorsqu'elle est non conforme au droit communautaire : aucun juge dans les Etats membres n'est appelé à se prononcer sur la validité d'une telle loi[118]. Mais cette souplesse du droit communautaire est aussi un élément de fragilité. C'est pourquoi la Cour de justice devra faire preuve d'une grande intransigeance pour faire respecter le droit communautaire.

§ 2. La jurisprudence du juge communautaire

La Cour de justice est non seulement le juge mais aussi l'avocat du droit communautaire. C'est grâce à elle que le droit communautaire peut s'imposer dans les différents ordres juridiques nationaux. C'est la raison pour laquelle sa méthode a souvent été critiquée car elle aboutit à favoriser le droit communautaire. Cette caractéristique n'est pas propre à la CJCE. Dans tous les Etats qui connaissent une structure fédérale, le juge chargé de trancher les litiges entre les différents niveaux décisionnels a généralement été favorable au renforcement des compétences fédérales au détriment des droits des entités infra-étatiques. Dans ces Etats, le juge accompagne le mouvement naturel qui pousse à la concentration des pouvoirs aux mains du gouvernement fédéral. Ce mouvement peut s'expliquer par des causes économiques, politiques et financières mais dans le cadre de l'Europe communautaire, la jurisprudence de la Cour de justice acquiert une autre dimension car c'est l'existence même du droit communautaire qui est en jeu.

A. La méthode du juge communautaire

En soulignant la nature propre du droit communautaire, la CJCE va en faire découler la primauté. Il n'y a pourtant *a priori* aucun lien logique entre ces deux caractéristiques.

1°) La CJCE souligne la nature propre du droit communautaire

L'arrêt Costa c. Enel du 15 juillet 1964[119] est généralement considéré comme une pièce maîtresse du droit communautaire[120] car il fonde le principe de la primauté du droit communautaire[121]. La CJCE y affirme le caractère *sui generis* du droit communautaire en le distinguant du droit international pour atteindre son objectif qui est d'affirmer la primauté du droit communautaire.

> « Attendu qu'à la différence des traités internationaux ordinaires, le traité de la CEE a institué un ordre juridique propre, intégré au système juridique des Etats membres lors de l'entrée en vigueur du traité et qui s'impose à leurs juridictions ».

(1971), p. 1-64 (27). Cette argumentation n'est pas sans rappeler le raisonnement du Conseil constitutionnel français qui opposait dans la décision IVG le caractère absolu et définitif de la Constitution au caractère relatif et contingent des traités internationaux.

[118] *Manfred Zuleeg*, Deutsches une europäisches Verwaltungsrecht, VVDStRL 53 (1993), p. 162-163.

[119] CJCE 1964/07/15, Costa/ENEL, Aff. 6/64, Rec. p. 1141.

[120] Cf. *Bruno De Witte*, Retour à "Costa". La primauté du droit communautaire à la lumière du droit international, RTDeur. 1984, 425-454.

[121] Dans un arrêt antérieur à Costa (mais relatif à la CECA), la CJCE avait déjà déclaré : « si la Cour constate qu'un acte législatif ou administratif émanant des autorités d'un Etat membre est contraire au droit communautaire, cet Etat est obligé, en vertu de l'article 86 du traité CECA, aussi bien de rapporter l'acte dont il s'agit que de réparer les effets illicites qu'il a pu produire ; que cette obligation résulte du traité et du protocole qui ont force de loi dans les Etats membres à la suite de leur ratification et qui l'emportent sur le droit interne ». CJCE 1960/12/16, Humblet C. Etat belge, Aff. 6-60, Rec. 1960, p. 1125.

La CJCE se réfère donc au droit international public pour mieux s'en démarquer : elle se fonde sur une logique autonome, propre au droit communautaire, pour affirmer la primauté de celui-ci. Le fait que les traités fondateurs soient des traités de droit international public n'est pas un élément décisif pour le juge communautaire : il s'attache plutôt à la structure du droit ainsi créé, au système élaboré. Selon lui, le droit communautaire n'est pas assimilable au droit international public et les conséquences logiques qui découlent du droit international classique ne sont donc pas applicables.

La Cour de Karlsruhe elle-même reconnaît très tôt le caractère particulier du droit communautaire dans une décision de 1967[122]. Elle note au passage que même si les Communautés ne sont pas un Etat, elles disposent néanmoins d'une constitution[123].

> « Les Communautés constituent une puissance publique particulière , "supranationale", créées par le Traité, et nettement distincte de la puissance publique des Etats membres. Les organes de la CEE exercent des droits souverains que les Etats membres ont abandonnés au profit de la Communauté qu'ils ont créée. La Communauté elle-même n'est pas un Etat, et n'est pas non plus un Etat fédéral. Elle est Communauté de nature particulière en voie d'intégration progressive (...) à laquelle la République fédérale d'Allemagne a transféré certains droits de souveraineté. Ainsi est née une nouvelle puissance publique, autonome et indépendante vis-à-vis de la puissance publique de chaque Etat membre ; ses actes n'ont donc pas besoin d'être approuvés (ratifiés) par les Etats membres, et ils ne sauraient non plus être annulés par eux. Le Traité représente en quelque sorte la constitution de cette Communauté. Les règles juridiques arrêtées par les institutions communautaires dans le cadre de leurs compétences découlant du Traité, "le droit communautaire secondaire", qui constituent un ordre juridique propre, ne relèvent ni du droit international public ni du droit national des Etats membres. Le droit communautaire et le droit interne des Etats membres sont deux ordres juridiques internes distincts et différents, le droit créé par le Traité CEE est issu d'une "source autonome"[124] ».

---

[122] BVerfGE 22, 293 (296), trad. in : RTDE 1968 p. 203-206 (204). Notons que la Cour constitutionnelle fédérale va même jusqu'à faire un renvoi à la jurisprudence de la CJCE. Dans l'arrêt Maastricht au contraire, la Cour constitutionnelle envisage le retrait allemand de l'Union européenne en faisant référence à son droit propre et au principe d'égalité souveraine avec d'autres Etats au sens de l'article 2 point 1 de la Charte des Nations Unies (BVerfGE 89, 155 [190]). Même si cette remarque n'intervient qu'à titre incident dans le raisonnement, la Cour, en faisant référence au droit international classique, apparaît en retrait par rapport aux principes énoncés dans sa jurisprudence antérieure.

[123] « Etat et constitution ne sont pas les deux faces d'une seule et même médaille », *Elisabeth Zoller*, Droit constitutionnel, PUF, Collection droit fondamental, 1998, 629 p. (20-21).

[124] Cette règle du "ni-ni" va pourtant poser certains problèmes pour les accords mixtes. Dans le cadre de leurs compétences internationales, les Communautés européennes peuvent conclure des accords internationaux. Ces accords sont dits mixtes lorsque l'objet de ceux-ci dépassent la compétence communautaire: ils sont alors conclus parallèlement par les Communautés européennes et par les Etats membres. Le traitement différent du droit international et du droit communautaire dans l'ordre interne allemand a pour conséquence que les dispositions du traité qui sont de la compétence communautaire ont un un rang supérieur à la Loi fondamentale lorsqu'elles ne touchent pas ses éléments structurants, alors que les dispositions qui relèvent des compétences des Etats membres ont simplement le rang d'une loi fédérale dans l'ordre interne [*Cf. Albert Bleckmann*, der gemischte Vertrag im Europarecht, EuR 1976, p. 301-31 ; *Albert Bleckmann*, der Grundsatz der Völkerrechtsfreundlichkeit, DÖV 1996, 137-145 (138)]. Le problème se pose de la même façon pour la CEDH, si les règles correspondent aux principes généraux du droit international public, elles ont une valeur supra-constitutionnelle, si ce n'est pas le cas, elles ont le rang d'une simple loi fédérale. [*Cf. Albert Bleckmann*, Verfassungsrang der EMRK, EuGRZ 1995, p. 149.]. Mêmes causes, mêmes effets pour la protection diplomatique désormais réglée à l'article 8 C TUE: "Tout citoyen de l'Union bénéficie, sur le territoire d'un pays tiers où l'Etat membre dont il est le ressortissant n'est pas représenté, de la protection de la part des autorités diplomatiques et consulaires de tout Etat membre, dans les mêmes conditions que les nationaux de cet Etat" [*Cf. Georg Ress, Torsten Stein (Hrsg.).*, Der diplomatische Schutz im Völker- und Europarecht, Nomos, Baden-Baden, 1996, (97-105)]. C'est pour cette raison qu'une partie de la doctrine estime qu'il n'y a aucune raison de soumettre les effets du droit international public à un traitement différent de ceux du droit communautaire. Pour éviter qu'un tel traité soit séparé en deux, on pourrait imaginer "que les

La construction juridique communautaire forme un ensemble qui ne répond pas aux canons du droit international[125]. Sur ce point les juges de Luxembourg et de Karlsruhe sont d'accord. Selon la CJCE la nature que l'on reconnaît au droit communautaire revêt une importance capitale car celle ci permet de définir la relation avec le droit national[126] : la CJCE va en effet exploiter la nature propre du droit communautaire pour en déduire sa primauté. Cette caractéristique du droit communautaire a été affirmée tant par la jurisprudence de la CJCE que par la doctrine : si la nature propre du droit communautaire ne fait aucun doute, en revanche, la relation entre la nature *sui generis* du droit communautaire et sa primauté n'est pas manifeste.

Ce raisonnement, pour la conception juridique allemande, correspond dès lors à un cercle vicieux : si le droit communautaire a une nature propre, il doit donc prévaloir, s'il prime cela signifie qu'il a une nature propre.

2°) La primauté du droit communautaire découle de sa nature propre

La Cour va donc tirer la conclusion du caractère *sui generis* du droit communautaire :

« le droit né du traité ne pourrait donc, en raison de sa nature spécifique et originale, se voir judiciairement opposer un texte interne quel qu'il soit ».

Le droit communautaire dérivé bénéficie certes d'une légitimité propre qui découle des traités communautaires. Mais qu'elle est la légitimité propre du droit primaire ? Le juge communautaire évite de répondre à cette question. Si le droit primaire n'est pas légitime, le droit dérivé ne l'est pas davantage. Par conséquent le caractère *sui generis* du droit communautaire ne saurait vider celui-ci d'un éventuel vice. Le raisonnement de la Cour de justice, favorable au droit communautaire, contient donc une faille que le juge constitutionnel va exploiter pour remettre en question la primauté du droit communautaire car le transfert de compétences opéré par un traité n'est opposable aux Etats signataires que dans la mesure où le traité lui-même est doté de cette primauté, le droit dérivé qui naît par l'exercice de ces compétences n'a pas de légitimité propre, de primauté autonome, mais participe à la primauté de l'acte conventionnel et seulement dans la mesure où il reste dans le cadre imposé par cet acte[127]. Or le seul critère auquel s'attache ici la CJCE est le caractère interne de la norme, qui doit s'incliner devant la règle communautaire : il peut donc s'agir de la norme suprême dans l'ordre interne. Cette affirmation péremptoire va dès lors se heurter à la jurisprudence de la Cour constitutionnelle de Karlsruhe. Celle-ci prendra comme référence la norme suprême dont elle veille au respect : la Loi fondamentale.

Les conclusions de l'avocat général Lagrange dans l'arrêt Costa Enel sont, de ce point de vue, éloquentes. Un arrêt de la Cour constitutionnelle italienne avait déclaré que le traité ayant été ratifié par une loi ordinaire postérieure contraire devait déployer ses effets selon les principes de la loi de succession dans le temps *(Lex posterior derogat legi priori)*. Le

---

Etats membres par la conclusion de l'accord transfèrent à la Communauté en même temps et de façon ponctuelle également les compétences de conclure les parties du Traité qui relèvent des compétences des Etats membres" [*Albert Bleckmann*, Der Grundsatz der Völkerrechtsfreundlichkeit, DÖV 1996, 137-145 (138)]. La CJCE semble pourtant réfuter cette interprétation : "Les difficultés susceptibles de se présenter sur le plan de la mise en œuvre d'un accord international quant à la coordination nécessaire en vue d'assurer l'unité d'action en cas de participation conjointe à celui de la Communauté et des Etats membres sont sans pertinence pour trancher la répartition des compétences quant à ladite participation" [CJCE 1994/11/15, Avis 1/94, Rec. p. 5267, 18].

[125] *Cf.* Rapport *Dehousse*, La primauté du droit communautaire sur les droits des Etats membres, PE 1965/66 Documents, n°43 du 25 mai 1965, également reproduit in: RTDE 1965, 212-246 (214-220).

[126] *Cf. Dieter Emrich,* Das Verhältnis des Rechts der Europäischen Gemeinschaften zum Recht der Bundesrepublik Deutschland, N.G. Elwert Verlag Marburg 1969, 148 p. (31).

[127] *Bruno de Witte, op. cit.* p. 438.

traité devait alors s'incliner devant la volonté la plus récente du législateur. C'est la conséquence de la théorie dualiste : la loi d'approbation du traité et la loi postérieure contraire ont la même force juridique et en raison du principe du parallélisme des formes, c'est donc la loi la plus ancienne qui doit s'incliner. L'avocat général note ainsi de façon sibylline :

« Il ne nous appartient pas de faire la critique de cet arrêt. Nous remarquerons seulement (bien qu'il s'agisse d'une remarque plutôt formelle) que la Cour constitutionnelle se réfère au conflit entre la loi considérée et la loi de ratification, alors qu'il s'agit d'un conflit entre la loi et *le traité* (ratifié par une loi ordinaire) ».

C'est faire ici abstraction de la théorie dualiste pour imposer une interprétation du droit communautaire qui correspond à la théorie moniste. Cette prise de position est justifiée par la volonté d'assurer l'uniformité de l'application du droit communautaire. Celle-ci impose en effet que les normes communautaires tant originaires que dérivées aient dans tous les Etats membres la même signification (gleichbedeutend), la même force obligatoire (gleichbindend), et le même contenu invariable (gleichbleibend), ce qui suppose la primauté absolue du droit communautaire sur le droit national[128].

Afin de consolider sa jurisprudence sur la primauté, qui reste une construction jurisprudentielle car elle n'est pas affirmée dans les traités communautaires, le juge communautaire recourt également au principe de loyauté communautaire. Primauté et loyauté se trouvent intimement liées[129]. L'article 5 (10) al. 2 CE précise en effet que

« (les Etats membres) s'abstiennent de toutes mesures susceptibles de mettre en péril la réalisation des buts du présent traité ».

C'est ainsi que les conclusions de l'avocat général dans l'affaire Reischl fondent directement la primauté du droit communautaire sur l'article 5 CEE :

«La primauté d'application du droit communautaire repose en définitive sur le principe de la compétence fonctionnelle de la Communauté et se trouve plus particulièrement exprimée à l'article 5 du Traité CEE[130]».

Les conclusions *Mayras* dans l'affaire Van Zuylen vont dans le même sens, même s'il reconnaît lui-même que l'obligation exprimée à l'article 5 (10) CEE « ne suffit pas par elle-même à limiter les droits nationaux ». Dans cette affaire, et faisant référence à l'arrêt Costa, l'avocat général explique aux juges communautaires : « c'est notamment sur cette disposition que vous avez fondé la primauté du droit communautaire »[131].

L'article 5 (10) CEE ne joue en fait qu'un rôle incident[132]. Dans ce jeu à bande, l'objectif premier est de permettre une application uniforme du droit communautaire car c'est là l'objectif du juge communautaire.

B. L'objectif du juge communautaire

L'audace jurisprudentielle du juge communautaire s'explique en fait par l'objectif visé par celui-ci. Car affirmer la primauté du droit communautaire permet au droit communautaire de développer tous ses effets. Cela va permettre une application uniforme, qui conditionne l'existence de la construction communautaire[133].

---

[128] *Cf. Denys Simon,* Le système juridique communautaire, PUF, Coll. Droit fondamental, 1997, p. 259, note 2.

[129] *Cf. Marc Blanquet*, L'article 5 du Traité C.E.E., recherches sur les obligations de fidélité des Etats membres de la Communauté, LGDJ 1993, Bib. de droit int. et com. Tome 108, 502 p. (199-206).

[130] CJCE 1980/03/27, Denkavit, aff. 61/79, Rec. p. 1205.

[131] CJCE 1974/07/03, Van Zuylen, aff. 192/73, Rec. p. 731.

[132] « Au-delà des argumentations axées sur l'uniformité (et l'article 5), la Cour définit donc la primauté comme une condition "*existentielle*" de l'ordre communautaire et l'article 5 est rejeté parmi les arguments accessoires, destinés à faire accepter et à conforter ce véritable "*Credo*" de la Cour », *Marc Blanquet*, p. 204.

[133] CJCE 1991/02/21, Zuckerfabrik Süderithmarschen, Aff. 143/88 et 92/89, Rec. p. 415.

1°) Assurer l'uniformité du droit communautaire

La logique qui est ici énoncée a été défendue en d'autres occasions. Par exemple Hallstein, alors président de la Commission :

« On a tenté çà et là d'assimiler le droit communautaire au droit international public en général et de recourir pour sa validité dans le cadre national aux règles de ratification que chaque Etat membre applique aux normes du droit international public.(...). Si cette opinion était vraie, le juge allemand et le juge italien devraient en effet - comme ils doivent le faire à l'égard du droit international public - appliquer toujours le droit national, si flagrante que soit son opposition avec le droit communautaire. En revanche, le juge néerlandais - pour ne citer que l'autre extrême- devrait toujours, d'après l'article 67 de la Constitution néerlandaise opérer inversement, à savoir laisser inappliquée la loi nationale qui va à l'encontre d'une règle de droit européen. Ceci est inacceptable. (...) La Communauté n'a pas d'infrastructure administrative, pas de pouvoir direct de coercition, pas d'armée, pas de police. Son unique instrument, sa seule arme, c'est le droit qu'elle fixe. Il est clair que sa mission serait au plus haut point menacée et en définitive mise en échec, si cet unique moyen de mettre en œuvre les objectifs communautaires perdait son caractère obligatoire uniforme dans tous les Etats[134] ».

En fait, non seulement la norme litigieuse ne pourrait pas s'appliquer dans le pays qui donne priorité à la loi postérieure contraire, mais encore dans les autres pays en raison des clauses de réciprocité qui conditionnent la primauté du droit communautaire[135]. La remise en cause de la primauté pourrait ainsi remettre en cause l'existence même de l'édifice communautaire.

2°) Assurer la pérennité du droit communautaire

Le danger souligné par l'avocat général est la remise en cause des principes fragiles sur lesquels reposent le droit européen :

« Mais ce sur quoi nous voulons insister, c'est sur les conséquences désastreuses - le mot n'est pas trop fort - qu'une telle jurisprudence, si elle était maintenue, risquerait d'avoir quant au fonctionnement du système institutionnel établi par le traité et, par voie de conséquence, quant à l'avenir même du marché commun »[136].

C'est ainsi que la Cour ajoute un considérant qui constitue à n'en pas douter le cœur de l'arrêt[137] :

« la force exécutive du droit communautaire ne saurait, en effet, varier d'un Etat à l'autre à la faveur des législations internes ultérieures, sans mettre en péril la réalisation des buts visés à l'article 5 (2), ni provoquer une discrimination interdite par l'article 7[138] ».

Elle a même été plus loin en montrant le lien indissoluble entre ce principe et la notion même de Communauté : «l'application intégrale et uniforme du Traité s'impose à peine de vider la Communauté de toute substance»[139].

Comme le souligne l'avocat général dans l'affaire Costa, les objections en Allemagne proviennent du fait que l'ordre juridique communautaire ne serait pas en mesure de procurer

---

[134] Intervention dans le débat juridique sur le rapport Dehousse, session de juin 1965 du PE reproduit in: RTDE 1965, p. 247-254 (250).

[135] Ainsi par exemple l'article 55 de la Constitution française: «Les traités ou accords régulièrement ratifiés ou approuvés ont, dès leur application, une autorité supérieure à celle des lois, sous réserve, pour chaque accord ou traité, de son application par l'autre partie.»

[136] Rec. 1964, p. 1179.

[137] *de Witte, op. cit.* p. 440.

[138] Principe notamment réaffirmé dans l'arrêt suivant, CJCE 1969/12/13, Walt Wilhelm, aff. 14/68, Rec. p. 14.

[139] CJCE 1965/06/22, San Michele, aff. 9/65, Rec. p. 36 CJCE 1965/06/22, San Michele, aff. 9/65, Rec. p. 36 ; *B. Van der Esch,* L'unité du marché commun dans la jurisprudence de la Cour, CDE 1979, p. 303. Sur l'aspect existentiel de certains principes communautaires: *Cf. Pierre Pescatore,* Aspects judiciaires de "l'acquis cummunautaire", RTDE 1981, p. 617 (620).

aux citoyens de la RFA une protection des droits fondamentaux au moins équivalente à celle de la Loi fondamentale[140]. Mais une partie de la doctrine en Allemagne estime que l'argument qui consiste à dire que le droit communautaire serait remis en cause par la possibilité de le mesurer à l'aune de la protection des droits fondamentaux telle qu'elle est assurée dans l'ordre interne n'est pas suffisant[141]. Les premiers points d'achoppement entre les deux ordres juridiques se dessinent dès cette époque. Si le juge communautaire et le juge constitutionnel allemand reconnaissent l'un et l'autre que le droit communautaire n'est ni assimilable au droit international public, ni au droit proprement national, ils n'en font pas découler les mêmes conséquences.

L'efficacité du droit communautaire ne va pas rester sans influence sur la structure constitutionnelle allemande et va renforcer l'évolution vers un fédéralisme exécutif.

Section 2. L'évolution vers un fédéralisme exécutif

Dans la théorie du fédéralisme, le terme de fédéralisme exécutif peut apparaître comme une contradiction, voire un non-sens si l'on considère que l'un des principaux éléments du fédéralisme, c'est que les entités fédérées conservent une compétence législative exclusive.

Le fédéralisme exécutif est une évolution du régime allemand qui se caractérise par une atteinte au droit des Länder d'élaborer une réglementation propre au sein de leurs assemblées respectives et par un renforcement du rôle du Bundesrat, composé de représentants des gouvernements des Länder.

I. Les atteintes aux compétences formelles des Länder

Parce que le droit communautaire ignorait (ou faisait semblant d'ignorer) les entités infra-étatiques des pays membres, on pouvait penser que l'intégration européenne n'avait aucune prise sur leur organisation institutionnelle interne. C'est du moins l'opinion dominante qui se manifeste dans la jurisprudence de la Cour de justice car celle-ci ne prend pas en considération les difficultés de mise en œuvre du droit communautaire résultant justement de la structure fédérale de l'Allemagne. Le juge européen communautaire examine le respect des traités sous l'angle téléologique. Peu importe les conséquences que peut avoir le droit communautaire sur les compétences législatives et administratives et des Länder.

§ 1. Les atteintes au pouvoir législatif

Les Länder ont deux possibilités pour intervenir dans le domaine législatif. Ils peuvent d'une part participer à la législation de la Fédération et d'autre part exercer leurs compétences législatives exclusives au sein des parlements des Länder. Ces deux formes de compétence législative se trouvent l'une et l'autre atteintes par le droit communautaire. Or le domaine législatif revêt une importance toute particulière en Allemagne pour l'application du droit communautaire car « selon la jurisprudence de la Cour constitutionnelle, toutes les règles essentielles doivent être posées par la loi. C'est la raison pour laquelle les règles nationales d'application du droit communautaire sont plus souvent d'une nature législative en Allemagne que dans les autres Etats membres »[142].

---

[140] Rec. 1964 p. 1178.

[141] Voir par exemple *Eckart Klein*, Der Verfassungstaat als Glied einer europäischen Gemeinschaft, VVDStRL 50, 1991, p. 56-96 (78-79).

[142] *Michel Fromont et Heinrich Siedentopf*, L'administration de la République fédérale d'Allemagne et l'intégration européenne, in: Administrations nationales et intégration européenne, sous la direction de Charles Debbasch, Edition du CNRS, Paris 1987, p.15-28 (23).

A. La participation à la législation fédérale

Les incidences de l'intégration européenne sur la participation des Länder à la législation fédérale se déroulent en deux étapes. Dans un premier temps, de la même façon que les Länder étaient atteints dans leur domaine de législation exclusive, les Länder ont vu fondre leurs droits de participer à l'élaboration des lois fédérales avec les transferts de souveraineté aux institutions communautaires. Dans un deuxième temps, le Bundesrat a vu croître ses compétences de manière spectaculaire à partir de la révision constitutionnelle de 1992[143]. Ce faisant, les pouvoirs de légiférer des Länder apparaissent déséquilibrés au profit du Bundesrat car les compétènces de cette institution ne compensent pas les atteintes aux compétences législatives exclusives des Länder.

Cette évolution ne peut pas être en pris en considération indépendamment de l'évolution du fédéralisme dans l'ordre interne car les tendances unitaires du régime font que les Länder se trouvent davantage associés à la législation fédérale par l'intermédiaire du Bundesrat.

1°) L'accroissement des compétences législatives fédérales

Ces extensions concernent les compétences législatives exclusives avec le domaine de la défense (art. 73 n° 1 LF)[144] mais surtout les compétences législatives concurrentes avec la production et l'utilisation de l'énergie nucléaire à des fins pacifiques (art. 74 n° 11a LF)[145], la réglementation des allocations de formation et de promotion de la recherche scientifique (art. 74 n°13 LF)[146], le financement des hôpitaux et la tarification des soins hospitaliers (art. 74 n° 19a)[147], la circulation routière, les véhicules automobiles (art. 74 n° 22 LF)[148], les mesures de protection relatives aux produits alimentaires courants et d'agrément (art. 74 n°20 LF)[149], l'élimination des déchets, la lutte contre la pollution atmosphérique et la lutte contre le bruit (art. 74 n° 24 LF)[150], la législation des armes et des explosifs (art 74 n°4a LF)[151], le traitement et les pensions des personnels de la fonction publique (art. 74a LF)[152]. Les dispositions-cadres de la Fédération ont également été augmentées des principes généraux de l'enseignement supérieur (art. 75 I 1 n° 1a LF)[153], du statut juridique des personnes au service des Länder, des communes et des autres collectivités de droit public (art. 75 I 1 n° 1 LF)[154] et de la protection du patrimoine culturel allemand contre son départ à l'étranger (art. 75 I 1 n° 6)[155].

L'accroissement des compétences concurrentes de la Fédération aurait pu avoir des conséquences limitées pour les Länder si la Fédération n'avait pas fait usage de son droit de légiférer:

> « Dans les domaines de la législation concurrente, les Länder ont le pouvoir de légiférer aussi longtemps, et pour autant que la Fédération ne fait pas usage de son droit de légiférer ».

---

143 *Cf. infra* p. 294 pour un tableau résumant les compétences du Bundesrat dans les affaires de l'Union européenne.
144 Loi du 26.3.1954 (BGBl. I, p.45), mod. par la loi du 24.6.68 (BGBl.I, p.709).
145 Loi du 23.12.1959 (BGBl. I, p.813).
146 Loi du 12.5.1969 (BGBl. I, p.363).
147 Loi du 12.5.1969 (BGBl. I, p 363).
148 Loi du 12.5.1969 (BGBl. I, p 363).
149 Loi du 18.3.1971 (BGBl. I, p. 207).
150 Loi du 12.4.1972 (BGBl. I, p.593).
151 Loi du 28.7.1972 (BGBl. I, p.1305), modifiée par la loi du 23.8.76 (BGBl. I, p.2383).
152 Loi du 18.3.1971 (BGBl. I, p. 206).
153 Loi du 12.5.1969 (BGBl. I, p.363).
154 Loi du 18.3.1971 (BGBl. I, p.206)
155 Loi du 27.10.1994 (BGBl. I, p. 3146).

Les interventions du législateur fédéral devaient être limitées par l'article 72 II LF mais cette disposition constitutionnelle a eu en fait l'effet inverse de celui recherché, ce qui a justifié la nouvelle rédaction de cet article par la 42ème révision de la Constitution du 27 octobre 1994 :

« Dans (le domaine de la compétence législative concurrente), la Fédération a le droit de légiférer lorsque et pour autant que la réalisation de conditions de vie équivalentes sur le territoire fédéral ou la sauvegarde de l'unité juridique ou économique dans l'intérêt de l'ensemble de l'Etat rendent nécessaire une réglementation législative fédérale ».

En fait, l'utilisation des compétences concurrentes par le législateur fédéral a toujours été légitimé par la Cour constitutionnelle fédérale qui a ainsi accompagné l'évolution du fédéralisme vers un système plus unitaire. Le juge de Karlsruhe a, en effet, estimé que la question de savoir si les conditions posées par l'article 72 II LF étaient réunies, était une question politique et ne pouvait donc pas faire l'objet d'un contrôle de constitutionnalité[156]. Depuis la réforme du 27 octobre 1994, la Cour constitutionnelle peut être saisie sur le fondement de l'article 93 I 2a LF en cas de divergences d'opinion sur le point de savoir si une loi satisfait aux conditions de l'article 72 II, sur demande du Bundesrat, d'un gouvernement d'un Land ou de la représentation du peuple d'un Land.

La conjonction de l'évolution interne du fédéralisme vers un Etat plus unitaire et la pression communautaire limite la possibilité pour le législateur du Land de mettre en place une réglementation propre.

Dans certains domaines tel que l'environnement, la transposition en droit interne des directives communautaires relève à la fois de la Fédération et des Länder. Mais la mise en œuvre des compétences législatives lors de la transposition entraîne une obligation pour la Fédération de s'assurer que les directives communautaires sont correctement mises en œuvre par les Länder. C'est ainsi que la CJCE à propos de la directive sur la protection des eaux souterraines[157] a déclaré :

« chaque Etat membre est libre de répartir comme il le juge opportun, les compétences sur le plan interne et de mettre en œuvre une directive au moyen de mesures prises par les autorités régionales ou locales. Cette répartition de compétences ne saurait cependant le dispenser de l'obligation d'assurer que les dispositions de la directive soient traduites fidèlement en droit interne »[158].

La mise en œuvre des compétences cadres de la fédération révèlent la même tendance vers un Etat plus unitaire.

L'article 75 de la Loi fondamentale permet à la Fédération d'édicter des dispositions-cadres[159] pour la législation des Länder, sous la réserve des conditions prévues à l'article

---

[156] Sur la jurisprudence de la CCF, voir *Gérard Marcou,* L'évolution récente du fédéralisme allemand sous l'influence de l'intégration européenne et de l'unification, RDP 1995, p. 883-919 (886-887, note 11). Il faut toutefois signaler que la Cour constitutionnelle a déjà censuré une loi fédérale ou certaines de ses dispositions non parce que les conditions de l'article 72 II LF n'étaient pas réunies mais parce que le fondement d'une telle législation fédérale faisait défaut. BVerfGE 01, 14 (35) - Neugliederungsgesetz ; BVerfGE 15, 1 - Bundeswasserstraßenreinhaltung ; BVerfGE 22, 181 (210) - Jugendhilfe ; BVerfGE 26, 246 (257) - Ingenieur-Gesetz ; BVerfGE 26, 281 - Gebührenpflicht von Bundesbahn und Bundespost ; BVerfGE 26, 338 - Eisenbahnkreuzungsgesetz ; BVerfGE 61, 149 - Amtshaftung ; BVerfGE 67, 256 - Investitionshilfegesetz ; BVerfGE 82, 159 - Absatzfonds. Voir *Christian Callies,* Die Justitiabilität des Art. 72 Abs. 2 GG vor dem Hintergrund von kooperativem und kompetitiven Föderalismus, DÖV 1997, p. 889-899 (894).

[157] Directive 80/68/CEE du Conseil, du 17 décembre 1979, concernant la protection des eaux souterraines contre la pollution causée par certaines substances dangereuses (JO 1980, L 20, p. 43).

[158] CJCE 1991/02/28, Commission c/ RFA, Aff. 131/88, Rec. p. 825.

[159] Il peut s'agir de mesures qui ne prennent pas la forme de loi. *Cf. Gérard Marcou,* L'évolution récente du fédéralisme allemand sous l'influence de l'intégration européenne et de l'unification, RDP 1995, p. 883-919

72[160]. Ces dispositions sont adressées au législateur du Land et s'inspirent de la conception des directives communautaires[161]. Très détaillées, elles ne laissent qu'un pouvoir extrêmement limité au législateur du Land[162] malgré l'article 75 II LF. Celui-ci prévoit que des dispositions-cadres ne peuvent qu'exceptionnellement contenir des règles allant dans le détail[163] ou directement applicables (à la différence des directives communautaires).

Le rôle du Bundesrat dans la législation fédérale permet aux Länder de ne pas être exclus du processus législatif, même lorsque leurs droits exclusifs de légiférer sont remis en cause.

2°) *Le rôle du Bundesrat dans la législation fédérale*

Selon l'article 50 LF (ancienne version, avant la révision constitutionnelle du 21 décembre 1992),« les Länder participent à la législation et à l'administration de la Fédération par l'intermédiaire du Bundesrat ».

Cet article constitue l'un des aspects les plus marqués de la répartition verticale des pouvoirs. Ainsi, même lorsque la Fédération agit dans le cadre de sa compétence législative exclusive, les Länder ne sont pas exclus du processus décisionnel puisqu'ils y participent par l'intermédiaire de l'organe fédéral que constitue le Bundesrat.

Par conséquent lorsque la Fédération transfère ses compétences législatives aux institutions européennes, elle atteint en même temps la possibilité pour les Länder d'influencer la législation fédérale par l'intermédiaire du Bundesrat[164]. Le Bundesrat se voit ainsi privé de son droit d'initiative[165], de donner des avis[166], de convoquer une commission de conciliation[167], de faire jouer son droit de veto pour les lois qui requièrent son approbation[168], ou de tenter de bloquer la procédure législative pour les lois qui ne requièrent pas son approbation[169].

(906, note 58).

[160] Ces matières sont les suivantes: 1. Statut des personnes au service des Länder,des communes et d'autres collectivités de droit public, pour autant que l'article 74a n'en dispose pas autrement ; 1a. principes généraux de l'enseignement supérieur ; 2. statut général de la presse ; 3. chasse, protection de la nature et conservation des sites ; 4. répartition des terres, aménagement du territoire et régime des eaux ; 5. déclaration du domicile et cartes d'identité ; 6. protection du patrimoine culturel allemand contre son départ à l'étranger.

[161] *Gérard Marcou, op. cit.* à la note 159, p. 906-907.

[162] *Konrad Hesse, op. cit.* p. 15.

[163] La Cour constitutionnelle a déjà jugé que cela pouvait être le cas lorsqu'un intérêt légitime particulièrement fort le justifie. BVerfGE 43, 343 ; BVerfGE 66, 285.

[164] *Martin Meißner,* Die Bundesländer und die Europäischen Gemeinschaften - Eine Untersuchung zur Garantie des Bundesstaatsprinzip unter Berücksichtigung der Kompetenzkompensation und der Regelung des Art. 23 GG n. F. Nomos, Baden-Baden 1996, 297 p. (74).

[165] Art. 76 I LF: "Les projets de loi sont déposés au Bundestag par le gouvernement fédéral, par des membres du Bundestag ou par le Bundesrat.

[166] Art. 76 II 1 à 3 LF: Les projets du gouvernement fédéral sont d'abord soumis au Bundesrat. Le Bundesrat a le droit de prendre position sur ces projets dans un délai de six semaines. S'il demande une prolongation du délai pour un motif important, tenant compte notamment de l'ampleur du projet, le délai est de neuf semaines.

[167] Art. 77 II 1 LF: Dans les trois semaines qui suivent la réception du texte de loi adopté, le Bundesrat peut demander la convocation d'une commission formée de membres du Bundestag et du Bundesrat en vue de la discussion commune des textes.

[168] Art. 77 II 4 LF : la seule riposte du Bundestag et du gouvernement fédéral étant dès lors de convoquer la commission de concilation.

[169] Art. 77 III 1 et IVLF : Si une loi ne requiert pas l'approbation du Bundesrat, celui-ci peut faire opposition dans un délai de deux semaines à une loi adoptée par le Bundestag. Si l'opposition est votée à la majorité des voix du Bundesrat, elle peut être levée par une délibération prise à la majorité des membres du Bundestag. Si le Bundesrat a voté l'opposition à une majorité des deux tiers au moins de ses voix, la levée de l'opposition par le Bundestag requiert une majorité des deux tiers et, au moins, la majorité des membres du Bundestag.

Ces atteintes ont toutefois été largement compensées non seulement par le renforcement du rôle du Bundesrat dans le cadre du fédéralisme coopératif avec notamment l'instauration des tâches communes mais aussi par l'accroissement des compétences législatives exclusives et concurrentes de la Fédération. Cette évolution a été réalisée avec l'approbation des deux tiers du Bundesrat, puisqu'il s'agit de modifications de la Loi fondamentale (art. 79 II LF).

Globalement, il reste difficile à déterminer si les Länder ont véritablement perdus des droits de participer à la législation fédérale car les effets qui résultent de l'évolution interne et ceux qui résultent de l'intégration européenne se compensent assez largement. La situation est plus nette pour les compétences législatives exclusives et concurrentes des Länder où les Länder ont perdu des compétences à la fois sous la pression interne et sous la pression externe.

B. Les compétences législatives exclusives des Länder

Avec les atteintes subies dans le domaine des compétences législatives exclusives et concurrentes des Länder, c'est directement le droit des parlements des Länder à légiférer qui est remis en cause.

L'existence de compétences législatives exclusives au niveau fédéré peut être considérée comme l'expression même du principe fédéral. Il s'agit d'une condition nécessaire, sinon suffisante pour que l'on soit en présence d'un tel modèle de l'organisation de l'Etat. Ces compétences ne sont pas énumérées dans la Loi fondamentale mais peuvent être déduites par soustraction des compétences législatives exclusives et concurrentes de la Fédération, ainsi que de la législation cadre.

Dans le domaine des compétences législatives exclusives des Länder, on suppose que l'intervention de la Fédération n'est pas nécessaire. On comprend ainsi l'amertume des Länder quand une norme européenne intervient dans leurs domaines de compétence. Comment justifier l'intervention du niveau supérieur constitué par l'Union européenne alors même que celle du niveau intermédiaire, à savoir la Fédération, n'est pas requise ? L'argument classique défendu par les institutions communautaires et qui consiste à dire que les domaines en question seront mieux traités à l'échelon le plus élevé n'a aucune valeur pour les Länder puisque justement dans ces domaines, la compétence de la Fédération n'est pas requise mais bien au contraire celle des Länder.

Le droit communautaire a deux sources juridiques. D'une part, le droit communautaire primaire, c'est-à-dire essentiellement les Traités constitutifs, protocoles et déclarations annexes , traités et actes portant modification du système institutionnel et traités et actes relatifs à l'adhésion de nouveaux Etats membres et d'autre part le droit communautaire dérivé. Dans ce dernier cas, il s'agit surtout des directives et des règlements qui lient les Etats membres. A la différence des règlements, directement applicables dans l'ordre interne, les directives nécessitent une transposition en droit interne pour que leur contenu puisse être appliqué. L'article 189 (249) CE énonce en effet : « La directive lie tout Etat membre destinataire quant aux résultats à atteindre, tout en laissant aux instances nationales la compétence quant à la forme et aux moyens ». Se manifeste ici « le souci d'assurer une application uniforme des règles communes et la volonté de respecter l'autonomie institutionnelle et procédurale des Etats membres »[170].

Lorsque la directive touche un domaine de compétence exclusive des Länder, c'est à eux que revient la mission de transformer la directive en droit du Land[171] : l'Etat ne saurait

---

[170] *Denys Simon, op. cit.* p. 203.

[171] CJCE 1991/02/28, Commission c/ Allemagne, Aff. 57/89, Rec. p. 924.

" faire écran " entre les institutions communautaires et les entités infra-étatiques[172]. Cependant les Landtage sont soumis à de multiples contraintes qui affectent leur pouvoir de décision[173].

Tout d'abord les directives portent de plus en plus mal leur nom dans la mesure où elles sont de plus en plus précises et détaillées pour parvenir à une réglementation identique dans l'ensemble de l'Union européenne et éviter ainsi des discriminations entre les Etats. Cette caractéristique ne permet plus aux Länder d'avoir une grande marge d'appréciation quant au choix du moyen et de la forme pour atteindre l'objectif fixé par la directive. Même dans l'hypothèse où une directive semble laisser une marge de manœuvre relativement grande, le principe de loyauté communautaire vient rappeler que la directive doit être transposée pour développer les effets les plus grands quant aux buts poursuivis par celle-ci. Les mesures prises pour la transposition de la directive doivent en outre non seulement respecter les exigences de celle-ci mais aussi l'ensemble du droit communautaire. C'est ainsi que s'il existe déjà une décision de la Cour de justice relative à la matière de la directive, il faudra en tenir compte lors de la transposition[174].

Certes, ces contraintes ne pèsent pas exclusivement sur les Länder dans leurs domaines de compétences car elles s'imposent à l'ensemble des Etats membres, quelle que soit leur structure interne. Lorsque le législateur national doit transposer des directives communautaires, cela ne signifie pas qu'il ait pu préalablement faire entendre sa voix en raison du rôle prépondérant de l'exécutif au sein des instances communautaires. Dans le cas d'un Etat fédéral au sein de l'Union européenne, le déséquilibre dans la répartition horizontale du pouvoir entre exécutif et législatif est doublé par un déséquilibre dans la répartition verticale du pouvoir, à savoir entre les Länder et la Fédération : le pouvoir exécutif fédéral intervient à la place du pouvoir législatif fédéré.

Les Länder se trouvent donc dans l'obligation d'adopter une réglementation qui est décidée ailleurs et sans eux, et ne peuvent décider de laisser le droit du Land dans la situation existante. Les Landtage ne peuvent pas non plus choisir le moment de la transposition de la directive puisque celle-ci prévoit un délai butoir pour transformer la directive en droit interne[175].

Même lorsque le législateur fédéré s'abstient de transposer la directive dans les délais impartis, le droit du Land peut se trouver " submergé " par l'effet direct des directives, reconnu dans certains cas par la CJCE, c'est-à-dire que le particulier pourra se prévaloir des dispositions de la directive non transposée vis-à-vis du droit national[176].

---

172 *Cf. Y. Galmot et J.-Cl. Bonichot,* La CJCE et la transposition des directives en droit national, RFDA 1988, p. 1 (20).

173 Cette obligation des Länder est cependant quantitativement limitée car dans 90 à 95% des cas, la mesure de transposition revient à la Fédération. Il ne faut toutefois pas oublier que les Länder participent à la législation de Fédération par l'intermédiaire du Bundesrat et que celui-ci est donc en mesure de s'opposer à une transposition conforme au droit communautaire lorsque son approbation est nécessaire. La solution réside dès lors dans le principe de loyauté fédérale. *Cf. Klaus Winkel,* Die Umsetzung von EG-Richtlinien in deutsches Recht unter besonderer Berücksichtigung der Erfahrung in der Praxis, ZG 1997, p. 113-126 (116 et 122).

174 *Cf. Evelyn Haas,* Die Mitwirkung der Länder bei EG-Vorhaben, DÖV 1988, p. 613-622 (614). Voir également Denys Simon, Le système juridique communautaire, PUF 1997, p. 208-210.

175 On peut citer par exemple l'obligation pour les Länder de transposer la directive relative au droit de vote des résidents communautaires. Cette directive devait être transposée jusqu'au premier janvier 1996. Seul le Land de Brême n'a pas respecté ce délai en ne transposant la directive que le 17 octobre 1996 pour des raisons qui tenaient à la particularité sur le plan électoral de cette ville-Etat. Le Land n'a toutefois pas été sanctionné par la Commission pour ce retard. *Cf. Bodo Pieroth und Markus Schmülling,* Die Umsetzung der Richtlinie des Rates zum Kommunalwahlrecht der Unionsbürger in den deutschen Länder, DVBl. 1998, p. 365-372 (368).

176 Par cette reconnaissance de l'effet direct de certaines directives, la Cour tend à rendre le droit communautaire

Selon l'article 83 LF, c'est aux Länder que reviennent les compétences administratives :

« Sauf disposition contraire prévue ou admise par la présente Loi fondamentale, les Länder exécutent les lois fédérales à titre de compétence propre ».

Dans ce domaine, les Länder subissent également des atteintes à leurs compétences.

§ 2. Les atteintes dans le domaine de l'administration

«La tradition fédérale et décentralisatrice de l'Allemagne explique que l'administration allemande s'est adaptée sans difficulté à l'apparition d'un niveau supplémentaire, celui des Communautés»[177].

Il n'empêche que les Länder ont vu ainsi fondre leurs compétences administratives.

Les institutions communautaires disposent dans certains domaines du pouvoir exécutif propre mais dans d'autres domaines cette compétence revient aux Etats membres, ce qui joue un rôle tout particulier en Allemagne pour les Länder selon la répartition des compétences entre le gouvernement fédéral et les Länder.

A. L'exécution directe du droit communautaire

Les compétences communautaires pour mettre en œuvre le droit communautaire concernent essentiellement le droit de la concurrence et le droit des aides étatiques, également domaines où les Länder sont appelés à intervenir.

Après avoir posé le principe général prohibant les aides étatiques et les cas où ces aides peuvent être considérées comme compatibles avec le marché commun (art. 92 [87] CE), le Traité CE prévoit la procédure applicable à l'égard de l'Etat qui ne se soumettrait pas à la réglementation communautaire (art. 93 [88] CE). Si après avoir mis les intéressés en demeure de présenter leurs observations, la Commission constate qu'une aide accordée par un Etat, n'est pas compatible avec le marché commun ou que cette aide est accordée de façon abusive, elle décide que l'Etat intéressé doit la supprimer ou la modifier dans le délai qu'elle détermine mais pour cela, la Commission doit être informée en temps utile pour présenter ses observations, des projets tendant à instituer ou à modifier des aides. En outre l'Etat membre intéressé ne peut mettre à exécution les mesures projetées avant que la procédure de contrôle de la Commission n'ait abouti à une décision finale[178]. Si l'Etat membre ne s'est pas conformé à ces dispositions, il ne saurait s'abriter derrière les normes nationales prévoyant par ailleurs la protection de la confiance légitime du bénéficiaire de l'aide étatique pour s'exonérer de son devoir de récupérer une aide illégale. C'est ce que la Cour de justice a souligné dans l'affaire *Alcan* en mettant en lumière la contradiction

---

plus contraignant en renforçant l'effet obligatoire des directives à l'égard des Etats membres. Pour qu'une directive produise des effets directs, il faut que ses dispositions soient claires ou susceptibles d'être clarifiées par l'interprétation juridictionnelle, que le délai imparti pour les mesures de transposition soit expiré et que l'existence d'une marge d'appréciation des autorités nationales ne s'opposent pas à une application juridictionnelle directe. *Cf. Denys Simon,* p. 250-254. CJCE 1974/12/04, Van Duyn, Aff. 41/74, Rec. p.1337; CJCE 1979/04/05, Ratti Aff. 148/78, Rec. p. 1629; CJCE 1990/02/22, Busseni, Aff. 221/88, Rec. p. 495; CJCE 1984/04/10, Von Colson et Kamann / Land Nordrhein-Westfalen, aff. 14/83, Rec. p. 1891 ; CJCE 1991/11/19, Francovich et Bonifaci, 6 et 9/90, Rec. p. 5357.

[177] *Michel Fromont et Heinrich Siedentopf,* L'administration de la République fédérale d'Allemagne et l'intégration européenne, in: Administrations nationales et intégration européenne, sous la direction de Charles Debbasch, Edition du CNRS, Paris 1987, p.15-28 (16).

[178] La décision finale de la Commission statuant sur la compatibilité de l'aide avec le marché commun n'a pas en outre pour conséquence de régulariser ces mesures *a posteriori*. Voir CJCE 1991/11/21, Fédération nationale du commerce extérieur des produits alimentaires et Syndicat national des négociants et transformateurs de saumon, Aff. C-142/93, Rec. p. 5505, pt 16.

pouvant survenir entre le droit communautaire et l'article 48 de la loi sur la procédure administrative non contentieuse (*Verwaltungsverfahrensgesetz - VwVfG*)[179].

Alcan est la filiale allemande d'une société canadienne et à partir de 1979, elle a exploité une usine d'aluminium à Ludwigshafen. Décidée à fermer l'usine après une hausse importante de l'électricité, la société a reporté sa décision après que le Land de Rhénanie-Palatinat, en accord avec le gouvernement fédéral a proposé une aide de transition d'un montant de 8 millions de DM. La Commission a immédiatement rappelé qu'aucune aide ne devait être payée aussi longtemps que la Commission n'avait pas rendu sa décision finale. Le Land, pourtant averti de la mise en garde communautaire, n'en a pas moins versé la première moitié de l'aide. A l'issue de son contrôle préalable, la Commission a informé que l'aide qui avait déjà été versée était illégale et que le solde ne devait pas être payé avant que la Commission ait pris une décision définitive. Bien qu'informé de la position de la Commission, le Land n'en a pas moins versé le solde à *Alcan*.

Par une décision du 14 décembre 1985, la Commission a constaté que l'aide octroyée était illégale et par conséquent en a ordonné la restitution. Par requête du 30 mars 1987, la Commission a introduit un recours devant la Cour qui, par arrêt du 2 février 1989 (l'arrêt dit *Alcan* I[180]), a jugé que la RFA avait manqué aux obligations qui lui incombaient en vertu du traité, en ne se conformant pas à la décision de la Commission. Le Land de Rhénanie-Palatinat a donc arrêté, le 26 septembre 1989, une décision portant retrait des décisions ayant octroyé l'aide et a demandé le remboursement des 8 millions de DM. *Alcan* a saisi le tribunal administratif qui a annulé la décision du Land portant retrait de l'aide au motif qu'elle était contraire à l'article 48 § 4 de la loi du Land sur la procédure administrative non contentieuse. Débouté en appel, le Land s'est pourvu devant la Cour administrative fédérale qui a déféré l'affaire à la Cour de justice.

L'article 48 de la loi du Land sur la procédure administrative prévoit qu'un acte administratif ne peut être retiré dès lors que l'administré bénéficiaire s'est fié à la force juridique de l'acte administratif et que, compte tenu de l'intérêt public à un retrait, sa confiance en l'existence de l'acte est digne de protection. En règle générale, sa confiance légitime est digne de protection dès lors que l'administré bénéficiaire a consommé les prestations allouées ou déclare qu'il a souscrit des engagements de nature patrimoniale dont il ne peut plus se retirer ou dont il ne peut se retirer qu'en subissant des désavantages qu'on ne saurait lui imposer. L'administré bénéficiaire ne peut cependant se prévaloir de sa confiance en la force juridique de l'acte administratif dans trois hypothèses :

1. lorsque l'acte administratif a été obtenu par dol, contrainte ou corruption,
2. lorsque l'acte administratif a été obtenu sur la base d'indications, qui, relatives à des éléments essentiels, étaient inexactes ou incomplètes,
3. lorsque l'intéressé connaissait le caractère irrégulier de l'acte administratif ou s'il n'en avait connaissance par suite d'une faute de négligence grave de sa part.

Le paragraphe 4 de l'article 48 VwVfG dispose en outre que si l'autorité a connaissance de circonstances justifiant le retrait d'un acte administratif irrégulier, le retrait doit être effectué dans le délai d'un an à partir du moment où elle a eu connaissance des circonstances en cause.

---

[179] CJCE 1997/03/20, Land Rheinland-Pfalz c/ Alcan Deutschland GmbH (Alcan II), Aff. C-24/95, Rec. p. 1591 ; CJCE 1990/09/20, Commission c/ Allemagne, Aff. C- 5/89, Rec. I, p. 3437 (arrêt BUG-Alutechnik).

[180] CJCE 1989/02/02, Commission c/ Allemagne, Aff. 94/87, Rec. p. 175.

Dans un arrêt précédent[181], la Cour de justice avait par ailleurs admis que les principes du respect de la confiance légitime et de la sécurité juridique, qui inspirent l'article 48 VwVfG, faisaient partie de l'ordre juridique communautaire et ne sauraient donc être contraires à ce même ordre juridique[182]. La contradiction entre l'article 48 VwVfG et le droit communautaire ne sera surmonté que grâce au subtil raisonnement du juge communautaire.

L'emploi du verbe " peut " à l'article 48 paragraphe 1 VwVfG signifie que le Land dispose d'un pouvoir d'appréciation pour décider de procéder ou non au retrait des décisions illégales en matière d'aides. La Cour administrative fédérale estime qu'en exerçant ce pouvoir, le Land a enfreint le principe de la bonne foi en rapportant la décision alors qu'il n'avait pas informé le bénéficiaire des doutes entachant la légalité de l'aide. Toutefois, c'est la Commission qui décide de la restitution d'une aide d'Etat illégale. Les autorités nationales sont tenues de mettre cette décision a exécution et n'ont aucun pouvoir d'appréciation en matière de retrait des décisions d'octroi d'aides. Le seul recours du bénéficiaire est donc de contester éventuellement la manière dont la Commission a fait usage de son pouvoir discrétionnaire d'ordonner la restitution, en saisissant le Tribunal de première instance. Comme le souligne la Cour, le rôle des autorités nationales est simplement de mettre la décision de la Commission à exécution. Par cette affirmation les compétences des Länder en la matière sont réduites à néant. Il y a donc une contradiction entre l'article 48 VwVfG qui laisse un pouvoir d'appréciation aux autorités nationales et l'obligation de restituer les aides indûment perçues selon le droit communautaire[183]. Cette première contrariété entre les deux ordres juridiques est donc levée par la Cour de justice au profit du droit communautaire.

Se posait dès lors un second problème car les autorités nationales avaient laissé expirer le délai de forclusion prévu à l'article 48 paragraphe 4 VwVfG. Selon la Cour, cette situation ne saurait être assimilée à celle d'un opérateur économique qui ignore si l'administration compétente va se prononcer et où le principe de la sécurité juridique exige qu'il soit mis fin à cette incertitude avant l'expiration du délai prévu par le droit national. Compte tenu de l'absence de pouvoir discrétionnaire de l'autorité nationale, le bénéficiaire de l'aide octroyée illégalement n'est plus dans l'incertitude dès que la Commission a déclaré l'incompatibilité de cette aide avec le marché commun et exige sa récupération. Le principe de la sécurité juridique ne saurait donc faire obstacle à la restitution de l'aide au motif que les autorités nationales se sont conformées avec retard à la décision exigeant cette restitution. Dans le cas contraire, la récupération des sommes indûment versées serait rendue pratiquement impossible et les dispositions communautaires relatives aux aides d'Etat privées de tout effet utile. Le droit national doit donc s'effacer devant le droit communautaire[184] et le bénéficiaire de l'aide ne saurait l'ignorer : si l'ordre juridique communautaire ne saurait s'opposer à une législation nationale qui assure le respect de la confiance légitime et de la sécurité juridique dans le cadre de la récupération, il y a lieu de relever toutefois que, compte tenu du caractère impératif de l'article 93 (88) du traité, il ne

[181] CJCE 1983/09/21, Deutsche Milchkontor, Aff. 205/82 et 215/82, Rec. p. 2633, point 30.

[182] Mais il ne s'agissait pas dans cet arrêt de la récupération d'une aide d'Etat mais de sommes indûment versées au titre de la réglementation communautaire relative à l'aide à la transformation du lait écrémé en poudre.

[183] A noter que cette contradiction n'a pourtant pas influencé la récente loi portant modification de diverses dispositions de procédure administrative du 2 mai 1996 (BGBl. I, p. 656). *Cf. Gérard Marcou,* Der Beitrag der Mitgliestaaten zur europäischen Integration, (non encore publié).

[184] CJCE 1997/03/20, Land Rheinland-Pfalz c/ Alcan Deutschland GmbH (Alcan II), Aff. C-24/95, Rec. p. 1591 (p. 1619, point 35 à 37).

saurait y avoir, en principe, une confiance légitime dans la régularité de l'aide que si celle-ci a été accordée dans le respect de la procédure prévue par ledit article. En effet, un opérateur économique diligent doit normalement être en mesure de s'assurer que cette procédure a été respectée[185].

Les Länder sont également tenus de respecter le droit communautaire lorsqu'ils l'exécutent eux-mêmes.

B. L'exécution indirecte du droit communautaire

Selon la répartition des compétences dans l'ordre interne, c'est essentiellement aux Länder que revient la mission de mettre en œuvre le droit communautaire, ce qui n'est pas sans incidences sur leurs finances.

1°) La mise en œuvre du droit communautaire par les Länder

Selon le droit communautaire, seule compte l'effectivité des normes communautaires. Peu importe la structure interne ou l'organisation administrative des Etats membres. C'est ainsi que les Länder, même s'ils n'étaient pas reconnus par les traités, sont tenus d'exécuter le droit communautaire. La répartition des compétences dans le domaine de l'administration prévue par la Loi fondamentale à l'article 83 vaut donc également pour le droit communautaire :

> « Sauf disposition contraire prévue ou admise par la présente Loi fondamentale, les Länder exécutent les lois fédérales à titre de compétence propre ».

Malgré ces principes constitutionnels, le rôle de l'administration fédérale reste déterminant en raison d'une interprétation extensive des articles 87 (matières d'administration propre à la Fédération)[186] et 108 LF (administration financière). L'article 87 a ainsi permis la création d'organes fédéraux autonomes, notamment l'Office fédéral de l'organisation des marchés agricoles (Bundesanstalt für landwirtschaftliche Marktordnung) et l'Office fédéral pour l'alimentation et l'économie forestière (Bundesanstalt für Ernährung und Forstwirtschaft). En matière d'agriculture, les compétences administratives des Länder ne concernent plus en fait que la politique communautaire d'amélioration des structures agricoles. Mais dans ce domaine, les règles communautaires s'imposent également aux Länder.

Dans l'arrêt du 12 juin 1990[187], la République fédérale d'Allemagne demandait l'annulation partielle d'une décision de la Commission relative à l'apurement des comptes du Fonds européen d'orientation et de garantie agricole (FEOGA)[188]. La Commission avait

---

[185] CJCE 1997/03/20, Land Rheinland-Pfalz c/ Alcan Deutschland GmbH (Alcan II), Aff. C-24/95, Rec. p. 1591 (p. 1617, point 25), voir également CJCE 20/09/90, Commission c/ Allemagne, précité, point 13 et 14 et CJCE 1997/01/14, Espagne c/ Commission C-165/95, Rec. I, p. 135, point 51).

[186] Et plus particulièrement l'alinéa III: "Pour des matières relevant de la compétence législative de la Fédération, une loi fédérale peut créer des autorités administratives supérieures fédérales indépendantes et de nouveaux établissements et collectivités de droit public rattachés directement à la Fédération. Si de nouvelles tâches incombent à la Fédération dans les domaines où elle a une compétence législative, des autorités administratives fédérales de niveau intermédiaire et inférieur peuvent être créées en cas de besoins impérieux avec l'approbation du Bundesrat et de la majorité des membres du Bundestag".

[187] CJCE 1990/06/12, Allemagne c./ Commission, Aff. 8/88, Rec. p. 2321.

[188] Il s'agissait de la décision 87/541/CEE de la Commission du 21 octobre 1987, modifiant les décisions 87/468/CEE et 87/469 relatives à l'apurement des comptes des Etats membres au titre des dépenses financées par le FEOGA pour les exercices financiers 1984 et 1985 (JO 1987, L 324, p. 32). La partie attaquée de la décision refusait le financement communautaire de certaines dépenses exposées par l'Allemagne dans le cadre du règlement CEE n° 1244/82 de la Commission, du 19 mai 1982, portant modalités d'application du régime de prime au maintien du troupeau de vaches allaitantes (JO 1982, L 143, p. 20) et du règlement CEE n° 3007/84 de la Commission, du 26 octobre 1984, portant modalités d'application de la prime au bénéfice des producteurs de viande ovine (JO 1984, L 283, p. 28).

refusé le financement en raison principalement de l'absence d'organisation et de contrôle efficace du mode d'octroi des primes. Or en Allemagne, ce contrôle n'est pas établi de manière uniforme pour l'ensemble du territoire mais relève de la responsabilité de chaque Land. La Commission reprochait donc aux autorités fédérales de ne pas avoir donné aux Länder des instructions détaillées sur la nature et la fréquence des contrôles propres à assurer le respect des conditions posées par la réglementation communautaire à l'octroi de primes, et aux Länder de ne pas avoir défini et appliqué les mesures de contrôle appropriées. L'avocat général souligne qu'en principe, l'ordre constitutionnel interne des Etats membres n'est pas influencé directement par le droit communautaire mais que cet ordre ne peut donner prétexte à une observation moins rigoureuse des obligations communautaires[189].

La CJCE conclut qu'il incombe à toutes les autorités des Etats membres, qu'il s'agisse d'autorités du pouvoir central de l'Etat, d'autorités d'un Etat fédéré ou d'autres autorités territoriales, d'assurer le respect des règles du droit communautaire dans le cadre de leurs compétences. En revanche, il n'appartient pas à la Commission de se prononcer sur la répartition des compétences opérée par les règles institutionnelles de chaque Etat membre et sur les obligations qui, dans un Etat doté d'une structure fédérale, peuvent incomber respectivement aux autorités fédérales et aux autorités des Etats fédérés. Elle ne peut que contrôler si l'ensemble de mesures de surveillance et de contrôle établi selon les modalités de l'ordre juridique national est suffisamment efficace pour permettre une application correcte des prescriptions communautaires.

Quoi qu'en pensent les parties et l'avocat général, cela signifie que le droit communautaire a des incidences sur la structure des compétences entre Länder et Fédération car selon la Cour, « la réglementation communautaire, sans aller jusqu'à imposer aux Etats membres l'établissement de règles détaillées et rigides[190], implique cependant l'obligation d'instaurer un ensemble cohérent de mesures comportant des lignes directrices concrètes à l'adresse des agents chargés des inspections sur place »[191].

La CJCE s'abstient évidemment de préciser quelle autorité serait chargée d'établir ces mesures. La seule solution, respectueuse de l'ordonnancement des compétences dans l'ordre interne et des droits des Länder, consisterait pour eux à établir une collaboration horizontale afin de déterminer des mesures communes permettant de garantir l'efficacité des contrôles. La Fédération pourrait alors éventuellement intervenir dans le cadre de la contrainte fédérale en cas d'inexécution des Länder.

La mise en oeuvre du droit communautaire par les Länder a également des répercussions sur leurs finances.

2°) Les répercussions sur les finances des Länder

Les traités communautaires ont pour destinataires les Etats membres, à l'exclusion des entités infra-étatiques. Pour la Fédération, cela ne signifie pas que les Länder doivent être exclus du financement communautaire ou les dispense de participer financièrement à la mise en œuvre du droit communautaire[192].

---

[189] CJCE 1990/06/12, Allemagne c./ Commission, Aff. 8/88, Rec. p. 2321 (2337, point 6).

[190] Il peut toutefois arriver que la réglementation communautaire impose aux Etats l'établissement de règles "détaillées et rigides": « lorsque la directive pose une *condition* pour l'octroi d'une autorisation, cette condition doit être reprise en termes exprès dans une disposition de droit national ; il ne suffit pas de se référer à une pratique administrative constante ». CJCE 1991/02/28, Commission c/ Allemagne, Aff. 131/88, Rec. p. 825 (858).

[191] CJCE 12/06/90 préc. p. 2363, point 36.

[192] *Thomas Remmers*, Europäische Gemeinschaften und Kompetenzverluste der deutschen Länder, Verlag Peter

a) Le financement de l'Union européenne

Le financement de l'Union européenne est l'objet d'un litige entre la Fédération et les Länder. Selon le gouvernement fédéral, les revenus de l'Union européenne ne doivent pas être comptés dans le budget propre puisqu'il s'agit de ressources propres de la Fédération et que le gouvernement ne peut plus disposer de la part de TVA transmise à l'Union européenne (environ 16,7% de la part de la Fédération). Pour les Länder au contraire, ces moyens doivent être considérés comme des revenus de la Fédération en se fondant sur l'article 106 I n°7 qui prévoit que les taxes et prélèvements opérés dans le cadre des Communautés européennes reviennent à la Fédération. Cette classification dans l'ordre interne comme revenu de la Fédération et en droit communautaire comme revenu propre de l'Union européenne ne serait pas contradictoire[193]. Mais en réalité, la disposition de l'article 106 I n° 7 n'a qu'un aspect formel et n'instaure qu'un poste budgétaire courant[194].

La Fédération est favorable à l'insertion d'une disposition supplémentaire à l'article 106 III 3 LF qui permettrait aux Länder de financer directement une partie des ressources communautaires[195]. Les Länder s'appuient au contraire sur l'article 32 I LF (La charge des relations avec les Etats étrangers relève de la Fédération) 87 I 1 LF (Les affaires étrangères sont gérées par une administration fédérale,) et 104a I LF pour dénier toute obligation financière envers l'Union européenne[196].

En fait, les Länder participent indirectement aux ressources communautaires : selon l'article 106 III 4 n°1, la Fédération et les Länder ont un droit égal à la couverture des dépenses qui leur sont nécessaires. C'est l'un des critères qui permet de déterminer les quotes-parts de la Fédération et des Länder. Dans la mesure où les contributions financières de la Fédération sont considérées comme des dépenses, cela a pour conséquence de diminuer d'autant la part des Länder au produit de la TVA, de telle sorte que Fédération et Länder participent environ chacun pour moitié au financement communautaire[197].

Les incidences sur les finances des Länder se mesurent également pour les normes communautaires accordant des prestations.

b) Les normes communautaires accordant des prestations

Dans une telle hypothèse, le droit communautaire ne prévoit aucune disposition. Le droit national est donc applicable.

Le gouvernement fédéral est d'avis que les Länder devraient supporter les charges financières qui résultent de la mise en œuvre du droit communautaire puisque c'est à eux que revient l'exercice des pouvoirs étatiques et l'accomplissement des missions de l'Etat (article 30 et 104a I LF) :

> « L'exercice des pouvoirs étatiques et l'accomplissement des missions de l'Etat relèvent des Länder, à moins que la présente Loi fondamentale n'en dispose autrement ».

Lang 1992, Frankfurt, Berlin, Bern, New-York, Paris, Wien ; 233 p. (92-94).

193 Les Länder tirent un parallèle de l'article 106 IX LF selon lequel « sont également considérées comme recettes propres et dépenses des Länder au sens du présent article les recettes et les dépenses des communes (ou groupement de communes) ».

194 *Dieter Carl,* Europäische Integration und bundesstaatlicher Finanzausgleich, NVwZ 1994, p. 947-952 (948).

195 Sur les ressources propres communautaires, voir *Denys Simon,* Le système juridique communautaire, PUF 1997, p. 169.

196 Mais lorsqu'il s'agit de revendiquer une participation plus grande au processus décisionnel, les Länder assimilent le droit communautaire à la politique intérieure..., voir notamment p. 244.

197 *Frank Littwin,* Die innerstaatliche Verteilung der Finanzierungslasten aus der Mitgliedschaft der BRD in der EU, DVBl. 1997, p. 151-157 (152). Sur le système de péréquation financière entre la Fédération et les Länder (deuxième critère de fixation des quotes-parts) , voir p. 251.

« La Fédération et les Länder supportent chacun pour leur part les dépenses résultant de l'accomplissement de leurs tâches respectives, pour autant que la présente Loi fondamentale n'en dispose pas autrement ».

Pour les Länder au contraire, c'est à la Fédération de prendre en charge les dépenses budgétaires qui résultent de la mise en œuvre du droit communautaire puisque c'est elle qui en est indirectement responsable. En opérant le transfert des droits de souveraineté aux institutions communautaires, la Fédération a permis cette atteinte aux compétences des Länder. Cet argument sert désormais la Fédération depuis que les Länder ont obtenu de nouveaux droits de participation au processus décisionnel communautaire à la suite du Traité de Maastricht[198].

Le problème se pose pour les normes communautaires accordant des prestations (une subvention agricole par exemple). Lorsqu'il s'agit d'une directive, il n'y aucune difficulté puisque la directive nécessite une transposition dans l'ordre interne, ce qui oblige le législateur fédéral ou le législateur du Land à intervenir. Les règles posées par la Loi fondamentale sont alors applicables. Lorsqu'il s'agit au contraire d'un règlement, la norme communautaire est directement applicable dans l'ordre interne[199].

Les dispositions constitutionnelles ne permettent donc pas d'apporter une réponse satisfaisante à la question des règlements communautaires accordant des prestations[200]. L'application analogue de l'article 104a III LF n'est guère praticable. Cet article énonce :

« Les lois fédérales accordant des prestations pécuniaires et exécutées par les Länder peuvent disposer que ces prestations soient supportées en totalité ou en partie par la Fédération. Si une telle loi dispose que la Fédération assume la moitié des dépenses ou plus, elle est exécutée par délégation de la Fédération. Si elle dispose que les Länder supportent le quart des dépenses ou plus, elle requiert l'approbation du Bundesrat ».

S'agissant d'un règlement communautaire, il n'est jamais précisé quelle doit être la part supportée par la Fédération et par les Länder. Si cet article n'est donc pas applicable par analogie, la doctrine s'accorde cependant à voir dans l'approbation du Bundesrat une protection des Länder contre des dépenses non-voulues. Ce qui vaut pour les lois fédérales devrait également valoir pour les règlements communautaires. Par conséquent, la contribution des Länder ne devrait jamais être supérieure à un quart du montant des dépenses[201].

Quant à l'article 91a LF relatif au concours de la Fédération sur la base de lois fédérales, il prévoit des financements mixtes pour certains investissements mais uniquement dans des domaines limités (extension et construction d'établissements d'enseignement supérieur, y compris les centres hospitaliers universitaires ; amélioration de la structure économique régionale ; amélioration des structures agricoles et protection des côtes). Cet article a pourtant servi de modèle à l'élaboration d'un accord entre la Fédération et les Länder au terme duquel il est prévu que le gouvernement fédéral supporte 60% des dépenses et les Länder 40%[202].

---

[198] *Frank Littwin*, Die innerstaatliche Verteilung der Finanzierungslasten aus der Mitgliedschaft der BRD in der EU, DVBl. 1997, p. 151-157 (153) ; également *Vogel/Waldhoff*, BK, Vorbem z. Art. 104a-115, p. 539 n° 658. L'accroissement des droits des Länder dans le processus décisionnel signifie également une augmentation de leurs obligations. Sur ce point, voir le chapitre 2, La victoitre à la Pyrrhus des Länder.

[199] Le règlement peut également prévoir un financement exclusif par le budget communautaire, ce qui n'affecte pas la constitution financière allemande.

[200] *Dieter Carl*, Europäische Integration und bundesstaatlicher Finanzausgleich, NVwZ 1994, p. 947-952 (948).

[201] *Frank Littwin*, Die innerstaatliche Verteilung der Finanzierungslasten aus der Mitgliedschaft der BRD in der EU, DVBl. 1997, p. 151-157 (155).

[202] *Dieter Scheuing*, Rechtsprobleme bei der Durchsetzung des Gemeinschaftsrechts in der BRD., EuR 1985, p,

Le droit communautaire ne porte pas seulement atteinte aux compétences formelles des Länder, mais également à leurs compétences matérielles.

II. Les atteintes aux compétences matérielles des Länder

En 1957, les dangers de l'intégration européenne pour les compétences des Länder pouvaient sembler faibles. A l'exception d'une réglementation des aides économiques pour éviter une concurrence déloyale, il n'y avait pratiquement pas de recoupement entre le domaine des compétences communautaires et celui des Länder. Celles-ci ne sont par ailleurs pas facilement déterminables[203]. Toujours est-il que le principe d'attribution des compétences communautaires semblait mettre les Länder à l'abri d'une éventuelle extension incontrôlée de celles-ci. C'était sans compter avec la jurisprudence audacieuse de la CJCE et les révisions successives des Traités fondateurs. Qu'il s'agisse du domaine culturel ou du domaine de l'environnement et des aides économiques, les compétences législatives exclusives des Länder sont désormais directement mises en danger par le droit communautaire. Cette évolution est d'autant plus perceptible pour les Länder qu'il s'agit des seules compétences de législation exclusive dont ils disposent encore.

Ces atteintes peuvent entraîner une certaine mauvaise volonté de la part des Länder à mettre en œuvre le droit communautaire et la Fédération, pourtant responsable aux yeux de la CJCE ne dispose pas des moyens adéquats pour y faire face.

§ 1. Les domaines concernés

Les atteintes aux compétences matérielles des Länder touchent essentiellement le domaine culturel ainsi que le domaine de l'environnement et des aides économiques.

A. Le domaine culturel

Le domaine culturel fait partie des compétences résiduelles des Länder[204]. C'est ainsi que l'on parle de "fédéralisme culturel"[205]. Or les pouvoirs des Länder dans les domaines de l'enseignement et de l'audio-visuel se trouvent amoindris par les progrès du droit communautaire.

1°) L'enseignement

A l'origine, la seule zone de recoupement entre les compétences fédérées et les compétences communautaires dans le domaine de l'enseignement étaient assez limitées.

C'est ainsi que l'article 9 du traité EURATOM prévoit la création d'écoles supérieures et une université européenne, l'article 41 (35) CE prévoit des dispositions pour la coordination de la formation professionnelle dans le domaine de l'agriculture et l'article 57 (47) CE prévoit la reconnaissance des diplômes. Mais c'est en s'appuyant sur un autre article que la CJCE va approuver l'intervention communautaire dans le domaine de l'enseignement.

L'article 128 du Traité CEE permet au Conseil d'établir les principes généraux pour la mise en œuvre d'une politique commune de formation professionnelle qui puisse contribuer au développement harmonieux tant des économies nationales que du marché commun. Après avoir strictement interprété cet article en se limitant à la formation professionnelle pratique, la Cour de Justice a dit pour droit dans l'arrêt Gravier[206] :

229-272 (258).

[203] *Cf. Rengeling,* Gesetzgebungszuständigkeit, in: HdbStR IV, § 94, n°3: "Les cas particuliers et une définition précise ne peuvent être établis que par rapport aux limites des compétences fédérales".

[204] BVerfGE 06, 309 [346] Konkordat.

[205] *Hans Peter Donoth,* Die Bundesländer in der Europäischen Union, Peter Lang 1996, Frankfurt a. M., p. 41.

[206] CJCE 1985/02/13, Gravier, 293/83, Rec. p. 593 (606).Voir également CJCE 1988/02/02, Blaiziot, Aff. 24/86,

« La notion de formation professionnelle englobe l'enseignement de l'art des bandes dessinées dispensé par un établissement supérieur artistique lorsque cet enseignement prépare l'étudiant à une qualification pour une profession, un métier ou un emploi spécifique ou lui confère l'aptitude particulière d'exercer une telle profession, métier ou emploi ».

Même si la Cour de Justice précise immédiatement après que

« l'organisation de l'éducation et la politique de l'enseignement ne font pas partie en tant que telles des domaines que le Traité a soumis à la compétence des institutions communautaires »,

le juge communautaire a une lecture téléologique des traités communautaires : il opère une "distanciation" progressive par rapport à l'exercice d'une activité économique en vue de généraliser le bénéfice du droit à la libre circulation[207]. Cette décision communautaire a fait l'objet de critiques acerbes de la part des Länder qui tend à accroître les compétences communautaires en interprétant les textes du droit communautaire primaire.

Depuis le Traité de Maastricht, l'intervention communautaire dans ce domaine s'appuie sur les articles 126 (149) et 127 (150) CE. La Communauté contribue au développement d'une éducation de qualité en encourageant la coopération entre Etats membres et en mettant en œuvre une politique de formation professionnelle. Cette politique doit certes appuyer et compléter l'action des Etats membres tout en respectant pleinement leur responsabilité pour le contenu de l'enseignement et l'organisation du système éducatif et de la formation professionnelle, ce qui devrait permettre aux Länder de garder le pouvoir de décision. Mais l'expérience fédérale allemande montre que la mise en œuvre des tâches communes selon l'article 91 a LF (concours de la Fédération sur la base de lois fédérales) et 91 b LF (coopération de la Fédération sur la base de conventions) ou les aides financières de la Fédération aux Länder sur la base de l'article 104 a LF[208] entraînent un renforcement de l'influence fédérale[209].

2°) La radio et la télédiffusion.

La directive controversée du Conseil du 3 octobre 1989 (directive Télévision sans frontières)[210] a été prise sur la base de l'article 57 (47) § 2 et 66 (55) CEE relatifs aux services. Dans l'ordre interne, cette compétence revient aux Länder[211]. De la même façon que pour

---

Rec. p. 379 à propos des études universitaires de médecine vétérinaire.

207 *Denys Simon*, Le système juridique communautaire, PUF 1997, p. 65.

208 L'article 104 a LF énonce: «La Fédération peut accorder aux Länder des aides financières destinées aux investissements particulièrement importants des Länder et des communes (ou groupement de communes) lorsque ceux-ci sont nécessaires, soit pour parer une perturbation de l'équilibre global de l'économie, soit pour compenser les inégalités de développement économique existant à l'intérieur du territoire fédéral, soit pour promouvoir la croissance économique. Les dispositions d'application, notamment celles relatives à la nature des investissements à encourager, sont fixées par une loi fédérale soumise à l'approbation du Bundesrat ou par accord administratif conclu en application de la loi de finances fédérale.

209 *Hans-Peter Donoth*, Die Bundesländer in der Europäische Union, p. 54-55. *Weber*, VVDStRL 53 (1994), p. 117-118 (Aussprache).

210 Directive visant à la coordination de certaines dispositions législatives, réglementaires et administratives des Etats membres relatives à l'exercice d'activités de radiodiffusion télévisuelle (89/552/CEE), JOCE du 17.10.89, 298/23. Cette directive a été renégociée depuis, voir *Matthias Knothe, Hassan Basbayan*, Die Revision der EG-Fernsehrichtlinie, Ein europäischer Entscheidungsprozeß im Lichte nationaler Kompetenzen, AfP 1997, p. 849-857..

211 Cela avait été reconnu dans le premier arrêt de la CCF relatif à la radiodiffusion en 1961 qui précisait les compétences respectives de la Fédération et des Länder. BVerfGE 12, 205. Les Länder disposent d'une compétence de principe pour réglementer le droit de la radiodiffusion (organisation des organismes publics de radiodiffusion, financement, autorisation des chaînes de télévision privées ainsi que les orientations de base relatives au contenu des programmes dans le cadre des limites fixées par la Loi fondamentale). La compétence de la Fédération ne s'étend qu'aux questions juridiques des télécommunications (réglementation de transmissions techniques des programmes et droits d'auteur). *Cf.* Inter-nationes (éd.) Gesetzestext, Traité

l'enseignement, la Cour de justice a déclaré que le domaine de l'audiovisuel faisait partie des services au sens du traité communautaire[212].

Les Länder ont tenté de s'opposer à cette nouvelle incursion du droit communautaire dans leur domaine de législation exclusive en dénonçant le défaut de fondement juridique d'une telle mesure communautaire et rappelant le principe de proportionnalité[213].

Cette compétence communautaire n'était pas expressément prévue dans les traités fondateurs et les signataires du Traité de Rome n'avaient sans doute pas imaginé que les articles 57 et 66 CEE puissent servir de base juridique pour réglementer le domaine de la radio et télédiffusion. Ce type d'extension des compétences peut être justifiée dans une institution en phase d'intégration car des besoins de réglementations non prévus au départ peuvent se manifester par la suite. Pour légitimer cette action, il est donc nécessaire d'avoir une lecture extensive les Traités communautaires mais le recours à cette technique fournit des arguments aux opposants de l'intégration européenne, prompts à dénoncer le manque de transparence et le déficit démocratique des institutions communautaires. La solution consisterait dès lors à modifier les traités communautaires à chaque fois qu'un besoin se fait sentir dans des domaines non strictement couverts par le droit communautaire primaire. Cette technique d'interprétation des textes communautaires ne correspond pas à la pratique constitutionnelle allemande. La loi fondamentale est en effet régulièrement modifiée, ce qui permet d'éviter un décalage entre les textes et la pratique institutionnelle.

L'interprétation des traités par les institutions communautaires, et plus particulièrement par la CJCE, trouve toutefois une limite dans la jurisprudence de la plupart des Cours constitutionnelles européennes, au premier rang desquelles on trouve celle de Karlsruhe. Le juge de la Loi fondamentale a en effet reconnu que la Cour de justice pouvait certes recourir à une méthode prétorienne d'élaboration du droit sans toutefois que cette interprétation puisse remettre en cause les principes structurants de la Loi fondamentale[214].

B. Dans le domaine de l'environnement et des aides économiques

Alors que l'environnement est une compétence récente de l'Europe communautaire puisque celle-ci a fait son apparition en tant que telle dans l'Acte unique européen entré en vigueur le premier juillet 1987[215], la réglementation des aides économiques est l'un des premiers domaines relevant du droit communautaire.

1°) L'environnement

Selon l'ordonnancement des compétences dans l'ordre interne, la protection de l'environnement revient en principe aux Länder, à l'exception, d'une part, de l'élimination des déchets, de la lutte contre la pollution atmosphérique et contre le bruit, qui font partie des compétences législatives concurrentes de la Fédération (art. 74 I n° 24 LF), d'autre part, de la chasse, de la protection de la nature et de la conservation des sites qui font partie de la législation cadre de la Fédération (art. 75 I n° 3 LF).

---

d'Etat sur la radiodiffusion, informations de la RFA, Bonn 1996, p. 4-5.

212 CJCE 1980/03/18, Debauve, Aff. 52/79, Rec. p. 833 ; CJCE 1980/03/18, Coditel I, Aff. 62/79, p. 881 ; CJCE 1988/04/26, Kabelregling, Aff. 352/85, Rec. p. 2085.

213 *Matthias Knothe, Hassan Basbayan,* Die Revision der EG-Fernsehrichtlinie, Ein europäischer Entscheidungsprozeß im Lichte nationaler Kompetenzen, AfP 1997,p. 849-857 (850).

214 BVerfGE 75, 223 ; On reviendra plus longuement sur cet aspect, p. 92.

215 Avant cette date, la Communauté pouvait cependant intervenir de manière ponctuelle par le biais de l'article 235 CEE: "Si une action de la Communauté apparaît nécessaire pour réaliser dans le fonctionnement du marché commun, l'un des objets de la Communauté, sans que le présent traité ait prévu les pouvoirs d'action requis à cet effet, le Conseil, statuant à l'unanimité sur proposition de la Commission et après consultation du Parlement européen, prend les décisions appropriées".

Si les Länder ne mettent pas en œuvre les directives communautaires, c'est alors l'Allemagne qui peut être sanctionnée par la Cour de Justice, comme ce fut le cas à propos de la directive relative à la qualité des eaux douces de surface pour la production d'eau alimentaire[216] et celle relative aux méthodes d'analyses et d'échantillonnages[217].

Selon la Cour de Justice, la directive sur l'utilisation des eaux de surface prévoit que chaque Etat membre définit un plan d'action pour toutes les eaux superficielles. Dans les Etats membres où les Etats fédérés ou les régions jouissent d'une compétence en la matière, ce plan suppose, le cas échéant, une coordination appropriée[218].

Si la Cour laisse ouverte la question de savoir avec qui cette coordination doit avoir lieu, les conclusions de l'avocat général Jacobs apportent quelques précisions. Il souligne que s'il n'est pas nécessaire que les dispositions de transposition de la directive soient adoptées par le gouvernement central de l'Etat membre, plutôt que par les autorités locales ou régionales ayant compétence pour adopter de telles mesures, les mesures de transposition ne sauraient simplement résider dans les décisions prises par chaque autorité chargée de délivrer les autorisations. Il faut que soient adoptées les dispositions nécessaires pour que les décisions pertinentes soient prises par les différentes autorités locales, de manière uniforme et en conformité avec les prescriptions de la directive. Ces dispositions doivent, par conséquent, être *contraignantes* pour les autorités concernées, chargées de délivrer les autorisations, et doivent émaner d'une autorité supérieure. L'avocat général ne vise pas nécessairement ici une institution fédérale puisqu'il ajoute que l'autorité supérieure peut être le département ministériel compétent de chacun des Länder. La coordination peut donc également avoir lieu entre les différents départements ministériels des Länder. Même si cette coordination a lieu de manière horizontale, elle entraîne une uniformité dans l'ensemble des Länder (ou presque puisqu'en l'espèce les Länder de Hesse, Sarre, Berlin, Brême et Hambourg n'utilisent pas d'eaux superficielles pour la production d'eau alimentaire) et tend à porter atteinte à leurs compétences dans la mesure où ils sont obligés de l'exercer en commun.

Avec l'Acte Unique Européen en 1986, le traité communautaire a été complété et l'environnement y fait son apparition en tant que tel. Avant cette modification des traités, les mesures communautaires dans le domaine de l'environnement étaient prises sur la base des articles 100 (94) et 235 (308) CEE et revêtaient donc plutôt un caractère ponctuel et exceptionnel. Depuis le Traité de Maastricht, l'environnement est défini comme une politique de la Communauté. Le fait que ce domaine soit régi par le principe de subsidiarité laisse supposer que les compétences des Länder en la matière sont préservées. En fait, dans ce domaine, le principe de subsidiarité ne joue pas au bénéfice des Länder car ceux-ci sont déjà compétents. Dans le meilleur des cas, la mise en œuvre du principe peut attribuer une compétence aux Länder qu'ils ont déjà dans l'ordre interne. Ce principe ne peut donc jouer qu'au détriment des compétences fédérées et constitue une arme à double tranchant qui peut se retourner contre les Länder en les empêchant d'agir dans certaines matières parce qu'un problème est susceptible d'être mieux réglé à Bruxelles. Dans la mesure où les problèmes de pollution ne connaissent pas de frontières et que, pour être efficace, les mesures liées à l'environnement doivent être harmonisées, le principe de subsidiarité permet dans de nombreux cas de légitimer l'action de la Communauté.

---

[216] Directive 75/440/CEE du 16 juin 1975, JO L 194, p. 26.

[217] Directive 79/869/CEE du 9 octobre 1979, JO L 271, p. 44.

[218] CJCE 1991/10/17, Commission c/ Allemagne, aff. 58/89, Rec. 8/I, p. 4983 (4984).

La non transposition des directives communautaires par les Länder entraîne la condamnation de l'Allemagne par la CJCE selon une jurisprudence désormais bien établie selon laquelle l'Etat membre ne peut pas invoquer des motifs d'ordre interne pour s'exonérer de l'obligation de transposer les directives communautaires. C'est ainsi que l'Allemagne a fait valoir sans succès auprès de la CJCE que le caractère tardif de la transposition de la directive relative au traitement des eaux urbaines résiduaires[219] résultait des difficultés tenant à la répartition des compétences entre les Länder et l'administration centrale[220].

2°) Les aides économiques

Les aides à finalité régionale sont en principe accordées par les différents Länder. Toutefois l'article 91 a I n° 2 LF définit l'amélioration de la structure économique régionale comme une tâche commune de la Fédération et des Länder afin de coordonner les aides à finalité économique. C'est-à-dire que la Fédération peut y concourir si ces tâches sont importantes pour l'ensemble et si ce concours est nécessaire à l'amélioration des conditions de vie.

Or l'article 92 [87] CE précise que sauf dérogations prévues par le présent traité, sont incompatibles avec le Marché commun, dans la mesure où elles affectent les échanges entre Etats membres, les aides accordées par les Etats ou au moyen des ressources d'Etat sous quelque forme que ce soit, qui faussent ou qui menacent de fausser la concurrence en favorisant certaines entreprises ou certaines productions. Le fait que le programme d'aides ait été adopté par un Etat fédéré et non par le pouvoir central n'empêche pas l'application de l'article 92 [87] al. 1 du traité dès lors que les conditions de cet article sont remplies. En effet, celui-ci, en mentionnant les aides accordées par les «Etats ou au moyen de ressources de l'Etat sous quelque forme que ce soit», vise toute aide financée au moyen de ressources publiques. Il s'ensuit que les aides accordées par des entités régionales et locales des Etats membres, quels que soient le statut et la désignation de celles-ci, sont soumises à l'examen de conformité à l'article 92 [87] du traité[221].

Le principe est donc un régime général d'interdiction, à l'exception des hypothèses énumérées aux alinéas 2 et 3 de l'article 92 [87] CE. Parmi les aides qui ne tombent pas sous le coup de l'interdiction, il faut mentionner celles octroyées à l'économie de certaines régions de la RFA affectées par la division de l'Allemagne, dans la mesure où elles sont nécessaires pour compenser les désavantages économiques causés par cette division (art. 92 [87] al. 2 c)[222].

Peuvent ainsi être considérés comme compatibles avec le marché commun les aides destinées à favoriser le développement économique de régions dans lesquelles le niveau de vie est anormalement bas ou dans lesquelles sévit un grave sous-emploi (art. 92 [87] al. 3 a)

---

[219] Directive 91/271/CEE du 21 mai 1991.

[220] CJCE 1996/12/12, Commission c/ Allemagne, Aff. C-297/95, Rec. 1996-12 I, p. 6739.

[221] CJCE 1987/10/14, Allemagne c/ Commission, aff. 284/84, Rec. p. 4036 (4041, n° 17).

[222] Alors que la Commission considérait que l'article 92 al. 2 c devait toujours être strictement interprété après la réunification, le gouvernement fédéral considérait que cettte disposition devait permettre d'octroyer des aides dans l'ensemble du territoire de l'ex-RDA. Cette question n'a jamais fait l'objet d'un grave conflit entre le gouvernement et la Commission. En pratique, le Commission a accordé l'autorisation de deux subventions sur le fondement de cet article depuis la réunification. Dans les deux cas, il s'agissait de subventions dans l'ancien territoire de la RFA. L'une pour l'achat par Mercedes d'un terrain sur le Postamer Platz à Berlin (la négociation avait eu lieu peu de temps avant la chute du mur, à un moment où la réunification n'était pas encore à l'ordre du jour), l'autre en Bavière, à la frontière avec le Land de Thuringe. Sur ces questions, *Cf. Robert Uepermann,* Die europarechtliche Rahmen für staatliche Subventionen in Ostdeutschland, DÖV 1998, 226-233 (227-228).

et les aides destinées à faciliter le développement de certaines activités ou de certaines régions économiques, quand elles n'altèrent pas les conditions des échanges dans une mesure contraire à l'intérêt commun (art. 92 [87] al. 3 c).

Ces deux régimes dérogatoires intéressent naturellement les Länder puisqu'il est question dans les deux cas du développement régional, cadre dans lequel interviennent les Länder[223]. La distinction entre les points a et c n'est pourtant pas flagrante et la Cour de Justice y a apporté quelques précisions. Lorsqu'un programme d'aides à finalité régionale remplit les conditions de l'article 92 [87] al. 1 du traité, il importe de vérifier dans quelle mesure il peut bénéficier de l'une des dérogations prévues dans l'article 92 [87] al. 3 a) et c). A cet égard, l'emploi des termes «anormalement» et «grave» dans la dérogation contenue dans la lettre a) montre que celle-ci ne concerne que des régions où la situation économique est extrêmement défavorable par rapport à l'ensemble de la Communauté. En revanche, la dérogation contenue dans la lettre c) a une portée plus large en ce qu'elle permet le développement de certaines régions, sans être limitée par les conditions économiques prévues à la lettre a), pourvu que les aides qui y sont destinées «n'altèrent pas les conditions des échanges dans une mesure contraire à l'intérêt commun». Cette disposition donne à la Commission le pouvoir d'autoriser des aides destinées à promouvoir le développement économique des régions d'un Etat membre qui sont défavorisées par rapport à la moyenne nationale (et non plus par rapport à l'ensemble de la Communauté)[224]. Cette distinction est importante car des régions défavorisées sur le plan national avant la réunification pouvaient ne pas l'être par rapport à l'ensemble de la Communauté[225].

Le contrôle des aides étatiques par la Commission européenne a pu être ainsi considéré comme la fin d'une politique structurelle propre et, partant, la perte d'une importante compétence des Länder[226]. En fait il s'agit plutôt d'une atteinte dans leur possibilité de définir une politique sociale que dans leurs compétences législatives[227].

Pour tenter de freiner l'érosion du fédéralisme les Länder sont tentés de ne pas respecter les règles posées par le droit communautaire, et la Fédération a du mal à s'opposer à cette attitude car elle ne dispose pas de moyens d'action adéquats.

§ 2. Les moyens d'action de la Fédération

L'intervention de la Fédération est d'autant plus être justifiée qu'en cas de manquement aux obligations des Traités communautaires de la part des Länder, c'est la Fédération qui se trouve condamnée par la Cour de justice : elle ne peut invoquer la faute des Länder pour dégager sa responsabilité. Après avoir exercé un contrôle fédéral, le Gouvernement peut faire jouer la contrainte fédérale.

A. L'obligation pour la Fédération d'agir

Pour se conformer au droit communautaire, la Fédération devrait pouvoir imposer aux Länder le respect des règles communautaires, comme le précise la jurisprudence de la Cour de justice :

> « Lorsqu'une réglementation communautaire ne comporte aucune disposition spécifique prévoyant une sanction pour sa violation ou renvoie sur ce point aux dispositions législatives,

---

223 *Hans-Peter Donoth*, Die Bundesländer in der EU, p. 43-44.

224 CJCE 1987/10/14, Allemagne c/ Commission, aff. 284/84, Rec. p. 4036 (4042, n° 19).

225 *Ingolf Pernice*, DVBl. 1993, p. 909-924 (913-914).

226 *Edmund Stoïber*, Auswirkungen der Entwicklung Europas zur Rechtsgemeinschaft auf die Länder der Bundesrepublik Deutschland, EA 1987, p. 543-552 (547).

227 *Ingolf Pernice*, Europäische Union: Gefahr oder Chance für den Föderalismus in Deutschland, Österreich und der Schweiz ? DVBl. 1993, p. 909-924 (914).

réglementaires et administratives nationales, l'article 5 [10] du traité impose aux Etats membres de prendre toutes mesures propres à garantir la portée et l'efficacité du droit communautaire.

A cet effet, tout en conservant le choix des sanctions, ils doivent notamment veiller à ce que les violations du droit communautaire soient sanctionnées dans des conditions de fond et de procédure, qui soient analogues à celles applicables aux violations du droit national d'une nature et d'une importance similaire et qui, en tout état de cause, confère à la sanction un caractère effectif, proportionné et dissuasif. En outre, les autorités nationales doivent procéder, à l'égard des violations du droit communautaire, avec la même diligence que celle dont elles usent dans la mise en œuvre des législations nationales correspondantes.[228] »

La mise en œuvre de telles procédures conduit à un constat d'impuissance.

B. L'impuissance de la Fédération

La Fédération ne dispose pas du droit d'intervenir à titre subsidiaire vis-à-vis des Länder en cas de non-transposition ou de non respect des règles communautaires par ceux-ci. Elle peut certes exercer un contrôle fédéral, mettre en œuvre la contrainte fédérale, mais ces procédures sont largement inefficaces.

1°) Le contrôle fédéral

Selon l'article 84 III à V LF, le gouvernement contrôle que les Länder exécutent les lois fédérales conformément au droit en vigueur[229]. A cet effet, le gouvernement fédéral peut envoyer des délégués auprès des autorités administratives suprêmes des Länder et également, avec l'approbation de celles-ci ou en cas de refus et avec l'approbation du Bundesrat, auprès des autorités administratives subordonnées.

S'il n'est pas remédié aux carences relevées par le gouvernement fédéral dans l'exécution des lois fédérales dans les Länder, le Bundesrat se prononce à la demande du gouvernement fédéral ou du Land, sur la violation du droit par le Land. La Cour constitutionnelle fédérale peut être saisie d'un recours contre la décision du Bundesrat.

Une loi fédérale, qui requiert l'approbation du Bundesrat, peut conférer au gouvernement fédéral, en vue d'assurer l'exécution des lois fédérales, le pouvoir de donner des instructions spéciales pour des cas particuliers. Sauf si le gouvernement fédéral estime qu'il y a urgence, elles doivent être adressées aux autorités administratives suprêmes des Länder.

Le problème se pose lorsque les Länder portent atteinte au droit communautaire sans violation des lois fédérales, ce qui peut être le cas lorsque les Länder exécutent indirectement le droit communautaire (par exemple gestion des fonds agricoles), lors de la transposition d'une directive dans le domaine de compétence législative exclusive des Länder ou encore en cas de violation du droit communautaire indépendamment du droit fédéral (par exemple attribution d'une aide non conforme à l'article 92 [87] CE)[230].

La commission d'enquête sur la réforme de la Constitution du Bundestag avait donc proposé de considérer l'exécution du droit communautaire comme une délégation de la

---

[228] CJCE 1989/09/21 Commission contre République hellénique, Aff. 68/88, Rec. p. 2965 (2984 et s.).

[229] *Triepel* distinguait le contrôle dépendant du contrôle autonome. Dans le premier cas, il s'agissait d'exécuter les lois du Reich et dans le second de l'accomplissement des devoirs qui découlaient de la Constitution du Reich ou d'autres intérêts communs reconnus par la Constitution du Reich (il s'agissait en fait des droits non écrits qui découlaient du principe de loyauté), voir p. 25. Dans la Constitution de Bonn, seul le contrôle dépendant est expressément prévu. En fait la distinction entre les deux notions n'est plus pertinent, comme la Cour constitutionnelle fédérale l'a elle-même reconnue : « un contrôle fédéral autonome n'existe pas dans la Loi fondamentale. Sa fonction est partiellement remplacée par la possibilité du gouvernement fédéral d'avoir recours à la Cour constitutionnelle fédérale selon l'article 93 I n° 3 LF », BVerfGE 08, 122 [131]. Voir également *Klaus Vogel,* "Selbständige Bundesaufsicht" nach dem Grundgesetz, besonders bei der Anwendung europäischen Rechts, in : Festschrift für Klaus Stern, p. 818-829 (821-822).

[230] *Ibid.* p. 827.

Fédération selon l'article 85 LF[231]. Dans une telle hypothèse, les administrations des Länder sont soumises aux autorités fédérales suprêmes compétentes, qui doivent assurer l'exécution de l'instruction. Le contrôle fédéral porte alors sur la légalité et l'opportunité de l'exécution (art. 85 IV LF). Cette proposition n'a cependant pas donné lieu à une modification de la Loi fondamentale.

2°) La contrainte fédérale

La Fédération ne bénéficie pas d'une compétence générale pour la mise en œuvre du droit communautaire mais l'article 37 I confère à la Fédération une " compétence de sauvegarde "[232] pour permettre au gouvernement fédéral d'agir en cas de carence des Länder[233].

Selon l'article 37 LF, si un Land ne remplit pas les obligations qui lui incombent en vertu de la Loi fondamentale ou d'une autre loi fédérale, le gouvernement fédéral peut, avec l'approbation du Bundesrat, prendre les mesures nécessaires pour obliger ce Land, par la voie de la contrainte fédérale, à remplir ses obligations. Pour la mise en œuvre de la contrainte fédérale, le gouvernement fédéral ou son délégué dispose du pouvoir d'instruction à l'égard de tous les Länder et de leurs administrations. Ce faisant, la Fédération est toutefois tenue au principe de proportionnalité, c'est-à-dire que l'intervention de la Fédération doit être proportionnée aux manquements des Länder. La Fédération n'a jamais fait usage de ce droit mais a déjà menacé d'y avoir recours à propos de l'application d'un règlement communautaire relatif à l'organisation du marché du vin[234].

3°) Le recours à la loyauté fédérale

Qu'il s'agisse du contrôle fédéral ou de la contrainte fédérale, les possibilités d'action de la Fédération se trouvent limitées car la mise en œuvre de ces procédures nécessite dans les deux cas l'approbation du Bundesrat[235].

Cependant, en cas de manquement des Länder aux obligations communautaires contractées par la Fédération, celle-ci pourrait faire valoir un manquement au devoir de loyauté dans la mesure où les Länder n'ont pas le droit de s'opposer, par leur comportement, à la politique de la Fédération au niveau international[236]. Même si pour les Länder le droit communautaire ne fait plus partie de la politique internationale mais bien de la politique interne, ils n'en restent pas moins tenus au principe de la loyauté fédérale.

Les effets du droit communautaire ne sont pas neutres sur l'ordre juridique interne. En Allemagne, ces effets ont renforcé l'évolution interne vers un fédéralisme plus unitaire, plus coopératif et dans lequel l'exécutif joue un rôle plus important.

---

[231] BT-Drucks. 7/5924, 9 décembre 1976, p. 146-147

[232] *Eberhard Grabitz*, Die Rechtsetzungsbefugnis von Bund und Länder bei der Durchführung von Gemeinschaftsrecht, AöR, 1986, p. 1-33 (29).

[233] Selon une partie de la doctrine, cette compétence de sauvegarde peut également s'appuyer dans l'ordre interne sur l'article 24 I (désormais l'article 23 I LF) et dans l'ordre communautaire sur l'article 5 CE qui fonde le principe de la loyauté communautaire. Compte tenu du principe de primauté du droit communautaire, les Länder ne seraient compétents que s'ils sont en mesure de mettre en œuvre le droit communautaire de manière au moins aussi diligente que le gouvernement fédéral. *Cf. Riegel*, Gliedtaatskompetenzen im Bundestaat und Europäisches Gemeinschaftsrecht, DVBl. 1979, p. 245-251 (250). Cette interprétation est conforme à la jurisprudence téléologique de la Cour de justice.

[234] *Dieter Scheuing*, Rechtsprobleme bei der Durchsetzung des Gemeinschaftsrechts in der BRD p. 229-272 (257).

[235] La fonction des deux décisions du Bundesrat n'est pourtant pas identique. Dans le cadre de l'article 37 LF, le Bundesrat dispose d'un pouvoir d'appréciation, ce qui n'est pas le cas dans la mise en œuvre de l'article 84 IV LF.

[236] BVerfGE 08, 104 ; voir p. 163. En ce sens *Eberhard Grabitz*, *op. cit. ibid.*p. 29 et *Klaus Vogel ibid.* p. 829. En français, *H.A. Schwarz-Liebermann von Wahlendorf*, Une notion capitale du droit constitutionnel allemand: la Bundestreue (fidélité fédérale), RDP 1979, p. 769-792 (790).

Cette influence ne s'exerce toutefois pas sans contrainte. Elle reste encadrée par la jurisprudence du juge constitutionnel, gardien de la Loi fondamentale. Celui-ci veille en effet à ce que le droit communautaire ne remette pas en cause les éléments structurants de la Loi fondamentale. Le juge constitutionnel enregistre les conflits qui peuvent survenir entre les deux ordres juridiques mais il ne les provoque pas. Il joue ainsi le rôle d'un sismographe. Ce rôle n'est pas propre à la Cour de Karlsruhe. Dans presque tous les pays membres de l'Union européenne, le juge constitutionnel a une telle fonction. Dans le cas allemand, cependant, la diversité des voies de recours en fait un instrument particulièrement sensible car dotés de multiples capteurs.

Chapitre 2. Le juge de Karlsruhe, "sismographe" constitutionnel

Le contrôle de constitutionnalité instauré en France ne peut intervenir qu'*a priori*, c'est-à-dire avant la promulgation de la loi. Une fois la loi promulguée, celle-ci est définitivement réputée constitutionnelle[237]. En revanche, le mode de saisine du juge constitutionnel allemand est beaucoup plus largement ouvert, ce qui va multiplier les occasions pour le juge constitutionnel de fixer les limites du droit communautaire. Chaque voie de recours devant le juge constitutionnel allemand peut être assimilée à un capteur du sismographe.

L'intervention régulière du juge constitutionnel sur la question de la conformité du droit communautaire au droit constitutionnel permet également de favoriser l'échange entre les deux ordres juridiques. Le juge constitutionnel a ici un rôle d'interface (ou de transaction[238]).

La compétence du juge constitutionnel, pour exercer son contrôle sur le droit communautaire, n'a pas été reconnue d'emblée : dans un premier temps, la Cour constitutionnelle va décliner sa compétence dans le cadre d'un recours individuel directement dirigé contre des actes communautaires, s'attachant ainsi à un critère strictement formel. Sur le plan du droit communautaire, le mode de saisine du juge constitutionnel pour apprécier la conformité du droit communautaire au regard des dispositions contenues dans la Constitution ont peu d'importance, puisque, selon la jurisprudence de la CJCE, le juge constitutionnel devrait dans tous les cas se déclarer incompétent dans la mesure où le droit communautaire ne saurait être invalidé par une norme de droit national, fût-elle constitutionnelle.

La jurisprudence audacieuse du juge de Luxembourg s'explique par la volonté de ne pas soumettre le droit communautaire à des réserves de constitutionnalité qui pourraient être dangereuses pour l'ordre juridique qu'il est chargé de défendre[239]. Ce faisant, le juge communautaire ne fait aucune distinction entre les règles de nature différente contenues dans une Constitution. Celles-ci n'ont cependant pas les mêmes valeurs et cet aspect est fondamental pour comprendre dans quel cas le juge constitutionnel peut accepter de renoncer à son contrôle ou au contraire soumettre le droit communautaire à un strict contrôle de conformité à la Loi fondamentale.

Certaines normes constitutionnelles n'ont, en effet, qu'un aspect secondaire et doivent effectivement s'incliner devant le droit communautaire. Il s'agit par exemple de l'article 87d et 87e LF qui concernent respectivement l'administration de la navigation aérienne et les transports ferroviaires. Pour ces règles, le juge constitutionnel pourra accepter la primauté du droit communautaire[240].

---

[237] Avec une atténuation du principe dans la décision du Conseil constitutionnel (187 DC) du 25 janvier 1985 (J.O. 26/01/1985, p. 1139) "Etat d'urgence en Nouvelle-Calédonie".

[238] *Gérard Marcou*, Les mutations du droit de l'administration en Europe, L'Harmattan, Coll. Logiques juridiques, 352 p. (334).

[239] Sur l'efficacité du droit communautaire et l'objectif du juge communautaire, voir *supra* § 2. La jurisprudence du juge communautaire, p. 51.

[240] Opinion contraire chez *Rainer Arnold*, selon lequel aucune disposition de la Loi fondamentale ne peut être affectée par le droit communautaire : « (L'article 23 LF) autorise, de manière générale, dans son premier alinéa, à transférer des compétences internes à l'Union européenne en prévoyant des modalités spécifiques et en exprimant des limites pour un tel transfert et une adhésion de l'Allemagne à cette Union. Ces limites sont les valeurs constitutionnelles contenues en particulier dans l'article 20 LF (...). De plus, ce sont toutes les autres dispositions de la LF qui sont à observer lors d'un tel transfert des fonctions et des compétences ». *Rainer Arnold*, L'Union monétaire européenne et la Constitution allemande, RDP 1998, p. 649-657 (649-650).

D'autres règles, en revanche, confèrent à la Constitution son identité profonde et font donc l'objet d'une protection particulière du juge constitutionnel. Elles sont particulièrement bien identifiées dans la Loi fondamentale puisqu'il est même interdit au pouvoir de révision de la Constitution d'y porter atteinte (art. 79 III LF) :

« Toute modification de la présente Loi fondamentale qui toucherait à l'organisation de la Fédération en Länder, au principe du concours des Länder à la législation ou aux principe énoncés aux articles 1 et 20 est interdite ».

Cet article est généralement qualifié en doctrine de clause d'éternité (*Ewigkeitsklausel)* car les principes qui y sont mentionnés ne devraient jamais pouvoir être remis en cause. Cette interprétation est excessive dans la mesure où la Loi fondamentale prévoit elle-même l'hypothèse de l'adoption d'une nouvelle Constitution dans son ultime article 146 :

« La présente Loi fondamentale, qui, l'unité et la liberté de l'Allemagne ayant été parachevées, vaut pour le peuple allemand tout entier, devient caduque le jour de l'entrée en vigueur d'une constitution adoptée par le peuple allemand en pleine liberté de décision ».

La confrontation de l'article 79 III et 146 LF montre que le principe fédéral n'est pas l'élément essentiel de la Loi fondamentale, même si c'est celui qui bénéficie des plus grandes garanties. Cette caractéristique revient au principe démocratique puisqu'il s'agit là du dernier signal émis par la Loi fondamentale lorsque celle-ci deviendra caduque[241]. Enfin rien ne garantit la persistance des principes énoncés à l'article 79 III LF dans l'ordre juridique nouvellement créé par le pouvoir constituant originaire. Cette clause dite d'éternité ne vaut donc que pour la Loi fondamentale et, sous ce régime, elle ne doit pas être remise en cause. Ainsi les dérogations temporaires aux dispositions de la Loi fondamentale à la suite de la réunification allemande devaient être compatibles avec les principes mentionnés à l'article 79 III LF (Art 143 LF[242]).

Les adjectifs qualificatifs de l'article 20 LF se rattachent à la nature de l'Etat allemand (fédéral, démocratique et social) mais c'est bien l'Etat qui constitue le point central de cet article. Le caractère étatique de l'Allemagne repose sur la Loi fondamentale que le juge constitutionnel est chargé de faire respecter. C'est ici une différence fondamentale avec l'Union européenne qui est composée d'Etats mais ne constitue pas elle-même un Etat. Lorsqu'il est saisi, cette différence autorise le juge constitutionnel à ne pas suivre la jurisprudence de la Cour de justice sur la question de la primauté. La diversité des modes de saisine du juge constitutionnel lui donne l'occasion de se prononcer sur la compatibilité du droit communautaire avec les éléments les plus importants de la Loi fondamentale[243].

Il est ainsi possible de distinguer les cas d'ouverture réservés aux particuliers de ceux réservés aux organes de l'Etat et la jurisprudence de la Cour constitutionnelle relative à sa compétence peut être résumée à l'aide d'un tableau.

[241] *Cf. Christian Autexier,* Introduction au droit public allemand, PUF 1997, p. 168.

[242] « Le droit applicable dans le territoire mentionné à l'article 3 du traité d'Union peut jusqu'au 31 décembre 1992 au plus tard, déroger aux dispositions de la présente Loi fondamentale dans la mesure où et aussi longtemps qu'une totale mise en conformité à l'ordre établi par la Loi fondamentale n'aura pas encore pu être réalisée par suite des différences de situation. Les dérogations ne doivent pas enfreindre l'article 19, al. 2 et doivent être compatibles avec les principes mentionnés à l'article 79, al. 3 ».

[243] Ne sont abordés ici que les aspects procéduraux des décisions rendues par la Cour constitutionnelle fédérale. A chaque décision, des renvois sont faits aux développements relatifs au fond de l'affaire, qui interviendront dans la deuxième partie.

Tableau 1

Les décisions de la Cour constitutionnelle fédérale relatives au droit communautaire

Type de recours	Article LF	Objet du recours	Recevabilité	Date de la décision	Recueil
Recours individuel	Art. 93 I 4a	Recours individuel contre une norme communautaire	NON*	18 octobre 1967	BVerfGE 22, 293
		Recours individuel contre un jugement après renvoi préjudiciel devant la CJCE	NON**	9 juin 1971 22 octobre 1986	BVerfGE 31, 145 BVerfGE 73, 339 (Solange II)
		Recours individuel contre la loi d'approbation d'un Traité international	OUI	12 octobre 1993	BVerfGE 89, 155 (Maastricht)
Recours d'un organe de l'Etat	Art. 100 I	Contrôle concret des normes de droit communautaire dérivé	OUI***	29 mai 1974	BVerfGE 37, 271 (Solange I)
		Contrôle concret des normes de droit communautaire primaire	NON	25 juillet 1979	BVerfGE 52, 187 (Vielleicht)
	Art. 93 I n°3	Divergence d'opinion entre la Fédération et les Länder	OUI	11 avril 1989 22 mars 1995	BVerfGE 80, 74 BVerfGE 92, 203 (TV sans frontières)

* Remis en cause par la décision Maastricht, *cf. infra*.

** Aussi longtemps que la CJCE garantira une protection des droits fondamentaux efficace.

*** Aussi longtemps que la CJCE ne garantira pas de manière suffisante les droits fondamentaux.

Section 1. Les cas d'ouverture réservés aux particuliers

La compétence de la Cour constitutionnelle fédérale en la matière est définie aux articles 93 I 4a LF et 90 de la loi relative à la Cour constitutionnelle fédérale.

« Quiconque estime que la puissance publique a porté atteinte à l'un de ses droits fondamentaux ou à l'un de ses droits garantis par les articles 20, al. 4, 33, 38, 101, 103, et 104 de la Loi fondamentale peut former le recours constitutionnel devant la Cour constitutionnelle fédérale[244] ».

Cette disposition constitutionnelle permet aux particuliers d'intenter des recours non seulement directs mais aussi indirects contre des normes communautaires.

I. Le recours direct contre des normes communautaires

Parce qu'ils n'émanaient pas des pouvoirs publics allemands, les actes communautaires n'étaient pas soumis au contrôle de la Cour constitutionnelle fédérale. Cette jurisprudence constante et fermement établie se verra toutefois remise en cause à l'occasion de l'arrêt Maastricht.

§1. L'incompétence de principe

En s'attachant au critère de la qualification formelle, la jurisprudence du juge constitutionnel avait l'avantage de répartir clairement les compétences entre la Cour constitutionnelle et la Cour de justice.

A. Le critère de la qualification formelle

Dans la première décision que le juge constitutionnel allemand a été amené à prendre à propos du droit communautaire en 1967, celui-ci a décliné sa compétence[245]. Dans cette affaire, il lui était demandé de statuer sur la conformité d'actes adoptés par les institutions communautaires par rapport à la Loi fondamentale.

Les requérants utilisaient alors les préceptes posés par la théorie dualiste puisqu'ils faisaient valoir que les mesures arrêtées par les organes de la CEE devaient être considérées comme des actes de la puissance publique allemande, étant donné que lesdits organes tiraient leur compétence normative de l'article 24 I LF.

La Cour constitutionnelle fédérale va déclarer les recours comme irrecevables au motif que si celle-ci est bien compétente pour contrôler les actes de la puissance publique, il ne s'agit que des actes de la puissance publique étatique allemande, soumise aux dispositions de la Loi fondamentale. Dans la mesure où les règlements du Conseil et de la Commission de la CEE ne sont pas des actes de la puissance publique allemande, la Cour tire la conclusion qui s'impose et décline sa compétence.

La Cour relève que « la compétence de la Cour constitutionnelle fédérale dépend uniquement de la *qualification formelle* de l'organe dont émane l'acte attaqué[246] ».

A la fin de cette décision, la Cour laisse planer un doute, voire une menace[247] quant à la possibilité de contrôler la compatibilité du droit communautaire et la garantie des droits fondamentaux tels qu'ils sont assurés par la Loi fondamentale. L'irrecevabilité d'un recours constitutionnel individuel contre des règlements qui n'émanent pas de la puissance publique allemande, n'est pas à confondre avec le problème de la relation entre les droits fondamentaux garantis par la Loi fondamentale et l'ordre juridique communautaire[248].

« La présente décision se borne à déclarer que la Cour constitutionnelle fédérale ne peut être saisie directement de recours constitutionnels dirigés contre des règlements du Conseil et de la

---

[244] Trad. *Christian Autexier,* Etudes et documents du C.E.J.F. n° 2.

[245] BVerfGE 22, 293; trad. in: RTDE 1968, p. 203-206.

[246] C'est nous qui soulignons.

[247] *Maurice Torrelli,* La Cour constitutionnelle allemande et le droit communautaire, RMC 1968, p. 719-723 (723). Cette menace allait prendre corps dans la décision Solange I du 29 mai 1974 (BVerfGE 37, 271), voir *infra* p. 104 pour la procédure et p. 191 pour le fond.

[248] *B Schloh,* L'application en République fédérale d'Allemagne du droit communautaire, RMC 1968, p. 774-775 (775).

Commission de la CEE. Il n'est pas statué ici sur la question de savoir si la Cour constitutionnelle fédérale pouvait, dans le cadre d'une instance valablement introduite devant elle, apprécier le droit communautaire en fonction des dispositions de la Loi fondamentale énonçant des droits fondamentaux, et dans quelle mesure elle le pourrait, cette question dépendant manifestement de la décision appelée à trancher la question préalable, et d'une portée beaucoup plus vaste, consistant à savoir si l'on peut parler, et en quel sens, d'un lien assujettissant les institutions de la CEE au système des droits fondamentaux de la République fédérale d'Allemagne, ou, en d'autres termes, si et dans quelle mesure, la République fédérale d'Allemagne a pu affranchir les institutions communautaires d'un tel lien lorsque, conformément à l'article 24 I LF, elle a transféré des droits de souveraineté[249] ».

La Cour constitutionnelle fédérale a suivi le même raisonnement à propos du projet de directive relatif à l'étiquetage des paquets de cigarettes[250]. Il ne s'agissait toutefois pas ici d'un acte communautaire normatif. Des fabricants de cigarettes avaient fait valoir que l'obligation de mentionner sur leurs produits des indications telles que « fumer provoque le cancer » portait atteinte à leur liberté d'expression. Le juge de Karlsruhe a rejeté la demande au motif qu'elle n'était pas dirigée contre un acte public directement applicable et qu'il n'y avait donc pas d'atteinte possible aux droits fondamentaux des demandeurs ; seule la loi allemande mettant en œuvre la directive pourrait être attaquée devant la Cour constitutionnelle :

> « Au cas où la directive porterait atteinte aux droits fondamentaux protégés par le droit communautaire, la Cour de justice pourrait être saisie. Si les droits fondamentaux garantis de façon inconditionnelle n'étaient pas effectivement protégés de cette façon, la Cour constitutionnelle fédérale pourrait alors être saisie».

Dans la mesure où le juge communautaire et le juge constitutionnel sont amenés l'un et l'autre à statuer en matière de protection des droits fondamentaux, cette jurisprudence permettait d'opérer une répartition efficace des compétences entre les deux Cours.

B. La répartition des compétences entre la CCF et la CJCE

Elle pouvait s'articuler autour d'un critère précis et non subjectif : l'origine de l'acte incriminé.

Le requérant pouvait ainsi facilement déterminer devant quelle instance il pouvait faire valoir une atteinte de ses droits fondamentaux. Devant les tribunaux allemands pouvaient être attaqués tous les actes fondant ou pris en exécution du droit communautaire : les lois d'approbation des traités et celles les modifiant, les lois allemandes transposant les directives, ainsi que les lois complétant les règlements communautaires. En revanche, les tribunaux allemands n'étaient pas compétents pour contrôler le droit communautaire primaire et dérivé car cette compétence revenait à la CJCE[251]. En définitive, la responsabilité et le développement du droit seraient donc partagés entre les organes de l'Etat et les organes communautaires : les organes allemands mettraient en œuvre, interpréteraient et contrôleraient le droit allemand, et les organes communautaires seraient compétents pour la création et le développement du droit communautaire.

Au vu de cette décision, la possibilité pour un simple particulier de faire constater par la Cour constitutionnelle fédérale que les actes pris dans le cadre des traités communautaires violent l'un de ses droits fondamentaux semble plutôt restreinte. L'arrêt de la Cour

---

[249] trad. in: RTDE 1968, p. 206.

[250] EuR. 1989, p. 270.

[251] *Cf. Rudolf Streinz,* Bundesverfassungsgerichtliche Kontrolle über die deutsche Mitwirkung am Entscheidungsprozeß im Rat der Europäischen Gemeinschaften, Dunckler & Humblot Berlin 1990, 94 p. (18). Le Tribunal de première instance permet de décharger la CJCE et entraîne donc une accélération de la procédure, il ne s'agit cependant pas d'un élargissement du système des recours, *Ibid,* n. 46.

constitutionnelle fédérale du 12 octobre 1993 vient remettre en cause de façon tout à fait inattendue cette jurisprudence.

§ 2. La remise en cause du critère formel par la décision Maastricht

L'attitude du juge communautaire dans l'arrêt Maastricht a été interprétée le plus souvent en doctrine comme un revirement de jurisprudence, qui vient remettre en cause une jurisprudence ancienne et bien établie. Désormais le juge constitutionnel pourra connaître directement des actes des institutions européennes si celles-ci portent atteinte aux droits fondamentaux garantis par la Loi fondamentale[252].

A. Le revirement de jurisprudence

L'origine de l'acte litigieux pour déterminer la juridiction compétente constitue depuis l'arrêt Maastricht une grille d'interprétation incomplète. En effet, la Cour constitutionnelle devrait s'assurer que le transfert, l'exercice et le développement des droits de souveraineté des institutions européennes ne portent pas atteinte au droit constitutionnel allemand. De son côté, la Cour de justice devrait veiller à ce que le droit communautaire ne soit pas remis en cause par des mesures nationales ou par l'exécution de celles-ci[253].

Par des références à ses décisions antérieures, la Cour constitutionnelle veut inscrire l'argumentation défendue dans un développement logique de sa jurisprudence :

> « La Cour constitutionnelle fédérale garantit, de par sa compétence (BVerfGE 37, 271 pp. 280 et ss. ; BVerfGE 73, 339, 376 et ss.), qu'une protection efficace des droits fondamentaux est assurée d'une manière générale, pour les personnes résidant en Allemagne - également vis-à-vis de la souveraineté des Communautés - et qu'elle est à considérer comme équivalant pour l'essentiel à la protection des droits fondamentaux prescrite à titre inaliénable par la Loi fondamentale, cette protection devant garantir avant tout, la substance des droits fondamentaux. La Cour constitutionnelle fédérale garantit cette substance également vis-à-vis de la Communauté (cf. BVerfGE 73, 339 [386])[254]. »

Puis, sans la moindre explication, elle opère un important revirement de jurisprudence : jusqu'à l'arrêt de la Cour constitutionnelle du 12 octobre 1993, il était communément admis en jurisprudence[255] et en doctrine [256] que l'article 19 IV LF (Quiconque est lésé par la puissance publique dispose d'un recours juridictionnel) et les dispositions relatives aux compétences de la Cour définies à l'article 93 I 4 a LF visaient uniquement les pouvoirs publics allemands et que, par conséquent, les actes d'une organisation internationale et *a fortiori* de l'Union européenne ne faisaient pas partie du domaine de protection de Cour constitutionnelle fédérale. L'arrêt Maastricht marque au contraire une nouvelle étape. La Cour y affirme en effet :

> « Les actes procédant d'une puissance publique particulière exercée par une organisation supranationale et distincte de celle des Etats membres concernent, eux aussi, les titulaires des droits fondamentaux en Allemagne. Ils affectent dès lors les garanties de la Loi fondamentale et les attributions de la Cour constitutionnelle fédérale qui ont pour objet la protection des droits fon-

---

[252] En fait, la Cour constitutionnelle avait déjà acceptée de contrôler une jurisprudence de la Cour de justice dans la décision Kloppenburg, BVerfGE 75, 223, voir *infra* p. 92.

[253] *Cf. Paul Kirchhof*, Rechtsschutz durch Bundesverfassungsgericht und Europäischen Gerichtshof, in: Detlef Merten (Hrsg.), Föderalismus und Europäische Gemeinschaften unter besonderer Berücksichtigung von Umwelt und Gesundheit, Kultur und Bildung, Duncker & Humblot, Berlin, 1990, p. 109-123 (111).

[254] BverfGE 89, 155 [175-175] B.2.b.

[255] BVergGE 58, 1 [27] -Eurocontrol I, Décision du 23 juin 1981.

[256] Voir par exemple: *Schmidt-Bleibtreu/Klein*, GG 7ème éd. (1990), Art. 19, n° 2 ; *Papier*, in: *Isensee/Kirchhof* (éd.) HdbStR VI, 1989, § 154 n° 2 ; *Schmidt-Aßmann*, in: *Maunz/Dürig*, GG, 7ème éd. 1992, Art. 19 IV n° 4 ; *Gramlich*, JZ 1982, 149 (150).

damentaux en Allemagne, et pas seulement vis-à-vis des organes allemands (divergence d'avec BVerfGE 58, 1 [27])[257] ».

Cette affirmation ne s'écarte pas seulement de la décision Eurocontrol citée mais fixe le contraire puisque, dans cet arrêt, la Cour constitutionnelle avait déclaré que l'article 19 IV de la Loi fondamentale n'autorisait pas les tribunaux allemands à exercer une juridiction subsidiaire lorsque le transfert des droits de souveraineté à des institutions internationales était vicié selon le droit interne, et pas davantage une compétence internationale des tribunaux allemands lorsque la protection des droits à l'égard des actes d'institutions internationales était insuffisante par rapport aux exigences nationales. La jurisprudence Maastricht vient donc obscurcir les rapports entre les juges constitutionnel et communautaire.

B. L'intrication des rapports entre le juge constitutionnel et le juge communautaire.

Alors que dans tous les arrêts rendus à propos du droit communautaire la Cour constitutionnelle avait toujours justifié sa compétence par des arguments procéduraux, il semble que la Cour s'attache désormais uniquement à des critères matériels qui tiennent à sa mission de protection des droits fondamentaux. La Cour penche à nouveau pour un contrôle très large des actes de souveraineté des institutions européennes au regard des droits fondamentaux garantis par la Loi fondamentale. Dans cette mesure, ce nouveau développement jurisprudentiel peut donc être interprété comme une décision Solange III[258].

Il est toutefois permis de se demander quel est l'intérêt de cette décision pour la garantie du niveau de protection des droits fondamentaux par rapport à la solution que la Cour constitutionnelle avait définie dans les jurisprudences Solange. En effet, il semble que la Cour aurait pu arriver au même résultat en maintenant sa jurisprudence antérieure : si un acte des institutions européennes porte atteinte aux droits fondamentaux garantis par la Loi fondamentale, cela signifie que cet acte sort des limites inhérentes contenues dans la loi d'approbation et définies désormais à l'article 23 LF. Pour ce motif, la Cour constitutionnelle pourrait donc censurer la norme communautaire[259] et d'ailleurs la Cour constitutionnelle maintient cette jurisprudence lorsqu'elle évoque la question de la souveraineté. L'ancienne conception n'est donc pas abandonnée mais la nouvelle interprétation vient s'y superposer en intriquant encore davantage les rapports entre les deux Cours.

A côté des recours dirigés directement contre une norme communautaire, le juge constitutionnel peut également se prononcer de manière indirecte sur la compatibilité des normes communautaires avec la Loi fondamentale.

II. Le recours indirect contre des normes communautaires

Dans deux hypothèses, le juge constitutionnel prend ici position sur le droit communautaire par un effet de ricochet. Dans le premier cas, le recours formé par le particulier tend à annuler la décision d'une juridiction nationale après renvoi préjudiciel devant la CJCE (§ 1), dans le deuxième cas, la Cour constitutionnelle exerce son contrôle par le biais de la loi d'approbation du traité communautaire (§ 2).

---

[257] BVerfGE 89, 155 (156), 7ème principe directeur.

[258] *Christian Tietje*, Europäischer Grundrechtsschutz nach dem Maastricht-Urteil, "Solange III"? JuS 1994, p. 197-202 (199). Pour une opinion différente: *Cf. Ralf Wittkowski*, Das Maastricht-Urteil des Bundesverfassungsgerichts vom 12.10.1993 als "Solange III" -Entscheidung ? BayVBl. 1994, p. 359-363 (363): selon lui cette décision ne s'inscrit plus dans la lignée des décisions antérieures.

[259] *Cf. Hans-Joachim Cremer*, Europäische Hoheitsgewalt und deutsche Grundrechte, Der Staat, 1995, p. 268-286 (280).

§ 1. Le recours constitutionnel contre une décision de justice après renvoi préjudiciel devant la CJCE

Dans l'arrêt Solange II, le juge constitutionnel avait été saisi sur le fondement de l'article 93 I 4a LF et l'objet du recours consistait à déclarer non conforme à la Loi fondamentale un jugement de la Cour administrative fédérale fondé sur la réponse à une question préjudicielle posée à la CJCE[260]. Il déclara faire confiance à la CJCE aussi longtemps que celle-ci exercerait une protection des droits fondamentaux au moins égale à celle prévue par la Loi fondamentale et reconnut le juge communautaire en tant que juge légal au sens de l'article 101 I 2 LF.

A. Le dialogue entre les juges nationaux et la CJCE

Selon la jurisprudence Solange II, et si le juge communautaire continue à garantir un niveau de protection comparable à celui de la Loi fondamentale, c'est la dernière fois qu'une telle procédure trouvera son dénouement devant la Cour constitutionnelle.

1°) La procédure dans l'arrêt Solange II

Largement commentée en doctrine quant au fond de l'affaire, l'importance de la décision Solange II a souvent jeté une zone d'ombre sur la procédure suivie[261]. Le mécanisme est ici complexe et se déroule dans un double mouvement ascendant et descendant.

A l'origine de la décision Solange II, se trouve une société importatrice de conserves de champignons en provenance de pays tiers. L'autorisation d'importer des produits en provenance de Taiwan, sollicitée le 9 juillet 1976, lui avait été refusée par l'office fédéral pour le ravitaillement et la production forestière. Ce refus se fondait sur les dispositions du règlement n° 2107/74 de la commission destiné à protéger la production européenne contre les importations à bas prix. Après rejet du recours non-contentieux, la société intenta une action devant le tribunal administratif de Francfort au motif que le règlement communautaire visé n'aurait pas dû être maintenu en vigueur au-delà du 30 juin 1976, puisque les raisons qui avaient conduit à son édiction et tenant à des troubles sur le marché des conserves de champignons avaient disparu.

Le règlement fut abrogé entre-temps à effet au premier janvier 1977 et la requérante obtint l'autorisation d'importer mais maintint toutefois le recours dirigé contre le refus de l'office fédéral de donner suite à sa demande du 9 juillet 1976. Le tribunal rejeta cette demande comme non-fondée, puisque le refus d'autorisation n'avait pas été illégal.

La requérante forma alors un pourvoi en cassation contre ce jugement. Par un arrêt du 25 mars et à l'initiative de la requérante, la Cour fédérale administrative saisit la Cour de justice des Communautés européennes, conformément à l'article 177 (234) al. 3 CEE. Celle-ci déclara le règlement en cause non contraire à une série de dispositions communautaires énumérées dans le pourvoi[262].

La société requérante invoqua alors une violation de ses droits fondamentaux garantis par la Loi fondamentale et demanda un renvoi préjudiciel devant la Cour constitutionnelle fédérale pour déterminer l'applicabilité en République fédérale d'Allemagne des règlements communautaires selon l'article 100 I LF ou un nouveau renvoi préjudiciel devant la Cour de justice des Communautés européennes.

La Cour fédérale administrative fédérale déclara le pourvoi en cassation non-fondé. Conformément à une jurisprudence constante, elle rejeta la demande de renvoi devant la

---

[260] Sur le fond, voir p. 203.

[261] Sur la procédure, voir : *Christian Autexier*, AIJC 1987, p. 419-447.

[262] CJCE 1982/05/06 Wünsche Handelsgesellschaft, Aff. 126/81, Rec. p. 1479.

Cour constitutionnelle fédérale au motif que les actes visés à l'article 100 I LF sont uniquement ceux du législateur et non les décisions de justice[263]. Elle rejeta également la demande de renvoi préjudiciel devant la CJCE. En effet la Cour de justice peut être saisie de nouveau d'une part lorsque le juge national destinataire se heurte à des difficultés de compréhension ou d'application de l'arrêt, lorsqu'il pose une nouvelle question de droit ou encore lorsqu'il lui soumet de nouveaux éléments d'appréciation susceptibles de conduire la Cour à répondre différemment à une question déjà tranchée[264].

La société requérante saisit alors la Cour constitutionnelle fédérale sur la base de l'article 93 I n° 4a en demandant l'annulation du jugement de la Cour fédérale administrative[265] au motif que celui-ci aurait violé les articles 19 IV LF (garantie du recours juridictionnel), 103 I LF (droit à être entendu devant les tribunaux), 101 I LF (nul ne doit être soustrait à son juge légal), ensemble avec l'art. 177 al. 3 CEE, et d'autre part à ses droits fondamentaux garantis par l'article 2 I LF (liberté d'agir), 12 I LF (liberté de profession) et 20 III LF qui énonce :

> « Le pouvoir législatif est lié par l'ordre constitutionnel, les pouvoirs exécutif et judiciaire sont liés par la loi et le droit ».

La Cour constitutionnelle fédérale déclare que ce recours n'est pas fondé. Le fait qu'il n'y ait pas de voies de recours devant les tribunaux allemands contre une décision de la CJCE et que le la Cour fédérale administrative se soit estimée liée par la réponse de la Cour de justice ne constitue pas une violation de l'article 19 IV LF. Il n'y a pas non plus violation par la Cour de justice du droit d'être entendu pour les parties : la loi d'approbation du traité CEE n'entre donc pas en contrariété avec l'article 103 I LF. La décision de la Cour administrative fédérale de ne pas procéder à un nouveau renvoi préjudiciel n'est pas arbitraire : l'article 19 IV LF n'a donc pas été violé[266].

Quant aux autres moyens invoqués par la société requérante (violation des articles 2 I, 12 I et 20 III LF), la Cour constitutionnelle fédérale déclare qu'en se conformant au contenu de décisions préjudicielles de la Cour de justice elle n'a pas violé les droits fondamentaux garantis constitutionnellement et qu'elle n'exercera plus son contrôle aussi longtemps que la jurisprudence de la Cour de justice des Communautés européennes assurera une protection des droits fondamentaux substantiellement comparable à celle de la Loi fondamentale.

Cette renonciation provisoire (aussi longtemps que...) permet à l'article 177 de jouer son rôle c'est-à-dire de faire naître un dialogue entre le juge communautaire et le juge national dans lequel la Cour constitutionnelle accepte de ne pas avoir le dernier mot sous certaines conditions.

2°) Le rôle de l'article 177 (234) CE

Dès 1970, *Pierre Pescatore,* alors juge à la CJCE, avait appréhendé la relation entre le juge communautaire et le juge constitutionnel dans le cadre d'une coopération afin de réduire le conflit qui pouvait subsister entre les deux ordres juridiques en interprétant cette

---

[263] Voir par exemple: BVerfGE 78, 20.

[264] CJCE 1978/07/13, Milac/Hauptzoll Freiburg, aff. 8/78, Rec. p. 1721. Sur la question de la recevabilité des questions préjudicielles, voir *Denys Simon* Le système juridique communautaire, PUF 1997, p. 461-465.

[265] Dans une décision antérieure rendue le 9 juin 1971, dont la portée est moindre, la Cour constitutionnelle fédérale avait déjà été saisie selon la même procédure. Il s'agissait d'un recours constitutionnel dirigé contre des arrêts de la Cour fédérale des finances concernant l'application des articles 95 et 97 du traité CEE.

[266] Dans sa décision du 9 juin 1971 (BVerfGE 31, 145), la Cour constitutionnelle avait déjà déclaré qu'aucune objection d'ordre constitutionnel ne pouvait être formulée à l'encontre de l'arrêt de la Cour fédérale des finances qui avait fait prévaloir l'interprétation de la Cour de justice des Communautés européennes dans le cadre d'un renvoi préjudiciel.

relation comme une osmose[267]. La CJCE elle-même a affirmé à maintes reprises l'importance de la collaboration entre les juridictions nationales et communautaires par la charnière que constitue l'article 177 CE. Cet article permet en effet de répartir les compétences respectives des deux niveaux de juridiction :

« L'article 177 III CEE est fondé sur une coopération qui comporte une répartition des fonctions entre le juge national et le juge communautaire, dans l'intérêt de la bonne application et de l'interprétation uniforme du droit communautaire dans l'ensemble des Etats membres »[268].

L'expérience montre que dans l'ensemble, les juges allemands acceptent sans difficulté de poser une question préjudicielle au juge communautaire[269] et se conforment presque toujours à la réponse donnée par la Cour[270]. Statistiquement, c'est le juge allemand qui a le plus recouru à l'article 177 avec une moyenne de 25 fois par an[271].

Il ne faut pourtant pas en déduire qu'il existe un rapport hiérarchique entre le juge communautaire et le juge national[272] et la Cour de Luxembourg ne peut être analysée comme une sorte de Cour de cassation[273]. La délimitation des fonctions respectives entre le juge national et le juge communautaire peut certes engendrer certaines difficultés car ceux-ci sont l'un et l'autre appelés à se prononcer sur le droit communautaire. Par conséquent, les collisions et les empiétements restent possibles mais ceux-ci peuvent être résolus dans le souci d'une coopération loyale[274]. C'est ainsi que la Cour de justice a rappelé :

« Si l'esprit de collaboration qui doit présider à l'exercice des fonctions assignées par l'art. 177, respectivement, au juge national et au juge communautaire, impose à la Cour le devoir de respecter les responsabilités propres du juge national, il implique en même temps que le juge

---

[267] *Pierre Pescatore,* Das Zusammenwirken der Gemeinschaftsrechtsordnung mit den nationalen Rechtsordnungen, EuR, 1970, p. 307-312 (308).

[268] CJCE 1981/12/16, Foglia, Aff. 244/80, Rec. p. 3045 (3062).

[269] *Cf. Georg Ress,* Wichtige Vorlagen deutscher Verwaltungsgerichte an den Gerichtshof der Europäischen Gemeinschaften, Die Verwaltung 1987, p. 177-217 (183). Si les juges allemands semblent davantage enclins à poser la question préjudicielle que leurs homologues des autres pays membres, on constate dans l'absolu une certaine réticence qui peut s'expliquer par une méconnaissance du système communautaire et la crainte d'avoir à attendre un an ou plus la réponse de la CJCE: *Christoph Vedder,* Ein neuer gesetzlicher Richter ? NJW 1987, p. 526-531 (526). On peut ainsi citer deux exemples manifestes du refus de poser la question préjuducielle de la part de la Cour fédérale des finances: BFH 24.4.1985 (143, 383) et BFH 16.07.1981 (133, 470). Sur ce point voir également: *Reimer Voß* Erfahrungen und Probleme bei der Anwendung des Vorabentscheidungsverfahrens nach Art. 177 EWGV aus der Sicht eines deutschen Richters, EuR 1986, p. 95-111 (103-104). Pour expliquer la réticence des tribunaux de faire usage de cette procédure, celui-ci cite en outre la charge de travail supplémentaire que constitue la formulation de la question dans la mesure où le juge doit d'abord examiner l'ensemble de l'affaire pour déterminer si la question de droit soulevée est déterminante dans le litige ; à ce titre, il doit anticiper les réponses possibles que va donner la Cour de Justice et formuler la question à un certain degré d'abstraction.

[270] Les hypothèses où l'on observe une divergence sont justement les cas qui touchent les droits fondamentaux. *Cf. Jürgen Schwarze,* Die Befolgung von Vorabentscheidung des Europäischen Gerichtshofs durch deutsche Gerichte, Nomos, Baden-Baden 1988, 54 p. (26-37 & 39-40).

[271] *Jean Paul Costa,* le rôle des juges, in : Les mutations du droit de l'administration en Europe, pluralisme et convergence, (sous la direction de Gérard Marcou), L'Harmattan, 352 p. 315-329 (322).

[272] *Cf. Manfred A. Dauses,* Das Vorabentscheidungsverfahren nach Art. 177 EG-Vertrag, Beck, München 1995, 2. Aufl., 205 p. (46-47).

[273] *Cf. Georg Ress,* Wichtige Vorlagen deutscher Verwaltungsgerichte..., Die Verwaltung 1987, p. 177-217 (181). Pour les similitudes et les différences qui peuvent exister dans les différents ordres juridiques nationaux et en droit communautaire en ce qui concerne le renvoi préjudiciel, voir: *Maurice Lagrange,* L'action préjudicielle dans le droit interne des Etats membres et en droit communautaire, RTDE 1974, p. 268-297.

[274] *Cf. Ulrich Everling,* Das Vorabentscheidung vor dem Gerichtshof der Europäischen Gemeinschaften, Praxis und Rechtsprechung, Nomos, Baden-Baden 1986, 87 p. (21).

national, dans l'usage qu'il fait des possibilités ouvertes par l'article 177, ait égard à la fonction propre remplie par la Cour »[275].

La reconnaissance de la procédure de l'article 177 CE par le juge constitutionnel confère à la CJCE le statut de juge légal au sens de l'article 101 LF.

B. Le juge communautaire reconnu en tant que juge légal

En reconnaissant le juge communautaire en tant que juge légal dans l'arrêt Solange II, la Cour constitutionnelle l'insère dans l'ordre juridique allemand. Ce qui signifie en même temps pour le juge communautaire qu'il doit s'y conformer.

1°) L'application de l'article 100 I 2 LF au juge communautaire

Si dans la décision Solange II le juge constitutionnel conditionne la primauté du droit communautaire à l'adéquation du droit communautaire aux préceptes contenus dans la Loi fondamentale, il va en même temps reconnaître le juge communautaire en tant que juge légal au sens de l'article 100 I 2 de la Loi fondamentale.

> « L'imbrication fonctionnelle de la juridiction des Communautés européennes et de la juridiction des Etats membres, ainsi que le fait que les traités communautaires, par suite des formules exécutoires contenues dans les lois d'approbations conformes aux articles 24 I et 59 II 1 LF, et le droit dérivé édicté sur le fondement des traités font partie de l'ordre juridique interne en vigueur de la République fédérale d'Allemagne et doivent être respectés, interprétés et appliqués par ses tribunaux, donnent à la Cour de justice la qualité de juge légal au sens de l'art. 101 I 2 LF, pour autant que les lois d'approbation des traités communautaires lui confient les fonctions juridictionnelles contenues dans les Traités[276] ».

La première conséquence qui découle de cette reconnaissance réside dans le fait que les règlements communautaires ne semblent plus pouvoir être contrôlés par la voie du contrôle concret des normes[277].

L' "imbrication fonctionnelle" à laquelle la Cour constitutionnelle fait référence implique une certaine coopération entre les tribunaux allemands et la Cour de Justice des Communautés européennes et la qualification de la CJCE de juge légal signifie qu'un défaut de renvoi préjudiciel par les tribunaux allemands sur le fondement de l'article 177 (234) al. 3 CE sera désormais sanctionné par la Cour constitutionnelle fédérale. En effet, jusqu'à présent, aucune mesure ne pouvait être prise à l'encontre d'une Cour statuant en dernière instance ne se soumettant pas à l'obligation du renvoi préjudiciel devant la CJCE : la Cour constitutionnelle avait laissé ouverte la question de savoir si le juge communautaire pouvait être considéré en tant que juge légal au sens de l'article 101 I 2 LF. A la date de la décision Solange II, seul le tribunal des finances de Hambourg avait dit que :

> « le non-renvoi d'une question de droit controversée relative à l'interprétation et à la validité du droit communautaire par une Cour nationale statuant en dernière instance porte atteinte selon le droit national au droit fondamental du citoyen à un juge légal »[278].

La possibilité d'intenter un recours en manquement selon les articles 169 (226) et 170 (227) CEE resterait sans effet juridique dans la mesure où le gouvernement ne peut pas contraindre une Cour réticente au droit communautaire à réviser son jugement[279]. Le conflit

---

[275] CJCE 1981/12/16, Foglia, Aff. 244/80, Rec. p. 3045 (3063).

[276] BVerf 73, 339 [368-369] = AIJC 1987 (420).

[277] *Christoph Vedder*, Ein neuer gesetzlicher Richter ? NJW 1987, p. 526-531 (526).

[278] FG Hamburg, RIW 1981, p. 692-694 (693). La Cour fédérale de justice semblait également s'orienter dans cette direction : BVerwG, Beschluß vom 20.3.1986, in: RIW 1986, p. 472, Voir: Anmerkung *Klaus-Volker Schiller* (472-473). Quant à la doctrine, elle était unanime pour voir dans la Cour de Justice un juge au sens légal selon l'art. 101 I 2 LF. Voir *Christoph Vedder*, NJW 1987, 526-531 (527, note 23).

[279] *Cf. Christoph Vedder*, Ein neuer gesetzlicher Richter ? NJW 1987, p. 526-531 (530). Egalement *Joël Rideau*, Droit institutionnel de l'Union et des CE, L.G.D.J. 1994, p. 729 : « Le manquement peut cependant émaner de

relatif à la sixième directive sur la TVA montre de quelle façon il peut y avoir une mauvaise articulation entre le droit national et le droit communautaire[280] :

« Dans son arrêt du 25 avril 1985 la Vème chambre de la Cour fédérale de juridiction financière (Bundesfinanzhof) a décidé que le contribuable ne peut invoquer l'incompatibilité entre la législation allemande sur l'impôt sur chiffre d'affaires et la sixième directive sur la TVA (...). La Vème chambre ne s'est pas considérée comme liée par la décision contraire prise dans le cadre de la même procédure par la CJCE le 22 février 1984 dans l'affaire 70/83.

1. La Commission est-elle au courant de l'arrêt de la Cour fédérale de juridiction financière ?

2. Que compte-t-elle faire afin de s'assurer que même les plus hautes instances juridiques des Etats membres respectent le droit communautaire ?

3. Peut-elle indiquer si elle engagera, conformément à la note qu'elle a adressée le 3 novembre 1981 au gouvernement de la RFA, une procédure d'infraction au traité prévu à l'article 169 CEE, et si elle introduira le cas échéant un recours devant la CJCE ?

Réponses données par J. Delors au nom de la Commission :

1. Oui

2 et 3. La Commission a décidé d'engager la procédure d'infraction pour amener l'Etat membre à assurer que les particuliers bénéficient des dispositions de la directive qu'ils ont invoquées. L'Etat membre vient de faire état d'instructions administratives à cet effet, qui font actuellement l'objet d'un examen par les services de la Commission. Après cet examen la Commission décidera s'il y a lieu d'envoyer à l'Etat membre la lettre de mise en demeure au sens de l'art. 169 CEE. »

Dans cette affaire, chaque partie se livre à une sorte de simulacre. La Cour fédérale des finances fait semblant d'ignorer la position de la CJCE, la Commission fait semblant d'être en mesure d'exercer une pression sur l'Allemagne et le gouvernement fédéral fait semblant de pouvoir contourner la décision du juge national " par des instructions administratives "...

2°) Les limites à cette reconnaissance

L'éventuel contrôle du devoir de renvoi qu'exerce le juge constitutionnel n'est pas absolu. La première limite tient au caractère manifestement arbitraire de la décision du juge national de refuser une question préjudicielle au juge communautaire alors même que les circonstances l'exigent. Mais le juge constitutionnel vérifie également si le juge communautaire reste bien dans le cadre des compétences qui lui reviennent et qui sont définies par la loi nationale d'approbation du traité. Ce faisant, il est en mesure de contrôler la jurisprudence de la CJCE et d'éviter tout dérapage du juge communautaire.

a) Le caractère arbitraire de la décision du juge

La Cour constitutionnelle fédérale ne constitue pas une Cour supérieure de contrôle du renvoi et elle ne condamne donc pas toutes les atteintes à l'article 177 CE mais uniquement les manquements les plus flagrants[281] ; dans le contrôle qu'exerce la Cour constitutionnelle, celle-ci doit simplement s'assurer que la fonction de la Cour de justice en tant que juge légal soit respectée[282] :

---

n'importe quel organe de l'Etat, même s'il s'agit d'institutions ayant un "*caractère constitutionnellement indépendant*"».

[280] Réponse à la question écrite n°1907/85 de M. Karl von Wogau PPE-D , JOCE n° C 137/7 du 4 juin 1986.

[281] Jurisprudence constante BVerfGE 29, 198 [207-209]; BVerfGE 29, 213 [219]; BVerfGE 31, 145 [169] ; BVerfGE 45, 142 [181] ; BVerfGE 73, 339 [369], BVerfGE 75, 223 [245]. Traditionnellement, le juge oppose l'erreur de procédure et la décision arbitraire pour mieux mettre celle-ci en relief. « Les décisions d'un tribunal ne peuvent porter atteinte à l'article 101 I 2 LF que lorsqu'elles sont arbitraires. Personne n'est en revanche soustrait à son juge légal par une erreur de procédure ». BVerfGE 03, 359 [364]. Voir *Stefan Lehr,* Einsweiliger Rechtsschutz und Europäische Union, Springer 1997, p. 605.

[282] *Cf. Paul Kirchhof,* Rechtsschutz durch BVerfG und Europäischen Gerichshof, in: *Detlef Merten* (Hrsg.),

« L'article 101 I 2 garantit un droit subjectif à un juge légal. Par cette garantie comparable à un droit fondamental, la Cour constitutionnelle fédérale ne se transforme toutefois pas en un organe de contrôle qui devrait corriger chaque vice de procédure échappant et touchant la compétence de celui-ci. En revanche, la Cour constitutionnelle juge la garantie de la compétence contenue à l'article 101 I 2 LF en tant qu'élément du précepte de l'objectivité propre à l'Etat de droit, qui exige également l'observation des règles de compétence, conférant aux Cours suprêmes spécialisées le contrôle relatif à l'observation de la répartition des compétences et délimitant l'ordre des juridictions. La Cour constitutionnelle fédérale ne peut contester l'interprétation et l'application des normes de compétence que dans la mesure où en cas d'évaluation claire des idées définies par la Loi fondamentale, celles-là ne semblent plus intelligibles et sont manifestement indéfendables (Cf. BVerfGE 29, 198 [207]). (...)

L'unité de l'ordre juridique posé dans le traité CEE est menacée si le même droit est rendu de manière différente dans chaque Etat membre. C'est la raison pour laquelle l'article 177 intègre de manière fonctionnelle la CJCE dans l'ordre juridictionnel des Etats membres dans la mesure où elle est chargée de l'interprétation et de l'application du droit communautaire dans l'intérêt de la sécurité et l'application uniforme du droit. La Cour constitutionnelle fédérale examine uniquement si cette règle de compétence a été bafouée de manière manifestement indéfendable. Seul un tel critère de contrôle correspond à la mission de la Cour constitutionnelle fédérale »[283].

C'est ainsi que la Cour constitutionnelle n'a pas hésité à annuler le jugement de la Cour fédérale des finances relatif à la non-application de la sixième directive sur la TVA car elle s'était soustraite à son obligation de renvoi préjudiciel « d'une façon objectivement arbitraire »[284].

b) Le juge communautaire encadré par la loi d'approbation

La Cour constitutionnelle semble donc être respectueuse du droit communautaire en ce qui concerne l'obligation de renvoi par les juges allemands mais l'arrêt relatif au Traité sur l'Union européenne fait naître un doute car à aucun endroit la Cour ne fait référence à son propre devoir de poser la question préjudicielle au juge communautaire[285]. Le juge constitutionnel a d'ailleurs toujours su éviter de poser la question préjudicielle à la Cour de justice. Pour les affaires qui touchent à la fois droit communautaire et droit constitutionnel (et plus particulièrement à ses éléments structurants), la Cour veut garder le dernier mot afin d'éviter qu'une interprétation par la Cour de justice puisse se révéler contraire aux principes constitutionnels (notamment les droits fondamentaux). Cette interprétation reste dans la logique de la jurisprudence de la Cour qui reconnaît la primauté du droit communautaire uniquement dans la mesure où celle-ci est délimitée par les lois d'approbation des traités communautaires comme le montre la jurisprudence " Kreditvermittler "[286].

Föderalismus und Europäischen Gemeinschaften... p. 109-123 (121).

283 BVerfGE 82, 159 [194-195].

284 BVerfGE 75, 223 [245] Kreditvermittler. En ce qui concerne le caractère arbitraire de la décision du juge de ne pas poser la question préjudicielle, la jurisprudence de la Cour constitutionnelle fédérale semble s'orienter dans trois directions: la décision de ne pas renvoyer l'affaire est arbitraire 1°) lorsque le juge du fond reconnaît qu'une question de droit communautaire est sujette à caution mais qu'il s'abstient de renvoyer, 2°) en cas de divergence avec la jurisprudence de la CJCE, 3°) lorsque la jurisprudence de la CJCE est incomplète, *Cf. Paul Kirchhof,* Rechtsschutz durch BVerfG und Europäischen Gerichshof, in: *Detlef Merten* (Hrsg.), Föderalismus und Europäischen Gemeinschaften... p. 109-123 (121). Egalement *Klaus Möller,* Der EuGH i. S. d. Art. 101 Abs. 1 S. 2 GG im Vorlageverfahren gemäß art. 177 Abs. 3 EWG unter besonderer Berücksichtigung der Vorlagepflichtverletzung durch deutsche Gerichte, Dissertation Köln 1987, 178 p., p. 55 et ss. En tout état de cause, les contours dessinés par la CCF sont assez flous. *Stefan Lehr,* Einsweiliger Rechtsschutz und Europäische Union, Springer 1997, p. 606 qui relève néanmoins les trois cas dans lesquels le non-renvoi est considéré comme arbitraire par le juge constitutionnel.

285 *Peter-Christian Müller-Graff,* Diskussionsbeitrag, in: Hommelhoff/Kirchhof, Der Staatenbund der EU, p. 67-72 (70).

286 BVerfGE 75, 223

Il s'agissait dans cette affaire de déterminer si la sixième directive sur la TVA était opposable aux tiers. Si l'on s'en tient strictement à la lecture des traités communautaires, il faut répondre par la négative comme l'avait fait la Cour fédérale des finances[287]. C'est faire alors peu de cas de la jurisprudence développée par la Cour de Justice. Faisant référence à l'article 177 (234) CEE, celle-ci en avait tiré l'argument qu'en permettant aux juridictions nationales de saisir la Cour de la validité ou de l'interprétation de tous les actes des institutions communautaires, sans distinction entre les différentes normes, il fallait en déduire que tous les actes visés à l'article 189 (249) CEE étaient susceptibles d'être invoqués par les justiciables devant lesdites juridictions. La Cour avait donc précisé qu'il « convient d'examiner dans chaque cas si la nature, l'économie et les termes de la disposition en cause sont susceptibles de produire des effets directs dans les relations entre le destinataire de l'acte et les tiers »[288].

Fidèle à sa jurisprudence traditionnelle, la Cour constitutionnelle avait donc à déterminer si la jurisprudence de la Cour de Justice entrait dans le cadre imposé par la loi d'approbation allemande ou si au contraire cette opinion n'était plus couverte par elle. La Cour constitutionnelle constate dans un premier temps que les compétences qui reviennent à la Cour de Justice dans le cadre de l'article 177 (234) CE ne sont pas sans limites et que la frontière fixée par la Loi fondamentale reste donc en dernière analyse sous le contrôle du juge constitutionnel[289]. Elle se livre ensuite à une analyse de la jurisprudence de la Cour de Justice pour déterminer si sa jurisprudence peut être couverte par les lois d'approbation avant de conclure :

> « On ne peut rien objecter à la méthode d'élaboration prétorienne à laquelle a recouru la Cour de justice, que ce soit au regard de la loi d'approbation du Traité CEE ou de l'article 24 alinéa 1 de la Loi fondamentale[290]. Certes, la Cour de justice ne s'est nullement vu attribuer la compétence d'étendre de cette manière à son gré des compétences de la Communauté ; mais il ne fait pas de doute non plus que les Etats membres ont entendu doter la Communauté d'une juridiction à laquelle il serait loisible d'emprunter des voies d'élaboration du droit constituées au fil des siècles par une tradition et une culture juridiques européennes communes. En Europe, le juge n'a jamais été purement et simplement " la bouche qui prononce les paroles de la loi "[291] ; le droit romain, la common law anglaise, le droit commun étaient des créations jurisprudentielles au même titre que , à une époque plus récente, l'élaboration de principes généraux du droit administratif par le Conseil d'Etat en France, par exemple, ou en Allemagne le droit administratif général, de vastes pans du droit du travail ou de la sûreté ou de la garantie dans les relations commerciales relevant du droit privé. Les traités instituant les Communautés sont eux aussi à comprendre à la lumière d'une tradition et d'une culture juridique européennes communes. Il serait dès lors erroné de croire qu'il ne serait pas permis à la Cour de justice des Communautés de recourir à la méthode d'élaboration prétorienne »[292].

La situation peut sembler confuse puisque la Cour constitutionnelle n'accepte l'interprétation de la Cour de Justice que si celle-ci est conforme à la Loi fondamentale. Certes, la CJCE dispose d'une certaine marge de manœuvre comme le reconnaît le juge

---

[287] BFH, 25 avril 1985

[288] CJCE 1970/10/06, Frantz Grad/Finanzamt Traunstein, aff. 9/70, Rec. p. 825. Le fait que l'article 189 CE confère aux règlements un caractère directement applicable n'exclut pas que les directives puissent produire des effets analogues. Jurisprudence confirmée par la suite: CJCE 1970/12/17, Sace/Ministère des finances Italie, Aff. 33/70, Rec. p.1213 ; CJCE 1974/12/04, Van Duyn, Aff. 41/74, Rec. p.1337.

[289] BVerfGE 75, 223 [235]

[290] C'est nous qui soulignons.

[291] En français dans le texte.

[292] BVerfGE 75, 223 (243), Traduction Jürgen Schwarze in RTDE 1993, Tendances vers un droit administratif en Europe, p. 235-245 (239).

constitutionnel mais cette latitude reste encadrée par l'article 24 I LF et la loi d'approbation du Traité. Logiquement, les juges nationaux confrontés à une norme communautaire dont ils doutent de la validité ou dont l'interprétation est obscure devraient tout d'abord saisir la Cour constitutionnelle pour déterminer si cette norme est ou non couverte par les lois d'approbation. Si ce n'est pas le cas, le juge national serait en mesure de laisser la norme communautaire inappliquée. Dans l'hypothèse inverse, lorsque la Cour constitutionnelle déclare que la norme communautaire est bien couverte pas les lois d'approbation, le juge communautaire pourrait alors être saisi. Sachant que si la jurisprudence de la CJCE n'était pas couverte pas les lois d'approbation, elle n'aurait, dans l'esprit du juge constitutionnel, aucun effet sur le territoire de la RFA. Dans tous les cas de figure, en amont comme en aval, c'est donc toujours au juge constitutionnel qu'il revient de statuer sur l'interprétation et la validité du droit communautaire.

Le contrôle du respect de l'article 177 (234) CE devient certes une affaire de routine[293], mais le juge constitutionnel reste vigilant pour éviter tout dérapage du juge communautaire en dehors des limites que lui a fixées la loi d'approbation. La Cour constitutionnelle est d'ailleurs compétente pour vérifier la conformité de celle-ci à la Loi fondamentale. C'est à ce type de contrôle que s'est livré le juge de Karlsruhe à l'occasion du Traité sur l'Union européenne.

§ 2. Le contrôle de constitutionnalité de la loi d'approbation du TUE

Dès le mois d'avril 1992, la CDU et la CSU s'étaient prononcées en faveur d'un nouvel article 23 de la Loi fondamentale garantissant la structure fédérale de l'Allemagne, l'influence des Länder et les éléments fondamentaux de la Constitution gagnant ainsi l'avis favorable du SPD. Celui avait en effet pris position pour un nouvel article 23, estimant que l'ancien article 24 de la Loi fondamentale ne pouvait plus servir de cadre juridique à une intégration européenne plus poussée. La préoccupation de la CDU et de la CSU étant d'aboutir à un texte au terme duquel les principes contenus dans la Loi fondamentale ne pourraient pas être remis en cause à la suite d'une décision communautaire. Les revendications des Länder, défendant le point de vue selon lequel la politique européenne allait prendre une qualité nouvelle et qu'elle touchait trop la vie intérieure des Etats pour être considérée comme relevant uniquement de la compétence de la Fédération, se sont heurtées au parti libéral (FDP), détenant le portefeuille des affaires étrangères, qui redoutait une paralysie du processus décisionnel.

La commission constitutionnelle commune aux deux Chambres du Parlement allemand a adopté fin juin, après de laborieuses négociations, à la quasi-unanimité, le compromis auquel étaient parvenus les représentants des Länder et des groupes parlementaires du Bundestag sur les modifications à apporter à la Constitution pour pouvoir ratifier les accords de Maastricht. Ces propositions donnaient notamment un droit de regard sur les négociations menées par la Fédération avec les institutions communautaires. Soutenues par le SPD et la CSU, votées par les représentants au sein de la commission du parti libéral ainsi que par la CDU, ces propositions ont cependant provoqué une levée de boucliers parmi les chrétiens-démocrates. En effet, plusieurs responsables, notamment les porte-parole du groupe parlementaire pour les affaires de sécurité et pour les affaires étrangères, le Rhénan *Karl Lammers* et le Berlinois *Peter Kittelmann*, ayant annoncé qu'ils s'y opposeraient. Tous les deux s'inquiétaient en effet de la volonté des Länder de s'immiscer dans la

[293] *Michel Fromont*, Chroniques étrangères, RDP 1989, p. 120.

politique européenne et dénonçait la tentative de transformer la République fédérale en une confédération d'Etats.

Les modifications constitutionnelles trouvèrent toutefois un large assentiment dans la classe politique puisque la loi d'approbation du Traité sur l'Union européenne a été adoptée le 2 décembre 1992 par la quasi-unanimité des membres du Bundestag (543 voix pour, 17 contre et 8 abstentions) et le 18 décembre 1992 par le Bundesrat[294].

A peine les joutes politiques avaient elles pris fin par un large consensus des partis politiques que le débat rebondissait sur une série de recours introduits devant la Cour constitutionnelle fédérale par de simples particuliers.

Comme le rappelle la Cour, le recours constitutionnel n'est recevable que si le requérant fait valoir que l'acte de souveraineté attaqué porte atteinte directement et actuellement à un de ses droits susceptibles de recours constitutionnel. Il doit en outre exposer de façon suffisamment étayée qu'une pareille atteinte apparaît plausible[295].

La recevabilité d'un recours contre une loi d'approbation constitue une jurisprudence déjà ancienne de la Cour constitutionnelle mais ce qui surprend dans la décision Maastricht, c'est le motif pour lequel la Cour déclare ce recours recevable.

La diversité des recours examinés par la Cour constitutionnelle fédérale dans la décision Maastricht peut être résumée à l'aide d'un tableau.

Tableau 2

Les requêtes formées devant la Cour constitutionnelle fédérale		
	Requérant 1	Requérants 2
Art. 1 I LF	X	
Art. 2 I LF	X	
Art. 5 I LF	X	
Art. 9 I LF + Art. 21 I 2 LF	X	
Art. 12 I LF	X	
Art. 14 I LF	X	
Art. 38 I LF	O	X
Art. 38 II LF	X	X
Art. 20 IV LF + Art. 93 I n° 4 a	X	X

A. La réfutation des moyens invoqués

Après avoir déclaré irrecevable la totalité des recours directement dirigés contre la loi de révision de la Loi fondamentale, la Cour constitutionnelle va également déclarer irrecevables les recours tendant à faire constater une violation des droits fondamentaux par le

---

294 *Cf.* "CDU und CSU wollen neuen Artikel 23", F.A.Z. du 10.04.92 ; "Über Staatszielbestimmungen einig", F.A.Z. du 08.05.92 ; "Das Grundgesetz wird um einen Europa-Artikel ergänzt" F.A.Z. du 16.05.92 ; "Accord à Bonn sur le processus de révision constitutionnelle", Le Monde du 24.06.92 ; "Les modifications de la Constitution envisagées suscitent des réserves chez les chrétiens-démocrates", Le Monde des 28-29.06.92.

295 BVerfGE 89, 155 [171] B avec références à la jurisprudence antérieure: BVerfGE 28, 17 [19]; BVerfGE 52, 303 [327]; BVerfGE 65, 227 [232]. Les passages cités de la décision Maastricht sont extraits de la traduction réalisée in: *Winkelmann Ingo (éd.),* Das Maastricht-Urteil des Bundesverfassungsgerichts vom 12. Oktober1993, Dokumentation des Verfahrens mit Einführung, Duncker & Humblot 1994, p. 697-750, avec les références des pages au recueil. Il existe une autre traduction partielle réalisée par *Constance Grewe* de cette décision in: RUDH 1993, p. 286-292.

traité de Maastricht, à l'exception des recours fondés sur l'article 38 I de la Loi fondamentale.

1°) L'irrecevabilité des recours dirigés contre la loi de révision de la Loi fondamentale

Les critiques à l'encontre des nouvelles dispositions de la Loi fondamentale consécutives au Traité de Maastricht portent sur trois points, elles sont l'objet des requérants sous 2 :

Premièrement, le requérant faisait valoir que le nouvel article 23 relatif à l'Union européenne, « ne fournit pas de base constitutionnelle pour l'octroi de droits de souveraineté, car il est lui même contraire à la Constitution. L'article 23 reconnaît la compétence du gouvernement fédéral pour prendre seul des décisions sur la participation allemande aux actes législatifs de l'Union européenne. Eu égard à la compétence conférée au chancelier fédéral en matière d'orientations et à son statut juridique par rapport aux ministres, un principe de gestion au seul niveau de l'exécutif a été ainsi, quant au fond, incorporé à la Loi fondamentale ». (...). Le requérant ajoute que la loi portant modification de la constitution serait contraire au principe de l'Etat fédéral car il y aurait atteinte à la participation des Länder à l'élaboration de la législation, cette situation ne se trouvant pas compensée par les droits de participation du Bundesrat prévus à l'article 23 LF. Si tel était le cas, il y aurait alors violation de l'article 79 III LF.

Deuxièmement, « le requérant estime qu'il a été porté atteinte à son droit en matière d'élections par le fait que le nouvel article 28 I 3 LF contient l'habilitation d'instaurer un droit de vote et d'éligibilité aux élections municipales au profit de ressortissants d'autres Etats membres de la Communauté et que l'article 8 B (19) du traité CE fait usage de cette habilitation ».

La troisième modification de la Loi fondamentale attaquée porte sur le nouvel article 52 III LF, qui institue une chambre des questions européennes : celle-ci amoindrirait les droits et les statuts des Länder. En outre, selon le requérant, « le traité sur l'Union porte atteinte au principe de l'Etat social, car la responsabilité sociale de l'Allemagne se trouve étendue à l'ensemble de l'Union européenne. Or, le principe allemand de l'Etat peut être mis en échec tout au plus par une nouvelle constitution, mais non par une modification constitutionnelle »[296].

La Cour constitutionnelle va déclarer irrecevables les recours dirigés contre la révision de la Loi fondamentale au motif que « l'article 23 I LF constitue une habilitation particulière aux fins de la participation au développement de l'Union européenne en vue de la réalisation d'une Europe unie (...). Cette habilitation est toutefois expressément soumise, en application de l'article 23 I LF aux limites de l'article 79 III LF ; or ces limites représentent les barrières que le pouvoir constituant ne peut franchir. Dès lors, il ne peut y avoir de distorsion entre la substance démocratique de l'article 38 LF et le nouvel article 23 LF »[297].

La Cour constitutionnelle fédérale ajoute :

> « L'article 38 LF ne confère pas, du moins en ce qui concerne le droit de vote et d'éligibilité aux élections municipales, un droit subjectif permettant de se défendre, lors de l'exercice du droit de vote ou d'éligibilité, au moyen d'une "action concurrente" en matière électorale, contre des candidats ou des électeurs non-allemands »[298].

Quant aux moyens tirés d'une prétendue atteinte au principe de l'Etat social et au principe de l'Etat fédéral, ils sont déclarés irrecevables puisqu'ils n'entrent pas dans le cadre tracé par l'article 93 I n° 4 a LF.

---

[296] BVerfGE 89, 155 [168] A.II.1.c.
[297] BVerfGE 89, 155 [179] B.3.a.
[298] BVerfGE 89, 155 [179] B.3.b.

2°) L'irrecevabilité de la quasi totalité des recours dirigés contre la loi d'approbation du TUE

Soucieuse de garantir la plénitude des droits fondamentaux, la Cour constitutionnelle fédérale n'a jamais hésité à se déclarer compétente pour examiner toutes les lois, y compris les lois de ratification des traités internationaux[299]. A la différence d'un contrôle concret des normes, les recours individuels contre une loi d'approbation peuvent être intentés avant l'entrée en vigueur du traité international[300]. Ainsi, même si ce contrôle reste quantitativement marginal, l'Allemagne connaît le contrôle *a priori* des lois[301].

Les recours contre la loi d'approbation du Traité de Maastricht sont de deux ordres. Ils portent d'une part sur la procédure législative choisie et d'autre part sur l'incompatibilité de certaines dispositions du Traité de Maastricht avec les principes énoncés par la Loi fondamentale.

a) L'organisation d'un référendum

En Allemagne, la possibilité d'organiser un référendum n'est prévue qu'aux articles 29 II et 118 LF en cas de restructuration du territoire fédéral car la Constitution allemande a un " caractère antiplébiscitaire prononcé "[302]. Cependant, eu égard au " saut qualitatif "[303] constitué par le traité de Maastricht, un certain nombre de voix s'étaient élevées pour réclamer une approbation populaire[304] en ayant recours à l'article 146 LF :

---

[299] BVerfGE 22, 134; BVerfGE 52, 187; BVerfGE 77, 170 ; BVerfGE 84, 90. Mais cette procédure échoue le plus souvent (Voir BVerfGE 40, 141 [156 et s.]) car le requérant doit montrer que la loi d'approbation porte atteinte actuellement et directement à ses droits. Il doit plutôt attendre l'acte d'exécution des autorités allemandes pour pouvoir se défendre. *Cf. Doris König,* Das Urteil des Bundesverfassungsgerichts zum Vertrag von Maastricht - ein Stolperstein auf dem Weg in die europäische Integration ? ZaöRV 1994, p. 17-50 (19).

[300] *Karl M. Meessen,* Maastricht nach Karlsruhe, NJW 1994, p.549-554 (550); *Hans Peter Ipsen,* Europäisches Gemeinschaftsrecht, J.C.B. Mohr, Tübingen 1972, 1091 p. (290).

[301] *Olivier Jouanjan,* Annuaire international de justice constitutionnelle, 1994, p. 229-244 (230).

[302] *Klaus Stern,* Das Staatsrecht der BRD, Band I, 2. Aufl., Beck'sche, München 1984, p. 608. Il faut toutefois noter que la "clause d'éternité" de l'article 79 III LF reste neutre quant aux relations entre les élements de démocratie directe et représentative, *cf. Gassner,* Kreation und Repräsentation, Der Staat 1995, p. 429-453 (445). D'autre part l'article 146 LF prévoit que la Loi fondamentale devient caduque le jour de l'entrée en vigueur d'une constitution adoptée par le peuple allemand ; il s'agit là de l'hypothèse d'une nouvelle constitution qui ne peut servir de base légale à des modifications ponctuelles de la Loi fondamentale. Cet article est d'ailleurs controversé car certains le considèrent comme inconstitutionnel. Sur ce point voir: *Udo Di Fabio,* Der neue art. 23 des Grundgesetzes, Positivierung vollzogenen Verfassungswandels oder Verfassungsneuschöpfung? Der Staat 1993, p. 191-217 (212-213). En français sur la relation entre l'article 79 III et 146 LF, *Cf. Constance Grewe et Hélène Ruiz Fabri,* Droits constitutionnels européens, PUF 1995, Coll. Droit fondamental, p. 56-57. La 42ème modification de la LF du 27.10.1994 a ajouté un article 118a pour permettre la restructuration des Länder de Berlin et et Brandebourg. C'est ainsi que le 22 juin 1995, à la majorité des 2/3 chacun, les Landtage respectifs avaient décidé de fusionner ces deux Länder mais le référendum qui s'est tenu le 5 mai 1996 a été négatif. Au total il n'y a donc eu en Allemagne qu'une seule fusion qui en réunissant trois Länder a donné naissance au Bade-Wurtemberg le 4 mai 1951. Le caractère antiplescitaire de la Loi fondamentale est compensé par la possibilité d'avoir recours au référendum dans de nombreux Länder. Cette caractéristique manifeste le fait que le fédéralisme, en Allemagne, est plus un gage de démocratie que le moyen de préserver la diversité juridique des Länder, *Cf. Uwe Volkmann,* Bundesstaat in der Krise ? DÖV 1998, p. 613-623 (615).

[303] *Cf.* BT-Drs. 12/6000, p. 20.

[304] *Dietrich Murswiek,* Maastricht und der pouvoir constituant - Zur Bedeutung des verfassunggebenden Gewalt im Prozeß der europäischen Integration, Der Staat 1993, p. 161-19 ; *Ibid.* SZ 14.10.1992, p. 11, Maastricht - nicht ohne Volksentscheid ; *Heinrich Rupp,* Muß das Volk über den Vertrag von Maastricht entscheiden ? NJW 1993, p. 38-4 ; *Ibid.,* Maastricht - eine neue Verfassung ? ZRP 1993, p. 211-213. Selon un sondage réalisé par l'institut de démoscopie d'Allensbach fin septembre 1992 (c'est-à-dire à l'époque du référendum français), 75 % des Allemands auraient aimé que la ratification du traité de Maastricht soit soumise à

« La présente Loi fondamentale, qui l'unité et la liberté de l'Allemagne ayant été parachevées, vaut pour le peuple allemand tout entier, devient caduque le jour de l'entrée en vigueur d'une constitution adoptée par le peuple allemand en pleine liberté de décision ».

Les partisans du recours à l'article 146 LF prétendaient que l'influence du Traité de Maastricht sur l'ordre constitutionnel était telle que la ratification ne pouvait pas avoir lieu par une simple révision constitutionnelle dans la mesure où un tel bouleversement ne pouvait plus être couvert par les limites imposées par l'article 79 I et III LF. La Loi fondamentale se trouvait en quelque sorte " dissoute " par les dispositions contenues dans le Traité sur l'Union européenne[305].

L'idée d'un référendum n'a pas uniquement germé dans l'esprit des eurosceptiques car celui-ci aurait permis de se libérer de la tutelle du juge constitutionnel. Ainsi *Klaus Reeh*, explique-t-il que « sur un plan purement juridique, la constitutionnalité du traité de l'Union européenne risque de devenir un sujet permanent de litiges, à moins qu'il soit adopté par référendum constitutionnel »[306]. Mais cet argument sert les opposants au Traité de Maastricht dans la mesure où les articles de la Constitution qui ne peuvent pas être modifiés par le Parlement mais uniquement par le pouvoir constituant originaire sont précisément ceux qui touchent la protection des droits fondamentaux ainsi que le caractère fédéral, démocratique et social de l'Etat. Cette question, qui a occupé une place importante dans le débat politique, n'est abordée que brièvement par la Cour constitutionnelle fédérale. C'est finalement par l'article 38 et non par l'article 146 LF que les requérants tendaient de défendre leurs droits qu'ils estimaient bafoués.

Les requérants prétendaient ainsi que

« la loi d'approbation du traité d'Union ne pouvait être adoptée sans une légitimation par le peuple en tant que pouvoir constituant, car elle empiète (...) sur le noyau constitutionnel échappant à toute modification visée à l'article 79 III LF. Le droit de participation au processus démocratique d'élaboration de la volonté, réglé à l'article 38 II LF, est également applicable aux référendums. C'est la raison pour laquelle l'article 38 LF donne naissance, en dehors du droit subjectif à l'organisation d'une élection au Bundestag et de la faculté de participer à l'exercice démocratique de la puissance publique, à un droit fondamental à l'organisation d'un référendum que commande le droit constitutionnel »[307].

Selon la Cour constitutionnelle fédérale, l'article 38 LF n'est pas applicable par analogie à l'organisation d'un référendum et déclare ce moyen irrecevable.

« La Loi fondamentale ne confère des droits individuels que dans le cadre de l'ordre constitutionnel qu'elle définit, et non en ce qui concerne la procédure d'élaboration ou le contenu de la nouvelle constitution. L'article 79 III LF soumet l'évolution de l'Etat allemand au noyau qu'il définit de l'ordre constitutionnel et cherche ainsi à protéger la constitution existante contre une évolution tendant à une nouvelle constitution, sans pour autant pouvoir lier lui-même, d'un point de vue normatif, le pouvoir constituant. Il fixe en conséquence des limites au pouvoir constituant et exclut dès lors sur le plan formel qu'une loi modifiant la constitution qui porte atteinte au noyau de la Loi fondamentale protégé contre toute modification soit légitimée par la voie d'un référendum »[308].

Même un référendum dans le cadre de la Loi fondamentale ne pourrait donc légitimer une révision qui ne respecte pas les barrières posées par l'article 79 III LF car les principes

---

référendum. Dans ce cas, le "oui" l'aurait également emporté d'une courte tête: *cf.* FAZ, 8 octobre 1992, p. 5.

305 *Cf. Joachim Wolf,* Die Revision des Grundgesetzes durch Maastricht - Ein Anwendungsfall des Art. 146 GG, JZ 1993, p. 594-601 (598-601).

306 Le Monde, 14.8.93, "L'Allemagne, la loi et l'après-Maastricht", p. 16.

307 BVerfGE 89, 155 [170] A.II.b.

308 BVerfGE 89, 155 [180] B.5.

qui y sont posés ont une valeur supraconstitutionnelle[309]. Toute la question est donc de savoir à partir de quel point de non-retour les modifications constitutionnelles sont d'une ampleur telle qu'elles sortent du cadre imposé par la Loi fondamentale. Si cela se produisait, la Cour constitutionnelle ne pourrait pas justifier une telle évolution et la seule porte de sortie serait donc un nouveau fondement constitutionnel fondé sur l'ultime article 146 de la Loi fondamentale. L'exigence démocratique avec un recours au peuple par le référendum constituant est donc le seul élément qui reste quand tous les autres ont disparu ; cette exigence démocratique constitue donc le noyau de l'article 79 III LF[310].

b) L'atteinte aux droits fondamentaux

La Cour constitutionnelle fédérale va déclarer irrecevable le recours fondé sur une atteinte aux droits fondamentaux garantis aux article 1 I (dignité de la personne humaine), 2 II (liberté de la personne), 5 I (liberté d'opinion), 9 I et 21 I (liberté d'association et partis politiques), 12 I (liberté de la profession), 14 I (droit de propriété)[311].

<u>- La dignité de la personne humaine (article 1 I LF)</u>

Cet article de la Loi fondamentale énonce que : « La dignité de l'être humain est intangible. Tous les pouvoirs publics ont l'obligation de la respecter et de la protéger ».

Selon le requérant, « la loi d'approbation du traité d'Union renonce dans de nombreux domaines relevant des droits fondamentaux à l'identité étatique allemande ou y porte substantiellement atteinte, reléguant ainsi au second plan le destinataire et le gardien de la protection des droits fondamentaux découlant de la Loi fondamentale. La protection de la dignité humaine subit une modification fondamentale si la puissance publique est exercée non plus par le peuple allemand, mais par le peuple de l'Union européenne », et d'invoquer un «droit fondamental à une législation conforme à la constitution» car après l'entrée en vigueur du traité d'Union, la législation ne serait plus suffisamment légitimée au regard du droit constitutionnel allemand et qu'elle ne le serait pas de façon assez démocratique[312].

La Cour constitutionnelle estime que les craintes du requérant ne sont pas fondées puisque conformément à sa jurisprudence antérieure[313], la Cour constitutionnelle est en mesure d'assurer elle-même une protection suffisante[314], anticipant ainsi les développements au fond[315]. Cette affirmation de la Cour constitutionnelle fédérale constitue une victoire à la Pyrrhus pour ceux qui craignent une emprise trop forte du droit communautaire sur le droit allemand : la Cour constitutionnelle fédérale réaffirme, une fois de plus, que les développements de l'intégration européenne restent soumis à son contrôle et que l'Union européenne est donc placée sous un régime de liberté surveillée, voire de curatelle[316].

<u>- La liberté d'opinion (article 5 I LF)</u>

Cet article énonce : « Chacun a le droit d'exprimer et de diffuser librement son opinion par la parole, par l'écrit et par l'image, et de s'informer sans entraves aux sources qui sont

---

[309] A la différence de l'Allemagne, la modification des principes fondamentaux en Autriche constitue une révision dite totale qui exige un référendum. L'adhésion de l'Autriche était donc conditionnée aux résultats du référendum puisque celle-ci entraînait une modification des principes démocratique, fédéral et de la légalité. Cf. *Alexander Egger*, L'Autriche - Etat membre de l'Union européenne. Les effets institutionnels (I), RMCUE 1996, p. 380-387.

[310] Sur l'utilisation de l'article 23 LF (ancienne version) et non de l'article 146 LF lors de la réunification de l'Allemagne, voir *infra*, p. 245.

[311] BVerfGE 89, 155 [174] B.2.

[312] BVerfGE 89, 155 [166] A.II.1.b.

[313] Voir *infra*, p. 187.

[314] BVerfGE 89, 155 [175] B.2.b.

[315] *Cf. Michel Fromont*, RFA: la jurisprudence constitutionnelle en 1992 et 1993, RDP 1995, p. 323-360 (354).

[316] SZ, 13.10.93, "Europa unter Karlsruhe Kontrolle", p. 4.

accessibles à tous. La liberté de la presse et la liberté d'informer par la radio, la télévision et le cinéma sont garanties. Il n'y a pas de censure ».

Le requérant tentait de faire valoir que les conditions de communication risquaient de se trouver fondamentalement modifiées dès lors qu'il s'agit non plus d'influencer des institutions allemandes mais des institutions européennes.

Cette atteinte prétendue à l'article 5 LF par la loi d'approbation du traité d'Union est écartée d'emblée par la Cour constitutionnelle : « Les libertés de la communication protègent la participation sans entrave à un processus de communication ouvert, mais elles ne garantissent pas un résultat déterminé de cette participation ni des conditions-cadres déterminées de cet échange d'opinions. La liberté pour l'individu de s'informer auprès de sources européennes et d'influencer sur l'opinion publique dans les Etats membres et, partant, sur le processus de communication européen est laissée intacte par le traité et les instruments entourant celui-ci (...)[317].

- Liberté d'agir (art. 2 I LF), liberté de la profession (art. 12 I LF) et droit de propriété (art. 14 I LF)

Selon le requérant, l'instauration d'une union monétaire constituerait une entrave à l'exercice de ses droits fondamentaux. En effet, chaque Allemand se verrait privé de sa base de confiance économique qui résulte de la constitution monétaire spécifique fondée sur le DM. Avec la troisième phase de l'Union économique et monétaire, le requérant ne pourrait plus recevoir de rémunérations, conserver des valeurs et effectuer des transactions financières en DM, ce qui selon lui constituerait une atteinte directe et actuelle aux droits fondamentaux de l'article 2 I et 14 I LF, en raison de l'entrée automatique de l'Allemagne dans l'Union monétaire après l'entrée en vigueur du Traité[318].

Le remplacement du DM par une monnaie unique européenne revêt sans doute une signification plus grande en Allemagne que dans les autres pays européens. Comme le note *Klaus Reeh*, « l'organisation étatique (...) est (...) largement basée sur des idéaux juridiques -qui s'expriment à travers la Loi fondamentale- ou économiques, comme l'attachement à la stabilité du DM »[319].

La Cour déclare qu'il n'est nullement porté atteinte à la liberté de la profession et au droit de propriété dans la mesure où il n'est nullement établi que ces droits fondamentaux excluent un remplacement du deutsche Mark par ce qu'on appelait encore à l'époque l'ECU. La Cour ajoute que le transfert des missions et pouvoirs de la Bundesbank à la Banque centrale européenne par le nouvel article 88 2ème phrase LF signifie que l'utilisation de cette habilitation n'est pas contraire aux droits fondamentaux[320].

- Liberté d'association et partis politiques (art. 9 I et 21 I LF)

L'article 138 A TUE énonce : « les partis politiques au niveau européen sont importants en tant que facteur d'intégration au sein de l'Union. Ils contribuent à la conscience européenne et à l'expression de la volonté politique des citoyens de l'Union ». Le requérant voyait dans cette disposition, pourtant sans grande portée, une atteinte à son droit fondamental de fonder des partis politiques et de participer à leur activité.

La Cour constitutionnelle a déclaré évidemment ce recours irrecevable : « on ne voit pas pourquoi la reconnaissance des partis politiques en tant que facteur d'intégration au sein de

[317] BVerfGE 89, 155 [178] B.2.d.

[318] BVerfGE 89, 155 [167] A.II.1.b.

[319] Le Monde, 14.8.93, "L'Allemagne, la loi et l'après-Maastricht", p. 16. Voir également *Siegfried Guterman*, Le mythe du deutsche Mark, Documents, revues des questions allemandes, 1992, n° 1, p. 109-111.

[320] BVerfGE 89, 155 [174] B.2.a.

l'Union devrait prescrire ou limiter de façon juridiquement obligatoire le programme et les objectifs de tel ou tel parti ou de ses membres »[321].

- Le droit de résistance (art. 20 IV LF)

Au nom du droit de résistance affirmé à l'article 20 LF, le requérant demandait à la Cour de remédier « par d'autres moyens » à la prétendue menace de suppression de l'ordre étatique faisant l'objet des trois premiers alinéas de cet article 20 LF. Un tel moyen contredit les principes fondamentaux de la procédure constitutionnelle allemande[322].

La Cour relève que « quelle que soit la manière dont on peut comprendre le 20 IV LF, le problème du droit de résistance ne se pose pas[323], ne serait-ce que pour la raison suivante : comme le montre les présentes procédures, les requérants disposent, dans le cadre de l'Etat de droit, de possibilités de se défendre contre la ratification du traité sur l'Union européenne »[324].

Finalement, la Cour acceptera seulement les recours fondés sur l'article 38 LF.

B. La recevabilité des recours fondés sur l'article 38 LF

La Cour constitutionnelle fédérale déclara uniquement recevable le recours fondé sur une atteinte au droit de suffrage proclamé à l'article 38 I LF et dans la mesure où ce recours était dirigé contre la loi d'approbation du traité de Maastricht. Le requérant faisait valoir que chaque citoyen a droit à ce que son vote conserve son contenu essentiel, à savoir la désignation de l'organe législatif véritable. L'augmentation de la réglementation européenne, l'extension des compétences du Conseil, la règle de la majorité dans cet organe pour une série de compétences, l'absence de contrôle parlementaire dans le cadre de l'Union européenne, l'article F (6) TUE instituant aux yeux du requérant une compétence en matière de compétence, la dynamique d'extension permanente et irréversible des prérogatives au profit des institutions européennes, seraient autant d'éléments susceptibles de porter atteinte aux droits que le citoyen tire de l'article 38 LF[325].

La recevabilité du recours dans la décision du 12 octobre 1993 relative au Traité de Maastricht, constitue un important revirement de jurisprudence puisque jusqu'à cette date, la Cour constitutionnelle fédérale avait accepté de contrôler les lois d'approbation uniquement dans l'hypothèse où les traités contenaient des dispositions susceptibles de porter directement atteinte à la sphère juridique des particuliers[326]. Sans doute faut-il trouver la raison de ce revirement jurisprudentiel dans la volonté de la Cour de se prononcer sur l'évolution du droit communautaire[327]. L'article 38 I LF est donc un outil qui permet à la Cour constitutionnelle de se déclarer compétente[328]. Pour comprendre l'innovation que

---

[321] BVerfGE 89, 155 [179] B.2.e.

[322] *Roland Bieber*, Beschwerden über die Verfassung als Verfassungsbeschwerden ? NJ 1993, p. 241-244 (242).

[323] A noter que pour *François Luchaire*, le recours constitutionnel fait partie des moyens légaux de résistance à l'oppression. *Cf. François Luchaire*, La protection des droits et des libertés, Economica 1987, p. 465.

[324] BVerfGE 89, 155 [180] B.4.

[325] BVerfGE 89, 155 [172-173] B.1.b.

[326] BVerfGE 06, 290 [294-295]; BVerfGE 40, 141 [156]; BVerfGE 84, 90 [113].

[327] *Ulrich M. Gassner*, Kreation und Repräsentation, Zum demokratischen Gewährleistungsgehalt von Art. 38 Abs. 1 Satz 1 GG, Der Staat, 1995, p. 429-453 (430); *Ulrich Häde*, Das Bundesverfassungsgericht und der Vertrag von Maastricht, BB 1993, p. 2457-2463 (2458); *Hans Peter Ipsen*, Zehn Glossen zum Maastricht-Urteil, Europarecht 1994, p. 1-24 (2); *Jürgen Schwarze*, Europapolitik unter deutschem Verfassungsrichtervorbehalt, NJ 1994, p. 1-5 (2). L'un des membres de la Cour constitutionnelle fédérale avait déjà émis des réserves quant au développement de l'intégration européenne avant même l'introduction des recours: *Paul Kirchhof*, Der deutsche Staat im Prozeß der europäischen Integration, in: *Josef Isensee und Paul Kirchhof (Hrsg)*, HdbStR VII, 1992, § 183, n° 57 ss.

[328] *Werner Schroeder*, Alles unter Karlsruher Kontrolle ? Die Souveränitätsfrage im Maastricht-Urteil des Bundesverfassungsgerichts, ZfRV 1994, p. 143-157 (146).

constitue la jurisprudence Maastricht, il faut comparer la conception traditionnelle du droit de vote et la conception défendue par les juges constitutionnels dans l'arrêt du 12 octobre 1993.

1°) La conception traditionnelle du droit de vote

Le raisonnement des juges de Karlsruhe s'appuie sur la conception communément admise du droit de vote en Allemagne. Mais à partir de celle-ci, ils vont opérer une extrapolation, donnant ainsi une nouvelle interprétation de l'article 38 LF.

Cet article énonce :

> « Les députés du Bundestag allemand sont élus au suffrage universel, direct, libre, égal est secret. Ils sont les représentants de l'ensemble du peuple, ne sont liés ni par des mandats ni par des instructions et ne sont soumis qu'à leur conscience.
>
> Est électeur celui qui a dix-huit ans révolus ; est éligible celui qui a atteint l'âge de la majorité.
>
> Les modalités seront réglées par une loi fédérale ».

Cette disposition constitutionnelle était généralement interprétée comme ayant une double dimension.

Au premier degré, cet article précise simplement que des élections doivent avoir lieu et que certains principes, dans le déroulement de celles-ci, doivent être respectés. Il s'agit donc a priori d'un droit objectif et non d'un droit subjectif. C'est ce que rappelle aussi la Cour dans la décision Maastricht en insistant sur la relation entre l'article 38 et l'article 20[329]. Conformément à sa jurisprudence antérieure, la Cour analyse en effet l'article 20 II 1 & 2 comme étant la concrétisation du droit de vote[330] : « De par l'acte de vote, la puissance publique émane du peuple. Le Bundestag exerce ensuite la puissance publique en tant qu'organe législatif, qui désigne en outre le chancelier fédéral et contrôle le gouvernement[331] ».

Mais cet article contient également le droit *subjectif* de participer à l'élection et à ce que les cinq principes énoncés y soient respectés, ce que rappelle la Cour en faisant référence à sa jurisprudence antérieure : « l'article 38 I & II LF garantit aux Allemands titulaires du droit de vote, le droit subjectif de prendre part à l'élection des députés du Bundestag (cf. BVerfGE 47, 253 [269])[332]. Dans l'une de ses toutes premières décisions, la Cour constitutionnelle avait à ce titre rappelé que le droit de vote constituait « le tout premier droit du citoyen dans un Etat démocratique »[333].

Mais la Cour constitutionnelle fédérale ne va pas limiter son interprétation à la dimension formelle de l'article 38 LF et va ainsi transcender la signification simplement procédurale communément admise de l'article 38 LF pour en déduire un contenu beaucoup plus large :

> « L'article 38 LF ne se borne pas à garantir que le citoyen jouisse du droit de vote pour le Bundestag et que, pour ce vote, les principes électoraux constitutionnels soient respectés. Cette garantie s'étend également au contenu démocratique fondamental de ce droit »[334].

Cette interprétation est d'autant plus étonnante que cette même chambre de la Cour avait donné une interprétation plutôt étroite[335] de l'article 38 LF dans deux décisions de 1983 :

---

[329] L'article 20 II 1 & 2 énonce: "Tout pouvoir émane du peuple. Le peuple l'exerce au moyen d'élections et de votations et par des organes spéciaux investis de pouvoirs législatif, exécutif et judiciaire".

[330] BVerfGE 44, 124 [138]; BVerfGE 47, 253 [272].

[331] BVerfGE 89, 155 [171] B.1.a.

[332] BVerfGE 89, 155 [171] B.1.a.

[333] BVerfGE 01, 14 [33].

[334] BVerfGE 89, 155 [171] B.1.a.

[335] *Gassner*, Kreation und Repräsentation, Der Staat 1995, p. 429-453 (432).

« On ne peut pas déduire de l'article 38 un droit pour l'électeur considéré individuellement à ce que le Bundestag allemand ne soit pas dissous de façon prématurée en application de l'article 68 LF »[336].

La jurisprudence de la Cour conduit à donner un sens nouveau à l'article 38 LF.

2°) La nouvelle conception de l'article 38 LF

Selon la Cour, « les Allemands titulaires du droit de vote se voient garantir le droit subjectif de prendre part à l'élection du Bundestag et, partant, de participer à la légitimation de la puissance publique par le peuple au niveau fédéral et d'influencer son exercice ».

Dans le cadre des transferts de droits de souveraineté opérés par le nouvel article 23 LF, la Cour trace les limites posées par l'article 79 III LF et les répercussions que de tels transferts peuvent avoir sur le droit de vote :

> « L'article 38 exclut, dans le domaine d'application de l'article 23 LF, que la légitimation de la puissance publique et la prise d'influence sur l'exercice de celle-ci, découlant de l'élection, soient, par le transfert de certaines attributions et compétences du Bundestag, vidées de leur substance au point d'aboutir à une atteinte au principe de démocratie dans la mesure où celui-ci est déclaré intangible par les dispositions combinées de l'article 79 III et de l'article 20 I & II LF ».

La Cour en conclut

> « (qu') il peut dès lors être porté atteinte au droit que le requérant tient de l'article 38 LF si l'exercice des compétences du Bundestag passe à ce point à une institution de l'Union européenne ou des Communautés européennes, constituée par les gouvernements, que les exigences minimales de légitimation démocratique auxquelles doit satisfaire la souveraineté qui s'impose au citoyen, exigences inaliénables en application des dispositions combinées de l'article 20 I et II et de l'article 79 III LF, ne sont plus remplies[337] ».

Une définition aussi large de l'article 38 LF était inconnue en jurisprudence et plutôt rare en doctrine[338]. Elle confère à l'électeur à la fois le statut de gardien du principe démocratique et celui du défenseur des compétences attribuées au Bundestag[339].

Cette interprétation revêt en outre une importance toute particulière dans le cadre du fédéralisme dans la mesure où ce qui vaut pour le Bundestag pourrait aussi valoir pour les Landtage (et les communes) car le droit de vote est également garanti dans les constitutions des Länder. Ainsi serait-il possible de défendre les compétences des Länder en invoquant de la même façon que le requérant, une atteinte à la substance démocratique du droit de vote[340].

---

336 BVerfGE 62, 397 (399); BVerfGE 63, 73 (75).

337 BVerfGE 89, 155 [172] B.a.

338 La thèse de *Hans Meyer* peut être rapprochée de la conception avancée par la CCF: « Dans une démocratie, la faculté de façonner la collectivité à laquelle on appartient fait partie de la dignité de l'être humain, définie comme inviolable à l'article 1 LF », Das parlamentarische Regierungssystem des Grundgesetzes, VVDStRL 33. Voir également *Häberle*, « La dignité de l'être humain, en tant que droit de participer au façonnement politique, est dans cette mesure un droit fondamental à la démocratie ». Die Menschenwürde als Grundlage der staatlichen Gemeinschaft, in HdbStR I, 1987, § 20, n° 68. Sur les relations entre l'article 1 et 38 LF voir: *Gassner*, Kreation und Repräsentation, Der Staat 1995, p. 429-453 (443-446).

339 La Cour constitutionnelle a également été saisi sur le même fondement (violation de l'article 38 LF) à l'occasion du passage à la troisième phase de l'Union monétaire. La Cour n'a ici pas considéré que ce passage entraînait pour l'électeur une atteinte à son droit de vote dans la mesure il n'était pas accompagné de nouveaux transferts de droits de souveraineté, Décision du 31 mars 1998. Voir *Rainer Arnold*, L'Union monétaire européenne et la Constitution allemande, RDP 1998, p. 649-657 (654-656).

340 *Cf. Eckart Klein*, Grundrechtsdogmatische und Verfassungsprozessuale Überlegung zur Maastricht-Entscheidung des Bundesverfassungsgerichts, in: Gedächtnisschrift für Eberhard Grabitz, Beck'sche, München 1995, p. 271-286 (274).

Cette décision ouvre, en outre, la voie à la possibilité d'intenter une action populaire pourtant jusqu'à présent uniquement reconnue dans la constitution de la Bavière[341]. L'interprétation de la Cour constitutionnelle fédérale estompe donc la distinction entre le recours constitutionnel et la procédure de contrôle des normes et transforme ainsi le contentieux subjectif en recours objectif car les victimes sont virtuellement tous les électeurs allemands puisque l'atteinte qui se manifeste dans la loi d'approbation n'est pas personnelle mais générale et impersonnelle[342]. Cependant l'examen d'une loi d'approbation ne peut pas être assimilé à un contrôle intégral de constitutionnalité dans la mesure où la Cour constitutionnelle fédérale a déclaré irrecevable la demande tendant à faire constater que le traité de Maastricht constituait une atteinte au principe de l'Etat fédéral et de l'Etat social proclamé à l'article 20 I LF[343].

Cette interprétation peut être vue comme une double innovation[344] qui se caractérise par la matérialisation et le caractère subjectif accordé au droit de vote[345]. Afin d'éviter que le principe démocratique soit dévalorisé et que le droit de vote perde sa fonction de légitimation, le parlement n'est plus autorisé à décider de façon autonome des transferts de compétences pouvant intervenir au profit d'autres institutions. Cette argumentation, développée par la Cour constitutionnelle fédérale, s'applique dans le cadre de l'article 23 LF mais il n'y a aucune raison objective pour qu'un tel raisonnement ne puisse pas s'appliquer dans le cadre de l'article 24 relatif aux organisations internationales autres que l'Union européenne ou même à une institution publique dans l'ordre interne[346]. Cette interprétation permettrait donc d'ouvrir la voie du recours constitutionnel contre tout traité ou toute législation interne pouvant être analysée comme un transfert de compétences du Bundestag au profit de toute autorité publique quelle qu'elle soit. En poussant jusqu'au bout la thèse selon laquelle l'article 38 I LF garantit la substance démocratique du droit de vote, toute perte de compétence du Bundestag peut être interprétée comme une atteinte au droit de vote de l'individu.

Le sens donné à l'article 38 LF par la Cour constitutionnelle fédérale méconnaît en outre le principe fondamental du système représentatif à savoir dans un premier temps la formation de la volonté du peuple qui se dégage à travers l'élection des représentants et dans un deuxième temps la formation de la volonté de l'Etat qui se dégage par les décisions prises au Parlement[347]. Ce principe se trouve matérialisé dans l'interdiction de tout mandat

---

[341] Plus nuancé: *Christian Autexier, Barbara Genius-Devime,* La Cour constitutionnelle fédérale, l'ordre constitutionnel allemand et le traité de Maastricht (à propos de la décision du 12 octobre 1993), RFDC 1994, p.421-432 (425). Voir également: *Ulrich Häde,* Das Bundesverfassungsgericht und des Vertrag von Maastricht, BB 1993, p. 2457-2463 (2458); *Karl M. Meessen,* Maastricht nach Karlsruhe, NJW 1994, p.549-554 (550-551); *Eckart Klein* in: GS für Eberhard Grabitz, p. 275. Pour l'action populaire en Bavière, voir: *Christian Pestalozza,* Verfassungsprozeßrecht, 3. Auflage, C.H. Beck'sche, München 1991, p. 441-454, également *Otmar Jung,* Die Volksinitiative als qualifizierte Petition, BayVwBl. 1996, p. 618-623 et *Hans-Detlef Horn,* Nochmals: Die Volksinitiative als Gesetzezinitiative, BayVwBl. 1996, p. 623-626.

[342] *Constance Grewe* , L'arrêt de la Cour constitutionnelle fédérale du 12 octobre 1993 sur le traité de Maastricht: l'Union européenne et les droits fondamentaux, Revue universelle des droits de l'homme 1993, p. 226-231 (228).

[343] BVerfGE 89, 155 [179] B.2.f.

[344] *Cf. Ingolf Pernice,* Karlsruhe locuta - Maastricht in Kraft, EuZW 1993, p. 649.

[345] *Gassner,* Kreation und Repräsentation, Der Staat, 1995, p. 429-453 (433).

[346] *Cf. Christian Autexier, Barbara Genius-Devime,* La Cour constitutionnelle fédérale, l'ordre constitutionnel allemand et le traité de Maastricht, RFDC 1994, p.421-432 (425); *Meessen,* Maastricht nach Karlsruhe, NJW 1994, p. 549-554 (550); *Gassner,* Kreation und Repräsentation, Der Staat 1995, p. 429-453 (433-434).

[347] Seul le Bundestag est ici visé puisque le Bundesrat ne se compose pas de membres élus mais de représentants des Länder liés par un mandat impératif à leur gouvernement.

ou instruction liant l'élu. L'article 38 I 2 LF proclame que les élus ne sont liés que par leur conscience[348]. Cette disposition constitutionnelle couvre l'ensemble des activités des députés et, en premier lieu, le libre exercice du droit de vote au sein du Bundestag. Ce droit est amoindri par l'interprétation que le juge constitutionnel fait de l'article 38 I qui confère aux électeurs un droit à un parlementarisme substantiel. En effet, la possibilité de déléguer des compétences propres ne peut intervenir que si le droit de vote n'est pas vidé de sa substance démocratique, ce qui a pour conséquence la formation d'un nouveau point d'équilibre entre la liberté du mandat parlementaire et le droit subjectif de voter[349].

Il n'est pas possible en outre de déduire de l'article 38 LF quelles sont les tâches qui reviennent au pouvoir législatif : celles-ci sont décrites de façon détaillée dans la section VII de la Loi fondamentale. Le pouvoir constituant a déjà tracé les réserves de la loi à travers les articles 79 III et 23 I 3 LF. Rien n'autorise donc la Cour constitutionnelle fédérale d'instituer, par sa lecture de l'article 38 LF, une réserve de la loi supplémentaire[350].

Enfin, il faut noter de quelle façon le juge constitutionnel articule son raisonnement en mettant le Bundestag au cœur de celui-ci, ce qui a pour corollaire la mise entre parenthèse des droits du Bundesrat et ceux du Parlement européen[351].

L'éventail des possibilités pour un particulier de demander à la Cour constitutionnelle de vérifier la conformité du droit communautaire avec les droits fondamentaux que lui garantit la Loi fondamentale est donc largement ouvert. La Cour peut, en outre, se prononcer à la demande de certains organes de l'Etat.

Section 2. Les cas d'ouverture réservés aux organes de l'Etat

Deux hypothèses permettent ici à la Cour constitutionnelle d'exercer un contrôle sur le droit communautaire. D'une part, à l'occasion d'un contrôle concret des normes dans le cadre de l'article 100 I LF, et d'autre part, en cas de divergence d'opinion sur les droits et les obligations de la Fédération et des Länder (art. 93 I point 3 LF). Cette dernière possibilité est propre à un Etat fédéral.

I. Lors d'un contrôle concret des normes

L'hypothèse envisagée ici intervient à l'occasion d'un litige. La procédure qui a amené la Cour constitutionnelle à rendre le fameux arrêt Solange I[352] du 29 mai 1974 s'est déroulée en deux temps.

§ 1. La procédure dans l'arrêt Solange I

Le Tribunal administratif de Francfort, appelé à statuer sur la déchéance d'une caution relative à une licence d'exportation de céréale fondée sur deux règlements communautaires[353] avait tout d'abord saisi la CJCE selon l'article 177 (234) du traité de Rome dans le cadre d'un renvoi préjudiciel car il avait des doutes sur la validité de ces dispositions. La

[348] Dans ce cadre, le droit subjectif à la substance démocratique de l'article 38 I 1 LF se résume au "droit des citoyens de participer à la formation de la volonté politique du peuple" (BVerfGE 69, 92 [107]).

[349] Sur ce point, voir: *Gassner*, Kreation und Repräsentation, der Staat 1995, p. 429-453 (438-443).

[350] *Cf. Gassner*, Kreation und Representation, Der Staat 1995, p. 429-453 (448).

[351] *Cf. infra* p. 311 pour le déséquilibre entre les droits du Bundestag et ceux du Bundesrat dans le cadre de la nouvelle procédure de participation des Länder au processus décisionnel communautaire (art. 23 LF) et p. 321 pour le désaveu du nouvel article 23 par la Cour constitutionnelle.

[352] BVerfGE 37, 271

[353] Règlement 120/67/CON, art. 12.1.3 et règlement 473/67/COM art. 9.

CJCE conclut à la validité de ces dispositions dans l'arrêt "*Internationale Handelsgesellschaft*"[354].

Au lieu de se conformer à l'arrêt de la Cour de justice, le tribunal procéda alors à un nouveau sursis à statuer le 24 novembre 1971, pour demander à la Cour constitutionnelle fédérale de se prononcer sur la compatibilité des systèmes de caution prévus par la réglementation européenne avec les dispositions de la Loi fondamentale, et notamment les articles 2 I (Chacun a droit au libre épanouissement de sa personnalité pourvu qu'il ne viole pas les droits d'autrui ni n'enfreigne l'ordre constitutionnel ou la loi morale) et 12 LF (liberté de la profession).' Le renvoi préjudiciel du Tribunal administratif de Francfort demandait à la Cour constitutionnelle fédérale de se prononcer également sur l'interprétation donnée par la Cour de justice.

§ 2. Le caractère controversé de la recevabilité de la demande

Comme le souligne *C.D. Ehlermann,* la Cour constitutionnelle fédérale aurait pu facilement déclarer la demande irrecevable en reprenant les arguments du gouvernement fédéral qui avait démontré que la procédure utilisée est limitée également en cas de renvoi préjudiciel au contrôle des lois allemandes et qu'elle ne peut être appliquée ni directement ni indirectement (par analogie) au contrôle des règlements communautaires[355].

Dans l'arrêt Solange I du 29 mai 1974[356], la Cour va déclarer le recours recevable car le contenu matériellement législatif des règlements communautaires permet d'y voir une loi susceptible de faire l'objet de la procédure de l'article 100 I LF qui énonce :

> « Si un tribunal estime qu'une loi dont la validité conditionne sa décision est inconstitutionnelle, il doit surseoir à statuer et soumettre la question (...) à la décision de la Cour constitutionnelle fédérale, s'il s'agit de la violation de la présente Loi fondamentale ».

La Cour affirme dans cet arrêt que :

> « L'exécution par une autorité administrative de la République fédérale d'Allemagne ou l'application par une juridiction de la République fédérale d'Allemagne d'un règlement de la Communauté, constitue des actes d'exercice de l'autorité publique allemande, étant entendu que les autorités administratives et juridictions sont également liées à cette occasion par le droit constitutionnel de la République fédérale d'Allemagne[357] ».

Par conséquent, la Cour de Karlsruhe se déclare compétente non pour apprécier la validité du droit communautaire, mais pour juger de son applicabilité dans l'ordre interne allemand[358]. La Cour constitutionnelle fédérale introduit cette distinction pour ne pas se mettre en contradiction avec le principe d'autonomie qu'elle avait par ailleurs déjà reconnu et qu'elle réaffirme une nouvelle fois :

> « La chambre de céans - dans cette mesure en accord avec la jurisprudence de la CJCE - maintient sa jurisprudence selon laquelle le droit communautaire ne fait partie ni de l'ordre juridique national, ni du droit des gens, mais constitue un ordre juridique propre, issu d'une source de droit autonome (BVerfGE 22, 293 ; BVerfGE 31, 145 [173 et 174])[359]».

---

[354] CJCE 1970/12/17, Internationale Handelsgesellschaft, Aff. 11/70, Rec. p. 1125.

[355] *C.D. Ehlermann,* Primauté du droit communautaire mise en danger par la Cour constitutionnelle fédérale allemande, RMC 1975, p. 10-19 (12).

[356] BVerfGE 37, 271 Les passages de la décision sont tirés de la traduction de *Michel Fromont*, RTDE 1975 (316-336). Il faut souligner que la décision de la Cour constitutionnelle fédérale a été prise par une seule des deux chambres de la Cour constitutionnelle. En outre, elle ne reflète que la position de cinq juges puisque trois juges ont exprimé une opinion dissidente.

[357] BVerfGE 37, 271 (283).

[358] *Jean Darras et Olivier Pirotte,* La Cour constitutionnelle fédérale allemande a-t-elle mis en danger la primauté du droit communautaire ? RTDeur. 1976, p. 415-438 (423).

[359] BVerfGE 37, 271 (277-278).

Le principe de l'autonomie de chaque ordre juridique suppose que les juridictions des ordres respectifs sont incompétentes pour statuer sur la validité et des normes de l'autre ordre. La Cour constitutionnelle ne statue donc pas sur la validité mais sur l'applicabilité du droit communautaire.

Paradoxalement, tout en se déclarant compétente pour contrôler la conformité des actes communautaires au regard des principes fondamentaux contenus dans la Loi fondamentale, la Cour se place comme garante de l'effectivité du droit communautaire :

> « (...) Le monopole de rejet (...) de la Cour constitutionnelle fédérale sert également les intérêts de la Communauté et de son droit. Fondamentalement, l'article 100 I de la Loi fondamentale charge la Cour constitutionnelle fédérale d'éviter qu'une juridiction allemande ne fasse fi de la volonté du législateur en n'appliquant pas les lois votées par celui-ci, sous prétexte qu'elles violent à son avis la Loi fondamentale »[360].

Si la loi votée par le législateur peut être la loi d'approbation, en revanche l'assimilation du règlement communautaire à une loi allemande est abusive. La Cour constitutionnelle joue un rôle qui ne lui revient pas puisque c'est la CJCE qui est normalement compétente.

Or selon les préceptes développés par la CJCE, le Tribunal administratif de Francfort aurait dû se fier à la déclaration de validité des normes communautaires que celle-là avait affirmée, sans s'arrêter à leur caractère éventuellement inconstitutionnel. D'autant plus que dans la décision Lütticke du 9 juin 1971[361], la Cour constitutionnelle avait déjà admis la possibilité pour tout juge allemand d'écarter la norme nationale contraire :

> « L'article 24 I LF, interprété correctement, n'énonce pas seulement que le transfert de droits souverains à des organisations internationales est licite de façon générale, mais doivent être reconnus par ceux qui étaient à l'origine les détenteurs exclusifs de la souveraineté (...). Ces actes d'applicabilité directe se superposent au droit national contraire et le supplantent ; c'est seulement ainsi que les droits reconnus aux ressortissants du Marché commun peuvent être réalisés ».

On arrive à cette curiosité juridique qui consiste pour le juge à pouvoir à la fois écarter une disposition nationale qu'il estime non conforme au droit communautaire, et s'il a des doutes sur le caractère constitutionnel d'une norme communautaire, à pouvoir surseoir à statuer pour demander l'avis de la Cour constitutionnelle fédérale (et selon la Cour, c'est heureux qu'il existe un renvoi préjudiciel devant elle car, dans le cas contraire, le juge allemand serait également en mesure d'écarter la norme communautaire non conforme à la Loi fondamentale...). Non seulement la Cour constitutionnelle usurpe le rôle de la Cour de justice en se prononçant sur la régularité d'un acte communautaire mais encore se transforme-t-elle en une sorte de juridiction de second degré qui peut être saisie après épuisement des voies de recours communautaires[362].

Il faut souligner ici comment le juge de Karlsruhe affirme dans l'arrêt Solange I la volonté de se placer au minimum sur le même plan que le juge communautaire, contredisant ainsi la jurisprudence de la CJCE :

> « La Cour de Justice des Communautés européennes ne pourrait pas rendre une décision ayant force obligatoire sur la compatibilité d'une norme de droit communautaire avec la Loi fondamentale, de même que la Cour constitutionnelle fédérale ne pourrait rendre une décision ayant force obligatoire sur l'interprétation à donner à une règle du droit communautaire originaire[363] ».

Cette compétence qui semble évidente pour la Cour constitutionnelle fédérale a été vivement critiquée en doctrine. Il existe en effet une contradiction qui se manifeste dès la

---

[360] BVerfGE 37, 271 [284].

[361] BVerfGE 31, 145, traduit in: CDE 1973, p. 217.

[362] *G. Cohen Jonathan,* Cour constitutionnelle allemande et règlements communautaires, CDE 1975, p. 149- 206 (193).

[363] BVerfGE 37, 271 (278).

décision de 1967 et qui prend corps par la décision Solange I : dans la décision de 1967 la Cour affirme que sa compétence se fonde sur un critère formel et que ce critère fait défaut dans le cadre d'un contrôle par la voie de l'article 93 I 1 point 4a. Or, assimiler des normes communautaires à des lois allemandes dans le cadre d'un renvoi préjudiciel comme le fait la Cour constitutionnelle dans l'arrêt Solange I, c'est s'attacher non pas au critère formel mais au critère matériel.

On peut également relever une deuxième contradiction dans le raisonnement du juge constitutionnel : dans la mesure où la CJCE avait déjà affirmé la validité de la norme communautaire en cause, la Cour constitutionnelle aurait pu se déclarer incompétente. Par son interprétation , la Cour oublie qu'en participant à l'exécution ou à l'application du droit communautaire, les organes nationaux remplissent en fait une tâche communautaire et il n'est donc pas possible d'avancer le caractère national de ces mesures pour les extraire du bloc de légalité communautaire[364]. Certes, à cette époque, le droit communautaire n'avait pas encore vraiment réglé cette question, mais il établira par la suite que seule la CJCE peut se prononcer sur la validité d'un acte communautaire[365].

Enfin, le motif pour lequel la Cour constitutionnelle s'est déclarée compétente manque de cohérence avec l'ensemble de sa jurisprudence relative à la compatibilité du droit communautaire avec les principes structurants de la Loi fondamentale. Logiquement, la Cour constitutionnelle aurait pu admettre de contrôler un règlement communautaire en estimant que cet acte sortait des limites assignées au droit communautaire par la loi d'approbation. Celle-ci peut certes transférer des droits de souveraineté aux institutions communautaires mais jamais les éléments identitaires de la Loi fondamentale, ce qui autorise le juge constitutionnel à intervenir.

Lors d'une divergence d'opinion entre la Fédération et les Länder, la jurisprudence du juge constitutionnel ne porte pas directement sur les normes communautaires mais celles-ci créent des droits et des obligations qui ont des incidences sur les relations qui existent dans un Etat fédéral.

II. Lors d'une divergence d'opinion entre la Fédération et les Länder

Ce type de recours est plutôt rare. Les conditions pour l'exercer étaient toutefois réunies dans le conflit qui a opposé les Länder et la Fédération à propos de la directive " télévision sans frontières ". L'issue juridictionnelle du conflit se déroule ici en deux étapes. Dans un premier temps, la Cour constitutionnelle a été saisie d'une demande d'ordonnance provisoire visant à ce que le gouvernement allemand ne donne pas son accord au sein du Conseil des ministres au projet de directive. Les efforts de la Bavière pour obtenir ce résultat étant demeurés vains, celle-ci ainsi que huit autres Länder, qui s'étaient joints à la procédure, demandèrent alors à la Cour constitutionnelle de déclarer la directive inapplicable sur leurs territoires. Ils défendaient ainsi l'opinion selon laquelle le domaine de la télédiffusion constituait une compétence exclusive des Länder. Selon eux, l'existence d'aspects économiques ne peut pas justifier l'intervention de la Communauté dans la mesure où tous les domaines, quels qu'ils soient, comportent des aspects économiques.

Entre l'ordonnance de 1989 et la décision de la Cour constitutionnelle en 1995, une série de modifications importantes ont eu lieu, tant au niveau interne qu'au niveau européen[366]. Il s'agit de l'entrée en vigueur du Traité de Maastricht, de la révision consti-

---

[364] *Jean Darras et Olivier Pirotte*, RTDE 1976 (426-427).

[365] CJCE 1987/10/22, Foto-Frost, Aff. 314/85, Rec. p. 4199.

[366] Le temps qui sépare l'ordonnance provisoire et la décision au fond est particulièrement long et on a pu dire que la procédure engagée "pouvait être comparée à une princesse endormie pour l'éternité dans la mesure où

fédéral allemand, l'ordonnance provisoire ne préjuge pas d'une procédure au fond. La Cour se réserve donc la possibilité d'exercer son contrôle plus tard.

La directive fut donc discutée par le Conseil, lequel adopta sa position commune le 13 avril 1989 à la majorité qualifiée contre les voix de la République fédérale. Lors de la deuxième lecture de la directive, le 3 octobre 1989, le gouvernement fédéral vota cependant pour le texte légèrement modifié de la directive. D'une part le gouvernement était conscient de ne pas pouvoir empêcher l'adoption de la directive car même en s'associant avec la Belgique et le Danemark, les opposants de la directive réunissaient 18 voix alors que la minorité de blocage était fixée à 23. D'autre part le gouvernement allemand estimait avoir obtenu un résultat globalement satisfaisant et des garanties suffisantes relatives au caractère politique des buts fixés en matière de quotas de diffusion (pierre d'achoppement de la directive). Lors de la session, le gouvernement avait en effet obtenu l'inscription d'une série de protocoles allant dans ce sens. Les Länder ne partageaient pas cet avis, ce qui a donné à la Cour l'occasion de se prononcer une nouvelle fois sur la directive « Télévision sans frontières » le 22 mars 1995.

§ 2. L'arrêt de la Cour constitutionnelle fédérale du 22 mars 1995

La Bavière introduisit donc un deuxième recours contre la décision du 8 mars 1989 du gouvernement fédéral au mois d'août 1989, et les Länder de Brême, Schleswig-Holstein, Hambourg, Rhénanie du Nord-Westphalie, Hesse, Rhénanie-Palatinat et Sarre s'y joignirent. Outre la décision du 8 mars, les Länder demandaient à la Cour constitutionnelle de déclarer la directive inapplicable sur leurs territoires.

La Cour par sa décision tardive[378] du 22 mars 1995 déclare les requêtes fondées sur l'article 93 I n° 3 LF recevables[379] pour les mêmes raisons que lors de l'ordonnance provisoire. Ici, les Länder appuyaient, **en outre**, la recevabilité de leurs requêtes sur l'article 93 I n° 4 LF :

> « La Cour constitutionnelle fédérale statue sur les autres litiges de droit public entre la Fédération et les Länder ou à l'intérieur d'un Land, lorsqu'ils ne sont justiciables d'aucune voie de recours juridictionnel ».

La Cour déclare ce recours là irrecevable car un conflit de cette nature est constitué, d'après les §§ 64 et 69 de la loi relative à la Cour constitutionnelle fédérale, seulement lorsque les droits et devoirs du Land sont déjà mis en danger par une mesure prise ou une omission actuelle. La Cour constitutionnelle estime qu'en l'espèce cette condition n'est pas réalisée puisque la Fédération n'avait pas contraint les Länder à mettre en œuvre la directive[380]. Cette interprétation est pour le moins contestable puisqu'elle revient à dire que l'adoption de la directive communautaire ne constitue pas un danger pour les Länder, ceux-ci n'étant pas obligés de la mettre en œuvre.

---

[378] Selon *Peter Lerche*, deux types de considérations expliquent le caractère tardif de la décision de la Cour. D'une part la même chambre de la Cour était saisie d'affaires fondamentales encore plus urgentes (en premier lieu l'affaire Maastricht), d'autre part la situation juridique s'était modifiée entretemps par l'introduction du nouvel article 23 LF, qui touche directement les relations entre la Fédération et les Länder. On peut toutefois réfuter cette interprétation puisque la Cour est exclusivement appelée à se prononcer sur la procédure prévue à l'article 24 LF. *Cf. Peter Lerche,* Konsequenzen aus der Entscheidung des Bundesverfassungsgerichts zur EG-Fernsehrichlinie, AfP 1995, p. 632-638, (632).

[379] BVerfGE 92, 203 [226-230].

[380] BVerfGE 92, 203 [228]. Sur cette question, voir *Herbert Bethge,* Deutsche Bundestaatlichkeit und Europäische Union. Bemerkung über die Entscheidung des Bundesverfassungsgerichts zur EG-Fernsehrichtlinie, in : FS Friauf, p. 55-74 (67).

Du point de vue du droit communautaire, cette affirmation n'est pas exacte. L'adoption de la directive par le Gouvernement fédéral oblige les Länder à la mettre en œuvre car comme l'a rappelé la Cour de justice à plusieurs reprises, un Etat membre ne saurait échapper à son obligation d'appliquer une directive communautaire pour des raisons constitutionnelles internes : la Fédération devrait normalement avoir recours à la contrainte fédérale prévue à l'article 37 de la Loi fondamentale[381] pour obliger les Länder à appliquer les directives européennes. La Cour aurait donc pu tout à fait légitimement se déclarer compétente pour examiner l'applicabilité de la directive. Il n'y a en effet aucune raison constitutionnelle pour qu'elle refuse aux Länder le contrôle qu'elle a accordé aux particuliers. Le juge de Karlsruhe avait en effet affirmé avec force et à plusieurs reprises dans l'arrêt Maastricht qu'il n'hésiterait pas à exercer son contrôle sur l'application du droit communautaire dérivé afin de déterminer si celui-ci est toujours couvert par les lois d'approbation. L'attitude timorée du juge constitutionnel dans l'arrêt du 22 mars 1995 ne peut donc manquer de surprendre eu égard au contrôle effectué dans l'arrêt sur le Traité sur l'Union européenne[382]. Et ce d'autant plus que le caractère recevable de la requête semblait plus douteux à propos du Traité sur l'Union européenne qu'à propos de la directive « télévision sans frontières ». La Cour constitutionnelle montre ici qu'elle semble plus attachée à défendre les droits fondamentaux que le principe du fédéralisme.

La Cour constitutionnelle n'était dès lors plus obligée de se prononcer sur l'applicabilité de la directive ni sur la portée et l'existence de la compétence communautaire en matière de télédiffusion[383]. Elle se limite uniquement à juger le *comportement* du gouvernement fédéral dans les négociations au niveau communautaire.

En se déclarant compétent dans certaines circonstances pour contrôler la compatibilité du droit communautaire avec les principes contenus dans la Loi fondamentale, le juge constitutionnel est en mesure de poser des limites et des conditions aux transferts de droits de souveraineté aménagés par la Loi fondamentale[384].

Si l'on s'en tient strictement à la lecture de l'article 79 III LF, qui définit les principes auxquels il ne peut jamais être porté atteinte, on constate que le fédéralisme et les droits fondamentaux sont placés sur un pied d'égalité. Si la Cour constitutionnelle est très attentive à la sauvegarde des droits fondamentaux quelles que soient les circonstances, son attitude est moins nette lorsqu'il s'agit de réaffirmer le principe du fédéralisme en reconnaissant les compétences exclusives des Länder. Cette différence se remarque d'autant plus lorsque ces deux questions se trouvent juxtaposées, ce qui était par exemple le cas dans l'affaire du crucifix[385]. *Constance Grewe et Albrecht Weber* montrent ainsi comment la Cour ne parvient pas toujours à articuler de manière satisfaisante les rapports entre le cadre

---

[381] Art. 37 I LF: "Si un Land ne remplit pas ses obligations de caractère fédéral qui lui incombent en vertu de la Loi fondamentale ou d'une autre loi fédérale, le gouvernement fédéral peut , avec l'approbation du Bundesrat, prendre les mesures nécessaires pour obliger ce Land , par la voie de la contrainte fédérale, à remplir ses obligations".

[382] *Cf. Ulrich Häde,* Anmerkung, EuZW 1995, p. 284-285 (285). Ce dernier note ainsi que la Cour constitutionnelle ne se donne même pas la peine d'examiner d'office si une autre forme de contrôle lui permettait d'effectuer ce contrôle, comme elle y était habilitée.

[383] *Cf. Jörg Gerkrath,* Le gouvernement allemand, la fidelité fédérale et la loyauté communautaire. Enseignement de l'arrêt du Bundesverfassungsgericht du 22 mars 1995 sur la directive "télévision sans frontières", Revue Europe, Mai 1995, p. 1-4 (2); L'arrêt du Bundesverfassungsgericht du 22 mars 1995 sur la directive "télévision sans frontières", les difficultés de la répartition des compétences entre trois niveaux de législation, RTDE 1995, p. 539-559 (549).

[384] Sur les limites et les conditions posées par le juge constitutionnel aux transferts de droits de souveraineté , voir *infra* Titre 1. L'articulation des ordres juridiques.

[385] BVerfGE 93, 1.

institutionnel et la liberté individuelle de croyance et des cultes: « Le droit constitutionnel est en effet marqué d'abord par l'autonomie culturelle des Länder selon laquelle ceux-ci organisent librement leur système scolaire. Aussi la Constitution bavaroise (art. 135) opte-t-elle en faveur de l'école chrétienne interconfessionnelle. Or l'autonomie culturelle des Länder, a comme les droits fondamentaux, valeur constitutionnelle. Mais la Cour ne se prononce guère sur ce conflit (...) »[386].

Ce manque de clarté de la Cour constitutionnelle allemande va être un motif supplémentaire pour les Länder de réagir : Ceux-ci vont mettre en œuvre les moyens dont ils disposent pour défendre eux-mêmes leurs droits. Cette réaction peut s'analyser comme la réplique du séisme.

---

[386] *Constance Grewe, Albrecht Weber,* L'arrêt de la Cour constitutionnelle allemande du 16 mai 1995 relatif au crucifix, RFDC 1996, p. 183-188 (185).

Titre 2. La réplique du séisme

Soumis à la pression interne et externe, les Länder ont vu fondre leurs compétences en raison de l'érosion du fédéralisme.

L'évolution continue vers un Etat de plus en plus unitaire aurait cependant signifié la disparition de la structure fédérale de l'Etat allemand, ce qui aurait pu être sanctionné par la Cour constitutionnelle. En effet, si le juge de la Loi fondamentale ne s'est pas opposé à l'érosion du fédéralisme, cela ne signifie pas qu'il aurait accepté le passage à un Etat unitaire. Les Länder n'ont toutefois pas attendu le secours du juge constitutionnel pour défendre leurs droits.

Dans un premier temps, les revendications des Länder ont été assez largement ignorées. Depuis le milieu des années quatre-vingts, les revendications des Länder pour compenser les atteintes subies dans leur domaine de compétence se sont faites plus vives, alors qu'ils avaient plutôt fait preuve jusqu'à présent d'une certaine passivité. C'est en fait essentiellement lors des débats parlementaires relatifs à la ratification de l'Acte unique européen qu'un vent de révolte a soufflé sur les bancs du Bundesrat.

Les Länder ont tout d'abord éprouvé des difficultés à articuler de manière cohérente leurs revendications et ne savaient tout d'abord pas sur quel terrain se placer ni quelle méthode employer.

Faut-il revendiquer des droits de participation directement au sein des institutions communautaires ou au contraire tenter d'influencer le plus possible la position du gouvernement fédéral dans les négociations communautaires ?

Faut-il agir par la voie institutionnelle (c'est-à-dire par le Bundesrat) ou au contraire développer des mécanismes en marge du système institutionnel (Conférence des ministres-présidents ; bureaux des Länder auprès des institutions communautaires) ?

Faut-il s'opposer à l'intégration européenne pour la ralentir et préserver ainsi les droits des Länder ou au contraire y contribuer (pour essayer de l'influencer dans un sens plus respectueux des droits des Länder)?

Le comportement des Länder oscille entre ces différentes interrogations, qui ne sont pas exclusives l'une de l'autre et qui peuvent se combiner entre elles. Les Länder tentent de jouer sur plusieurs tableaux à la fois : même quand ils s'engagent résolument dans la voie d'une plus grande participation du Bundesrat dans l'ordre interne et dans l'ordre communautaire, ils ne renoncent pas pour autant aux autres moyens d'action, ce qui leur permet de préserver les options pour l'avenir.

Les Länder n'ont donc jamais eu une position clairement établie, ce qui se manifeste parfois par un certain opportunisme. Ainsi ont-ils posé leurs conditions à la ratification de l'Acte unique européen en 1986 et du Traité de Maastricht en 1992 pour obtenir une procédure de participation au processus décisionnel communautaire plus respectueuse de leurs droits, au risque de paralyser l'ensemble du développement du droit communautaire.

Cette absence de cohérence se manifeste également dans l'articulation de leurs revendications. Ils prônent, par exemple, une claire délimitation des compétences communautaires, défendant dans le même temps le principe de subsidiarité. Or le principe de subsidiarité ne peut jouer justement que lorsqu'il y a une incertitude quant au niveau décisionnel compétent. Si toutes les compétences des acteurs sont fixées de manière définitive à l'avance, le principe de subsidiarité ne peut pas s'appliquer.

La transformation du fédéralisme allemand vers un système plus unitaire mais plus coopératif a renforcé les pouvoirs du Bundesrat[387]. Celui-ci, par un effet d'entraînement,

[387] Voir *supra*.

pouvait donc mieux défendre les intérêts des Länder, en influençant la position du gouvernement fédéral (Chapitre 1).

Les Länder et le Bundesrat ont donc su s'adapter à l'irruption d'un troisième niveau décisionnel que constitue la Communauté européenne. De son côté, le droit communautaire a intégré des règles et mis en place des organisme qui permettent de mieux prendre en considération les entités infra-étatiques. Il existe donc des interactions entre l'ordre communautaire et l'ordre allemand mais leur fusion reste impossible car la Loi fondamentale fonde un Etat, doté de pouvoirs souverains, alors que l'Union européenne reste une organisation internationale dont la nature est sujette à diverses interprétations mais qui ne constitue en tout cas pas un Etat fédéral (Chapitre 2).

Chapitre 1. L'adaptation des Länder et du Bundesrat

Les Länder ont rapidement pris conscience des dangers que constituaient les progrès de l'intégration européenne. Ils ont donc tenté de s'adapter à la nouvelle donne, constituée par l'intégration croissante du droit communautaire.

C'est donc pour freiner l'érosion du fédéralisme que les Länder ont revendiqué des droits d'information et de participation à l'élaboration des normes communautaires afin de préserver leur autonomie. Ils peuvent dès lors participer à la « politique intérieure supranationale »[388]. Différents moyens sont envisageables pour permettre aux Länder d'exercer une influence au niveau communautaire. Celle-ci peut être directe, c'est-à-dire que les gouvernements des Länder essayent d'influencer les organes décisionnels communautaires mais cette voie était exclue en raison de la cécité communautaire envers les Länder : ceux-ci n'avaient aucune existence reconnue vis-à-vis des institutions communautaires.

Pour que les Länder puissent faire valoir leurs droits sur la scène européenne, la seule solution était donc de les intégrer dans le processus de formation de la volonté de la Fédération. La première branche de l'alternative consiste pour les Länder à exercer une influence individuelle mais dans ce cas, le gouvernement fédéral, qui ne peut parler que d'une seule voix dans les instances communautaires, est contraint d'exercer un arbitrage[389] entre les différentes positions des Länder, tout en étant tenu au principe de loyauté fédérale. Pour éviter ces difficultés, la deuxième branche de l'alternative consiste pour les Länder à exercer une influence concertée dans le cadre de la conférence des ministres des Länder ou encore par l'intermédiaire du Bundesrat. Lorsque les Länder expriment leurs revendications par une coopération horizontale, cela signifie qu'ils sont dans l'obligation d'adopter une position commune qui, pour être efficace, doit être rapide. L'absence d'un système de décision à la majorité au sein de ces conférences favorise le risque de blocage. C'est cette solution que les Länder ont tout d'abord exploitée.

L'échec de ce type de coopération a favorisé l'émergence d'une coopération par le deuxième canal envisageable, le Bundesrat. Cet organe a un caractère hybride, dans la mesure où il est à la fois un organe de la Fédération et la chambre des Länder, et plus précisément des exécutifs des Länder[390]. Composé de représentants des gouvernements des Länder, le Bundesrat permet de dégager des votes à la majorité avec une pondération des votes en fonction du nombre d'habitants dans les Länder[391]. Si cette procédure est efficace[392], elle ne permet pas de sauvegarder l'autonomie des Länder car le renforcement des

---

[388] *Georg-Berndt Oschatz & Horst Risse*, Die Bundesregierung an der Kette der Länder, DÖV, 1995, p. 437-451 (441).

[389] *HH. Schwan*, Die deutschen Bundesländer im Entscheidungsystem des Europäischen Gemeinschaften, Duncker & Humblot, Berlin 1982, 191 p. (122).

[390] *Roman Herzog*, HdbStR II, § 44, p. 467-488 (p. 469 et n° 74).

[391] L'article 51 II a été modifié le 31 août 1990 lors de la réunification entre la RFA et la RDA (article 4 du traité d'Union, BGBl. II, p. 889). Il est désormais rédigé comme suit: "Chaque Land a au moins trois voix, les Länder qui comptent plus de deux millions d'habitants en ont quatre, ceux qui comptent plus de six millions d'habitants en ont cinq, ceux qui comptent plus de sept millions d'habitants en ont six". L'alinéa suivant précise les conditions dans lesquelles le vote s'effectue: "Chaque Land peut déléguer autant de membres qu'il a de voix. Les voix d'un Land ne peuvent être exprimées que globalement et seulement par des membres présents ou leurs suppléants". Le nombre des membres du Bundesrat est donc variable. Il est actuellement de 69 membres.

[392] *Günter Jaspert*, Der Bundesrat und die europäische Integration, Aus Politik und Zeitgeschichte - Beilage zur Wochenzeitung das Parlament 12/82 vom 27 März 1982, p. 17-32 (28) ; *Mechthild Müller*, Die Mitwirkung der Landesparlamente in Bundesrat- und Europaangelegenheiten, DÖV 1993, p. 103-107 (105).

mécanismes de coopération porte atteinte à l'autonomie des Länder et donne au Bundesrat le rôle de représentant des intérêts des Länder[393].

Dans le processus décisionnel communautaire, les Länder ont donc davantage de difficultés à défendre leur autonomie (Section 1) que le Bundesrat à renforcer sa coopération (Section 2).

Section 1. Les Länder tentent d'affirmer leur autonomie

Jusqu'en 1979, les Länder n'étaient pas parvenus à obtenir une forme de participation dans les cas pour lesquels leurs intérêts essentiels étaient touchés, c'est-à-dire lorsque le droit communautaire s'étendait à leurs domaines de législation exclusive. Un accord comparable à celui de Lindau faisait défaut en matière communautaire[394]. La réaction des Länder pour mettre en œuvre une procédure de participation fut provoquée par le projet de directive de la commission relative aux exigences qualitatives des eaux de surface qui prévoyait notamment comment l'eau canalisée devait être traitée. Les Länder contestaient non seulement la compétence communautaire mais aussi le besoin de réglementation en la matière[395].

Dans l'incapacité de coopérer efficacement au droit communautaire dans l'ordre interne pour faire valoir leurs intérêts, les Länder ont développé des structures dans l'ordre externe qui leur permettent d'affirmer leur autonomie.

I. La difficulté des Länder à agir dans l'ordre interne

Dans l'ordre interne, les Länder et le Bundesrat se sont trouvés dans une situation de concurrence. Cette situation peut apparaître comme paradoxale si on considère que le Bundesrat vise à défendre les intérêts des Länder. Les Länder ne peuvent se faire entendre dans le processus décisionnel que dans le cadre de la coopération. Or le Bundesrat constitue l'organe de coopération par excellence dans l'ordonnancement institutionnel allemand. Les tentatives des Länder pour participer et éventuellement influencer l'édiction du droit communautaire étaient donc vouées à l'échec comme le montre la procédure de participation des Länder imaginée en 1979 par un accord entre le Chancelier fédéral et la Conférence des ministres présidents.

§ 1. La procédure de participation des Länder mise en place en 1979

Cette procédure se déroule en deux temps : les Länder doivent tout d'abord élaborer une position commune puis la transmettre au gouvernement fédéral afin que celui-ci puisse la prendre en considération dans les négociations avec ses partenaires européens.

A. L'origine de la procédure

Pour permettre aux Länder de participer plus étroitement à la définition du droit communautaire, un premier projet fut élaboré en 1976 et approuvé par la Conférence des Ministres présidents. Il prévoyait l'obligation pour la Fédération de défendre l'avis des Länder au Conseil des ministres lorsqu'une mesure envisagée intervenait selon les Länder dans leur domaine de législation exclusive. La Fédération n'aurait pu alors s'en écarter que pour des raisons impérieuses d'intégration politique. Dans les cas où la mesure envisagée aurait affecté les intérêts essentiels des Länder, la Fédération aurait dû prendre en

[393] *Cf. Georg-Berndt Oschatz*, EG-Rechtsetzung und deutscher Föderalismus, in: Föderalismus und EGen, Duncker & Humblot 1990, p. 65-80 (76). L'auteur emploie le même terme pour qualifier le rôle du Bundesrat que celui employé par la Cour constitutionnelle fédérale dans l'arrêt du 22 mars 1995 pour qualifier le rôle du gouvernement fédéral envers les Länder (Sachwalter). Sur ce point, voir p. 187.

[394] Sur la différence entre l'accord de Lindau et le droit de participation du Bundesrat, voir p. 312.

[395] BR- Drucks. 119/74.

considération l'avis des Länder. Ce projet, outre une information aussi rapide que possible, prévoyait également que la Fédération invite deux représentants des Länder dans les organes consultatifs préparatoires de la Commission lorsque la mesure envisagée concernait les compétences exclusives des Länder[396].

Les négociations de la commission *Maußer* (du nom de son président bavarois) pour aboutir à un accord entre la Fédération et les Länder durèrent deux années (entre 1977 et 1979)[397]. C'est au cours de ces négociations que les positions de chacun se font jour : alors que la Fédération revendique une " compétence d'intégration " tirée du préambule de la Loi fondamentale, de l'article 24 I et 32 I LF (La charge des relations étrangères relève de la Fédération), les Länder de leur côté défendent l'idée qu'à partir du moment où des mesures communautaires affectent leur domaine de compétences exclusives, ils devaient pouvoir disposer d'une influence déterminante sur l'avis défendu par la Fédération à Bruxelles au nom du devoir de la Fédération d'avoir un comportement bienveillant envers les Länder. Dans la mesure où l'avis des Länder risque de ne pas pouvoir être pleinement pris en compte lors des négociations au niveau communautaire, le gouvernement fédéral serait dans l'obligation d'inviter des représentants des Länder. Le gouvernement fédéral voulait pouvoir garder les mains libres dans les négociations communautaires et éviter d'être lié par l'avis des Länder. Ceci devait l'autoriser, compte tenu des circonstances politiques, à s'écarter de la position des Länder[398].

Les Länder acceptèrent finalement une simple déclaration unilatérale de la Fédération transmise par *Helmut Schmidt* à la Conférence des ministres-présidents en date du 19 septembre 1979. Son président, M. *Rau,* transmit l'acceptation des chefs de gouvernement des Länder par une lettre du 26 septembre 1979[399].

B. Le mécanisme de la procédure

La volonté politique des Länder de participer à la définition des projets communautaires était insuffisante pour passer outre les pesanteurs de la procédure.

1°) Le contenu de la déclaration

Dans le point I de la lettre du Chancelier fédéral, la Fédération souligne que pour les projets communautaires tombant partiellement ou entièrement dans les domaines de compétences des Länder ainsi que ceux touchant leurs intérêts essentiels, la Fédération et les Länder s'engagent à une coopération étroite, animée par une loyauté réciproque.

Dans la mesure où des projets communautaires tombent dans le domaine de législation exclusive des Länder, ceux-ci ont la possibilité d'exposer leur point de vue. De leur côté les Länder doivent adopter une position commune dans les délais impartis, compte tenu du calendrier fixé à Bruxelles. Cette position doit être raisonnable, c'est-à-dire qu'elle doit prendre en considération les objectifs d'intégration politique visés par la Fédération.

La Fédération s'efforce d'adopter un point de vue commun avec les Länder et de le défendre dans la mesure du possible dans les négociations communautaires. Ce n'est que pour des raisons impérieuses de politique étrangère et d'intégration que la Fédération est

---

396 *Cf. Schwan*, Die deutschen Länder...cité note 389, p. 112-113.

397 Six réunions au total, tantôt à Bonn, tantôt à Münich, *cf. Schwan*, cité note 389 p. 113, n. 94.

398 Il existait en outre un désaccord sur la forme que devait prendre l'accord. Alors que les Länder étaient favorables à la conclusion d'un accord formel, la Fédération n'était prête qu'à formuler une simple déclaration unilatérale. Voir Schwan, cité à la note 389 p. 113-116.

399 L'échange de lettres entre le Chancelier fédéral et le président de la Conférence des ministres présidents est reproduite par exemple in : Bundesrat (Herausgegeben vom Sekretariat des Bundesrats), Bundesrat und Europäische Union, Bonn 1997, p. 109-110.

autorisée à s'en écarter. Dans ce cas, le gouvernement doit donner les raisons qui ont motivé cette prise de position.

Lorsque la mesure envisagée concerne une compétence exclusive des Länder, la Fédération doit inviter deux représentants des Länder dans les organes de la Commission et du Conseil.

Pour les projets communautaires qui touchent les intérêts essentiels des Länder, la Fédération doit consulter les Länder. Pour de telles mesures, la Fédération doit se plier aux obligations liées à la structure fédérale de l'Allemagne. Ceci vaut tout particulièrement lorsque les intérêts financiers des Länder sont en jeu.

Le troisième point de la déclaration précise que la mise en œuvre de la participation des Länder sera réglée dans le règlement intérieur des ministères fédéraux, en accord avec les Länder.

2°) La mise en œuvre de la procédure de participation des Länder

La procédure de participation des Länder dans le cadre de la déclaration du Chancelier fédéral du 19 septembre 1979 est fixée dans le § 85 a du règlement intérieur commun des ministères fédéraux[400] et dans le schéma de la procédure de participation des Länder[401].

L'article 85a du règlement intérieur des ministères fédéraux précise que c'est au ministre fédéral de l'économie de veiller à ce que les documents du Conseil transmis au gouvernement fédéral soient mis à la disposition de l'observateur des Länder. Le ministère en charge des négociations doit veiller à ce que les projets et les documents des services de la Commission soient transmis à l'observateur des Länder à moins qu'ils ne concernent manifestement pas des domaines qui tombent dans la compétence législative exclusive des Länder ou qui ne touchent pas leurs intérêts essentiels, notamment financiers.

Le schéma de la procédure de participation des Länder tend à sauvegarder les droits des Länder face à l'emprise croissante du Bundesrat, comme en témoigne le point IV.

> « Dans la mesure où des mesures de la communauté empiètent sur les domaines de compétences exclusives des Länder, la formation de la volonté revient constitutionnellement aux Länder et non à l'organe fédéral constitué par le Bundesrat ».

Même dans l'hypothèse où les Länder arrivent à trouver un terrain d'entente, la procédure tente également de conserver l'identité des Länder qui s'exprime par leur spécificité. C'est ainsi que les remarques conclusives précisent que le but de la procédure est de donner aux Länder la possibilité de rendre un avis commun aux Länder, ce qui n'empêche pas les Länder de faire valoir leurs intérêts de manière isolée en dehors du cadre de la procédure mise en place. Cette précision met en évidence la concurrence qui existe entre les Länder et le Bundesrat car les possibilités pour les Landtage d'influencer le Bundesrat sont plutôt réduites[402].

§ 2. L'échec de la procédure

Avec cette procédure, ce n'est plus seulement un droit d'information dont disposaient les Länder mais bel et bien d'un moyen d'intervenir dans le processus décisionnel communautaire.

Dans la pratique, on constate toutefois que cette procédure n'a pas produit les résultats espérés en raison de sa lourdeur. Un millier de projets communautaires fut transmis à

---

[400] Reproduit in: Bundesrat und Europäische Gemeinschaften - Dokumente, Bundesrat (Hrsg.), Bonn 1988, p. 207.

[401] *Ibid.* p. 204-206.

[402] Sur cette question, voir p. 162.

l'observateur des Länder et celui-ci en communiqua trois cents aux cellules communes des Länder après examen. Les Länder adoptèrent une position commune dans trente-sept cas mais une seule norme communautaire fut adoptée dans l'esprit de la procédure de participation, et uniquement grâce à la Fédération[403]. La procédure de participation achoppait sur la capacité des Länder à se mettre d'accord entre eux et donc à présenter un front commun. Les négociations entre les Länder duraient beaucoup trop longtemps en raison de la règle de l'unanimité qui régit la conférence des ministres-présidents. Il aurait fallu pour qu'il y ait une certaine efficacité que les Länder trouvent un terrain d'entente avant même la tenue des conférences.

Il était en outre difficile pour les Länder d'avoir un suivi du processus décisionnel communautaire : si au cours des négociations au sein des organes communautaires les projets sur lesquels les Länder s'étaient mis d'accord subissaient des modifications substantielles, ceux-ci se trouvaient dans l'impossibilité de défendre à nouveau leurs intérêts.

Les institutions mises en place par les Länder dans l'ordre externe ont eu davantage de succès en leur permettant de faire valoir leurs intérêts respectifs.

II. L'action des Länder dans l'ordre externe

L'action des Länder dans l'ordre externe peut sembler constituer une entorse au principe que l'on constate dans tous les systèmes fédéraux et selon lequel la charge des relations avec les Etats étrangers revient au gouvernement fédéral. La Loi fondamentale prévoit cependant des hypothèses dans lesquelles les Länder peuvent agir dans l'ordre externe. C'est ainsi que l'article 32 III LF précise :

> « Dans la mesure de leur compétence législative, les Länder peuvent, avec l'approbation du gouvernement fédéral, conclure des traités avec des Etats étrangers. »

Le nouvel article 24 Ia LF institue, en outre, pour les Länder la possibilité d'agir dans le cadre d'une coopération transfrontalière.

> « Dans la mesure où les Länder sont compétents pour l'exercice des pouvoirs étatiques et l'accomplissement des missions de l'Etat, ils peuvent, avec l'approbation du gouvernement fédéral, transférer des droits de souveraineté ».

L'action extérieure des Länder sur la scène européenne ne correspond à aucun de ces cas de figure mais se situe à la lisière du droit communautaire et du droit allemand. Les Länder ont tenté d'agir tant au sein du processus décisionnel communautaire qu'en marge de celui-ci.

§ 1. Au sein du processus décisionnel communautaire

La présence des Länder dans les institutions communautaires manifeste la volonté des Länder d'avoir accès à l'information communautaire sans dépendre du gouvernement fédéral. Elle se traduit, d'une part, par l'institution de l'observateur des Länder auprès des institutions communautaires et par la participation de représentants des Länder dans les instances communautaires, d'autre part.

A. L'observateur des Länder

Dès la mise en œuvre du traité de Rome, l'observateur a permis aux Länder d'être régulièrement informés des mesures communautaires sans toutefois permettre de les

[403] La directive sur l'établissement et la libre circulation des prestations des architectes. *Cf. Fritz Stöger*, Aufgaben und Tätigkeit des Beobachters der Länder bei den Europäischen Gemeinschaften, in: *Siegfried Magiera und Detlef Merten*, Bundesländer und Europäische Gemeinschaft, Duncker & Humblot, Berlin 1988, p. 101-118 (109).

influencer. A l'origine au service des Länder, l'observateur fournit désormais les informations nécessaires au Bundesrat.

1°) L'institution

La création de l'institution de l'observateur des Länder est très ancienne puisqu'elle remonte à un accord de 1956 entre les ministres présidents de Bade-Würtemberg et de Bavière avec le ministre des affaires étrangères de l'époque *von Brentano.*

Selon cet accord, un fonctionnaire de l'un de ces deux Länder participait à titre d'observateur aux travaux préparatoires de la délégation gouvernementale allemande lors des négociations relatives aux traités CEE et Euratom. La mission de cet observateur consistait à informer les Länder en vue de la ratification des traités[404]. De vaines négociations se déroulèrent ensuite en 1958 entre les six Etats fondateurs et les membres de l'Organisation européenne de coopération économique (OECE) non signataires des traités de Rome en vue de l'établissement d'une zone commune de libre-échange et un observateur des Länder y fut également convié.

Créé à l'occasion des traités de Rome, l'observateur des Länder allait devenir une institution permanente à la suite de la demande formulée lors de la conférence des ministres de l'économie du 8 janvier 1959. Le ministre fédéral de l'économie reconnaît, en effet, la fonction de l'observateur des Länder également pour la CEE. La mission de l'observateur lors des négociations relatives à la création d'une vaste zone de libre-échange fut donc transférée à la CEE par la conférence des ministres présidents. Le traité de fusion de 1965 instituant une commission unique et un conseil unique des Communautés européennes entraîna un élargissement du champ d'activité de l'observateur à la communauté européenne du charbon et de l'acier et à la communauté européenne de l'énergie atomique.

Le titre " d'observateur des Länder auprès des Communautés européennes " fut reconnu ensuite en 1968, mais ce n'est qu'en 1987 que l'institution, qui reposait jusqu'à ce moment là sur un " gentlemen's agreements ", fut officialisée dans l'accord entre la Fédération et les Länder du 17 décembre 1987 relatif à l'information et à la participation du Bundesrat et des Länder lors des projets dans le cadre des Communautés européennes[405]. Il a ensuite fait l'objet d'un accord entre la Fédération et les Länder en 1988 qui a été réactualisé en 1996[406]. Par une décision du 6 juin 1984 de la conférence des ministres-présidents, l'observateur des Länder s'était vu attribué un propre bureau à Bruxelles[407]. Il dispose également d'un budget propre, élaboré lors de conférence des ministres de l'économie. Ainsi le budget de l'observateur est-il d'abord imputé au budget du ministère de l'économie de Rhénanie du Nord - Westphalie puis répercuté ensuite entre les différents Länder selon la clef de répartition définie dans l'accord de Königstein du 30 août 1950[408].

Le premier observateur fut nommé par la conférence des ministres présidents et ses successeurs par la conférence des ministres des Länder de l'économie, la conférence des ministres-présidents entérinant alors cette nomination[409]. Avec l'accroissement du rôle du

---

[404] *Cf. Michael Borchmann,* Bundesstaat und europäische Integration, AöR 1987, p. 586-622 (590); *Fritz Stöger,* Aufgaben und Tätigkeit... p. 102, cité note 403.

[405] Repr. in : Bundesrat und Europäische Gemeinschaften - Dokumente, herausgegeben vom Sekretariat des Bundesrates, Bonn 1988, p. 428-434.

[406] *Christoph Schönberg,* Europabeauftragte in den deutschen Bundesländern, DÖV 1998, p. 665-672 (666).

[407] *Tobias Busch,* Bundesländer und Grundgesetz im Spannungsfeld der europäischen Integration, Centaurus-Verlagsgesellschaft, Pfaffenweiler 1990, p.187. Jusqu'à présent, le siège de l'observateur des Länder était la représentation du Land de Bade-Wurtemberg à Bonn. *Cf. Michael Borchmann,* Bundestaat und europäische Integration, AöR 1987 p. 587-622 (591).

[408] *Fritz Stöger,* Aufgaben und Tätigkeit... p. 104, cité note 403.

[409] Les différents observateurs des Länder venaient tous du ministère de l'économie, le deux premiers de Bade-

Bundesrat depuis l'Acte unique européen, l'observateur des Länder est désormais désigné par le ministre du Land président de la commission du Bundesrat chargée des questions européennes.

2°) La mission de l'observateur

Avec l'institutionnalisation progressive de l'observateur des Länder, le rôle de celui-ci s'est sensiblement modifié. Si son existence a pu être remise en cause avec le rôle de plus en plus important du Bundesrat dans le processus décisionnel communautaire, l'institution a été conservée et se trouve désormais être une source d'information au service du Bundesrat.

A l'origine, l'observateur des Länder devait fournir des informations supplémentaires aux Länder dans la mesure où l'ancienne procédure de participation du Bundesrat prévue à l'article 2 de la loi d'approbation des traités de Rome était insuffisante[410]. Il s'agissait d'une source d'informations complémentaires plus rapide et plus complète par rapport à celles fournies par le gouvernement fédéral. L'observateur pouvait également concentrer son attention sur les projets touchant directement les intérêts des Länder. Cet aspect revêt une importance toute particulière car les Länder ne sont pas en mesure de gérer la production législative communautaire et ont donc besoin de disposer d'une information ciblée.

La procédure de participation des Länder négociée entre ceux-ci et la Fédération en 1979 devait placer l'observateur des Länder au cœur de l'échange d'information. Pour faire face à l'afflux d'informations relatives au droit communautaire, les Länder mirent en place une procédure interne[411], selon laquelle l'observateur des Länder devait transmettre les informations données par la Fédération aux représentations des Länder à Bonn ou aux cellules communes des Länder[412], chargées de coordonner la position des Länder et de la transmettre au ministre fédéral compétent pour que celle-ci puisse être prise en considération au niveau communautaire[413]. La procédure mise en place se solda finalement par un échec en raison de l'incapacité des Länder de définir une position commune dans des délais suffisamment brefs pour pouvoir être prise en considération.

Avec l'importance croissante du droit communautaire, les chefs de gouvernement des Länder s'étaient prononcés durant l'été 1984 pour un rattachement des services de l'observateur à la représentation permanente de la RFA à Bruxelles. Un groupe de travail associant la Fédération et les Länder fut donc constitué pour examiner ce projet. Mais la proposition avancée se heurta au refus des Länder car la Fédération avait formulé des conditions jugées inacceptables pour les Länder en exigeant que le directeur de la représentation permanente puisse donner des instructions à l'observateur. Après une tentative avortée du Land de Bade-Wurtemberg pour aboutir à une solution acceptable pour les Länder, les négociations avec la Fédération furent interrompues en 1985 à l'initiative des chefs de gouvernement des Länder.

Wurtemberg, les deux suivants de Rhénanie du Nord/Westphalie.

410 Sur ce point, voir p.139.

411 Schema für ein Verfahren der Länder bei Maßnahmen der EG auf Gebieten, die zur Gesetzgebungskompetenz der Länder gehören oder deren wesentliche Interessen berühren, vom 7.-8. Februar 1980. Reproduit, in: Bundesrat und Europäische Gemeinschaften - Dokumente, Bundesrat (Hrsg.), p. 204-206 (204).

412 Les cellules communes étaient mises en place dans le cadre de chaque Conférence des ministres-présidents (Voir point II.1 § 3 du schéma cité à la note précédente). Le schéma prévoyait également une procédure lorsqu'il existait un litige relatif à la cellule commune compétente.

413 *Fritz Stöger*, Aufgaben und Tätigkeit..., p. 107. En cas de doute sur la signification de l'information, l'observateur pouvait se contenter de signaler que les documents étaient à sa disposition, Voir point I. 2 du schéma.

L'intransigeance de la Fédération qui voulait profiter de l'occasion pour faire entrer l'observateur dans son giron eut des conséquences importantes car cette attitude poussa les Länder à mettre en place leurs propres bureaux d'informations à Bruxelles[414].

Avec la nouvelle procédure d'information prévue à l'article 2 de la loi de ratification de l'Acte Unique Européen, c'est la survivance même de l'institution qui était en jeu puisque, d'une part, les tâches de l'observateur incombaient au Bundesrat et que, d'autre part, les Länder commençaient à mettre en place leurs propres bureaux d'information. La réflexion menée par les Länder à partir de 1987 arriva à la conclusion que l'observateur des Länder constituait une source d'informations à laquelle ils ne devaient pas renoncer. Une fois déchargé de sa mission de collecte et de communication des documents, désormais transmis aux Länder par l'intermédiaire du Bundesrat, l'observateur pouvait davantage se consacrer aux intérêts propres des Länder et rester un auxiliaire précieux. Le renforcement des possibilités d'influencer la législation européenne nécessitait des contacts étroits avec les organes communautaires et le gouvernement fédéral, et le représentant des Länder était à même de remplir cette mission par les possibilités d'accès dont il disposait : son centre de gravité devait désormais être situé à Bruxelles.

A côté de l'observateur, les Länder ont également obtenu le droit d'envoyer des représentants dans les instances communautaires.

B. La participation de représentants des Länder dans les instances communautaires

La Loi fondamentale reste silencieuse sur les droits et obligations respectifs de la Fédération et des Länder dans le domaine des affaires étrangères. Länder et Fédération ont donc mis en place une procédure dans le cadre de l'accord de Lindau mais celui-ci reste inapplicable au droit communautaire en raison de son caractère particulier[415]. Une procédure spéciale a donc été mise en œuvre pour permettre aux Länder d'envoyer des représentants dans les organes communautaires. D'abord concrétisée dans l'accord " Krämer / Heubl " de 1968, l'invitation de représentants des Länder a été institutionnalisée lors de la ratification de l'AUE. Le statut des représentants des Länder est pour le moins ambigu puisqu'il est représentant du gouvernement aux yeux des autres pays membres mais représentant des Länder dans l'ordre interne[416].

1°) L'accord Krämer / Heubl de 1968

Dans un certain nombre de cas, les Länder ont pu prendre part aux travaux de la délégation allemande dans les comités consultatifs de la Commission : ils disposent ainsi par exemple d'un membre régulier dans le comité chargé de la répartition des fonds agricoles et dans le comité consultatif chargé de la formation professionnelle[417]. Dans le comité de la politique régionale, ils nomment un membre de la délégation et dans le comité de gestion du fonds social européen, un représentant du Land concerné par le projet en discussion est invité[418].

---

[414] *Cf.* Antrittsansprache von Bundesratspräsident *Holger Börner*, St. Ber. 570 Si BR, 571 D-575 C, reproduit in: Bundesrat und Europäische Gemeinschaften - Dokumente, Bundesrat (Hrsg.) p. 350-358 (354).

[415] *Stefan Schmidt-Meinecke*, Bundesländer und europäische Gemeinschaft. Entwicklung und Stand der Länderbeteiligung im Europäischen Einigungsprozeß, Forschungsintitut für öffentliche Verwaltung bei der Hochschule für Verwaltungswissenschaften Speyer 1987, 130 p. (39). Voir également à la page 312.

[416] *Rudolf Hrbek*, Doppelte Politikverflechtung: Deutscher Föderalismus und Europäische Integration. Die deutschen Länder im EG-Entscheidungsprozess, in: Die deutschen Länder und die EGen, *Rudolf Hrbek, Uwe Taysen*, Nomos, Baden-Baden 1986, p. 17-36 (28).

[417] *Michael Borchmann*, Bundestaat und europäische Integration, AöR 1987, p. 586-622 (592).

[418] *Hans Eberhard Birke*, Die deutschen Bundesländer in den Europäischen Gemeinschaften, Berlin 1973,

D'une façon générale, il était devenu habituel qu'un représentant des Länder soit accueilli au sein de la délégation lorsque les intérêts des Länder étaient en jeu. La nomination du représentant restait assez empirique puisqu'elle pouvait avoir lieu de différentes manières : par le Bundesrat, par la Conférence des ministres-présidents concernés, sur invitation du département ministériel fédéral ou de la Commission[419]. La question principale, c'est-à-dire celle de savoir quand il fallait avoir recours à un représentant des Länder dans les instances communautaires n'était réglée que par une simple déclaration du gouvernement fédéral dans la cadre de " l'accord Kramer/Heubl " de 1968.[420] Cet accord était le résultat des négociations menées avec la Fédération par une commission mise en place par les ministres-présidents depuis 1963. Le concours de représentants des Länder était requis lorsque

(a) la Fédération ne disposait pas de personnel qualifié en raison de la répartition des compétences dans l'ordre interne,

(b) une expertise complémentaire semblait nécessaire pour atteindre un résultat optimal dans les négociations,

(c) le domaine des négociations touchait les intérêts essentiels des Länder concernés.

La Fédération avait toutefois posé une limite importante en précisant que la participation des Länder ne pourrait avoir lieu que dans certains comités à caractère technique. Au niveau décisionnel communautaire le plus élevé, la participation de représentants des Länder restait l'exception. Ainsi, par exemple, le Secrétaire d'Etat de Rhénanie-Palatinat a-t-il participé aux consultations relatives à l'organisation du marché du vin[421]. L'exception à l'exception étant alors constituée dans le domaine de l'enseignement où les représentants des Länder participaient régulièrement aux réunions du Conseil[422].

En définitive, les possibilités du représentant des Länder d'influencer la décision communautaire dépendaient davantage de leurs compétences techniques que de leur statut juridique au sein de la délégation allemande[423]. En 1986, lors de la ratification de l'AUE, le Bundesrat s'est donc efforcé de donner un cadre juridique à la représentation des Länder dans les organes communautaires.

2°) La récupération par le Bundesrat

L'alinéa 5 de l'article 2 de la loi de ratification à l'Acte Unique Européen permet aux Länder de s'asseoir à la table des négociations dans les organes communautaires et remplace la procédure mise en œuvre dans le cadre de l'accord " Krämer / Heubl "[424] :

> « Lorsque le Bundesrat est en mesure de prendre position, des représentants des Länder doivent être invités, sur demande, dans les organes de consultation de la Commission et du Conseil, nonobstant les réglementations déjà existantes, dans la mesure où cela est possible pour le gouvernement fédéral ».

La troisième partie de l'accord du 17 décembre 1987 vient préciser les modalités de la mise en œuvre de cette disposition.

Duncker & Humblot, 146 p. (47-53).

419 *Schwan*, cité à la note 389, p. 124.

420 *Rudolf Morawitz, Wilhelm Kaiser,* Die Zusammenarbeit von Bund und Länder bei Vorhaben der Europäischen Union, Bonn 1994, Europa Union Verlag, p. 147.

421 *Cf. Karlheinz Oberthür,* Die Bundesländer im Entscheidungssystem der Europäischen Gemeinschaft, Integration 1978, p. 58-65 (p. 65, n. 22). Le ministre fédéral de l'intérieur avait alors formulé des réserves, craignant un danger pour les compétences fédérales, *Cf. Gisbert Poensgen,* Portugal: Die Rolle der Regionen, Vorträge, Reden und Berichte aus dem EI, n° 95, Saarbrücken 1987, p. 16.

422 *Peter Dröll,* Die deutschen Lander und die EG, Centaurus Verlag Ges. Pfaffenweiler 1992, p. 107 n. 472.

423 *Karlheinz Oberthür,* Die Bundesländer... p. 61.

424 *Peter Dröll, op. cit.* p. 107.

« 1. Lorsque des projets sont traités au sein des organes consultatifs du Conseil ou de la Commission pour lesquels le Bundesrat doit avoir l'occasion de rendre un avis avant l'approbation du gouvernement fédéral des décisions des organes communautaires compétents, le gouvernement fédéral informe sans tarder le Bundesrat sur le lieu, l'heure et l'objet des réunions de ces organes.

2. Le gouvernement fédéral et les gouvernements des Länder dressent en commun une liste des comités et groupes de travail auprès de la Commission et du Conseil auxquels les représentants des Länder peuvent prendre part dans la mesure ou des domaines de législation exclusive ou les intérêts essentiels des Länder sont affectés, nonobstant la réglementation législative de l'art. 2 al. 5 de la loi de ratification à l'AUE. En cas de besoin, cette liste peut être modifiée d'un commun accord sans modification formelle du présent accord.

3. Le Bundesrat nomme les représentants des Länder auprès du gouvernement fédéral, ou les représentants envoyés par les Länder[425]. (...)

Le gouvernement fédéral donnera suite à la demande d'inviter au moins un représentant des Länder, deux lorsqu'il s'agit des domaines de législation exclusive des Länder, dans la mesure où cela lui est possible.

Lorsque les domaines de législation exclusive des Länder sont affectés, le gouvernement donnera suite à la demande d'inviter deux représentants des Länder aux réunions du Conseil, dans la mesure où cela lui est possible.

Lorsqu'aucun représentant des Länder ne participe aux réunions dans les cas prévus à l'article 2 al. 5 de la loi de ratification à l'AUE, l'observateur des Länder est considéré comme le représentant désigné.

4. Les représentants des Länder sont membres de la délégation allemande. Ils sont tenus par le contenu de l'avis du Bundesrat. Ils peuvent prendre part aux réunions de la délégation sur place, destinées à préparer la réunion du Conseil ou de la Commission.

5. Le gouvernement fédéral conserve la direction de la délégation et le rôle de porte-parole. Un représentant des Länder peut fournir des explications au sein des groupes et comités de travail avec l'approbation du directeur de la délégation ».

Si l'invitation de représentants des Länder est désormais institutionnalisée, elle ne dépend toutefois pas du gouvernement mais aussi des représentants des autres pays membres[426]. On constate que lorsque les Länder avaient négocié directement avec le gouvernement fédéral, ils étaient parvenus à une simple déclaration d'intention de la part du gouvernement. En revanche l'action du Bundesrat a été plus efficace dans la mesure où la participation de représentants des Länder est désormais reconnue de manière législative.

Dans l'incapacité de freiner l'érosion du fédéralisme, les Länder ont cherché des dérivatifs permettant la prise en considération de leurs intérêts directement au niveau communautaire. Cette tactique explique l'attitude des Länder qui peut apparaître contradictoire dans la mesure où ils s'opposent au renforcement des institutions communautaires mais mettent en place des bureaux auprès de celles-ci. Ce faisant, les Länder jouent le jeu de l'Union européenne car il leur est difficile de mettre tout en œuvre pour pouvoir bénéficier des avantages qu'ils peuvent retirer de la construction communautaire (notamment les fonds communautaires) et de la critiquer par ailleurs. En épousant les mécanismes communautaires, ils doivent également en accepter les contraintes.

---

[425] Une décision de la Conférence des ministres-présidents également en date du 17 décembre 1987 précise en effet que le Bundesrat désigne auprès du gouvernement fédéral nommément les représentants ou les Länder dont les représentants doivent être invités dans les organes consultatifs. *Cf.* Beschluß der MinisterpräsidentenKonferenz vom 17. Dezember 1987 zu der Bestellung von Ländervertreter nach Art. 2 Abs. 5 EEAG, reproduit *in*: Bundesrat und Europäische Union, Sekretariat des Bundesrat, Bonn 1997, p. 202-203.

[426] *Georg Ress*, Das deutsche Zustimmungsgesetzes zur EEA, EuGRZ 1987, p. 361-367 (364).

§ 2. En marge du processus décisionnel communautaire

En créant des bureaux auprès des institutions communautaires, les Länder quittent la force gravitationnelle de la Loi fondamentale pour devenir des satellites du système communautaire tout en restant en marge du processus décisionnel. Cela ne signifie cependant pas qu'ils violent la Loi fondamentale car leur initiative n'entre pas directement en contradiction avec la Constitution de Bonn.

A. L'institution des bureaux des Länder

L'institution des bureaux des Länder a connu un succès foudroyant car il y a eu un effet d'entraînement après l'ouverture du premier bureau auprès des institutions communautaires.

1°) La création des bureaux

Au milieu des années quatre-vingts, les chefs de gouvernement des Länder se prononcèrent pour un rattachement des services de l'observateur des Länder à la représentation permanente de la République fédérale d'Allemagne, compte tenu du nombre croissant de projets communautaires touchant directement les compétences des Länder. La participation de représentants des Länder au sein de la délégation allemande ne permettait pas aux Länder de réagir efficacement et suffisamment tôt. Lorsque la ligne de négociation pour la session du Conseil suivante était fixée ou lorsque les instructions étaient communiquées au membre allemand du COREPER, les Länder ne disposaient pas d'un laps de temps suffisant pour faire valoir leurs intérêts. De plus, pour pouvoir influencer les négociations, il faut agir le plus tôt possible en amont auprès de la Commission[427] car les projets transmis par la Commission au Conseil nécessitent l'unanimité pour être modifiés[428]. Il est donc déterminant d'agir le plus tôt possible car toute modification ultérieure est rendue plus difficile. L'institution des bureaux des Länder tend donc à raccourcir la chaîne de communication entre les organes communautaires et les Länder afin de pouvoir influencer avec la plus grande efficacité possible le processus décisionnel.

Un groupe de travail associant la Fédération et les Länder fut donc mis en place pour examiner ce projet. La Fédération y vit l'occasion de faire entrer définitivement l'observateur des Länder dans son giron puisque le projet élaboré par ce groupe de travail prévoyait notamment que le directeur de la Représentation permanente puisse donner des instructions à l'observateur. Ce projet était jugé inacceptable pour les Länder qui le rejetèrent. Après une tentative infructueuse du Land de Bade-Wurtemberg d'aboutir à une solution plus respectueuse de l'autonomie des Länder, les négociations avec la Fédération furent interrompues en 1985 à l'initiative des chefs de gouvernement des Länder. L'intransigeance de la Fédération dans cette affaire eut des conséquences importantes puisque cette attitude poussa les Länder à mettre en place leurs propres bureaux auprès des institutions communautaires.

Le premier à ouvrir la voie fut le Land de Hambourg avec la création du Hanse-Office en 1985 (devenu depuis une institution commune aux Länder de Hambourg et Schleswig-Holstein[429]). Il fut suivi la même année par la Sarre qui ouvrit son " Bureau d'information et de promotion économique ".

---

[427] *Cf. Ulrich Fastenrath*, Länderbüros in Brüssel, DÖV 1990, p. 125-136 (127).

[428] Il existe ce qu'on appelle une prime à la proposition de la Commission. En vertu de l'article 189 a (250) CE, le Conseil statue sur proposition de la Commission, il ne peut modifier cette proposition qu'à l'unanimité, alors qu'il peut l'adopter sans amendement à la majorité qualifiée ou à la majorité simple selon les cas. *Cf. Denys Simon*, p. 116-117.

[429] Dans un premier temps, la Basse- Saxe y était rattachée mais a ouvert ensuite son propre bureau. Le dernier des anciens Länder à ouvrir son propre bureau fut celui du Land de Hesse en avril 1989. Les nouveaux

Au total, environ 120 personnes travaillent dans les bureaux des Länder à Bruxelles[430]. Chaque bureau a une structure différente mais leurs activités sont comparables. Cela ne signifie pas que leurs intérêts sont identiques. C'est ainsi que certains Länder mettent l'accent sur la coopération transfrontalière[431] et sont, à ce titre, intéressés par les fonds INTERREG. D'autres, qui ne sont pas éligibles aux aides communautaires s'intéressent davantage à la promotion du Land en tant que place économique.

2°) La mission des bureaux

Les bureaux ne se contentent pas de réagir aux projets communautaires. Ils ont été mis en place également pour agir auprès des institutions communautaires[432]. Leur mission ne consiste pas à régler directement les problèmes mais à rencontrer les personnes aptes à le faire.

L'activité des bureaux consiste à procurer des informations aux gouvernements des Länder, à informer l'opinion publique sur les projets débattus à Bruxelles, à donner des conseils aux entrepreneurs, à promouvoir l'image du Land en tant que place économique, à servir de relais entre le Land et le centre politique et économique que représente Bruxelles. Depuis la création du Comité des Régions, ils collaborent également à ses travaux en offrant une aide à la préparation des réunions du Comité des Régions, notamment en participant aux réunions préparatoires. La création du Comité des régions constitue donc une charge de travail supplémentaire pour les bureaux des Länder.

Mais ces bureaux ne font pas seulement que collecter et transmettre l'information : ils peuvent également exercer une certaine influence sur l'édiction du droit communautaire en pesant sur la gestion des fonds communautaires. C'est ainsi que les bureaux se trouvent au service des institutions publiques (communes ou universités par exemple) et des entreprises pour leur expliquer les possibilités d'aides qu'ils peuvent attendre de Bruxelles et prêtent leur concours dans la préparation des demandes de financement. Les bureaux entretiennent également directement des contacts avec les institutions communautaires et plus particulièrement avec les services de la Commission. Cette influence doit cependant être

---

Länder de l'Est les ouvrirent rapidement après la réunification en septembre et octobre 1991, à l'exception du Land de Brandebourg en juin 1992. Ils ont d'ailleurs emménagés dans l'ancienne ambassade de RDA à Bruxelles. A noter qu'"une grande partie du personnel des nouveaux Länder était recrutée parmi les anciens Länder. *Cf. Konrad Zumschlinge und Annette Sierigk,* Die Auswirkungen der Wiedervereinigung Deutschlands und der Integration Europas auf die Vertretung der deutschen Länder in Bonn, Berlin und Brüssel, Die Verwaltung 1994, p. 525-545 (544). Cette rapide montée en puissance montre l'intérêt des Länder pour cette institution. Au total, les seize Länder sont donc représentés par quinze bureaux.

430 On peut différencier trois groupes de bureaux en fonction du nombre de personnel employé. Les petits bureaux comptent jusqu'à cinq collaborateurs (Berlin, Brandebourg, Brême, Mecklembourg-Poméranie occidentale, Sarre, Saxe, Saxe-Anhalt, Thuringe), les bureaux de moyenne importance comptent entre six et douze collaborateurs (Bade-Wurtemberg, Hesse, Basse-Saxe, Rhénanie / Palatinat, Hanse-Office). Enfin les bureaux les plus importants comptent une vingtaine de collaborateurs, il s'agit de la Bavière et de la Rhénanie du Nord / Westphalie). *Cf. Michael W. Bauer,* Die Verbindungsbüros der deutschen Länder bei der Europäischen Union in Brüssel, VR 1996, p. 417-420 (418). Sur ce point, voir également *Konrad Zumschlinge* und *Annette Sierigk,* Die Auswirkungen der Wiedervereinigung Deutschlands und der Integration Europas auf die Vertretung der deutschen Länder in Bonn, Berlin, und Brüssel, Die Verwaltung 1994, p. 525-545 (543).

431 La coopération transfontalière est désormais inscrite dans la Loi fondamentale à l'article 24 1a:"Dans la mesure où les Länder sont compétents pour l'exercice des pouvoirs étatiques et l'accomplissement des missions de l'Etat, ils peuvent, avec l'approbation du gouvernement fédéral, transférer des droits de souveraineté à des institutions de voisinage frontalier". Voir *Christian Autexier,* Gemeinsame lothringisch-saarländische administrative Einrichtungen und Verfahrensweisen. Rechtsgutachten, Etudes et Documents du CEJF n° 6, Saarbrücken 1993.

432 *Cf. Detlef Fechtner,* Die Länderbüros in Brüssel, VR 1992, p. 157-159 (157).

relativisée, même si elle introduit une nouvelle dimension qualitative[433] dans l'activité des bureaux, car pour pouvoir agir auprès d'une institution, encore faut-il être reconnu auprès de celle-ci, ce qui n'était pas le cas à l'époque où les Länder ont ouvert leurs premiers bureaux à Bruxelles : le droit communautaire était encore opaque aux Länder. L'argument selon lequel le droit communautaire fait désormais partie de la politique intérieure étrangère ne peut être opposé aux institutions communautaires pour faire valoir un quelconque droit de participation aux définitions des politiques communautaires. Même si le droit communautaire a fait depuis des progrès en la matière, on ne peut toutefois pas parler d'une coopération institutionnalisée et l'influence que peuvent exercer les Länder sur le droit communautaire dérivé par le biais des bureaux des Länder sur la répartition des subventions communautaires reste tout à fait informelle.

L'activité des bureaux nécessite en outre une certaine coordination entre eux pour éviter que les mêmes questions ne soient posées seize fois aux membres de la Commission et " ménager ainsi leurs nerfs "[434].

Le comportement des Länder est toutefois significatif dans la perspective du système fédéral. En même temps qu'ils font valoir l'influence du droit communautaire sur l'ordre interne, ils agissent directement auprès des institutions communautaires. C'est-à-dire qu'ils sont conscients que pour être efficace, leur action ne doit pas seulement passer par les mécanismes institutionnels allemands mais par le système communautaire lui-même.

B. La place des bureaux des Länder dans l'ordre juridique

Si l'institution des bureaux ne rentre pas en contradiction directe avec les dispositions de la Loi fondamentale, ces bureaux sont susceptibles de porter atteinte au principe de loyauté fédérale. Par ailleurs, on constate que la nature juridique des bureaux a évolué en même temps que se développait leur importance.

1°) Les bureaux des Länder et la Loi fondamentale

Selon l'article 32 I LF, la charge des relations avec les Etats étrangers relève de la Fédération. Cet article ne doit pas être compris au pied de la lettre. Ce ne sont donc pas les Etats étrangers qui sont ici uniquement compris, mais aussi tous les sujets de droit international public, ce qui inclut par conséquent les organisations internationales et l'Union européenne[435]. Corrélativement l'article 32 I LF n'interdit pas aux Länder d'entretenir des contacts avec des entreprises étrangères ou des entités infra-étatiques étrangères qui ne disposent pas de la personnalité de droit international public. L'activité des Länder avec ce type d'institutions ne heurte donc pas le principe selon lequel la charge des relations avec les Etats étrangers revient au gouvernement fédéral[436]. Mais par ailleurs certains bureaux des Länder ont décidé de se dénommer " représentation ", malgré les rappels à l'ordre du ministère des affaires étrangères, ce qui peut faire naître le doute dans l'esprit des partenaires étrangers[437]. C'est justement l'autonomie des Länder qui leur permet de jeter les bases d'une "micro-diplomatie"[438].

---

[433] *Cf. Ulrich Fastenrath*, Länderbüros in Brüssel, DÖV 1990, p. 125-136 (128).

[434] Expression employée le 27.10.1994 par Dr *Pletsch*, Directeur du bureau de Saxe-Anhalt. Cité d'après *Michael W. Bauer*, Die Verbindungsbüros der deutschen Länder bei der Europäischen Union in Brüssel VR 1996, p. 417-420 (418).

[435] La doctrine est unanime sur ce point. Voir également BVerfGE 02, 347 [374].

[436] *Cf. Fastenrath*, p. 129.

[437] Ces Länder sont au nombre de six : il s'agit des Länder de Bavière, de Hesse, de Rhénanie du Nord/Westphalie, de Basse-Saxe, de Rhénanie-Palatinat et de Thuringe.

[438] *Renaud Dehousse*, Fédéralisme et relations internationales, Bruylant, Bruxelles 1991, 284 p. (270).

La Fédération a par ailleurs dénoncé les activités extérieures des Länder comme une politique étrangère auxiliaire (*Nebenaußenpolitik*), alors même que celle-ci dispose de l'exclusivité de la représentation extérieure. La Fédération a donc fait valoir qu'un tel développement était susceptible d'entraver sa compétence dans le domaine des affaires étrangères et a donc souhaité cantonner les bureaux des Länder dans un rôle d'organisation, sans pouvoir d'initiative. C'est ainsi que lors des négociations de l'accord du 17 décembre 1987, la Fédération a demandé que toute demande aux institutions communautaires transite par le gouvernement fédéral. Les bureaux des Länder devaient donc se limiter à la recherche d'information, à la promotion économique, au suivi des projets communautaires, ce qui permettait de ne pas porter atteinte à l'action de la représentation permanente allemande[439]. Ces conditions n'ont pas été acceptées par les Länder qui considèrent le droit communautaire comme faisant partie non de la politique étrangère mais de la politique intérieure. A leurs yeux, l'ouverture et l'activité des bureaux des Länder auprès des institutions communautaires sont donc justifiées.

A y regarder de plus près, les bureaux des Länder n'entrent pas en contradiction avec les principes posés par la Loi fondamentale car seules les activités relevant du droit international public sont visées par l'article 32 LF[440]. Les bureaux entretiennent certes « des relations » avec les institutions communautaires mais celles-ci restent en-deçà d'un certain seuil qui délimite le pouvoir des Länder et de la Fédération à l'extérieur des frontières allemandes. C'est ainsi par exemple que les relations diplomatiques avec les Etats étrangers reviennent exclusivement à la Fédération alors que les relations d'amitié et de bon voisinage sont également de la compétence des Länder.

La contradiction qui pourrait se manifester entre la répartition des compétences dans l'ordre interne appliquée aux affaires extérieures et l'exclusivité des relations étrangères qui revient à la Fédération ne joue pas pour l'activité des bureaux des Länder.

Le fait de se livrer au lobying n'empêche pas les Länder de revendiquer dans le même temps leur qualité d'Etat, ce qui peut se révéler contradictoire. Ce démarchage semble incompatible avec les missions traditionnelles qui reviennent aux Etats. Cette pratique tend pourtant à se répandre. Dans ce qu'il est convenu d'appeler la " mondialisation ", les relations ne sont pas seulement horizontales entre le pouvoir politique d'une part et les entreprises d'autre part. Elles sont aussi verticales et transversales car les relations diplomatiques et commerciales sont de plus en plus liées. Les Länder essayent donc de drainer des fonds communautaires en vantant l'image du Land et des entreprises qui y sont implantées.

2°) Le statut des bureaux des Länder

Dans un premier temps, le statut des bureaux des Länder était d'une nature incertaine comme en témoigne la diversité des personnels employés au sein des bureaux. Certains avaient un contrat de travail purement privé[441], d'autres un statut d'agent public. Certains

---

439 *Cf. Ulrich Fastenrath*, DÖV 1990, p. 125-136 (128).

440 En revanche, l'article 32 III LF ne peut servir de base à l'institution et aux activités des Länder auprès des institutions communautaires puisque selon cet article, les Länder peuvent dans la mesure de leur compétence législative, conclure des traités avec des Etats étrangers, avec l'approbation du gouvernement fédéral. Les bureaux des Länder ne font pas l'objet d'un traité avec l'Union européenne.

441 C'est ainsi par exemple que Hambourg, lors de la création du Hanse-Office, passa un contrat de droit privé avec l'ancien vice-président de la Commission, Wilhelm Haverkamp ou encore que Berlin passa un contrat avec un ancien haut fonctionnaire de la Direction Générale chargée de la politique régionale. *Cf. Fechtner*, VR 1992, p. 157-159 (157). Avant d'intégrer son bureau à la Chancellerie du Land en 1991, la Rhénanie du Nord / Westphalie employa tout d'abord deux collaboratrices employées à la Westdeutsche Landesbank. Elles étaient, en droit, employées par cette institution mais placées, en fait, sous la direction du Chef de la

Länder y envoyaient des fonctionnaires[442]. La Fédération était favorable au statut de droit privé des bureaux[443] mais, par la suite, tous les bureaux ont été intégrés dans les administrations des Länder en tant qu'institutions ministérielles extérieures, souvent rattachées auprès du ministère de l'économie ou directement auprès du chef du gouvernement[444].

Impuissante à freiner le développement et l'activité des bureaux des Länder auprès des institutions communautaires, la Fédération s'est donc employée à leur donner un cadre juridique. Le Bundesrat avait bien tenté de leur donner un cadre constitutionnel puisque sa commission pour la réforme de la constitution avait proposé d'introduire un alinéa 3 à l'article 24 de la Loi fondamentale qui aurait permis aux Länder d'entretenir des contacts directement avec les institutions internationales et d'implanter auprès de celles-ci leurs propres représentations[445]. Selon les motivations de cette proposition, cette clarification était indispensable compte tenu des incertitudes non seulement sur la qualité des relations que pouvaient entretenir les Länder avec les institutions communautaires mais aussi sur la légitimité des bureaux des Länder. Selon le Bundesrat, une telle disposition ne remettait pas en cause les compétences exclusives de la Fédération en matière de relations internationales mais exprimait l'idée selon laquelle le droit communautaire était devenu de la politique intérieure européenne.

La commission constitutionnelle commune n'a pas fait sienne cette idée mais a toutefois précisé que cette question devait être réglée dans la loi sur la collaboration entre la Fédération et les Länder dans les affaires de l'Union européenne.

C'est ainsi que les bureaux des Länder, dont la reconnaissance a tout d'abord été informelle puis conventionnelle est devenue législative grâce au § 8 de la loi du 12 mars 1993 :

> « Les Länder peuvent entretenir des relations permanentes directement avec les institutions de l'Union européenne dans la mesure où cela sert l'accomplissement de leurs pouvoirs étatiques et de leurs tâches prévues par la Loi fondamentale. Les bureaux des Länder n'acquièrent aucun statut diplomatique. »

A partir du moment où la Fédération n'a pas à craindre une concurrence des bureaux des Länder dans le domaine des relations étrangères, elle est prête à nouer des liens avec ceux-ci comme le prévoit le point VI de l'accord du 29 octobre 1993 :

> « Le gouvernement apporte assistance aux bureaux des Länder dans les questions particulières relatives à leurs missions par l'intermédiaire de la représentation permanente ».

Si les Länder ont obtenu un certain succès dans l'ordre communautaire, il semble en revanche que la seule façon pour eux d'articuler leurs intérêts dans l'ordre interne est d'avoir recours au Bundesrat.

Section 2. Le Bundesrat renforce sa participation

Après avoir obtenu un droit d'information particulier de la part du gouvernement fédéral sur les projets communautaires au moment de la signature des Traités de Rome, le Bundesrat a tiré profit de la révision des Traités de Rome à l'occasion de l'Acte unique

---

Chancellerie du Land. *Cf. Martin Dorn,* Das Verbindungsbüro Nordrhein-Westfalen bei den Europäischen Gemeinschaften in Brüssel - Lukrative Lobby oder latentes Laster ? VR 1991, p. 332-336 (333-334).

[442] *Cf. Fastenrath,* p. 125-136 (127).

[443] *Michael Borchmann,* Verbindungsbüros der Länder bei den EG - Berechtigte Interessen Vertretung oder Nebenaußenpolitik ? NVwZ 1988, p. 218-220 (220). *Rudolf W. Strohmeier,* Möglichkeiten der Einflußnahme auf den Entscheidungsprozeß der Europäischen Gemeinschaften durch die Deutschen Bundesländer nach Einrichtung von Länderbüros in Brüssel, DÖV 1988, p. 633-637 (636).

[444] *Michael W. Bauer,* VR 1996, p. 417- 420 (417).

[445] BR-Drucks. 360/92.

européen[446]. Dans un premier temps, cette participation se résume au simple droit pour le Bundesrat d'être informé des projets communautaires. A partir de 1987 au contraire, le Bundesrat peut rendre des avis qui peuvent influencer la politique de la Fédération, même si le Gouvernement n'est pas lié par ceux-ci.

I. La coopération du Bundesrat dans le cadre du Traité de Rome

Même si à ce stade de l'intégration européenne la participation du Bundesrat peut apparaître modeste, la mise en œuvre de la procédure montre que le Bundesrat a su tirer au maximum profit de la procédure mise en place.

§ 1. La procédure législative

Dès la ratification du Traité fondant la CECA, le Bundesrat avait manifesté le souhait d'être associé à la formation de la volonté. Il devra finalement attendre 1957 et la ratification des Traités de Rome pour que ses vœux soient exaucés.

A. Une première tentative avortée en 1951

La procédure de ratification des Traités de Rome de 1957 constitue la seconde tentative pour le Bundesrat de jouer un rôle dans la formation de volonté du gouvernement fédéral. En 1951 le Bundesrat avait déjà demandé dans son avis[447] sur le projet de loi de ratification du Traité CECA proposé par le gouvernement fédéral que « la participation du Bundesrat soit assurée de façon législative lors de la formation de la volonté de la position allemande dans le cadre du plan Schuman »[448]. Cette volonté s'est traduite par des initiatives de lois du Bundesrat et du Bundestag prévoyant qu'à l'exception des cas d'urgence, le gouvernement fédéral ne devait transmettre ses instructions au représentant allemand siégeant au Conseil des ministres de la Communauté qu'après consultation d'un comité de représentants des Länder mis en place par le Bundesrat. Le projet échoua cependant au Bundestag (184 voix pour, 188 contre et 2 abstentions[449]) et le Bundesrat dut se contenter d'une simple déclaration du Chancelier fédéral *Adenauer,* prévoyant une information permanente du Bundesrat.

Le Bundesrat n'était pas en mesure d'imposer ses vues car selon le gouvernement fédéral, la loi d'approbation du traité CECA ne nécessitait pas l'approbation du Bundesrat :

> « Des compétences administratives sont conférées aux Hautes institutions supranationales. Les compétences des Länder prévues par la Loi fondamentale (art. 30 et 83) pour l'exécution d'une loi fédérale ne sont pas affectées. Selon l'article 83 LF, les Länder exécutent les lois fédérales à titre de compétence propre uniquement si la Loi fondamentale n'en dispose pas autrement. Une telle exception est constituée par le transfert de droits de souveraineté à des institutions internationales selon l'article 24 I LF. L'attribution de compétences souveraines aux organes de la CECA trouve son fondement direct dans cette disposition constitutionnelle. L'exigence de l'approbation du Bundesrat selon l'article 84 I LF n'est pas requise pour la loi présentée ».[450]

---

[446] La participation du Bundesrat dans le cadre du Traité sur l'Union européenne est traitée dans la deuxième partie car malgré l'apparente continuité dans l'accroissement du rôle du Bundesrat dans les affaires communautaires, le nouvel article 23 de la Loi fondamentale change la nature de la participation du Bundesrat: le Bundesrat concourt à l'édification d'une Europe unie dans le cadre d'un jeu de loyautés cumulatives.

[447] L'article 76 II 1& 2 LF précise: "Les projets du gouvernement sont d'abord soumis au Bundesrat. Le Bundesrat a le droit de prendre position position sur ces projets (...)".

[448] BR-Dr. 470/51 (Beschluß), Ziffer 5.

[449] Sten. Ber. BT 1952, p. 33 (A).

[450] BT. I/2401 Anl. 1. Le projet gouvernemental dans son article 3 précise: "Les droits constitutionnels du Bundesrat sont respectés". Il s'agit ici de la formule habituelle utilisée lorsque les lois ne nécessitent pas l'approbation du Bundesrat.

Le Bundesrat dut donc se contenter dans sa 77ème session du 1er février 1952, de la résolution suivante :

« Le Bundesrat prend acte de la déclaration de M. le Chancelier fédéral selon laquelle le gouvernement fédéral reconnaît l'exigence du Bundesrat relative à une coopération lors de la formation des positions allemandes dans le cadre du plan Schuman et est donc prêt à informer de manière continue une sous-commission des affaires étrangères du Bundesrat sur les projets dans le cadre du développement et de l'exécution à venir du Traité, ainsi qu'à entendre les Länder particulièrement intéressés par une question »[451].

Cette résolution marquait l'échec des efforts déployés par le Bundesrat afin de garantir de manière législative sa participation à la formation de la volonté du gouvernement fédéral dans le cadre du traité CECA. De fait, cette information eut lieu dans un premier temps de façon irrégulière puis plus du tout. En outre, cette simple déclaration ne liait pas le gouvernement fédéral.

B. Le contenu des nouvelles dispositions

Fort de l'échec de 1951, le Bundesrat s'efforcera lors de la ratification des Traités CEE et Euratom en 1957 d'obtenir la garantie d'un droit à l'information spécial pour les projets communautaires[452] ayant une importance particulière pour les Länder. Il en avait les moyens puisqu'à la différence de la ratification du Traité CECA, les Traités CEE et Euratom nécessitaient l'approbation du Bundesrat selon les articles 84 I et 105 III LF[453] mais la procédure de ratification montre que les résultats obtenus par le Bundesrat sont en-deçà des exigences qu'il avait posées.

1°) Les exigences du Bundesrat

Comme le souligne le Dr Weber, rapporteur de la commission des affaires étrangères au Bundesrat lors de la discussion en seconde lecture des Traités de Rome, tous les signataires des Traités sont des Etats unitaires, ce qui signifie que la question de savoir quels sont les organes au sein de l'Etat davantage concernés par les Traités ne revêt qu'une importance toute secondaire. Il en va différemment dans un Etat fédéral car ce n'est pas seulement le gouvernement central qui est titulaire de droits de souveraineté : compte tenu de la répartition des compétences dans l'ordre interne, les Länder perdent aussi un certain nombre de prérogatives. En soi, le Bundesrat ne s'oppose pas à la perte des droits de souveraineté des Länder dans la mesure où ils interviennent dans le cadre de la Constitution selon laquelle ces transferts sont possibles et même souhaitables s'ils permettent l'établissement d'un ordre européen pacifique et durable. Les réserves des Länder sont simplement

---

[451] Sitzungsbericht, p. 53, Ziffer VI.

[452] Le concept de "projet communautaire" peut sembler vague et manque de rigueur. C'est pourtant la terminologie employée dans les différents textes de nature législative mais aussi constitutionnelle (article 23 LF). Tout au plus peut-il être défini *a contrario*. Ainsi les projets communautaires n'englobent-ils pas les décisions individuelles de subventions, les décisions individuelles relatives aux ententes, les procédures prévues à l'article 169 CE (violation des traités), les documents destinés à la préparation de décisions relatives à des aides financières pour des projets individuels, les communications dans le cadre des procédures d'information dans le domaine des normes et des prescriptions techniques. Les rapports généraux et les avis du gouvernement fédéral aux organes communautaires n'en font pas davantage partie. *Cf. Kaiser / Morawitz*, p. 86-87.

[453] Il s'agissait d'exécuter une loi fédérale à titre de compétence propre et l'article 84 I dispose: "Lorsque les Länder exécutent les lois fédérales à titre de compétence propre, ils règlent l'organisation et la procédure administrative, à moins que des lois fédérales n'en disposent autrement avec l'approbation du Bundesrat". La mise en place de la CEE avait en outre des répercussions fiscales et l'article 105 III LF énonce: "Les lois fédérales relatives aux impôts dont tout ou partie du produit revient aux Länder ou aux communes (ou groupement de communes) requièrent l'approbation du Bundesrat. *Cf.* sur ce point *Günter Jaspert, op. cit.* p. 17-32 (19).

justifiées par le fait qu'ils perdent leurs droits de participer à l'exercice de leurs droits propres et qu'ils sont exclus dans une large mesure de la formation de la volonté des organes communautaires[454].

C'est dans ces conditions que le Bundesrat posa deux exigences en première lecture lors de l'examen de la loi de ratification du Traité de Rome. Il réclamait, d'une part, le droit de pouvoir nommer onze des trente six députés de l'assemblée européenne et réitérait, d'autre part, sa demande formulée en 1951 : il défendait le point de vue selon lequel, l'application des articles 32 II et 53 de la Loi fondamentale, le gouvernement fédéral ne soit tenu de transmettre ses instructions au représentant de la République fédérale d'Allemagne au Conseil, qu'après consultation du Bundesrat[455].

La première requête fut dissociée de la seconde sur proposition du gouvernement fédéral et avec l'assentiment du Bundestag : elle devait être réglée par une loi ultérieure[456]. Malgré plusieurs initiatives du Bundesrat et du gouvernement fédéral, la demande du Bundesrat resta sans lendemain car après la ratification des Traités, les Länder n'avaient pas les moyens de faire pression sur le Bundestag. La ligne de partage passe donc ici entre le gouvernement fédéral et le Bundesrat d'un côté, et le Bundestag de l'autre.

Le gouvernement fédéral s'opposa à la deuxième demande au motif que celle-ci rendrait les négociations sur le plan européen beaucoup plus difficiles. Le gouvernement avança en outre l'argument selon lequel l'article 53 alinéa 3 de la Loi fondamentale l'obligeait effectivement à tenir le Bundesrat au courant de la conduite des affaires mais ne l'engageait pas à consulter au préalable le Bundesrat sur toutes les décisions qu'il avait à prendre. Le gouvernement fédéral déclara toutefois qu'il était prêt à informer dans une large mesure le Bundesrat sur les travaux de la Communauté européenne[457].

2°) Le compromis

Une solution de compromis[458] fut trouvée puisque le Bundestag approuva finalement l'article 2 de la loi de ratification le 5 juillet 1957[459]et le Bundesrat lors de sa 181ème session du 19 juillet 1957 à l'unanimité[460] après que soit rejetée une demande du Land de Rhénanie du Nord-Westphalie visant à la convocation d'une commission de conciliation selon l'article 77 II LF[461] afin que la consultation prévue à l'article 2 de la loi de ratification n'ait pas lieu seulement avant la décision du Conseil mais avant la transmission des instructions au membre allemand du Conseil[462].

L'article 2 de la loi de ratification aux Traités de Rome énonce[463] :

> « Le gouvernement fédéral doit informer de manière constante le Bundestag et le Bundesrat sur l'évolution au sein du Conseil de la Communauté économique européenne et au sein du Conseil de la Communauté européenne de l'énergie atomique. Dans la mesure où, par une décision du

---

[454] St. Ber. 742 C- 746 B.

[455] BR-Drucks. 146/57.

[456] BT Drucks. II/3660

[457] BT-Drucks. II/3440

[458] *Martin Meißner*, Die BundesLänder und die EGen, Baden-Baden 1996, Nomos, p. 193.

[459] Sten. Ber. II, p. 13314.

[460] Sten. Ber. 742 C - 746 B.

[461] L'article Art 77 II 1 & 4 LF énonce: "Dans les trois semaines qui suivent la réception du texte de loi adopté, le Bundesrat peut demander la convocation d'une commission formée de membres du Bundestag et du Bundesrat en vue de la discussion commune des textes. Si la commission propose une modification du texte de loi adopté, le Bundestag doit se prononcer à nouveau".

[462] Sur la procédure d'adoption, voir: *Ulf Oetting*, Bundestag und Bundesrat im Willensbildungsprozeß der EGen, Berlin 1973, Duncker & Humblot, 189 p. (26-31).

[463] BGBl. II, p. 753.

Conseil, des lois dans l'ordre interne deviennent nécessaires ou lorsqu'il est créé du droit directement applicable dans la République fédérale d'Allemagne, l'information doit avoir lieu avant la décision du Conseil ».

Selon l'article 2 de la loi de ratification, le Bundestag et le Bundesrat sont donc placés sur un pied d'égalité en ce qui concerne l'information mais non en ce qui concerne la représentation à Strasbourg puisque le Bundestag envoie la totalité des 36 députés allemands à l'Assemblée européenne (les membres du Bundesrat ne sont pas élus mais simplement désignés par les gouvernements des Länder).

§ 2. La mise en œuvre de la nouvelle procédure

Cette nouvelle procédure trouvera sa forme dans l'accord interministériel du 6 septembre 1963, actualisé le 9 août 1981[464]. L'information a, en outre, été complétée par le rapport du gouvernement fédéral sur l'intégration.

A. Les accords interministériels de 1963 et 1981

Ces accords déterminent l'étendue de l'information transmise au Bundesrat. Celle-ci étant assez complète, elle a obligé le Bundesrat à mettre en œuvre une procédure spéciale pour les projets communautaires.

1°) L'information dépend du gouvernement fédéral

Ces accords conservent toute leur importance dans la mesure où ils n'ont pas été affectés par les nouvelles dispositions entrées en vigueur depuis. Ils continuent donc à s'appliquer[465]. Ils visent à définir la procédure de transmission des projets communautaires du gouvernement fédéral au Bundestag et au Bundesrat et prennent la forme d'une lettre du chef de chancellerie à tous les ministres fédéraux.

La première partie de l'accord concerne la procédure de transmission des projets communautaires. Le ministère de l'économie (le département chargé des questions européennes) fait parvenir au chef de la Chancellerie fédérale l'ensemble des projets de directives et règlements émanant du secrétariat du Conseil ainsi que les propositions de décision ayant manifestement des répercussions sur la législation intérieure allemande. L'avant-projet d'une lettre du chef de la Chancellerie fédérale aux présidents du Bundestag et du Bundesrat doit être joint à l'envoi.

La lettre de transmission contient :

- Le titre prévu pour la directive, le règlement ou la décision dans le projet communautaire,
- La date de l'envoi du projet communautaire au président du Conseil,
- L'indication relative à la présentation éventuelle du projet au Parlement européen et au Comité économique et social avant l'adoption au Conseil,
- L'indication relative du moment prévu pour le vote au Conseil (inconnu, prochain ou immnent).

La lettre doit, en principe, contenir un renvoi à l'article 2 phrase 2 de la loi d'approbation. En cas de doute sur la question de savoir si la législation interne allemande est affectée, un renvoi général à l'article 2 doit être fait. Lorsqu'une transmission dans les temps n'est pas possible, la lettre doit faire un renvoi aux raisons ayant empêché une transmission plus tôt. En principe, chaque projet communautaire doit faire l'objet d'une lettre de transmission, mais plusieurs projets communautaires peuvent être résumés dans une lettre de transmission s'ils concernent le même domaine.

---

[464] Reproduits in: *Rudolf Hrbek / Uwe Thaysen* (Hrsg.), Die deutschen Länder und die europäischen Gemeinschaften, Baden-Baden 1986, Nomos (Annexe 3).

[465] *Rudolf Morawitz, Wilhelm Kaiser,* Die Zusammenarbeit von Bund und Länder bei Vorhaben der Europäischen Union, Bonn 1994, Europa Union Verlag, p. 47.

Le ministère de l'économie envoie une copie de la lettre de transmission ainsi qu'un exemplaire du projet communautaire aux directeurs du Bundesrat et du Bundestag. La distribution du projet aux membres des assemblées législatives avant même la réception de la lettre de transmission du chef de la Chancellerie fédérale doit ainsi être accélérée grâce à cette information préalable.

Les départements ministériels compétents reçoivent en même temps que les directeurs du Bundesrat et du Bundestag une copie du projet de la lettre de transmission.

La deuxième partie de l'accord est relatif à la participation des départements ministériels à la discussion des projets communautaires au Bundesrat et au Bundestag.

Le département ministériel compétent du gouvernement fédéral informe le secrétaire de la commission ou le rapporteur de l'état des négociations en ce qui concerne les nouvelles orientations données au projet communautaire ou du nouveau calendrier et, partant, des documents communautaires supplémentaires devant être présentés en commission. Le représentant du service au sein du département ministériel doit être présent lors des discussions en commission du Bundestag et du Bundesrat lorsqu'elles abordent les points en question inscrits à l'ordre du jour.

Lorsque la recommandation adressée au gouvernement fédéral à la suite des discussions dans les commissions du Bundestag et du Bundesrat manifeste le souhait d'une plus ample information, le service compétent du ministère fédéral de l'économie sollicite une nouvelle transmission par le chef de la Chancellerie fédérale, lorsque le projet communautaire transmis à l'origine a été remplacé par un nouveau projet communautaire de la Commission. En cas de modifications substantielles au cours des discussions dans les organes du Conseil, le service ministériel compétent informe le secrétaire ou le rapporteur de la commission compétente.

Lorsque l'avis rendu par le Bundestag et le Bundesrat manifeste le souhait que le gouvernement établisse un rapport relatif à la question de savoir si et dans quelle mesure l'avis du Bundestag et du Bundesrat a été pris en compte par le Conseil, ce rapport est rédigé par le service ministériel compétent. La décision du Conseil doit être présentée de manière objective et doit expliquer dans quelle mesure elle est conforme aux textes délibérés à l'origine par le Bundesrat et le Bundestag, et notamment jusqu'à quel point les suggestions du Bundesrat et du Bundestag pouvaient être prises en considération.

L'information du Bundesrat relative au droit communautaire a eu des répercussions sur son fonctionnement.

2°) Le traitement de l'information par le Bundesrat

Confronté à une masse de plus en plus importante de documents communautaires, le Bundesrat a été dans l'obligation d'organiser le travail parlementaire.

Selon le règlement intérieur du Bundesrat, les projets sont soumis aux différentes commissions spécialisées du Bundesrat intéressées ainsi qu'à la commission chargée des questions européennes. Le ministre-président de Bavière (Dr. Seidel) avait indiqué le 24 septembre 1957, dans une lettre adressée aux autres ministres-présidents, que les questions communautaires et la zone de libre-échange prévue à l'époque justifiait la mise en place d'une institution permanente des Länder chargée de l'observation et du traitement de l'information. La commission du Bundesrat fut instituée le 20 décembre 1957. Tout d'abord dénommée « commission spéciale chargée du Marché commun et de la zone de libre échange »[466], elle fut rebaptisée le 26 novembre 1965 « commission chargée des questions européennes »[467].

Si les projets communautaires sont soumis à différentes commissions selon le § 36 al. 1 du règlement intérieur du Bundesrat, la commission chargée des questions européennes y joue un rôle central puisque dans un souci de rationalisation du travail parlementaire, elle est seule habilitée à adresser les recommandations au Bundesrat. Le président du Bundesrat avait expliqué lors de la 201ème session du Bundesrat du 6 février 1959 :

> « Dans un souci de simplification, je ne considère pas utile que l'information prévue à l'article 2 phrase 2 de la loi en question ait systématiquement lieu en assemblée plénière. Je préconise donc plutôt de procéder de telle sorte que l'information ait lieu au sein de la commission compétente que l'assemblée plénière ne se prononce qu'après une recommandation en ce sens de la commission compétente ».

En principe, le Bundesrat prend connaissance des projets communautaires selon la procédure simplifiée du § 35 du règlement intérieur du Bundesrat[468]. Dans des cas particulièrement importants, les projets communautaires peuvent également faire l'objet d'un débat[469] ou être l'occasion d'une déclaration de principe sur les thèmes communautaires[470].

La totalité des informations transmises ne sont pas reproduites en tant que documents du Bundesrat. C'est le cas lorsque le vote au Conseil a déjà eu lieu ou lorsque la date prévue pour celui-ci ne permet plus une consultation dans les commissions et en séance plénière au Bundesrat. Il en va de même lorsqu'il s'agit d'une simple adaptation technique ou prolongation d'une réglementation déjà existante. Ces documents ne sont examinés par le Bundesrat qu'à la demande d'un Land[471].

La commission chargée des questions européennes examine les projets qui lui sont soumis sous l'angle de l'intégration communautaire, contrairement aux autres commissions qui n'examinent les projets qu'en tenant compte de leurs domaines propres. Elle doit veiller non seulement aux intérêts allemands mais aussi à ce qu'un compromis puisse être trouvé à Bruxelles entre les partenaires européens et qu'ainsi, l'intégration européenne puisse progresser. Elle doit en outre coordonner le travail des autres commissions pour faciliter le travail en séance plénière et faire une synthèse des propositions formulées par celles-ci : elle se livre donc à un travail de coordination horizontale entre les différentes commissions mais doit aussi prendre en considération l'intérêt européen[472]. La commission des questions européennes ne dispose toutefois pas d'un pouvoir hiérarchique sur les autres commissions du Bundesrat et ses propres propositions sont présentées conjointement avec celles, non modifiées, des autres commissions permanentes[473]. Certaines difficultés ont pu naître avec les recommandations formulées par la commission juridique à la fin des années soixante. La commission chargée des questions européennes a donc proposé dans sa 59ème séance du 30 mars 1967 de créer une commission commune composée de quatre membres de la commission juridique et de quatre membres de la commission chargée des questions

---

[466] Sitzungsbericht, p. 855 (B)

[467] Sitzungsbericht, p. 242 (B)

[468] Les recommandations formulées par les commissions permanentes relatives aux projets transmis au Bundesrat pour information valent position du Bundesrat dans la mesure où aucun Land n'a sollicité l'examen de ce projet jusqu'à la séance suivante du Bundesrat.

[469] Par exemple à l'occasion des propositions de la Commission sur la fixation des prix agricoles, 549. Sitzung des Bundesrat vom 22.03.1985, Sitzungsbericht, p. 171 ss.

[470] 547. Sitzung vom 8.2.1985, Sitzungsbericht p. 55 ss.

[471] *Cf. Günter Jaspert*, Der Bundesrat..., p. 2 ; *Gebhard Ziller* Die EG-politische Mitwirkung... p. 93.

[472] *Michael Morass*, Regionale Interessen auf dem Weg in die EU, Wien 1994, Braumüller, p. 118-119.

[473] § 26 al. 3 GO BR.

européennes afin d'éviter des conceptions différentes quant à l'interprétation du traité CEE. La commission juridique approuva cette proposition dans sa 316ème séance du 19 avril 1967. La commission commune s'est réunie plusieurs fois avec la participation de membres du gouvernement fédéral, ce qui a permis d'aboutir à des recommandations qui pouvaient être acceptées par les deux commissions.

B. Le bilan de la procédure

La portée de la nouvelle procédure peut paraître assez modeste puisque l'article 53 phrase 3 LF prévoit déjà l'information du Bundesrat. Le devoir pour le gouvernement fédéral d'informer le Bundesrat s'est toutefois développé avec le temps en un véritable devoir de coopération entre ces deux institutions. De 5 en 1960, le nombre de projets transmis au Bundesrat est passé à 171 en 1970 et à 364 en 1985[474].

Dans 60 à 80 cas par an, la procédure donnait lieu à un avis du Bundesrat que le gouvernement prenait en considération. Outre l'aspect quantitatif, il faut noter également la dimension qualitative : le Bundesrat peut rendre des avis dans des domaines qu'il connaît bien puisqu'ils touchent les intérêts des Länder. Dans de nombreux cas, le Bundestag a également suivi l'avis du Bundesrat, ce qui lui donnait un poids politique plus important puisque l'avis rendu par le Bundesrat ne liait pas le gouvernement fédéral[475].

La procédure ne permet toutefois pas de compenser les atteintes subies par les Länder dans leurs compétences propres. Premièrement, ce ne sont pas les Länder qui sont les bénéficiaires directs de l'information mais le Bundesrat. Les parlements des Länder sont donc pratiquement exclus de la procédure et la seule possibilité dont ils disposent pour influencer la position du gouvernement du Land au sein du Bundesrat passe par les mécanismes parlementaires classiques[476].

Deuxièmement, les Länder ne disposent pas de moyens d'action efficaces et sont donc placés dans une situation d'observateur passif (la procédure de transmission des projets communautaires dépend entièrement du bon-vouloir du gouvernement fédéral). Enfin l'article 2 de la loi de ratification précise que l'information a lieu avant la décision du Conseil. Cela ne garantit pas au Bundesrat et au Bundestag que le texte qu'ils ont examiné en commission soit celui qui ait été négocié au Conseil dans la mesure où des modifications substantielles du projet ont pu intervenir entre-temps sans que les commissions soient à nouveau saisies. Dans ce cas, les remarques formulées par les commissions sont sans objet[477]. En fait, la procédure mise en place en 1957 n'est jamais que la concrétisation de l'obligation constitutionnelle du gouvernement d'informer le Bundesrat et Bundestag prévue à l'article 53 phrase 3 LF[478].

Cette source d'informations a été doublée par le rapport du gouvernement fédéral sur l'intégration : depuis le 1er janvier 1967, le gouvernement fédéral présente au Bundestag un rapport semestriel (activité d'avril à septembre et d'octobre à mars) sur l'intégration européenne. C'est ainsi que dans sa 118ème séance du 4 octobre 1973 un groupe de travail de la commission chargée des questions européennes au Bundesrat proposa que ce rapport

---

474 *Gebhard Ziller*, Die EG-politischen Mitwirkung des Bundesrates, *in: Rudolf Hrbek, Uwe Taysen* (Hrsg.), Die deutschen Länder und die EGen, p. 89-103 (93).

475 *Gebhard Ziller*, Die EG-politischen Mitwirkung des Bundesrates, *in: Rudolf Hrbek, Uwe Taysen* (Hrsg.), Die deutschen Länder und die EGen, p. 89-103 (93).

476 Et en l'occurrence peu efficaces, voir p. 162

477 *Martin Meißner*, Die Bundesländer und die EGen, Baden-Baden 1996, Nomos, p. 195.

478 *Rudolf Hrbek*, Doppelte Politikverflechtung: Deutscher Föderalismus und Europäische Integration. Die deutschen Länder im EG-Entscheidungsprozess, in: Die deutschen Länder und die EGen, *Rudolf Hrbek, Uwe Taysen*, Nomos, Baden-Baden 1986, p. 17-36 (18).

soit également présenté au Bundesrat. Un représentant du ministère fédéral de l'économie explique oralement le rapport et donne des informations complémentaires. Les Länder apprécient ce compte-rendu qui permet de faciliter le travail de la commission[479].

Les progrès de l'intégration européenne ont ensuite été accompagnés par une plus grande participation du Bundesrat à l'occasion de l'Acte Unique Européen.

II. La coopération dans le cadre de l'Acte Unique Européen

L'Acte Unique Européen, signé les 14 et 28 février 1986 à Luxembourg et entré en vigueur le 1er juillet 1987, marque une étape importante de l'intégration européenne. Il vise la réalisation d'un grand marché intérieur à la date du 31 décembre 1992 en levant les obstacles aux frontières intra-communautaires et renforce la cohésion économique et sociale. L'Acte unique européen prévoit également une association plus étroite du Parlement européen au processus décisionnel communautaire et l'institutionnalisation du Conseil européen.

Cette réforme est l'occasion pour le Bundesrat d'accroître ses compétences dans l'ordre interne.

§ 1. La procédure législative

La procédure législative permettant l'adoption de l'Acte unique européen est conditionnée par le poids politique du Bundesrat.

A. Un contexte politique favorable

L'examen du projet de loi autorisant la ratification de l'Acte unique européen devait relancer la polémique sur une participation plus grande des Länder au processus décisionnel communautaire pour les projets affectant leur domaine de compétences exclusives.

Le parti social démocrate avait fait savoir en novembre 1985, qu'il était favorable à une intégration européenne plus poussée. Sous certaines conditions toutefois :

> « (...) La conférence des présidents du groupe SPD (Sozialdemokratische Partei Deutschlands) se prononce en faveur d'un renforcement de la Communauté européenne, pour sa plus grande démocratisation et une capacité d'action et de décision améliorées. Elle soutient toutes les mesures qui sont propres à atteindre cet objectif. »[480]

Même si le Bundesrat saluait au mois de février 1986 les réformes communautaires nécessaires, il exigeait qu'à l'avenir la position des Länder lors du transfert des droits de souveraineté à des institutions internationales soit améliorée.[481]

La Bavière profita de l'occasion pour imposer au gouvernement fédéral un comportement plus respectueux de l'autonomie des Länder. Les circonstances politiques lui étaient alors favorables : le changement de gouvernement en Sarre, avec l'élection d'*Oskar Lafontaine* le 10 mars 1985, allait avoir des répercussions politiques au niveau fédéral. En effet, la Bavière et les Länder régis par le SPD réunissaient davantage de voix que les Länder gouvernés par la CDU. Avec cinq Länder dirigés par la CDU et cinq Länder dirigés par le SPD, le ministre-président de la Bavière, *Franz Joseph Strauß* (CSU) était en mesure

---

[479] *Rudolf Morawitz / Wilhelm Kaiser*, p. 45-46.

[480] Entschließung der Konferenz der Vorsitzenden der SPD-Fraktionen des Bundes, der Landtage und Bürgerschaften am 21/22 November 1985 in Saarbrücken zum Vertrags entwurf des Europäischen Parlaments zur Gründung einer Europäischen Union, in: *Rudolf Hrbek, Uwe Thaysen* (Hrsg.), Die deutschen Länder und die europäische Gemeinschaften : Referate u. Diskussionsbeiträge d. Dt. Vereinigung für Parlamentsfragen am 20/21 juni 1986 in Stuttgart mit Dokumente, Baden-Baden 1986, Nomos, doc. 12 des annexes, p. 254.

[481] "Bundesrats-Zustimmung soll Verfassungssatz sein", Handelsbl. du 18.02.86 p. 5.

de jouer le rôle d'arbitre[482]. Cette coalition critiqua la façon dont le chancelier fédéral *Helmut Kohl* et le ministre fédéral des affaires étrangères de l'époque, *Hans-Dietrich Genscher* avaient mené les négociations à propos des réformes communautaires. A savoir la non prise en considération des vœux et des intérêts des Länder. Cette coalition pesait un poids politique très important puisque s'agissant d'une loi soumise à l'approbation du Bundesrat, le gouvernement n'était pas en mesure de surmonter l'opposition des Länder par une majorité absolue ni même une majorité des deux tiers au Bundestag. Ce n'est pas seulement la défense des intérêts des Länder qui entre ici en ligne de compte mais également des enjeux de politique intérieure, la Bavière s'étant déjà à plusieurs reprises démarquée de la politique fédérale (sur la question de la retraite anticipée ou l'assainissement des chemins de fer fédéraux par exemple). Cependant, elle n'avait encore jamais trouvé un appui suffisant, y compris auprès des Länder dirigés par le SPD.[483]

B. La pression du Bundesrat

La nouvelle procédure, qui prévoit une participation renforcée du Bundesrat, peut apparaître disproportionnée car l'Acte Unique européen n'entraînait pas de nouveaux transferts de droits de souveraineté touchant les compétences exclusives des Länder ou affectant leurs intérêts essentiels[484]. Il semble qu'on ait affaire ici à une sorte de " rattrapage " pour compenser l'éviction des Länder dans la procédure d'élaboration d'un droit de plus en plus contraignant pour les Länder. L'Acte Unique européen va donc être l'occasion d'une évolution importante dans la procédure de participation dans l'ordre interne, à tel point que la compétence du législateur fédéral pouvait être mise en doute pour organiser le nouveau rapport entre les Länder et la Fédération : la question du recours au pouvoir de révision de la Constitution était posée. Si l'adoption de la nouvelle procédure eut lieu par la simple voie législative, se posa alors le problème de la nécessaire approbation du Bundesrat.

1°) La compétence du législateur fédéral

Le rôle nouveau du Bundesrat dans la procédure de formation de la volonté du gouvernement fédéral pouvait justifier une révision de la Loi fondamentale. En effet, les articles 73 et 74 LF n'attribuent pas une telle compétence au législateur fédéral. Il ne s'agissait pas à proprement parler d'une compétence du législateur fédéral dans le domaine des affaires étrangères (article 73 n° 1 LF) puisqu'il était question d'une répartition des compétences dans l'ordre interne.

L'article 24 I LF ne pouvait pas non plus être invoqué pour renforcer le rôle du Bundesrat puisqu'il ne s'agissait pas d'un transfert de droits de souveraineté. La possibilité ouverte par l'article 24 I LF de transférer des droits de souveraineté, c'est-à-dire également ceux des Länder, n'obligeait pas en contrepartie le gouvernement fédéral à mettre en œuvre une procédure de participation des Länder.

Les compétences annexes et les compétences par nature qui peuvent être reconnues au législateur fédéral ne l'autorisent pas à légiférer dans un domaine constitutionnel qui touche les relations entre les Länder et le gouvernement fédéral. Certes, une telle compétence n'est pas exclue dans le domaine de l'organisation de l'Etat puisque la Loi fondamentale n'est pas infaillible mais dans ce cas, le législateur ne peut adopter qu'une réglementation dans le domaine propre de la Fédération, c'est-à-dire définir les droits et obligations des organes fédéraux et non modifier les rapports de droit constitutionnel entre les Länder et la

---

[482] "Landauf und Landab regt sich Unmut", HandelsBl. du 23.04.86.
[483] Handelsbl. des 18, 21 et 24 février 1986.
[484] *Morawitz*, p. 63-64.

Fédération. Dans le cas présent, ce n'est pas une participation individuelle des Länder qui est prévue mais bien celle du Bundesrat, organe fédéral. Or la fonction du Bundesrat visée par la nouvelle réglementation mise en œuvre n'est pas celle d'un organe fédéral, mais celle de représenter les intérêts des Länder en les coordonnant. Lorsqu'une institution se sert d'un organe pour la mise en œuvre de sa mission et représenter ses intérêts, on est en présence d'un cas de prêt d'organe *(Organleihe)*[485].

La question soulevée est donc ici de savoir si le Bundesrat est bien habilité à agir à la place des Länder dans le domaine des compétences exclusives. Les Länder avaient certes donné leur accord mais dans la commission juridique du Bundesrat, une majorité de Länder avaient voté contre l'intervention du Bundesrat et les longues négociations qui ont eu lieu au Bundesrat sur la forme de l'intervention du Bundesrat montrent à quel point cette question était sujette à controverse entre les Länder.

2°) La nécessaire approbation du Bundesrat

La compétence du législateur fédéral étant admise, un deuxième problème constitutionnel devait être résolu : l'approbation éventuelle du Bundesrat lors du vote de la loi d'approbation à l'Acte unique européen. Les limites de l'article 79 III n'étant pas franchies, le gouvernement fédéral pouvait transférer des droits de souveraineté sans l'approbation du Bundesrat selon l'article 24 I LF. La Fédération invoqua donc des raisons fiscales, arguant la compétence du Conseil pour prendre des décisions à l'unanimité en la matière, pour justifier l'approbation du Bundesrat comme l'exigent les articles 105 III et 106 III LF. En fait, la décision de soumettre la loi de ratification du traité à l'approbation du Bundesrat répond davantage à la volonté politique de respecter les intérêts des Länder et de ne pas mener la politique d'intégration sans leur assentiment.

Le projet de loi relatif à la ratification des modifications des Traités fondateurs fut transmis au Bundesrat le 14 avril 1986 selon la procédure prévue à l'article 76 II LF. Le Bundesrat s'était déjà prononcé le 21 février 1986 sur l'Acte unique européen et avait, à cette occasion, formulé une série de réserves.

Le Bundesrat exigeait la révision de la procédure d'information alors en vigueur : la position des Länder lors du transfert de droits de souveraineté devrait être améliorée et conformément à la proposition de la commission d'étude chargée de la réforme constitutionnelle, l'article 24 I LF devrait être modifié de telle sorte que le transfert de droits de souveraineté des Länder ne puisse avoir lieu qu'avec l'approbation du Bundesrat. Le 7 mai 1986, la commission chargée des questions européennes proposa au Bundesrat de subordonner son accord à la loi autorisant la ratification d'un article supplémentaire. Cette proposition fut adoptée en séance plénière le 16 mai 1986 avec les voix des représentants du gouvernement de la Bavière (CSU), du Schleswig-Holstein (CDU) et des cinq Länder régis par le SPD (Hambourg, Brême, Rhénanie du Nord/Westphalie, Hesse et Sarre)[486].

La réponse du gouvernement fédéral ne parvint que très tardivement au Bundesrat le 12 novembre 1986. Elle approuve largement la proposition du Bundesrat en y apportant quelques modifications de nature procédurale et rédactionnelle[487], ce qui permit à la pro-

---

[485] Sur la notion, voir *Hartmut Maurer,* Allgemeines Verwaltungsrecht, 11. Auflage, Beck 1997, § 21 n°5 ; en français, *Christian Autexier,* Introduction au droit public allemand, PUF 1997, n°158, p. 194. A ce stade, on peut déjà noter que cette caractéristique entraîne d'importantes conséquences quant aux relations entre les représentants des Länder au sein du Bundesrat et les parlements des Länder.

[486] BR-Drucks. 150/68.

[487] La différence entre les deux textes tend à gommer les formulations impératives du Bunderat: ainsi par exemple la phrase "le gouvernement fédéral est tenu de demander l'avis du Bundesrat" est-elle remplacée par "le gouvernement donne au Bundesrat l'occasion de donner son avis". *Cf. Peter Dröll,* Die deutschen Länder und

cédure de ratification de prendre fin dans les délais impartis aux Etats membres (le 31 décembre 1986). Le Bundesrat approuva ainsi la loi autorisant la ratification de l'Acte unique européen à l'unanimité le 19 décembre 1986, elle fut publiée le 24 décembre 1986[488] et entra en vigueur le jour de Noël.

§ 2. La mise en œuvre de la nouvelle procédure

L'Acte Unique européen fut l'occasion pour le Bundesrat d'accroître considérablement son rôle dans le mécanisme de formation de la volonté dans l'ordre interne. Ce nouveau rôle a été l'objet des discussions lors de la ratification de l'AUE et se manifeste notamment par un devoir d'information du gouvernement fédéral.

A. Le contenu de l'information

L'accroissement sensible des documents mis à la disposition du Bundesrat nécessitait une modification du règlement intérieur du Bundesrat

1°) La définition des informations à la disposition du Bundesrat

L'article 2 alinéa 1 de la loi de ratification de l'AUE dispose[489] :

> « Le gouvernement fédéral informe le Bundesrat nonobstant l'article 2 de la loi de ratification des traités du 25 mars 1957 (BGBl. II, 753) de manière complète et le plus tôt possible sur tous les projets dans le cadre de l'Union européenne qui pourraient intéresser les Länder ».

Le Bundesrat et le Bundestag ne sont désormais plus placés sur le même plan concernant l'information pour les projets communautaires. L'information dont bénéficie le Bundesrat gagne en qualité puisque celle-ci est liée à l'intérêt des Länder alors que le Bundestag continue d'être informé selon l'article 2 de la loi de ratification des traités de Rome. L'alinéa 6 de l'article 2 de la nouvelle loi précise que les modalités de l'information et de la participation des Länder feront l'objet d'un accord entre les Länder et la Fédération. Cet accord fut signé le 17 décembre 1987 après une année de négociations laborieuses[490]. Alors que la Fédération essayait de limiter au maximum le rôle du Bundesrat dans les affaires européennes pour préserver ses propres compétences et garder les mains libres dans les négociations, les Länder tentaient de faire valoir leurs droits.

La possibilité pour le Bundesrat de disposer d'une information complète et rapide constitue la première condition pour que celui-ci puisse formuler des avis efficaces. Les chefs de gouvernement des Länder se sont donc efforcés de définir ce que cette information devait contenir. Ils ont ainsi estimés que les accords interministériels intervenus en 1963 et 1981 étaient insuffisants non pas tellement sur la procédure en elle-même mais plutôt sur le contenu même de l'information car le domaine de l'information était trop limité.

Les Länder exigèrent donc une extension du contenu de l'information et la première partie de l'accord du 17 décembre 1987 contient une liste détaillée des documents devant être transmis au Bundesrat[491]. L'énumération des documents devant être transmis est pratiquement reprise mot pour mot dans l'accord du 29 octobre 1993 entre le gouvernement

die EG, Centaurus Verlag Ges. Pfaffenweiler 1992, p. 102.

488 BGBl. 1986, II, p. 1102.

489 A noter que l'article 2 de la loi sur la collaboration de la Fédération et des Länder dans les affaires de l'Union européenne du 12 mars 1993 (BGBl. I, 1993, p. 313) est formulé de la même manière.

490 Reproduit en annexe VIII in: *Rudolf Morawitz/ Wilhelm Kaiser*, Die Zusammenarbeit von Bund und Länder bei Vorhaben der EU, Bonn, EU Verlag, 1994.

491 Le gouvernement avait insisté pour que le terme de "Vereinbarung" soit employé pour souligner le caractère interne de la procédure, et non le terme "Abkommen", utilisé pour les accords internationaux. Le gouvernement fédéral voulait ainsi éviter de reconnaître aux Länder une compétence internationale, *Cf. Georg Ress*, EuGRZ 1987, p. 364.

fédéral et les gouvernements des Länder relatif à la collaboration dans les affaires de l'Union européenne en application du § 9 de la loi du 12 mars 1993[492]. C'est en effet dans les obligations d'information du Bundesrat que les dispositions de 1992 et 1993 apportent le moins de modification[493].

« 1. Le gouvernement fédéral informe en permanence et en principe par écrit le Bundesrat sur tous les projets dans le cadre de l'Union européenne qui pourraient intéresser les Länder. Cette information a lieu notamment par la transmission par le gouvernement fédéral des

a) Documents

- de la Commission et de ses services dans la mesure où ils sont destinés au Conseil ou rendus officiellement accessibles au gouvernement fédéral d'une autre manière,

- du Conseil européen, du Conseil, des rencontres ministérielles informelles et des organes du Conseil.

b) Rapports et communications des organes des Communautés européennes concernant les réunions

- du Conseil européen, du Conseil et des rencontres ministérielles informelles ;

- du COREPER ainsi que les autres comités ou groupes de travail du Conseil ;

- des organes consultatifs de la Commission ;

c) des rapports de la représentation permanente concernant

- les réunions du Conseil et des groupes du Conseil, les rencontres ministérielles informelles du COREPER ;

- les sessions du Parlement européen et de ses commissions ;

- les décisions de la Commission ;

pour ceux-ci, le Conseil veille à ce qu'ils ne soient transmis qu'à un cercle restreint de personnes au sein des autorités administratives suprêmes des Länder respectivement compétentes.

d) Documents et informations sur les initiatives, les avis, les explications formels du gouvernement fédéral destinés aux organes de l'Union européenne.

e) Les documents et les informations sur les procédures devant les cours européennes dans lesquelles la RFA est partie.

L'information concerne également les projets qui se rapportent aux résolutions des représentants des gouvernements des Etats membres réunis en Conseil.

L'information complémentaire ou non prévue dans le présent accord a lieu oralement par des contacts permanents.

L'information a également lieu pendant les vacances parlementaires.

2. Le gouvernement fédéral transmet les documents au Bundesrat dans les délais les plus brefs et par la voie la plus rapide en deux exemplaires.

3. Le gouvernement fédéral s'efforcera de rendre accessibles également au Bundesrat et aux gouvernements des Länder les banques de données communautaires accessibles aux gouvernements des Etat membres ».

Par cet accord, les Länder et le Bundesrat disposent pratiquement des mêmes moyens d'informations que le gouvernement fédéral et bénéficient de l'information qui circule dans les deux sens entre le gouvernement fédéral et les institutions communautaires. Dès lors, il ne s'agit plus d'une simple obligation de consultation et d'information de la part du gouvernement. Si l'information disponible est identique pour le gouvernement fédéral et le Bundesrat, en revanche, les moyens pour la gérer ne sont pas les mêmes. Le Bundesrat a

---

[492] Bundesanzeiger Nr. 226 du 2 décembre 1993, p. 10425. La seule différence significative entre les deux textes est l'extension de l'information aux rapports du COREPER, relatifs aux sessions du Parlement européen.

[493] *Oschatz et Risse*, DÖV 1995, 437-452 (441).

donc modifié son règlement intérieur pour permettre une meilleure gestion de l'information et éviter de recevoir davantage de documents qu'il ne pouvait en traiter.

La possibilité pour les Länder d'avoir accès aux documents de la Commission est décisive dans la mesure où elle dispose du droit d'initiative dans la plupart des cas. Les propositions de la Commissions sont donc essentielles dans le dispositif décisionnel communautaire.

Le terme même de « projet communautaire » reste vague. La doctrine l'interprète plutôt étroitement[494], mais en pratique, la définition de cette notion fait l'objet de discussion entre les Länder et le gouvernement fédéral[495]. Il est certain que la notion de projets communautaires recouvre tous les projets établis dans le cadre des procédures législatives européennes nécessitant des actes législatifs allemands (directives) ou créant un droit directement applicable (règlements). Mais la notion de projet législatif européen est plus étroite que celle de projet européen.

La précision selon laquelle l'information est transmise lorsqu'elle constitue un intérêt pour les Länder ne doit pas être entendue comme un filtre[496]. Cette précision est donc entendue au sens large. Il s'agit en fait de tous les projets qui laissent supposer que les Länder y ont un intérêt quelconque. Une tentative du gouvernement de cacher des informations aux Länder serait de toute façon vaine puisque ceux-ci disposent d'autres sources d'informations comme l'institution de l'observateur des Länder auprès des institutions communautaires et que des représentants des Länder peuvent être invités dans des organes communautaires, ce qui leur permet de nouer des contacts directs.

2°) La modification du règlement intérieur du Bundesrat

La modification du règlement intérieur du Bundesrat[497] vise à rationaliser l'organisation du travail parlementaire du Bundesrat. En effet, le Bundesrat ne se réunit qu'une seule fois par mois en séance, ce qui ne lui permet pas d'assurer le suivi des projets communautaires. Par l'introduction d'une section IV a (§§ 45 a-k) dans son règlement intérieur, le Bundesrat a donc institué une « chambre chargée des projets des Communautés européennes ». La composition de cette chambre reproduit en miniature la composition du Bundesrat. Chaque Land nomme un représentant à la chambre européenne et les décisions y sont prises selon les règles de majorités applicables au Bundesrat et définies dans la Loi fondamentale à l'article 51 II LF. Le président de la chambre européenne est élu par le Bundesrat en séance plénière. La chambre européenne prend position sur les projets européens confidentiels ou urgents et ses décisions valent décisions du Bundesrat[498].

B. L'exploitation de l'information

La participation du Bundesrat est prévue aux alinéas 2 à 4 de la loi de ratification à l'Acte Unique européen :

---

[494] *Rudolf Morawitz, Wilhelm Kaiser,* Die Zusammenarbeit von Bund und Länder bei Vorhaben der Europäischen Union, Bonn 1994, Europa Union Verlag, p. 86.

[495] Rapport du bureau de la commission pour les questions de l'Union européenne du Bundesrat en date du 16 avril 1996 (non publié).

[496] *Tobias Busch,* p. 177.

[497] BGBl. 1988, I, p. 857. Pour les motivations: BR-Drs. 230/88.

[498] *Georg-Berndt Oschatz, Horst Risse,* Bundesrat und EGen, Neue Verfahrensregeln der Bundesrats-Geschäftsordnung für EG-Vorlagen, DÖV 1989, p. 509-519. Les modifications du règlement intérieur avaient fait l'objet d'une expertise de la commission juridique du Bundesrat reproduite in: Bundesrat und Europäische Gemeinschaften - Dokumente, Bundesrat (hrsg.), p. 396-424. Voir également: *Michael Borchmann,* Die EGen im Brennpunkt politischer Aktivitäten der Bundesländer, DÖV 1988, p. 623-632 (627).

(2) Le gouvernement donne l'occasion au Bundesrat de rendre son avis dans un délai raisonnable avant d'approuver les décisions des Communautés européennes qui affectent dans leur ensemble ou par des dispositions particulières les domaines de législation exclusive des Länder ou qui affectent leurs intérêts essentiels.

(3) Le gouvernement prend en considération cet avis lors des négociations. Dans la mesure où l'avis affecte les domaines de législation exclusive des Länder, le gouvernement fédéral ne doit s'en écarter que pour des raisons impérieuses de politique d'intégration ou de politique extérieure. Dans tous les cas, il prend en compte les intérêts des Länder tels qu'ils ont été exposés par le Bundesrat.

(4) En cas de divergence avec l'avis du Bundesrat concernant un domaine de législation exclusive et dans tous les autres cas sur demande du Bundesrat, le gouvernement fédéral doit communiquer les raisons déterminantes ayant motivé son attitude.

La section II de l'accord conclu entre les Länder et la Fédération à la suite de la ratification de l'Acte unique européen vient concrétiser les dispositions relatives à la participation du Bundesrat à la formation de la volonté de la Fédération sur les problèmes communautaires.

1. Pour tous les projets qui concernent manifestement les domaines de législation exclusive des Länder ou qui touchent leurs intérêts essentiels, le gouvernement fédéral informe le Bundesrat (...) sur les échéances de la négociations dans les organes du Conseil afin de lui permettre de rendre un avis dans les délais impartis. Ceci s'applique également aux projets qui selon l'avis du Bundesrat concernent les domaines de législation exclusive des Länder ou qui touchent leurs intérêts essentiels.

En fonction du stade de la négociation, le gouvernement fédéral communique également au Bundesrat jusqu'à quel moment son avis peut encore être pris en considération en raison des contraintes de temps qui résultent de déroulement de la procédure au sein des Communautés européennes, notamment selon la nouvelle procédure de coopération entre le Conseil le Parlement européen.

Le Bundesrat peut adapter ou compléter son avis au cours des consultations sur le projet dans les organes des Communautés européennes. A cette fin, le gouvernement fédéral informe le Bundesrat par des contacts permanents, dans une forme propre à chaque affaire, sur les modifications essentielles des projets des Communautés européennes.

3. Les avis du Bundesrat comprennent également les organes de décisions du Bundesrat dans la mesure où un tel organe a été mis en place par le Bundesrat.

La réglementation prévue tente de concilier l'efficacité du Bundesrat avec les domaines qui sont normalement de la compétence du législateur du Land.

Les droits du Bundesrat de participer au processus décisionnel communautaire allaient encore s'accroître à l'occasion du Traité de Maastricht. Alors que jusqu'à présent ces droits consistaient à influencer le plus possible la position du gouvernement dans un sens favorable aux Länder, le Bundesrat dispose désormais, dans certains cas, du droit de défendre lui-même les intérêts des Länder au sein du Conseil[499].

A chaque étape de l'intégration européenne le Bundesrat a essayé d'obtenir une influence de plus en plus forte dans la formation de la volonté du gouvernement fédéral sur les projets communautaires mais ce n'est qu'en 1986 avec la loi de ratification à l'Acte Unique Européen pour que l'on peut considérer la nouvelle procédure de participation comme un premier pas vers une " fédéralisation de la politique européenne "[500].

---

[499] Voir p. 282

[500] *Geog Ress*, Das deutsche Zustimmungsgesetz zur Einheitlichen Europäischen Akte - Ein Schritt zur "Föderalisierung" der Europapolitik, EuGRZ 1987, p. 361-367.

Cela ne signifie toutefois pas que l'importance croissante du Bundesrat dans le processus décisionnel communautaire conduit à un système complètement intégré dans lequel la Fédération s'effacerait progressivement car les droits qui sont conférés au Bundesrat s'inscrivent toujours dans le cadre d'un Etat, qui reste maître des traités. Cela reste vrai même après les progrès substantiels pour l'intégration communautaire du Traité de Maastricht ou des nouveaux transferts de droits de souveraineté organisés par le traité d'Amsterdam.

Cela signifie que la fusion des ordres juridiques allemand et communautaire reste impossible.

Chapitre 2. L'impossible fusion des ordres juridiques allemand et communautaire

« L'Union respecte l'identité nationale de ses Etats membres, dont les systèmes de gouvernement sont fondés sur les principes démocratiques ».

L'article F (6) TUE pourrait être considéré comme une simple déclaration d'intention s'il n'avait pas été accompagné de dispositions destinées à prendre en considération les structures institutionnelles des Etats membres qui composent l'Union européenne et qui reflètent justement l'identité nationale. L'Union européenne exige de ses membres une certaine homogénéité. Ils doivent respecter les principes de la liberté, de la démocratie et du respect des droits de l'homme et des libertés fondamentales, ainsi que ceux de l'Etat de droit. Les Etats membres sont d'ailleurs plus homogènes que ne l'exige le préambule de Traité sur l'Union européenne. A l'époque du Traité de Maastricht, l'Allemagne était encore le seul Etat de la Communauté doté d'une structure fédérale. C'est pourquoi la prise en considération de la structure institutionnelle allemande se reflète davantage dans les traités communautaires que pour les autres Etats membres : pour respecter l'identité nationale de l'Allemagne, le Traité communautaire devait contenir un certain nombre de dispositions taillées sur mesure pour le système institutionnel allemand.

Il y a donc eu un rapprochement des ordres juridiques communautaire et allemand car ceux-ci se prennent mutuellement en compte. On est donc passé d'une amaurose à une myopie communautaire envers les Länder allemands. Ceux-ci sont pris en considération au sein du processus décisionnel communautaire, même si ce n'est que de manière imparfaite.

Les ordres juridiques communautaire et allemand ne sont donc désormais plus radicalement antinomiques mais se complètent réciproquement et se recouvrent partiellement : le droit communautaire prend en compte les Länder allemands et l'Union européenne devient un objectif assigné à l'action de l'Etat. Dans un tel système à plusieurs niveaux, il devient donc plus difficile de déterminer ce qui relève strictement de l'ordre juridique national de ce qui relève de l'ordre juridique communautaire et ce qui distingue encore les deux ordres juridiques prend davantage de relief : la souveraineté de l'Allemagne interdit la fusion des ordres juridiques en même temps qu'elle empêche l'Allemagne d'adhérer à un Etat fédéral communautaire.

Section 1. La myopie communautaire envers les Länder

Sur certains points, le droit communautaire a fait des progrès considérables pour reconnaître le droit des entités infra-étatiques des pays membres de l'Union européenne. Ces progrès ne sont toutefois pas homogènes et n'ont pas toujours eu lieu là où on pouvait s'y attendre. Ainsi, par exemple, si le nouvel article 146 (203) CE permet à un membre du gouvernement d'un Land de représenter l'Allemagne au sein même du Conseil, les Länder ne bénéficient toujours pas d'un droit d'accès privilégié au prétoire communautaire[501]. Cette évolution du droit communautaire depuis le Traité de Maastricht a eu des répercussions dans l'ordre interne : elle a mis en évidence la concurrence entre les différentes entités infra-étatiques, d'une part, et leurs institutions, d'autre part.

---

[501] Sur ces points voir *infra*. p. 298.

I. L'évolution du droit communautaire

Les Länder allemands avaient mis de grands espoirs dans la création d'un Comité des régions et dans la reconnaissance du principe de subsidiarité mais leurs attentes furent assez largement déçues.

§ 1. Le Comité des régions

Sous la pression des Länder, la proposition du gouvernement allemand de créer un Comité des régions a tout d'abord trouvé un accueil réservé auprès des autres Etats membres de la Communauté européenne, sauf de la part de la Belgique, également favorable à une telle institution. Les Länder y voyaient la possibilité d'ériger une véritable chambre représentant les entités régionales de la Communauté avec, à terme, un véritable pouvoir de codécision[502]. Par rapport aux attentes des Länder, le Comité des régions tel qu'il résulte de l'article 198 A (263) CE ressemble à une sorte de caricature[503], qui a même pu être qualifiée de scène folklorique des intérêts régionaux[504].

Le Comité des régions a un caractère uniquement consultatif[505]. Il lui est donc impossible de défendre efficacement les droits des collectivités régionales et locales qu'il représente. Tout au plus peut-il attirer l'attention de la Commission et du Conseil, et depuis le Traité d'Amsterdam du Parlement européen[506], sur les intérêts régionaux et locaux qui sont en jeu lors du processus décisionnel communautaire. Le Comité est saisi par la Commission ou le Conseil mais il peut émettre un avis de sa propre initiative dans les cas où il le juge utile. Dans certains cas, la consultation du Comité des régions est obligatoire[507].

---

[502] BR-Drucks. 810/92 (Beschluß), II, 4, repr. *in:* Bundesrat und Europäische Union, p. 348.

[503] *Manfred Rotter,* Das Subsidiaritätsprinzip und der Ausschuss der Regionen im Unionsvertrag vom Maastricht, *in:* FS Schambek, p. 981-1001 (999).

[504] *Josef Isensee,* Europa - die politische Erfindung eines Erdteils, in : *Isensee* (Hrsg.), Europa als politische Idee und als rechtliche Form (Berlin 1993, p. 104 et s. (132), cité par *Torsten Stein,* VVDStRL 53 (1994), p. 41.

[505] Le Comité des régions ne fait donc pas partie des institutions communautaires énumérées à l'article 4 (7) CE. Son rôle ne consiste donc qu'à assister le Conseil et la Commission.

[506] Art. 198c (265) al. 4 CE.

[507] Il s'agissait à l'origine du domaine de l'éducation (art. 126 [149] § 4 CE), de la culture (art. 128 [151] § 5 CE), de la santé publique (art. 129 [152] § 4 CE), des réseaux transeuropéens art. 129 D [156] al. 1 CE), de la cohésion économique et sociale (art. 130 B [159] al. 2 CE) et des fonds structurels (art. 130 B [159] al. 3, 130 D [161] et 130 E [162] CE). Une norme de droit communautaire qui serait décidée dans ces matières sans la consultation du Comité des régions serait donc frappée de nullité. On pouvait s'étonner que le Comité des Régions ne soit pas obligatoirement consulté en matière de politique sociale (art. 118 A CE), de politique industrielle (art. 130 CE), de recherche et de développement technologique (art. 130 F à P CE), d'extension de la formation profesionnelle, pourtant étroitement lié à la politique de l'éducation (art. 127 CE), mais aussi et surtout dans le domaine de l'environnement qui a pourtant été le premier domaine dans lequel le principe de subsidiarité a été expérimenté lors de l'Acte unique européen en 1986 et où l'article 130 R al. 2 CE affirme que "la politique de la Communauté dans le domaine de l'environnement vise un niveau de protection élevé, *en tenant compte de la diversité des situations dans les différentes régions de la Communauté*". L'al. 3 de ce même article rappelle en outre que dans l'élaboration de sa politique dans le domaine de l'environnement, la Communauté tient compte des conditions de l'environnement dans les diverses régions de la Communauté. *Cf. Marie-Françoise Labouz, Laurence Burgogue-Larsen, Thierry Daups,* Le comité des régions: gardien de la subsidiarité? Ed. Techniques, Europe, Octobre 1994, p. 1-4 (2). Avec le Traité d'Amsterdam, le Comité des régions devra également être consulté dans ces domaines (les indications suivantes suivent la nouvelle numérotation): art. 137 § 2 al. 2 CE pour la politique sociale, art. 152 § 4 CE pour le domaine de la santé, art. 71 § 1 pour le domaine des transports, art. 129 CE pour le domaine de l'emploi, art. 175 § 3 CE pour le domaine de l'environnement et art. 150 CE pour la politique de formation professionnelle. Ces progrès ont été salués par les Länder, *Cf. Otto Schmuck,* Der Amsterdamer Vertrag aus Sicht der Länder und Regionen, Integration 1997, p. 228-235 (232).

Le Comité des régions souffre d'une malformation congénitale puisque la répartition des sièges en son sein reproduit celle du Comité économique et social[508]. La répartition des sièges au sein du Comité des régions ne s'appuie pas sur une dimension régionale, faute d'un statut communautaire des "régions". C'est ainsi que le Grand-Duché du Luxembourg dispose de 6 sièges et que l'Allemagne est doté de 24 sièges, au même titre que la France, ou le Royaume-Uni[509].

Les Länder se voient attribuer 21 sièges et les trois sièges restants sont attribués à des représentants des associations de communes. Les Länder n'ont aucune influence sur la composition du Comité des régions puisque ses membres sont proposés par le gouvernement fédéral et nommés par le Conseil, comme le prévoit l'article 198 A (263) :

> « Les membres du Comité ainsi qu'un nombre égal de suppléants sont nommés, sur proposition des Etats membres respectifs, pour quatre ans par le Conseil statuant à l'unanimité. Leur mandat est renouvelable. »

Dans les négociations qui se sont déroulées entre les Länder et le gouvernement fédéral, les Länder ont obtenu que le gouvernement nomme les membres proposés par eux. Cette question, ainsi que celle de la répartition des 24 sièges au sein du Comité des régions, est désormais réglée au § 14 de la loi du 12 mars 1993 relative à la coopération de la Fédération et des Länder dans les affaires de l'Union européenne (EUZBLG)[510].

> « Le gouvernement fédéral propose au Conseil comme membres du Comité des régions et leurs suppléants, les représentants proposés par les Länder. Les Länder fixent une procédure de participation pour les communes et les groupements de communes qui assure, au sein du Comité des régions, la représentation de ceux-ci par trois représentants élus, sur proposition des associations de communes ».

Le fait que le Bundesrat ne soit pas associé à la désignation des membres du Comité des régions peut surprendre dans la mesure où cette non participation ne correspond pas à l'esprit du nouvel article 23 II 1 LF et du § 1 EUZBLG qui prévoit pourtant que les Länder concourent aux affaires de l'Union européenne par l'intermédiaire du Bundesrat. En outre, la Loi fondamentale ne prévoit à aucun endroit la possibilité d'un concours direct entre la Fédération et les Länder dans les domaines concernés par le droit communautaire. En fait, les représentants des Länder au sein du Comité des régions n'exercent aucun droit revenant à l'Etat membre et celui-ci ne dispose donc que du droit de nomination. La désignation des membres du Comité des régions par le Bundesrat aurait porté atteinte au droit de nomination des Länder pris individuellement en raison de la règle de la majorité qui s'applique au Bundesrat.

Les ministres-présidents des Länder et le Chancelier fédéral se sont donc mis d'accord pour que la Conférence des ministres-présidents désigne les représentants des Länder au sein du Comité des régions[511]. Le gouvernement fédéral est donc dans l'obligation de se tenir aux choix des Länder pour les représentants nommés au sein du Comité des régions et

---

508 *Marie-Françoise Labouz, Laurence Burgogue-Larsen, Thierry Daups,* Le comité des régions: gardien de la subsidiarité? Ed. Techniques, Europe, Octobre 1994, p. 1-4 (1).

509 La répartition des sièges au Comité des régions est la suivante: Belgique: 12 ; Danemark: 9 ; Allemagne 24 ; Grèce: 12 ; Espagne: 21 ; France: 24 ; Irlande: 9 ; Italie: 24 ; Luxembourg: 6 ; Pays-Bas: 12 ; Autriche:12 ; Portugal: 12 ; Finlande: 9 ; Suède : 12 ; Royaume-Uni: 24. La composition du Parlement européen tient, en revanche, compte de la réunification allemande et de l'augmentation de population qui en résulte, puisque le nombre des représentants allemands est passé de 87 à 99.

510 BGBl. I, p. 313.

511 L'autonomie des Länder dans la nomination des représentants avait déjà été assurée dès le mois de décembre 1991 par le Chancelier fédéral.

le Bundesrat ne peut pas intervenir[512]. A l'exception du § 14 phrase 2 de la EUZBLG qui prévoit la désignation de trois représentants élus pour les communes et groupements de communes, l'autonomie des Länder dans le choix des représentants est donc assurée. Ils ne sont donc pas dans l'obligation de choisir un représentant parmi les bancs du Bundesrat, ni même dans les rangs du gouvernement du Land. A la différence de l'article 146 CE, qui prévoit que le Conseil est formé par un représentant de chaque Etat membre au niveau ministériel habilité à engager le gouvernement de cet Etat membre, une telle exigence n'est pas posée par l'article 198 A (263) CE. Rien n'empêche donc de choisir ce représentant, par exemple, parmi les bancs du Landtag mais, dans ce cas, il s'agit toujours d'une décision du gouvernement du Land et non d'une décision du Landtag[513].

Selon les Länder, le Comité des régions a pour vocation première de représenter les régions. La référence aux collectivités locales mentionnées à l'article 198 A (263) ne viserait donc que les Etats membres ne connaissant pas d'entités régionales. Dans ces conditions, l'attribution de trois sièges aux communes constitue, selon eux, déjà une exception. Les Länder soutenaient, en outre, que les grandes villes étaient déjà représentées à travers les villes-Etats que sont Brême, Hambourg et Berlin . C'est ainsi que les Länder justifiaient la faible représentation des communes et groupements de communes. Les présidents des parlements des Länder exigeaient encore lors de leur réunion les 27 et 28 octobre 1994 à Ludwigsburg que seul le niveau directement inférieur à l'Etat membre soit représenté au sein du Comité des régions lors du renouvellement des mandats[514]. L'ancien chancelier *Helmut Kohl* a donc dû intervenir personnellement pour exiger des Länder qu'ils acceptent une représentation des communes et groupements de communes au sein du Comité des régions.

En imposant aux Länder une procédure pour représenter les communes et les groupements de communes au sein du Comité des régions, on peut même se demander si le législateur n'est pas allé au-delà de ses compétences. Cette exigence n'est, en tout cas, pas mentionnée dans le nouvel article 23 II LF selon lequel les Länder concourent aux affaires de l'Union européenne par l'intermédiaire du Bundesrat. L'article 198 A (263) CE ne précise pas davantage que différents niveaux régionaux doivent, le cas échéant, être représentés au sein du Comité des régions. Ce faisant, le législateur fédéral s'immisce dans les relations entre les Länder d'une part et les communes et groupements de communes d'autre part[515].

Encore fallait-il trouver un accord pour répartir de manière équitable les 21 sièges attribués aux 16 Länder. Il a donc été décidé selon l'accord intervenu entre les ministres-présidents des Länder que chaque Land recevrait un siège et que les 5 sièges restants seraient attribués par rotation. Lors de la première nomination, les cinq Länder les plus peuplés que sont le Bade-Wurtemberg, la Basse-Saxe, la Bavière, la Hesse et la Rhénanie du Nord-Westphalie, ont donc envoyé deux représentants au sein du Comité des régions[516].

---

[512] *Cf. Christian Dästner,* Zur Aufgabenverteilung zwischen Bundesrat, Landesregierungen und Landesparlamenten in Angelegenheiten der EU, NWVBl. 1994, p. 1-9 (6).

[513] Le Parlement européen avait exprimé le souhait que les membres du Comité des régions soient légitimés par un mandat local. Cette idée n'a pas finalement pas été retenue. Cet organe consultatif ne permet donc pas de combler le déficit démocratique communautaire. Résolution du Parlement européen du 23.4.1993, BR-Drucks. 337/93.

[514] *Hans-Peter Donoth,* Die Bundesländer in der EU, Peter Lang 1996, 413 p. (308-309).

[515] *Cf. Christian Dästner,* Zur Aufgabenverteilung zwischen Bundesrat, Landesregierungen und Landesparlamenten in Angelegenheiten der EU, NWVBl. 1994, p. 1-9 (7).

[516] *Etienne Bassot,* Le Comité des régions, Régions françaises et Länder allemands face à un nouvel organe communautaire, RMCUE 1993, p. 729-739 (736).

La représentation allemande au sein du Comité des régions pour les deux premiers mandats est composée de la manière suivante[517] :

Trois sièges réservés aux collectivités locales :

- Deutscher Städtetag : un maire
- Deutscher Landkreistag : un représentant du Landrat[518]
- Deutscher Städte- und Gemeindebund : un maire.

Tableau 3

Première nomination (1994-1998)	Deuxième nomination (1998-2002)
Länder représentés par deux sièges	
Bade-Wurtemberg	**Berlin**
Ministre-président / Ministre de l'économie	Maire / Secrétaire d'Etat
Bavière	**Rhénanie-Palatinat**
Ministre des affaires européennes /Ministre de l'économie	Secrétaire d'Etat / Membre du Landtag
Hesse	**Saxe**
Ministre de l'Intérieur et des affaires européennes / Ministre du Bundesrat, de l'énergie et de l'environnement	Ministre d'Etat / Membre du Landtag
Basse-Saxe	**Saxe-Anhalt**
Ministre des affaires européennes / Membre du Landtag	Secrétaire d'Etat / Membre du Landtag
Rhénanie du Nord/Westphalie	**Schleswig-Holstein**
Ministre-président / Membre du Landtag	Ministre / Membre du Landtag
Länder représentés par un seul siège	
Berlin	**Bade-Wurtemberg**
Sénateur des affaires européennes et de la Fédération	Ministre-président
Brandebourg	**Bavière**
Ministre de la justice délégué aux affaires européennes	Ministre-président
Brême	**Brandebourg**
Président du Sénat	Ministre
Hambourg	**Brême**
Délégué pour la Fédération	Sénateur

Au sein de la délégation allemande membre du Comité des régions, les représentants des gouvernements des Länder sont largement majoritaires par rapport aux représentants des parlements des Länder. Les membres des gouvernements des Länder sont pourtant placés dans une situation délicate puisque l'article 198 A (263) CE précise que les membres du

[517] Le Comité des régions s'est constitué les 9 et 10 mars 1994, il a été renouvellé le 26 janvier 1998. Pour les informations du tableau, voir : *Dieter Blumenwitz*, Das Subsidiaritätsprinzip und die Stellung der Länder und Regionen in der Europäischen Union, *in:* Gedächtnisschrift für Eberhard Grabitz, p. 1-15 (12) ainsi que le serveur de l'Union europénne à l'adresse suivante http ://www.cor.eu.int/xtrapersonal/germany.html.

[518] Le Landrat est l'exécutif de l'arrondissement, il exécute les décisions du conseil d'arrondissement (Kreistag) et dirige l'administration d'arrondissement. *Cf. Christian Autexier*, Introduction au droit public allemand, PUF 1997, p. 210-211.

Comité des régions ne doivent être liés par aucun mandat impératif et qu'ils exercent leurs fonctions en pleine indépendance, dans l'intérêt général de la Communauté. Or lorsque ces ministres sont appelés à siéger au Bundesrat, ils sont soumis à un mandat impératif. Cette indépendance doit certainement s'interpréter comme l'interdiction pour l'Etat membre de révoquer un membre du Comité, bien que le droit communautaire reste muet sur cette question. On ne peut donc pas extrapoler du droit allemand la pratique de nomination au sein de la commission de conciliation du Bundesrat et du Bundestag prévu à l'article 77 II LF[519] puisqu'ici, même si les délégués du Bundesrat retrouvent leur liberté de vote (ce qui constitue une exception au principe selon lequel les membres du Bundesrat sont soumis à un mandat impératif), ils peuvent être révoqués à tout moment selon le § 11 al. 4 ensemble avec l'alinéa 3 phrase 1 du règlement intérieur de la Commission de conciliation.

Ce souci d'indépendance, garantie aux membres du Comité des régions, peut même conduire à une aberration puisque le membre nommé pour quatre ans peut perdre la fonction qu'il exerce dans le Land. Le gouvernement du Land auquel il appartient peut par exemple démissionner à la suite d'une élection. Or rien n'est prévu en droit communautaire pour éviter qu'un tel cas de figure se produise. La question se pose différemment pour les membres représentant les communes et groupements de communes puisque le § 14 EUZBLG précise expressément que ceux-ci doivent avoir un mandat électif. Il faut donc en conclure que la perte de ce mandat entraîne en même temps la perte de son statut de représentant au sein du Comité des régions. Dans ce cas, l'association des groupements de communes devrait déclarer cette situation auprès du gouvernement du Land afin qu'il intervienne auprès du gouvernement fédéral par l'intermédiaire de la conférence des ministres-présidents. La révocation ne pourrait prendre effet qu'après une décision du Conseil des ministres sur requête du gouvernement fédéral[520].

Les Landtage ont exprimé le souhait de désigner parmi leurs rangs, y compris des membres de l'opposition, les représentants au sein du Comité des régions. Les gouvernements des Länder restent réticents sur la possibilité d'envoyer un député des parlements des Länder car, selon eux, c'est le Land qui doit être représenté au Comité des régions et non une expression minoritaire de celui-ci[521]. Une telle option permettrait pourtant d'accorder une place plus importante aux parlements[522] des Länder, qui restent jusqu'à présent les grands perdants des mécanismes de compensation instaurés tant dans l'ordre interne qu'au niveau communautaire pour tenter de freiner l'érosion du fédéralisme.

---

519 Dans les trois semaines qui suivent la réception du texte de loi adopté, le Bundesrat peut demander la convocation d'une commission formée de membres du Bundestag et du Bundesrat en vue de la discussion commune des textes. La composition et la procédure de cette commission sont fixées par un règlement intérieur, adopté par le Bundestag, et qui requiert l'approbation du Bundesrat. Les membres du Bundesrat délégués dans cette commission ne sont pas liés par des instructions.

520 *Cf. Christian Dästner,* Zur Aufgabenverteilung zwischen Bundesrat, Landesregierungen und Landesparlamenten in Angelegenheiten der EU, NWVBl. 1994, p. 1-9 (8).

521 *Etienne Bassot,* Le Comité des régions - Régions françaises et Länder allemands face à un nouvel organe communautaire, RMCUE 1993, p. 729-739 (736).

522 Les parlements des Länder ont des appelations diverses selon les Länder. Dans 13 Länder, il s'agit du"Landtag", à Berlin du "Abgeordentenhaus", à Hambourg du "Bürgerschaft" et à Brême, la constitution utilise les deux appelations "Landtag" et "Bürgerschaft". A côté du Landtag, il existe en Bavière le Sénat, chargé de représenter les intérêts sociaux, économiques et culturels du Land. Mais si le Sénat dispose du droit d'initiative législative et peut s'opposer aux projets de loi votés par le Landtag, cette opposition peut être levée par le Landtag par une majorité simple. Sur ce point, voir: *Walter Rudolf,* Die Bedeutung der Landesparlamente in Deutschland, in: *Detlef Merten,* Die Stellung der Landesparlamente, Duncker & Humblot 1997, Berlin, p. 55-70 (55).

Le Comité des régions se définit lui-même comme le gardien de la subsidiarité bien qu'aucun texte ne lui attribue formellement cette mission[523].

§ 2. Le principe de subsidiarité

Le principe de subsidiarité s'inscrit bien dans le cadre d'un mode alternatif des rapports entre l'Union européenne et les Etats membres puisqu'il vise à créer une concurrence entre les différents niveaux décisionnels. De la même façon que ce qui se passe dans une économie de marché, le niveau qui est en mesure d'offrir les meilleures prestations remportera le droit de prendre la décision. Aucune coopération entre les différents niveaux n'est donc prévue. Le principe de subsidiarité vise d'abord les relations entre l'Union européenne et les Etats membres mais il n'est pas exclu que les Länder, voire les communes et groupements de communes, puissent y jouer un certain rôle.

A. La subsidiarité dans l'ordre institutionnel allemand

La constitution de Weimar du 19 août 1919 connaissait dans son principe une répartition des compétences assez semblables à celle de l'actuelle répartition organisée par la Loi fondamentale puisqu'à côté des compétences exclusives du Reich, il existait les compétences concurrentes des Länder qui autorisaient ceux-ci à légiférer si le Reichstag n'était pas déjà intervenu[524].

Ce type de répartition des compétences reflète la mise en œuvre du principe de subsidiarité, même si celui-ci n'est pas formellement reçu dans le droit constitutionnel de la Loi fondamentale[525]. La Cour constitutionnelle fédérale n'a d'ailleurs jamais accepté de s'y référer. L'article 72 LF, relatif à la compétence législative de concurrente de la Fédération est en effet fondé sur le principe de subsidiarité[526]. Cependant la jurisprudence reste réservée sur le recours au principe de subsidiarité. La Cour administrative suprême a ainsi expressément rejeté le principe au motif qu'il s'agirait là d'un élément de la philosophie catholique et non du droit constitutionnel[527].

---

[523] BR-Drs. 810/92 (Beschluß) II, 3. Repr. in: Bundesrat und Europäische Union, Sekretariat des Bundesrates (Hrsg.), Bonn, 1997, p. 346-364 (348). Voir également les déclarations du président du Comité des régions: "Nous allons être les gardiens de la subsidiarité, nous serons les porteurs du message de l'aménagement du territoire, entre les Etats mais aussi à l'intérieur de nos régions, Le Monde, 27-28 mars 1994.

[524] Sous la constitution de Weimar, le Reichtag vota une loi sur l'aide d'Etat à la jeunesse qui précisait que, dans le cadre des œuvres pour la jeunesse, l'Etat pouvait intervenir comme dernier recours en créant des institutions ou en développant des actions là où le privé s'était avéré insuffisant. Abrogée sous le IIIème Reich, la question revint à l'ordre du jour en 1953. Cette fois, la loi était accompagnée d'une résolution faisant explicitement référence au principe de subsidiarité et déclarant s'en inspirer. Selon celle-ci, l'Office pour la Jeunesse devait d'abord susciter la création d'associations travaillant pour le bien-être de la jeunesse, les aider financièrement et, le cas échéant (*gegebenfalls*), intervenir lui-même en créant des institutions adéquates. L'expression "le cas échéant" montre la différence entre l'Etat-providence et l'Etat subsidiaire. Il ne s'agissait pas pour l'Etat d'intervenir de toute façon mais d'intervenir uniquement en cas de besoin, pour assurer la garantie dont il était seul capable. *Cf. Chantal Millon-Delsol,* L'Etat subsidiaire, Coll. Léviathan, PUF 1992, 236 p. (212).

[525] *Cf. Christian Autexier,* Le traité de Maastricht et l'ordre constitutionnel allemand, RFDC 1992, p. 625-641 (632).

[526] L'article 6 LF manifeste également le caractère subsidiaire de la Loi fondamentale et ce principe y apparaît dans toute sa dimension, de la forme sociale la plus élémentaire, constituée par la famille, jusqu'à l'intervention de l'Etat. C'est ainsi que l'éducation des enfants revient aux parents en tant que droit fondamental, mais que l'Etat a non seulement le pouvoir mais aussi le devoir d'intervenir en cas de défaillance ou de négligence des parents. *Cf. Chantal Millon-Delsol, op. cit.* p. 215.

[527] BVerwGE 23, 304 [306-307]: "Le principe issu du catholicisme social de la subsidiarité a certes été reconnu, pour certains domaines du droit, comme un principe juridique par la Cour administrative fédérale ; c'est le cas par exemple dans le droit de l'aide sociale [BVerwGE 20, 113]. On ne peut toutefois pas en déduire un

Le fédéralisme allemand et le principe de subsidiarité sont donc intimement liés. Et le destin de ces deux notions en droit constitutionnel allemand et en droit communautaire est assez symétrique. Certains membres de la Commission de Constitution réunie à Herrenchiemsee en Bavière du 10 au 23 août 1948 pour établir le projet de la Loi fondamentale souhaitaient faire expressément référence à la subsidiarité. L'origine chrétienne du principe de subsidiarité détermine les prises de positions des différents partis politiques[528]. Les convictions qui se fondent sur ce principe trouvaient davantage d'échos dans le Sud et dans la partie ouest de l'Allemagne, c'est-à-dire dans les régions de tradition catholique, que dans le Nord, régions protestantes et industrielles. Elles avaient beaucoup plus de poids dans les partis chrétiens qui se constituaient que chez les libéraux ou les sociaux démocrates (à l'exception du SPD bavarois)[529]. Sous la pression de ceux-ci, la référence expresse au principe de subsidiarité dans la Loi fondamentale elle-même n'a finalement pas été retenue[530].

La restauration du fédéralisme en Allemagne après la Deuxième Guerre mondiale manifestait davantage la volonté de fonder un système démocratique que de garantir une véritable autonomie aux Länder. Or la constitutionnalisation du principe de subsidiarité peut être perçue comme antidémocratique dans la mesure où la liberté de participer va de pair avec la liberté d'autonomie. La concrétisation juridique du principe de subsidiarité pourrait dès lors constituer une entrave à la liberté et au principe démocratique en posant *a priori* les conditions de l'intervention de l'Etat, car cette ingérence repose sur les critères du bien commun. Il y aurait donc une incompatibilité entre une constitution démocratique et une constitution garantissant le respect du principe de subsidiarité[531]. Cette conception n'est pas sans rappeler celle de Rousseau, pour qui la liberté collective passe dans un premier temps par l'aliénation de la liberté individuelle, mais la souveraineté du corps social à laquelle chacun participe fait que chacun, en lui obéissant, n'obéit qu'à lui même. Finalement, la constitutionnalisation du principe de subsidiarité serait davantage une remise en cause de l'individualisme philosophique et de la démocratie individualiste que du système démocratique lui-même[532]. Toute limite posée à la liberté par la constitution serait sinon anti-démocratique, y compris toute limite à l'exercice du pouvoir de révision de la constitution. Or le pouvoir constituant est libre de soumettre le pouvoir de révision de la Constitution au principe de subsidiarité, tout comme il l'a soumis au principe d'une protection des droits fondamentaux dans l'article 1 III LF. Le principe démocratique et celui de subsidiarité seraient donc indépendants l'un de l'autre[533].

Il peut exister une certaine corrélation entre la subsidiarité et le fédéralisme[534]. C'est ainsi que le terme de fédéral a été gommé du traité de Maastricht et remplacé par celui de

---

principe constitutionnel général." Voir également BVerwGE 39, 329 [338] et BVerfGE 22, 180 [190).

528 Sur les origines religieuses du principe de subsidiarité et sa laïcisation notamment grâce à l'œuvre d'Althusius, voir, *Jean-Louis Clergerie*, Le principe de subsidiarité, p. 8-24.

529 *Cf. Thomas Nipperdey*, Le fédéralisme dans l'histoire allemande, *op. cit.* p. 81-155 (141).

530 *Cf. Jean-Louis Clergerie*, Le principe de subsidiarité, p. 38.

531 Thèse défendue par *Roman Herzog in :* Subsidiaritätsprinzip und Staatsverfassung, Der Staat 1963, p. 399-423 (416) : « Une constitution peut être démocratique ou recevoir en bloc le principe de subsidiarité ; il est impossible de faire coexister ensemble les deux principes. La loi fondamentale est clairement démocratique (art. 20 I, 79 III LF).»

532 *Chantal Millon-Delsol*, L'Etat subsidiaire, p. 215.

533 *J. Isensee*, Subsidiaritätsprinzip und Verfassungsrecht, Eine Studie über das Regulativ des Verhältnisses von Staat und Geselleschaft, Berlin 1968, Duncker & Humblot, 340 p. (267-268).

534 La Loi fondamentale affirme son caractère fédéral sans jamais prononcer le terme de subsidiarité (du moins jusqu'à la révision de la Loi fondamentale du 21 décembre 1992), l'Union européenne se déclare subsidiaire sans jamais faire référence à son caractère fédéral.

subsidiarité essentiellement pour des raisons linguistiques, les britanniques comprenant ce mot avec une connotation centraliste[535].

Qu'il s'agisse de la constitution de Weimar ou de celle de Bonn, le principe de subsidiarité, destiné à préserver les compétences des Etats fédérés a, cependant, eu l'effet inverse en renforçant et en légitimant les compétences de la Fédération. Face au danger pour les Länder de voir leurs compétences atteintes par les extensions du droit communautaire, ceux-ci ont pourtant revendiqué l'inscription de ce principe à double tranchant dans le droit communautaire et dans la Loi fondamentale.

Le principe de subsidiarité a été introduit dans le Traité CEE dans le domaine de l'environnement à l'occasion de l'Acte unique européen pour contenter les revendications des Länder (et plus particulièrement celles de la Bavière[536]). Avec le Traité de Maastricht, il est inscrit à l'article 3B (5) CE et devient un principe général d'action des institutions communautaires.

> « Dans les domaines qui ne relèvent pas de sa compétence exclusive, la Communauté n'intervient, conformément au principe de subsidiarité, que si et dans la mesure où les objectifs de l'action envisagée ne peuvent pas être réalisés de manière suffisante par les Etats membres et peuvent donc, en raison des dimensions ou des effets de l'action envisagée, être mieux réalisés au niveau communautaire ».

Le principe de subsidiarité ne joue pas exclusivement en faveur des Länder, de telle sorte que ce principe peut se retourner contre eux.

B. La subsidiarité : une arme à double tranchant pour les Länder

L'application du principe de subsidiarité peut constituer un danger pour les Länder, même si ceux-ci ont défendu le principe, car le recours à ce principe peut les empêcher d'agir dans des domaines où l'action de la Communauté s'avère plus efficace. L'exemple type est celui de l'environnement : dans ces matières, l'intervention de la Communauté est pratiquement toujours plus efficace car les problèmes de pollution ne connaissent par nature pas de frontières. Dans ce domaine, l'harmonisation des législations est indispensable et, pour être efficaces, les mesures doivent donc être prises au niveau le plus élevé.

C'est sans doute pour éviter ce danger que les Länder, outre l'inscription du principe de subsidiarité dans le Traité sur l'Union européenne, ont revendiqué en même temps une claire délimitation des compétences communautaires[537]. Cette dernière revendication met en lumière le trouble des Länder face à l'efficacité du droit communautaire car ceux-ci multiplient leurs revendications et tentent par tous les moyens de s'opposer à l'érosion de leurs compétences. Malheureusement, la multiplication de ces revendications ne leur permet pas d'avoir une ligne de défense cohérente. On ne peut à la fois prôner le principe de subsidiarité comme principe de l'action communautaire et vouloir en même temps délimiter strictement les compétences communautaires car ces deux revendications sont contradictoires. En effet, si les compétences communautaires sont strictement délimitées (par l'établissement d'une liste de compétences par exemple ou par la suppression de

---

535 *Edmund Duckwitz,* Der Vertrag über die Europäische Union - Bewertung unter besonderer Berücksichtigung des Bund-Länder-Verhältnisse, hrsg. *Georg Ress & Torten Stein,* Vortrag vor dem EI, Saarbrücken 1992, p. 9.

536 *Tomas Goppel,* Die Bedeutung des Subsidiaritätsprinzip - Der Beitrag Bayerns zur Konkretisierung des Subsidiaritätsprinzips in der EG, EuZW 1993, p. 367-370.

537 Voir par exemple: Beschluß der Ministerpräsidentenkonferenz vom 20./21. Dezember 1990. Europapolitik - Münchner Erklärung zum Föderalismus in Europa, repr. in: *Joachim Bauer* (Hrsg), Europa der Regionen, Aktuelle Dokumente zur Rolle und Zukunft der deutschen Länder im europäischen Integrationsprozeß, Dunckler & Humblot, Berlin, 2. unveränd. Auflage, 1992, p. 117-131 (117).

l'article 235 [308] CE), le principe de subsidiarité devient inopérant puisque celui-ci vise justement à réguler les compétences communautaires dans les cas où plusieurs niveaux de décisions sont susceptibles d'intervenir. Le principe de subsidiarité implique donc une certaine souplesse incompatible avec une stricte délimitation des compétences.

La Cour constitutionnelle dans son arrêt du 12 octobre 1993 à propos du Traité de Maastricht a une interprétation univoque du principe de subsidiarité :

> « (Il) n'institue pas de compétences pour la Communauté européenne, mais limite l'exercice des compétences conférées par ailleurs. Selon l'article B deuxième alinéa du TUE, les objectifs de l'Union ne peuvent être atteints que conformément aux dispositions du traité, sous les conditions qu'il fixe et conformément au calendrier qu'il prescrit ; à cet égard, il y a lieu de respecter en outre le principe de subsidiarité[538] ».

La Cour rappelle à cet endroit le premier alinéa de l'article 3 B selon lequel

> « La Communauté agit dans les limites des compétences qui lui sont conférées et des objectifs qui lui sont assignés par le présent traité ».

Puis, la Cour précise le sens qu'il faut donner au principe de subsidiarité :

> « Cela signifie : dès lors qu'il existe une compétence pour agir prévue par le traité, le principe de subsidiarité détermine si et comment la Communauté européenne peut agir. Si le législateur communautaire veut exercer une compétence législative qui lui est attribuée, il doit d'abord s'assurer - et en justifier clairement conformément à l'article 190 du traité CE[539] - que les objectifs de l'action envisagée ne peuvent pas être réalisés de manière suffisante au niveau national par l'action des Etats membres. Ce constat doit ensuite justifier une seconde conclusion, à savoir que ces objectifs seront, eu égard aux dimensions ou aux effets de l'action envisagée, mieux réalisés au niveau communautaire[540] ».

Selon la Cour constitutionnelle, la mise en œuvre du principe de subsidiarité selon ce mécanisme à double détente est à même de limiter les compétences des institutions communautaires.

> « Ce principe de subsidiarité, au respect duquel la Cour de justice européenne se doit de veiller, doit permettre de respecter l'identité nationale des Etats membres et de préserver leurs compétences. Le point de savoir dans quelle mesure le principe de subsidiarité fera obstacle à une érosion des compétences des Etats membres et empêchera, ainsi, que des attributions et compétences du Bundestag soient vidées de leur substance dépend de la jurisprudence de la Cour de justice européenne, tenue au respect du principe de subsidiarité, mais aussi et surtout de la pratique du Conseil, qui est le véritable organe législatif de la Communauté »[541].

Si le principe de subsidiarité doit préserver les compétences des Etats membres, comme l'affirme la Cour constitutionnelle fédérale, il doit en même temps faire obstacle à l'érosion de leurs compétences. Mais la Cour constitutionnelle semble en douter puisque l'atteinte aux compétences des Etats membres dépend de la jurisprudence de la Cour de justice et de la pratique suivie au Conseil. Ce faisant, la Cour admet implicitement que l'interprétation du principe de subsidiarité est sujette à plusieurs interprétations dont certaines ne vont pas nécessairement dans le sens souhaité par le juge constitutionnel. Au-delà de la contradiction qui se manifeste entre l'interprétation univoque du principe de subsidiarité par le juge constitutionnel et finalement des différentes interprétations qu'il est possible d'en déduire, c'est un véritable avertissement que lance le juge de Karlsruhe envers la CJCE et les

---

[538] BVerfGE 89, 155 [210-211].

[539] Article 190 CE: "Les règlements, les directives et les décisions adoptés conjointement par le Parlement européen ou le Conseil ainsi que les dits actes adoptés par le Conseil ou la Commission sont motivés et visent les propositions ou avis obligatoirement recueillis en exécution du présent traité".

[540] BVerfGE 89, 155 [255].

[541] Ce qui implique que le représentant allemand au sein du Conseil est tenu à un certain comportement. *Cf. infra* p. 187.

institutions communautaires. La Cour constitutionnelle feint de croire que la CJCE et le Conseil sont à même d'interpréter le principe de subsidiarité dans un sens favorable au respect des compétences des Etats membres mais en fait elle tente davantage de circonvenir le juge de Luxembourg que de mettre en œuvre le rapport de coopération entre les deux instances juridictionnelles, par ailleurs affirmé dans cet arrêt[542]. La Cour constitutionnelle tente de faire prévaloir son interprétation du principe de subsidiarité tout en lançant une mise en garde envers la CJCE et les institutions communautaires. Derrière cet avertissement, c'est toujours la menace du retrait de l'Allemagne des institutions communautaires qui plane, éventualité nullement exclue et que la Cour rappelle à plusieurs reprises dans ce même arrêt. Cette attitude peut être d'autant plus efficace que le principe de subsidiarité ne constitue pas un critère juridique certain[543] et que la question de sa justiciabilité reste posée[544].

Qu'il s'agisse des domaines qui relèvent ou non des compétences exclusives de la Communauté, le principe de proportionnalité vient en outre limiter l'intervention du législateur communautaire selon la Cour constitutionnelle :

> « Le troisième principe fondamental de la constitution communautaire[545] est le principe de proportionnalité, inscrit à l'article 3 B alinéa 3 du Traité CE[546]. Ce principe comporte tout d'abord une interdiction, ayant valeur de droit fondamental, de toute mesure excessive[547] ».

L'érection du principe de proportionnalité au rang d'un droit fondamental est ici conforme à la jurisprudence de la Cour constitutionnelle[548] qui y avait tout d'abord vu une composante de l'Etat de droit[549]. Mais cette qualification est importante pour les relations entre le juge constitutionnel allemand et le juge communautaire car la protection des droits fondamentaux est le domaine dans lequel s'exerce le rapport de coopération entre les deux juges et dans la mesure où les principes de proportionnalité et de subsidiarité présentent une grande connexité[550].

En adoptant le même raisonnement que celui adopté pour le principe de subsidiarité, la Cour constitutionnelle estime ensuite que :

---

542 La jurisprudence du Conseil constitutionnel en France sur le principe de subsidiarité est plus nette que celle du juge constitutionnel allemand: "Considérant, il est vrai, que, s'agissant de domaines (mesures relatives aux visas, à l'asile et à la libre circulation des personnes) ne relevant pas de la compétence exclusive de la Communauté, le respect du principe de subsidiarité, (...) implique que la Communauté n'intervient que si, et dans la mesure où, les objectifs de l'action envisagée ne peuvent être réalisés de manière satisfaisante par les Etats membre ; que, toutefois, la seule mise en œuvre de ce principe pourrait ne pas faire obstacle à ce que les transferts de compétence autorisés par le traité (...) revêtent une ampleur et interviennent selon des modalités telles que puissent être affectées les conditions essentielles d'exercice de la souveraineté nationale". Conseil constitutionnel, Décision n° 97-394 du 31 décembre 1997, Traité d'Amsterdam, JORF du 3 janvier 1998.

543 Le protocole du Traité d'Amsterdam sur l'application des principes de subsidiarité et de proportionnalité vise justement à mieux définir la mise en œuvre de ces principes. Il est notamment précisé que les raisons permettant de conclure qu'un objectif communautaire peut être mieux réalisé à l'échelon communautaire doivent s'appuyer sur des indicateurs qualitatifs et, chaque fois que c'est possible, quantitatifs.

544 Voir par exemple: *Reimer von Borries,* Das Subsidiaritätsprinzip im Recht der Europäischen Union, EuR 1994, p. 263-300 (297-298).

545 A côté du principe de l'habilitation des compétences et du principe de subsidiarité.

546 Article 3 B al. 3 CE:"L'action de la Communauté n'excède pas ce qui est nécessaire pour atteindre les objectifs du présent traité".

547 BVerfGE 89, 155 [212].

548 BVerfGE 65, 1 [44].

549 BVerfGE 19, 342 [348-349].

550 Selon le principe de proportionnalité, la mesure envisagée doit avoir un caractère approprié, nécessaire et adéquat. *Cf. Christian Autexier,* Introduction au droit public allemand, p. 108.

« dans le cadre d'un groupement d'Etats qui n'est justement pas une entité constituée en Etat, (le principe de proportionnalité) est en mesure de restreindre l'intensité réglementaire des actions communautaires également pour satisfaire à l'obligation découlant de l'article F (6), paragraphe 1, du TUE et de préserver ainsi l'identité nationale des Etats membres et, partant, les attributions et compétences de leurs parlements contre un excès de réglementation européenne. Le principe de proportionnalité inscrit à l'article 3 B, troisième alinéa, du traité CE s'applique - à la différence du principe de subsidiarité au sens plus étroit de l'article 3 B, deuxième alinéa - à toutes les actions de la Communauté, qu'elles soient fondées sur une compétence " exclusive " ou ordinaire de celle-ci »[551].

La Cour constitutionnelle prescrit à nouveau au juge et aux institutions communautaires la manière dont il convient d'interpréter le principe de proportionnalité dans un sens favorable à la préservation des compétences des Etats membres.

L'évolution du droit communautaire sur la place et le rôle des entités infra-étatiques allait avoir des répercussions dans l'ordre interne allemand.

II. Les répercussions dans l'ordre interne

La prise en considération, même de manière imparfaite, des entités infra-étatiques des Etats membres qui composent l'Union européenne ne s'arrête pas au niveau directement inférieur à l'Etat mais s'étend également au-delà, ce qui place les Länder dans une situation de concurrence avec les communes et groupements de communes. Même en prenant en considération les intérêts particuliers des Länder, encore faut-il se demander quels sont les organes au sein de ceux-ci qui ont le droit de participer au processus décisionnel communautaire. Il s'agit essentiellement des organes exécutifs des Länder et non de leurs parlements, ce qui permet de douter que les mécanismes mis en place pour freiner l'érosion du fédéralisme soient capables de compenser les pertes de compétences des Länder. Il s'agit ici plutôt d'un pis-aller.

§ 1. Les Länder en situation de concurrence avec les communes et groupements de communes

Le danger du principe de subsidiarité pour les Länder ne s'arrête pas seulement à une concurrence accrue avec la Fédération et l'Union européenne, mais aussi avec les entités administratives que constituent les communes et groupements de communes. Ainsi, selon l'association fédérale des groupements de communes (Bundesvereinigung der kommunalen Spitzenverbände), la formulation actuelle de l'article 3 B (5) CE n'est pas à même de garantir leurs droits. La formule allemande[552] " auf Ebene der Mitgliedstaaten " de l'article 3 B CE permet de mieux appréhender l'incapacité du principe à prendre en considération les droits des collectivités locales. Il met en relief la volonté de faire jouer le principe exclusivement entre les institutions communautaires et les Etats membres, excluant ainsi les entités infra-étatiques et leurs éventuelles relations avec l'Union européenne[553]. Cet article devrait donc être rédigé comme suit :

Dans les domaines qui ne relèvent pas de sa compétence exclusive, la Communauté n'intervient, conformément au principe de subsidiarité, que si et dans la mesure où les objectifs de l'action envisagée ne peuvent pas être réalisés de manière suffisante par les

---

[551] BVerfGE 89, 155 [212].

[552] "In den Bereichen, die nicht in ihre ausschließliche Zuständigkeit fallen, wird die Gemeinschaft nach dem Subsidiaritätsprinzip nur tätig, sofern und soweit die Ziele der in Betracht gezogenen Maßnahmen *auf Ebene der Mitgliedstaaten* nicht ausreichend erreicht werden können und daher wegen ihres Umfangs oder ihrer Wirkung besser auf Gemeinschaftebene erreicht werden können".

[553] *Cf. Anne Cathaly-Stelkens,* Kommunale Selbstverwaltung und Ingerenz des Gemeinschaftsrechts, Nomos, Baden-Baden 1996, 184 p. (85-86).

Etats membres, *les collectivités régionales et locales*, et peuvent donc, en raison des dimensions ou de l'action envisagée, être mieux réalisés au niveau communautaire[554].

Le droit communautaire a une influence croissante dans les domaines où s'exerce la libre administration. Il s'agit du droit de vote des étrangers communautaires pour les élections locales, les aides publiques accordées par les communes, la passation des marchés publics, de la construction, de l'environnement, les caisses d'épargne communales. Il faut cependant immédiatement préciser que les communes ne représentent pas un troisième niveau dans l'édifice fédéral allemand mais qu'elles sont incorporées aux Länder.

Le principe de subsidiarité ainsi exprimé serait donc à même de préserver l'autonomie communale garantie à l'article 28 II LF[555] :

> « Aux communes doit être garanti le droit de régler, sous leur propre responsabilité, toutes les affaires de la communauté locale, dans le cadre des lois. Les groupements de communes ont également le droit d'auto-administration dans le cadre de leurs attributions légales et dans les conditions définies par la loi. La garantie de l'auto-administration couvre également les bases de l'autonomie financière ».

La libre administration ne bénéficie pas comme le fédéralisme des garanties mentionnées à l'article 79 III LF[556] mais elle constitue néanmoins un élément structurel de l'ordre constitutionnel allemand devant être préservé des transferts de compétences aux institutions communautaires[557]. « Tout comme le fédéralisme, elle complète le principe de la séparation des pouvoirs et permet également (...) l'existence d'une communauté démocratique à plusieurs niveaux »[558]. Pour cette raison, il n'est pas interdit de penser que la Cour constitutionnelle fédérale puisse exercer son contrôle pour faire respecter le principe de libre administration, au besoin en censurant le droit communautaire. Celui-ci ne garantit pas l'autonomie communale et il semble difficile de la garantir en la considérant comme un principe non écrit du droit communautaire[559]. Le Gouvernement fédéral n'a pas réussi à inscrire l'autonomie communale dans le Traité de Maastricht malgré le souhait exprimé par les Länder[560]. Il faut interpréter cette attitude des Länder moins comme la volonté de préserver les droits des communes que leurs propres compétences. En effet, si l'Union européenne reconnaissait les droits des communautés locales, elles devraient dès lors également reconnaître davantage les Länder. La situation pour les Länder vis-à-vis du droit communautaire a connu notamment depuis le traité de Maastricht une nette amélioration.

---

554 *Cf. Hans Georg Fischer,* Öffentliche Anhörung des Deutschen Bundestags und des Bundesrates zum "Subsidiaritätsprinzip in der Europäischen Union" am 8. Mai 1996 in Bonn, DVBl. 1996, p. 1040-1044 (1043). Le protocole annexé au Traité d'Amsterdam ne prend en considération que les "entités dotées d'un pouvoir législatif " et non les communes et groupements de communes : « Pour les gouvernements allemand, autrichien et belge, il va de soi que l'action de la Communauté européenne, conformément au principe de subsidiarité, concerne non seulement les États membres mais aussi leurs entités dans la mesure où celles-ci disposent d'un pouvoir législatif qui leur est conféré par le droit constitutionnel national ».

555 *Angela Faber,* Die Zukunft kommunaler Selbstverwaltung und der Gedanke der Subsidiarität in den Europäischen Gemeinschaften, DVBl. 1991, p. 1126 (1134).

556 *Cf. Herbert Mandelartz,* Gefährdungen und Chancen für die kommunale Selbsverwaltung, in: FS Böckenförde, 1995, p. 163-176 (167).

557 *Rengeling,* Die Garantie der kommunalen Selbstverwaltung im Zeichen der europäischen Intergration, DVBl. 1990, p. 893-903 (898).

558 *Frido Wagener,* Structure générale de l'Etat et de l'administration, in: *K. König, M. J. von Oertzen, F. Wagener,* L'administration publique en RFA, trad. de l'allemand par *Christian Autexier,* Economica 1983, p. 69.

559 *Cf. Mandelartz,* p. 168.

560 Voir par exemple Entschließung des Bundesrates vom 9. November 1990 zum föderativen Aufbau Europas im Rahmen der Politischen Union, BR-Drs. 780/90 (Beschluß), repr. in: Bundesrat und Europäische Union, Sekretariat des Bundesrat (Hrsg.), p. 218-222 (219-220).

Cependant ce sont essentiellement les exécutifs des Länder qui ont bénéficié des nouvelles dispositions en droit communautaire et en droit allemand. Les parlements des Länder, qui constituent pourtant la manifestation de l'expression démocratique, n'ont pas connu une amélioration sensible.

§ 2. Le rôle des parlements des Länder

Les mécanismes de compensation mis en œuvre pour défendre les prérogatives des Länder ne sont pas à même de freiner l'érosion du fédéralisme, car ce n'est pas seulement en associant les Länder aù processus décisionnel communautaire que l'on peut sauver le fédéralisme allemand. S'il s'agit sans doute d'une condition nécessaire, celle-ci n'est pas suffisante. Les atteintes que subissent les Länder touchent d'abord leurs compétences législatives exclusives, ce qui signifie que ce sont en premier lieu les parlements des Länder qui sont atteints dans leur pouvoir de légiférer et non les gouvernements des Länder. Par conséquent des mécanismes compensateurs respectueux de l'ordonnancement institutionnel allemand devraient associer plus étroitement les parlements des Länder au processus décisionnel communautaire. Une telle solution pose pourtant de grosses difficultés dans l'ordre interne et le choix de privilégier le rôle du Bundesrat correspond davantage à une solution de facilité (à laquelle les Länder ne se sont guère opposés) qu'à un réel souci de préserver le fédéralisme en Allemagne. Il faut rappeler ici que l'un des éléments essentiels du fédéralisme est que les entités fédérées conservent un certain pouvoir de légiférer. En-deça d'un certain seuil, la caractéristique fédérale de l'Etat disparaît et l'on passe à un modèle unitaire de l'organisation de l'Etat.

La concurrence entre les pouvoirs exécutifs et législatifs des Länder correspond à un cercle vicieux. Plus les Lantage sont affectés dans leurs domaines de compétence et moins ils sont en mesure de défendre leurs droits, alors que c'est l'inverse qui se produit pour le Bundesrat. Le renforcement du rôle du Bundesrat dans les affaires de l'Union européenne lui permet de poser ses conditions à chaque étape de l'intégration européenne et partant, de la contrôler plus étroitement.

Le Bundesrat permet certes de coordonner efficacement les intérêts des Länder mais on aboutit à un fédéralisme gouvernemental (ou exécutif) dans lequel le contrôle parlementaire n'est plus complètement assuré. Les timides mécanismes mis en place au niveau communautaire pour combler le déficit démocratique sont donc construits sur du sable puisque celui-ci se creuse à nouveau par le bas[561].

Deux hypothèses sont dès lors envisageables pour permettre aux parlements des Länder d'être associés plus étroitement à la prise de décision communautaire. La première solution consiste à tirer les conséquences de l'accroissement du rôle du Bundesrat et utilisant cet organe fédéral pour faire valoir les droits de législation des parlements des Länder. En d'autres termes, il s'agit d'aboutir à un système dans lequel les prises de position du Bundesrat seraient déterminées par des résolutions votées par les parlements des Länder. Cette solution utiliserait donc les mécanismes existants mais en tirant profit pour les Landtag.

La deuxième solution consisterait pour les parlements des Länder à remplacer le rôle que joue actuellement le Bundesrat. Cette hypothèse n'est guère praticable car elle compliquerait, voire paralyserait, le processus décisionnel communautaire. Elle supposerait que sur chaque mesure touchant les compétences législatives exclusives des Länder, aucune décision ne pourrait être prise sans l'accord des 16 parlements des Länder. Il s'agirait en fait d'une procédure identique à celle qui s'applique au sein de la conférence des ministres

[561] *Donoth*, p. 319.

présidents où c'est la règle de l'unanimité qui prévaut, mais cette conférence regrouperait les présidents des Landtag, chacun d'entre eux étant soumis aux résolutions votées par la chambre qu'il représente, avec un éventuel pouvoir de négociation.

A. La participation directe des parlements des Länder ?

La commission constitutionnelle commune a examiné la possibilité d'ancrer la participation des Länder dans la Loi fondamentale. Cette possibilité n'a toutefois pas recueilli la majorité des deux tiers au sein de cette commission pour être soumise au vote du Bundestag et du Bundesrat[562].

Cette proposition visait à introduire une réserve de ratification au profit des parlements des Länder et partait du constat que les parlements des Länder étaient les plus atteints lors des modifications de la Loi fondamentale ayant pour objet de redéfinir les compétences respectives de la Fédération et des Länder, alors même qu'ils n'étaient aucunement associés à cette décision, contrairement aux gouvernements des Länder qui pouvaient y participer par l'intermédiaire du Bundesrat. Les présidents des parlements des Länder souhaitaient donc pouvoir prendre part à la procédure de révision constitutionnelle lorsque des compétences des Länder étaient transférées à la Fédération. Cette proposition des membres SPD de la commission commune a tout d'abord trouvé un accueil favorable. Elle aurait pu se traduire par l'insertion d'un article 79 II a :

> « Dans la mesure où la loi transfère à la Fédération des compétences législatives des Länder, celle-ci requiert également l'approbation des représentations du peuple de la majorité des Länder ; les représentations du peuple décident à la majorité des voix exprimées. L'approbation est considérée comme donnée lorsque les représentations du peuple dans au moins la moitié des Länder n'ont pas refusé dans un délai de trois mois l'adoption définitive de la loi selon l'article 78 de la présente Loi fondamentale.[563] »

Une telle disposition aurait permis de limiter l'érosion du fédéralisme car à l'avenir le gouvernement fédéral n'aurait plus disposé des droits des Länder sans le consentement de leurs parlements, y compris dans les affaires de l'Union européenne.

Les compétences des parlements des Länder peuvent en effet être atteintes de deux manières qui aboutissent au même résultat. Dans le premier cas, l'érosion fédérale peut se dérouler en deux temps, c'est-à-dire, que les compétences législatives des Länder sont d'abord transférées à la Fédération, puis aux institutions européennes. Dans le deuxième cas, et bien que les compétences des Länder n'aient pas été tout d'abord transférées à la Fédération, celle-ci les transfère aux institutions européennes, comme l'article 24 I LF l'autorisait. Quelle que soit l'hypothèse envisagée, la proposition du nouvel article 79 IIa LF aurait limité les risques pour les Länder de voir fondre leurs compétences.

L'insertion d'un nouvel article 79 II a LF n'a finalement pas été retenu par la Commission constitutionnelle commune qui voyait dans cette révision constitutionnelle l'adoption d'un modèle sénatorial qui avait déjà été refusé au Conseil parlementaire lors de l'élaboration de la Loi fondamentale. S'agissant d'une question qui touchait les relations entre les parlements et les gouvernements des Länder, celle-ci devrait donc être réglée au niveau de la Constitution des Länder[564].

---

[562] Sur la méthode de travail et la procédure au sein de la commission constitutionnelle commune, voir: BT-Drucks. 12/6000, p. 8-10 et plus particulièrement p. 9 sur l'exigence d'une majorité des deux tiers.

[563] Une loi adoptée par le Bundestag l'est définitivement si le Bundesrat l'approuve, s'il ne fait pas la demande prévue à l'article 77 II 1 LF (convocation d'une commission mixte), s'il ne fait pas opposition dans le délai prévu à l'article 77 III LF (deux semaines) ou s'il retire cette opposition, ou si elle est levée par un vote du Bundestag.

[564] *Cf.* BT-Drucks. 12/6000, p. 38-39.

Les réformes constitutionnelles qui ont eu lieu à l'occasion du Traité de Maastricht ont donc suivi la solution privilégiant le Bundesrat. Il convient, dès lors, de se demander dans quelle mesure les défauts de cette solution pour l'expression démocratique peuvent être atténués en renforçant les droits des parlements des Länder, c'est-à-dire en leur donnant la possibilité de donner des instructions aux membres du Bundesrat.

B. Le Bundesrat lié par les résolutions des parlements des Länder ?

En principe, les membres du Bundesrat ne disposent pas d'une liberté de vote au sein de cette institution fédérale : ils sont liés par les instructions données par le gouvernement auquel ils appartiennent[565]. L'article 51 III LF précise ainsi :

> « Chaque Land peut déléguer autant de membres qu'il a de voix. Les voix d'un Land ne peuvent être exprimées que globalement et seulement par des membres présents ou leurs suppléants »[566].

Liés par les instructions données par leur gouvernement respectif, les membres du Bundesrat ne sont donc pas liés par des résolutions que les parlements des Länder pourraient voter, ce qui a entraîné une réaction de ceux-ci.

C'est ainsi que la conférence des présidents des Landtage du 25 avril 1974 avait déclaré qu'en cas de projets législatifs de la Fédération, susceptibles de porter atteinte aux compétences des parlements des Länder, ceux-ci devraient pouvoir y être associés à temps et de manière appropriée.

Au moment de la ratification de l'Acte unique européen, ces revendications se précisent puisque cette conférence proposa dans sa résolution du 4 novembre 1986 des règles de procédure permettant aux Landtage d'être associés aux projets d'actes communautaires. Ils voulaient, d'une part, être informés de tous les projets dans le cadre des communautés qui pourraient intéresser le Land et revendiquaient, d'autre part, le droit de donner des avis aux gouvernements des Länder avant que ceux-ci ne déterminent les instructions de vote aux membres du Bundesrat. Par une sorte de mimétisme par rapport à la procédure mise en place à l'époque entre le gouvernement fédéral et le Bundesrat, le gouvernement du Land devait fournir les raisons l'ayant motivé à s'écarter de la prise de position du Landtag. Une telle mesure devait conduire le gouvernement du Land à suivre l'avis émis par le Landtag.

La mise en œuvre d'une telle procédure serait difficile. A supposer que les Landtage soient en mesure de formuler un avis relatif à un projet communautaire, la prise en considération de celui-ci au niveau communautaire serait pratiquement impossible compte tenu des délais des négociations[567]. Les Landtage ne pourraient en outre pas se prononcer sur les modifications apportées au texte lors des négociations.

Par la suite, les revendications exprimées par la Conférence des présidents de Landtag ont porté sur l'importance spécifique pour le Land que pouvait revêtir la mesure communautaire envisagée. C'est ainsi que la résolution du 15 septembre 1988 préconisait un devoir d'information des Landtage non sur l'ensemble des projets communautaires qui pourraient

---

565 La Loi fondamentale ne prévoit pas expressément que les membres du Bundesrat soient liés par un mandat impératif mais cela peut être déduit *a contrario* des articles 53 a I 3 et 77 II 3 LF qui concernent respectivement la commission commune en cas de défense et la commission commune qui peut intervenir lors de la procédure législative. Ces deux articles précisent que les membres du Bundesrat ne sont pas liés par des instructions.

566 Chaque gouvernement désigne en son sein les membres qui ont la qualité de membre du Bundesrat dans la limite du nombre de voix attribuées à chaque Land dont la pondération est prévue à l'article 51 LF. Les autres membres du gouvernement sont désignés comme suppléant, ce qui leur permet de siéger lorsque les questions traitées à l'ordre du jour touchent leur domaine de compétence. *Cf. Christian Autexier*, Introduction au droit public allemand, p. 42.

567 *Michael Paul*, Die Mitwirkung der Bundesländer an der Rechtsetzung der Europäischen Gemeinschaften de lege data und de lege ferenda, Frankfurt a. M., Peter Lang 1996, 121 p (117).

présenter un intérêt pour les Länder mais uniquement sur ceux qui auraient une signification de la plus haute importance pour la politique du Land et qui toucheraient directement les intérêts essentiels de celui-ci. Le devoir de justifier un éventuel écart correspondait également à un souci qualitatif puisque désormais ce devoir ne devait être rempli qu'en cas d'écart substantiel par rapport à la position définie au sein du Landtag.

En 1994, la conférence soulignait que la participation des Landtage au processus décisionnel communautaire permettrait de mettre en œuvre le principe selon lequel l'Union européenne devrait être plus proche des citoyens[568].

Selon la jurisprudence de la Cour constitutionnelle fédérale[569], il n'est pas certain qu'une telle résolution du Landtag destinée aux membres du Bundesrat soit conforme à la constitution. Dans cette affaire, la Cour devait déterminer dans quelle mesure les membres de deux gouvernements de Länder (en l'occurrence Brême et Hambourg) étaient liés par les résultats de référendums locaux dont l'objet était le stationnement d'armes atomiques sur le territoire fédéral. La Cour souligne tout d'abord le statut du Bundesrat, organe constitutionnel collégial de la Fédération qui ne serait pas formé des Länder mais composé de représentants des gouvernements des Länder. La participation du Bundesrat à la législation et à l'administration fédérale ne serait donc possible que par les membres des gouvernements fédérés, dont le statut est fixé par la Loi fondamentale. En faisant référence à la genèse des articles 50 et 51 LF, la Cour constitutionnelle fédérale décrit le statut du Bundesrat comme un organe constitué de manière fédérative. Le constituant n'aurait pas voulu en faire un représentant du peuple de Land (principe du Sénat) mais une représentation des gouvernements des Länder, Prise à la lettre, la décision de la Cour constitutionnelle fédérale signifierait donc que le peuple du Land ou ses représentants ne pourraient pas exercer d'influence dans les décisions du Bundesrat et qu'ils ne pourraient donc pas lui adresser d'instructions car il s'agirait là d'une atteinte non autorisée par la Constitution à la répartition du pouvoir entre pouvoir exécutif et pouvoir législatif : de telles instructions constitueraient donc une atteinte au domaine de l'action gouvernementale.

La décision de la Cour constitutionnelle fédérale mérite toutefois d'être nuancée sur la question des relations entre les parlements des Länder et les membres du Bundesrat.

Premièrement, cette décision date de 1958 et depuis cette date les modifications institutionnelles du régime ont conduit à un renforcement du rôle du Bundesrat au détriment des droits des parlements des Länder. Ce développement pourrait amener la Cour constitutionnelle à ne pas appliquer la solution retenue pour les référendums dans les Länder aux Landtage dans la mesure où les droits de participation du Bundesrat ne sont pas seulement un renforcement de la participation à la législation et à l'administration fédérale mais aussi des compensations aux pertes des compétences législatives des Länder. Cette caractéristique pourrait donc légitimer le rôle des parlements des Länder[570].

Deuxièmement, depuis la révision du 21 décembre 1992, l'article 50 LF a été complété. Il est désormais rédigé de la manière suivante.

> « Par l'intermédiaire du Bundesrat, les Länder concourent à la législation et à l'administration de la Fédération *et aux affaires de l'Union européenne*[571] ».

Cet ajout opère donc une distinction entre les matières de législation et d'administration de la Fédération, d'une part, et les affaires de l'Union européenne d'autre part. Or en 1958, la jurisprudence du juge constitutionnel visait certes à soumettre les membres du Bundesrat

---

[568] *Cf. Hans -Peter Donoth,* Die Bundesländer in der EU, p. 324-325.
[569] BVerfGE 08, 104 (Volksbefragung).
[570] *Donoth,* p. 336-337.
[571] C'est nous qui soulignons.

aux seules instructions qu'il pouvait recevoir de son gouvernement, mais uniquement dans le cadre de sa participation à la législation et à l'administration de la Fédération. On ne peut donc pas extrapoler *a priori* cette jurisprudence aux affaires de l'Union européenne puisque la nouvelle rédaction de l'article 50 souligne qu'il ne s'agit ni de législation, ni d'administration de la Fédération[572].

En toute hypothèse, la Cour constitutionnelle a affirmé dans la décision de 1958 que le gouvernement d'un Land est responsable de son action vis-à-vis du parlement du Land, y compris pour les instructions données au membre du Bundesrat. Cela signifie qu'un contrôle parlementaire peut s'exercer *a posteriori* et que le Landtag est donc en mesure de renverser le gouvernement du Land.

Si on admet l'hypothèse selon laquelle le parlement d'un Land est en mesure d'adresser des instructions aux membres du Bundesrat, cela signifie que l'on est en présence d'un prêt d'organe. En effet, ce qui est caractéristique dans cette institution du droit public allemand, c'est que non seulement l'organe qui exerce une compétence revenant normalement à un autre agit sous sa propre responsabilité, mais encore que l'organe qui s'est déchargé de sa mission conserve le droit de lui adresser des instructions[573]. Ainsi, lorsque des compétences législatives des Länder sont en jeu, les Landtag seraient en mesure d'adresser des instructions ayant force obligatoire aux représentants des Länder, membres du Bundesrat[574]. Ce n'est pas le cas actuellement car les membres du Bundesrat sont pour le moment uniquement liés par les instructions qu'ils reçoivent des gouvernements des Länder et non par les parlements des Länder[575]. Une telle option nécessiterait une modification de chaque constitution des Länder[576], mais celle-ci pourrait être déclarée non conforme à la Loi fondamentale si la Cour constitutionnelle maintenait sa position en déclarant qu'une telle réforme modifierait le sens et le but de l'article 51 I LF[577]. Une solution éminemment plus radicale consisterait en une modification de l'article 51 LF qui permettrait que les représentants des Länder au Bundesrat soient élus par les parlements des Länder[578]. Une telle réforme résoudrait assez largement le problème du manque de légitimité des membres du Bundesrat mais entraînerait un bouleversement des institutions fédérales allemandes. Dans le système actuel, ce manque de légitimité démocratique du Bundesrat doit toutefois être nuancé par le fait que les élections parlementaires sont devenues pratiquement des élections gouvernementales[579].

Les parlements des Länder pourraient être également associés d'une autre façon au processus décisionnel communautaire. Si le Bundesrat n'est pas l'organe adéquat pour défendre les droits des Länder mis en danger par le droit communautaire et que des instructions adressées aux membres du Bundesrat par les parlements des Länder seraient

---

572 Bien que cela ait pu parfois être affirmé pour justifier justement la participation du Bundesrat au processus décisionnel communautaire.

573 Le prêt d'organe en droit allemand est une forme de dédoublement fonctionnel. Sur ce point, voir *Christian Autexier*, PUF 1997, p. 194.

574 *Donoth*, p. 338-339.

575 *Roman Herzog*, in: HdbStR II, § 46, p. 505-522 (511).

576 C'est notamment sur ce point que porte l'idée d'un projet de révision de la Constitution du Land de Hesse: l'article 1 II à IV HV serait ainsi rédigé: "(2) Le Land doit faire en sorte que lors de sa participation à la législation de la Fédération, le caractère effectif de la présente Constitution soit conservé ou rétabli. Au sein du Bundesrat, le Land ne doit notamment approuver aucune norme juridique qui serait incompatible avec la Constitution du Land de Hesse. (3) L'alinéa 2 s'applique par analogie lors de la participation à l'édiction du droit communautaire. (4) Le droit européen et le droit fédéral prime le droit de Land".

577 *Roman Herzog*, in: HdbStR II, § 46, p. 505-522 (511).

578 *Karl Starzacher*, Europa - Ende des Föderalismus ? VR 1993, p. 217-221 (220).

579 *Roman Herzog*, in: HdbStR II, § 44, p. 467-488 (478).

inconstitutionnelles, une solution moyenne pourrait être trouvée par le biais de la Conférence des ministres présidents. A la différence du Bundesrat, cette institution pourrait parfaitement recevoir des instructions des parlements des Länder (avec éventuellement un système de prise de décision à la majorité pour éviter les risques de blocage, liés à l'impossibilité pour les Länder de se mettre d'accord). Il suffirait ensuite qu'un représentant nommé par cette Conférence aille défendre la position définie en commun devant les institutions communautaires. L'article 23 III LF selon lequel le gouvernement fédéral doit prendre en considération les prises de positions du Bundestag pourrait s'appliquer par analogie[580]. Cette solution aurait l'avantage de ne pas abandonner le système du Bundesrat adopté par le constituant en 1949 au profit d'un système sénatorial, tout en permettant de préserver dans une large mesure les droits de législation des Länder, et, partant, de combler non seulement le déficit démocratique communautaire lui-même, mais aussi celui causé, dans l'ordre interne, par le droit communautaire.

Pour le moment, cette exigence démocratique repose toute entière sur le Bundestag, vecteur de la souveraineté et de la légitimité.

Section 2. La souveraineté de l'Allemagne

L'identité de la Loi fondamentale, consacrée à l'article 79 III LF présente de multiples facettes. Le juge constitutionnel, par ses décisions Solange I et II, avait mis en relief le respect des droits fondamentaux dans ce qu'il est convenu d'appeler la " clause d'éternité ". Dans la décision du 12 octobre 1993, le juge de Karlsruhe privilégie désormais l'aspect politique, c'est-à-dire le respect de la souveraineté de l'Allemagne. Cette exigence constitue ce que l'on pourrait appeler le cœur du noyau de la Loi fondamentale ; la zone de repli extrême autorisée par la Constitution de 1949 à laquelle il ne pourra jamais être porté atteinte. Cette dimension révélée de l'article 79 III LF quant à la qualité d'Etat de l'Allemagne ne vient pas se substituer à l'ancienne interprétation de cet article constitutionnel mais vient plutôt s'y superposer[581].

Du point de vue du droit communautaire, la souveraineté de l'Allemagne telle qu'elle est définie par la Cour constitutionnelle dans son arrêt du 12 octobre 1993 peut avoir un caractère ambigu, voire contradictoire. La persistance du caractère souverain de l'Allemagne est la condition essentielle qui permet à la Cour constitutionnelle de déclarer la constitutionnalité du Traité de Maastricht. Mais selon la Cour, l'expression de cette souveraineté doit résider encore essentiellement dans les droits du Bundestag, ce qui revient à privilégier le droit institutionnel interne par rapport au droit institutionnel communautaire. Autrement dit, la légitimation d'un ordre extérieur à la Loi fondamentale passe par la légitimité du parlement national. Souveraineté et légitimité sont donc étroitement liées. C'est sur cette légitimité du Bundestag, qui fait encore défaut au Parlement européen, que repose finalement la compétence de la compétence.

I. Souveraineté et légitimité

Pour avoir un contenu tangible, la souveraineté doit être exprimée. Dans le système institutionnel allemand, exclusivement fondé sur la représentation, l'expression de la souveraineté passe par les représentants du peuple au sein du Bundestag. La Cour constitutionnelle examine donc si le Bundestag dispose encore de la compétence de la compétence lorsqu'il exprime la volonté du peuple allemand.

---

[580] *Pernice*, DVBl. 1993, p. 909-924 (920).
[581] *Cf. Christian Autexier*, Introduction au droit public allemand, PUF 1997, p. 163.

§ 1. L'expression de la souveraineté

La question que la Cour constitutionnelle est amenée ici à résoudre est de savoir si la souveraineté doit exclusivement passer par la voie des représentants au sein du Bundestag ou si, au contraire, elle peut également s'exprimer concurremment avec les représentants du Parlement européen. La réponse donnée par la Cour détermine les conditions de l'intégration européenne dans le cadre de la Loi fondamentale.

A. La concurrence entre les parlements nationaux et le Parlement européen

Dans le cadre de la Loi fondamentale, des progrès substantiels du droit communautaire restent possibles mais à condition que la légitimité nationale soit relayée au niveau européen par le Parlement européen :

> «(...) l'extension des attributions et compétences de la Communauté accroît la nécessité d'ajouter à la légitimation et à la prise d'influence démocratiques ayant leur source dans les parlements nationaux une représentation des peuples des Etats par un parlement européen dont émane à titre complémentaire, un soutien démocratique de la politique de l'Union européenne»[582].

La Cour constitutionnelle fédérale traite donc le Parlement européen avec une certaine condescendance, même si le juge constitutionnel n'exclut pas de voir son rôle renforcé.

1°) La prépondérance du Parlement national

Dans l'arrêt Maastricht, le juge constitutionnel n'a de cesse de rappeler l'importance primordiale que doit jouer le Bundestag pour que soit préservée une « démocratie vivante ». Cette insistance vient donc relativiser le rôle du Parlement européen, d'une part, et celui du Bundesrat, d'autre part.

La position de la Cour constitutionnelle peut paraître surprenante au moment même où la Loi fondamentale venait d'être révisée dans un sens favorable au Bundesrat. Certes le Bundestag a également vu son rôle s'accroître dans la prise de décision communautaire, mais le renforcement de ses compétences s'analyse davantage comme un rééquilibrage entre le Bundesrat et le Bundestag que comme la volonté clairement affirmée de fonder la légitimité de l'Union européenne sur le Bundestag. Cela se manifeste dans les étapes de travail de la commission constitutionnelle commune. C'est ainsi que le député *Verheugen*, rapporteur des membres SPD au sein de cette commission déplorait encore le 26 février 1992 que le projet élaboré était marqué par un « certain déséquilibre », dans la mesure où il décrivait de manière très détaillée les droits de participation du Bundesrat mais non ceux du Bundestag[583].

Non seulement la Cour constitutionnelle fédérale insiste sur le rôle principal du Bundestag, mais encore elle semble déplorer la place prépondérante qui pourrait être réservée à l'exécutif. Selon la Cour, ce qui est acceptable au niveau interétatique ne l'est pas dans l'ordre interne :

> « L'adoption de normes juridiques européennes peut, elle aussi - sans préjudice de la nécessité d'un contrôle démocratique exercé en conséquence par les gouvernements - être dévolue à une institution composée des représentants des gouvernements des Etats membres, donc de nature exécutive, dans une plus grande mesure qu'il ne serait constitutionnellement acceptable dans le domaine étatique[584].

---

[582] BVerfGE 89, 155 [184] C.I.2.b.1.

[583] Sten. Ber. über die 8. Sitzung der Gemeinsamen Verfassungskommission vom 26.6.1992. S. 10 (linke Spalte), cité par *Christian Dästner*, Zur Aufgabenverteilung zwischen Bundesrat, Landesregierungen und Landesparlamenten in Angelegenheiten der EU, NWVBl. 1994, p. 1-9 (5, n. 50).

[584] BVerfGE 89, 155 [187].

Cette remarque peut être interprétée comme une condamnation du rôle majeur joué par le Bundesrat dans le processus de formation de la volonté au niveau communautaire depuis le nouvel article 23 LF. Il faut ici s'arrêter sur la façon dont le Bundestag est associé à ce processus.

2°) La participation du Bundestag

La participation du Bundestag est désormais constitutionnellement réglée aux articles 23 II et 45 LF qui énoncent respectivement :

« Le Bundestag et les Länder par l'intermédiaire du Bundesrat concourent aux affaires de l'Union européenne. Le gouvernement fédéral doit informer le Bundestag et le Bundesrat de manière complète et le plus tôt possible ».

« Le Bundestag nomme une commission des affaires de l'Union européenne. Il peut l'autoriser à exercer à l'égard du gouvernement fédéral les droits qui lui sont conférés par l'article 23[585] ».

Tout comme pour le Bundesrat, la participation du Bundestag est réglée par une loi sur la coopération du gouvernement fédéral et du Bundestag allemand dans les affaires de l'Union européenne du 12 mars 1993[586].

Cette participation est précisée aux § 3 à 5 de la loi du 12 mars 1993 :

§ 3. Le gouvernement informe le Bundestag de manière complète et le plus tôt possible sur tous les projets dans le cadre de l'Union européenne qui pourraient présenter un intérêt pour la République fédérale d'Allemagne.

§ 4. Le gouvernement fédéral transmet au Bundestag en particulier les projets de directives et de règlements de l'Union européenne et informe en même temps le Bundestag de l'essentiel du contenu et l'objectif, ainsi que de la procédure applicable au sein de l'Union européenne en cas d'édiction de l'acte normatif prévu et la date à laquelle la question doit être abordée au Conseil, notamment la date à laquelle il est prévu que le Conseil prenne la décision. Il informe sans délai le Bundestag de la position qu'il entend défendre, du déroulement des consultations, de l'avis du Parlement européen et de la Commission européenne, des avis des autres Etats membres ainsi que des décisions prises.

§ 5. Le gouvernement donne au Bundestag l'occasion de donner son avis avant de donner son approbation à l'édiction de normes de l'Union européenne. Le délai pour donner son avis doit être calculé de telle sorte que le Bundestag a suffisamment le temps de traiter le projet. Le Gouvernement s'appuie[587] sur l'avis dans ses négociations ».

Cette nouvelle procédure constitue un progrès non négligeable par rapport à l'ancienne procédure : le concours du Bundestag à la procédure de formation de la volonté dans l'ordre interne était alors assuré par l'article 2 de la loi d'approbation du Traité de Rome[588].

---

585 Les autres commissions du Bundestag prévues par la Loi fondamentale sont la commission des affaires étrangères et de la défense (art. 45a LF) et la commission des pétitions (art. 45c LF).

586 BGBl. 1993, I, p. 311.

587 L'emploi du verbe "zugrundelegen" est plus fort que le verbe "berücksichtigen" employé à l'article 23 LF, ce qui laisse planer un doute sur la valeur que doit accorder le Gouvernement fédéral à l'avis du Bundestag.

588 Le Bundestag avait toutefois modifié ou tiré profit de son règlement intérieur pour être mieux informé de l'évolution du droit communautaire. En 1983, le Bundestag institua une commission d'étude sur l'Europe (Europa-Kommission) conformément au § 56 GOBT (BT-Sten.Ber 10 WP, 16.6.1983, p. 850 (A)). Cette commission d'étude est le résultat de celle mise en place pour le traitement des questions de coopération entre le Parlement européen et le Bundestag afin de réfléchir à la façon dont on pouvait compenser le déficit d'information que subissait le Bundestag en raison de l'élection directe des parlementaires européens, car les députés titulaires d'un double mandat devenaient l'exception et l'échange d'information entre les deux institutions ne pouvait plus avoir lieu. La commission d'étude sur l'Europe était composée de 11 membres du Parlement européen et de 11 membres du Bundestag. L'inconvénient majeur de cette commission était qu'elle ne pouvait pas proposer des projets de résolution aux différentes commissions du Bundestag, contrairement à la sous-commission des affaires étrangères pour les questions de la Communauté européenne, instituée en mai 1987 (BT-Sten.Ber. 11 WP, 5.11.1987, p. 2471 (C)). Cette sous-commission était composée de 13 députés du

Les décisions de la commission des affaires de l'Union européenne du Bundestag ne valent décision du Bundestag que si celui-ci l'y a habilitée, à la différence de la Chambre européenne instituée au sein du Bundesrat : à la demande d'un groupe parlementaire ou de 5 % des membres du Bundestag, le Bundestag peut habiliter la commission des affaires de l'Union européenne à exercer les droits conférés à celui-ci par l'article 23 LF à l'égard du gouvernement[589]. La commission ne peut agir que par délégation du Bundestag et celui-ci reste le maître de la procédure de participation. Cette disposition, qui vise à permettre une plus grande efficacité de l'action du Bundestag, n'affecte pas ses droits de décider lui-même en matière d'Union européenne.

Si le Bundestag ne rend pas un avis dans les délais, le Gouvernement fédéral n'est pas empêché d'agir au niveau communautaire. Toutefois, selon le principe de loyauté entre les organes, rappelé par le juge constitutionnel dans la décision Maastricht, le Bundestag doit faire connaître suffisamment tôt au Gouvernement fédéral son intention de ne pas rendre d'avis.

> « (Le Bundestag) contribue à l'élaboration de la volonté de l'Etat fédéral (pour les questions relevant de l'Union européenne). Ces compétences croisées doivent être exercées par le gouvernement fédéral et Bundestag dans un esprit de loyauté institutionnelle »[590].

La question du délai imparti au Bundestag est déterminante pour que celui-ci puisse faire connaître son avis au gouvernement (et ce problème n'est pas propre à l'Allemagne[591]). C'est ainsi que la reconnaissance du rôle effectif des parlements nationaux a été consacré dans un protocole dans le Traité d'Amsterdam, ce qui lui confère une valeur juridique égale à la stipulation du Traité. Désormais, un délai de six semaines devra s'écouler entre le moment où une proposition d'acte législatif est proposée par la Commission et son examen par le Conseil, ce qui permet aux parlements nationaux d'être en mesure de se prononcer sur les projets d'actes communautaires avant toute décision du Conseil[592].

Après avoir souligné l'importance que le Bundestag doit jouer dans le processus décisionnel, la Cour constitutionnelle peut dégager les conditions dans lesquelles l'intégration européenne peut se poursuivre.

Bundestag et de 13 députés du Parlement européen, mais ceux-ci ne pouvaient pas participer aux votes. Ce n'est qu'au cours de la 12ème législature que le Bundestag institua une commission permanente dénommée "Commission Communauté européenne" (BT-Sten.Ber12 WP, 13.6.1991, p. 2441 (D)). Cette commission était composée de 33 membres du Bundestag, auxquels pouvaient se joindre 11 députés et observateurs du Parlement européen (des hommes politiques issus des nouveaux Länder), qui pouvaient donner des avis et des informations mais ne pouvaient pas prendre part au vote. Sur l'évolution des moyens mis en œuvre par le Bundestag pour renforcer sa participation au processus décisionnel communautaire, voir: *Rudolf Kabel,* Die Mitwirkung des Deutschen Bundestag in Angelegenheiten des Europäischen Union - Gedanken zur Umsetzung der Art. 23 und 45 GG in die GO-BT, in: Gedächtnisschrif für Eberhard Grabitz, p. 242-270 (248-254) ; également *Hans Georg Kamann,* Die Mitwirkung der Parlamente der Mitgliedstaaten an der europäischen Gesetgebung: national-parlamentarischen Beeinflussung und Kontrolle der Regierungsvertreter im Rat der Europäischen Union im Spannungsfeld von Demokratie und Funktionsfähigkeit des gemeinschaftlichen Enstscheidungsverfahrens, Frankfurt a. M., Lang 1997, 366 p, p. 67-72. La nouvelle procédure fait désormais l'objet des §§ 93 et 93a du règlement intérieur du Bundestag (GO-BT), consultable à l'adresse suivante: http.www.bundestag.de.

589 § 93 a II GO-BT.

590 BVerfGE 89, 155 [191].

591 *Cf.* par exemple *Bernard Rullier,* L'application de l'article 88-4 de la Constitution, RFDC 1997, p. 611-623.

592 Le Traité d'Amsterdam ne semble pas aller au-delà des exigences qui avaient été posées par le juge constitutionnel dans la décision Maastricht, tant en ce qui concerne les droits du Parlement allemand que la protection des droits fondamentaux. Si le juge constitutionnel était saisi d'un recours visant la loi d'approbation du Traité d'Amsterdam, il est donc peu probable que cette loi soit soumise à la censure du juge constitutionnel, *Cf. Matthias Pechstein,* Amsterdamer Vertrag und Grundgesetz, DÖV 1998, p. 569-576 (576).

B. Les conditions de l'intégration européenne dans le cadre de la Loi fondamentale

Selon la Cour constitutionnelle fédérale, le rôle du Parlement européen peut certes être renforcé mais pas au point de devenir l'unique vecteur de la légitimité, ce qui constituerait alors un dépassement non autorisé de la Loi fondamentale.

> « Dans le groupement d'Etats (Staatenverbund) que constitue l'Union européenne, la légitimation implique donc nécessairement le rattachement de l'action des institutions européennes aux parlements des Etats membres ; à cela s'ajoute - et ce de plus en plus à mesure du rapprochement des nations européennes-, dans le cadre de la structure institutionnelle de l'Union européenne, la source de légitimation démocratique que constitue le Parlement européen élu par les citoyens des Etats membres. Déjà dans la phase actuelle du développement, la légitimation par le Parlement européen joue un rôle de soutien, qui pourrait être renforcé s'il était élu selon une législation électorale identique dans tous les Etats membres, conformément à l'article 138, paragraphe 3, du Traité CE[593], et si son influence sur la politique et l'élaboration de la législation des Communautés européennes grandissait[594].

1°) Le vecteur de la légitimité

Selon le juge constitutionnel, la légitimité et la démocratie ne peuvent se développer que dans le cadre de l'Etat parce qu'il se fonde sur le peuple et que la notion de peuple européen fait défaut[595].

> « Dès lors que les peuples des Etats constituent - comme c'est le cas actuellement - la source de la légitimation démocratique par l'intermédiaire des parlements nationaux, le principe de démocratie fixe les limites à l'extension des attributions et compétences des Communautés européennes. Chacun des peuples des Etats constitue la source de la puissance publique qui s'adresse à lui. Les Etats ont besoin de domaines d'attributions propres suffisamment importants dans lesquels le peuple de chaque Etat peut s'épanouir et s'organiser dans le cadre d'un processus d'élaboration

---

593 Le troisième paragraphe de l'article 138 énonce : « Le Parlement européen élaborera des projets en vue de permettre l'élection au suffrage universel direct selon une procédure uniforme dans tous les Etats membres ».
« Le Conseil, statuant à l'unanimité, après avis conforme du Parlement européen, qui se prononce à la majorité des membres qui le composent, arrêtera les dispositions dont il recommandera l'adoption par les Etats membres, conformément à leurs règles constitutionnelles repectives ».

594 BVerfGE, 89, 155 [186].

595 La Cour constitutionnelle, à aucun moment, ne s'interroge sur le nouvel article 23 I 3 LF qui énonce : « Pour les élections dans les arrondissements et communes, les personnes possédant la nationalité d'un Etat membre de la Communauté européenne sont également électrices et éligibles dans les conditions du droit de la Communauté européenne ». Cette nouvelle disposition constitutionnelle est pourtant susceptible de remettre en question la définition qu'elle avait donnée de la notion de "Staatsvolk" dans ses décisions du 30 et 31 octobre 1990 relatives aux lois électorales communales du Schleswig-Holstein et de Hambourg (BVerfGE 83, 37; BVerfGE 83, 60). Dans ces décisions, la notion de "Staatsvolk" s'appliquait au peuple de nationalité allemande, tel qu'il est défini à l'article 116 I LF : « Sauf réglementation législative contraire, est Allemand au sens de la présente Loi fondamentale, quiconque possède la nationalité allemande ou a été admis sur le territoire du Reich allemand tel qu'il existait au 31 décembre 1937, en qualité de réfugié ou d'expulsé appartenant au peuple allemand, ou de conjoint ou de descendant de ces derniers ». La Cour constitutionnelle avait donc déclaré l'inconstitutionnalité de l'élargissement du droit de vote municipal aux étrangers. Sur cette jurisprudence, voir *A. Weber*, RFDC 1991, p. 553-555, *M. Fromont*, RDP 1993, p. 1576-1578 et AIJC 1990, p. 454-455, *Olivier Beaud*, L'apport de la jurisprudence constitutionnelle allemande à la théorie du suffrage, RFDA 1992, p. 409.
La notion de Staatsvolk ne serait donc plus seulement limitée aux seuls ressortissants de nationalité allemande et ce concept aurait donc subi une érosion. Elle se serait en quelque sorte "européanisé" et s'appliquerait désormais également aux nationaux communautaires. En ce sens, cette nouvelle définition se rapprocherait de la définition kelsénienne de la notion de Staatsvolk: "la conception kelsénienne ou neutre de la population -du Staatsvolk- décrit fidèlement un fait de droit positif déjà relevé par Bodin: loin de s'exercer sur ses seuls nationaux, la puissance publique s'étend aux non-nationaux qui séjournent sur le territoire". *Olivier Beaud*, La puissance de l'Etat, PUF 1994, p. 121.

politique de la volonté légitimée et dirigée par lui afin de donner ainsi à ce qui l'unit - de façon relativement homogène - sur le plan spirituel, social et politique une expression juridique. Il résulte de tout ce qui précède que le Bundestag doit conserver des attributions et compétences d'une importance substantielle[596] ».

La Cour constitutionnelle souligne que

« Le Traité d'Union constitue le fondement d'un groupement d'Etats visant la réalisation d'une union sans cesse plus étroite entre les peuples de l'Europe (Article A du TUE) - constitués en Etats-, et non pas un Etat reposant sur le peuple d'un Etat européen »[597].

2°) Les limites de l'intégration dans le cadre de la Loi fondamentale

Selon la Cour constitutionnelle fédérale, l'accroissement des compétences du Parlement européen ne peut se poursuivre indéfiniment, du moins dans le cadre de la Loi fondamentale et plus généralement dans le cadre des constitutions des Etats membres. La mécanique des fluides et le principe des vases communicants ne s'appliquent donc pas aux relations entre le parlement national et le Parlement européen. Cela signifie que tout transfert intégral de la légitimité du Bundestag vers le Parlement européen devrait être sanctionné par le juge constitutionnel :

« L'élément déterminant est que les fondements démocratiques de l'Union se développent au même rythme que l'intégration et que, même dans la poursuite de celle-ci, une démocratie vivante reste sauvegardée *dans les Etats membres*[598]. Un excès d'attributions et de compétences relevant de la responsabilité du groupement d'Etat affaiblirait de façon durable la démocratie au niveau des Etats, de sorte que les parlements nationaux ne pourraient plus suffisamment constituer la source de la légitimation de la souveraineté dévolue à l'Union »[599].

Le Parlement européen a relevé la vision manichéenne du juge constitutionnel car il oppose d'un côté la République fédérale d'Allemagne, modèle démocratique sur lequel repose la légitimité grâce au Bundestag, ce qui sous-entend que de l'autre côté que l'Union européenne est anti-démocratique et illégitime[600].

Si en l'état actuel du droit, l'Allemagne ne peut donc pas adhérer à un Etat fédéral parce que la notion de peuple européen fait défaut, cela n'empêche pas une intégration européenne plus poussée et autorise l'Allemagne à participer à une fédération européenne[601]. Mais la Cour précise que cette intégration doit être légitimée par les peuples de chaque Etat membre. Cette vision n'est pas sans rappeler la façon dont s'est constituée la République fédérale d'Allemagne au lendemain de la Seconde guerre mondiale (à cette différence près qu'il s'agissait ici de fonder un Etat). Comme le précise l'article 144 I LF,

« La présente Loi fondamentale doit être adoptée par les représentations du peuple dans les deux tiers des Länder allemands dans lesquels elle doit tout d'abord s'appliquer »[602].

---

[596] BVerfGE 89, 155 [186].

[597] BVerfGE 89, 155 [188].

[598] C'est nous qui soulignons.

[599] BVerfGE 89, 155 [186].

[600] Voir l'exposé des motifs du rapport sur les relations entre le droit international public, le droit communautaire et le droit constitutionnel des Etats membres pour l'adoption d'une proposition de résolution par le Parlement européen (24 septembre 1997, A4-0278/97, point 1.B.A.2.3.b)

[601] Pour la distinction entre Etat fédéral et Fédération, *cf. Olivier Beaud,* Föderalismus und Souveränität, Der Staat 1996, p. 45-66 (45); La Fédération entre l'Etat et l'Empire, in: B. Théret, l'Etat, la finance, le social, 1995, p. 282-304 (296); Déficit politique ou déficit de la pensée politique, Le Débat n° 87, 1995, p. 44-49 (45).

[602] Le vote eut lieu les 18, 20, et 21 mai 1949 et donna une forte majorité en faveur de la ratification de la Loi fondamentale dans dix Länder sur onze. Seule la Bavière s'est exprimée contre la ratification par 110 voix contre, 63 voix pour et 9 abstentions, mais celle-ci ne refusa la ratification qu'avec l'assurance que son vote ne mettrait pas en péril l'entrée en vigueur de la Loi fondamentale. *cf. Wolfgang Kahl,* Die Entstehung des

Le Bundestag est donc à même de légitimer les étapes futures de l'intégration européenne aussi longtemps que l'Union européenne ne se transforme pas en Etat car si tel était le cas, cet Etat ne bénéficierait pas d'une assise démocratique suffisante aux yeux de la Cour constitutionnelle. L'argumentation de la Cour constitutionnelle n'est guère surprenante pour une institution chargée de défendre la Loi fondamentale de l'Etat allemand. Aussi longtemps que la perspective d'un Etat européen constituait une échéance lointaine et peu probable, la Cour constitutionnelle exerçait son contrôle sur le respect des droits fondamentaux qui constituent l'identité profonde de la Loi fondamentale. A partir du moment où cette éventualité existe et que le nouvel article 23 LF prévoit expressément que le transfert de droits de souveraineté ne peut avoir lieu que dans le respect des droits fondamentaux garantis par la Loi fondamentale, la Cour constitutionnelle resserre son contrôle autour de l'article 79 III LF dans lequel la qualité étatique de l'Allemagne constitue la dernière ligne de défense de l'ordre juridique allemand.

Car l'évolution officielle ou rampante vers un Etat européen porterait directement atteinte à la souveraineté de l'Allemagne, que le juge constitutionnel doit protéger. Le gouvernement fédéral considère lui aussi que la fondation d'un Etat européen peut constituer un objectif possible de l'intégration mais il ne se prononce pas sur la question de savoir si cette évolution peut encore être légitimée dans le cadre de la Loi fondamentale ou nécessite au contraire le recours au pouvoir constituant[603].

Le transfert pur et simple de tous les droits de souveraineté de l'Allemagne à un Etat européen porterait en outre atteinte à la structure fédérale de l'Allemagne en modifiant la répartition des pouvoirs répartis entre deux niveaux. Ce qui constituerait un motif supplémentaire pour la Cour constitutionnelle de s'opposer à une telle évolution car le fédéralisme fait bien lui aussi partie des éléments structurants de l'ordre juridique allemand[604]. La Cour constitutionnelle a déjà eu l'occasion de rappeler que les Länder devaient conserver la qualité d'Etat et ne pas dégénérer en simples collectivités locales dotées de grandes compétences[605]. L'intégration d'une Allemagne fédérale dans un Etat européen suppose donc que les Länder conservent leur pouvoir de décision en tant que centres politiques dotés d'une certaine autonomie[606].

La jurisprudence de la Cour constitutionnelle montre que l'évolution vers un Etat fédéral européen est toujours possible mais en tout cas pas dans le cadre posé par la Loi fondamentale. Une telle (r)évolution nécessiterait une nouvelle constitution en dehors du cadre imposé par la Loi fondamentale[607], approuvée par le véritable pouvoir constituant[608],

---

Grundgesetzes, JuS 1997, p. 1083-1087 (1086).

603 BT-Druck. 12/3338, p. 7.

604 *Udo Fink*, Garantiert das Grundgesetz die Staatlichkeit der Bundesrepublik Deutschland? DÖV 1998, p. 133-141 (138).

605 BVerfGE 34, 9 [19].

606 *Cf. Peter Badura*, Das Staatsziel "europäische Integration " im Grundgesetz, *in:* FS für Schambeck, p. 887-906 (893).

607 Selon *Udo Fink*, lorsque le peuple exerce son pouvoir de révision dans le cadre de la loi fondamentale, il n'est pas délié des contraintes de l'article 79 III LF. Mais ce pouvoir de révision de la Constitution dans le cadre de la Constitution ne nous semble pas fondé en raison du caractère anti-plébiscitaire de la Loi fondamentale. *Udo Fink*, Garantiert das Grundgesetz die Staatlichkeit der Bundesrepublik Deutschland? DÖV 1998, p. 133-141 (141).

608 et non par le pouvoir de révision de la constitution, souvent abusivement appelé "pouvoir constituant dérivé" afin de masquer la "contradiction conceptuelle" puisqu'il ne s'agit en fait que d'un "pouvoir constituant constitué". *Cf. Olivier Jouanjan*, La forme républicaine de gouvernement, norme supraconstitutionnelle ? in : La République en droit français, sous la direction de Bertrand Mathieu et Michel Verpeaux, Economica, Coll. Droit positif, 1996, p. 267-287 (281). Il peut exister en effet des révisions constitutionnelles qui sont

à savoir le peuple allemand tout entier, comme le prévoit l'article 146 de la Loi fondamentale[609].

Si l'Allemagne ne peut pas adhérer à un Etat fédéral, elle peut en revanche participer à une institution internationale chargée d'exercer en commun les droits de souveraineté transférés par les Etats membres, et que la Cour constitutionnelle fédérale tente de définir.

§ 2. La nature juridique de l'Union européenne

Le juge de Karlsruhe est le seul juge constitutionnel européen à avoir tenté une définition juridique de l'Union européenne.

Dans l'arrêt Maastricht, la Cour constitutionnelle examine longuement[610] si l'Allemagne garde la maîtrise du développement futur de l'intégration européenne, condition *sine qua non* pour agréer le Traité sur l'Union européenne.

Le modèle fédéral allemand ne peut pas ici servir de modèle car les relations entre les Etats membres et l'Union européenne ne sont pas de la même nature que celles qui unissent la Fédération aux Länder. Si les Etats membres restent bien les maîtres des Traités, en revanche, les Länder ne sont pas les maîtres de la Loi fondamentale comme l'a précisé le Tribunal constitutionnel de Bavière :

> « Le caractère obligatoire de la Loi fondamentale en Bavière ne repose pas sur la décision du Landtag du 20 mai 1949 mais directement sur l'article 144 I LF[611]. En 1949, la République fédérale d'Allemagne n'a pas été formée comme un nouvel Etat par un traité international entre les Länder de l'ouest. La Loi fondamentale part du principe que l'empire allemand a survécu à l'effondrement de 1945. Avec l'édification de la République fédérale d'Allemagne, ce n'est pas un nouvel Etat qui a été fondé mais une partie de l'Allemagne qui a été nouvellement organisée. (Voir BVerfGE 36, 1 [15-16]) »[612].

Après avoir nié le caractère étatique de l'Union, la Cour constitutionnelle fédérale constate qu'elle ne dispose pas de la compétence de la compétence.

A. L'Union européenne : un groupement d'Etat

La nature juridique de l'Union européenne se définit souvent *a contrario* car s'il est aisé de dire ce qu'elle n'est pas (à savoir un Etat), il est en revanche plus difficile de déterminer ce qu'elle est car elle ne se glisse pas dans le moule du droit international classique. C'est d'ailleurs ce qu'avait souligné la Cour constitutionnelle fédérale elle-même en apportant une définition négative aux institutions communautaires[613]. La Cour constitutionnelle fédérale dans sa décision du 12 octobre 1993 innove sur ce point en définissant l'Union européenne comme un groupement d'Etats (Staatenverbund).

L'influence du rapporteur dans la procédure se fait à nouveau sentir puisque *Paul Kirchhof* avait déjà préalablement utilisé ce terme dans le débat juridique[614] lors des

---

contraires à la constitution. Le seul pouvoir absolu et souverain n'est pas celui du législateur constitutionnel, mais celui du pouvoir constituant. *Cf. Olivier Beaud,* La puissance de l'Etat, PUF 1994, 512 p. (452-453, 485).

609 *Cf. Christian Autexier,* Introduction au droit public allemand, PUF 1997, p. 168.

610 BVerfGE 89, 155 [192 à 207]

611 L'article 144 I énonce: "La présente Loi fondamentale doit être adoptée par les représentations du peuple dans les deux tiers des Länder allemands dans lesquels elle doit tout d'abord s'appliquer". (Le deuxième alinéa du même article renvoie aux Länder énumérés à l'article 23 LF et n'a pas été supprimé après la réunification: il s'agit donc d'un oubli).

612 Bayerischer Verfassungsgerichtshof, Entscheidung vom 16.7.1991, BayVBl. 1991, p. 561-562 (562).

613 Dans sa décision de 1967, BVerfGE 22, 293 (296) : « La Communauté elle-même n'est pas un Etat, et n'est pas non plus un Etat fédéral. Elle est Communauté de nature particulière en voie d'intégration progressive (...) à laquelle la République fédérale d'Allemagne a transféré certains droits de souveraineté ».

614 *Paul Kirchhof,* Der deutsche Staat im Prozeß der europäischen Integration, in: HdbStR VII (1992), § 183, n°

négociations précédant la ratification du Traité de Maastricht. La notion de groupement d'Etats permet de distinguer l'Union européenne d'institutions voisines mais inappropriées pour qualifier la nature de l'Union européenne. Celle-ci n'est pas encore un Etat fédéral (Bundesstaat)[615] mais n'est déjà plus une confédération d'Etats (Staatenbund)[616]. Le terme employé par la Cour constitutionnelle fédérale vise à mettre en évidence la solidarité entre les Etats membres, animés par la volonté d'exercer en commun certaines compétences[617]. Si la définition donnée par la Cour constitutionnelle fédérale ne permet pas de déterminer avec précision la nature juridique de l'Union européenne, elle a le mérite d'échapper aux schémas classiques du droit international public inapplicables en l'espèce et constitue une réponse à ceux qui qualifient l'Union européenne comme un *monstrum simile*[618].

Au-delà de la question de la nature juridique de l'Union européenne, le terme employé par la Cour constitutionnelle permet également de souligner que l'Union européenne se situe pour le moment à un stade inférieur à celui d'un Etat, ce qui aux yeux de la Cour constitue l'élément déterminant car l'existence de la République fédérale d'Allemagne en tant qu'Etat souverain et indépendant, soustrait à toutes les modifications constitutionnelles de l'article 79 III LF, se trouve menacé par l'établissement rampant d'un Etat fédéral européen. En effet, la Loi fondamentale interdit des transferts de compétences à un Etat étranger. A partir du moment, où l'Union européenne atteindrait cette qualité, le juge constitutionnel serait dès lors en mesure de censurer le droit communautaire. Cette règle posée par le juge constitutionnel appelle deux remarques.

Si l'évolution vers un Etat fédéral européen dans le cadre de la Loi fondamentale est interdite, il n'est pas interdit d'y adhérer mais cette fois ci grâce à de nouveaux fondements constitutionnels adoptés par la voie de l'ultime article 146 LF avec ici pour seule condition l'exigence démocratique[619].

Il n'empêche que cette focalisation sur le terme adéquat pour qualifier l'Union européenne n'est jamais que l'arbre qui cache la forêt car ce n'est pas l'invention d'un nouveau concept qui va permettre de résoudre les questions de fond[620]. Ainsi *Michel Fromont* n'hésite-t-il pas à inscrire la définition de la Cour constitutionnelle fédérale dans le cadre d'un retour à la *Begriffsjurisprudenz* (théorie des concepts) du début du siècle.

On peut ainsi se demander pourquoi la Cour constitutionnelle répugne à utiliser le terme de fédération, plus familier au juriste que le terme de « groupement d'Etats », qui semble

---

38, p. 873.

615 Selon *Udo Di Fabio*, l'Union européenne se trouverait cependant à un stade "préétatique", Der neue art. 23 des Grundgesetzes, Positivierung vollzogenen Verfassungswandels oder Verfassungsneuschöpfung ? Der Staat 1993, p. 191-217 (197).

616 On utilise le terme générique de "Staatenverbindung" pour désigner ces deux types d'organisation, *Cf. Jellinek*, Die Lehre von den Staatenverbindungen, 1882.

617 *Paul Kirchhof*, Das Maastricht-Urteil des Bundesverfassungsgerichts, in: Der Staatenverbund der Europäischen Union, Peter Hommelhoff und Paul Kirchhof (Hrsg.), C.F. Müller Juristischer Verlag, Heidelberg 1994, p. 11-24 (12-13).

618 Ainsi par exemple, Scholz in: Maunz-Dürig, Komm z. GG. Art. 23, p. 6 ; *Hartmut Schiedermair*, Vortrag vor dem Europa-Institut von Saarbrücken am 3.12.1996.

619 Voir *supra* p. 98.

620 *Michel Fromont*, RDP 1995, p. 323-360 (359). Sur cette théorie, on pourra se reporter à *Fromont/Rieg*, Introduction au droit allemand, t. 1. p. 211: « L'idée de base de la Begriffsjurisprudenz est que chaque concept (Begriff) doit faire l'objet d'une définition rigoureuse (Dogma) qui s'intégre elle-même dans un ensemble du système ». Egalement *Claude Witz*, Droit privé allemand, 1. Actes juridiques, droits subjectifs, Litec 1992, p. 63: « L'idéal de ces auteurs était de construire un système clos de concepts juridiques en mesure d'embrasser tous les faits de la vie et de leur donner une qualification juridique ».

tout à fait approprié pour décrire la nature juridique de l'Union européenne[621]. Sans doute la Cour constitutionnelle veut-elle se laisser une plus grande latitude. Contrairement à ce que l'on pourrait croire, l'attitude du juge constitutionnel n'est pas nécessairement hostile à l'intégration européenne compte tenu de la vision de la Cour. En qualifiant l'Union européenne d'un « simple » groupement d'Etats dont le degré d'intégration apparaît incontestablement plus faible que celui d'une fédération, le juge constitutionnel retarde le moment où il devra censurer le droit communautaire parce que celui-ci porte des atteintes non autorisées par la Loi fondamentale à la souveraineté de l'Allemagne. L'étape ultérieure d'un groupement d'Etats peut encore être légitimée parce qu'il peut s'agir d'une fédération. Mais quelle est l'étape qui suit la reconnaissance d'une fédération, si ce n'est un Etat fédéral ?

B. Souveraineté et structure étatique

Selon *Christian Tietje,* la Cour de Karlsruhe semble postuler qu'en raison du caractère ouvert de l'ordre constitutionnel allemand et de l'intégration croissante du droit communautaire, le pouvoir de souveraineté de l'Union européenne est devenu une partie de la structure de l'organisation de l'Etat posée par la Loi fondamentale et exerce une certaine influence sur les droits fondamentaux garantis constitutionnellement.

Dans ces conditions, il ne serait plus possible de déterminer la frontière entre les différentes sphères de souveraineté dans le cadre de l'Union européenne. Les pouvoirs de souveraineté européen et allemand, clairement distincts dans la décision Eurocontrol seraient ainsi qualifiés de puissance publique au sens de la Loi fondamentale. Ces deux sphères de souveraineté ne constitueraient donc pas un troisième niveau ; la souveraineté européenne serait intégrée à la Loi fondamentale et aurait, dès lors, le même rang que celle-ci[622]. Cette interprétation se rattache à la doctrine du monisme avec primauté du droit interne car elle réduit le droit communautaire au droit public externe de l'Etat et s'inscrit dans la tendance niant le droit international et donc le droit communautaire.

Une telle interprétation semble toutefois excessive car elle ne correspond pas à la jurisprudence que la Cour constitutionnelle fédérale avait développée très tôt en rejetant justement la théorie moniste avec primauté du droit interne :

> « le caractère international d'un organe ne disparaît pas du fait du concours apporté à sa création par les pouvoirs publics de la République fédérale d'Allemagne »[623].

Avec l'arrêt Maastricht, il ne s'agit plus d'une coopération lors de la création de l'organe communautaire mais d'une coopération dans la mission attribuée à la Cour de Justice. La Cour constitutionnelle mentionne en outre le pouvoir d'une organisation internationale, distinct du pouvoir étatique des Etats membres et le fait que ce pouvoir affecte les devoirs qui reviennent à la Cour constitutionnelle fédérale ne remet pas en cause le caractère de l'autorité internationale : les actes de souveraineté de l'Union européenne peuvent certes être assimilés à l'autorité publique au sens de la Loi fondamentale mais uniquement dans la mesure où la Cour constitutionnelle ne limite plus sa mission à la protection des droits fondamentaux vis-à-vis des organes du pouvoir allemand mais à la protection des droits fondamentaux en Allemagne.

---

[621] L'Union européenne est déjà considérée par certains auteurs comme une véritable fédération. "L'Union européenne est une «Fédération» (Bund), au sens utilisé par Carl Schmitt, d'une union durable de plusieurs Etats dans une nouvelle entité qui ne supprime pas pour autant ces Etats". *Olivier Beaud,* La puissance de l'Etat, PUF, p. 489.

[622] *Christian Tietje,* JUS 1994, p. 197-202 (199).

[623] BVerfGE 06, 15 [18].

L'origine de l'acte incriminé n'est donc plus déterminant pour le contrôle du droit communautaire dérivé à l'aune des droits fondamentaux garantis par la Loi fondamentale ; ce n'est pas uniquement la Cour de Justice des Communautés européennes qui peut exercer cette compétence ; la Cour constitutionnelle la revendique également, et ce, dans un rapport de coopération[624] :

> « La Cour constitutionnelle fédérale exerce toutefois son pouvoir juridictionnel quant à l'applicabilité en Allemagne du droit communautaire dérivé dans le cadre d'un "rapport de coopération" avec la Cour de justice européenne, dans la mesure où celle-ci garantit la protection des droits fondamentaux, dans chaque cas particulier, pour l'ensemble du territoire des Communautés européennes, la Cour constitutionnelle fédérale pouvant en conséquence se limiter à une garantie générale du niveau inaliénable des droits fondamentaux[625] ».

Pour la première fois, la Cour constitutionnelle évoque ce " rapport de coopération ", ce qui a jeté un certain trouble parmi les commentateurs. Il semble en fait que derrière un nouveau vocabulaire se cache un problème ancien. Dans la décision Maastricht, le juge constitutionnel fait explicitement référence au « rapport de coopération »[626] avec la CJCE mais il ne semble pas que par cette formule, le juge constitutionnel vise directement l'article 177 (234) CE[627], ce qui peut entraîner certaines difficultés sur le plan juridique. En effet, la réponse que peut donner le juge communautaire à une question préjudicielle peut également être contrôlée par le juge constitutionnel dans le cadre du rapport de coopération défini dans l'arrêt Maastricht[628]. Et si les autres Cours supérieures des Etats membres adoptaient la même position, ce pourrait être l'unité du droit communautaire qui serait sérieusement mise en danger, alors même que la Cour constitutionnelle avait par ailleurs déclaré dans une décision plénière, que l'unité de l'ordre juridique pouvait être menacée de manière centrale si le même droit était rendu de manière différente[629].

Selon la jurisprudence antérieure, une inconnue et une constante permettaient de résoudre l'équation qui caractérisait les rapports entre le juge constitutionnel et le juge communautaire. La constante était la protection des droits fondamentaux garantie de manière inaliénable par la Loi fondamentale et l'inconnue était le niveau de protection des droits fondamentaux que l'on pouvait attendre de l'ordre communautaire. Après avoir " calculé " l'inconnue et si celle-ci était inférieure à la constante, le juge constitutionnel se réservait le droit d'exercer une censure sur la norme communautaire. Cette conception avait pour conséquence d'entraîner une ligne de répartition mouvante des compétences de la Cour constitutionnelle et de la Cour de Justice au fur et à mesure du développement de la jurisprudence communautaire relative à la protection des droits fondamentaux.

Le rapport de coopération ne remet pas en cause la jurisprudence antérieure du juge constitutionnel mais tente de lui donner un sens nouveau dans lequel les juges ne sont plus opposés mais au contraire collaborent en vue d'assurer un niveau de protection des droits fondamentaux au moins égal à celui garanti dans la Loi fondamentale.

---

624 *Cf. Hans-Detlef Horn,* Grundrechtsschutz in Deutschland - Die Hoheitsgewalt der EGen und die Grundrechte des Grundgesetzes nach dem Maastricht-Urteil des Bundesverfassungsgerichts, DVBl. 1995, p. 89-96 (92).

625 BVerfGE 89, 155 [175] B.2.b.

626 C'est la Cour constitutionnelle elle-même qui utilise les guillemets. Voir sur ce point: *Hans Peter Ipsen,* Zehn Glossen zum Maastricht-Urteil, EuR 1994, p. 1-21 (10).

627 Sur le rapport de coopération dans le cadre de l'article 177 (234) CE, Voir *supra* p. 87.

628 *Helmut Steinberger,* Anmerkung zum Maastricht-Urteil des Bundesverfassungsgerichts, in: Der Staatenverbund der Europäischen Union, Beiträge und Diskussion des Symposions am 21./22 Januar 1994 in Heidelberg, Peter Hommelhoff und Paul Kirchhof (hrsg.),C.F. Müller Juristischer Verlag, Heidelberg 1994, p. 25-35 (32).

629 BVerfGE 54, 277 (291).

Le rapport de coopération pose sans doute plus de questions qu'il n'en résout[630] ; sans apporter un niveau de protection plus grand, la décision Maastricht de la Cour constitutionnelle est susceptible de brouiller un peu plus les relations entre la juridiction nationale et européenne[631].

Sur le véritable détenteur de la compétence de la compétence, c'est-à-dire de la souveraineté, la jurisprudence constitutionnelle est en revanche univoque. Seule l'Allemagne de la Loi fondamentale en dispose car celle-ci fonde un Etat, ce qui n'est pas le cas de l'Union européenne.

II. La compétence de la compétence

Si le problème de la " Kompetenz-Kompetenz " intervient de manière centrale dans le raisonnement de la Cour constitutionnelle dans l'arrêt Maastricht, celle-ci ne l'a pas défini[632]. *Carl Schmitt* relève que cette expression peut recouvrir plusieurs acceptions et qu'elle ne doit pas être employée pour désigner la souveraineté car ces deux termes sont contradictoires[633]. Ou bien la compétence de la compétence décrit une véritable compétence et n'est donc pas l'expression de la souveraineté, ou bien il s'agit d'un terme général pour désigner la souveraineté et il ne s'agit donc pas d'une compétence. Cette opinion est également celle de *Georges Scelle* pour qui la compétence de la compétence n'existe pas car dans le cadre d'un système global, la compétence de chacun est déterminée par celle des autres acteurs :

> « Divers auteurs allemands ont analysé le concept de la souveraineté du point de vue de la technique juridique, et ont montré que la notion peut se définir comme la compétence de la compétence (kompetenz-kompetenz). Etre souverain, c'est déterminer sa propre compétence. (...) On ne saurait être plus clair : c'est l'autonomie absolue de la volonté. Mais c'est une notion qui se détruit elle-même, car si un sujet de Droit dispose de sa propre compétence, il dispose nécessairement aussi de celle des autres. En déterminant l'étendue de ses pouvoirs juridiques, il limite fatalement ceux des autres à la frontière des siens. (...).
>
> Malgré l'impossibilité logique d'admettre la pluralité de souveraineté étatique, le concept répond à une idéologie (...) fortement ancrée dans l'esprit des juristes et des politiques (...). Ce n'en est pas moins une notion imaginaire. (...)
>
> La « compétence » est l'inverse même de la souveraineté, puisqu'elle est concédée et investie par de normes de droit positif. (...). Nous conviendrons seulement que le mythe a une puissance « passionnelle » considérable et que sa portée est collective. Ce caractère irrationnel en fait peut-être une réalité sociologique, mais ne lui donne pas droit de cité scientifique »[634].

Il peut en outre s'agir, selon *Carl Schmitt*, de la compétence pour décider une révision constitutionnelle ou d'un accessoire de la compétence, c'est-à-dire la compétence pour déterminer si les conditions pour exercer une compétence sont réunies.

§ 1. Le caractère prévisible de l'évolution du droit communautaire

La compétence pour réviser la constitution n'est pas sans limite et doit être déterminée dans celle-ci. *Carl Schmitt* note ainsi que l'évolution historique et l'utilisation large (Ausnutzung) des possibilités de révisions constitutionnelles peut entraîner une extension de la

---

630 *Ingo Winkelmann (Hrsg.)*, Das Maastricht-Urteil des Bundesverfassungsgerichts vom 12. Oktober 1993, Dokumentation des Verfahrens mit Einführung, Duncker & Humblot 1994, p. 50.

631 Sur l'évolution des rapports entre le juge constitutionnel et le juge communautaire voir *infra* p. 198.

632 *Cf. Peter Lerche*, "Kompetenz-Kompetenz" und das Maastricht-Urteil des Bundesverfassungsgerichts, in: Verfassungsrecht im Wandel, p. 409-424 (409).

633 *Carl Schmitt*, Verfassungslehre, 6. Auflage, Duncker & Humblot, Berlin 1928, p. 386.

634 *Georges Scelle*, Manuel de droit international public, Domat-Montchrestien 1948, 1008 p. (100-101). Voir également Précis de droit des gens, Tome II, Sirey 1934, p. 7.

compétence de la Fédération. Celle-ci se trouve à ce point élargie que les Etats fédérés ne disposent plus de compétences notables et perdent ainsi leur existence politique. La Fédération devient alors un Etat unitaire. Si la compétence de la compétence était utilisée selon un plan prévu à l'avance pour supprimer l'autonomie politique des Etats fédérés, cela constituerait une atteinte à la constitution fédérale[635].

La Cour constitutionnelle examine donc la procédure de révision des traités sur lesquels est fondée l'Union, prévue à l'art. N TUE. Les deuxième et troisième alinéas de cet article énoncent :

> « Si le Conseil, après avoir consulté le Parlement européen et, le cas échéant, la Commission, émet un avis favorable à la réunion d'une conférence des représentants des gouvernements des Etats membres, celle-ci est convoquée par le président du Conseil en vue d'arrêter d'un commun accord les modifications à apporter auxdits traités. (...)
>
> Les amendements entreront en vigueur après avoir été ratifiés par tous les Etats membres conformément à leurs règles constitutionnelles respectives ».

L'évolution du droit communautaire ne risque donc pas d'échapper à la volonté des Etats membres car celle-ci est soumise à la volonté de ceux-ci par la voie d'une nouvelle approbation parlementaire nationale. La Cour constitutionnelle fédérale examine ce problème sous l'angle du caractère prévisible de l'évolution du droit communautaire.

> « Le traité d'Union satisfait aux exigences de précision car il définit de façon suffisamment prévisible le déroulement futur de son exécution, autrement dit les possibilités d'utilisation des compétences relevant de la souveraineté qui lui sont conférées (BVerfGE 58, 1 [37] ; BVerfGE 68, 1 [98 et s.]) ; cela justifie l'aval donné par le Parlement à la loi d'approbation. Le souci du requérant selon lequel, du fait de ses amples objectifs, la Communauté européenne est susceptible d'évoluer, sans nouveaux ordres parlementaires d'application du droit, vers une union politique dont les droits de souveraineté ne peuvent être déterminés à l'avance, n'est pas fondé. Le traité d'Union reprend et renforce le principe du caractère limité de l'habilitation spéciale, qui valait déjà auparavant pour les Communautés européennes ; ce principe n'est pas remis en cause par l'article F, paragraphe 3 TUE, qui n'institue pas une compétence en matière de compétence ; les possibilités de dévolution de nouvelles attributions et compétences à l'Union européenne et à la Communauté européenne sont limitées par des dispositions suffisamment précises ; de même en ce qui concerne l'évolution vers l'Union monétaire européenne, ces possibilités sont définies de manière suffisamment prévisibles »[636].

La Cour constitutionnelle estime que le Traité de Maastricht ne constitue pas un chèque en blanc au profit des institutions communautaires qui risquerait de porter atteinte à la compétence en matière de compétence de l'Allemagne fédérale.

Même si le traité d'Amsterdam organise de nouveaux transferts de droits de souveraineté notamment en communautarisant la politique d'asile, d'immigration et des visas, le programme d'intégration européenne y est plus clairement défini que dans le traité de Maastricht[637]. Il n'en reste pas moins que l'Union ne bénéficie que de compétences d'attribution.

---

[635] *Carl Schmitt, op. cit., ibid.*

[636] BVerfGE 89, 155 [192] C II 2.

[637] *Ulrich Karpestein,* Der Vertrag von Amsterdam im Lichte der Maastrich-Entscheidung des BVerfG, DVBl. 1998, p. 942-952 (952).

§ 2. L'Union ne bénéficie que de compétences d'attribution

La Cour constitutionnelle examine si l'article F (6) paragraphe 3 (6) TUE[638] peut fonder une compétence de compétence au profit des institutions de l'Union européenne. Elle constate que

> « (cet) article n'habilite pas l'Union à se procurer par elle-même les ressources financières et les autres moyens d'action qu'elle estime nécessaires pour la réalisation de ses objectifs ; l'article F, paragraphe 3, du TUE se borne au contraire à affirmer l'intention, relevant d'un programme politique, selon laquelle les Etats membres - qui composent l'Union - veulent doter celle-ci, dans le cadre des procédures nécessaires à cet effet dans chaque cas, des moyens suffisants.[639] »

Dans cette décision, le juge constitutionnel insinue toutefois le manque de partialité du juge du Luxembourg, prêt à recourir à une interprétation téléologique des traités pour justifier une extension des compétences communautaires.

> « Le traité d'Union et notamment le traité CE obéissent au principe du caractère limité de l'habilitation spéciale. Selon ce principe, une disposition particulière qui confère des attributions ou des compétences peut certes être interprétée dans la perspective des objectifs des traités ; toutefois, l'objectif des traités ne suffit pas lui même pour constituer le fondement ou pour permettre l'extension d'attributions et de compétences »[640].

S'appuyant sur l'article N et K. 9 du TUE qui visent respectivement l'hypothèse de la révision et l'extension des traités, la Cour constitutionnelle montre qu'il existe une ligne de partage entre une évolution du droit dans le cadre des traités et une création de droit forçant les limites fixées par ceux-ci, qui n'est pas couverte par les dispositions en vigueur des traités.

> « Dans la mesure où les traités instituant les Communautés européennes octroient d'une part à celles-ci des droits de souveraineté dans des conditions de fait nettement délimitées et réglementent d'autre part la révision des traités (...), cette distinction revêt également de l'importance pour la pratique future de ces habilitations spéciales. Si une extension dynamique des traités existants s'est fondée jusqu'à présent sur une pratique libérale de l'article 235 du traité CEE dans le sens d'une « compétence de parachèvement des traités », sur l'idée des compétences intrinsèques des Communautés européennes (« implied powers ») et sur une interprétation des traités dans le sens de l'utilisation la plus large possible des compétences communautaires (...), il y aura lieu à l'avenir, lors d'une interprétation de normes de compétence par des organes et institutions des communautés, de tenir compte du fait que le traité d'Union distingue en principe entre l'exercice d'une compétence relevant de la souveraineté octroyée moyennant des limites, d'une part, et la révision des traités, d'autre part ; l'interprétation de celui-ci ne saurait donc aboutir à un résultat équivalent à son extension ; une pareille interprétation de normes de compétences n'aurait pas de caractère obligatoire pour l'Allemagne »[641].

L'extension des compétences communautaires ne peut donc être légitimée que par le législateur national car la souveraineté des institutions communautaires n'est pas autonome mais s'inscrit dans le prolongement de l'habilitation accordée par le pouvoir souverain des parlementaires.

Les raisons qui poussent la Cour constitutionnelle à revenir longuement sur l'article 235 (308) du Traité CE sont discutables car cet article existe depuis 1957. En ratifiant le Traité de Rome, l'Allemagne a donc accepté dès cette époque les conséquences induites par cet article qui énonce :

---

638 « L' Union se dote des moyens nécessaires pour atteindre ses objectifs et pour mener à bien ses politiques ».
639 BVerfGE 89, 155 [194] C.II.2.b.
640 BVerfGE 89, 155 [209] C.II.3.b.
641 BVerfGE 89, 155 [210] C.II.3.b.

« Si une action de la Communauté apparaît nécessaire pour réaliser, dans le fonctionnement du marché commun, l'un des objets de la Communauté, sans que le présent traité ait prévu les pouvoirs d'action requis à cet effet, le Conseil, statuant à l'unanimité sur proposition de la Commission et après consultation du Parlement européen, prend les dispositions appropriées ».

Sur ce point, le traité signé le 7 février 1992 à Maastricht n'apporte pas d'éléments nouveaux susceptibles d'être contrôlés par le juge constitutionnel. De plus, l'attaque à peine feutrée contre la jurisprudence de La Cour de justice est particulièrement maladroite. En effet, la Cour constitutionnelle fait référence à un commentaire du juge allemand *Zuleeg* à la CJCE. Or celui-ci a démenti le 14 octobre n'avoir jamais défendu cette thèse, ni dans la publication incriminée[642], ni dans aucune autre[643]. L'insinuation du juge de Karlsruhe s'apparente donc au mieux à une sorte " d'interprétation sous réserve " non autorisée puisqu'il doit seulement dire si le Traité de Maastricht est compatible ou non avec la Loi fondamentale. Or s'agissant d'un traité international, les réserves d'interprétation sont inadmissibles car le traité doit faire l'objet d'une application uniforme par tous les Etats parties. Il était donc trop tard pour émettre des réserves d'interprétation car celles-ci sont également interdites lors de sa ratification. Elles ne sont possibles, en vertu des principes du droit international codifiés par la convention de Vienne, que lors de sa signature et non au moment du dépôt des instruments de ratification[644].

Au pire, l'appréciation du juge constitutionnel peut être interprétée comme un contrôle de la constitutionnalité d'un traité déjà entré en vigueur, ce qui est susceptible de constituer une atteinte à la règle du droit international *Pacta sunt servanda*[645].

La Cour constitutionnelle fait enfin référence aux principes de subsidiarité et de proportionnalité susceptibles aux yeux des juges de Karlsruhe de faire obstacle à l'érosion des compétences des Etats membres et de restreindre l'intensité réglementaire des actions communautaires[646]. A cet égard, la Cour s'en remet à la jurisprudence du juge commu-

---

[642] *Zuleeg*, in: *von der Groeben/Thiesing/Ehlermann*, EWG-Vertrag, quatrième éd. 1991, article 2, point 3

[643] *Cf.* SZ 15/10/93

[644] C'est ainsi par exemple qu'un "protocole sur certaines dispositions relatives au Royaume-Uni de Grande Bretagne et d'Irlande du Nord", annexé au Traité de Maastricht, précise que "le Royaume-Uni n'est pas tenu et n' a pas pris l'engagement de passer à la troisième phase de l'Union économique et monétaire sans décision distincte en ce sens de son gouvernement et de son parlement". Tous les Etats parties sont donc informés de la position du Royaume-Uni avant même la signature du Traité, ce qui signifie en même temps qu'ils en acceptent les conséquences. Ces précisions préalables à la signature du Traité ont donc l'avantage d'être claires. C'est loin d'être le cas en Allemagne à cause de la jurisprudence de la Cour constitutionnelle que l'on peut résumer par une sorte de "Oui, mais...". C'est d'ailleurs l'opinion générale qui se dégageait dans la presse allemande au lendemain de la décision du 12 octobre 1993.

[645] On peut faire ici une comparaison avec la jurisprudence du Conseil constitutionnel, qui rappelle cette règle dans ses considérants 5, 6 et 7 de sa décision du 9 avril 1992 (Maastricht I), et qui en tire les conclusions:

5. Considérant que la saisine invite le Conseil à se prononcer «compte tenu des engagements souscrits par la France».

6. Considérant que dans ses titres II, III et IV, le traité sur l'Union européenne porte modification d'engagements internationaux antérieurement souscrits par la France et introduits dans son ordre juridique en vertu de l'effet conjugué de lois qui ont en autorisé la ratification et de leur publication soit au *Journal officiel* de la République française, soit au *Journal officiel* des Communautés européennes (...).

7. Considérant que le quatorziéme alinéa du préambule de la Constitution de 1946, auquel se réfère le préambule de la Constitution de 1958, proclame que la république française «se conforme aux règles du droit public international», qu'au nombre de celles-ci figure la règle *Pacta sunt servanda* qui implique que tout traité en vigueur lie les parties et doit être exécuté par elles de bonne foi (...).

Le Conseil constitutionnel ne transpose donc pas aux traités internationaux la jurisprudence qu'il avait inaugurée dans sa décision 85-187 du 24 juillet 1985 (Etat d'urgence en Nouvelle Calédonie), par laquelle il s'autorisait à contrôler une loi déjà entrée en vigueur à travers le contrôle d'une loi qui en affecte le domaine d'application. *Cf.* AJDA 1998, Traité d'Amsterdam, p. 135-147 (136).

[646] BVerfGE 89, 155 [211-212] C.II.3.c & d.

nautaire pour appliquer ces principes dans un sens favorable aux Etats membres. A partir de cette constatation, deux hypothèses sont envisageables. Ou bien le juge constitutionnel se contredit car il reproche à la Cour de justice d'avoir une lecture extensive des traités communautaires en raison d'une interprétation téléologique de ceux-ci, ce qui ne l'empêche pas de lui faire confiance pour interpréter les principes de subsidiarité et de proportionnalité, ou bien - hypothèse plus probable - le juge constitutionnel vise à influencer la Cour de justice en soulignant les principes auxquels le juge communautaire doit avoir recours pour interpréter les traités dans un sens favorable aux compétences nationales.

Le juge constitutionnel tend donc à montrer que la dévolution des compétences dans l'ordre interne n'est pas mise en danger par le droit communautaire d'une manière interdite par la Loi fondamentale. Dans le cas contraire, il pourrait le censurer. C'est la raison pour laquelle sa jurisprudence reste centrée sur l'ordre interne et semble négliger le rôle du droit communautaire : le Parlement européen ne se voit accorder qu'un rôle secondaire et la souveraineté de l'Allemagne n'est pas atteinte par les progrès de l'intégration européenne. Cette vision des rapports entre l'ordre interne et l'ordre communautaire n'est toutefois pas incompatible avec une nouvelle définition des droits et obligations des Länder, de la Fédération et de l'Union européenne dans laquelle les loyautés n'apparaissent plus alternatives mais au contraire intégrées.

Deuxième partie.
Des loyautés intégrées

La loyauté communautaire et la loyauté fédérale semblent *a priori* difficilement conciliables. L'intégration progressive du droit communautaire porte atteinte aux droits des Länder et la prise en considération de ceux-ci est susceptible de constituer un obstacle à l'intégration communautaire (Première partie).

Jusqu'à la réforme constitutionnelle du 21 décembre 1993, le problème du fédéralisme allemand face à l'intégration européenne était essentiellement réglé par un renforcement continu du rôle du Bundesrat : pour défendre leurs droits, les Länder devaient donc faire pression sur le gouvernement fédéral par l'intermédiaire du Bundesrat. Il s'agissait donc d'un mécanisme à double détente puisque les intérêts des Länder étaient ensuite défendus au sein des instances communautaires par le gouvernement fédéral.

Le nouvel article 23 LF ne doit pas seulement s'analyser comme un renforcement supplémentaire des droits du Bundesrat dans l'ordonnancement institutionnel allemand car pour la première fois le Bundesrat acquiert la possibilité d'intervenir directement dans le processus décisionnel communautaire : on quitte donc un système binaire pour entrer dans une nouvelle dimension des rapports entre le fédéralisme allemand et l'intégration européenne, dans laquelle les intérêts se conjuguent et se combinent mutuellement[647].

Désormais les Länder participent non seulement à la législation fédérale mais aussi au processus décisionnel communautaire et sont, dans certaines circonstances, en mesure de défendre eux-mêmes leurs droits au Conseil de l'Union européenne par l'intermédiaire du Bundesrat.

Le jeu des acteurs institutionnels ne s'inscrit plus nécessairement dans des rapports antagonistes. Ils se trouvent dans l'obligation d'aller de concert car l'intégration européenne devient un objectif assigné à l'action de l'Etat. Les loyautés ne sont désormais plus contradictoires mais introduisent au contraire un élément de souplesse dans les rapports entre les deux ordres juridiques : il existe une synergie entre les Länder et le gouvernement fédéral pour renforcer l'intégration européenne.

Les Länder ne peuvent désormais plus s'opposer au progrès de l'intégration européenne en faisant pression sur le gouvernement. Ils sont associés à ce processus et peuvent y trouver leur intérêt. De son côté, l'Union européenne laisse une place plus grande aux entités infra-étatiques dans ses organes institutionnels et dans le processus de formation de la volonté. Cela signifie que la loyauté fédérale comprend en même temps la loyauté communautaire, de la même façon que la loyauté communautaire intègre la loyauté fédérale.

La réunification allemande et le saut qualitatif de l'intégration européenne faisaient planer de lourdes menaces sur la survie du fédéralisme. Ces deux éléments avaient fait entrer le fédéralisme allemand dans une zone de turbulence[648]. Selon *W. Scharpf*, « le fédéralisme, ne pouvait, que gagner ou perdre, mais il (...) ne pouvait rester tel qu'il a existé jusqu'à aujourd'hui »[649]. Dans cette phase de tourmente, il aurait également pu complètement disparaître sous la pression interne (réunification) et externe (intégration européenne). Il a survécu, ce qui en soi peut déjà être considéré comme une victoire pour le fédéralisme. Mais cette victoire doit être nuancée car les Länder qui avaient déjà du mal à défendre leurs intérêts face à la Fédération éprouvent encore davantage de difficultés au sein des institutions communautaires et sont souvent dans l'obligation de revoir leurs re-

---

[647] *Martin Selmayr und Nicola Prowald,* Abschied von den „Solange"- Vorbehalten, Die wahre Bedeutung des « Kooperationsverhältnisses » des BVerfG zum EuGH, DVBl. 1999, p. 269-277 (276).

[648] *Cf. Christian Autexier et Barbara Genius-Devime*, Turbulences sur le fédéralisme allemand, RBDC, 1994, n° 2.

[649] *Fritz W. Scharpf,* Optionen des Föderalismus in Deutschland und Europa, Campus Verlag, Frankfurt/New-York, 1994, 187 p. (58).

vendications à la baisse afin de trouver un compromis avec les différents partenaires. Ces compromis interviennent à tous les niveaux et à toutes les phases de la procédure décisionnelle, de telle sorte que se profile le danger de l'imbrication des politiques (*Politikverflechtung*), bien que celle-ci trouve son origine en dehors du cadre communautaire.

Dans un tel mécanisme décisionnel, les rouages peuvent se gripper à tout moment. On peut même être étonné que le système puisse fonctionner sans être paralysé, contrairement aux craintes qui avaient été exprimées lors de l'adoption du nouvel article 23 de la Loi fondamentale. A cette époque, on craignait en effet que les défauts de la réforme constitutionnelle puissent avoir des répercussions sur le fonctionnement des institutions communautaires, ce qui montre en même temps l'enchevêtrement des systèmes juridiques.

En fait, chaque acteur est conscient des dangers d'un tel mécanisme et chacun tend au maximum à éviter les conflits par la recherche constante d'un consensus. Mais la paralysie du système n'est pas le seul danger. Même lorsque le système fonctionne, il existe un risque de dilution de la responsabilité avec l'accroissement du nombre de codécideurs.

Ce jeu de loyautés intégrées fonde une articulation nouvelle des ordres juridiques (Titre 1), dans laquelle le fédéralisme allemand a trouvé un nouveau point d'équilibre (Titre 2).

Titre 1. L'articulation des ordres juridiques

L'articulation des ordres juridiques allemand et communautaire est déterminée par la jurisprudence du juge de Karlsruhe. Si celle-ci ne concerne pas exclusivement la relation entre le fédéralisme allemand et l'intégration européenne, son étude est néanmoins indispensable pour comprendre de quelle manière le droit communautaire est intégré à l'ordre juridique allemand. Le juge de Karlsruhe constitue en effet l'interface entre les deux ordres. L'étude de la jurisprudence constitutionnelle se justifie d'autant plus que celle-ci a largement influencé le nouvel article européen de la Loi fondamentale.

Dès les premiers arrêts de la Cour constitutionnelle ayant pour objet le droit communautaire, celle-ci a déterminé de quelle façon le droit communautaire pouvait pénétrer dans l'ordre juridique dont elle est la gardienne. On peut expliquer cette jurisprudence en disant que les lois d'approbation des traités communautaires constituent des ponts qui permettent de relier les deux ordres juridiques[650], et que le juge constitutionnel détermine le gabarit maximal autorisé. Autrement dit, aux yeux du juge constitutionnel, le poste de contrôle se trouve non pas sur la rive européenne mais bien sur la rive allemande. Une telle conception est susceptible de porter atteinte à l'unité du droit dans l'Union européenne car chaque juge national est en mesure de déterminer les normes de droit communautaire applicables sur son territoire. Elle est source de conflit non seulement entre les Etats membres et l'Union européenne mais aussi entre les Etats membres[651].

La Cour constitutionnelle, garante des principes structurants de la Loi fondamentale mais plus particulièrement des droits fondamentaux, a toujours été attentive à prévenir toute atteinte, en ce domaine, résultant du droit communautaire. Mais d'un rapport de défiance envers la CJCE, manifesté dans la jurisprudence Solange I, elle est passée à un rapport de confiance limitée, avec la jurisprudence Solange II et, enfin, à un rapport de coopération avec l'arrêt du 12 octobre 1992 à propos du Traité de Maastricht. Cette évolution ne saurait toutefois pas faire oublier le rôle de " douanier " du juge constitutionnel, qui peut à tout moment interdire l'application du droit communautaire pour non conformité aux normes constitutionnelles allemandes, comme le montre la jurisprudence la plus récente à propos du droit des importateurs allemands de bananes.

Le gouvernement fédéral de son côté s'est trouvé promu garant des intérêts des Länder, selon la jurisprudence de la Cour constitutionnelle en date du 22 mars 1995, à propos de la directive « télévision sans frontières »[652]. A partir du moment où les Länder ne sont pas en mesure de défendre eux-mêmes leurs droits face aux instances européennes, c'est au gouvernement fédéral que revient cette mission. Ce faisant, il se trouve dans l'obligation de concilier les deux principes de loyauté fédérale et de loyauté communautaire. Les principes dégagés dans cet arrêt définissent les droits et obligations de chacun. De la même façon que le gouvernement fédéral doit prendre en considération les intérêts des Länder dans les négociations européennes, les Länder doivent faire preuve de la même attention envers le gouvernement fédéral lorsqu'ils sont eux-mêmes en situation d'agir.

La jurisprudence de la Cour constitutionnelle fait donc apparaître celle-ci comme la garante des éléments structurants de la Loi fondamentale (Chapitre 1) alors que le gouvernement fédéral est le garant des droits des Länder (Chapitre 2).

---

[650] *Manfred Zuleeg*, Bananen und Grundrechte -Anlaß zum Konflikte zwischen europäischer und deutscher Gerichtsbarkeit, NJW 1997, p. 1201-1207 (1201-1202).

[651] Pour illustrer ce danger, *Günter Hirsch* prend l'exemple d'un refus des autorités anglaises de se soumettre à la décision d'exportation des viandes bovines, Günter Hirsch, Europäicher Gerichtshof und Bundesverfassungsgericht - Kooperation oder Konfrontation? NJW 1996, p. 2557-2466 (2463).

[652] BVerfGE 92, 203.

Chapitre 1. La Cour constitutionnelle, garante des éléments structurants de la Loi fondamentale

A l'origine, les traités communautaires visaient uniquement le rapprochement des économies des pays membres[653], et la protection des droits fondamentaux n'était donc pas considérée comme un objectif prioritaire[654]. Les dispositions qui s'y rattachent comme par exemple le principe de non discrimination, sont parcellaires et correspondent davantage à une nécessité économique (la libre circulation) qu'à un but véritablement social ou humanitaire[655].

Les droits fondamentaux, placés en tête de la Constitution, donnent au contraire la physionomie du système institutionnel allemand car ils font partie des éléments structurants de la Loi fondamentale de la même façon que le fédéralisme[656]. Il n'est donc guère étonnant de voir le juge constitutionnel et le juge communautaire s'opposer sur la question des droits fondamentaux. L'objectif des juges est pourtant assez comparable. Il n'y a pas d'un côté le juge communautaire dont la mission serait exclusivement de sanctionner les entraves à la circulation des personnes, des marchandises et des services et de l'autre, le juge constitutionnel principalement chargé de défendre les droits fondamentaux. C'est ainsi que la Cour de justice a développé, elle aussi, une jurisprudence favorable aux droits essentiels de la personne humaine.

La signification de l'ordre juridique communautaire pour la prospérité sociale, économique et politique de l'Allemagne ainsi que pour le statut de l'Allemagne sur la scène internationale est primordiale. Or le rôle du droit communautaire pour atteindre ce niveau de prospérité et défendre ce statut ne doit pas être négligé. Il y a ainsi des droits essentiels pour l'Allemagne que la Cour constitutionnelle fédérale n'est pas en mesure de défendre car ils ne font pas partie de ceux contenus dans la Loi fondamentale. Il s'agit par exemple des entraves au marché qui peuvent être mises en place par les autres pays européens et qui empêchent les producteurs allemands d'exporter leurs marchandises : dans ce cas là, ce sont vers les instances européennes que les producteurs allemands devront se tourner car les règles posées par la Loi fondamentale ne leur seront d'aucun recours[657]. Dans les domaines des traités communautaires, certains principes sont donc profitables à l'Allemagne et donc plus à même d'être défendus par le droit communautaire lorsqu'ils puisent leur fondement en dehors du système juridique allemand.

Ceci ne remet pourtant pas en cause la compétence du juge constitutionnel car les droits fondamentaux allemands sont d'une nature bien différente que ceux pouvant faire l'objet

---

[653] Cependant l'arrière plan visant une union politique était déjà perceptible. *Cf. Ulrich Everling*, Überlegung zur Struktur der Europäischen Union und zum neuen Europa-Artikel des Grundgesetzes, DVBl. 1993, p. 936-947 (937).

[654] Les préambules font toutefois mention de "la paix et de la liberté".

[655] *G. Cohen Jonathan*, Cour constitutionnelle allemande et règlements communautaires, CDE 1975, p. 173- 206 (175).

[656] Ce qui ne signifie pas que le fédéralisme et les droits fondamentaux soient des notions comparables. *Cf. Martin Meißner*, Die Bundesländer und die Europäischen Gemeinschaften - Eine Untersuchung zur Garantie des Bundesstaatsprinzip unter Berücksichtigung der Kompetenzkompensation und der Regelung des Art. 23 GG n. F. Nomos, Baden-Baden 1996, 297 p. (151 et les indications bibliographiques qu'il donne à la note 266).

[657] *Cf. Peter-Christian Müller-Graff*, Diskussionsbeitrag, in: Hommelhoff/Kirchhof, Der Staatenverbund der EU, p. 67-72 (71).

d'une décision de la Cour de justice. Ils s'inscrivent dans le cadre d'une Constitution qui fonde un Etat : celui de la République fédérale d'Allemagne. Or le juge de Karlsruhe est bien le gardien de la Constitution (*Hüter der Verfassung*).

Le rôle qui revient au juge constitutionnel ne l'empêche, toutefois, pas de s'effacer dans certaines circonstances devant le juge communautaire et de lui laisser la compétence de juger, y compris dans le champ d'application de la Loi fondamentale. Mais il ne s'agit jamais que d'une liberté surveillée. Le juge constitutionnel peut donc reprendre sa compétence à tout moment en cas de danger pour les éléments structurants de la Loi fondamentale.

Même si la jurisprudence de la Cour constitutionnelle concerne essentiellement la compatibilité des normes de droit communautaire avec les droits fondamentaux, le raisonnement du juge constitutionnel mérite d'être étudié car en soumettant le droit communautaire à la conformité de la Loi fondamentale, le juge de Karlsruhe est également en mesure de la déclarer non conforme au principe du fédéralisme puisque celui-ci fait aussi partie des éléments structurants de la Loi fondamentale.

Le rapport entre la CJCE et la CCF (Section 2) est donc déterminé par la jurisprudence constitutionnelle qui fait prévaloir les éléments structurants de la Loi fondamentale (Section 1).

Section 1. La primauté des éléments structurants de la Loi fondamentale

La loi d'approbation ne s'analyse pas seulement comme un acte de réception du droit communautaire dans l'ordre interne. Elle implique également un transfert des éléments structurants de la Loi fondamentale en direction du droit communautaire, de telle sorte que le droit communautaire se trouve encadré par le contenu implicite de la loi d'approbation. Ces éléments ont un caractère inaliénable. Par conséquent si aucune solution juridique ne peut être trouvée en cas de conflit entre certaines normes constitutionnelles et les normes communautaires, ce sera au gouvernement d'intervenir pour préserver l'identité profonde de la Loi fondamentale.

I. Les limites posées par les lois d'approbation

Les lois d'approbation ont une valeur inférieure à la Loi fondamentale et leur constitutionnalité peut donc être contrôlée avant même leur entrée en vigueur comme cela a par exemple été le cas pour la loi d'approbation du Traité de Maastricht[658]. Par la suite, le juge constitutionnel reste compétent pour contrôler que le traité international reste bien dans les limites imposées par la loi d'approbation. On est donc en présence d'une construction gigogne puisque les traités doivent être conformes aux lois d'approbation qui doivent respecter les éléments structurants de la Loi fondamentale. Le juge constitutionnel veille en effet à prévenir tout glissement du droit communautaire en dehors des limites contenues implicitement dans les lois d'approbation.

Dans un premier temps, les limites contenues dans les lois d'approbation des traités n'étaient exprimées que par le juge constitutionnel dans la mesure où celui-ci les mettait en évidence. Par la suite, sa jurisprudence a été confirmée et renforcée par le nouvel article 23 de la Loi fondamentale qui soumet explicitement les lois d'approbation aux éléments structurants de la Loi fondamentale.

---

[658] Voir *supra* p. 93.

§ 1. La jurisprudence constitutionnelle

Les limites aux transferts de droits de souveraineté conditionnent l'intervention subsidiaire du juge constitutionnel. Mais ces limites ne sont pas contenues explicitement dans les articles 24 I et 59 II LF : ces deux articles selon la jurisprudence de la Cour constitutionnelle ne doivent pas être interprétés textuellement mais dans le cadre de l'ensemble des dispositions de la Loi fondamentale[659]. En effet, pris au pied de la lettre, aucune limitation ne semble liée aux transferts de droits de souveraineté à des institutions internationales.

Par conséquent, le juge constitutionnel dans l'arrêt Solange I précise le sens qu'il faut conférer à l'article 24 I :

> « L'article 24 de la Loi fondamentale traite du transfert de droits de souveraineté à des institutions internationales. Cette disposition ne doit pas être interprétée littéralement. L'article 24 de la Loi fondamentale, comme toute règle constitutionnelle présentant un caractère fondamental analogue à cette disposition, doit être entendu dans le cadre de l'ensemble de la Constitution. Cela signifie qu'il ne permet pas que la structure fondamentale de la Constitution qui confère à celle-ci son identité, soit modifiée sans révision constitutionnelle, et notamment par la législation de l'organisation internationale[660]. »

Par cette affirmation, la Cour constitutionnelle ne censure pas le droit communautaire au motif que celui-ci porte atteinte à la structure de la Loi fondamentale mais elle n'écarte pas cette éventualité et se déclare prête à intervenir au cas où une telle hypothèse se présenterait[661]. En soulignant l'impossibilité pour le droit communautaire de modifier ce qui constitue la structure fondamentale de la Constitution, le juge semble admettre implicitement que des modifications mineures de celle-ci, par l'intermédiaire du droit communautaire, restent possibles. La difficulté relève donc à isoler les éléments qui constituent la structure identitaire de la Loi fondamentale de ceux qui n'en relèvent pas.

La Cour précise ensuite :

> « L'article 24 de la Loi fondamentale (...) fait obstacle à une modification du Traité qui affecterait les structures qui forment la Constitution en vigueur en République fédérale d'Allemagne et qui supprimerait de ce fait son identité. La même règle vaudrait d'ailleurs pour les dispositions du droit communautaire dérivé, arrêtées sur la base d'une interprétation en ce sens du Traité en vigueur et qui affecteraient de la même manière les structures essentielles de la Loi fondamentale.
>
> En réalité, l'article 24 de la Loi fondamentale n'autorise pas le transfert de droits de souveraineté, mais ouvre l'ordre juridique national de telle sorte que les droits de souveraineté exclusifs de la République fédérale d'Allemagne, dans le champ d'application de la Loi fondamentale, se trouvent restreints et que la validité et l'application directes, sur le territoire souverain de l'Etat, d'un droit issu d'une autre source soient rendues possibles.[662] »

Selon la jurisprudence constitutionnelle, la condition pour autoriser les transferts des droits de souveraineté est donc de ne pas porter atteinte à l'identité de la Loi fondamentale. Sur le principe du commandement d'application du droit communautaire en droit interne, le nouvel article 23 LF n'a pas apporté de modifications. La Cour constitutionnelle rappelle ainsi dans l'arrêt Maastricht :

> « Dans la perspective de l'Union européenne et des Communautés qui en dépendent, l'article 23 I LF habilite le législateur fédéral à conférer à l'Union européenne, sous les conditions mention-

---

[659] En français, voir: *Rüdiger Stotz,* La primauté du droit communautaire en Allemagne, RFDA 1990, p. 957-960.

[660] BVerfGE 37, 271 [279] = RTDE 1975 (318).

[661] *Bodo Börner,* Droits fondamentaux et droit communautaire, in: Mélanges Dehousse, vol. 2, La construction communautaire, Fernand Nathan, Bruxelles 1979, p. 193-203 (196).

[662] BVerfGE 37, 271 [279] = RTDE 1975 (318-319).

nées dans cette disposition, l'exercice autonome de certaines compétences relevant de la souveraineté, jusqu'à la limite découlant de l'article 79 III (article 23 I 3 LF)[663]. »

La primauté du droit communautaire n'est donc pas une règle de droit communautaire : celle-ci est déduite de l'ordre interne[664] car selon la Cour constitutionnelle, le législateur en transférant des droits de souveraineté ne peut jamais transférer en même temps les principes essentiels qui structurent la Loi fondamentale. Cela signifie également que le juge constitutionnel, par son intervention est en mesure de mettre entre parenthèses le droit communautaire.

Les limites contenues dans les lois d'approbation concernent exclusivement les éléments structurants de la Loi fondamentale. Lorsque ceux-ci ne sont pas mis en jeu, le juge constitutionnel peut ne pas interpréter strictement les traités communautaires dont le fondement reste les lois d'approbation. C'est ainsi que le juge constitutionnel a reconnu au juge communautaire la possibilité de recourir à la méthode d'élaboration prétorienne[665].

§ 2. La confirmation constitutionnelle : le nouvel article 23 I LF

Le nouvel article 23 I LF est désormais rédigé comme suit :

« Pour l'édification d'une Europe unie, la République fédérale d'Allemagne concourt au développement de l'Union européenne qui est attachée aux principes fédératifs, sociaux, d'Etat de droit et de démocratie ainsi qu'au principe de subsidiarité et qui garantit une protection des droits fondamentaux substantiellement comparable à celle de la Loi fondamentale. A cet effet, la Fédération peut transférer des droits de souveraineté par une loi approuvée par le Bundesrat. L'article 79, al 2. et 3 est applicable à l'institution de l'Union européenne ainsi qu'aux modifications de ses bases conventionnelles et aux autres textes comparables qui modifient ou complètent la présente Loi fondamentale dans son contenu ou rendent possibles de tels compléments ou modifications ».

Jusqu'à présent, l'objectif européen était simplement mentionné dans le préambule de la Loi fondamentale : il y est en effet affirmé la volonté du peuple allemand de sauvegarder son unité nationale et étatique et de servir la paix du monde dans une Europe unie. Désormais l'intégration européenne constitue un objectif assigné à l'action de l'Etat dans le cadre d'une clause de structure.

A. Un objectif assigné à l'action de l'Etat

L'objectif assigné à l'action de l'Etat signifie que tous les moyens doivent être mis en œuvre au service d'une cause déterminée dont l'échéance n'est pas fixée[666]. Il a une nature plus politique que juridique[667] et il s'agit donc plutôt d'une obligation de moyen, conditionnée par une clause de structure, que d'une obligation de résultat, même si celui-ci a une force obligatoire. Il signifie que les organes de l'Etat accomplissent certaines tâches ou poursuivent certains objectifs[668]. En ce qui concerne les organes de l'Etat visés, la com-

---

[663] BverfGE 89, 155 [172] B.I.

[664] *Hubertus Gersdorf*, Das Kooperationsverhältnis zwischen deutscher Gerichtsbarkeit und EuGH, DVBl. 1994, p.674-685 (677).

[665] BVerfGE 75, 223 Voir *supra* p. 92.

[666] Mais ceux-ci peuvent être formulés de telle sorte que l'on puisse les accomplir dans un temps déterminé (par exemple la réunification allemande). En général, ils sont toutefois formulés de manière abstraite et peuvent ainsi ne jamais être atteints de manière définitive car la modification du contexte économique, politique et social fait reculer le but poursuivi (par exemple le principe de l'Etat social), *Cf. Karl-Peter Sommermann*, Staatsziel "Europäische Union"- Zur normativen Reichweite des Art. 23 I 1 GG, DÖV 1994, p. 596-604 (598). A la différence des droits fondamentaux, les objectifs assignés à l'action de l'Etat ne sont pas justiciables. *Cf. Christian Autexier*, Introduction au droit public allemand, PUF 1997, p. 117.

[667] *Scholz in: Maunz-Dürig, Komm z. GG. Art. 23*, p. 68.

[668] *Christian Autexier*, RFDC 1992, p. 624-641 (630).

mission constitutionnelle commune avait pris soin de souligner que l'Etat ne devait pas être confondu avec le Gouvernement fédéral. Les organes de l'Etat sont donc ceux de la Fédération mais aussi ceux des Länder[669]. Les uns comme les autres sont tenus de poursuivre l'objectif assigné à l'action de l'Etat. L'objectif assigné à l'action de l'Etat est une technique constitutionnelle qui tend à se répandre et qui contribue à conférer à la norme suprême le rang de projets normatifs à venir[670]. Si l'Union européenne devient un objectif assigné à l'action de l'Etat, encore faut-il déterminer ce qu'il faut entendre par ce terme.

Le terme d'Union européenne apparaît pour la première fois en droit communautaire dans le préambule de l'Acte unique européen. Ce terme prend, avec le Traité de Maastricht, un sens institutionnel dont il ne faut pas tenir compte dans la formulation du nouvel article 23 I LF. En effet, dans le cas contraire, il serait possible de déduire que le but assigné à l'action de l'Etat serait atteint en coopérant au développement de l'Union européenne telle qu'elle résulte du Traité de Maastricht, ce qui exclurait donc toute modification ultérieure des Traités sans modification préalable de la Loi fondamentale. Le caractère figé d'une telle interprétation pourrait être interprété comme étranger à la dynamique interne du Traité de Maastricht. Par conséquent, grâce à l'article 23 I LF, il est possible d'opérer des modifications majeures des Traités communautaires sans que celles-ci soient précédées d'une révision de la Loi fondamentale[671]. Dans la mesure où tout nouveau transfert de souveraineté est soumis aux mêmes conditions de forme que s'il s'agissait d'une révision de la Loi fondamentale, la majorité des deux tiers au Bundesrat et au Bundestag n'est pas plus difficile à réunir que s'il fallait en outre réviser la Constitution à chaque étape majeure de l'intégration européenne : on imagine en effet assez mal que les conditions soient réunies pour opérer les transferts de souveraineté et ne le soient pas pour la révision de la LF qui aurait justement pour objet d'ancrer ces modifications dans le corpus constitutionnel[672].

De plus, les alinéas suivant du même article 23 LF prévoient des dispositions permettant de faire des modifications ultérieures. Il faut donc conclure que l'appellation Union européenne ne vise pas uniquement les textes tels qu'ils résultent du Traité de Maastricht[673]. Si l'article 23 LF permet d'aller au-delà du degré d'intégration du T.U.E, encore faut-il se demander quel est le degré d'intégration couvert par le nouvel article européen.

On peut en effet imaginer qu'une évolution continue du droit communautaire aboutisse à la fondation d'un Etat européen, les Etats membres constitueraient alors des Etats fédérés. Une telle évolution ne pourrait dès lors plus être couverte par les lois d'approbation des traités puisque la limite intangible de l'article 79 III LF serait dépassée. Il est peu probable que l'Union européenne atteigne un jour ce stade et si l'intégration européenne continue, elle connaîtra plutôt un développement asymptotique vers un Etat européen car les résistances se feront sans doute de plus en plus vives (On peut penser par exemple à un degré d'homogénéité de plus en plus faible avec l'entrée de nouveaux membres dans

---

[669] BT Drs. 12/6000, p. 20.

[670] La distinction entre constitution formelle et constitution matérielle prend ici toute son importance. Les dispositions contenues dans les constitutions doivent conserver un caractère essentiel afin de ne pas dénaturer le texte constitutionnel: celui-ci ne doit pas dégénérer en un catalogue d'objectifs qu'il faudrait réactualiser à tout moment. *Cf. Karl-Peter Sommermann,* Staatsziel "Europäische Union". Zur normativen Reichweite des Art. 23 I 1 GG, DÖV 1994, p. 596-604 (596).

[671] Ce qui n'est pas possible en France puisque l'article 88-2 de la Constitution de la Vème République vise le Traité sur l'Union européenne signé le 7 février 1992, ce qui soumet toute modification des Traités entraînant de nouveaux transferts de souveraineté à une révision constitutionnelle.

[672] Voir *infra* p. 367

[673] *Cf. Karl-Peter Sommermann,* Staatsziel "Europäische Union". Zur normativen Reichweite des Art. 23 I 1 GG, DÖV 1994, p. 596-604 ( ), *Scholz in:* Maunz-Dürig, Komm z. GG., Art. 23, p. 35.

l'Union). Au fur et à mesure de ce développement, il deviendra alors de plus en plus difficile de dire si la ligne blanche a été ou non franchie[674].

Le nouvel article 23 I LF est donc riche en paradoxes. Il enjoint aux organes de l'Etat de participer à un but dont l'objectif et l'échéance ne sont pas fixés, la participation des pouvoirs publics à cet objectif va entraîner un nouvel amoindrissement des compétences étatiques, mais celle-ci doit prendre fin à partir d'un certain degré d'intégration qu'il est impossible de déterminer avec précision. A n'en point douter, ce nouvel article constitutionnel pose plus d'interrogations qu'il n'en résout.

B. Le cadre de la clause de structure

La garantie d'une protection des droits fondamentaux dans le cadre du droit communautaire était déjà exigée par la Cour constitutionnelle (Solange I, II). Une position jurisprudentielle acquiert ici une valeur constitutionnelle. Si la garantie par les institutions communautaires des autres principes contenus dans la clause de structure pouvait être déduite par le truchement des articles 79 III, 20 & 1 LF, il s'agissait alors de conditions négatives dans la mesure où le droit communautaire ne devait pas y porter atteinte. Avec le nouvel article 23 LF, il s'agit désormais de conditions positives. Il ne faut toutefois pas perdre de vue qu'il ne s'agit que de principes d'actions qui ne valent qu'à l'égard des pouvoirs publics allemands, même si ceux-ci sont susceptibles d'influencer le développement du droit communautaire.

1°) Le contenu de la clause de structure

La Loi fondamentale connaissait déjà une clause d'homogénéité. Celle-ci n'était alors pas dirigée vers le haut comme c'est le cas pour le nouvel article 23 mais vers le bas, c'est-à-dire vers les Länder. L'article 28 I 1 et III LF énonce :

> « L'ordre constitutionnel des Länder doit être conforme aux principes d'un Etat de droit républicain, démocratique et social, au sens de la présente Loi fondamentale ».
>
> « La Fédération garantit la conformité de l'ordre constitutionnel des Länder avec les droits fondamentaux et avec les dispositions des alinéas 1 et 2 »[675].

La question de l'homogénéité ne se pose toutefois pas de la même façon pour les relations entre la structure communautaire et la Constitution des Etats d'une part, et entre la Fédération et les Länder, d'autre part. Les institutions communautaires ne tirent leurs compétences que des transferts opérés par les Etats membres, même si la mise en place d'une structure européenne commune sous-entend déjà une certaine égalité structurelle des principes constitutionnels.

Jusqu'à présent, l'homogénéité entre le droit communautaire et la Loi fondamentale était limitée (du moins implicitement) aux droits fondamentaux à travers les jurisprudences Solange. Avec le nouvel article 23 I 1 LF, ce ne sont plus uniquement les droits fondamentaux qui sont visés mais aussi les principes fédératifs, sociaux, d'Etat de droit et de démocratie ainsi que le principe de subsidiarité. Ces exigences posées par la Loi fondamentale vont-elles au-delà de celles du Traité de Maastricht ? Si c'était le cas, il serait possible d'affirmer que de cette manière, la Loi fondamentale poserait les principes stricts selon lesquels l'Union européenne devrait se développer. Ainsi certains détracteurs ont-ils pu affirmer que la clause de structure du nouvel article 23 I LF était l'expression d'un " impérialisme constitutionnel allemand "[676] ou constituait un " potentiel de blocage" vis-à-

---

[674] *Cf. Josef Isensee,* Integrationsziel Europastaat ? in: FS Ulrich Everling, p. 567-592 (569).

[675] Le deuxième alinéa de l'article 28 LF est relatif à l'auto-administration des communes et des groupements de communes.

[676] *Jürgen Schwarze,* Das Staatsrecht in Europa, JZ 1993, p. 585-594 (590).

vis de l'intégration européenne[677]. Au regard de l'article F (6) TUE qui énonce « L'Union respecte l'identité nationale de ses Etats membres, dont les systèmes de gouvernement sont fondés sur les principes démocratiques », il semble que l'article 23 I n'aille pas au-delà des exigences posées par le Traité de Maastricht. C'est même plutôt l'inverse qui serait vrai dans la mesure où le droit communautaire exige des Etats membres qu'ils se plient aux traditions constitutionnelles communes. L'article F (6) constitue un compromis entre les différents systèmes juridiques des Etats membres mais les principes fédératifs, sociaux, l'Etat de droit, la démocratie[678] et le principe de subsidiarité[679] font bien partie de l'identité juridique allemande.

2°) La portée de la clause de structure

Cette clause de structure n'est pas destinée aux institutions de l'Union européenne mais vise uniquement les pouvoirs publics allemands qui ne peuvent agir que si les principes de la clause de structure sont respectés par les organes de l'Union européenne : ceux-ci sont donc liés à la clause de structure et doivent s'assurer que les principes énoncés soient garantis et réalisés au niveau communautaire[680]. On ne peut donc pas déduire que le nouvel article européen reconnaît expressément une structure institutionnelle à trois étages[681]. Il ne s'agit pas d'élever la structure étatique de l'Allemagne comme un modèle pour l'Union européenne. Une telle exigence serait irréaliste et pour le moins présomptueuse si l'on songe aux différentes conceptions de la démocratie, de l'Etat de droit, de l'Etat social, des droits fondamentaux, et aux pays qui connaissent une structure centralisée[682]. De ce point de vue, le nouvel article 23 n'innove pas vraiment. Les limites qui avaient été posées par la Cour constitutionnelle sont désormais exprimées dans le texte de la Loi fondamentale[683].

Même si la clause de structure reste dans le cadre posé par le Traité de Maastricht, l'article 23 LF introduit ou rappelle des principes sans ajouter d'explications concrètes, ce qui risque de poser un double problème d'interprétation tant au point de vue du droit communautaire que du droit constitutionnel. Il faut donc craindre que des divergences interviennent entre l'interprétation de Cour de justice et celle de la Cour constitutionnelle fédérale par exemple sur le sens à donner au principe de subsidiarité, ce qui viendra ajouter un degré supplémentaire de difficulté aux relations entre le juge constitutionnel allemand et le juge communautaire. La notion d'Etat de droit ne revêt pas la même signification dans les différents pays membres des Communautés. Or l'interprétation que la Cour constitutionnelle

---

677 *Torsten Stein* rapproche ainsi l'article 23 et les limites contenues à l'article 79 III au compromis de Luxembourg, in: VVDStRL 53, p. 26-45 (37-38).

678 *Michel Fromont* a montré que des trois piliers du constitutionnalisme allemand (l'Etat de droit, le fédéralisme et la démocratie), seul le troisième élément a considérablement évolué, passant d'une démocratie censitaire au XIXème siècle à une démocratie parlementaire fondée sur les partis après l'expérience malheureuse d'une démocratie semi-plébiscitaire. *Cf. Michel Fromont,* Le constitutionnalisne allemand, Pouvoirs n° 66 (1993), p. 5-20 (6). En ce qui concerne l'Etat de droit, la Loi fondamentale n'en contient aucune définition mais l'article 28 I LF fait référence "à l'Etat de droit au sens de la présente Loi fondamentale".

679 Même si le principe de subsidiarité n'était jusqu'à présent pas formellement reçu en droit constitutionnel allemand. *Cf. Jürgen Schwarze,* Le principe de subsidiarité dans la prespective du droit constitutionnel allemand, RMCUE 1993, p. 615-619 (616).

680 *Cf. Scholz in*: Maunz-Dürig, Komm. z. GG., Art. 23, p. 76.

681 *Cf. Peter Badura,* Das Staasziel "Europäische Integration" im Grundgesetz, in: Festschrift für Herbert Schambeck, p. 887-906 (896). Opinion contraire: *Rupert Scholz,* Grundgesetz und europäische Einigung, NJW 1992, p. 2593-2601 (2599); *Rupert Scholz in*: Maunz-Dürig, Komm. z. GG., Art. 23, p. 83.

682 *Cf. Rüdiger Breuer,* Die Sackgasse des neuen Europaartikels (Art. 23 GG), NVwZ 1994, p. 417-429 (422).

683 Voir par exemple *Eckart Klein* qui arrive aux mêmes conclusions en raisonnant à partir de l'article 24 I LF, in: VVDStRL 50 (1991), Der Verfassungstaat als Glied einer europäischen Gemeinschaft, p. 57-93 (71).

pourra être amenée à faire dans le cadre de l'article 23 I LF retiendra exclusivement les critères allemands de l'Etat de droit[684].

Il ne suffit pas que certains aspects de la Loi fondamentale soient inaliénables. Encore faut-il que cette règle puisse être respectée, et le gouvernement fédéral a ici une responsabilité à jouer.

II. L'intervention du gouvernement fédéral

La rigueur dans le raisonnement du juge constitutionnel pourrait conduire à une impasse en rendant le droit communautaire inapplicable sur le territoire allemand, s'il avait pour conséquence de porter atteinte aux éléments structurants de l'ordre juridique allemand. Le juge constitutionnel fait dès lors appel à une solution politique en vue de résoudre un éventuel conflit.

§ 1. Conflit juridique et résolution politique

Dans sa décision Solange I[685], le juge constitutionnel va, tout comme le juge européen, reconnaître la nature propre du droit communautaire. Alors que le juge de Luxembourg va faire découler de cette caractéristique la primauté absolue du droit communautaire, le juge de Karlsruhe ne va pas en tirer les mêmes conclusions :

> « Le droit communautaire ne fait ni partie de l'ordre juridique national, ni du droit international public, mais constitue un ordre juridique propre issu d'une source de droit autonome [BVerfGE 22, 293 (296) ; BVerfGE 31, 145 (173 et 174)]. La Communauté en effet, n'est pas Etat, ni en particulier un Etat fédéral, mais une Communauté de nature particulière en voie d'intégration progressive, une institution internationale au sens de l'article 24, alinéa premier de la Loi fondamentale[686] ».

La Cour constitutionnelle explique ensuite la conduite que les organes politiques sont tenus d'avoir si les institutions communautaires s'écartent des pouvoirs accordés dans le cadre de l'article 24 I LF :

> « (...) il ne suffit pas de parler de " primauté " du droit communautaire par rapport au droit constitutionnel national et justifier ainsi le point de vue selon lequel le droit communautaire doit toujours prévaloir sur le droit constitutionnel national, au motif que la Communauté serait sinon remise en question. (...) Conformément à la nature et à l'esprit de tout traité, le traité (CEE) n'impose pas à la R.F.A. (...), des obligations unilatérales ; il oblige également la Communauté, (...) à rechercher une solution compatible avec une obligation impérative, inhérente au droit constitutionnel de la R.F.A. Le fait d'invoquer un conflit de cet ordre ne constitue donc pas en lui même une violation du traité, mais déclenche, au sein des organes communautaires le mécanisme, prévu par le traité, en vue de résoudre politiquement le conflit »[687].

Par cette affirmation, ce n'est pas la primauté du droit communautaire sur le droit national que la Cour constitutionnelle fédérale reconnaît mais bien plutôt la primauté de la solution politique du conflit sur la solution juridique à apporter dans l'ordre interne !

Puis, tout en reconnaissant la primauté du droit communautaire, le juge constitutionnel le soumet au commandement d'application dans l'ordre interne, ce qui peut apparaître pour le moins paradoxal puisque c'est de l'interprétation combinée d'une norme de droit interne et de droit communautaire que le juge va accepter d'exercer ou non son contrôle :

---

[684] Sur les différents sens de l'Etat de droit, voir *Constance Grewe, Hélène Ruiz Fabri*, Droits constitutionnels européens, PUF 1995, 661 p. (22-29) :

[685] Pour les passages de la décision Solange I: traduction Michel Fromont (avec quelques modifications concernant le vocabulaire dans un souci d'harmonisation entre les différentes traductions utilisées), RTDE 1975, p. 316-336.

[686] BVerfGE 37, 271 [278] = RTDE 1975 (317).

[687] BVerfGE 37, 271 [278-279] = RTDE 1975 (318).

« L'art. 24 I LF permet d'ouvrir l'ordre juridique de la R.F.A. de telle manière que soit retirée la revendication de la R.F.A. à une compétence exclusive pour son domaine de souveraineté et que place soit laissée dans ce domaine de souveraineté pour la validité immédiate et l'application d'un droit issu d'une autre source (cf. BVerfGE 37, 271 [280] ; BVerfGE 58, 1 [28] ; BVerfGE 59, 63 [90]). (...) De la formule exécutoire de la loi d'approbation du traité CEE, (...), découlent la validité directe des règlements communautaires pour la R.F.A. et leur priorité d'application par rapport au droit interne.[688] »

Mais si le droit communautaire sort des limites fixées par le juge constitutionnel et qu'aucune solution politique ne peut être trouvée entre les différents partenaires européens, la menace que l'on devine dans l'arrêt Solange I est clairement exprimée dans l'arrêt Maastricht.

§ 2. La menace du juge constitutionnel

Le retrait pur et simple de l'Allemagne de l'Union européenne n'est pas un sujet tabou pour la Cour constitutionnelle. Cette hypothèse n'est pas prévue dans les traités communautaires. Elle n'est donc pas interdite :

« (...) même après l'entrée en vigueur du traité d'Union, la République fédérale d'Allemagne est un membre d'un groupement d'Etats dont la puissance communautaire procède des Etats membres et ne peut produire des effets obligatoires sur le territoire allemand qu'en vertu de l'ordre allemand d'application du droit. L'Allemagne est l'un des " maîtres des traités " qui ont fondé leur acceptation du traité d'Union conclu " pour une durée illimitée " (article Q du TUE) sur la volonté d'une adhésion durable, *mais qui pourraient finalement revenir sur cette appartenance au moyen d'un acte en sens contraire*[689]. L'application du droit européen en Allemagne dépend de l'ordre d'application du droit résultant de la loi d'approbation. L'Allemagne sauvegarde ainsi la qualité d'Etat souverain en vertu de son droit propre et le principe de l'égalité souveraine avec d'autres Etats au sens de l'article 2 point 1 de la Charte des Nations Unies »[690].

A vingt ans d'intervalle, le juge constitutionnel refuse toujours de se soumettre à l'interprétation de la Cour européenne de justice en déduisant la primauté du droit communautaire de sa nature propre. Il marque clairement son attachement à la théorie dualiste, qui suppose un acte de transformation dans l'ordre interne, et sa volonté de traiter les traités communautaires au même titre que le droit international classique en faisant référence à la Charte des Nations Unies[691].

Mais si le juge constitutionnel va jusqu'à envisager le retrait de l'Allemagne des institutions européennes dans l'hypothèse où le développement de l'Union européenne connaîtrait une évolution incompatible avec la délégation accordée dans le cadre de l'article 24 I puis 23 I LF[692], c'est pour défendre l'identité profonde de la Loi fondamentale dont il est le garant, et qui se manifeste par la protection des droits fondamentaux. En effet, le juge constitutionnel n'a jamais invalidé une norme de droit communautaire au motif que celle-ci serait incompatible avec les éléments structurants de la Loi fondamentale.

Il existe donc une gradation dans les avertissements de la Cour constitutionnelle. Elle

---

688 BVerfGE 73, 339 [374-375] = AIJC 1987 (423-424).

689 C'est nous qui soulignons.

690 BVerfGE 89, 155 [190].

691 Il faut toutefois noter que le juge constitutionnel est en quelque sorte contraint de recourir au droit international sur ce point puisque, dans les traités communautaires, il n'est fait mention à aucun endroit de la possiblité de se retirer de l'Union. Voir: *Peter M. Huber,* Der Staatenbund der Europäischen Union, in : Verfassungsrecht im Wandel, p. 349-371 (355-357).

692 Sur ce point, la différence fondamentale des structures communautaire et allemande se manifeste clairement puisque, dans le cadre de l'Union, les Etats membres restent "maîtres des traités" et peuvent donc les dénoncer (du moins en théorie) alors que les Länder allemands ne disposent pas du droit de sécession.

rappelle en premier lieu que l'habilitation particulière de l'article 23 qui permet de participer au développement de l'Union européenne est expressément soumis aux éléments structurants de l'ordre étatique allemand. Dans le cas contraire, la mesure communautaire ne développerait pas d'effet sur le territoire allemand mais une solution politique devrait être trouvée. Enfin en cas de conflit irréductible, l'Allemagne pourrait se retirer de la construction communautaire. Des mécanismes existent donc pour éviter d'arriver à une telle extrémité. Les avertissements réitérés du juge constitutionnel envers les institutions communautaires ont en outre sans doute eu des répercussions sur le comportement de celles-ci. Il est donc également possible d'envisager l'ensemble de la jurisprudence constitutionnelle sous un jour plus favorable à l'intégration européenne[693]. En prévoyant le pire, la Cour constitutionnelle évite en même temps que celui-ci ne se produise.

Section 2. Le rapport entre la CCF et la CJCE

La démarche de la Cour constitutionnelle consiste à comparer le niveau de protection des droits fondamentaux en droit communautaire et en droit allemand afin de censurer une éventuelle divergence. Ce faisant, elle place la protection des droits fondamentaux garantis par la Loi fondamentale à un niveau supérieur au droit communautaire, ce qui n'est pas conforme à la jurisprudence de la Cour de justice. Le juge constitutionnel n'a jamais modifié sa méthode, mais il a en revanche quelque peu assoupli sa position au fil des ans et tenté d'appréhender ses rapports avec le juge communautaire non plus en terme d'antagonisme mais au contraire dans un rapport de coopération. Il s'agit en fait plutôt d'une évolution dans le vocabulaire employé car les principes qui avaient été dégagés dans la jurisprudence Solange I n'ont jamais été fondamentalement remis en question. Le rapport de coopération évoqué dans la décision Maastricht s'inscrit donc dans la droite ligne de la jurisprudence antérieure. Mieux encore, il permet de l'expliquer *a posteriori*.

Il n'empêche que le juge constitutionnel garde toujours une compétence subsidiaire envers le juge communautaire. Selon la Cour constitutionnelle allemande, le système garanti par la Loi fondamentale et qu'elle est chargée de défendre, assure la meilleure protection des droits fondamentaux. Pour pénétrer dans l'ordre juridique national par l'intermédiaire de la loi d'approbation, le droit communautaire doit donc s'y conformer, et la Loi fondamentale sert donc de norme de référence. La Cour estime que le décalage qu'elle constate entre les deux niveaux de protection en droit communautaire et en droit interne l'autorise à exercer son contrôle, avant de reconnaître que les progrès substantiels réalisés en droit communautaire l'autorise, du moins provisoirement (Solange...), à abaisser sa garde.

I. La défiance initiale du juge constitutionnel

La décision du 29 mai 1974 est le premier véritable arrêt où le juge constitutionnel prend directement position sur le droit communautaire. Cet arrêt va par la suite servir de référence à tous les arrêts postérieurs pour évaluer les progrès réalisés par le juge constitutionnel vis-à-vis du droit communautaire. L'intransigeance de la Cour de Karlsruhe pose la question d'une nécessaire congruence entre les principes de la Loi fondamentale et ceux du droit communautaire, ce qui soumet l'intégration européenne à la jurisprudence constitutionnelle.

§ 1. L'intransigeance du juge constitutionnel

Après avoir confronté les systèmes de protection respectifs, la Cour constitutionnelle,

[693] En ce sens également, *Christian Autexier*, Introduction au droit public allemand, PUF 1997, p. 167.

dans sa décision Solange I, constate que le juge communautaire n'est pas en mesure d'exercer un contrôle aussi parfait que le juge de Karlsruhe, ce qui l'autorise à exercer son contrôle.

« Aussi longtemps que le processus d'intégration de la Communauté n'a pas atteint un stade suffisamment avancé pour que le droit communautaire comporte également un catalogue de droits fondamentaux arrêté par un Parlement et correspondant au catalogue des droits fondamentaux consacrés par la Loi fondamentale, le renvoi à la Cour constitutionnelle fédérale par une juridiction de la RFA dans le cadre de la procédure de contrôle de la constitutionnalité des lois et des autres normes de l'autorité publique, postérieur à la demande de décision préjudicielle de la CJCE, est recevable et s'impose dès lors que ladite juridiction considère la disposition de droit communautaire, telle qu'interprétée par la CJCE, comme inapplicable au motif que cette disposition est inconciliable avec des droits fondamentaux garantis par la Loi fondamentale »[694].

Du point de vue du droit communautaire, le raisonnement du juge peut être critiqué à double titre. Non seulement la méthode utilisée, qui consiste à comparer les deux ordres juridiques mais aussi les exigences posées par le juge pour qu'il accepte de renoncer à son contrôle s'opposent à la jurisprudence communautaire.

Il faut noter que l'opinion développée par les juges constitutionnels dissidents ne fait pas référence à la jurisprudence de la Cour de justice relative à la primauté du droit communautaire. Leur démarche ne prend donc pas en considération la jurisprudence de la CJCE. Ceux-ci, après avoir relevé les efforts développés par la CJCE pour garantir également une protection suffisante, constatent :

« Le nombre d'arrêts rendus jusqu'à présent en cette matière permet toutefois d'affirmer que la protection des droits fondamentaux sur le plan communautaire est adéquate[695] ».

Les juges dissidents, utilisent par conséquent la même méthode que les juges majoritaires mais leur approche est quantitative au lieu d'être qualitative. Or la première question à résoudre dans le cadre d'une interprétation conforme du droit communautaire n'est pas de savoir si des droits fondamentaux ont été respectés ou non mais bien de savoir quelle est la juridiction compétente pour trancher. Une fois cette première question résolue, il est possible de se prononcer sur la seconde question. Les conclusions de l'avocat général Lagrange dans l'affaire Costa/Enel sont tout à fait claires ; pour lui, il ne fait aucun doute que cette compétence revient à la CJCE.

Il est certes possible d'objecter que l'objet du contrôle est plus important que l'organe de contrôle. La Cour de justice avait par ailleurs rendu un arrêt important quinze jours plus tôt dans lequel elle soulignait le souci du juge communautaire de défendre, lui aussi les droits fondamentaux[696]. Elle avait en effet déclaré qu'aucune mesure ne saurait être considérée comme légale si elle était incompatible avec les droits fondamentaux reconnus et garantis par les constitutions des Etats membres[697].

Compte tenu du principe de l'autonomie des ordres juridiques, il est interdit à la Cour de

---

[694] BVerfGE 37, 271 [285].

[695] BVerfGE 37, 271 [293].

[696] La protection des droits fondamentaux par la CJCE avait été amorcée avec l'arrêt Stauder en 1969. CJCE 1969/11/12, Stauder, Aff. 29-69, Rec. p. 419.

[697] CJCE 1974/05/14, Aff. 4/73, Nold, Rec. p. 491. Cette jurisprudence constituait un progrès substantiel pour la protection des droits fondamentaux en droit communautaire puisque dans l'affaire du comptoir de vente du charbon de la Ruhr, l'avocat général Lagrange avait déclaré :« Il n'appartient pas à la Cour (...) d'appliquer, *du moins directement*, les règles de droit interne, mêmes constitutionnelles (...), elle peut s'en inspirer éventuellement pour y voir l'expression d'un principe général de droit susceptible d'être pris en considération pour l'application du traité ». CJCE 1960/07/15, Comptoir de vente du charbon de la Ruhr, Aff. jointes 36, 37, 38/59 et 40/59, Rec. p. 861(910).

justice de se prononcer sur des normes nationales[698] mais le fait d'avoir recours « aux droits fondamentaux reconnus et garantis par les constitutions des Etats membres » confère à la CJCE le pouvoir supra-constitutionnel de déterminer les normes constitutionnelles qui s'imposent à tous les Etats membres. Cette position a été maintes fois réaffirmée par la Cour de justice, comme par exemple à l'occasion de l'avis rendu le 29 mars 1996 en vertu de l'article 228, paragraphe 6 (300) du Traité CE[699] sur l'adhésion de la Communauté à la Convention de sauvegarde des droits de l'homme et des libertés fondamentales[700].

> « Les droits fondamentaux font partie intégrante des principes généraux du droit dont le juge communautaire assure le' respect. A cet égard, le juge communautaire s'inspire des traditions constitutionnelles communes aux Etats membres ainsi que des indications fournies par les instruments internationaux concernant la protection des droits de l'homme auxquels les Etats membres ont coopéré ou adhéré[701] ».

En refusant d'abandonner son contrôle, le juge constitutionnel évite donc d'être soumis à une jurisprudence communautaire qui, par définition, ne prendrait que partiellement en compte le système de protection des droits fondamentaux garantis par la Loi fondamentale. Dans le même ordre d'idées, le droit communautaire prétend respecter l'identité nationale de ses Etats membres mais ne respecte les droits fondamentaux que dans la mesure où ils sont garantis par la CEDH et par les traditions constitutionnelles communes des Etats membres. La prise en compte des traditions constitutionnelles communes ne permet aucunement de prendre en compte l'identité nationale qui se définit non par ce qui rapproche les Etats membres mais par ce qui les distingue[702].

La décision Solange I de la Cour constitutionnelle fédérale a jeté un trouble dans les milieux européens, à tel point que la Commission a demandé au gouvernement fédéral de prendre clairement position sur l'autonomie et la primauté du droit communautaire. Ce dernier est en effet le garant des engagements souscrits par la RFA et cette jurisprudence était susceptible de remettre en cause toute la construction juridique communautaire en faisant douter de l'aptitude du juge de Luxembourg à protéger les droits fondamentaux. Il était donc possible d'y voir un renoncement de la RFA aux engagements qu'elle avait souscrits avec le traité de Rome puisqu'elle s'engageait, en se soumettant au droit communautaire, à accepter la jurisprudence de la Cour de justice alors même que les traités ne prévoyaient pas une protection des droits fondamentaux au moins comparable à celle garantie dans la Constitution. Les défenseurs de l'ordre juridique communautaire faisaient donc valoir qu'à partir du moment où l'Allemagne a ratifié le traité, elle devait en respecter les clauses et ne pouvait donc pas les remettre en cause à travers une décision de justice dans l'ordre interne. L'attitude du juge constitutionnel pose finalement la question d'une éventuelle congruence structurelle entre les deux ordres juridiques.

§ 2. La question de la congruence structurelle

La condition posée par la Cour constitutionnelle fédérale dans l'arrêt Solange I pour renoncer à son contrôle est l'existence d'un catalogue de droits fondamentaux arrêté par un

---

698 Sur l'autonomie des ordres juridiques, voir *supra*, p. 106

699 "Le Conseil, la Commission ou un Etat membre peut recueillir l'avis de la Cour de justice sur la compatibilité d'un accord envisagé avec les dispositions du présent traité. L'accord qui a fait l'objet d'un avis négatif de la Cour de justice ne peut entrer en vigueurque dans les conditions fixées à l'article N (48) du Traité sur l'union européenne".

700 CJCE 1996/03/28, Avis 2/94, Rec. p. 1759.

701 CJCE 1996/03/28, Avis 2/94, Rec. p. 1759 (1762).

702 *Gérard Marcou*, Les mutations du droit de l'administration en Europe, L'Harmattan, Coll. Logiques juridiques, 352 p. (342-343).

Parlement dont la teneur est substantiellement identique au catalogue de la Loi fondamentale. Cette conception est pour le moins étonnante eu égard aux autres pays membres qui ne possèdent pas une telle codification. La jurisprudence de la Cour constitutionnelle peut donner prise à des critiques relatives au " nationalisme juridique "[703], ce qui rappelle le débat qui a eu lieu en Allemagne au début des années cinquante à propos de la contribution allemande à la Communauté Européenne de Défense.

Celui-ci s'était alors cristallisé sur le problème de la « congruence structurelle » : selon cette théorie l'Allemagne serait dans l'incapacité de participer à une organisation internationale qui ne soit pas strictement fondée sur les mêmes principes que ceux sur lesquels repose la Loi fondamentale[704]. Cette thèse avait également trouvé des échos en jurisprudence. Ainsi le Tribunal administratif de Francfort avait-il essayé de soumettre les mesures internes d'exécution aux principes fondamentaux communs à l'ordre communautaire et à l'ordre interne[705].

Une interprétation aussi stricte serait pourtant contraire avec le but poursuivi par l'article 24 I LF qui vise un encouragement de la coopération internationale. L'exigence d'une congruence structurelle entre les deux ordres juridiques conduit en outre à une certaine contradiction puisqu'elle revient à exiger de l'ordre juridique communautaire une structure fédérale à deux étages, ce qui signifie la disparition de l'Etat ou des Länder qui sont l'un et l'autre placés sous la protection du juge constitutionnel. Il faut également noter que la jurisprudence du juge communautaire vise davantage le contenu des éléments structurants de la Loi fondamentale que la façon dont ceux-ci sont protégés. On ne peut donc pas parler de congruence structurelle en ce qui concerne les exigences du juge de Karlsruhe.

Selon *G. Cohen Jonathan*, il ne s'agit pas seulement pour le juge constitutionnel de vérifier que le système communautaire soit compatible avec les principes essentiels de la Loi fondamentale mais aussi d'influencer le droit communautaire pour que celui-ci se plie aux exigences de la Loi fondamentale afin d'aboutir à une constitution communautaire calquée sur la Loi fondamentale[706]. Dans une jurisprudence antérieure du 17 décembre 1970 (Internationale Handelsgesellschaft), le juge communautaire avait pourtant clairement indiqué le point à partir duquel il ne pouvait plus garantir que les principes constitutionnels soient respectés :

> « la sauvegarde des droits fondamentaux, tout en s'inspirant des traditions constitutionnelles communes aux Etats membres, doit être assurée dans le cadre de la structure et des objectifs de la Communauté »[707].

On pourrait donc en conclure que la Cour de justice recherche le plus petit dénominateur commun entre les différents niveaux de protection des ordres juridiques. Ce n'est pas l'opinion exprimée par certains juges communautaires. Si la protection des droits fonda-

---

[703] *Cf. Darras, Pirotte,* RTDE 1976, p. 420.

[704] Rechtsgutachtliche Außerung von Prof. *Herbert Kraus* vom 9. November 1952, Das Erfordernis strukturelle Kongruenz zwischen der Verfassung der Europäischen Verteidigungsgemeinschaft und dem Grundgesetz, in: Der Kampf um den Wehrbeitrag, II Veröffentlichungen des Instituts für Staatslehre und Politik, Mainz, Isar Verlag München, 1953, p. 545-554.

[705] Jugement du Tribunal administratif de Francfort, 17 décembre 1963, trad. in: RTDE 1965, p.240-241: " (...) un transfert de droits souverains ne peut être opéré qu'à un détenteur de la puissance publique ayant les mêmes conceptions de base que celles professées par la République fédérale dans la Loi fondamentale".

[706] *G. Cohen Jonathan,* Cour constitutionnelle allemande et règlements communautaires, CDE 1975, p. 149- 206 (191).

[707] CJCE 1970/12/17, Internationale Handelsgesellschaft, Aff. 11/70, Rec. p. 1125. Voir également CJCE 1974/05/14, Aff. 4/73, Nold, Rec. p. 491 ; CJCE 1990/11/13, Marschall, C-370/88, Rec. p. 4087.

mentaux s'inspire des constitutions nationales, les limites que le juge communautaire peut y apporter résultent davantage des contraintes mêmes du système, à l'instar des limitations pouvant intervenir dans les ordres juridiques nationaux[708], que d'un nivellement par le bas :

« Dans le travail de comparaison et de rapprochement auquel devra se livrer la Cour de Luxembourg, elle sera amenée par la force des choses à prendre égard chaque fois au standard de protection le plus élevé puisqu'on conçoit difficilement comment le droit communautaire pourrait conserver son autorité s'il devait descendre au-dessous d'un niveau de protection considéré comme essentiel dans tel ou tel Etat membre. Pour une fois, la méthode de rapprochement et de nivellement aura donc pour effet l'alignement par le haut, c'est-à-dire sur les solutions qui donnent la meilleure protection aux droits des individus »[709].

Par conséquent si on admet que le niveau de protection des droits fondamentaux assuré en Allemagne est le plus élevé des pays membres, il en résulte la conséquence logique que celui-ci est le plus proche du niveau assuré en droit communautaire puisque c'est le système dont le juge de Luxembourg s'inspirera le plus, abstraction faite des contraintes résultant de la structure et des objectifs de la Communauté.

La jurisprudence du juge constitutionnel peut donc sembler hostile au droit communautaire mais elle indique en même temps les développements indispensables du droit communautaire pour assurer une meilleure compatibilité entre les deux ordres juridiques. A cet égard le juge constitutionnel a une fonction d'interface puisqu'il permet les échanges entre le droit allemand et le droit communautaire.

Il n'empêche que la Cour constitutionnelle avait sans doute mis la barre trop haut dans sa décision de 1974 en imposant des conditions au droit communautaire pratiquement impossibles à remplir.

Après ce coup de semonce, la Cour constitutionnelle opéra un repli stratégique dans la décision Solange II en renonçant à certaines exigences posées dans la jurisprudence Solange I. Cette évolution avait été amorcée par l'ordonnance du 25 juillet 1979 dite " Vielleicht "[710] dans laquelle la Cour constitutionnelle était confrontée à la question de savoir si l'article 92 [87] § 1 CEE développait des effets directs de telle sorte que le juge national, conformément au principe de primauté du droit communautaire, devait laisser inappliquées les dispositions nationales. La Cour constitutionnelle précise :

« La Chambre laisse ouvert le point de savoir si, et le cas échéant dans quelle mesure, les principes fondamentaux de l'ordonnance du 29 mai 1974 peuvent revendiquer encore une validité sans réserve - en considération par exemple, d'évolutions politiques et juridiques intervenues entre temps dans le domaine européen - pour les recours à venir sur des normes du droit communautaire dérivé. Les principes juridiques que la Cour de justice des Communautés constate comme faisant partie intégrante du traité dans le cadre d'une décision préjudicielle selon l'article 177 al. 1 a du Traité CEE, à l'occasion d'une interprétation du traité, doivent être par principe placés, non au niveau du droit communautaire dérivé, mais à celui du droit communautaire primaire »[711].

Cette décision préparait le terrain pour la jurisprudence Solange II et le développement du rapport de coopération défini par le juge constitutionnel.

---

[708] *Cf.* les conclusions Trabucchi dans l'affaire Nold du 14 mai 1974.

[709] *Pierre Pescatore,* Communication écrite à la Conférence parlementaire sur les droits de l'homme (Vienne, 18-20-10-1971), Doc. AS/Coll. DH (71), cité par *G. Cohen-Jonathan* in: CDE 1975, p. 202.

[710] BVerfGE 52, 187, *Cf. Christian Tomuschat,* BVerfG contra EuGH, Friedenschluß in Sicht, NJW 1980, p. 2611-261 ; *Ulrich Fastenrath,* Anmerkung, DVBl. 1981, p. 490-49 ; *Ruppert Stettner,* Europäisches Gemeinschaftsrecht als Quelle der Rechtsfindung deutscher Gerichte 1974-1984, AöR 1986, p. 537-594 (562-567).

[711] Traduction *Christian Autexier,* RIDC 1982, p. 358.

II. Le rapport de coopération entre la Cour constitutionnelle et la CJCE

Rupture[712] ou continuité[713] avec la jurisprudence antérieure, l'affirmation du juge constitutionnel dans l'arrêt Maastricht est sujette à diverses interprétations en raison du caractère énigmatique " du rapport de coopération " évoqué. Derrière un aspect bienveillant, le rapport de coopération permet toujours à la Cour constitutionnelle d'avoir le dernier mot en cas de conflit entre le droit communautaire et le droit constitutionnel, ce qui était déjà le cas avec les jurisprudences Solange I et Solange II. Aussi la décision du 12 octobre 1993 doit-elle être interprétée comme une confirmation de la jurisprudence antérieure.

Tout rapport de coopération sous-entend un rapport de réciprocité. Mais cela ne semble pas être le cas dans l'esprit du juge constitutionnel car le rapport de coopération esquissé dans l'arrêt Maastricht ne fonctionne qu'à sens unique. Le rapport de coopération permet en outre à la Cour constitutionnelle de justifier sa compétence subsidiaire.

§1. L'évolution du droit communautaire et de la jurisprudence constitutionnelle

Il existe une interaction entre les jurisprudences des Cours constitutionnelles et celle de la CJCE dont l'impact est difficilement mesurable, notamment en raison du principe d'autonomie des ordres juridiques. C'est ainsi que la Cour constitutionnelle fédérale a reconnu la capacité de la CJCE à défendre les droits fondamentaux et donc également une compétence de principe, y compris lorsque des droits garantis constitutionnellement sont en jeu.

A. La protection des droits fondamentaux par la CJCE

C'est parce que la Cour constitutionnelle reconnaît la capacité du juge communautaire à défendre lui aussi les droits fondamentaux au niveau communautaire qu'elle accepte d'appréhender le rapport avec la CJCE sous l'angle de la coopération. La position du juge constitutionnel pose dès lors la question du fondement d'un tel rapport.

1°) L'évolution de la jurisprudence communautaire

La Cour constitutionnelle dans son arrêt du 22 octobre 1986 n'exige plus la présence d'un catalogue de droits fondamentaux comparable à celui de la Loi fondamentale, ni l'existence d'un Parlement européen issu du suffrage universel et pleinement responsable, mais se livre à l'examen de la jurisprudence de la Cour de justice relative aux droits fondamentaux[714]. Le juge constitutionnel reconnaît donc les contraintes qui pèsent sur les juges de Luxembourg. Ainsi, si la Cour constitutionnelle avait utilisé les mêmes critères qui avaient justifié l'exercice de son contrôle dans la jurisprudence Solange I, il est fort probable que la Cour serait arrivée au même résultat qu'en 1974.

Les juges communautaires sont en effet confrontés à différentes sources de droits et ce n'est qu'au terme d'une démarche comparative qu'ils peuvent établir un niveau de protection minimum. C'est ainsi que la Cour a souligné à l'intention des juges nationaux les difficultés particulières que présente l'interprétation du droit communautaire : versions linguistiques multiples, terminologie spécifique du droit communautaire, absence de

---

[712] *Ralf Wittkowski*, Das Maastricht-Urteil des Bundesverfassungsgerichts vom 12.10.1993 als "Solange III" - Entscheidung? BayVBl. 1994, p. 359-363 (363).

[713] *Hans-Detlef Horn*, Grundrechtsschutz in Deutschland - Die Hoheitsgewalt der Europäischen Gemeinschaften und die Grundrechte des Grundgesetzes nach dem Maastricht-Urteil des Bundesverfassunsgerichts, DVBl. 1995, p. 89-96.

[714] Il est possible d'interpréter cette attitude comme une manière "élégante" d'opérer un réajustement par rapport à la jurisprudence Solange I. *Cf. Christoph Vedder*, Ein neuer gesetzlicher Richter ? NJW 1987, p. 526-531 (531).

concordance nécessaire entre le contenu des notions juridiques en droit communautaire et dans les ordres juridiques nationaux, nécessité de replacer chaque disposition communautaire dans son contexte et de l'interpréter à la lumière de l'ensemble des dispositions de ce droit, de ses finalités et de l'état de son évolution à la date de laquelle l'application de la disposition en cause doit être faite[715].

En outre la protection des droits fondamentaux en droit communautaire est lacunaire par nature puisqu'il ne s'agit jamais que d'un contrôle concret des normes qui intervient lors d'un litige. Pour ces raisons de procédure, le juge communautaire est donc dans l'incapacité de garantir un standard de droits fondamentaux inaliénables, même si les domaines protégés non encore pris en compte par le juge tendent à se réduire[716] :

> « il est possible que la garantie de protection des droits fondamentaux désormais atteinte au niveau communautaire grâce à la jurisprudence de la Cour de justice des Communautés européennes, étant donné que celle-ci s'est développée au cas par cas, présente encore des lacunes dans la mesure où certains principes reconnus par la Loi fondamentale en matière de droits fondamentaux, ainsi que le type, le contenu ou la portée d'un droit fondamental particulier n'aient pas fait l'objet d'une décision de la Cour[717] ».

Le juge constitutionnel n'est donc pas en mesure d'abandonner totalement son contrôle sur les droits fondamentaux au juge communautaire, ce qui implique que l'un et l'autre sont susceptibles d'être compétents en fonction des circonstances. Il peut donc y avoir un rapport de coopération entre les deux juges.

2°) Le fondement du rapport de coopération

Le rapport de coopération défini par la Cour constitutionnelle est trompeur car, d'une part, celle-ci garde une fonction de réserve et, d'autre part, la coopération telle qu'elle est envisagée ne comprend pas des échanges réciproques d'informations permettant d'aboutir à une décision : les éléments structurels d'un rapport de coopération font donc défaut[718]. Le rapport de coopération laisse pourtant entendre qu'il existe un concours entre la Cour constitutionnelle et la Cour de justice. Or le juge de Luxembourg a toujours maintenu sa jurisprudence sur la primauté inconditionnelle du droit communautaire alors que le juge constitutionnel ne l'a jamais reconnue.

La Loi fondamentale ne connaît aucune disposition qui mentionne expressément un éventuel rapport de coopération entre les deux Cours. Tout au plus est il possible de le faire dériver de certaines dispositions constitutionnelles, notamment du caractère ouvert de l'ordre institutionnel allemand qui s'exprime tout particulièrement dans le préambule et les articles 1 II, 9 II et 23 à 26 LF[719]. Ces articles enjoignent aux organes constitutionnels, et donc aussi à la Cour constitutionnelle, de participer à la coopération internationale[720]. Celle-ci serait donc tenue de respecter l'option constitutionnelle d'une ouverture sur le droit international public[721]. *A priori* cela signifie donc que la Cour constitutionnelle devrait se soumettre aux décisions des cours internationales et notamment aux décisions de la CJCE.

---

715 CJCE 1982/10/06, aff. 283/81, CILFIT/Ministère de la santé, Rec. p. 3415, et notamment les conclusions Capotorti p. 3438.

716 *Rüdiger Zuck*, Christofer Lenz, Verfassungsrechtlicher Rechtsschutz gegen Europa, NJW 1997, p. 1193-1200 (1196).

717 BVerfGE 73, 339 [383] = AIJC 1987, p. 427.

718 *Cf. Rudolf Streinz*, Das Kooperationsverhältnis zwischen Bundesverfassungsgericht und Europäischen Gerichtshof nach dem Maastricht-Urteil, in : Verfassungsrecht im Wandel, p. 663-679 (665).

719 *Scholz in:* Maunz-Dürig, Komm z. GG. Art. 23, p. 34.

720 *Tomuschat*, in: *Isensee/Kirchhof*, HdbStR. VII, § 172, n° ; *Randelzhofer*, in: Maunz/Dürig,. Art. 24 I n° ; *Vogel*, Die Verfassungsentscheidung des GG für eine internationale Zusammenarbeit, 1964, p. 42.

721 *Cf. Christoph Vedder*, Ein neuer gesetzlicher Richter ? NJW 1987, p. 526-531 (530).

Le juge de la Constitution va pourtant fonder le rapport de coopération sur le caractère ouvert de l'ordre juridique allemand, ce qui va en même temps lui permettre de justifier le contrôle exercé envers la CJCE :

« L'ouverture à une intégration européenne, inscrite dans le préambule de la Loi fondamentale et définie dans les articles 23 et 24 LF, a pour conséquence que des interventions ayant une incidence sur les droits fondamentaux peuvent également émaner d'institutions européennes et qu'il est dès lors nécessaire de garantir une protection des droits fondamentaux pour l'ensemble du territoire d'application de ces mesures ; cela entraîne notamment une extension du champ d'application territorial des libertés ainsi que de l'horizon des comparaisons pour l'application du principe d'égalité »[722].

En faisant référence à l'extension du champ d'application territorial des libertés ainsi qu'à l'horizon des comparaisons pour l'application du principe d'égalité, la Cour ne dit pas si cette formule doit être entendue au sens de la Loi fondamentale ou si au contraire elle vise éventuellement des droits fondamentaux communautaires[723], même si cette imprécision montre qu'il existe un rapprochement indéniable entre les deux ordres juridiques[724].

En tout état de cause, ce ne sont pas seulement les actes des autorités allemandes, pris en application des mesures communautaires, qui peuvent être contrôlés par la Cour constitutionnelle, mais aussi les actes émanant des institutions européennes, et ce, qu'il s'agisse d'actes de nature législative, administrative ou même jurisprudentielle[725].

S'il est certain que la Loi fondamentale présente un " flanc ouvert " à l'ordre international, il n'en est pas moins exact que cette caractéristique a largement été limitée par l'interprétation de la Cour constitutionnelle. Par conséquent, fonder le contrôle du juge comme une contrepartie du caractère ouvert de la Loi fondamentale, peut être considéré comme un sophisme car si on raisonne *a contrario* en supposant que l'ordre constitutionnel allemand soit plutôt introverti, ce trait justifierait de la même façon le contrôle du juge constitutionnel. Il faut en outre également rappeler que le recours constitutionnel est avant tout un moyen de protection des droits individuels qui permet de protéger les droits fondamentaux garantis par la Loi fondamentale. La fonction première du recours constitutionnel n'est donc pas de permettre à la République fédérale d'Allemagne de faire face à ses responsabilités sur le plan international[726].

Il ne faut donc pas déduire du caractère ouvert de la Loi fondamentale que la compétence de contrôle de la Cour constitutionnelle puisse être limitée. Ce serait plutôt l'inverse qui vaudrait dans la mesure où la nature et l'étendue des modifications des droits fondamentaux par le droit communautaire dépendent du commandement d'application dans

---

722 BverfGE 89, 155 [174] B.2.b. Inversement, la Cour constitutionnelle fédérale avait déjà reconnu que les droits fondamentaux lient les organes de la puissance publique allemande lorsque ceux-ci agissent en dehors du territoire de la RFA: BVerfGE 06, 290 [295]; BVerfGE 57, 9 [26].

723 *Cf. Christian Tietje*, Europäischer Grundrechtsschutz nach dem Maastricht-Urteil, "Solange III"?, p. 197-202 (199).

724 La Cour passe sous silence le fait que, dans le cadre des institutions européennes, ce n'est pas à elle que revient le dernier mot en matière de protection des droits fondamentaux mais plutôt à la Cour européenne des droits de l'homme. Sur ce point, voir *Peter-Christian Müller-Graff*, Diskussionsbeitrag, in: Hommelhoff/Kirchhof, Der Staatenbund der EU, p. 67-72 (68). Voir également *Karl Korinek* (Leitung), *Matthias Niedobitek* (Bericht von), Diskussion zu den Referenten von Torsten Stein und Paul Kirchhof, in: *Merten* (Hrsg.) Föderalismus und Europäische Integration, p. 125-135 (128). *Paul Kirchhof* y souligne la différence constitutionnelle allemande et autrichienne. Alors que la CEDH a rang constitutionnel en Autriche, ce n'est pas le cas en Allemagne. L'exigence de coopération entre les deux Cours constitutionnelles et la CEDH ne serait donc pas identique.

725 *Rüdiger Zuck*, Christofer Lenz, Verfassungsrechtlicher Rechtsschutz gegen Europa, NJW 1997, p. 1193-1200 (1194).

726 *Cf. Axel Wilke*, Der "neue" gesetzliche Richter, BayVBl. 1987, p. 586-589 (588).

l'ordre interne[727]. Autrement dit, plus l'ordre juridique national est ouvert sur le droit externe, plus la Cour constitutionnelle est habilitée à exercer son contrôle. On trouve à nouveau ici l'expression du caractère limité de la primauté du droit communautaire, qui ne résulte pas du droit communautaire lui-même mais des articles 23 et 24 LF[728] : c'est la théorie de l'hypothèque qui implique le respect des droits fondamentaux allemands par les normes communautaires[729]. Si l'on estime qu'il existe une convergence entre la jurisprudence de la Cour constitutionnelle fédérale et la Cour de Justice, l'attitude de celle-là n'est pas préjudiciable à l'intégration européenne[730]. En d'autres termes, le fait que l'Union soit soumise aux droits fondamentaux nationaux servirait la cause européenne en garantissant un niveau de protection maximum. Mais il s'agit là surtout d'un vœu de la Cour constitutionnelle puisque la Cour de justice n'a jamais accepté de se soumettre au droit national, quel qu'il soit.

Depuis la jurisprudence Solange II, la Cour constitutionnelle accepte donc de reconnaître une compétence de principe à la CJCE.

B. La compétence de principe reconnue à la CJCE

Les progrès du droit communautaire et la diminution des exigences posées par la Cour constitutionnelle permettent à celle-ci de définir un rapport de coopération avec la CJCE. Cette nouvelle relation entre les deux juges avait seulement été entr'aperçue dans la décision de Solange II. Elle a été confirmée dans la décision Maastricht.

1°) La décision Solange II

Dans la décision Solange I, le juge constitutionnel déclarait être en principe compétent en raison de l'incapacité du juge communautaire à assurer une protection des droits fondamentaux substantiellement égale à celle de la Loi fondamentale. Dans la décision du 22 octobre 1986, la Cour part des prémisses inverses.

Cette décision a été généralement bien accueillie par la doctrine[731] bien qu'elle ne constitue pas à proprement parler un revirement de jurisprudence dans la mesure où la méthode du juge ne varie pas : la Cour confronte de la même façon les deux ordres juridiques, prend en compte les progrès réalisés par le droit communautaire en la matière depuis 1974 et accepte de revoir ses exigences à la baisse.

> « Aussi longtemps que les Communautés européennes, et notamment la jurisprudence de la CJCE, garantiront de façon générale une protection efficace des droits fondamentaux contre le pouvoir souverain des Communautés, d'une manière qui puisse être considérée comme substantiellement égale à la protection des droits fondamentaux que la Loi fondamentale impose de façon indisponible et garantiront notamment de façon générale le contenu substantiel des droits fondamentaux, la Cour constitutionnelle fédérale n'exercera plus sa juridiction sur l'applicabilité du droit communautaire dérivé qui sera invoqué comme fondement du comportement des tribunaux et d'autorités allemandes dans le champ de la souveraineté de la République fédérale

---

[727] *Paul Kirchhof*, Deutsches Verfassungsrecht und Europäisches Gemeinschaftsrecht, *op. cit.* p. 23.

[728] *Paul Kirchhof*, Der deutsche Staat im prozeß der europäischen Integration, in: *Josef Isensee und Paul Kirchhof (Hrsg)*, Handbuch des Staatsrechts der Bundesrepublik Deutschland, Band VII, C.F. Müller Juristischer Verlag, Heidelberg 1992, § 183, p. 855-887 (885). Voir également *Hubertus Gersdorf*, Das Kooperationsverhältnis zwischen deutscher Gerichtsbarkeit und EuGH, DVBl. 1994, p. 674-685 (677).

[729] *Elvira Pfrang*, Das Verhältnis zwischen Europäischen Gemeinschaftsrecht und deutschem Recht nach der Maastricht Entscheidung des Bundesverfassungsgerichts, Frankfurt a. M, Berlin,... 1997, Peter Lang, 370 p. (206-207).

[730] En ce sens: *Hans-Detlef Horn*, DVBl. 1995, p. 89-96(96).

[731] ainsi que par la presse: FAZ v. 13.12.1986 p. 1: Karlsruhe läßt Luxemburg den Vortrit ; SZ v. 13/14.12.1986, p. 1: Karlsruhe gibt Rechte an EG-Gericht ab.

d'Allemagne, et par conséquence elle ne contrôlera plus ce droit dérivé par rapport aux droits fondamentaux de la Loi fondamentale »[732].

C'est plutôt un faisceau d'indices montrant que l'Europe communautaire ne vise pas uniquement à établir des règles de libre circulation mais aussi à garantir une protection efficace des droits fondamentaux qui permet à la Cour constitutionnelle de placer sa confiance dans les institutions communautaires et de s'abstenir à l'avenir d'exercer son contrôle. A ce titre, elle mentionne la Convention européenne des droits de l'homme, bien que seuls les Etats membres en fassent partie et non la Communauté elle-même, du moins pour l'instant[733].

La position de la Cour constitutionnelle est confirmée dans la décision du 12 octobre 1993.

2°) La décision Maastricht

La Cour constitutionnelle définit dans l'arrêt Maastricht dans quel cadre peut s'inscrire le rapport de coopération avec la Cour de justice.

> « La Cour constitutionnelle fédérale exerce son pouvoir juridictionnel quant à l'applicabilité en Allemagne du droit communautaire dérivé dans le cadre d'un " rapport de coopération " avec la Cour de justice européenne, dans la mesure où celle-ci garantit la protection des droits fondamentaux, dans chaque cas particulier, pour l'ensemble du territoire des Communautés européennes, la Cour constitutionnelle fédérale pouvant en conséquence se limiter à une garantie générale du niveau inaliénable des droits fondamentaux (*cf.* BVerfGE 73, 339 [387]) »[734].

La confiance n'exclut pas le contrôle. C'est le sens qu'il faut donner au rapport de coopération avancé par la Cour constitutionnelle. Selon *Paul Kirchhof*, la jurisprudence Solange II manifestait déjà le rapport de coopération entre la Cour constitutionnelle et la CJCE. La décision Maastricht est donc une confirmation de la jurisprudence Solange II[735] : ces deux décisions tendent à aboutir au même résultat mais les termes employés sont différents. Ainsi, lorsque la Cour constitutionnelle déclare au regard de la protection des droits fondamentaux développée par la Cour de justice qu'elle n'exercera désormais plus sa juridiction vis-à-vis du droit communautaire dérivé touchant les droits fondamentaux, cette formule reconnaît une contribution jurisprudentielle et une responsabilité procédurale à la Cour de justice, qui ne contient aucune qualification matérielle. La Cour constitutionnelle fédérale revendique toujours la compétence et le droit de la juridiction allemande, y compris envers le droit communautaire, mais en ce qui concerne la garantie des droits fondamentaux, la Cour constitutionnelle accepte, grâce à une confiance fondée sur la coopération, que la Cour de justice puisse statuer en la matière[736].

Dans une telle optique, analyser la jurisprudence Solange II comme un renoncement de la Cour constitutionnelle à faire jouer la garantie des droits fondamentaux au motif que le citoyen, grâce au développement du droit communautaire, dispose d'une sphère de liberté

---

[732] BVerfGE 73, 339 [340].

[733] La CJCE a en effet rendu un avis le 28 mars 1996 concernant l'éventualité de l'adhésion de la Communauté à la CEDH. Même si la Cour constate que l'adhésion de la Communauté à la CEDH est de nature à provoquer des bouleversements dans la structure institutionnelle communautaire et ne saurait être opérée que par une révision formelle des Traités, l'idée fait néammoins son chemin. *Cf. Denys Simon*, Editions du Juris-Classeur, Europe, Juin 1996, p. 1-4.

[734] BVerfGE 89, 155 [175]

[735] *Helmut Steinberger*, Anmerkung zum Maastricht-Urteil, *op. cit.* p. 32.

[736] *Paul Kirchhof*, Deutsches Verfassungsrecht und Europäisches Gemeinschaftsrecht, EuR - Beiheft I, 1991, p. 11-25 (22). (Il s'agit d'une contribution rédigée dès 1989 à l'occasion du 25ème anniversaire de la revue Europarecht).

plus étendue et qu'il peut donc en attendre une amélioration de sa situation juridique[737] est erroné. Le juge constitutionnel n'est pas délié de ses obligations constitutionnelles qui consistent à garantir les droits fondamentaux : la " perte " d'un droit fondamental dans l'ordre interne n'est pas compensée par un " gain " de liberté au niveau communautaire.

La Cour constitutionnelle ne serait pas en mesure de se soustraire à ses obligations constitutionnelles qui consistent, d'une part, à rendre justice[738] et, d'autre part, à garantir la protection des droits fondamentaux[739]. La combinaison de ces deux obligations obligerait donc la Cour constitutionnelle à faire application des droits fondamentaux quelles que soient les circonstances car la Cour constitutionnelle est liée à la Constitution qu'elle doit faire respecter dans son contenu. Cette interprétation justifie en outre le fait que la Cour, dans les jurisprudences Solange I et II, limite son contrôle dans le temps (aussi longtemps que...)[740]. Il est cependant possible d'objecter que la Cour constitutionnelle ayant reconnu elle-même le juge communautaire en tant que juge légal, celui-ci se trouve d'une certaine façon intégré à l'organisation judiciaire allemande, objet de l'article 92 de la Loi fondamentale.

§2. La compétence subsidiaire du juge constitutionnel

La Cour constitutionnelle se déclare compétente pour assurer la protection des droits fondamentaux en cas de défaillance de la Cour de justice sans qu'il y ait une coordination entre elles[741], il s'agirait donc plutôt d'une coexistence que d'une coopération.

L'intervention du juge constitutionnel peut conduire à l'inapplicabilité d'une norme communautaire. Pour le juge constitutionnel, cette censure ne remet pas en cause la construction communautaire car cette norme n'aurait jamais dû être prise puisque les organes responsables de son édiction ont outrepassé leurs compétences.

Il y a pourtant un risque d'incertitude pour le justiciable puisqu'une norme communautaire peut être remise en cause par une jurisprudence nationale. Cette hypothèse existe d'ailleurs également en sens inverse. C'est-à-dire qu'une norme nationale peut également être remise en cause par une jurisprudence communautaire[742].

Cette incertitude peut être interprétée comme étant contraire aux principes de sécurité juridique et de confiance légitime pourtant fortement ancrés en Allemagne. D'aucuns y ont même vu un mélange de contrainte psychologique envers la Cour de justice et une dimension politique en Allemagne[743]. En effet si la jurisprudence de la CJCE ne se conforme pas à celle de la Cour constitutionnelle, celle-ci peut déclarer l'acte communautaire inapplicable en Allemagne. C'est oublier alors quel est l'objectif du juge constitutionnel, qui est de

---

737 *Ulrich Everling*, Brauchen wir "Solange III" ? Zu den Forderungen nach Revision der Rechtsprechung des Bundesverfassungsgerichts, EuR. 1990, p. 195- 227 (202).

738 Art. 92 LF: " Le pouvoir de rendre de justice est confiée au juge ; il est exercé par la Cour constitutionnelle fédérale, par les cours fédérales prévues par la présente Loi fondamentale et par les tribunaux des Länder".

739 Art. 1 III LF : "Les droits fondamentaux énoncés ci-après lient les pouvoirs législatif, exécutif et judiciaire à titre de droit directement applicable" et art. 20 III LF : "Le pouvoir législatif est lié par l'ordre constitutionnel, les pouvoirs exécutif et judiciaire sont liés par la loi et le droit".

740 *Paul Kirchhof*, Rechtsschutz durch Bundesverfassungsgericht und Europäischen Gerichtshof, in: *Detlef Merten* (Hrsg.), Föderalismus und Europäischen Gemeinschaften unter besonderer Berücksichtigung von Umwelt und Gesundheit, Kultur und Bildung, Duncker & Humblot, Berlin 1990, p. 109-123 (116).

741 *Hubertus Gersdorf*, DVBL 1994, p. 674-685 (675).*Rudolf Streinz*, *in:* Verfassungsrecht im Wandel, p. 663-679 (665).

742 Voir l'affaire Alcan, *supra* p. 63.

743 *Cf. Rüdiger Zuck*, Das Gerede vom gerichtlichen Kooperationsverhältnis, NJW 1994, p. 978-979 (979):" La Cour ne doit jamais perdre de vue qu'elle est une Cour, tenue de répondre à des questions de droit dans une procédure juridique, et n'a pas à faire de politique."

préserver les droits fondamentaux, pour ne retenir que l'aspect procédural. Il n'en reste pas moins que cette réserve de compétence n'est pas conforme au droit communautaire puisque le traité a transféré à la Cour de justice le pouvoir de décider sur la validité et l'applicabilité du droit communautaire[744].

Le rapport de coopération évoqué dans l'arrêt Maastricht à propos de la préservation des droits fondamentaux n'est pas resté lettre morte. Ainsi depuis la décision Maastricht, certains juges allemands n'hésitent pas à mettre en doute le principe de primauté du droit communautaire, ce qui montre que le rapport de coopération est loin d'avoir pacifié les relations entre les deux ordres juridiques. Par ailleurs, le fait de reconnaître que la Loi fondamentale pose des limites au commandement d'application que constitue la loi d'approbation ne répond pas à la question de savoir s'il revient aux tribunaux nationaux (ou éventuellement d'autres institutions dans l'ordre interne) le soin de juger l'application du droit communautaire[745].

En définitive, le juge constitutionnel reconnaît la primauté du droit communautaire sauf dans deux cas : d'une part, lorsqu'il y a une atteinte aux droits fondamentaux garantis par la Loi fondamentale et que la CJCE n'est pas en mesure d'y apporter un remède, d'autre part, lorsque les organes et institutions communautaires dépassent leurs compétences d'attribution[746]. Mais ces exceptions n'ont jamais été admises par la CJCE[747].

A. En cas d'atteinte aux droits fondamentaux constitutionnellement garantis

Lorsque l'atteinte aux droits fondamentaux est réparée par la Cour de justice, le juge constitutionnel accepte de décliner sa compétence. Dans l'hypothèse inverse, il est au contraire en mesure d'exercer son contrôle sur la norme communautaire litigieuse.

1°) Les principes posés par la jurisprudence constitutionnelle

Dans la jurisprudence Solange II[748], le juge réaffirme que les droits fondamentaux font partie des éléments structurants de la Loi fondamentale :

> « (...) l'habilitation donnée en vertu de l'art. 24 I LF n'est pas sans limite. Cette disposition n'habilite pas à renoncer, par la voie de reconnaissance de droits souverains à des institutions internationales, à l'identité de l'ordre constitutionnel en vigueur en République fédérale d'Allemagne, par une effraction dans ses traits fondamentaux, dans ses éléments structurels constitutifs. (...) . Les principes juridiques qui sont à la base de la section de la Loi fondamentale consacrée aux droits fondamentaux constituent en tous cas des éléments essentiels, auxquels il ne peut être renoncé et qui font partie des traits fondamentaux de la Constitution en vigueur.[749] »

Dans la jurisprudence Maastricht, le juge aborde la question des droits fondamentaux

---

[744] Art. 164 (220) CE: La Cour de justice assure le respect du droit dans l'interprétation et l'application du présent traité". *Cf.* également *Ulrich Everling*, Diskussionsbeitrag, in: Hommelhoff/Kirchhof (Hrsg.), Der Staatenbund der Europäischen Union, p. 61-65 (64).

[745] Günter Hirsch, Europäicher Gerichtshof und Bundesverfassungsgericht - Kooperation oder Konfrontation? NJW 1996, p. 2557-2466 (2460).

[746] *Rüdiger Zuck, Christofer Lenz*, Verfassungsrechtlicher Rechtsschutz gegen Europa, NJW 1997, p. 1193-1200 (1193-1194).

[747] On peut dans l'ordre interne allemand relever une exception de même nature entre les Länder et la Fédération. Ainsi le tribunal constitutionnel de l'Etat libre de Saxe estime-t-il qu'il pourrait contrôler le droit fédéral simple, en l'occurence le code de procédure civile, à l'aune de la Constitution de Saxe, et ce, malgré la règle de l'article 31 LF selon laquelle le droit fédéral prime le droit de Land. Cf. EuGRZ 1996, p. 441. Cité par *Rüdiger Zuck, Christofer Lenz*, Verfassungsrechtlicher Rechtsschutz gegen Europa, NJW 1997, p. 1193-1200 (1194). De la même façon, le tribunal constitutionnel de Berlin s'est réservé la possibilité de contrôler le droit fédéral à l'aune des droits fondamentaux garantis dans la Constitution du Land. BerlVerfGH, NJW 1993, p. 513-515.

[748] Pour les passages de la décision Solange II: traduction de *Christian Autexier*, AIJC 1987, p. 419.

[749] BVerfGE 73, 339 [375-376] = AIJC 1987 (424).

sous l'angle du rapport de coopération. Mais rien ne permet de déceler une évolution de la jurisprudence constitutionnelle si ce n'est l'emploi d'un nouveau vocabulaire pour définir les relations entre la Cour constitutionnelle fédérale et la Cour de justice.

« Si une décision du Conseil (...) devait être transposée par un acte des Communautés européennes (...) et s'il devait en résulter une atteinte aux droits fondamentaux, la Cour de justice et, à défaut[750], la Cour constitutionnelle fédérale offriraient une protection suffisante des droits fondamentaux (BVerfGE 73, 339 [387]). A cet égard également, la Cour constitutionnelle fédérale et la Cour de justice européenne sont placées, aux fins de garantir la protection des droits fondamentaux, dans un rapport de coopération dans lequel elles se complètent mutuellement »[751].

La Cour s'en remet certes de prime abord à la jurisprudence de la Cour de justice, mais uniquement si celle-ci tranche le litige de la même manière que la Cour constitutionnelle aurait pu le faire elle-même. Il s'agit donc bien d'une compétence subsidiaire, bien que le juge constitutionnel ait affirmé dans la jurisprudence Solange II qu'elle ne pouvait pas se livrer à ce type de contrôle vis-à-vis de la CJCE.

« La CCF a décidé à plusieurs reprises que l'art. 19 IV LF ne garantit pas une compétence subsidiaire de juridiction de tribunaux allemands, ni ne peut servir de point de départ à une compétence de ces derniers contre des décisions de juridictions internationales (BVerfGE 58, 1 [28 et s. pour les références y mentionnées] ; ceci vaut également pour les décisions de la CJCE »[752].

En cas de danger pour la protection des droits fondamentaux, la Cour constitutionnelle garde en effet une compétence subsidiaire pour connaître du litige :

« La Cour constitutionnelle garantit, de par sa compétence (*cf.* BVerfGE 37, 271 [280 et ss.] ; BVerfGE 73, 339 [376 et ss.]), qu'une protection efficace des droits fondamentaux est assurée, d'une manière générale, pour les personnes résidant en Allemagne -également vis-à-vis de la souveraineté - et qu'elle est à considérer comme équivalent pour l'essentiel à la protection des droits fondamentaux prescrite à titre inaliénable par la Loi fondamentale, cette protection devant garantir avant tout, d'une manière générale, la substance des droits fondamentaux. La Cour constitutionnelle fédérale garantit cette substance vis-à-vis de la souveraineté de la Communauté (*cf.* BVerfGE 73, 339 [386])[753].

Cette jurisprudence garantit au justiciable de ne jamais être atteint dans ses droits fondamentaux définis par la Constitution puisqu'il pourra, en cas de besoin, se tourner vers le juge de la Loi fondamentale.

2°) La mise en œuvre des principes

L'instigateur du fameux « rapport de coopération », *Paul Kirchhof,* rapporteur dans la procédure Maastricht avait déjà dans des publications antérieures justifié cette définition. Ces explications sont importantes car à la lecture de l'arrêt, il est difficile de savoir sur quelle base juridique cette nouvelle définition des rapports entre le juge de Karlsruhe et le juge de Luxembourg peut être fondée[754]. Il est même possible de se demander s'il ne s'agit pas plutôt d'une affirmation purement politique dénuée de tout fondement juridique[755]. Ainsi le contenu plutôt optimiste de la formule cache en fait une vision trompeuse[756] et dangereuse pour l'unité du droit communautaire, comme le montre un certain nombre de

---

750 C'est nous qui soulignons.

751 BVerfGE 89, 155 [178].

752 BVerfGE 73, 339, [372-373].

753 BVerfGE 89, 155 [174-175].

754 Voir *Josef Isensee,* Integrationsziel Europastaat, in: FS Everling, p. 567-592 (589, note 95): « Ce qui, à première vue, semble lacunaire ou inutile, gagne du point de vue dogmatique, en consistance et en plausibilité, si on considère l'arrêt à la lumière des publications de son rapporteur *Paul Kirchhof* »..

755 *Cf. Rüdiger Zuck,* Das Gerede vom gerichtlichen Kooperationsverhältnis, NJW 1994, p. 978-979 (979).

756 *Hans-Peter Ipsen,* Zehn Glossen zum Maastricht-Urteil, EuR 1994, p. 1-21 (10).

décisions rendues en Allemagne.

Ainsi la Cour fédérale de justice dans l'affaire *Phil Collins* a-t-elle examiné, en faisant référence à la décision Maastricht, si une interprétation du droit communautaire par la Cour de justice était toujours dans les limites déterminées par les compétences d'attributions de la Communauté européenne. En l'espèce elle a conclu par l'affirmative[757].

Depuis cette date, la Cour constitutionnelle a mis en cause le principe de primauté du droit communautaire, ce qui montre que la jurisprudence traditionnelle de la Cour a été maintenue.

Le 13 février 1993, le Conseil a adopté le règlement (CEE) n° 404/93[758] portant organisation commune pour le marché des bananes. Entré en vigueur le 1er juillet 1993, ce règlement met en place les conditions pour une libre circulation des produits entre les Etats membres et un régime d'importation commun envers les pays tiers, qui prévoit le contingentement des produits. Dans la mesure où le marché allemand était essentiellement approvisionné avec des bananes de pays tiers[759], l'instauration de la nouvelle réglementation entraîne, selon le gouvernement fédéral, des charges inacceptables pour certains opérateurs. Il forme un recours en annulation contre certaines dispositions du règlement en faisant notamment valoir que le règlement enfreint les droits fondamentaux ancrés dans le principe de l'inviolabilité du droit de propriété et dans celui d'une activité économique, ainsi que les principes de non-discrimination et de proportionnalité[760].

Selon la CJCE, l'instauration d'un contingent par la nouvelle réglementation n'est pas constitutive d'une violation des droits fondamentaux et des principes généraux du droit. La nouvelle réglementation place les opérateurs qui s'approvisionnaient avec des pays tiers dans une situation plus désavantageuse qu'auparavant et porte atteinte (sans que sa substance soit affectée) à leur droit au libre exercice d'une activité économique mais ces mesures sont justifiées, selon la Cour de justice, par l'objectif d'une intégration des marchés. Quant à l'atteinte invoquée au droit de propriété, elle est sans objet puisqu'une part de marché ne peut y être assimilée[761].

a) Un refus de s'en remettre à la décision de la Commission

Conformément au droit communautaire, la Cour administrative de Kassel avait refusé de prendre une ordonnance provisoire enjoignant aux autorités allemandes d'accorder à l'entreprise requérante l'autorisation d'importer 16000 tonnes de bananes en provenance des pays tiers à la Convention de Lomé. Par sa décision du 25 janvier 1995, la Cour constitutionnelle a cassé cette décision, estimant que le règlement communautaire permettait aux autorités d'accorder des autorisations d'importation si la situation financière de l'entreprise le justifiait (en l'espèce, l'entreprise risquait de faire faillite si elle n'obtenait pas rapidement les autorisations nécessaires car celles-ci lui permettaient d'honorer des engagements qu'elle avait pris avec des pays tiers)[762].

Ce ne sont les autorités nationales qui sont visées par le règlement mais uniquement la Commission, qui peut assouplir les règles sur les contingents lorsque l'application du

---

757 BGH, NJW 1994, 2607 (2069) = EuZW 1994, 637 mais voir également OVG Münster, EuZW 1996, 158 et FG Rheinland-Pfalz, EuZW 1996, 588.

758 JOCE L 47, p. 1.

759 Avant l'entrée en vigueur du règlement, l'importation de bananes des pays tiers était soumis à un droit de douance de 20% de la valeur de la marchandise, mais un régime spécial de franchise était applicable à l'Allemagne.

760 CJCE 1994/10/05, RFA c./ Conseil, Aff. C-280/93, Rec. p. 4973.

761 CJCE 1994/10/05, RFA c./ Conseil, Aff. C-280/93, Rec. p. 4973 [4977-4978]. Cette jurisprudence a été confirmée par la suite: CJCE 1998/03/10, RFA c/ Conseil, Aff. C-122/95, Rec. p. 973.

762 *Michel Fromont et Olivier Jouanjan*, AIJC 1995, p. 958-959.

règlement produit des effets désastreux sur les opérateurs économiques[763]. Cela signifie que la Commission est elle-même en mesure de prendre en considération les droits fondamentaux qui peuvent être invoqués à l'encontre du droit communautaire sans qu'il soit besoin d'avoir recours aux droits fondamentaux tels qu'ils sont reconnus dans les ordres juridiques nationaux[764].

Un rapport de coopération est nécessairement fondé sur un rapport de confiance mais la Cour constitutionnelle fédérale refuse de s'en remettre à la décision de la Commission, qui aurait pu elle-même faire l'objet d'un recours devant la Cour de justice.

b) Un refus de statuer mal fondé de la part de la CCF

Après avoir obtenu une première fois auprès de l'Office fédéral de l'agriculture et de l'alimentation des certificats supplémentaires en faisant valoir un cas de rigueur, la société T. Port, qui importait traditionnellement des bananes en provenance de pays tiers, avait demandé à l'Office de douane de Hambourg de procéder au dédouanement d'un lot de bananes en provenance de l'Equateur sans l'obliger à présenter des certificats d'importation ni à acquitter les droits de douanes dus. Devant le refus de l'Office de douanes, T. Port introduit un recours constitutionnel. Dans une ordonnance du 26 avril 1995[765], la Cour constitutionnelle fédérale refuse de statuer sur ces recours non pas parce que s'agissant d'un acte de droit communautaire dérivé elle serait incompétente, mais au motif que la société requérante devait d'abord porter ses droits devant le juge des référés[766]. Elle indique en outre qu'il n'était pas exclu que celui-ci, devant le conflit entre le règlement communautaire et les obligations incombant à la RFA en vertu du GATT, pût décider une inexécution provisoire du règlement.

La société T. Port a donc demandé au tribunal des finances de Hambourg d'adopter par voie de référé des mesures de protection provisoire de ses droits, en faisant valoir que les règlements communautaires relatifs au marché des bananes étaient certes valables du point de vue du droit communautaire, mais devaient être considérés comme des actes juridiques d'empiétement de la Communauté, au sens de l'arrêt Maastricht du 12 octobre 1993, en raison de leur incompatibilité avec le GATT. Le même raisonnement s'appliquait à l'arrêt « Allemagne contre Conseil » de la CJCE du 5 octobre 1994 car il portait atteinte aux droits fondamentaux de la société requérante et ne serait donc pas davantage applicable en Allemagne[767]. La Cour fédérale de justice dans sa décision du 9 janvier 1996 a confirmé les doutes du tribunal des finances de Hambourg quant à la validité du règlement communautaire sur l'organisation du marché des bananes[768]. En tout cas, ni la Cour fédérale des

---

[763] Art. 23 du règlement 404/93 du Conseil: « Si le marché dans la Communauté d'un ou plusieurs des produits (...) subit, du fait des importations ou des exportations, des perturbations graves susceptibles de mettre en péril les objectifs de l'article 39 du Traité (PAC), des mesures appropriées peuvent être appliquées dans les échanges avec les pays tiers jusqu'à ce que la perturbation ou la menace de perturbation ait disparu. La Commission, à la demande d'un Etat membre, décide des mesures nécessaires qui sont communiquées aux Etats membres et qui sont immédiatement applicables.

[764] *Martin Nettesheim*, Art. 23 GG, Nationale Grundrechte und EU-Recht, NJW 1995, p. 2083-2085 (2083).

[765] BVerfGE, EuZW 1995, p. 412.

[766] *Cf. Trautwein*, Zur Rechtsprechungskompetenz des BVerfG au dem Gebiet des Europäischen Gemeinschatsrechts, JuS 1997, p. 893-897 (894).

[767] CJCE 1998/03/10, T. Port, Aff. C-364/95 et C-365/95, Rec. p. 1023 (1047).

[768] Pour en arriver à cette conclusion, la Cour s'appuyait sur l'article 234 (307) CE selon lequel « les droits et obligations résultant de conventions conclues antérieurement à l'entrée en vigueur du présent traité, entre un ou plusieurs Etats membres, d'une part, et un ou plusieurs Etats tiers, d'autre part, ne sont pas affectés par les dispositions du présent traité ». La BGH considère donc que les règles du GATT priment sur celles du droit communautaire car antérieures au Traité de Rome. La Cour réfute l'argument selon lequel l'Equateur ne serait pas membre du GATT et que l'article 234 (307) CE ne serait pas applicable en se fondant sur la

finances ni le tribunal financier de Hambourg n'ont saisi la CJCE par la voie d'une question préjudicielle[769].

Parallèlement, le tribunal administratif de Frankfurt a. M. avait fait un recours préjudiciel devant la Cour constitutionnelle fédérale pour demander si le règlement relatif à l'organisation du marché des bananes était compatible avec les droits fondamentaux tels qu'ils sont garantis dans la Loi fondamentale. Si le recours n'est pas recevable, le tribunal évoque la possibilité de demander si la loi d'approbation du traité est bien compatible avec la Loi fondamentale ou de donner une interprétation de la loi d'approbation conforme à la Constitution[770].

Ici, c'est le danger de la jurisprudence de la Cour constitutionnelle pour la construction communautaire qui est mis en évidence. La divergence qui se manifeste encore et toujours entre le juge communautaire et le juge constitutionnel montre que le rapport de coopération évoqué dans l'arrêt Maastricht n'a pas apaisé le conflit entre les deux défenseurs des ordres juridiques respectifs. Bien au contraire. Il donne aux juges et aux requérants un motif supplémentaire de se soustraire au droit communautaire. On constate que ce qui pourrait apparaître anodin, à savoir le rapport de coopération entre les juges, produit des effets décuplés par les mécanismes des recours.

Il n'est pas en outre certain que la possibilité de ne pas appliquer une norme de droit communautaire soit l'exclusivité des juges allemands. Il n'est pas exclu que l'administration, de son propre chef, décide de laisser inappliquée une norme de droit communautaire puisque selon la Cour constitutionnelle, les institutions étatiques allemandes seraient empêchées, pour des raisons constitutionnelles, d'appliquer des actes qui ne seraient pas couverts par la loi d'approbation[771]. Cette remarque revêt une importance toute particulière dans le cadre du fédéralisme allemand puisque c'est essentiellement aux Länder que reviennent les compétences administratives.

Le juge constitutionnel est pourtant tenu, comme toutes les autres institutions de l'Etat, de tout mettre en œuvre pour permettre l'intégration du droit communautaire car l'Union européenne, avec le nouvel article 23 I LF, est devenue un objectif assigné à l'action de l'Etat.

Poursuivant son raisonnement jusqu'à son terme, le juge constitutionnel en tire toutes les conclusions. Si les institutions communautaires portent atteinte aux éléments structurants de l'ordre juridique allemand en ne respectant pas les droits fondamentaux tels qu'ils sont garantis par la Loi fondamentale ou en dépassant les compétences strictement définies dans les traités, la responsabilité ne doit pas être recherchée du côté du législateur fédéral mais plutôt du côté des instances communautaires qui ont eu en quelque sorte une mauvaise interprétation des compétences qui leur ont été transférées. Dans un tel cas, il suffirait donc

---

mutilatéralisation de la clause de la nation la plus favorisée, qui interdirait une taxation plus lourde, y compris envers les Etats non membres du GATT.

[769] *Cf. Reimer Voss*, Das Maastricht-Urteil und die Folgen, RIW 1996, p. 324-326 (324).

[770] *Cf. Zuleeg*, Bananen und Grundrechte - Anlaß zum Konflikte zwischen europäischer und deutscher Gerichtbarkeit, NJW 1997, p. 1201-1207 (1201).

[771] BVerfGE 89, 155 [188]. Selon le § 31 de la loi relative à la Cour constitutionnelle fédérale, "Les décisions de la Cour constitutionnelle fédérale s'imposent aux organes constitutionnels de la Fédération et des Länder, ainsi qu'à tous les tribunaux et toutes les autorités administratives". L'effet obligatoire de l'avis du juge constitutionnel, exprimé dans la décision Maastricht quant à l'impossibilité pour les organes de l'Etat d'appliquer une norme communautaire qui ne serait pas couverte par les lois d'approbation, n'est cependant pas certain : la question de la compatibilité du droit communautaire et du droit national pourrait également être examinée sans cette opinion. Sur cette question, voir *Reimer Voss*, das Maastricht-Urteil und die Folgen, RIW 1996, p. 324-326 (324-325).

de rappeler les instances communautaires à l'ordre par la voie d'une résolution politique du conflit : ce n'est donc plus au juge d'intervenir mais au gouvernement fédéral[772].

Il est indéniable que la jurisprudence de la Cour de Karlsruhe exerce une certaine influence sur la jurisprudence de la Cour de justice. Ainsi le juge allemand à la Cour de justice a-t-il lui même reconnu que les limites posées par le juge constitutionnel allemand n'engage pas seulement la Cour constitutionnelle mais aussi la Cour de justice[773]. Il faut cependant également reconnaître que celle-ci sait faire preuve de fermeté lorsqu'elle estime que son interprétation est celle qui doit s'imposer. C'est ce que montre son attitude envers le Conseil d'Etat français, la Cour constitutionnelle italienne ou encore la Cour fédérale des finances allemande. Les menaces qui peuvent lui être adressées au détour d'une décision de justice sont donc plutôt " contre productives "[774].

Ainsi, au regard du droit communautaire, sans doute est-il préférable que la Cour constitutionnelle cantonne " le rapport de coopération " uniquement au domaine des droits fondamentaux[775] et non aux autres éléments structurants de la Loi fondamentale.

Le dépassement de la compétence d'attribution de l'Union européenne peut constituer également une violation des droits fondamentaux constitutionnellement garantis : les deux exceptions peuvent se cumuler.

B. En cas de dépassement des compétences d'attribution

Dans la décision Maastricht, la Cour constitutionnelle fédérale précise :

> « Si, par exemple, des institutions ou organes européens pratiquaient ou faisaient évoluer le traité d'Union d'une façon qui ne serait plus couverte par le traité tel qu'il a servi de base à la loi d'approbation allemande, les actes qui en découleraient ne seraient pas applicables sur le territoire allemand[776] ».

Dans toutes les hypothèses, le reproche contre un acte dépassant la compétence d'attribution de la Communauté est nécessairement dirigé contre la CJCE dans la mesure où elle seule est en mesure de s'y opposer. Un acte *ultra vires* communautaire résulte en dernière analyse d'une interprétation laxiste des traités communautaires par la CJCE, soit parce que celle-ci a légitimé un acte communautaire par une jurisprudence innovante, soit parce qu'elle n'a pas sanctionné l'acte communautaire lors d'une procédure dans le cadre de l'article 173 (203) ou 177 (234) CE[777].

Selon l'article 173 (203) CE, la CJCE peut exercer son contrôle sur la légalité des actes adoptés conjointement par le Parlement européen et le Conseil, les actes du Conseil, de la Commission et de la BCE et les actes du Parlement européen destinés à produire des effets juridiques vis-à-vis des tiers. Elle est compétente pour se prononcer sur les recours pour incompétence, violation du traité ou de toute règle relative à son application, ou détourne-

---

[772] Voir *supra* p. 196.

[773] "En tant que Communauté composée d'Etats souverains, la CE ne dispose que des pouvoirs que les Etats membres (en tant que maîtres des traités) lui ont transférés. L'existence de limites extrêmes, tenant au droit constitutionnel pour le transfert de droits de souveraineté limite, de manière immanente au système, ses pouvoirs ; elle ne porte, en revanche, pas atteinte à la primauté du droit pris dans l'exercice de ses compétences", *Günter Hirsch*, Europäischer Gerichtshof und Bundesverfassungsgericht - Kooperation oder Konfrontation, NJW 1996, p. 2457-2466 (2459-2460).

[774] *Ulrich Everling*, Diskussionsbeitrag, in: Hommelhoff, Kirchhof (Hrsg.), Der Staatenverbund der EU, p. 60-65 (65).

[775] Opinion différente: *Helmut Steinberger*, Anmerkung zum Maastricht Urteil des Bundesverfassungsgerichts, in : Hommelhof/Kirchhof, p. 25-35 (35).

[776] BVerfGE 89, 155 [188].

[777] *Rüdiger Zuck, Christofer Lenz*, Verfassungsrechtlicher Rechtsschutz gegen Europa, NJW 1997, p. 1193-1200 (1196). Sur le reproche de la CCF envers la CJCE relatif à une interprétation laxiste des traités, *cf. supra* 178.

ment de pouvoir, formés par un Etat membre, le Conseil ou la Commission. L'article 169 CE lui permet de contrôler la conformité de l'acte d'un Etat membre avec les obligations qui lui incombent en vertu du traité. Elle peut enfin contrôler le respect de l'équilibre institutionnel selon l'article 173 III CE puisqu'elle est compétente pour se prononcer sur les recours formés par le Parlement européen et par la BCE qui tendent à la sauvegarde des prérogatives de ceux-ci.

Sans avoir les mêmes compétences qu'une Cour constitutionnelle, la CJCE a donc les moyens de faire respecter les traités par les organes communautaires. Son contrôle peut dans cette mesure être comparé à celui qu'exerce une Cour constitutionnelle dans l'ordre interne[778].

C'est ici également l'occasion pour le juge constitutionnel de mettre entre parenthèses le principe de la primauté du droit communautaire. Ce faisant, elle s'accorde la possibilité de contrôler un acte communautaire non pas au regard du droit constitutionnel mais au regard du droit communautaire lui-même alors que l'article 164 attribue exclusivement cette compétence à la CJCE.

Dans son avis relatif à l'adhésion de l'Union européenne à la Convention européenne des droits de l'Homme, la Cour de justice semble répondre à l'accusation de la Cour constitutionnelle.

> « Il résulte de l'article 3 B du traité, aux termes duquel la Communauté agit dans les limites des compétences qui lui sont conférées et des objectifs qui lui sont assignés par le traité, qu'elle ne dispose que de compétences d'attributions. (...)
>
> Faisant partie intégrante d'un ordre institutionnel basé sur le principe des compétences d'attribution, (l'article 235) ne saurait constituer un fondement pour élargir le domaine des compétences de la Communauté au-delà du cadre général résultant de l'ensemble des dispositions du traité, et en particulier celles qui définissent les missions et les actions de la Communauté. Elle ne saurait en tout cas servir de fondement à l'adoption de dispositions qui aboutiraient en substance, dans leurs conséquences, à une modification du traité échappant à la procédure que celui-ci prévoit à cet effet »[779].

Après avoir rappelé le principe de subsidiarité[780], la Cour souligne que les compétences d'attributions empêchent l'Union européenne d'adhérer à la CEDH, ce qui lui permettrait pourtant d'exercer une meilleure protection des droits fondamentaux[781].

---

[778] *Günter Hirsch* , Europäischer Gerichtshof und Bundesverfassungsgericht - Kooperation oder Konfrontation? NJW 1996, p. 2457-2466 (2465).

[779] CJCE 1996/03/28, Avis 2/94, Rec. p. 1759 (1761).

[780] Voir *supra* p. 153 et s.

[781] Dans l'avis précité, la CJCE conclut, d'une part, que la Communauté en l'état actuel du droit n'a pas les compétences pour adhérer à la Convention européenne de sauvegarde des droits de l'homme et des libertés fondamentales car aucune disposition du traité ne confère aux institutions communautaires, de manière générale, le pouvoir d'édicter des règles en matière de droits de l'homme ou de conclure des conventions internationales dans ce domaine et , d'autre part, qu'une telle adhésion ne saurait s'opérer par le recours à l'article 235 (308) du traité. Selon la Cour, l'adhésion à la Convention aurait des implications institutionnelles tant pour la Communauté que pour les Etats membres. Elle revêtirait donc une envergure constitutionnelle et dépasserait, par sa nature, les limites de l'article 235 (308). En conclusion, une telle modification ne pourrait donc avoir lieu que par une modification du traité. La Cour constitutionnelle reproche à la Cour de justice de ne pas être en mesure, dans tous les cas, de garantir une protection des droits fondamentaux et d'avoir une interprétation par trop laxiste des traités. Dans son avis, la CJCE montre au contraire sa volonté d'interpréter les traités dans un sens qui n'est pas nécessairement favorable aux institutions communautaires, ce qui l'empêche d'assurer une meilleure protection des droits fondamentaux en adhérant à la Convention européenne des droits de l'Homme. Les exigences posées par le juge de Karlsruhe conduisent donc à un paradoxe puisque celles-ci sont en l'espèce contradictoires.

Le fédéralisme fait partie des éléments structurants de la Loi fondamentale dont la Cour constitutionnelle veille au respect. Il signifie que les Länder doivent conserver un certain nombre de prérogatives qui permettent encore de qualifier l'Allemagne d'Etat fédéral. A l'occasion de l'arrêt du 22 mars 1995 relatif à la directive "Télévision sans frontières", la Cour constitutionnelle a eu l'occasion de rappeler que le gouvernement avait pour mission de garantir les droits des Länder.

Chapitre 2. Le gouvernement fédéral, garant des droits des Länder

Tout comme l'arrêt Maastricht avait pu être qualifié de véritable " manuel "[782], la décision du 22 mars 1995, rendue six longues années après que les Länder l'aient saisie[783], peut être qualifiée de " guide " destiné aux négociateurs au sein des instances communautaires : la Cour constitutionnelle devait déterminer si le comportement du gouvernement dans les instances communautaires avait méconnu les droits des Länder. Le raisonnement du juge constitutionnel intervient dans un système à trois dimensions car la Cour examine les interactions réciproques entre les Länder, le gouvernement fédéral et les institutions communautaires. Il est difficile de tirer toutes les implications de cette relation triangulaire, de la même façon qu'il est tout aussi simple d'en tirer de mauvaises conclusions[784]. C'est ainsi qu'on a pu dire à propos de cet arrêt :

> « La Cour constitutionnelle fédérale de la RFA a jugé que la directive "Télévision sans frontières" est en partie contraire à la constitution allemande, pour l'aspect qui concerne les quotas de diffusion de programmes européens. Selon le système fédéral, la législation en matière de diffusion est du ressort des Länder »[785].

Le service juridique de la Commission européenne a constaté de son côté :

> « (Cet) arrêt ne remet pas en cause la directive elle-même. La Cour de Karlsruhe affirme que sur le plan interne allemand, la transposition des mesures sur les quotas devait être effectuée par les Länder et non par les autorités fédérales. Il s'agit d'une question interne dans laquelle la Commission n'a pas à intervenir »[786].

Ces deux interprétations ne sont pas satisfaisantes : la Cour constitutionnelle n'a, à aucun moment, déclaré la directive incompatible avec la Loi fondamentale, pas plus qu'elle n'a soulevé le problème de la transposition en droit interne. En fait, les conséquences de l'arrêt pour la directive elle-même sont nulles car les Länder l'ont transposée par un traité d'Etat sur la radiodiffusion du 31 août 1991, approuvé dans chaque Land par une loi, même s'ils s'opposent toujours à transposer les dispositions relatives aux quotas. Coïncidence ou provocation, le jour même où l'arrêt de la Cour constitutionnelle était rendue, la Commission présentait un nouveau projet de directive tendant à renforcer les dispositions relatives aux quotas. La Commission avait envisagé d'engager un recours en manquement mais il s'avère que celui-ci a été abandonné dans la mesure où les quotas avaient largement été respectés par la majorité des chaînes. Une telle action aurait de toute façon vraisemblablement été vouée à l'échec pour deux raisons : d'une part toute mesure visant à contraindre les Länder à transposer la directive aurait conduit à un nouveau recours devant la Cour constitutionnelle fédérale avec cette fois-ci toutes les chances d'aboutir, d'autre part le recours à la contrainte fédérale prévue à l'article 37 de la Loi fondamentale requiert l'approbation du Bundesrat et semble donc inopérant en l'espèce[787].

La Cour devait simplement dire si le comportement du gouvernement fédéral dans les instances communautaires avait constitué une violation des droits des Länder. Elle en

---

782 *Ingolf Pernice,* Karlsruhe locuta - Maastricht in Kraft, EuZW 1993, p. 649.

783 Sur la procédure, voir *supra* p. 76.

784 *Cf. Manfred Zuleeg,* Anmerkung, JZ 1995, p. 673-677 (674-675).

785 Agence Europe 1995, n° 6446, p. 7. Egalement Europäische Zeitung, n° 4/1995, p. 2.

786 Agence Europe 1995, n° 6447, p. 13.

787 *Cf. Jörg Gerkrath,* RTDE 1995, p. 539-559 (558). Sur la contrainte fédérale, voir *supra* p. 76.

conclut que dans les relations triangulaires entre les institutions communautaires, les Länder et le gouvernement fédéral, celui-ci a un rôle tout particulier à jouer, mais il doit l'exercer selon certains principes.

Dans son arrêt, la Cour passe en revue l'attitude que le gouvernement aurait dû adopter afin de ne pas violer les droits des Länder. Sur certains aspects, les conclusions auxquelles parvient la Cour constitutionnelle fédérale peuvent sembler quelque peu dépassées dans la mesure où le nouvel article 23 de la Loi fondamentale vient réglementer sur de nouvelles bases les droits de participation des Länder. La Cour prend d'ailleurs soin de rappeler le contexte juridique de la décision avant de dégager les obligations du gouvernement fédéral : la participation des Länder à l'époque des faits était réglée par l'article 2 de la loi d'approbation de l'Acte unique européen[788]. En fait, la plupart des conclusions auxquelles parvient la Cour restent valables. Selon la Cour, le gouvernement fédéral a violé le principe de loyauté fédéral en n'informant pas de manière satisfaisante le Bundesrat sur le déroulement des négociations qu'il avait menées avec ses partenaires européens. Or cette obligation d'information, qui existait déjà dans le cadre des Traités de Rome, avait été soulignée dès 1966 par *Hans Peter Ipsen* : il la considérait déjà comme l'expression de la loyauté fédérale et donc constitutionnellement contraignante pour le gouvernement[789]. Le devoir d'information ne repose pas seulement sur des textes législatifs mais aussi sur le principe de loyauté fédérale. Celui-ci n'est pas lié à une loi et revêt donc un caractère intemporel, ce qui permet aux conclusions de la Cour de conserver leur actualité. Autrement dit, les principes qui sous-tendent l'action gouvernementale ont toujours existé ; les lois d'approbation des Traités de Rome, de l'Acte unique européen et du traité de Maastricht sont venues les préciser.

La Cour a recours successivement au principe de loyauté en droit allemand et en droit communautaire.

Lorsque des questions touchant les compétences législatives des Länder sont discutées dans les instances communautaires, le gouvernement fédéral - affirme la Cour constitutionnelle - doit se comporter en tant que gestionnaire des droits des Länder. Jusqu'à la révision constitutionnelle intervenue le 21 décembre 1992, cette collaboration avait un caractère plutôt empirique et la nature des obligations qui incombaient au gouvernement fédéral n'était pas clairement définie. La décision de la Cour constitutionnelle vient donc préciser la nature de ces obligations (Section 1) et l'attitude du gouvernement fédéral dans le cadre d'une coopération loyale (Section 2).

Section 1. La nature des obligations du gouvernement

Le gouvernement joue ici le rôle d'interface. Ce terme emprunté au vocabulaire informatique désigne une frontière conventionnelle entre deux systèmes qui rend possible des échanges d'informations. C'est bien ce rôle qui revenait au gouvernement fédéral dans la mesure où les Länder et les institutions communautaires n'avaient, dans un premier temps, aucune relation entre eux. Le gouvernement fédéral servait donc de trait d'union.

La position du gouvernement fédéral était difficile à tenir dans les négociations qui se sont déroulées dans le cadre de la directive " Télévision sans frontières " car celui-ci ce trouvait pris sous le feu des Länder et exposé aux critiques de Bruxelles.

---

[788] BGBl. 1986 II, p. 1102.

[789] *Hans Peter Ipsen*, Als Bundestaat in der Gemeinschaft, in: FS Walter Hallstein 1966, p. 249-265 (254-255). A cet époque, c'est l'article 2 de la loi d'approbation aux traités du 25 mars 1957 qui réglait l'information du Bundesrat sur les projets communautaires. BGBl. 1957 II, p. 753.

Quelle que soit l'attitude adoptée par le gouvernement fédéral, celui-ci commettait une violation du droit. Soit il votait pour la directive, et violait ainsi les compétences reconnues aux Länder par la Loi fondamentale, soit il ne la votait pas, respectant ainsi les compétences constitutionnelles des Länder mais ne pouvant empêcher son adoption, il s'exposait ainsi à un manquement pour non-transposition de la directive[790]. Pour sortir de cette impasse juridique, la Cour constitutionnelle va donc avoir recours successivement au principe de loyauté fédérale et de loyauté communautaire.

En effet les Länder et la Fédération ne pouvant s'affronter directement, c'est au gouvernement que revenait le rôle de médiateur du conflit car c'est dans cet organe institutionnel que se manifestaient les vues opposées des Länder et de la Commission. A cet égard, la Fédération jouait ici le rôle d'écran. C'est dans ce cadre que la Cour constitutionnelle a affirmé que le gouvernement devait jouer le rôle de gestionnaire des intérêts des Länder car ces derniers n'étaient pas en mesure de défendre eux-mêmes leurs prérogatives constitutionnelles[791].

Le gouvernement n'agit pas seulement ici pour son propre compte mais aussi pour celui des Länder. Si l'action du gouvernement s'inscrit toujours dans le cadre d'un dédoublement fonctionnel, l'apport jurisprudentiel de la Cour constitutionnelle montre une évolution dans le statut conféré au gouvernement.

I. Dédoublement fonctionnel et dualisme

Il existe une étroite imbrication entre le dédoublement fonctionnel et la théorie du dualisme des ordres juridiques. Le dédoublement fonctionnel ne constitue qu'un pis-aller permettant de pallier les carences de l'ordre international dont l'effet pervers est masqué par la théorie dominante du dualisme.

§ 1. Le dédoublement fonctionnel

Georges Scelle définit la théorie du dédoublement fonctionnel comme un « fédéralisme normatif partiel »[792].

> «Ici se produit le phénomène dit de la représentation. Le détenteur de la compétence agira tantôt directement, et pour son compte, ce qui est d'ailleurs rare, tantôt, et le plus souvent, dans l'intérêt d'un autre individu ou d'un groupe d'individus déterminés par la norme de compétence qui met à la disposition de l'agent les moyens propres à la satisfaction de l'intérêt collectif. Les phénomènes de mandat, ou de représentation sont ainsi à la base de la fiction de la personnalité collective. Mais il est facile de déceler derrière eux l'intervention individuelle toujours exclusive de l'agent juridique.[793]»

Le représentant du gouvernement fédéral doit agir non seulement pour défendre les droits de la Fédération mais aussi ceux des Länder et sa mission relève à la fois du pouvoir exécutif et du pouvoir législatif.

A. La double casquette du représentant du gouvernement fédéral

Georges Scelle montre que les agents dotés d'une compétence institutionnelle ou investis par un ordre juridique utilisent donc leur capacité fonctionnelle telle qu'elle est organisée dans l'ordre juridique qui les a institués, mais pour assurer l'efficacité des normes

---

[790] *Cf. Jörg Gerkrath,* Revue Europe, mai 1995, p. 1-4 (3).

[791] BVerfGE 92, 203 [231]

[792] *Georges Scelle,* Le phénomène juridique du dédoublement fonctionnel, in: FS für Hans Wehberg, p. 324-342 (335).

[793] *Georges Scelle,* Le phénomène juridique du dédoublement fonctionnel, in: FS fürHans Wehberg, p. 324-342 (328).

d'un autre ordre juridique privé des organes nécessaires à cette réalisation, ou qui n'en possèdent que d'insuffisants[794].

Cette analyse peut servir *mutatis mutandis* à cerner la nature des obligations du gouvernement fédéral lorsqu'il agit pour le compte des Länder, puisque l'impossibilité pour eux d'agir directement dans l'ordre communautaire justifie l'intervention du gouvernement fédéral. Les Länder sont donc contraints d'utiliser la structure fonctionnelle du gouvernement pour faire valoir leurs droits. Lorsque le gouvernement agit pour le compte des Länder au sein du Conseil de la Communauté européenne, il s'agit d'un organe exécutif qui remplit une fonction législative. Qui plus est, si cette fonction législative était exercée dans l'ordre interne, elle ne reviendrait pas au niveau fédéral mais au niveau fédéré.

Selon *Georges Scelle,* le dédoublement fonctionnel n'est que transitoire : il durera aussi longtemps que l'ordre international ne sera pas doté de structures propres. Au terme de l'évolution, *Georges Scelle* voit la création d'un ordre international qui ne reposerait plus uniquement sur les structures étatiques car cette technique du droit international n'est qu'un « succédané dangereux de l'organisation institutionnelle défaillante des ordres juridiques internationaux »[795].

Ce caractère provisoire de la théorie du dédoublement fonctionnel existe également dans les relations entre les Länder, le gouvernement fédéral et l'Union européenne puisqu'entre le recours déposé par les Länder et la date de la décision de la Cour, les Länder ont obtenu des droits substantiels leur permettant d'agir directement sur la scène internationale. Leur existence est par ailleurs désormais reconnue, même imparfaitement, avec le Comité des régions.

Cependant, la possibilité pour les Länder de faire valoir leurs droits, y compris au sein du Conseil, ne fait pas disparaître le dédoublement fonctionnel puisque le représentant du Bundesrat doit non seulement défendre les intérêts des Länder mais aussi ceux de la Fédération. Il a donc lui aussi une double casquette.

B. Répartition horizontale et verticale du pouvoir

Lorsque *Georges Scelle* analyse le rôle des Etats sur la scène internationale, il constate (ou plutôt, il déplore) la

> « (...) discordance entre les attributions législatives des gouvernants dans l'ordre juridique interne et dans l'ordre juridique international. Le contenu des compétences dédoublées ne coïncide que rarement. En général, les gouvernements *exécutifs* ont une compétence législative plus étendue dans l'ordre international que dans l'ordre constitutionnel interne, et les gouvernants du corps législatif ont une compétence amputée. Dans les systèmes démocratiques où une séparation des pouvoirs (...) ne laisse aux titulaires de l'exécutif (...) que des possibilités d'intervention très restreintes dans l'élaboration des lois, (...) on constate au contraire que ces mêmes gouvernements sont dotés d'une compétence constitutionnelle étendue (...) pour la conclusion des traités »[796].

Mutatis mutandis, on peut appliquer le raisonnement aux rapports entre l'ordre juridique allemand et l'ordre communautaire. *Georges Scelle* prenait uniquement en considération la séparation verticale des pouvoirs. Dans le cadre du fédéralisme allemand et de l'intégration européenne, cette dimension est également présente puisque le gouvernement (donc un

[794] *Georges Scelle,* Le phénomène juridique du dédoublement fonctionnel, in: FS für Hans Wehberg, p. 324-342 (331).

[795] *Georges Scelle,* Manuel de droit international public, Domat-Montchrestien 1948, 1008 p. (22).

[796] *Georges Scelle,* Précis de droit des gens, Tome II, Sirey 1934, p. 451-452. Voir également *Lazare Kopelmanas,* La théorie du dédoublement fonctionnel et son utilisation pour la solution du problème dit des conflits de lois, in: La technique et les principes du droit public, Etudes en l'honneur de Georges Scelle, Tome II, LGDJ 1950, p. 753-803 (753-754).

organe exécutif) intervient dans un domaine législatif lorsqu'il négocie une norme communautaire faisant partie des compétences législatives exclusives des Länder. Cet aspect est en outre doublé par un problème de répartition horizontale des pouvoirs puisque dans l'ordre interne ce ne serait pas le niveau fédéral qui serait compétent mais bien le niveau fédéré.

Grâce à la doctrine dualiste, les Länder ont pu se croire à l'abri des atteintes dans leur domaine de compétences, ce qui explique que celles-ci ont été d'autant plus mal ressenties.

§ 2. L'effet " boomerang " de la théorie dualiste

Lorsque *Georges Scelle* s'interroge sur les causes qui expliquent les raisons de ce dédoublement fonctionnel, les conclusions auxquelles il aboutit sont encore applicables au fédéralisme allemand et à l'intégration européenne.

> « La doctrine dualiste a eu, ici, une répercussion d'ordre psychologique évidente. Elle a empêché l'opinion publique de considérer les traités comme des lois conditionnant l'application et la validité des lois internes et par suite, de s'apercevoir que l'exécutif retrouvait par le détour des traités, la compétence qu'on avait cru limiter par la constitution »[797].

En quelque sorte, il s'agirait ici d'une sorte " d'effet boomerang " de la conception dualiste défendue par la Cour constitutionnelle fédérale, qui aurait d'une certaine manière occulté le danger que représentait les progrès du droit communautaire pour les Länder. L'acceptation de la théorie moniste appliquée au droit communautaire n'aurait certainement pas permis de freiner l'érosion du fédéralisme en Allemagne mais les glissements de compétences au profit du gouvernement fédéral ne se seraient pas produits insidieusement.

II. Le statut du gouvernement fédéral

A partir d'une situation de fait, la Cour constitutionnelle fédérale a fait découler certaines obligations qui s'imposent au gouvernement. Le statut de celui-ci a donc évolué en étant mieux défini ; le juge constitutionnel l'a ainsi qualifié de gestionnaire des droits des Länder.

§ 1. Le rôle du gouvernement fédéral

L'action du gouvernement dans des domaines qui ne relevaient pas de sa compétence dans l'ordre interne pouvait d'une certaine manière être analysée comme une délégation tacite de pouvoirs de la part des Länder au profit de la Fédération. La décision relative à la directive «Télévision sans frontières» tend plutôt à interpréter le rôle du gouvernement comme celui d'un gestionnaire (ou d'un mandataire) des droits des Länder[798].

A. La délégation de compétence

La délégation de compétence se traduit par un dessaisissement du déléguant et entraîne donc une modification de l'ordre normal des compétences[799]. Par un effet de ricochet, c'est donc le gouvernement qui bénéficiait provisoirement du glissement de compétences résul-

---

[797] *Georges Scelle,* Précis de droit des gens, Tome II, Sirey 1934, p. 453.

[798] Les termes "délégation de compétence" et "mandat" ne doivent pas être pris ici au sens strict, tels que ceux-ci sont définis par le droit administratif ou le Code civil (français ou allemand). Par conséquent, l'emploi de ces termes n'a ici qu'une valeur heuristique. Sur la distinction entre mandat et délégation de compétence, *cf. Léon Duguit,* Traité de droit constitutionnel, 3ème éd., Tome 3, 1938, p. 15 ; *Maryvonne Hecquard-Théron,* Essai sur la notion de réglementation, LGDJ 1977, 287 p. (166-168); *Heinrich Triepel,* Delegation und Mandat im öffentlichen Recht, W. Kohlhammer Verlag, Stuttgart & Berlin 1942, 151 p.; Sur le mandat: *André Coudevylle,* La notion de mandat en droit administratif, AJDA 1979, n° 9, p. 7 s.; sur la délégation: *J. C. Groshens,* la délégation administrative de compétence, Dalloz 1958, chr. p. 197-204.

[799] *Cf. Maryvonne Hecquart-Théron, op. cit,* p. 168.

tant du droit communautaire. Celui-ci pouvait agir dans des domaines relevant des compétences des Länder selon la répartition opérée par la Loi fondamentale. Sachant qu'une délégation ne peut intervenir que dans le cadre d'une loi ou d'un règlement[800], on peut considérer que c'est l'article 32 I de la Loi fondamentale qui fondait la base légale de la délégation. Cet article énonce :

« La charge des relations avec les Etats étrangers relève de la Fédération ».

Le terme d'"Etat" ne doit pas être entendu au sens strict, comme la Cour constitutionnelle fédérale l'a rappelé :

«Le concept d'" Etats étrangers "avec lesquels il possible de conclure un traité au sens des art. 32 et 59 LF doit (...) être interprété de manière extensive. Les sujets de droit du droit international public comparables à l'Etat doivent également être pris en considération en tant que partie contractante étrangère (...). Ainsi les traités passés avec des alliances d'Etat au sein des organes de communautés d'Etats interétatiques ou supranationaux peuvent être considérés comme des traités au sens des art. 32 et 59 LF grâce à une application et au développement adéquat des principes de la Loi fondamentale, dans la mesure où ils disposent des personnalités juridiques permettant d'agir et de s'engager en droit international public (par ex. la Communauté européenne du charbon et de l'acier, l'Organisation internationale du travail, le Conseil de sécurité des Nations-Unies)»[801].

Il s'agissait donc d'une délégation tacite, permettant à la RFA de parler d'une seule voix sur la scène internationale. L'idée que l'action gouvernementale s'inscrive dans le cadre de cette délégation de compétence est renforcée par le fait que le délégataire n'a plus de droit de regard sur la façon dont les compétences sont exercées par le délégataire. En l'occurrence, les Länder n'étaient pas en mesure de contester les décisions prises par le gouvernement fédéral et se trouvaient en outre contraints de les mettre en œuvre.

L'arrêt de la Cour constitutionnelle fédérale du 22 mars 1995 vient préciser le rôle que doit jouer le gouvernement fédéral lorsque celui-ci négocie des compétences qui dans l'ordre interne reviennent aux Länder. La définition des relations entre Länder et gouvernement fédéral sont proches de celles qui unissent mandant et mandataire

B. Le statut de mandataire (gestionnaire des droits des Länder)

La décision de la Cour constitutionnelle semble mettre un terme aux glissements de compétences réalisés au profit du gouvernement qui avaient pu se produire jusqu'à présent. Il ne faut dès lors plus considérer que le gouvernement puisse exercer des compétences qui ne lui reviennent pas dans l'ordre interne : son rôle est désormais de représenter les intérêts constitutionnels des Länder. Ce faisant, cette exigence se rapproche de la définition du mandat, donnée par l'article 1984 du Code civil français : le mandat ou procuration est un acte par lequel une personne donne à une autre le pouvoir de faire quelque chose en son nom.

En outre, selon l'article 1993 du Code civil, le mandataire doit régulièrement rendre des comptes au mandant des opérations qu'il a menées. Cette obligation incombe désormais au gouvernement fédéral.

Cependant le mandat suppose que le mandataire représente le mandant. Il se représente comme tel aux yeux des tiers qui le considèrent comme un représentant et non comme un personnage qui agit pour lui-même. Ici, ce n'est pas tout à fait le cas dans la mesure où même lorsque le gouvernement fédéral agit dans des domaines de compétences qui reviennent dans l'ordre interne aux Länder, il agit également au nom de la République fédérale qu'il est chargé de représenter dans les instances communautaires.

---

[800] *Cf. Jean Rivero,* Droit administratif, Précis Dalloz, 12ème éd. 1987, p. 416, n° 354.

[801] BVerfGE 02, 347 [374].

Il est tout-à-fait remarquable que la position de la Cour constitutionnelle est pratiquement symétrique par rapport à celle adoptée par le législateur. Même si les conclusions auxquelles la Cour aboutit peuvent paraître ne plus être d'actualité dans la mesure où les Länder sont en mesure de défendre eux-mêmes leurs prérogatives constitutionnelles, elles conservent un certain intérêt[802]. En effet, selon le nouvel article 23 VI de la Loi fondamentale,

> « lorsque des pouvoirs exclusifs de législation des Länder sont concernés de manière prépondérante, l'exercice des droits dont jouit la République fédérale d'Allemagne en tant qu'Etat membre de l'Union européenne doit normalement être transféré par la Fédération à un représentant des Länder désigné par le Bundesrat. L'exercice de ces droits a lieu avec la participation du gouvernement fédéral et de concert avec lui ; la responsabilité de la Fédération pour l'ensemble de l'Etat doit être préservée ».

Cette possibilité a été permise par le nouvel article 146 alinéa premier du Traité de Rome dans sa version issue du Traité de Maastricht. Cet article énonce désormais :

> « Le Conseil est formé par un représentant de chaque Etat membre au niveau ministériel habilité à engager le gouvernement de cet Etat membre».

Le nouvel article 146 CE peut être considéré comme la reconnaissance de l'existence politique des Länder par l'Union européenne. Mais cette reconnaissance n'est pas entière car les Länder ne bénéficient toujours pas d'un accès direct au prétoire de la Cour de Justice[803].

Par conséquent, en représentant leurs propres intérêts au sein du Conseil, les Länder agissent non seulement pour leur compte mais aussi pour celui de la RFA. Ils sont donc également tenus d'agir selon les préceptes du comportement bienveillant envers le système fédéral.

Si le rôle du gouvernement fédéral est proche de celui d'un mandataire, la Cour constitutionnelle fédérale utilise un terme générique en le qualifiant de gestionnaire des droits des Länder[804].

§ 2. La gestion des droits des Länder

Si le terme de gestionnaire employé par le juge de Karlsruhe est nouveau dans le vocabulaire constitutionnel, il avait en revanche déjà été utilisé par la Cour de Justice des Communautés européennes. Celle-ci visait alors l'hypothèse dans laquelle les Etats membres se trouvaient gestionnaires[805] de l'intérêt commun. Même si les jurisprudences

---

[802] *Cf. Peter Lerche*, Konsequenzen aus der Entscheidung des Bundesverfassungsgerichts zur EG-Fernsehrichtlinie, AfP 1995, p. 632-638 (633-634).

[803] Sur ces points, voir *infra* p. 280 et suivantes.

[804] Le terme peut faire penser à la gestion d'affaires. Il ne faudrait toutefois pas faire la confusion car le gérant d'affaire est celui qui agit pour autrui sans en avoir été chargé, ce qui n'est pas le cas ici. La Cour constitutionnelle fédérale emploie le terme de "Sachwalter". Si les obligations du gouvernement fédéral se rapprochent désormais de celles d'un mandataire, il n'est pas tout à fait exact de traduire "Sachwalter" par"mandat" mais cette traduction peut toutefois se justifier pour des raisons de style (Ainsi *Jörg Gerkrath*, Le gouvernement fédéral, la fidélité fédérale, et la loyauté communautaire. Enseignements de l'arrêt du Bundesverfassungsgericht du 22 mars 1995 sur la directive «télévision sans frontières», Revue Europe, Mai 1995,p. 1-4 (2); L'arrêt du Bundesverfassungsgericht du 22 mars 1995 sur la directive «télévision sans frontières», les difficultés de la répartition des compétences entre trois niveaux de législation, RTDE 1995, p. 539-559 (551)). Nous préférerons le terme de gestionnaire pour trois raisons: premièrement parce qu'en droit allemand, l'institution du mandat renvoie à la notion de "Vollmacht". Il ne faudrait pas donc assimiler l'institution du "Vollmacht" à celle du "Sachwalter" par l'intermédiaire de la traduction. Deuxièmement, en raison du caractère juridiquement plus neutre du terme de gestionnaire, et troisièmement parce que la CJCE elle-même utilise cette traduction .

[805] C'est en effet bien le terme de "Sachwalter" qui est utilisé dans la jurisprudence de la CJCE, de la même façon

constitutionnelle et communautaire ne sont pas de la même nature, on ne peut cependant manquer d'être frappé par les similitudes entre les démarches respectives de chaque juge. En effet, tout comme le juge communautaire a été amené à définir le comportement que devaient adopter les Etats membres lorsque les institutions n'étaient pas en mesure d'agir elles-mêmes, la Cour constitutionnelle a précisé le rôle que devait jouer le gouvernement fédéral lorsque les Länder n'étaient pas en mesure de faire valoir eux-mêmes leurs droits. Or, les droits des Länder sont l'essence même du fédéralisme allemand et donc également de la Loi fondamentale.

A. La comparaison des jurisprudences constitutionnelle et communautaire

L'article 4 du règlement 101/76 pris par le Conseil indique qu'en cas d'exploitation trop intensive des ressources halieutiques, le Conseil peut arrêter les mesures de conservation nécessaires[806]. En raison de l'opposition du Royaume-Uni, le Conseil se trouvait dans une situation de blocage car dans l'impossibilité de trouver un terrain d'entente sur les mesures conservatoires nécessaires pour préserver les ressources biologiques de la mer. C'est dans ce contexte que la Commission intente un recours contre le Royaume-Uni pour préciser quelle devait être l'attitude des Etats membres en cas de vide juridique. La situation était particulièrement complexe car s'il s'agissait bien d'une compétence exclusive communautaire, aucune réglementation européenne n'était encore intervenue alors même qu'il était urgent d'agir[807].

Selon la Cour de justice, l'action des Etats membres doit être conforme aux préceptes contenus dans l'article 5 CEE.

> « L'article 5 du traité CEE impose aux Etats membres des devoirs particuliers d'action et d'abstention dans une situation où la Commission, pour répondre à des besoins urgents de conservation des ressources de pêche, a soumis au Conseil des propositions qui, bien qu'elles n'aient pas été adoptées par celui-ci, constituent le point de départ d'une action communautaire concertée. S'agissant d'un domaine réservé à la compétence communautaire, à l'intérieur duquel les Etats membres ne peuvent agir autrement, désormais, que comme gestionnaires de l'intérêt commun, un Etat membre ne saurait donc en l'absence d'une action appropriée du Conseil, mettre en vigueur des mesures intérimaires de conservation éventuellement requises par la situation, que dans le cadre d'une collaboration avec la Commission, (...)[808].

Selon la Cour de justice, les Etats membres ne doivent entraver l'action communautaire présente ou même à venir.

> « Ainsi dans une situation caractérisée par l'inaction du Conseil et par le maintien, en principe, des mesures de conservation en vigueur à l'expiration de la période prévue (...), autant que les exigences inhérentes à la sauvegarde par la Communauté, de l'intérêt commun et de l'intégrité de ses propres pouvoirs imposaient aux Etats membres non seulement l'obligation de consulter la Commission de manière circonstanciée et de rechercher de bonne foi son approbation, mais encore le devoir de ne pas instituer des mesures de conservations nationales à l'encontre d'objection , de réserves ou de conditions que la Commission pouvait formuler. »[809]

De son côté, la Cour constitutionnelle affirme :

> « Lorsque la Communauté européenne revendique une compétence, il appartient à la Fédération de représenter les droits de la République fédérale d'Allemagne face à la Communauté et à ses

que dans l'arrêt de la CCF.

[806] JOCEn° L 20 du 19/1/76, p. 19.

[807] *Cf. Matthias Pechstein,* Die Mitgliedstaaten der EG als "Sachwalter des gemeinsamen Interesse", Baden-Baden, Nomos 1987, 232 p. (18); *Marc Blanquet,* L'article 5 du Traité CEE, LGDJ 1994, 502 p. (94 et s.).

[808] CJCE 1981/07/05, Commission contre Royaume-Uni et Irlande du Nord Aff. 804/79, Rec. p. 1045 (1075-1076).

[809] CJCE 1981/07/05, Commission contre Royaume-Uni et Irlande du Nord Aff. 804/79, Rec. p. 1045 (1076).

organes. Lorsque sur le plan interne, la Loi fondamentale réserve le droit de réglementation de la matière pour laquelle la Communauté revendique la compétence au législateur du Land, la Fédération représente également, en tant que gestionnaire (*Sachwalter*) des Länder, les droits constitutionnels de ces derniers vis-à-vis de la Communauté. Quand il s'agit de l'existence et de la portée d'une telle compétence communautaire, le principe fédéral oblige la Fédération à tenir compte de la position juridique des Länder »[810].

Les comportements décrits par les deux Cours reposent l'un et l'autre sur une étroite collaboration entre la Commission et les Etats membres d'une part, entre la Fédération et les Länder, d'autre part. Ce principe de collaboration constitue, à n'en pas douter, le cœur des raisonnements respectifs ; or, la collaboration exige une certaine loyauté réciproque. La Cour constitutionnelle ne doit pas mettre en danger, par son comportement, les droits des Länder car ceux-ci sont l'expression du fédéralisme allemand, élément essentiel de la Loi fondamentale

B. La portée des droits des Länder

Depuis 1949, le fédéralisme allemand a connu des tendances unitaires auxquelles le juge constitutionnel ne s'est jamais opposé[811]. Cela ne signifie cependant pas que la Cour de Karlsruhe n'est pas en mesure de défendre les compétences des Länder. Si la Cour constitutionnelle n'a pas mis un frein à une telle évolution, c'est donc qu'elle a estimé que les atteintes subies par les Länder n'étaient pas suffisantes pour remettre en question le principe du fédéralisme. La Cour a cependant été amenée à préciser à partir de quel point elle ne pourrait plus agréer une telle évolution :

> « L'article 79 III LF interdit une modification par laquelle "l'organisation de la Fédération en Länder" serait affectée. Les Länder sont ici assurés contre une révision constitutionnelle par laquelle ils subiraient une perte de leur qualité d'*Etats* ou un élément essentiel du caractère étatique, ce qui correspond au concept et à la qualité de l'Etat fédéral. Il n'est pas possible de déterminer de manière formelle si les Länder de la République fédérale sont des "Etats" ou sont dénaturés en "collectivités territoriales dotées de larges pouvoirs" (*höchstpotenzierten Gebietskörperschaften*) dans un Etat unitaire décentralisé par le fait qu'ils possèdent une propre Constitution et qu'ils disposent d'une part quelconque de souveraineté qui ne découle pas de l'ensemble de l'Etat, c'est-à-dire un quelconque résidu de compétence législative, de compétence administrative et de compétence juridictionnelle. Dans une telle optique, les Länder pourraient être dépourvus peu à peu de ce qui fait leur qualité d'Etat de telle sorte qu'en définitive il ne leur resterait plus qu'une coquille vide (*eine leere Hülse*) de ce qui constitue leur caractère propre d'Etat. Les Länder dans la Fédération ne constituent encore des Etats que s'il leur reste de façon indisponible un noyau de compétences matérielles propres (*wenn ihnen ein Kern eigener Kompetenz als "Hausgut" unentziehbar verbleibt*). »[812]

Avec les arrêts Solange I et Solange II, la Cour constitutionnelle était extrêmement attentive à ce que l'application du droit communautaire ne porte pas atteinte aux principes fondamentaux tels qu'ils sont garantis par la Loi fondamentale. Dans la décision Maastricht, la dimension fédérale n'avait pas non plus été abordée[813]. La décision du 22 mars 1995 était donc l'occasion pour la Cour constitutionnelle de défendre un autre élément essentiel de la Loi fondamentale : le fédéralisme.

---

[810] BVerfGE 92, 203 [230].

[811] Sur cette jurisprudence de la CCF voir la note 156.

[812] BVerfGE 34, 9 [19-20].

[813] *Fromont*, Europa und nationales Verfassungsrecht nach dem Maastricht-Urteil, kritische Bemerkung, JZ 1995, p. 800-803 (803).

Il existe un point à partir duquel l'érosion du fédéralisme est contraire à la Loi fondamentale dans la mesure où les Länder se retrouvent dans la situation d'une entité administrative dépendante[814].

La garantie pour les Länder de conserver un noyau de compétences matérielles propres s'exerce en premier lieu vis-à-vis de la Fédération, c'est-à-dire non seulement envers le simple législateur mais aussi envers le pouvoir de révision de la Constitution[815]. Il s'exerce donc *a fortiori* également envers les institutions communautaires mais par l'intermédiaire du gouvernement fédéral, ce qui nécessite donc une collaboration loyale de la part de celui-ci.

Section 2. La collaboration loyale

Selon la Cour constitutionnelle, la collaboration loyale du gouvernement fédéral doit jouer à deux niveaux. D'une part dans l'ordre interne, lorsque la Fédération et les Länder, par l'intermédiaire du Bundesrat vont donner leur avis sur le projet de norme communautaire. Pour le gouvernement fédéral, cette exigence va trouver un prolongement au niveau communautaire dans la façon dont le gouvernement fédéral va défendre les droits des Länder face aux organes communautaires.

I. La collaboration dans l'ordre interne

Développé par la jurisprudence de la Cour constitutionnelle, le principe de loyauté fédérale signifie que la Fédération a le devoir de respecter les intérêts des Länder, et inversement[816]. Si ce principe entraîne des obligations réciproques de la part de la Fédération et des Länder, celles-ci ne sont pas de nature synallagmatique. Ce n'est pas en raison d'un manquement au principe de loyauté fédérale que l'autre partie (aussi bien les Länder que la Fédération) est déliée du principe car une telle conception conduirait *de facto*, sinon à son contraire, du moins à sa négation. S'il s'agit d'un principe essentiel du fédéralisme, la Cour constitutionnelle n'y a recours qu'avec parcimonie, même si elle s'y est toujours tenue[817].

Ce principe doit jouer non seulement entre les Länder et la Fédération mais aussi pour les Länder entre-eux.

§ 1. La loyauté dans les relations horizontales

Ce sont ici les relations entre les Länder qui sont visées. Ici, le principe de loyauté fédérale peut jouer à deux niveaux. Il suppose d'une part que les Länder soient placés sur un pied d'égalité et d'autre part qu'un Land ne prenne pas de mesures susceptibles d'avoir des répercussions néfastes sur les autres Länder.

Le principe de la loyauté fédérale signifie que chaque Land a droit à un traitement rigoureusement identique de la part de la Fédération. Celle-ci ne doit pas chercher à diviser pour régner en accordant par exemple des avantages à certains Länder en fonction de leur coloration politique. Le gouvernement fédéral pourrait ainsi favoriser les Länder dont les

---

814 *Cf. Wilhem A. Kewenig*, Die Europäischen Gemeinschaften und die bundesstaatliche Ordnung der Bundesrepublik Deutschland, JZ 1990, 458-466.

815 BVerfGE 87, 181 [197] - 7. Rundfunkentscheidung (Rundfunkfinanzierung).

816 C'est un principe qui avait déjà été mis en évidence dans le droit constitutionnel de l'Empire allemand de 1871, *cf. Rudolf Smend*, Ungeschriebenes Verfassungsrecht im monarchischen Bundestaat, in: FS für Otto Mayer, 1916, p. 245, réimp. in: Staatrechtliche Abhandlungen, 1955, p. 39. Voir également *Hartmut Bauer*, Die Bundestreue, Tübingen 1992, Mohr, 429 p. (38-65). Pour l'application du principe sous la République de Weimar, *Ibid.* p. 66-97. Voir *supra* (Introduction).

817 *Cf. Ingo Winkelmann*, Die Bundesregierung als Sachwalter von Länderrechten, DÖV 1996, p. 1-11 (5-6).

gouvernements sont du même bord politique que lui et avoir une attitude discriminatoire envers les autres. Lorsque le gouvernement mène des négociations, elles doivent être menées avec l'ensemble des Länder.

La loyauté fédérale ne joue pas seulement dans les relations verticales entre les Länder et la Fédération mais aussi entre les Länder. C'est dans ce cadre que la Cour constitutionnelle fédérale a été amenée à rappeler à un Land qui désirait offrir une gratification de Noël à ses fonctionnaires et employés qu'il ne pouvait pas agir en ce domaine sans tenir compte de la situation financière de la Fédération et des autres Länder dont les caisses ne permettaient pas de faire preuve de la même largesse[818]. Cette question a été ensuite étendue à l'ensemble des taux de rémunération des fonctionnaires.

§ 2. La loyauté dans les relations verticales

Selon le droit constitutionnel allemand, le principe de loyauté peut intervenir, sinon pour définir les compétences respectives de la Fédération et des Länder, au moins pour tracer une ligne à ne pas dépasser. C'est ainsi que la Cour constitutionnelle fédérale a, par exemple, déclaré que le fait pour un Land (en l'occurrence le Land de Hesse) de ne pas mettre un terme à l'initiative d'un certain nombre de communes d'organiser des consultations populaires à propos du stationnement d'armes nucléaires sur le territoire fédéral, constituait une violation du principe de loyauté fédérale. En effet, ces initiatives communales étaient susceptibles de remettre en cause la politique de défense de la Fédération, qui constitue une compétence exclusive. Dans la mesure où la Fédération ne dispose pas du droit d'intervenir dans les affaires communales, la Cour constitutionnelle a exigé que le Land prenne les mesures nécessaires pour faire cesser cette entrave à la politique de la Fédération[819].

Dans le cadre de l'intégration communautaire, la collaboration doit consister, pour le gouvernement fédéral, à informer le Bundesrat des projets discutés à Bruxelles (La Cour de justice avait également souligné ce devoir d'information des Etats membres envers la Commission : celle-ci doit être tenue au courant des mesures que les Etats membres envisagent de mettre en œuvre afin de pouvoir elle-même prendre position[820]).

La Cour recourt à deux séries de critères pour rendre sa décision. Il s'agit d'une part des articles 70 I LF (« Les Länder ont le droit de légiférer dans les cas où la présente Loi fondamentale ne confère pas à la Fédération des pouvoirs de légiférer ») et 24 I LF. D'autre part, elle fait appel au principe constitutionnel du comportement bienveillant envers la Fédération (*Bundesfreundliches Verhalten*), qu'elle a elle-même dégagé dans une jurisprudence antérieure[821].

> « Le principe du comportement bienveillant vis à vis du système fédéral (*Bundesfreundliches Verhalten*) (...) exige que la Fédération ainsi que les Länder aient la considération qui s'impose, et qu'on peut attendre d'eux, pour l'intérêt général de l'Etat et les intérêts des Länder, quand ils exercent leurs compétences. Lors de la préparation d'actes juridiques de la Communauté touchant les compétences législatives des Länder, il en résulte que les Länder et la Fédération collaborent étroitement »[822].

Ainsi, dès que le gouvernement fédéral a connaissance d'un projet communautaire, il doit examiner les intérêts de la Fédération dans son ensemble pour déterminer si la RFA

[818] BVerfGE 03, 52 - Weihnachtsgeld.
[819] BVerfGE 08, 122 - Volksbefragung Hessen . Voir *H.A. Schwarz-Liebermann von Wahlendorf*, Une notion fondamentale du droit constitutionnel allemand: la Bundestreue, RDP 1979, p. 769-792 (790).
[820] Voir la Déclaration de la commission au conseil du 21/12/82, JOCE Nr C 343/2 du 31/12/82.
[821] BVerfGE 81, 310 [337-338].
[822] BVerfGE 92, 203 [230].

doit soutenir, tolérer ou rejeter le projet en cause. Le gouvernement à ce stade doit se livrer à deux examens distincts. D'une part s'interroger sur les incidences du projet communautaire concernant la répartition des compétences législatives dans l'ordre interne, d'autre part examiner l'existence et la portée d'une compétence communautaire. Le gouvernement a ensuite le devoir de faire connaître son point de vue afin de permettre éventuellement aux Länder de le contester par l'intermédiaire du Bundesrat[823]. La Cour précise :

> « A cet égard, les Länder doivent tenir compte de l'engagement de la République fédérale au droit communautaire tel qu'il est interprété avec effet obligatoire par la Cour de justice des Communautés européennes »[824].

Le gouvernement fédéral doit prendre en considération l'avis du Bundesrat dans les négociations communautaires lorsque les Länder et la Fédération ont arrêté une position commune hostile aux compétences communautaires. Mais la Cour constitutionnelle laisse cependant la porte entrouverte. S'il s'avère que, pour des raisons impérieuses de politique extérieure et d'intégration, la position définie en commun par le Bundesrat et le gouvernement ne peut être tenue et doit être révisée au détriment des Länder dans les négociations au niveau communautaire, le gouvernement doit chercher la concertation avec le Bundesrat dans un délai raisonnable[825]. Ainsi par sa déclaration du 8 mars 1989, où le gouvernement fédéral fait savoir qu'il serait prêt à accepter une directive à condition que les quotas ne soient formulés qu'en tant que but politique, ne constitue encore pas une atteinte aux droits des Länder et n'est pas même susceptible de mettre ces droits directement en danger. A ce moment précis, il était encore possible d'imaginer des solutions ne portant pas atteinte aux compétences législatives exclusives des Länder. La position arrêtée en commun était donc toujours valable et le gouvernement faisait simplement savoir que de son point de vue, une telle solution politique lui paraissait satisfaisante. Mais l'indication selon laquelle le gouvernement était susceptible d'abandonner la position définie en commun avec les Länder obligeait le gouvernement à se préparer à devoir chercher une nouvelle concertation avec le Bundesrat eu égard au résultat des négociations menées au niveau communautaire.

Autrement dit, la Cour constitutionnelle fédérale ne reproche pas au gouvernement fédéral d'avoir annoncé qu'il était prêt, sous certaines conditions, à signer la directive mais d'avoir agi seul sans en référer aux Länder. Le gouvernement doit simplement mettre en œuvre les moyens permettant aux Länder de s'exprimer à nouveau et de faire valoir leur opinion en fonction des résultats des négociations menées par la Fédération. La Cour souligne que le gouvernement doit chercher la concertation mais cela ne signifie qu'il est tenu de la trouver. Par conséquent, même si une divergence persiste, il n'y a pas violation du principe de loyauté fédérale.

La collaboration entre la Fédération et les Länder doit donc avoir lieu à toutes les phases du processus décisionnel et le gouvernement est donc tenu d'informer continuellement le Bundesrat sur l'avancement des négociations, si la position des Länder ne peut plus être tenue.

Ce devoir d'information du gouvernement fédéral est doublé d'une obligation de défendre les droits des Länder au sein des instances communautaires.

Les principes dégagés par la Cour constitutionnelle dans la décision "Télévision sans frontières" peuvent être présentés sous forme de tableau.

---

[823] *Cf. Ingo Winkelmann,* Die Bundesregierung als Sachwalter von Länderrechten, DÖV 1996, p. 1-11 (6).
[824] BVerfGE 92, 203 [235].
[825] BVerfGE 92, 203 [236-237].

Tableau 4

Les principes de la décision du 22 mars 1995		
	Loyauté fédérale	Loyauté communautaire
Fédération et Länder s'accordent pour dénier une compétence communautaire	* Information du BR par le Gvt * Gvt ne peut s'écarter de la position arrêtée en commun	* Gvt doit éviter la norme communautaire * Gvt doit faire valoir la loyauté communautaire * Recours éventuel à la CJCE
Fédération et Länder en désaccord sur l'étendue d'une compétence communautaire	* Länder doivent tenir compte du droit communautaire *Gvt doit tenir compte de la position des Länder (mandataire des droits des Länder)	* Gvt peut s'écarter de la position des Länder si jurisprudence consolidée de la CJCE

II. La défense des droits des Länder au niveau communautaire

Une fois que le gouvernement fédéral a fourni les informations nécessaires au Bundesrat pour que celui-ci puisse prendre position, deux hypothèses sont envisageables. Ou bien le gouvernement fédéral et les Länder s'accordent pour dénier une compétence communautaire, ou bien seuls les Länder réfutent cette compétence.

En l'espèce, les deux hypothèses étaient constituées. Si la Fédération ne contestait pas la compétence communautaire pour réglementer le domaine de la radio et télédiffusion, les Länder y étaient en revanche opposés, arguant que l'existence d'un aspect économique dans ce domaine ne permettait pas de justifier l'intervention communautaire. Dans le cas contraire, pratiquement tous les domaines seraient susceptibles de tomber sous la coupe communautaire. Ce que craignent ici les Länder, c'est la « tactique du saucisson »[826] qui conduirait tranche après tranche à confier l'ensemble des prérogatives des Länder à l'Union européenne.

Le problème posé résidait dans la répartition des compétences entre les institutions communautaires, le gouvernement fédéral et les Länder. Mais la Cour constitutionnelle évite de se prononcer directement sur cette question et préfère dégager un certain nombre de règles applicables lorsqu'un tel conflit se manifeste. L'attitude du gouvernement n'est pas la même selon que le gouvernement fédéral et les Länder s'accordent ou non pour dénier une compétence communautaire.

En ce qui concerne la fixation de quotas dans le domaine de la télédiffusion, la Fédération et les Länder s'accordaient pour dénier toute compétence communautaire en la matière (deuxième hypothèse). Ne pouvant de toute façon pas empêcher l'adoption de la directive, le gouvernement fédéral avait voté la directive et réussi à imposer quelques protocoles visant à ne reconnaître aux quotas qu'un but politique.

[826] *Georg Ress,* Die Rundfunkfreiheit als Probleme der europäischen Integration, ZfRV, 1992, p. 434-448 (436).

§ 1. Les obligations du gouvernement au niveau communautaire

La Cour constitutionnelle explique au gouvernement fédéral quelle doit être son attitude. Il ne doit pas céder un pouce de terrain sur la position arrêtée en commun avec les Länder et doit faire montre d'une grande persuasion envers ses partenaires européens.

A. Tenir la position

Dans cette hypothèse, les Länder et le gouvernement fédéral ont donc arrêté une position commune hostile à la compétence communautaire. Le comportement du gouvernement fédéral au sein du Conseil est alors déterminé par cet accord et il ne peut donc pas s'en écarter. En effet une attitude contraire devrait être interprétée comme une trahison et donc un manquement au principe de loyauté fédérale. Le gouvernement ne doit même pas rechercher une solution qui, à ses yeux, semblerait plus conforme aux prérogatives des Länder, ce qui limite fortement sa marge de manœuvre dans les négociations communautaires.

1°) Le rejet de la théorie du rapprochement

Le gouvernement fédéral n'est ici pas en mesure de faire valoir un infléchissement du projet communautaire qui se rapprocherait de la position définie en commun avec les Länder. L'impératif absolu qui revient au gouvernement ne consiste pas simplement ici à aboutir à une mesure qui puisse limiter les atteintes aux compétences des Länder. Il doit faire tout ce qui est en son pouvoir pour éviter la norme communautaire litigieuse. En effet, la Fédération avait obtenu que les quotas ne soient désormais plus formulés qu'en tant qu'objectifs politiques par l'intermédiaire de protocoles annexés à la directive. Mais la Cour doute que de telles déclarations aient une force juridique suffisante pour préserver les droits des Länder :

> « Un tel procédé aboutit - du moins en apparence - à accepter une compétence communautaire de principe au détriment des compétences législatives que les Länder tiennent du droit constitutionnel et crée ainsi un précédent difficile à renverser à l'avenir »[827].

Le gouvernement faisait valoir qu'il avait obtenu certaines améliorations de la directive communautaire par rapport au premier projet envisagé. Et de toute façon, s'il n'avait pas voté la directive, celle-ci aurait toute de même été adoptée à la majorité, à cette différence près, que ces améliorations auraient été remises en cause. La situation aurait donc été pire pour les Länder, et le gouvernement fédéral estimait qu'il avait contribué à défendre leurs droits. Dans certains cas, la Cour de Karlsruhe avait admis que certains comportements inconstitutionnels en soi pouvaient, dans des circonstances particulières, être justifiés lorsque du point de vue politique il était impossible de parvenir (tout de suite, ou même jamais) à une situation conforme sur le plan du droit constitutionnel[828]. Dans cette hypothèse, le comportement anticonstitutionnel peut être justifié[829]. Selon le gouvernement bavarois, cette théorie dite du rapprochement n'était pas transposable au niveau communautaire. Comme le souligne la Cour constitutionnelle, l'objectif du gouvernement

---

[827] BVerfGE 92, 203 [236].

[828] Cette démarche manifeste le souci du juge constitutionnel de prendre en considération "les problèmes sous-jacents et les enjeux concrets actuels et futurs", *Christian Autexier,* Introduction au droit public allemand, PUF 1997, p. 71.

[829] Dans le détail, *Peter Lerche,* Das Bundesverfassungsgericht und die Vorstellung der "Annäherung" an den verfassungsgewollten Zustand, DÖV 1971, p. 721-725. Exemple d'application de la théorie, BVerfGE 04, 157 - Saarstatut.

est d'empêcher la norme communautaire, non de l'atténuer[830]. Les compétences européennes ne constituent pas une marchandise susceptible d'être négociée[831].

Concernant la question des quotas, le gouvernement fédéral a cependant par la suite porté atteinte aux droits des Länder par la manière dont il a fait usage de ses droits en tant qu'Etat membre, affirme la Cour constitutionnelle. Le gouvernement fédéral s'est en effet écarté de la position commune et n'a plus défendu l'avis selon lequel la réglementation des quotas ne constituait pas une compétence communautaire d'après l'article 57 (47) § 2 et 66 (55) CEE.

Les Länder avaient en outre fait valoir que la directive n'était pas nécessaire dans la mesure où il existait déjà une réglementation dans le cadre du Conseil de l'Europe. Mais la Cour rejette un peu trop rapidement cette argumentation en déclarant qu'une norme prise dans le cadre du Conseil de l'Europe ne peut pas remplacer une directive communautaire puisque celui-là ne dispose d'aucune institution comparable à la CJCE, permettant de garantir la mise en œuvre de la norme[832]. Le juge constitutionnel confond ici les notions de nécessité et d'efficacité, et ce type de raisonnement peut conduire à justifier une norme communautaire pour le simple motif que son non respect peut être sanctionné, ce qui revient à nier le principe de subsidiarité[833].

Toujours est-il qu'une radiation complète des dispositions relatives aux quotas n'a dès lors plus été recherchée par le représentant du gouvernement, qui s'est contenté de simples déclarations protocolaires du Conseil et de la Commission selon lesquelles les Etats membres s'engageaient, de manière politique, sur les objectifs qui avaient été conclus. Or l'avis du gouvernement selon lequel les quotas n'auraient de cette manière pas d'effet obligatoire reste hypothétique. En effet, les quotas font bel et bien partie de la directive dont l'effet obligatoire est défini à l'article 189 (249) al. 3 CEE : il semble douteux aux yeux de la Cour que de simples déclarations protocolaires puissent retirer le caractère obligatoire à la directive. Le juge constitutionnel souligne que c'était également l'avis du directeur du service juridique de la commission, M. *Dewost*. D'après la jurisprudence de la Cour de justice, les déclarations versées au protocole n'auraient qu'une signification juridique limitée et ne devraient en tout cas pas contredire la directive. Simplement, en ce qui concerne les dispositions relatives aux quotas, les Etats membres auraient tout au plus une marge d'appréciation plus grande pour atteindre les objectifs visés.

A partir du moment où il devenait claire qu'une décision majoritaire sur la question des quotas se dessinait et que seules des simples déclarations pouvaient être obtenues, le gouvernement fédéral a porté atteinte aux droits des Länder en n'informant pas le Bundesrat sur le résultat concret des négociations et en ne recherchant pas une concertation avec lui[834].

---

[830] Puisque l'Union européenne est désormais un objectif assigné à l'action de l'Etat (ce qui n'était pas formellement le cas à l'époque des faits) la théorie dite du rapprochement pourrait servir à la Cour constitutionnelle pour assouplir sa position. En effet, outre l'élimination progressive des limitations dues à la guerre, cette théorie a également été appliquée aux objectifs assignés à l'action de l'Etat.

[831] *Peter Lerche*, Konsequenzen aus der Entscheidung des Bundesverfassungsgerichts zur EG-Fernsehrichlinie, AfP 1995, p. 632-638 (634).

[832] BVerfGE 92, 203 [242].

[833] *Cf. Peter Lerche*, Konsequenzen aus der Entscheidung des Bundesverfassungsgerichts zur EG-Fernsehrichtlinie, AfP 1995, p. 632-638 [637-638]. *Isabelle Bourgeois* considère au contraire que cet arrêt "donne au principe de subsidiarité une signification dont la portée ne pourra échapper aux autres Etats de l'Union", in: Le Monde du 25.3.1995, Une magistrale leçon de fédéralisme.

[834] BVerfGE 92, 203 [243-245].

2°) La contrainte du gouvernement fédéral

Dans tous les cas, le gouvernement reste l'interlocuteur des organes communautaires. Il n'est en effet pas concevable que l'Allemagne, en raison de son caractère fédéral, puisse émettre des opinions divergentes lors des négociations avec ses partenaires européens[835]. En apparence donc, le gouvernement fédéral est sur un pied d'égalité avec ses partenaires européens. Il ne dispose toutefois pas de la même latitude car il est dans une certaine mesure lié par les négociations qui se sont déroulées en amont avec les Länder[836]. Certes, les autres membres du Conseil sont également tenus par les instructions reçues de leur gouvernement respectif mais dans le cas allemand, la marge de manœuvre est moindre. En dictant au gouvernement fédéral l'attitude que celui-ci doit tenir dans les instances communautaires, la Cour s'immisce dans la politique étrangère de l'Allemagne alors même qu'elle s'y était toujours refusée. Dès lors, il est possible de se demander si la frontière entre droit et politique , très perméable et en tout cas difficile à tracer en la matière, n'a pas été franchie. La Cour fait, en tout cas, prévaloir les règles propres à l'ordre juridique allemand sur les possibilités de négociation du gouvernement fédéral.

B. Faire preuve de persuasion

La Cour est elle-même consciente qu'une telle conception peut être difficile à tenir pour le gouvernement fédéral face à ses partenaires européens. A cet égard, la Cour constitutionnelle s'attache davantage aux moyens qu'aux fins : le fait que le gouvernement obtienne un texte conforme aux prérogatives des Länder est certes important, mais les juges constitutionnels examinent surtout la façon dont le gouvernement doit agir pour y parvenir. Ce faisant, elle évite de se prononcer directement sur un conflit de compétences entre les Länder et la Communauté, et évite ainsi de récuser une compétence communautaire. C'est ainsi que, selon la Cour, la politique de la chaise vide ne constitue pas le meilleur moyen de défendre les droits des Länder car cela ne permet pas au gouvernement de faire valoir ses objections. La Cour donne donc un véritable petit cours de diplomatie au gouvernement fédéral. Et si malgré tout les partenaires européens restent sourds aux remarques formulées par le gouvernement fédéral, celui-ci doit avoir recours au principe de loyauté communautaire pour faire comprendre aux autres représentants des Etats membres qu'il existe une barrière au-delà de laquelle il ne peut engager l'Allemagne, étant tenu par des règles constitutionnelles qu'il ne peut transgresser. Cette position n'est pas sans rappeler le compromis de Luxembourg de 1965[837]. C'est ainsi que la Cour indique que le gouvernement

> « doit peser avec les moyens dont il dispose sur le comportement des organes communautaires conformes à leurs compétences et doit défendre sa position juridique sans équivoque. Dans les cas extrêmes - là où le droit communautaire autorise une décision à la majorité mais où le principe constitutionnel du fédéralisme s'y oppose (art. 79 III LF) - faire valoir l'obligation de considération réciproque qui découle de la loyauté communautaire »[838].

Ce faisant, la Cour impose au gouvernement fédéral un comportement plus contraignant que celui qui est requis dans l'ordre fédéral allemand, ce qui souligne à nouveau la

---

[835] De la même façon, la nouvelle procédure permettant aux Länder de négocier eux-mêmes les normes communautaires lorsque celles-ci concernent leurs pouvoirs exclusifs de législation ne permet pas de prendre en considération les opinions différentes qui peuvent se manifester parmi les Länder. Au Conseil, les Länder ne peuvent donc parler que d'une seule voix.

[836] *Cf. Ingo Winkelmann,* Die Bundesregierung als Sachwalter von Länderrechten, DÖV 1996, p. 1-11 (6).

[837] *Gérard Marcou,* L'évolution récente du fédéralisme allemand sous l'influence de l'intégration européenne et de l'unification, RDP 1995, p. 883-919 (900).

[838] BVerfGE 92, 203 [237]

différence de nature entre l'Union européenne et la République fédérale. L'une est un groupement d'Etats, l'autre un Etat fédéral. En effet, la position adoptée par le Bundesrat n'est jamais qu'une décision prise à la majorité[839]. Par conséquent, si on transposait au niveau fédéral l'attitude que le juge de Karlsruhe impose au gouvernement fédéral, un Land particulièrement concerné par une mesure dans l'ordre interne pourrait invoquer le principe de loyauté fédérale pour bloquer une décision prise à la majorité des Länder au sein du Bundesrat.

La Cour constitutionnelle a une interprétation large et favorable aux Etats membres du principe de loyauté communautaire. Formellement, à l'époque des faits[840], ce principe ne découle que de l'article 5 CEE :

> « Les Etats membres prennent toutes les mesures générales ou particulières propres à assurer l'exécution des obligations découlant du présent traité ou résultant des actes des institutions de la Communauté. Ils facilitent à celle-ci l'accomplissement de sa mission.
>
> Ils s'abstiennent de toutes mesures susceptibles de mettre en péril la réalisation des buts du présent traité ».

Par conséquent, le principe de loyauté ne joue que de manière unilatérale dans le sens Etats membres-Communauté. Il ne s'applique ni aux actes des institutions européennes envers les Etats, ni aux Etats entre eux. Le principe n'avait donc pas la même signification qu'en droit allemand puisque la Communauté n'était pas tenue de respecter l'ordre institutionnel des Etats membres. La Cour constitutionnelle, par son interprétation du principe, transpose la solution dégagée dans l'ordre interne au droit communautaire.

§ 2. Le recours à la CJCE

Ce qu'il convient surtout de noter ici, c'est le revirement dans l'attitude du juge constitutionnel quant aux rapports entre le droit national et le droit européen, et l'articulation juridique qui s'opère entre ces deux ordres juridiques grâce au juge communautaire. Si on reprend le raisonnement défendu dans la décision Maastricht, le juge de Karlsruhe commence dans un premier temps par mettre en cause la jurisprudence communautaire qui tend à interpréter les normes communautaires dans un sens favorable aux institutions européennes. Elle affirme dans un deuxième temps que des extensions abusives ne seraient de toute façon pas couvertes par les lois d'habilitation des traités et ne développeraient donc pas d'effet obligatoire sur le territoire de la RFA, avant de suggérer, dans un troisième temps, au juge européen la conduite à tenir quant aux principes de subsidiarité et de proportionnalité. Dans la décision du 22 mars 1995, le juge constitutionnel s'en remet directement à la jurisprudence européenne pour sanctionner une extension abusive des compétences communautaires, sans rappeler qu'une telle pratique dans sa jurisprudence traditionnelle ne développerait aucun effet en Allemagne, car elle constituerait un dépassement des habilitations admises par le législateur national.

Ici, le juge constitutionnel semble accorder une plus grande confiance à la Cour de Justice de Luxembourg de deux points de vue. D'une part, lorsque les Länder et la Fédération ne sont pas d'accord sur l'existence et la portée d'une compétence communautaire, le gouvernement fédéral peut s'appuyer sur la jurisprudence communautaire pour s'écarter de la position des Länder lorsque celle-ci est divergente de celle du gouvernement. D'autre

---

[839] En ce sens, *Torsten Stein*, VVDStRL 53, p. 26-45 (37). La Cour constitutionnelle laisse ouverte la question de savoir dans quelle mesure un Land minoritaire au Bundesrat pourrait former un recours contre la Fédération, BVerfGE 92, 203 [234-235].

[840] Depuis, le Traité de Maastricht vient préciser que l'Union respecte l'identité de ses Etats membres (art. F), ce qui constitue une nouveauté dans le droit communautaire.

part, le gouvernement doit faire appel à la CJCE pour faire constater une extension des compétences communautaires non couverte par les Traités.

A. S'appuyer sur la jurisprudence communautaire

Il s'agit ici d'une compétence législative exclusive des Länder, mais à la différence de l'hypothèse précédente, le Bundesrat réfute la compétence communautaire alors que la Fédération l'approuve. Face à cette divergence d'opinion entre les Länder d'une part et la Communauté européenne et la Fédération d'autre part, quelle doit être la ligne de conduite du gouvernement fédéral ?

Selon la Cour constitutionnelle fédérale, puisque le gouvernement agit en tant que gestionnaire des droits des Länder, il doit prendre en considération l'avis du Bundesrat, c'est-à-dire, défendre dans les instances communautaires un avis qu'il ne partage pas. Le gouvernement peut, toutefois, s'écarter de l'avis du Bundesrat dans certaines circonstances déterminées non par l'ordre interne mais par l'ordre communautaire. En effet, si la Cour constitutionnelle imposait au gouvernement le même comportement qu'en cas d'accord entre le gouvernement et le Bundesrat pour dénier une compétence communautaire (c'est-à-dire défendre sans concessions la position des Länder), cela reviendrait à bloquer le processus décisionnel communautaire pour le simple motif que la mesure envisagée tomberait dans le domaine de compétences des Länder. Cette solution consacrerait tout simplement la théorie du monisme avec une primauté du droit interne dans la mesure où les règles de répartition des compétences définies dans l'ordre interne détermineraient l'attribution des compétences dans l'ordre international.

La Cour constitutionnelle adopte donc une position plus souple que dans l'hypothèse précédente car le gouvernement peut s'écarter de la position des Länder dans la mesure où il peut s'appuyer sur une jurisprudence consolidée de la Cour de justice des Communautés européennes[841]. Si les Länder veillaient scrupuleusement à respecter le principe de loyauté fédérale, ce cas de figure devrait être exceptionnel puisque le Bundesrat doit prendre en considération le droit européen tel qu'il est développé avec effet obligatoire par la Cour de Luxembourg.

B. Faire constater par la CJCE une extension abusive des compétences communautaires

Dans l'hypothèse où les efforts du gouvernement fédéral sont restés vains pour empêcher la norme communautaire non respectueuse de la répartition des compétences opérée par la Loi fondamentale (dans ce cas de figure, Länder et Fédération s'accordent pour dénier la compétence communautaire), le gouvernement fédéral,

> « doit mettre en œuvre les moyens dont il dispose au niveau communautaire pour supprimer ou modifier l'acte juridique. Il ne doit pas, par son comportement, porter atteinte en droit ou en fait à la chance d'imposer sa propre conception juridique en faisant appel à la Cour de justice »[842].

En l'espèce, le gouvernement fédéral se trouvait dans une situation délicate car, politiquement, il lui était difficile de saisir la Cour de justice après avoir approuvé la directive. Comment dès lors pouvait-il faire valoir une compétence communautaire non couverte par les traités pour défendre les droits des Länder ? Selon la Cour constitutionnelle, le recours à la CJCE ne constitue toutefois pas une obligation[843].

---

[841] On peut également imaginer l'hypothèse où les Länder et la Fédération s'accordent pour dénier une compétence communautaire alors même que cette compétence a déjà été reconnue par la CJCE, mais ce cas de figure n'était pas constitué et la Cour constitutionnelle fédérale ne l'envisage pas.

[842] BVerfGE 92, 203 [237]

[843] Cette obligation n'existe que si le Bundesrat l'exige: § 7 de la loi sur la collaboration de la Fédération et des

Cette position de la Cour apparaît en retrait par rapport à la jurisprudence antérieure de la Cour constitutionnelle. Fidèle à sa jurisprudence traditionnelle, la Cour constitutionnelle avait ainsi rappelé dans son arrêt du 12 octobre 1993 que des interprétations du traité ne devaient pas déboucher sur un élargissement des compétences communautaires[844]. Dans cette même décision, la Cour s'en était également remise à la jurisprudence du juge de Luxembourg pour interpréter les normes communautaires dans un sens favorable aux Etats membres en faisant référence aux principes de subsidiarité et de proportionnalité[845].

La coopération entre le juge constitutionnel et le juge européen suppose une certaine loyauté réciproque, ces deux idées n'apparaissent pas simultanément dans la jurisprudence de la Cour constitutionnelle fédérale. Après avoir posé le principe de coopération dans la décision Maastricht, le juge constitutionnel semble désormais le mettre en œuvre en faisant davantage confiance au juge communautaire[846].

Ce nouveau développement de la jurisprudence constitutionnelle revêt une importance toute particulière dans la mesure où il contribue à définir le nouveau point d'équilibre du fédéralisme allemand.

Länder dans les affaires de l'Union européenne du 12 mars 1993, BGBl. I, p. 313, voir *infra* p. 298.

[844] BVerfGE 89, 155 [209] C.II.3.b.

[845] Voir *supra* p.156.

[846] *Cf. Ingo Winkelmann,* Die Bundesregierung als Sachwalter von Länderrechten, DÖV 1996, p. 1-11 (7-8) ; également *Christian Autexier,* Introduction au droit public allemand, PUF 1997, p. 168.

Titre 2. Le nouveau point d’équilibre du fédéralisme allemand

L'intégration européenne et la réunification allemande pouvaient être considérées l'une et l'autre comme des objectifs assignés à l'action de l'Etat puisqu'ils étaient mentionnés dans le Préambule[847]. Mais la poursuite simultanée de ces deux objectifs pouvait être contradictoire dans la mesure où chaque étape de l'intégration européenne ancrait davantage la RFA dans l'Europe occidentale, repoussant ainsi les perspectives d'un rapprochement progressif entre les deux Allemagnes. Dans la période qui s'étend entre 1949 et le 3 octobre 1990, la politique étrangère de l'Allemagne était grevée par le souci de ne rien faire qui puisse définitivement exclure l'une des deux options[848]. Ainsi, par exemple, lors de la signature des Traités de Rome en 1957, l'Allemagne inséra un protocole additionnel qui prévoyait qu'en cas de réunification, une révision des Traités sur le marché commun et l'EURATOM aurait lieu.

L'Allemagne a finalement retrouvé son unité sous le toit européen[849], ce qui lui permet désormais de participer à l'intégration européenne sans craindre d'hypothéquer les chances de sa réunification. La capacité de l'Allemagne à s'intégrer dans le système européen a donc été délivrée des arrière-pensées qui planaient encore sur la politique européenne de l'Allemagne. La réunification allemande a entraîné en même temps l'incorporation des cinq Länder de l'Est dans la Communauté européenne, ce qui permet à le RFA de poursuivre librement l'intégration européenne[850] (Chapitre 1).

Mais cette intégration européenne a désormais lieu en associant assez largement les Länder, ce qui est un phénomène nouveau depuis le nouvel article 23 de la Loi fondamentale. Les droits de participation des Länder à la formation de la volonté sont désormais constitutionnellement ancrés dans la Loi fondamentale. Ce droit nouveau accordé aux Länder allemands a été considéré comme une grande avancée dans le cadre de l'Europe des régions en même temps qu'il a été sévèrement critiqué en raison de sa complexité, qui faisait douter de la capacité de l'Allemagne à pouvoir encore mener librement une politique européenne. En fait, la mise en œuvre de l'article 23 LF montre que les dangers qui avaient été mis en lumière par les théoriciens du droit ne se sont pas produits grâce à la bonne volonté de chacun des acteurs. La mise en pratique de l'article 23 LF a également révélé que les Länder, contrairement à ce qu'ils espéraient, n'étaient pas en mesure d'imposer aussi largement qu'ils l'auraient souhaité leurs vues sur la politique européenne au gouvernement fédéral. Cette incapacité des Länder, malgré l'arsenal de l'article 23 LF, tient à plusieurs facteurs. Tout d'abord la complexité de l'article 23 LF dessert les intérêts des Länder car il est très lourd à mettre en œuvre. Le gouvernement fédéral est ensuite bien rôdé aux mécanismes communautaires, que les Länder ont découverts au fur et à mesure qu'ils mettaient en pratique les nouvelles possibilités que leur offrait l'article 23 LF. Enfin, et c'est sans doute un élément dont les Länder n'avaient à l'origine pas mesuré toute la portée, le

---

[847] Quant à l'éventuelle primauté de l'objectif de réunification sur l'objectif d'intégration, il est possible de la déduire de l'article 146 LF (ancienne version) puisque la réunification pouvait entraîner la disparition de tous les principes qui soustendent la Loi fondamentale, y compris l'intégration européenne, *Udo Fink*, Garantiert das Grundgesetz die Staatlichkeit des Bundesrepublik Deutschland ? DÖV 1998, p. 133-141 (134). Cet article n'a finalement pas été utilisé lors de la réunification (voir *infra* p. 245).

[848] *Udo Fink*, Garantiert das Grundgesetz die Staatlichkeit des Bundesrepublik Deutschland ? DÖV 1998, p. 133-141 (135).

[849] *Ingolf Pernice*, Deutschland in der Europäischen Union, HdbStR VIII, § 191, p. 225-280 (226)

[850] *Eberhard Grabitz und Armin Bogdandy*, Die Europäische Gemeinschaft und die Einheit Deutschlands - Die rechtliche Dimension, Integration 2/91, p. 47-64 (59).

fait pour eux de participer plus étroitement à la définition de la législation communautaire implique également l'obligation de se soumettre aux obligations de ce droit, devenu objectif assigné à l'action de l'Etat (article 23 I LF). Par conséquent, et dans une certaine mesure, ce que les Länder gagnent en droits, ils le perdent en obligations de telle sorte que l'on peut parler avec le nouvel article 23 LF d'une victoire à la Pyrrhus des Länder (Chapitre 2).

Chapitre 1. La réunification allemande, le fédéralisme et l'intégration européenne

La réunification allemande a été un véritable défi pour le fédéralisme allemand car cet événement majeur de cette fin de XXème siècle pouvait lui porter un coup mortel. La situation économique catastrophique dans les Länder de l'Est avait été largement sous évaluée à tel point que l'Allemagne espérait financer le coût de la réunification uniquement par l'augmentation de la croissance qui allait résulter de la réunification, c'est-à-dire que la réunification n'allait rien lui coûter. Il n'en a rien été. La question était donc de savoir qui allait financer le coût de la réunification allemande à un moment où les critères de Maastricht, qui déterminaient les Etats habilités à faire partie de la zone Euro, limitaient les possibilités de politique économique.

Dans ces circonstances, le gouvernement fédéral était le seul dans l'ordre interne à pouvoir financer les énormes besoins des Länder de l'Est de l'Allemagne afin de combler le fossé entre les Länder de l'Est et ceux de l'Ouest. Et le danger d'une emprise trop forte de la Fédération était grand puisqu'il existait déjà un précédent dans l'Allemagne de la Loi fondamentale : l'utilisation extensive de l'article 72 II LF relatif aux compétences concurrentes avait permis à la Fédération d'étendre ses compétences en invoquant la nécessité d'établir des conditions de vie homogènes sur l'ensemble du territoire (Section 1).

L'Union européenne voulait également manifester sa solidarité avec les Länder de l'Est et ceux-ci bénéficient largement des fonds structurels communautaires puisqu'ils ont tous été inscrits à l'objectif n° 1, qui vise les régions en retard de développement. Parallèlement, l'Union européenne a mis en œuvre le principe de partenariat, qui permet aux institutions communautaires de négocier avec les régions intéressées l'attribution des fonds structurels. Cette procédure renforce donc les liens entre l'Union européenne et les entités infra-étatiques[851], bien qu'elle reste largement soumise aux Etats membres (Section 2).

Section 1. L'impact de la réunification sur les structures fédérales allemandes

C'est à marche forcée que la réunification allemande a été réalisée au cours de l'année 1990. La Fédération a toutefois été dans l'obligation de tenir compte des intérêts des Länder exprimés par la voix du Bundesrat dans la façon de procéder au rapprochement des deux Allemagnes de telle sorte que la réunification a eu lieu sur le mode fédéral. L'aide financière aux nouveaux Länder n'a pas pris fin avec la réunification réalisée. L'intégration progressive des Länder de l'Est dans la constitution financière allemande a permis de la conserver pratiquement intacte, ce qui explique aujourd'hui sa vétusté et la nécessité d'une réforme d'envergure qui ne pourra pas avoir lieu sans le consentement des Länder.

I. Une réunification fédérale

La Fédération se serait bien passée du concours des Länder au processus de réunification mais elle a été obligée de les associer pour mener à bien sa politique. La procédure de la réunification a donc largement préservé les droits des Länder.

---

[851] *Rudolf Hrbek*, Die Auswirkungen der EU-Integration auf den Föderalismus in Deutschland, APZ 1997, p. 12-21 (21).

§ 1. Les Länder tardivement associés au processus de réunification.

Sur le plan interne, la réunification s'est déroulée en deux étapes. Les Länder ont été exclus de la première étape mais la Fédération a été contrainte de les associer lors de la deuxième étape.

Par conséquent, les craintes des Länder de voir la Fédération mener seule les négociations en vue de la réunification étaient fondées. C'est ainsi que la Conférence des Ministres présidents avait exigé le 21 décembre 1989 que les Länder soient associés au processus de réunification, conformément à leurs droits garantis constitutionnellement. Cette revendication intervenait deux jours après la rencontre entre l'ancien Chancelier *Helmut Kohl* et *Hans Modrow* au cours de laquelle la conclusion d'un Traité d'Union entre les deux Etats avait été décidée.

A. L'Union monétaire, économique et sociale (Traité du 18 mai 1990)

Cette première étape de la réunification visait l'union monétaire, économique et sociale, réalisée grâce au traité du 18 mai 1990, entré en vigueur le 30 juin 1990 dont l'objet principal était de créer une zone monétaire unique, avec le DM comme monnaie commune à partir du 1er juillet 1990.

Le 15 février 1990, le chancelier Kohl avait informé les ministres présidents de son intention d'informer et d'associer les Länder aux négociations avec la RDA. Mais l'union économique et monétaire fût annoncée le 20 mars 1990, sans que les Länder ne soient informés de l'état d'avancement des négociations. Les Länder y voyaient là un atteinte au principe constitutionnel de loyauté fédérale. Ce principe, propre à toutes les fédérations, suppose que la Fédération et les Etats fédérés adoptent un comportement bienveillant de manière réciproque.

Le non respect de ce principe, immanent au fédéralisme, n'est pas seulement une obligation morale mais peut développer également des effets juridiques. C'est ainsi que la Chancellerie de Rhénanie du Nord-Westphalie avait établi une expertise sur les chances de succès d'un recours formé auprès de la Cour constitutionnelle fédérale. Ce recours aurait eu pour objet la demande d'une ordonnance provisoire obligeant le gouvernement fédéral à informer et associer les Länder aux négociations.

La rencontre réunissant les représentants de la Fédération, du Land de Bavière et du Land de Rhénanie du Nord Westphalie aboutit à un accord selon lequel deux représentants des Länder seraient invités aux négociations entre les deux Etats allemands dès lors que celles-ci se dérouleraient au niveau politique. Mais cet accord est resté lettre morte puisque ces négociations se sont essentiellement déroulées au sein de comités d'experts.

Ce n'est que très tardivement que les Länder ont été finalement associés au processus de réunification lors d'une rencontre qui réunissait le Chancelier et les ministres présidents des Länder. L'ordre du jour était la création d'un fonds " Unité de l'Allemagne ", dont l'objectif était de doter la RDA de 115 milliards de DM pour la période 1990-1994 provenant de la Fédération mais aussi des Länder[852].

Dans cette première phase de la réunification, les Länder n'ont donc été associés que lorsqu'il a été question de les mettre à contribution financièrement.

Le Bundesrat critiqua le 22 juin 1990 la non participation des Länder à l'union économique et exigea solennellement la participation des Länder pour la suite du processus de réunification mais approuva, néanmoins, le Traité sur la constitution d'une union monétaire,

[852] *Christian Dästner*, Der Beitrag war bedeutsam - Die Mitwirkung der Länder bei den Entscheidungen zur Wiederherstellung der Einheit Deutschlands, FAZ, 20/12/1997, p. 11 (I).

économique et sociale entre la RDA et la RFA[853]. Mais c'est contraint et forcé que le gouvernement fédéral s'est vu dans l'obligation d'associer les Länder aux négociations.

B. L'Union politique (Traité du 31 août 1990)

Après avoir approuvé le principe d'une réunification sur le fondement de l'article 23 LF, le gouvernement de RDA avait manifesté son désir d'en voir les conditions posées sous la forme d'un Traité d'Etat, ce qui impliquait pour la RFA de le ratifier avec l'approbation du Bundesrat[854]. Le consensus sur la réunification politique semblait plus difficile à obtenir que lors du Traité relatif à la constitution d'une union monétaire économique et sociale, ce qui obligea le gouvernement fédéral à associer les Länder plus étroitement au processus décisionnel.

D'autre part, l'adhésion de la RDA nécessitait également une révision de la Loi fondamentale, qui ne pouvait intervenir qu'avec l'approbation du Bundesrat, compte tenu des conditions posées par l'article 79 III LF[855].

En outre, le hasard voulait qu'à cette époque la présidence tournante de la Conférence des ministres-présidents revenait au Land de Rhénanie du Nord-Westphalie, conduit par le SPD, ce qui permettait aux Länder et à l'opposition de mieux articuler leurs revendications et d'être plus étroitement associés à la réunification[856].

C'est ainsi que l'article 5 du Traité d'Union relatif aux modifications futures fait explicitement référence à la déclaration commune des ministres-présidents du 5 juillet 1990[857].

Dans cette déclaration, les Länder rappellent leur coresponsabilité avec la Fédération dans le processus de réunification allemande, ce qui justifie leur participation à la deuxième phase de la réunification. Ils soulignent également que l'Allemagne unifiée ne doit pas constituer un Etat-nation mais que le caractère fédéral de l'Allemagne doit être au contraire renforcé.

---

[853] *Oskar Lafontaine* avait demandé à son parti de voter contre l'approbation de ce traité. Or le SPD détenait la majorité au Bundesrat depuis les élections de Basse-Saxe qui avaient vu la victoire d'une coalition formée par les sociaux démocrates et les Verts. Le Bundesrat était donc en mesure de faire échouer ce premier Traité d'Etat puisque, pour être ratifié, ce type de traité exige la majorité au Bundesrat. Mais le président de la SPD de l'Ouest, Vogel désamorça la crise en obtenant un compromis avec le Chancelier selon lequel trois groupes d'études communs à la majorité CDU/CSU et au SPD étaient mis en place pour examiner les questions les plus litigieuses (protection de l'environnement, mesures pour éviter les fraudes lors des échanges des billets et aide supplémentaire aux entreprises de RDA). Ces revendications ne modifièrent pas le traité signé le 18 mai 1990 mais des améliorations sur ces points furent apportées le 28 mai par le gouvernement de RDA sous forme de projets de loi. Ce traité a donc finalement été approuvé le 21 juin 1990 par le Bundestag (445 voix pour, 60 voix contre et 1 abstention). Au sein du Bundesrat, seule la Basse-Saxe, par hostilité aux dispositions sur l'énergie nucléaire, et la Sarre, par fidélité à Oskar Lafontaine (en convalescence à la suite d'un attentat dont il avait été victime), votèrent contre. Sur la recherche d'un consensus dans le cadre du parlementarisme allemand, *cf. Armel Le Divellec*, La variante allemande, Pouvoirs 85, 1998, p. 35-46 (notamment p. 43-45).

[854] Mais le Traité d'Etat présentait l'avantage pour le gouvernement fédéral de ne pas être exposé aux critiques de l'opposition parlementaire lors de la négociation puisque cette compétence revient exclusivement au gouvernement fédéral.

[855] Les révisions constitutionnelles sont précisées à l'article 4 du Traité d'Union. Il s'agit du préambule, de la suppression de l'article 23, de la modification de l'article 51 sur la pondération des voix au Bundesrat, de l'article 135a sur les obligations de la RDA, de l'article 143 sur les dérogations temporaires aux dispositions de la Loi fondamentale et de l'article 146 pour marquer le parachèvement de l'unité et de la liberté de l'Allemagne et lever le caractère provisoire de l'Allemagne dans la mesure où cet article répondait à l'ancien préambule qui précisait: « Le peuple allemand tout entier reste appelé à parachever l'unité et la liberté de l'Allemagne par une libre autodétermination ».

[856] *Christian Dästner*, Der Beitrag war bedeutsam, FAZ, 20/12/1997, p. 11 (II).

[857] Reproduite *in*: Zparl 1991, p. 461-463: Die "Eckpunkte" der Bundesländer für den Föderalismus im vereinten Deutshland. Beschluß vom 5. Juli 1990.

« Une Allemagne unifiée, ne serait-ce qu'en raison de sa taille et de son poids, ne peut pas être un Etat-nation au sens historique du terme. Elle devra être un Etat fédéral encore beaucoup plus fortement empreint de fédéralisme. Sa structure devra mettre en valeur plus fortement que par le passé le caractère étatique propre des Länder, dotés de pouvoirs étatiques souverains, non pas dérivés de la Fédération mais qui leur sont propres et sont reconnus par elle »[858].

Les revendications des Länder exprimées dans ce document visaient à redonner des compétences plus grandes encore aux Länder que celles qui étaient originairement prévues par le constituant de 1949 mais qui avaient depuis subies une lente érosion. Il s'agissait notamment de reconsidérer entièrement les relations financières entre la Fédération et les Länder à l'occasion de la réunification. Les Länder estimaient que la péréquation financière ne devrait pas s'appliquer immédiatement à l'ensemble de l'Allemagne unifiée mais uniquement à l'issue d'une période transitoire qui pourrait prendre fin en 1994/95, lorsque les disparités entre les anciens et les nouveaux Länder auraient disparu. En fait, si ce délai pour appliquer les règles de la constitution financière à l'ensemble de l'Allemagne a bien été respecté, la différence entre les territoires de l'Est et ceux de l'Ouest n'avait pas été levée au terme de la période transitoire.

Les Länder manifestaient en outre le souhait de pouvoir prélever directement des ressources fiscales par une compétence législative propre, d'aboutir à une concordance entre les compétences législatives et les charges financières (modification de l'article 104 a III LF[859]), de réexaminer les missions communes de la Fédération et des Länder (réforme de 1969) et les financements croisés. Les dispositions de la Loi fondamentale relatives aux compétences législatives devaient en outre être réexaminées afin de renforcer les compétences des Länder en la matière. Les Länder préconisaient également un renforcement des mécanismes du fédéralisme coopératif dans la mesure où l'approbation du Bundesrat devait être requise à chaque fois qu'une loi fédérale devait être exécutée par les Länder ou avoir des incidences financières sur ceux-ci.

La déclaration des Länder réclamait en outre un élargissement de la compétence internationale des Länder et une participation plus grande au processus décisionnel communautaire au motif que les affaires de la Communauté européenne seraient devenues un domaine de la politique intérieure européenne et ne relèveraient donc plus des relations avec les Etats étrangers.

L'article 5 du Traité d'Union prévoyait la création d'une commission commune du Bundestag et du Bundesrat afin de proposer des modifications de la Loi fondamentale. Rendues publiques le 28 octobre 1993, les propositions de la commission étaient le résultat d'un consensus entre les groupes parlementaires C.D.U./C.S.U., S.P.D. et F.D.P[860]. Elles furent toutefois rejetées par le Bundestag le 28 juin 1994 et la 42ème révision de la Loi fondamentale intervenue le 27 octobre 1994 apparaît largement en retrait par rapport aux propositions de la commission[861].

Le rejet des propositions formulées par la commission commune n'est toutefois qu'un demi-échec pour le fédéralisme allemand, car les tendances centralisatrices du régime auraient encore pu être accentuées à l'occasion de la réunification, ce qui n'a pas été le cas.

---

[858] Traduction: *Gérard Marcou, in:* L'évolution récente du fédéralisme allemand sous l'influence de l'intégration européenne et de l'unification, RDP 1995, p. 883-919 (896).

[859] Art. 104a III 1: "Les lois fédérales accordant des prestations pécuniaires et exécutées par les Länder peuvent disposer que ces prestations soient supportées en totalité ou en partie par la Fédération".

[860] Bericht der Gemeinsamen Verfassungskommission, BT Drucks. 12/6000, 5 nov. 1993.

[861] *Cf. Gérard Marcou,* L'évolution récente du fédéralisme allemand sous l'influence de l'intégration européenne et de l'unification, RDP 1995, p. 883-919 (901-911).

C'est ainsi que dès le 26 juin, le gouvernement fédéral par la voix des ministres fédéraux *Seiters* et *Schäuble* informa les exécutifs des Länder de Rhénanie du Nord/ Westphalie, de Bavière et de Berlin sur la façon dont le gouvernement fédéral envisageait la réunification. Selon celui-ci, la réunification ne devait entraîner des modifications constitutionnelles que sur les points strictement nécessaires, c'est-à-dire le préambule et l'article 23. La Bavière faisait savoir au contraire qu'une réforme plus large de la constitution était nécessaire, notamment une révision de l'article 51 sur la pondération des voix au Bundesrat en fonction du nombre d'habitants.

Lors de la deuxième phase des négociations qui se sont déroulées à Berlin entre le 3 et le 6 août, les Länder ont unanimement condamné le projet esquissé entre les deux gouvernements de créer un ministère de la reconstruction ou un ministère de l'adaptation des structures, dans la mesure où les Länder y voyaient l'occasion pour la Fédération de transférer provisoirement à son profit des compétences qui revenaient normalement aux Länder. Selon eux, une telle mesure aurait en outre favorisé le maintien d'une structure centrale sur le territoire est-allemand[862].

Les Länder ont donc été associés aux négociations entre les gouvernements de RDA et de RFA qui se sont déroulées durant l'été 1990, ce qui leur a permis de défendre leurs intérêts et de défendre l'option fédérale de la réunification.

§ 1. L'option fédérale de la réunification

Le choix de l'article 23 LF (ancienne version) pour procéder à la réunification et la renaissance des Länder de l'Est montrent le souci de conserver la structure fédérale de l'Allemagne.

A. L'article 23 LF (ancienne version), vecteur de la réunification

L'union politique entre les deux Etats allemands a eu lieu sur le fondement de l'article 23 LF.

> « La présente Loi fondamentale s'applique tout d'abord dans les territoires des Länder (de l'ouest). Pour les autres parties de l'Allemagne, elle devra y être mise en œuvre après leur adhésion. »

Le choix de l'article 23 LF comme fondement de la réunification a été l'objet d'un vif débat en Allemagne. Car il aurait également été possible d'utiliser la voie de l'article 146 LF :

> « La présente Loi fondamentale devient caduque le jour de l'entrée en vigueur d'une constitution adoptée par le peuple allemand en pleine liberté de décision ».

Mais le recours à cet article aurait nécessité un débat constitutionnel long et superflu au moment même où il fallait agir vite, compte tenu de la situation économique en RDA et des incertitudes politiques en Europe de l'Est[863]. Du point de vue du droit communautaire, la fusion des deux Etats en un nouvel Etat posait la question d'une éventuelle adhésion de l'Allemagne réunie[864]. Une réunification rapide permettait en outre de freiner l'exode massif

---

[862] *Christian Dästner*, Der Beitrag war bedeutsam, FAZ 20/12/1997, p. 11 (IV). Les Länder préconisaient plutôt la mise en place d'un secrétariat général de la conférence des ministres présidents avec son siège à Postdam, chargé de coordonner l'aide destinée aux nouveaux Länder, mais ce projet n'a jamais vu le jour. Les aides administratives de la Fédération et des Länder pour la mise en place des administrations des Länder et pour l'exécution de certaines tâches techniques ont été coordonnées par un bureau de "clearing" formé par la Fédération et les Länder, conformément au protocole relatif à l'article 15 du Traité d'Union.

[863] *Cf. Christian Autexier*, Mille neuf cent quatre vingt dix: la réunification de l'Allemagne sous la loi fondamentale, introduction au Traité d'Union signé à Berlin le 31 août 1990, in: Einigungsvertrag / Traité d'Union, études et documents du C.E.J.F. n° 5, 1991, p. 4.

[864] *Ingolf Pernice*, Deutschland in der Europäischen Union, HdbStR VIII, § 191, p. 225-280 (231), n°6.

des Allemands de l'Est qui se poursuivait. Mais la rapidité avec laquelle a été menée la réunification de l'Allemagne s'explique également par l'échéance électorale de l'automne 1990[865]. Au début de l'année 1990, tous les sondages donnaient Helmut Kohl perdant aux prochaines élections. Il semble qu'il ait donc à cette époque décidé la réunification de l'Allemagne pour se présenter comme le chancelier de l'unité[866]. Il a été en cela fortement aidé par les résultats des élections du 18 mars 1990 en RDA et qui ont donné une forte majorité aux partis de l'Alliance (C.D.U., ancien parti satellite du parti communiste (SED) qui s'était donné un nouveau président peu compromis avec l'ancien régime, *Lothar de Maizières* et la DSU (Deutsche Sozial Union), assez marquée à droite et soutenue par la CSU bavaroise. Après ces élections, la CDU est-allemande oublie son ancienne alliance avec les communistes et semble soumise aux souhaits du gouvernement de Bonn qui vise une réunification la plus complète et la plus rapide possible.

L'utilisation de l'article 23 pour procéder à la réunification de l'Allemagne présentait l'avantage pour la RDA de négocier avec la RFA les conditions de son adhésion (mais en fait la RDA avait déjà perdu une grande part de sa souveraineté par le Traité du 18 mai 1990[867], sans parler de la différence économique entre les deux Etats). La procédure était simple puisqu'elle supposait l'extension de l'application de la Loi fondamentale aux nouveaux Länder de l'Est[868] et ne nécessitait pas de réécrire la constitution en faisant appel au pouvoir constituant originaire.

L'inconvénient majeur de cette option était son caractère non-démocratique dans la mesure où les négociations en vue de la réunification se déroulaient essentiellement aux niveaux des exécutifs des deux Etats allemands sans faire appel au peuple et en ne faisant appel aux parlements qu'à l'étape ultime des négociations, c'est-à-dire au moment de la ratification. Ceci doit toutefois être atténué, du moins dans les territoires de l'Est, dans la mesure où les élections du 18 mars peuvent s'interpréter comme un plébiscite en faveur de la réunification.

Le recours à l'article 146 LF aurait cependant été l'occasion pour le peuple allemand d'adopter démocratiquement une constitution[869], ce qui n'avait pas été le cas en 1949 puisque les forces d'occupation avaient exercé un contrôle sur son élaboration[870] et que les

---

865 On peut même parler de précipitation dans la mesure où la cohérence des dispositions constitutionnelles n'a pas été assurée. Ainsi l'article 144 II LF continue-t-il de faire mention "des Länder énumérés à l'article 23" alors même que cet article a été supprimé pour être depuis remplacé par l'article européen de la Loi fondamentale.

866 *Michel Fromont*, L'union de l'Allemagne dans la liberté 1989-1990, RDP 1991, p. 121-148 (127). Au mois de décembre 1989, l'unité allemande n'était pas encore à l'ordre du jour puisque dans le programme en 10 points présenté par le Chancelier *Kohl*, il n'était alors question que de la création d'une confédération entre les deux Etats allemands.

867 *Vogel/Waldhoff*, BK, Vorbem z. Art. 104a-115, p. 253 n°289.

868 L'article 23 LF avait déjà été utilisé pour le rattachement de la Sarre à l'Allemagne, entrée dans la Fédération le 1er janvier 1957. La loi d'intégration du 23 décembre 1956 comportait de nombreuses mesures d'adaptation de la législation mais n'avait apporté aucune modification à la Loi fondamentale, de telle sorte que la Sarre n'était mentionnée ni dans le Préambule de Loi fondamentale, ni à l'article 23 LF (ancienne version) jusqu'au Traité d'Union du 31 août 1990 (article 4).

869 Seul le SPD de l'ouest était favorable à la voie de l'article 146 puisque même le SPD de l'Est s'était rallié en avril 90 à la procédure d'adhésion de l'article 23 LF.

870 Tant en aval qu'en amont, puisque les trois gouverneurs occidentaux autorisèrent le 1er juillet 1948 les ministres-présidents des Länder à réunir une assemblée constituante composée de délégués des assemblées des Länder en vue d'établir une constitution démocratique de type fédéral. En fait, ce n'est pas une assemblée constituante mais un conseil parlementaire qui élabora non pas une constitution mais une Loi fondamentale. Cette terminologie visait à souligner le caractère provisoire de la Loi fondamentale, jusqu'à ce que le peuple allemand adopte tout entier une constitution. L'option de l'article 23 LF pour procéder à la réunification

membres du Conseil parlementaire n'avaient pas reçu de véritable mandat constituant de la part des électeurs[871].

Le recours au pouvoir constituant originaire aurait vraisemblablement entraîné un bouleversement des institutions mises en place en 1949 et pour lesquelles des Allemands de l'Est avaient finalement fait leur révolution[872].

La réunification a donc eu lieu en modifiant le moins possible le système existant, ce qui impliquait de redonner vie aux anciens Länder de la RDA.

B. La palingénésie des Länder de l'Est

La question de savoir s'il s'agissait des anciens Länder de l'Est qui avaient subsisté jusqu'en 1952 ou de la RDA qui devaient faire acte d'adhésion n'a pas suscité de vives controverses. Les partis politiques favorables à la réunification parvinrent rapidement à un consensus en faveur des Länder, car cette formule permettait de conserver la structure fédérale allemande dans son ensemble tout en tirant un trait sur la période centraliste qu'avait connu la RDA[873]. La représentation des Länder de l'Est au sein du Bundesrat était également mieux assurée[874]. Le choix de l'article 23 LF pour procéder à la réunification pouvait à certains égards être considéré comme une " annexion " de la RDA par la RFA. L'acte d'adhésion des Länder de l'Est tendait au contraire à dissiper cette vision de la réunification[875].

La loi du 22 juillet redonna donc vie aux Länder de l'Est qui avaient disparu en 1952, tout en opérant des modifications mineures sur le tracé des anciens Länder pour tenir compte des solidarités locales qui avaient pu se développer sous le régime communiste.

Ces Länder avaient existé dans les premières années d'existence de la RDA entre 1949[876] et 1952. Le nouvel Etat proclamait dans le premier article de sa Constitution que l'Allemagne était fondée sur les Länder. Mais les Länder de l'Est étaient dans une situation bien moins avantageuse que leurs homologues occidentaux dans la mesure où ils ne disposaient ni de compétences législatives exclusives, ni des compétences administratives[877].

La loi du 23 juillet 1952 correspondait à la doctrine du « centralisme démocratique » et à la planification de l'économie. Elle transféra aux organes des districts, les tâches qui incombaient jusqu'alors aux gouvernements des Länder, ce qui faisait disparaître les Länder en fait mais non en droit puisqu'ils continuaient d'être mentionnés dans la Constitution du

---

conduit donc à une anomalie linguistique puisque l'Allemagne réunifiée n'a toujours pas de constitution mais une simple Loi fondamentale. *Cf. Christian Autexier,* Introduction au droit public allemand, PUF 1997, p. 26.

871 *Michel Fromont,* RDP 1991, p. 121-148 (132).

872 Sur la question du choix entre l'article 23 et 146 LF pour procéder à la réunification de l'Allemagne, *Cf. Thomas Würtenberger,* L'article 146 de la Loi fondamentale: continuité ou discontinuité du droit constitutionnel ? RFDC 1991, p. 597-613.

873 La réunification était l'occasion pour l'Allemagne de procéder à une restructuration du territoire dans son ensemble mais le rythme soutenu du processus de réunification n'a pas permis d'ouvrir un tel débat. Par la suite, la seule tentative de restructuration prévue par le Traité d'Union (article 5) à propos de l'espace Berlin / Brandebourg échoua. Le statut et la taille des anciens Länder n'ont donc pas été affectés par la réunification.

874 Si on avait appliqué l'article 51 LF sans le modifier, les Länder de l'Est se seraient trouvés dans une situation largement favorisée par rapport aux anciens grands Länder.C'est justement pour éviter cette situation que l'article 51 LF a fait l'objet d'une modification à l'occasion de la réunification.

875 *Michael Killian,* Wiedererstehen und Afbau der Länder im Gebiet der vormaligen DDR, HdbStR VIII, § 186, p. 65, n° 16.

876 Le 7 octobre 1949, le Volksrat, présidé par W. Pieck, se proclamait Parlement provisoire et décidait, en attendant les élections prévues pour le 15 octobre 1950, de constituer un gouvernement et une chambre des Länder. Cette date est généralement considérée comme celle de la naissance officielle de la RDA.

877 *Michael Killian,* HdbStR VIII, § 186, n° 3.

pays. Devenue inutile, la Chambre des Länder fut supprimée en 1958. Mais ce n'est qu'en 1968, dans la seconde Constitution, que disparaît l'indication selon laquelle la RDA est un Etat à structure fédérale[878].

Avec la réunification, la Constitution est-allemande devenait caduque et la RDA disparaissait en même temps que les Länder de l'Est s'intégraient dans le système institutionnel de la RFA[879].

Enfin la réunification a été l'occasion de mettre fin au régime international spécifique de l'Allemagne et de permettre au pays de recouvrer sa pleine souveraineté grâce au traité signé à Moscou le 12 septembre 1990 entre les quatre puissances alliées et les deux Etats allemands (Traité dit « deux-plus-quatre »). A la fin de la Deuxième guerre mondiale, aucun Traité n'avait été signé entre les puissances alliées et l'Allemagne et le traité « deux-plus-quatre » constitue un véritable traité de paix, conclu 45 ans après la fin des hostilités. Sur le plan international, ce traité revêt une importance particulière car il fixe de manière définitive les frontières de l'Allemagne unifiée à l'ouest de la ligne Oder-Neisse. Cette précision supposait de faire disparaître de la Loi fondamentale l'article 23 LF (ancienne version), qui pouvait servir en droit interne au rattachement éventuel d'autres territoires.

II. Les nouveaux Länder dans la Loi fondamentale

L'entraide envers les nouveaux Länder constituait un devoir constitutionnel mentionné à l'article 15 du traité d'Union et à l'article 35 LF[880]. Le traité d'Union prévoyait une phase transitoire pour permettre l'intégration des nouveaux Länder dans la constitution financière allemande. Dans un premier temps, les transferts vers les Länder de l'Est ont été opérés grâce au fonds " Unité de l'Allemagne " jusqu'à la fin de l'année 1994. Puis le système de la péréquation financière a été intégralement étendu aux nouveaux territoires de l'Est au premier janvier 1995. Cette intégration progressive a été différemment appréciée en doctrine, certains y voyant la manifestation « d'un Etat fédéral à deux classes »[881]. Mais l'application immédiate de la constitution financière dans toutes ses dispositions semblait difficile voire impossible à l'Allemagne réunifiée non seulement en raison de la forte disparité entre la RFA et l'ex-RDA mais aussi en l'absence d'un outil statistique fiable et de personnels qualifiés pour calculer les critères subtils de la péréquation financière.

Au total, ce ne sont pas moins de 1000 milliards de Marks qui ont été investis à l'Est entre 1990 et fin 1997. A titre de comparaison, *Jürgen Aretz*, chargé à la chancellerie des nouveaux Länder, explique que la totalité du plan Marshall représente en Marks d'aujourd'hui entre 30 et 40 milliards. La différence entre les aides apportées dans le cadre du plan Marshall à la fin de la seconde guerre mondiale et les aides financières apportées aux Länder de l'Est est que ces derniers n'ont pas servi à des investissements productifs mais à reconstruire l'infrastructure du pays et financer la solidarité avec les Allemands de l'Est (retraite, sécurité sociale, chômage). Ce qui explique la persistance d'un taux de chômage élevé dans les territoires de l'ex-RDA (près de 20% à l'Est contre env. 10% à l'Ouest pour la fin 97)[882].

---

[878] *Michael Killian*, HdbStR VIII, § 186, n° 4.

[879] Par la suite, le processus constituant dans les nouveaux Länder s'est étalé sur trois ans. Le premier Land à se doter d'une constitution fut le Land de Brandebourg, approuvée par référendum, le dernier fut le Land de Thuringe.

[880] « Toutes les autorités de la Fédération et des Länder se prêtent mutuellement entraide ».

[881] *Cf.* les références citées par H. Bauer, HdbStR IX, § 206, p. 280, n° 29.

[882] Le Monde 10/10/97, Les 1000 milliards de marks investis à l'est de l'Allemagne n'ont pas pu endiguer le chômage.

§ 1. Le fonds " Unité de l'Allemagne "

A l'origine, le Fonds " Unité de l'Allemagne " était destiné à créer les conditions permettant à la RDA d'adhérer à la RFA. L'union réalisée, ce fonds a rempli le rôle de la péréquation financière qui était inapplicable immédiatement[883]. Son financement par la Fédération et les Länder était l'expression de la solidarité fédérale et le recours massif à l'emprunt pour le financer s'appuyait sur l'idée que l'adhésion de la RDA à la RFA allait entraîner des avantages économiques à moyen et long terme qui justifiaient un endettement important pour les années à venir[884].

Le Fonds " Unité de l'Allemagne " était un compte spécial du Trésor. Il était alimenté pour 95 milliards par le produit d'emprunts et pour 20 milliards par des subventions du budget fédéral (qui proviennent essentiellement des économies réalisées). L'amortissement de la dette est assuré par des versements au budget fédéral qui sont pour moitié à la charge de la Fédération et pour moitié à la charge des Länder, y compris les communes, à hauteur de 40% de la part des Länder. Celle-ci est prélevée sur le produit de la TVA qui leur revient et l'amortissement de la dette s'échelonne sur une période comprise entre 25 et 30 ans[885]. La charge des communes, Länder et Fédération dans l'amortissement de la dette est donc la suivante :

Graphique 1

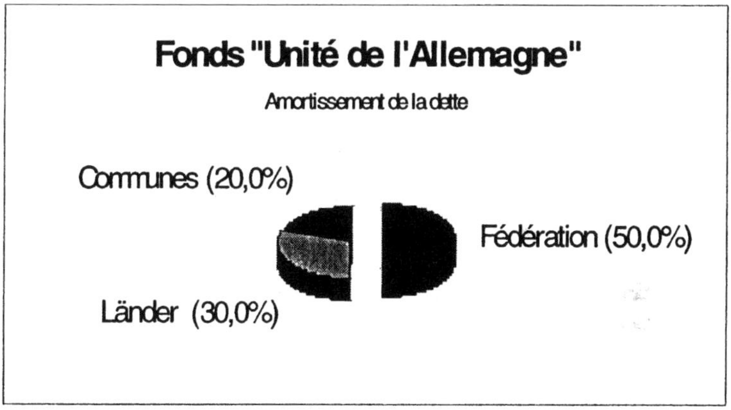

L'évolution dans le fonctionnement du fonds montre à quel point la situation financière des nouveaux Länder avait été largement sous-évaluée. Les deux augmentations successives manifestent la prise de conscience progressive de cette situation.

A l'origine, le fonds était doté de 115 Milliards de DM sur la période 1990 et les transferts au profit des Länder de l'Est étaient dégressifs car l'augmentation du potentiel

---

[883] *Hartmut Bauer*, Die finanzverfassungsrechtliche Integration der neuen Länder, HdbStR IX, § 206, p. 259-304 (278-279), n°27.

[884] Begründung zum Vertragsgesetz, BTDrucks. 11/7350, p. 25 (49).

[885] *Gérard Marcou*, Finances publiques et inégalités territoriales, in : *G. Marcou, H. Kirstenmacher, H.-G. Clev*, L'aménagement du territoire en France et en Allemagne, La documentation française, 1994. p. 21 ; *Hartmut Bauer*, Die finanzverfassungsrechtliche Integration der neuen Länder, HdbStR IX, § 206, p. 259-304 (268-269).

économique et financier des Länder nouvellement intégrés dans le champ d'application de la Loi fondamentale devait suppléer peu à peu les prestations du Fonds.

L'article 7 al. 5 du Traité d'Union prévoyait que les prestations annuelles du Fonds seraient attribuées pour 85 % à titre de soutien particulier aux Länder de l'Est au prorata de leur population (pour Berlin, seule la population de Berlin-est était comptabilisée). Le solde (15%) devait être utilisé à l'accomplissement de missions centrales sur les territoires des nouveaux Länder. Mais dès le printemps 91, la Fédération a renoncé aux 15% qui lui revenaient, compte tenu du besoin financier des Länder de l'Est. Cette mesure avait pour conséquence de transférer 14 milliards supplémentaires aux Länder de l'Est. Elle n'a pourtant pas été suffisante et la loi du 16 mars 1992 a augmenté de 5,9 milliards en 1992, 11,5 milliards en 1993 et 13,9 milliards en 1994 (première augmentation). Cette première augmentation a été entièrement supportée par la Fédération, essentiellement par une hausse du taux de la TVA. Enfin le Pacte de solidarité, du mois de mars 1993 a prévu une deuxième augmentation de 3, 7 milliards en 1993 et de 10,7 milliards en 1994.

Ainsi, au lieu de diminuer progressivement, les prestations du Fonds " Unité de l'Allemagne" se sont maintenues grâce à ces deux augmentations à un niveau d'environ 35 milliards entre 1991 et 1994, comme le montre le graphique qui suit :

Graphique 2

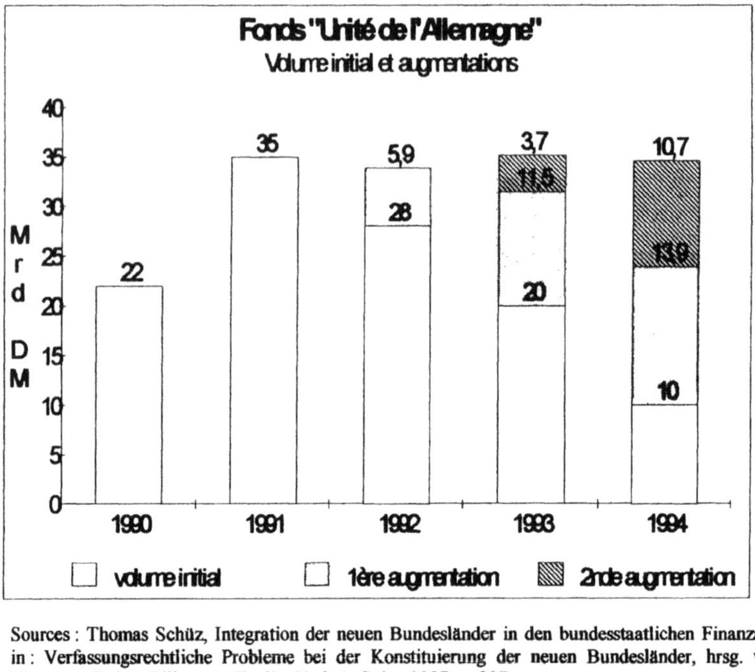

Sources : Thomas Schüz, Integration der neuen Bundesländer in den bundesstaatlichen Finanzausgleich, in : Verfassungsrechtliche Probleme bei der Konstituierung der neuen Bundesländer, hrsg. von Peter Neumann, Reiner Tillmanns, Berlin, Verl. A. Spitz, 1997, p. 337.

Le Fonds a disparu avec l'extension du système de péréquation aux Länder de l'Est à compter du 1er janvier 1995. Les prestations du Fonds ont représenté entre 1990 et 1995 environ 160,7 milliards de DM. Mais cette répartition des ressources ne représente au total qu'une partie des transferts financiers qui ont eu lieu entre l'Ouest et l'Est et celle-ci s'est surtout faite sur le mode vertical puisque la part des aides fédérales a largement dépassé celle des Länder de l'Ouest[886]. Il est possible de reconstruire *a posteriori* la part apportée par la Fédération, les Länder et les communes au Fonds " Unité de l'Allemagne ". Sur les 160,7 Mrd de DM du Fonds, 65,7 Mrd proviennent de versement au budget fédéral. Sur ces 65,7 Mrd de DM, 49,6 sont imputés au budget fédéral et 16,1 Mrd sont imputés au budget des Länder. La Fédération remboursera 50%, les Länder 30% et les communes 20% des dettes (95 Mrd).

La représentation en secteur de ces chiffres est la suivante :

Graphique 3

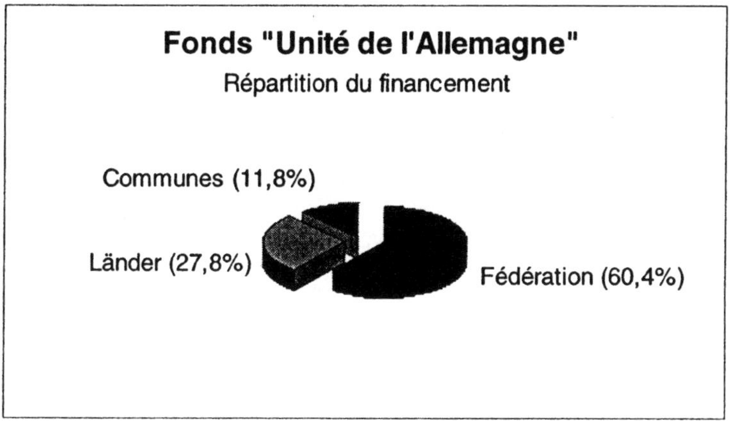

Calculs personnels d'après les données publiées *in : Schüz*, p. 321.

Les 160,7 milliards du Fonds " Unité de l'Allemagne " injectés à l'Est entre 1990 et 1994 n'ont pas suffit à permettre aux Länder de l'Est d'acquérir une capacité financière comparable à celle de l'Ouest, de telle sorte que des transferts massifs sont encore nécessaires. Alors que la péréquation permettait avant la réunification d'opérer les transferts financiers pour que l'homogénéité des conditions de vie sur le territoire fédéral soit sauvegardée, les mécanismes de la constitution financière allemande ne suffisent plus à assurer un tel objectif. Le système est certes conservé mais de manière artificielle.

§ 2. Les Länder de l'Est intégrés au système de la péréquation financière

Dans tout Etat fédéral, les missions de l'Etat sont assurées entre plusieurs niveaux. En Allemagne, il s'agit de la Fédération, des Länder et des communes[887]. Pour exercer ses compétences, chaque niveau a besoin de ressources, assurées par les prélèvements d'impôts. L'objet de la péréquation financière va donc être de répartir les ressources disponibles entre la Fédération et les Länder d'une part (péréquation verticale) et entre les Länder d'autre part (péréquation horizontale). Mais une péréquation primaire n'est pas suffisante pour assurer

[886] Le Monde, 7.11.1994, p. 3, "La République fédérale a institué un système de solidarité entre Länder riches et pauvres".

[887] Selon la doctrine dominante et la jurisprudence, l'Allemagne est cependant bien un Etat fédéral à deux niveaux, constitué d'une part de la Fédération et des Länder d'autre part, à l'exclusion des communes, *Cf.* BVerfGE 13, 54 [77] - Neugliederung Hessen.

une juste répartition des ressources, ce qui explique la nécessité d'une péréquation secondaire. Ainsi l'objectif visé par la constitution financière de la Loi fondamentale allemande des articles 104a à 115 « constitue un des piliers porteurs de l'ordre fédéral »[888].

Le tableau suivant résume le mécanisme qui met en œuvre les principes de la solidarité financière dans l'ordre fédéral. (Ce tableau doit être lu dans le sens des aiguilles d'une montre : 1°) Péréquation primaire verticale puis horizontale, 2°) péréquation secondaire horizontale puis verticale).

Tableau 5

La péréquation dans la constitution financière allemande

<table>
<tr><td></td><td colspan="4">- Péréquation verticale
- Répartition entre la Fédération et les Länder</td><td colspan="2">- Péréquation horizontale
- Répartition
entre les Länder</td></tr>
<tr><td rowspan="5">Péréquation primaire</td><td colspan="4">*Art. 106 I LF: produit des impôts revenant à la fédération
*Art. 106 II LF: produit des impôts revenant aux Länder
Art. 106 III LF: impôts communs</td><td colspan="2"> Art. 107 I LF:
Détermination de la quote-part revenant aux Länder dans le produit de la TVA</td></tr>
<tr><td></td><td>Fédération</td><td>Länder</td><td>Communes</td><td rowspan="4">75 % (min.) : au prorata du nombre d'habitants.</td><td rowspan="4">25 % (max) : quotes parts suppl.pour les Länder à faibles ressources fiscales</td></tr>
<tr><td>impôt sur le revenu</td><td>42,5 %</td><td>42,5 %</td><td>15 %</td></tr>
<tr><td>impôt sur les sociétés</td><td>50 %</td><td>50 %</td><td>0 %</td></tr>
<tr><td>TVA</td><td>50,5 %</td><td>49,5 %</td><td>0 %</td></tr>
<tr><td rowspan="2">Péréquation secondaire</td><td colspan="4" rowspan="2">* Art. 107 II 3 LF: Dotations complémentaires fédérales destinées :
1°) aux Länder financièrement faibles,
2°) à compenser les coûts fixes ;
3°) aux Länder de l'Est,
4°) à compenser les effets de l'intégration des Länder de l'Est au système de péréquation,
5°) à l'assainissement des comptes</td><td colspan="2">* Art. 107 II LF :
versements de péréquation</td></tr>
<tr><td>Capacité financière des Länder : compte pour 50%</td><td>Capacité financière des communes : compte pour 50%</td></tr>
</table>

Conformément aux dispositions de l'article 7 du Traité d'Union du 31 août 1990[889], le système de péréquation a été étendu aux Länder de l'Est seulement à partir du premier

---

[888] BVerfGE 55, 274 [300]; BVerfGE 72, 330 [388].

[889] Le traité d'Union a été approuvé à la double majorité des 2/3 au Bundestag et au Bundesrat les 20/21 septembre 1990, conformément aux dispositions de l'article 79 II LF.

janvier 1995 avec des modifications substantielles relatives à la part des Länder au produit de la TVA et au mode de calcul de la péréquation. Ce système a pour objectif de corriger et non d'effacer complètement les disparités de niveaux de vie entre les différents Länder. La puissance financière des Länder est très variable puisqu'ils se distinguent fortement par leurs conditions naturelles et leurs structures économiques. Parmi les Länder pauvres, on trouve les Länder de Brême ou de la Sarre, et depuis 1995 les Länder de l'Est (à l'exception du Land de Saxe). Parmi les Länder riches, on trouve la Bavière, le Bade-Wurtemberg ou encore la Hesse[890].

L'intégration des Länder de l'Est dans le calcul de la péréquation financière a bousculé le certain équilibre qui prévalait entre les Länder riches et les Länder pauvres. En fait, malgré la situation nouvelle créée à partir de l'intégration des Länder de l'Est dans le système de la péréquation financière, tout a été fait pour maintenir en vigueur l'ancien système.

Mais à l'issue de la période transitoire, les différences dans les capacités financières entre les Länder de l'Est et ceux de l'Ouest étaient encore telles qu'il a fallu mettre en place des « correctifs » au système de la péréquation financière afin que le système continue à fonctionner.

A. La péréquation primaire

La péréquation primaire permet de déterminer, d'une part, le partage du produit de la TVA entre les Länder et la Fédération (péréquation verticale) et, d'autre part, la quote-part de chaque Land dans la répartition du produit de la TVA (péréquation horizontale).

1°) La péréquation verticale primaire : le partage du produit de la TVA

Il convient tout d'abord de déterminer sur quelles ressources fiscales va porter la péréquation financière. A ce titre, il faut distinguer entre deux types de recettes fiscales, qui correspondent à deux systèmes distincts : les impôts séparés et les impôts liés.

A la première catégorie appartiennent les impôts qui vont exclusivement dans les caisses de la Fédération ou des Länder.

Les impôts qui vont exclusivement dans les caisses de la Fédération sont définis à l'article 106 I LF[891]. Les impôts qui vont directement dans les caisses des Länder, sont définis à l'article 106 II LF[892]. A la différence d'autres Etats fédéraux, les Länder allemands n'ont pas la possibilité de lever d'impôts.

---

[890] Il existe aussi une péréquation financière verticale entre les Länder et les communes (sauf dans les villes-Etats) car le produit des impôts et d'autres ressources ne suffit pas aux communes pour faire face à leurs engagements. Celles-ci sont donc tributaires des dotations des Länder qui sont en partie assorties d'obligations et en partie utilisables librement par les communes. De la même façon que la péréquation entre les Länder, cette péréquation communale vise à atténuer les disparités entre les communes à forte capacité fiscale et les communes à faible capacité fiscale. Les arrondissements ont très peu de ressources propres et leurs finances reposent essentiellement sur des transferts correspondant aux missions qui leur sont attribuées par les Länder et les communes.

[891] Il s'agit des droits de douane (mais en fait ces impôts vont dans les caisses communautaires), les impôts sur la consommation, pour autant qu'ils ne sont attribués aux Länder selon l'article 106 II LF (en fait essentiellement l'impôt sur la bière) ou aux communes selon l'article 106 VI (produit des impôts locaux sur la consommation et sur certains éléments du train de vie), les impôts sur les transports routiers de marchandises, les impôts sur les mouvements de capitaux, sur les assurances et sur les effets de commerce, les prélèvements exceptionnels sur le patrimoine et ceux perçus en exécution de la péréquation des charges résultant de la guerre, le prélèvement additionnel à l'impôt sur le revenu et à l'impôt sur les sociétés, les taxes et prélèvements opérés dans le cadre des Communautés européennes.

[892] Il s'agit de l'impôt sur la fortune, de l'impôt sur les successions, de l'impôts sur les véhicules à moteur, des impôts sur les mutations et les transactions, de l'impôt sur la bière, et du prélèvement sur les établissements de jeu.

A la deuxième catégorie correspondent les impôts dont le produit est réparti entre les Länder et la Fédération. Ceux-ci sont définis à l'article 106 III LF (impôts communs) et sont au nombre de trois. Il s'agit de l'impôt sur le revenu, de l'impôt sur les sociétés et de la TVA. Ces recettes fiscales sont de loin les plus importantes puisqu'elles représentent environ les deux tiers des prélèvements fiscaux.

En ce qui concerne l'impôt sur le revenu et l'impôt sur les sociétés, leur produit est réparti par moitiés entre la Fédération et les Länder (Mais les communes perçoivent 15% de l'impôt sur le revenu : les Länder et Fédération se partagent les 85% restants, c'est-à-dire 42,5% chacun). Ce sont les Länder qui perçoivent directement le produit de chacun de ces impôts et qui en reversent la moitié à la Fédération[893].

La répartition du produit de la TVA entre les Länder et la Fédération (péréquation verticale) n'est pas fixée dans la Loi fondamentale mais fait l'objet d'une loi fédérale qui requiert l'approbation du Bundesrat[894]. Cette répartition peut donc être régulièrement modifiée, mais elle est toujours durement négociée[895].

Cette loi est soumise aux deux principes de l'article 106 III LF :

> « Dans le cadre des recettes ordinaires, la Fédération et les Länder ont un droit égal à la couverture des dépenses qui leur sont nécessaires. Pour ce, le montant des dépenses doit être arrêté en fonction d'un plan financier pluriannuel ».
>
> « Les besoins financiers de la Fédération et des Länder doivent être ajustés entre eux de telle sorte qu'une juste péréquation soit obtenue, qu'une surimposition des contribuables soit évitée et que l'homogénéité des conditions de vie sur le territoire fédéral soit sauvegardée ».

Le graphique 4 ci-dessous présente l'évolution de la quote part du produit de la TVA entre les Länder et la Fédération depuis 1970.

Le graphique montre la baisse spectaculaire de la quote part de la Fédération dans le produit de la TVA à partir de 1995, puisque celle-ci baisse de 7 points en 1995 et de 6,5 points pour la période 96-97. Ces baisses successives ont été amorcées par le « Pacte de solidarité », négocié entre le gouvernement fédéral et les Länder au printemps 1993. L'enjeu des négociations était d'organiser le partage fédéral des sacrifices pour financer la réunification au moment même où la situation économique et financière désastreuse dans les nouveaux Länder était désormais bien évaluée.

Les Länder étaient favorables à une augmentation rapide des impôts, dès 1993. Mais le gouvernement fédéral y était opposé en raison de la situation de récession de l'économie.

Les Länder ont alors accepté qu'il n'y ait pas hausse d'impôt avant 1995 et se sont déclarés prêts à faire des économies. Ils réclamaient en contrepartie que la quote-part de la TVA qui leur est reversée par la Fédération passe à partir de 1995 de 37 % à 44 %, ce qui leur permettait de financer le système de péréquation pour subvenir aux besoins des Länder de l'Est, puisque les anciens Länder redoutaient l'adhésion des Länder de l'ex-RDA dans le système de péréquation horizontale. En contrepartie, le gouvernement a décidé un prélèvement additionnel de 7,5% à l'impôt sur le revenu à partir de 1995.

---

[893] Article 107 I LF.

[894] Art. 105 III LF: "Les lois fiscales relatives aux impôts dont tout ou partie du produit revient aux Länder ou aux communes (ou groupements de communes) recquièrent l'approbation du Bundesrat".

[895] *Gérard Marcou in: G. Marcou, H. Kirstenmacher, H.-G. Clev,* L'aménagement du territoire en France et en Allemagne, La documentation française, 1994, p. 185-227 (192).

Graphique 4

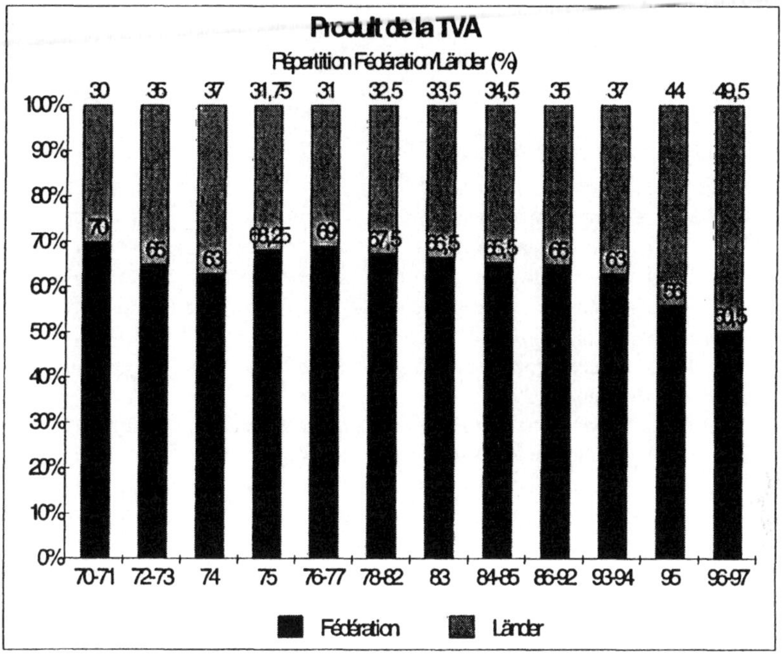

Sources : *Vogel/Waldhoff*, BK, Vorbem. zu Art. 104a -115 GG, p. 190 et Finanzbericht 1998, p. 136.

L'accord sur le pacte de solidarité est intervenu le 13 mars 1993. Il constitue un consensus entre les différents partis politiques et entre la Fédération et les Länder. Ce pacte a pour objectif de rééquilibrer les finances publiques de la Fédération et des Länder. Approuvé le 16 avril au Bundesrat (qui constituait l'obstacle majeur pour le Gouvernement fédéral), cet accord a été qualifié de " succès du fédéralisme " par le ministre des finances de l'époque, *Theo Waigel*. Il s'agit, en fait, plutôt d'un succès pour les Länder. Par cet accord, le gouvernement a cédé des recettes budgétaires importantes issues de la TVA aux Länder. Le caractère fédéral de l'Allemagne a donc été confirmé, alors que les besoins de l'unification pouvaient être l'occasion pour le gouvernement fédéral de faire prévaloir un système plus centralisé[896].

Pour l'année 1995, l'augmentation de la part de la TVA au profit des Länder de 37 à 44%, a entraîné un accroissement de la capacité financière d'environ 16 milliards au profit des Länder, permettant ainsi aux anciens Länder d'opérer les transferts financiers vers les nouveaux Länder dans le cadre de la péréquation horizontale. Les Länder de l'ouest ont donc réussi à financer une partie de la réunification avec des recettes dont ils ne disposaient jadis pas, de telle sorte que le coût de l'opération sur leurs finances a eu des effets très limités : ils ont au total réalisé une bonne opération.

Le Gouvernement n'était pas dans une situation de force puisque l'opposition était majoritaire au Bundesrat et que les lois qui ont mis en œuvre les réformes fiscales pour

[896] Le pacte de solidarité a été notamment mis en œuvre par les articles 32 et 33 de la loi du 26 juin 1993 sur la mise en œuvre du programme de consolidation fédéral, BGBl., I , p. 944.

permettre l'intégration des nouveaux Länder dans le système de péréquation nécessitaient l'approbation du Bundesrat.

C'est sur la part du produit de la TVA qui revient aux Länder que s'opère la péréquation horizontale primaire. Car une fois qu'il a été décidé quelle serait la quote-part des Länder dans le produit de la TVA, encore faut-il déterminer comment ce montant est réparti entre les Länder.

2°) La péréquation horizontale primaire

La part du produit de l'impôt sur le revenu et l'impôt sur les sociétés qui revient aux Länder est déterminée par le principe de la localisation (art. 107 I 1 LF) : cette part revient au Land sur lequel cet impôt a été perçu. C'est la résidence fiscale du contribuable qui détermine donc le Land bénéficiaire de l'impôt sur le revenu et c'est le lieu de production qui détermine le Land bénéficiaire de l'impôt sur les sociétés, ce qui n'empêche pas la loi de corriger de trop fortes disparités, comme le précise l'article 107 I 2 LF[897].

Ces dispositions ont été directement appliquées dans les nouveaux territoires de l'Est de l'Allemagne dès le 3 octobre 1990[898].

Au contraire, les dispositions de la Loi fondamentale relatives à la répartition du produit de la TVA n'ont été appliquées qu'au terme d'une période transitoire progressive et qui a pris fin en 1994. A la différence de l'impôt sur le revenu et de l'impôt sur les sociétés, la TVA n'est pas attribuée selon le principe de localisation, compte tenu de la nature même de cet impôt. En effet, la consommation n'a pas nécessairement lieu à l'endroit même où le produit a été fabriqué, ce qui oblige à une large redistribution de ce prélèvement fiscal (*horizontale Umsatzsteuerverteilung*).

Le § 2 de la loi sur la péréquation financière entre les Länder et la Fédération détermine la part de chaque Land à la quote-part du produit de la TVA[899]. Deux critères entrent ici en ligne de compte.

Premièrement, pour 75 % du montant de la part du produit de la TVA qui revient aux Länder, celle-ci est calculée au prorata du nombre d'habitants de chaque Land, c'est-à-dire que chaque Land reçoit la même contribution par habitant.

Deuxièmement, lorsque les Länder sont dans une situation financière désavantageuse, de telle sorte que les recettes par tête d'habitant au titre des impôts de Land et au titre des impôts sur le revenu et sur les sociétés sont inférieures à la moyenne de l'ensemble des Länder[900] à hauteur de 92%[901], ils bénéficient d'attributions supplémentaires d'impôts, financées par le solde du montant de la part du produit de la TVA (25 %).

Pour 100 DM de recettes fiscales issues du produit de la TVA, 50,5 DM reviennent à la Fédération et 49,5 DM reviennent aux Länder. Sur ces 49,5 DM, 75% sont répartis entre les Länder au prorata de la population, c'est-à-dire 37,125 DM. Les 12,875 DM restants (25%) servent à la péréquation préalable de la TVA (*Umsatzsteuervorwegausgleich*). C'est cette part qui permet de peser sur la répartition entre les Länder riches et les Länder pauvres pour amener ces derniers à une capacité fiscale égale à 92% de la capacité financière moyenne[902].

---

[897] Art. 107 I 2 LF: En ce qui concerne l'impôt sur les sociétés et l'impôt sur les salaires, une loi fédérale requérant l'approbation du Bundesrat précise les dispositions relatives à la détermination du produit local ainsi qu'aux modalités et à l'ampleur de sa répartition.

[898] Sous réserve de quelques aménagements mineurs. *Cf. Hartmut Bauer*, HdbStR IX, § 206, p. 274, note 100.

[899] Dans sa nouvelle version du 23.6.1993 (BGBl. I 944), modifiée pour la dernière fois par la loi du 19.12.1997 (BGBl. I 3121).

[900] Art. 107 I 4 LF.

[901] § 2 al. 2 FAG.

[902] *Cf. Bernd Huber*, Der Finanzausgleich im deutschen Föderalismus, APZ 24/1997, p. 22-30 (24).

Dans un modèle simplifié à deux Länder avec respectivement une capacité fiscale par habitant égale à 120 et 80 DM, on obtiendrait ainsi les résultats suivants : la capacité financière moyenne s'établit à 100 DM. Par conséquent, pour que le Land financièrement faible atteigne 92% de la capacité fiscale moyenne, le Land le plus riche devra verser 12 DM par habitant au Land défavorisé afin que la capacité fiscale de ce dernier soit de 92 DM[903].

Jusqu'à l'intégration des Länder de l'Est dans le système de péréquation financière, cette première répartition ne jouait qu'un rôle secondaire entre les anciens Länder. En revanche depuis 1995, ses effets ont été décuplés puisque celle-ci a permis un transfert d'environ 14,5 Mrd de Marks au profit des Länder de l'Est, ce qui représente environ 10% des recettes fiscales des Länder issues du produit de la TVA[904].

B. La péréquation secondaire

La péréquation secondaire horizontale est celle qui permet d'aplanir les différences entre les Länder dans la mesure où le seul critère retenu pour la détermination des versements de péréquation est la capacité financière des Länder et des communes. Mais celle-ci peut encore se révéler insuffisante : les dotations complémentaires fédérales permettent donc de compléter le système de répartition (péréquation secondaire verticale).

1°) La péréquation horizontale secondaire

Cette première répartition opérée, il est procédé à la péréquation financière au sens étroit du terme. La première opération consiste à déterminer les Länder bénéficiaires des Länder prestataires, la seconde opération consiste à déterminer le montant des transferts à opérer.

a) La détermination des Länder bénéficiaires et des Länder prestataires

Selon l'article 107 II 2 LF, la loi doit définir les conditions d'existence des droits à péréquation des Länder bénéficiaires et des obligations de péréquation des Länder prestataires ainsi que les critères de détermination des versements de péréquation. La péréquation entre les deux catégories de Länder repose sur la comparaison du produit fiscal (*Finanzkraftmeßzahl*) et l'indice de péréquation (*Aussgleichmeßzahl*) pour chacun des Länder.

Le produit fiscal d'un Land comprend la somme de ses recettes fiscales (impôt sur le revenu et impôt sur les sociétés qui constituent les impôts communs à l'exclusion de la TVA et impôts perçus directement comme par exemple l'impôt sur la bière), les revenus de la taxe sur l'extraction minière ainsi que la somme des recettes fiscales de ses communes[905]. La division de cette somme par le nombre d'habitants permet d'obtenir la capacité financière de chacun des Länder.

L'indice de péréquation reflète le niveau des besoins. Il est obtenu par la multiplication des recettes fiscales par habitant du Land et des communes sur la base de la moyenne fédérale, multiplié par le nombre d'habitants du Land[906].

---

[903] *Bernd Huber*, Der Finanzausgleich im deutschen Föderalismus, APZ 24/97, p. 22-29 (25).

[904] *Ibid.*

[905] § 6 al. 1 FAG.

[906] Mais le nombre d'habitants fait l'objet d'une pondération selon le § 9 FAG. C'est ainsi que les trois Länder de Berlin, Brême et Hambourg sont pondérés à 135 % contre 100 % pour les autres Länder. L'avantage dont bénéficie ces villes-Etats vise à compenser les inconvénients dont souffriraient ces villes, comme par exemple le problème des travailleurs "frontaliers" à l'intérieur de l'Allemagne. Mais cet avantage concédé est critiqué. De la même manière, l'indice de péréquation des recettes fiscales des communes est pondéré en fonction du nombre d'habitants par commune pour celles de moins de 500.000 habitants ; au-delà, en fonction de la densité de population.

Les Länder dont l'indice de produit fiscal excède l'indice de péréquation sont prestataires, et les Länder dont l'indice de produit fiscal est inférieur à l'indice de péréquation sont bénéficiaires.

b) La détermination des montants de péréquation

C'est la loi qui détermine le calcul permettant de déterminer les versements de péréquation. Elle tente de concilier deux principes difficilement compatibles car d'un côté les paiements des Länder prestataires doivent avoir une limite supérieure mais de l'autre les prestations doivent être suffisantes pour venir en aide aux Länder financièrement faibles. Ce calcul a été appliqué dans un premier temps de manière distincte entre les Länder orientaux et les occidentaux. Enfin, les représentations graphiques tentent de mettre en évidence l'impact de la réunification sur le système de péréquation.

ba) Le calcul des versements de péréquation

Une fois que les Länder prestataires et les Länder bénéficiaires sont déterminés, il reste à préciser le montant des transferts à opérer des premiers vers les seconds.

Dans un premier temps, le Land bénéficiaire reçoit des prestations jusqu'à ce qu'il atteigne le seuil de 92% de son indice de péréquation. Lorsque sa capacité financière est située entre 92 et 100% de son indice de péréquation financière, cette différence est compensée à hauteur de 37,5%[907].

Dans un modèle à deux Länder, le calcul serait le suivant. Soit le Land A avec une capacité financière de 150 et le Land B avec une capacité financière de 50. Le Land A serait prestataire et le Land B bénéficiaire. Ce dernier recevrait une première prestation égale à 42 (50+42=92). Sur la différence entre 92 et 100 (8) il recevrait en outre une prestation supplémentaire égale à 3 (8X0,375). Avec un tel système de calcul, tous les Länder sont donc assurés d'atteindre 95% de la moyenne fédérale (50+42+3).

Le montant des transferts que les Länder prestataires doivent fournir est réglé au § 10 al. 2 à 4 FAG.

Lorsque la part de la capacité financière d'un Land dépasse d'un pour-cent son indice de péréquation, 15% de cette part doivent être reversés. Lorsque son indice de péréquation est compris entre 101 et 110%, 66% doivent être reversés, enfin au-delà d'un indice de péréquation égal à 110%, 80% doivent être reversés.

Dans l'exemple précédent, le Land A avec une capacité financière de 150, avec un indice de péréquation de 100, devrait reverser (1X0,15)+(9X0,66)+(40X0,8) = 0,15+5,94+32=38,09.

Mais lorsque les prestations des Länder à forte capacité financière ne suffisent pas à subvenir aux besoins des Länder à faible capacité fiscale, le taux intermédiaire (66%) peut être porté à 80%. En 1995, cette mesure a suffit aux besoins des Länder bénéficiaires[908].

Dans cette répartition, les Länder financièrement faibles sont donc largement favorisés. Cette caractéristique explique pourquoi la réglementation de la question du produit de la TVA a été l'une des questions les plus controversées de la réunification allemande. Les anciens Länder craignaient de perdre des ressources considérables. L'application immédiate des dispositions de la Loi fondamentale en ce domaine aurait en outre provoqué une " fracture financière " entre les Länder de l'Ouest et les Länder de l'Est.

---

907 § 10 al. 1 FAG.

908 Bernd Huber, *op. cit, p. 27.*

bb) Le système provisoire appliqué aux Länder de l'Est jusque fin 94

Les mécanismes qui ont permis aux onze anciens Länder d'aboutir à un système équilibré grâce à la redistribution des ressources fiscales entre Länder riches et Länder pauvres ne pouvaient pas être directement appliqués aux cinq nouveaux Länder de l'Est. Si tel avait été le cas, la masse des transferts financiers nécessaires pour les anciens Länder aurait constitué une charge trop lourde. Une simulation du calcul de la péréquation directement appliqué à l'ensemble de l'Allemagne montre que le transfert supplémentaire de la part des Länder de l'Ouest aurait été d'environ 29,35 milliards de DM en 1991, soit 8 fois plus que l'effet de péréquation entre les anciens Länder[909]. Tous les Länder de l'Ouest qui étaient alors bénéficiaires seraient devenus prestataires, à l'exception de Brême. Ce sont donc les intérêts financiers de la Basse Saxe, de la Rhénanie du Nord / Westphalie, de la Sarre et du Schleswig-Holstein qui étaient plus particulièrement en jeu[910].

L'article 7 al. 3 du Traité d'Union organise un compromis entre les anciens Länder et la Fédération. Il précise tout d'abord qu'il n'y aura pas de péréquation (art. 107 II LF) pour l'ensemble de l'Allemagne. La part de l'ensemble des Länder allemands dans l'impôt sur le chiffre d'affaires sera divisée en une partie orientale et une partie occidentale, de telle sorte que finalement, la part moyenne par habitant du produit de l'impôt sur le chiffre d'affaires s'élèvera dans les Länder de Brandebourg, Mecklembourg-Poméranie antérieure, Saxe, Saxe-Anhalt et Thuringe pour 1991 à 55%, 1992 à 60%, 1993 à 65%, 1994 à 70% de la part moyenne par habitant du produit de l'impôt sur le chiffre d'affaires dans les dix anciens Länder, la part de Berlin étant précomptée au prorata du nombre d'habitants.

[909] *Gérard Marcou*, Finances publiques et inégalités régionales, *op. cit.*, p. 196.
[910] *Schüz, op. cit, p. 318.*

Le volume de la péréquation financière entre les Länder de l'Est bénéficiaires et prestataires pour la période 1991-1994 est retracée dans le graphique suivant.

Graphique 5

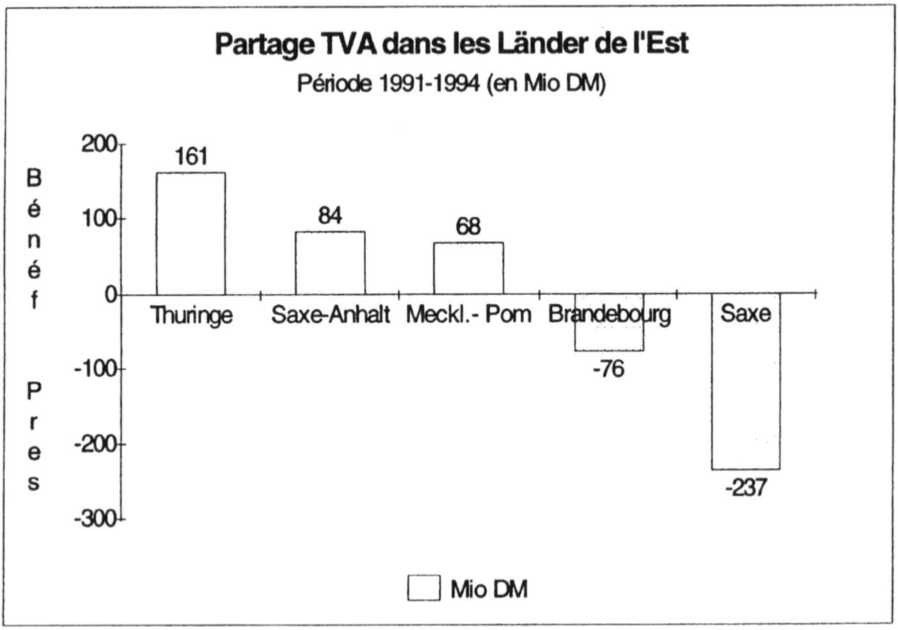

Sources : Thomas Schüz, Integration der neuen Bundesländer in den bundesstaatlichen Finanzausgleich, in : Verfassungsrechtliche Probleme bei der Konstituierung der neuen Bundesländer, hrsg. von Peter Neumann, Reiner Tillmanns, Berlin, Verl. A. Spitz, 1997, p. 317.

En valeur absolue, cette péréquation porte sur de faibles montants compte tenu des faibles recettes fiscales des nouveaux Länder (313 Mio DM sur quatre années)[911] mais cela permettait aux Länder de l'Est de se familiariser avec le calcul et le mécanisme de la péréquation financière. La division des volumes transférés par le nombre d'habitants dans chaque partie de l'Allemagne fait apparaître la forte disparité entre les deux péréquations opérées. Alors qu'en 1991 la péréquation horizontale primaire entre les Länder de l'Ouest représentait un transfert d'environ 5 DM par habitant, celle-ci s'établissait à 61 DM par habitant dans les Länder de l'Est[912] : cela signifiait donc que parmi les Länder de l'Est, il existait de fortes disparités.

---

[911] Finanzbericht 1998, p. 143.
[912] Schüz, *op. cit.*, p. 318.

bc) Représentations graphiques

La représentation graphique de la péréquation financière au sens strict, c'est-à-dire de la péréquation financière horizontale secondaire est la suivante :

Graphique 6

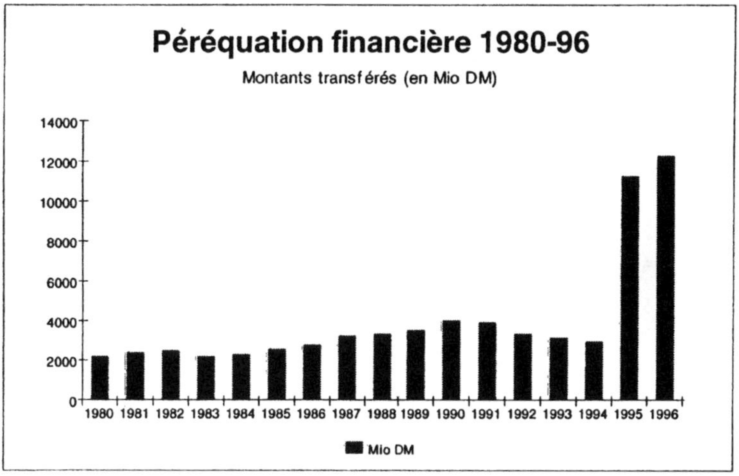

Sources : Finanzbericht 1998, p. 145

L'extension de la péréquation fiscale aux Länder de l'Est a fait exploser les versements qui interviennent dans le cadre de la péréquation financière. Elle montre la différence dans la capacité financière des Länder de l'Est et des Länder de l'Ouest et amène à s'interroger sur la pérennité du système. Les anciens Länder connaissaient certes également des disparités dans leur capacité financière mais sans commune mesure avec la situation comparée entre les anciens et les nouveaux Länder. On atteint ici les limites du système.

Le graphique suivant retrace l'évolution de la péréquation financière entre les Länder sur la période 1991-1996, qui couvre donc la période à partir de laquelle les Länder de l'Est ont été intégrés dans ce calcul.

Graphique 7

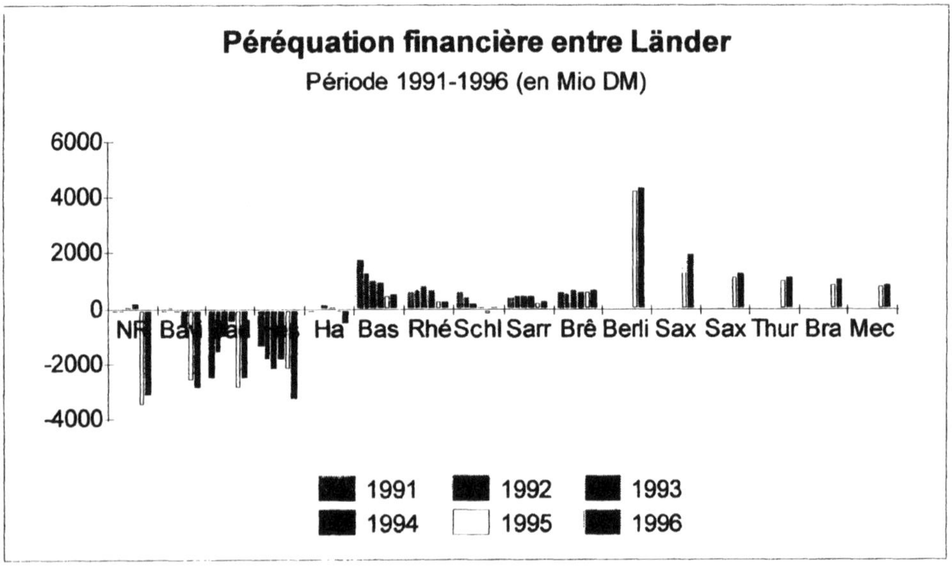

Sources : Finanzbericht 1998, p. 145.

La répartition est certes modifiée depuis 1995. Le Land de Rhénanie du Nord/ Westphalie, qui avait le statut de bénéficiaire jusqu'en 1995 est devenu prestataire, et la Bavière a vu exploser le montant de ses prestations. Mais finalement la modification n'est pas aussi importante qu'on aurait pu le croire. Les Länder bénéficiaires avant 1995 le sont globalement restés. L'intégration des nouveaux Länder n'a donc pas porté préjudice aux anciens Länder qui étaient dans une mauvaise situation financière.

L'homogénéité entre, d'une part, les Länder prestataires et, d'autre part, les Länder bénéficiaires montre que, derrière la complexité des calculs, il existe un objectif politique qui tend à éviter de trop fortes disparités entre les Länder : il faut rappeler que la réalisation de conditions de vie équivalentes sur le territoire fédéral constitue l'une des missions du législateur fédéral non seulement en matière de fiscalité (art. 107 II 2 LF), mais aussi de manière plus générale puisque celle-ci justifie son intervention (art. 72 II LF). Cet aspect est particulièrement mis en évidence dans les deux graphiques suivants.

La part des Länder prestataires pour l'année 1996 est la suivante.

Graphique 8

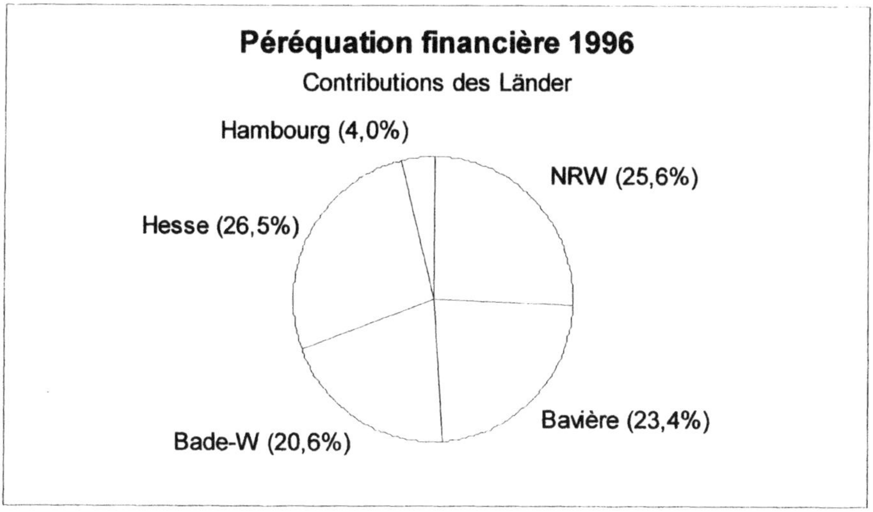

Sources : Finanzbericht 1998, p. 145.

Cette représentation en secteur montre que pratiquement seuls quatre Länder sont prestataires dans des proportions comparables (entre 21 et 26% env.).

La masse des transferts opérés entre les Länder riches et les Länder pauvres génère des tensions. Ainsi la Bavière, qui a pourtant bénéficié du système de péréquation pendant des années ne veut plus payer pour les autres Länder. Son ministre-président, *Edmund Stoïber* a ainsi déclaré lors du congrès de la CSU en novembre 1997 :

> « A chaque fois que nous encaissons un Mark de plus que les autres Länder, nous devons en reverser les deux tiers dans la caisse de compensation fédérale. Les efforts des citoyens et notre politique sont systématiquement punis. Cela ne peut et ne doit pas rester ainsi ».[913]

Le modèle d'un fédéralisme coopératif, incarné par la réforme de 1969 et la mise en œuvre des tâches communes, ne peut fonctionner qu'avec des Länder relativement homogènes dans leurs capacités financières. Ce n'est plus le cas aujourd'hui et il semble que l'on s'oriente désormais vers un modèle de fédéralisme plus concurrentiel, dans lequel la solidarité financière entre les Länder n'a plus sa place.

[913] Le Monde 25/11/97, « La Bavière ne veut plus payer pour l'Europe ».

La part des Länder bénéficiaires pour l'année 1996 est la suivante :

Graphique 9

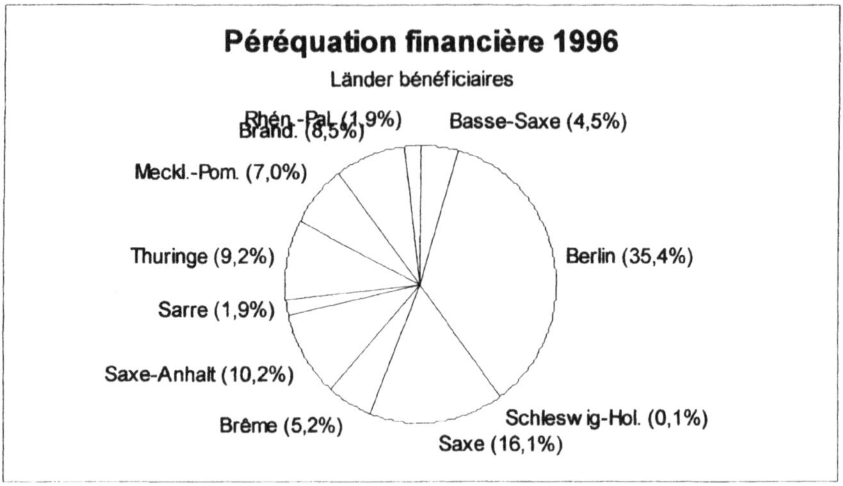

Sources : Finanzbericht 1998, p. 145.

On constate que les Länder bénéficiaires ne sont pas exclusivement ceux de l'Est puisque, pour l'année 1996, la Basse-Saxe, la Sarre, la Rhénanie-Palatinat, le Schleswig-Holstein et Brême bénéficient également du système de péréquation.

Cette répartition n'est pas le fruit du hasard. Elle est la manifestation d'un choix politique qui veut éviter que la solidarité financière ne fonctionne que de manière unilatérale de l'Ouest vers l'Est.

Même en tournant à plein régime, le système de la péréquation financière entre les Länder est impuissante à subvenir aux besoins des Länder financièrement faibles, ce qui oblige la Fédération à avoir recours massivement aux dotations fédérales complémentaires.

2°) La péréquation secondaire verticale

La péréquation automatique des recettes de la TVA n'est pas le seul moyen pour le législateur de respecter son obligation constitutionnelle d'assurer un juste partage entre les différentes capacités financières des Länder. Ainsi l'article 107 II 2 LF prévoit que la loi peut également disposer que la Fédération, sur ses ressources propres, accorde aux Länder à faible capacité financière des dotations destinées à les aider à couvrir leurs besoins financiers (dotations complémentaires).

Les dotations supplémentaires de la Fédération ne peuvent avoir qu'un caractère subsidiaire, mais le principe de solidarité financière implique que la Fédération vienne en aide aux Länder en situation de détresse budgétaire[914] . L'augmentation continue de ces dotations supplémentaires souligne donc les insuffisances de la péréquation primaire.

---

[914] C'est ainsi que l'arrêt de la Cour constitutionnelle fédérale du 27 mai 1992 (BVerfGE 86, 146 - Länderfinanzausgleich) s'est traduit pour les Länder de Sarre et de Brême à une dotation supplémentaire annuelle égale à respectivement 1,6 Mrd et 1,8 Mrd de DM entre 1995 et 1998, pour leur permettre d'assainir leur budget (§ 11 al. 4 FAG). Pour un commentaire en français de cet arrêt: *Michel Fromont & Olivier Jouanjan*, AIJC 1992, p. 315 (318-320).

L'évolution des subventions supplémentaires fédérales entre 1974 et 1996 est la suivante.

Graphique 10

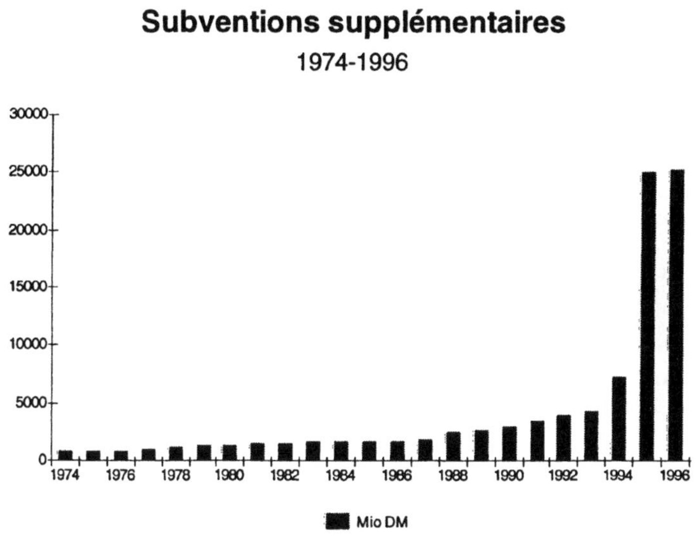

Sources : Finanzbericht 1998, p. 144 & 146.

*A priori, l*a nature des dotations complémentaires fédérales aurait pu permettre aux nouveaux Länder d'en bénéficier largement puisque celles-ci visent à apporter un soutien aux Länder placés dans une situation financière désavantageuse ou compenser des charges particulières[915]. Mais dans la mesure où ces dotations ont un caractère complémentaire à la péréquation primaire, il était justifié de ne pas étendre ces subventions aux nouveaux Länder avant que ceux-ci ne soient intégrés à part entière dans le système de la constitution financière allemande[916].

L'article 7 al. 3 phrase 1 du Traité d'Union exclut donc les Länder de l'Est des dotations complémentaires fédérales jusqu'au 31 décembre 1994 au motif que ceux-ci bénéficiaient déjà des prestations du Fonds " Unité de l'Allemagne "[917]. Si tel n'avait pas été le cas, les anciens Länder financièrement faibles (la Sarre et Brême) auraient eu à pâtir de l'extension immédiate de la péréquation verticale secondaire aux Länder de l'Est car leurs besoins de financement auraient drainé l'ensemble des prestations complémentaires.

Il existe désormais 5 types de subventions supplémentaires fédérales.

La première revient aux Länder financièrement faibles, elle est destinée à compenser à hauteur de 90% la différence de ces Länder avec la moyenne constatée sur l'ensemble du territoire après péréquation entre les Länder. Elle permet aux Länder financièrement faibles

---

[915] Pour les Länder de l'Est, ces charges sont notamment celles liées à l'assainissement écologique.

[916] *Schüz, op. cit.* p. 319.

[917] Finanzbericht 1998, p. 143. Sur ce fonds, voir *supra* p. 249.

d'atteindre une capacité financière égale à 99,5% de la moyenne des Länder918. Elle représente environ 5 Milliards de DM.

La seconde bénéficie surtout aux anciens Länder de petite taille et aux nouveaux Länder et leur permet de compenser les coûts fixes qu'ils supportent plus lourdement que les autres Länder, compte tenu du nombre restreint de leurs habitants. Ces subventions sont un argument qui pèse lourd dans le débat sur la restructuration du territoire fédéral car une telle mesure permettrait de réaliser des économies d'échelle. Au total, ce ne sont pas moins de 9 Länder qui bénéficient de telles subventions. Cela signifie que 7 Länder seulement sont considérés comme supportant des coûts proportionnels à leur taille. Le montant total de ces subventions est de 1,537 milliards de DM.

La troisième est destinée exclusivement aux Länder de l'Est et représente la part la plus importante de ce type de subventions (14 milliards de DM par an entre 1995 et 2004)

Si les nouveaux Länder bénéficient massivement des dotations supplémentaires fédérales, des dotations complémentaires transitoires ont justement été versées aux anciens Länder placés dans une situation faible financièrement pour compenser le préjudice que ceux-ci pouvaient subir à la suite de l'intégration à part entière des nouveaux Länder dans le système de péréquation financière (env. 1,3 Mrd DM pour 1995, 1,2 pour 1996 et 1,1 pour 1997). Ces subventions supplémentaires, qui constituent le troisième type de dotation, seront versées sur une période de dix ans et de manière dégressive919.

Enfin la dernière catégorie constitue l'aide à l'assainissement des comptes de la Sarre et de Brême et représentent 3,4 milliards de DM par an entre 1995 et 1998920.

La répartition des différents types de dotations fédérales entre les 11 Länder bénéficiaires pour l'année 1996 est la suivante.

Graphique 11

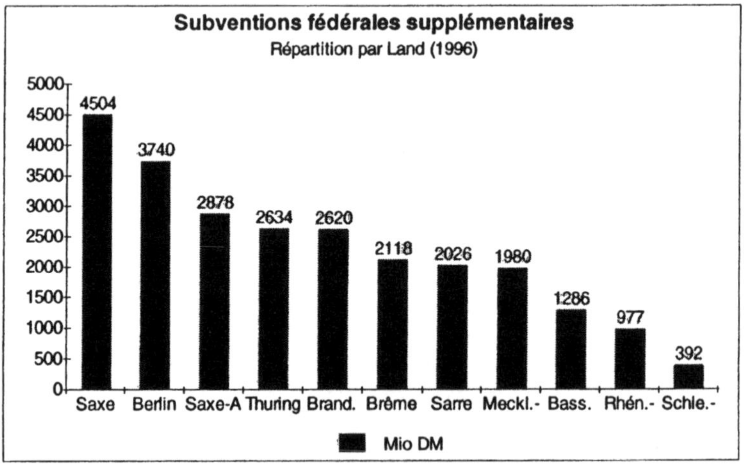

Sources : propres calculs à partir des données du Finanzbericht 1998, p. 146.

918 *Cf. Schüz*, p. 331 et § 11 al. 2 FAG.
919 Finanzbericht 1998, p. 144.
920 Voir note 914.

Au titre des contributions fédérales aux Länder de l'Est, il faut également mentionner celles qui entre dans le cadre des tâches communes selon l'article 91a LF[921]. Ainsi pour l'année 1997, 5700 millions de DM sont consacrés à l'amélioration de la structure économique régionale. Cette aide est supportée pour moitié par les Länder et pour moitié par la Fédération. Ce montant n'est que de 700 millions dans les anciens Länder, selon un mode de financement identique. Mais à partir de 1997, les anciens Länder auront en outre la possibilité de percevoir à nouveau des fonds communautaires du FEDER dans le cadre des tâches communes.

Enfin la Fédération peut accorder aux Länder des aides financières destinées aux investissements particulièrement importants des Länder et communes (ou groupement de commune) lorsque ceux-ci sont nécessaires, soit pour parer une perturbation de l'équilibre global de l'économie, soit pour compenser des inégalités de développement économique existant à l'intérieur du territoire fédéral, soit pour promouvoir la croissance économique[922].

C'est ainsi que la loi sur la promotion des investissements pour la reconstruction de l'Est (*Investitutionsförderungsgesetzes Aufbau Ost*)[923] prévoit une aide fédérale supplémentaire aux Länder de l'Est de 6,6 milliards de DM par an pendant dix ans. 700 millions sont destinés aux investissements des hôpitaux.

Graphique 12

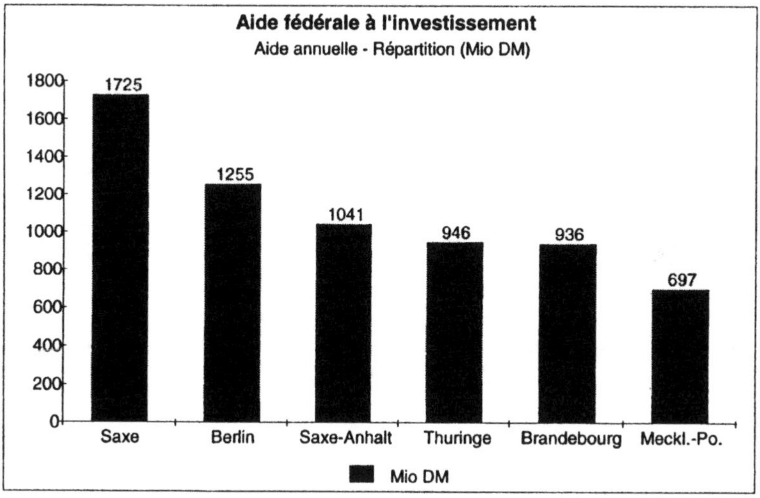

Sources :Finanzbericht 1998, p. 138.

Les autres moyens mis en œuvre par la loi sur l'aide à l'investissement visent par exemple la protection de l'environnement, les transports, l'habitat et l'urbanisme. Ils per-

---

921 La Fédération concourt à l'accomplissement des tâches des Länder dans les secteurs suivants, si ces tâches sont importantes pour l'ensemble et si ce concours de la Fédération est nécessaire à l'amélioration des conditions de vie (tâches communes) : 1. extension et construction d'établissments d'enseignement supérieur, y compris les centres hospitaliers universitaires, 2. amélioration de la structure économique régionale, 3. amélioration des structures agricoles et de la protection des côtes.

922 Art. 104a IV 1 LF.

923 L'article 104 a IV 2 précise: « Les dispositions d'application, notamment celles relatives à la nature des investissements à encourager, sont fixées par une loi fédérale soumise à approbation du Bundesrat ou par accord administratif conclu en application de la loi de finances fédérales ».

mettent aux Länder de l'Est de financer des projets d'investissement sans alourdir leur budget et de rattraper ainsi progressivement le niveau des Länder occidentaux[924].

Si la péréquation a été préservée, elle montre néanmoins ses limites : la péréquation horizontale primaire et secondaire ne peut continuer à fonctionner qu'avec l'aménagement au profit des Länder de la péréquation primaire verticale (augmentation de la part du produit de la TVA) et le soutien de la péréquation verticale secondaire (subventions fédérales supplémentaires), qui ne devrait pourtant jouer qu'un rôle subsidiaire[925]. Mieux encore, si la péréquation horizontale fonctionnait de manière satisfaisante, les dotations fédérales supplémentaires seraient supprimées car inutiles. Le montant des subventions fédérales aux Länder joue en quelque sorte le rôle de thermomètre. Depuis 1995, date à laquelle les Länder de l'Est ont été intégrés à part entière dans la constitution financière allemande, le système a connu une forte poussée de fièvre. Les aménagements nécessaires depuis 1995 n'ont eu lieu que par la modification de la loi sur la péréquation et non par une modification de la Loi fondamentale.

Les Länder de l'Ouest ont incontestablement réussi à renforcer leur position envers la Fédération en négociant l'augmentation de la part du produit de la TVA qui leur revient. Cette mesure bénéficie également aux Länder de l'Est mais ceux-ci restent largement dépendant des dotations fédérales supplémentaires.

Les Länder de l'Ouest ont acquis une plus grande indépendance envers la Fédération, qui constitue pourtant le seul ciment fédéral au moment où les Länder riches renâclent à payer pour les Länder pauvres en raison justement de l'écart qui s'est creusé entre ces deux catégories de Länder à la suite de la réunification.

Le système appelle aujourd'hui une réforme d'envergure pour permettre une meilleure régulation des flux financiers entre Fédération et Länder d'une part et entre les Länder d'autre part. Souvent annoncées, toutes les propositions de réforme ont pourtant échoué en raison de ce que l'on appelle la « cohabitation à l'allemande ». En raison de l'imbrication entre les intérêts des différents partis qui se manifestent au Bundestag et au Bundesrat, aucune réforme fiscale ne peut voir le jour si la CDU/CSU et le SPD ne trouvent pas un terrain d'entente[926]. La proximité d'une échéance électorale n'était pas le moment le plus propice pour lancer une nouvelle réforme. Ce dossier doit être traité en priorité par le nouveau gouvernement de *Gerhard Schröder*, qui doit également composer avec la nouvelle coalition au pouvoir. Une première solution consisterait à abaisser le seuil de péréquation puisque, dans le système actuel, même les Länder les plus faibles arrivent à 99,5% de la moyenne de la capacité financière à l'échelle de la Fédération, ce qui peut apparaître excessif.

Nul n'est prophète en son pays car, ironie du sort, alors que l'ancien ministre des finances *Theo Waigel* a réussi à faire accepter un pacte de stabilité à ses partenaires européens, il n'a pas réussi à imposer un pacte de stabilité aux Länder, de telle sorte que l'Allemagne n'a rempli les critères de Maastricht qu'au prix de certains artifices comptables[927].

---

[924] Finanzbericht 1998, p. 138.

[925] La Cour constitutionnelle fédérale semble toutefois avoir donné un contenu assez large de ce que pouvait recouvrir les dotations fédérales complémentaires, ce qui évite de donner à ces aides massives un caractère anticonstitutionnel. BVerfGE 72, 330 [387, 402-403] - Föderatives Gleichbehandlungsgebo ; BVerfGE 86, 146 [261] - Länderfinanzausgleich. *Cf.Hatmut Bauer,* HdbStR IX, § 206, p. 299, n° 57.

[926] Le Chancelier Schmidt dans les années 70 avait également fait la même expérience que le gouvernement Kohl. *Cf. Adolf Kimmel,* La cohabitation à l'allemande, pouvoirs 1998, p. 177-189 (184).

[927] C'est ainsi que le ministre des finances a décidé de différer les remboursements du fonds de l'héritage de la

Les Länder de l'Est ont également bénéficié des fonds communautaires malgré la volonté affirmée du gouvernement fédéral de supporter seul les transferts nécessaires[928]. A la différence des aides du gouvernement fédéral, les subventions accordées dans le cadre des fonds structurels constituent un meilleur soutien pour le développement de l'économie en raison de leur nature même.

Section 2. Les aides communautaires aux Länder de l'Est

Les règles d'attribution des fonds communautaires sont déjà particulièrement complexes mais cette caractéristique est renforcée par la structure fédérale allemande, qui fait intervenir un grand nombre d'acteurs. Ces aides peuvent permettre aux Länder orientaux, toujours placés dans une situation économique défavorable, d'avoir une certaine indépendance financière vis-à-vis de la Fédération. Certains programmes sont, en effet, exclusivement financés par l'Union européenne et par les gouvernements des Länder. De plus, le principe communautaire de partenariat, développé depuis 1988, permet d'associer plus étroitement les Länder aux prises de décisions sur les fonds structurels. Selon la Commission, ce principe est un élément essentiel pour la mise en œuvre du principe de subsidiarité[929]. Mais selon ce principe, ce ne sont pas seulement les gouvernements des Länder qui doivent être davantage impliqués dans l'attribution des fonds communautaires, mais aussi les acteurs économiques et sociaux. Or, de la même façon que les Länder ne sont prêts à revendiquer ou mettre en œuvre le principe de subsidiarité que s'ils en sont les uniques bénéficiaires, certains Länder ont tenté d'exclure les partenaires économiques et sociaux de la procédure d'attribution des fonds structurels.

I. La répartition des aides

Depuis la réunification, les aides communautaires ont été programmées sur deux périodes. La première période, qui correspond au premier cadre communautaire d'appui va de 1991 à 1993. Ces mesures avaient un caractère exceptionnel et lorsqu'elles ont été décidées, il était encore impossible d'en évaluer l'impact sur l'économie est-allemande. Elles constituaient surtout un signe politique de l'Union européenne envers l'Allemagne réunifiée. Par la suite, les aides communautaires se sont moulées dans les structures existantes puisque tous les Länder de l'Est ont été éligibles au titre de l'objectif 1 à partir de 1994.

§ 1. Le cadre communautaire d'appui 91-93

Le règlement du Conseil du 4 décembre 1990 est relatif à l'intervention des fonds structurels sur le territoire de l'ancienne République démocratique allemande[930]. Ce règlement vise à introduire une certaine flexibilité dans l'action de la Communauté pendant

dette (Erblastentilgungsfonds). Ce fonds, le plus grand de l'histoire financière européenne (Hartmut Bauer, HdbStR IX, § 206, p. 300, n° 59) regroupe les dettes de l'ancienne RDA et de la Treuhandanstalt. Le total des dettes (343 milliards de DM au 31 décembre 1996, Finanzbericht 1998, p. 138) devrait s'étaler sur une génération. Le Monde 14/07/1997, L'Allemagne use de méthodes comptables peu orthodoxes pour remplir les critères de Maastricht.

[928] Déclarations du gouvernement fédéral du 10 mai 1990 et du Chancelier fédéral devant le Parlement européen le 16 mai 1990.

[929] Kommission, Dokument, Deutschland - Neue Länder, Gemeinschaftliches Förderkonzept 1994-1999, Ziel 1 : Förderung der Entwicklung und der strukturellen Anpassung der Regionen mit Entwicklungsrückstand, Luxembourg 1995, 158 p. (54).

[930] Règlement (CEE) n° 3575/90, JOCE 17/12/1990, L 353/19.

une période transitoire, compte tenu de la situation « particulière » existant sur ce territoire et de l'absence de données statistiques fiables. L'article 2 prévoit que la RFA doit soumettre à la Commission un plan comportant l'ensemble des interventions structurelles envisagées au titre de l'article 1er du règlement du 24 juin 1988[931]. Ce règlement défini les objectifs et les missions des fonds structurels au nombre de cinq :

1) promouvoir le développement et l'ajustement structurel des régions en retard de développement (objectif n°1) ;

2) reconvertir les régions, régions frontalières ou parties de régions (y compris les bassins d'emploi et les communautés urbaines) gravement affectés par le déclin industriel (objectif n°2) ;

3) combattre le chômage de longue durée et faciliter l'insertion professionnelle des jeunes et des personnes exposées à l'exclusion du marché du travail (objectif n°3) ;

4) faciliter l'adaptation des travailleurs et des travailleuses aux mutations industrielles et à l'évolution des systèmes de production (objectif n°4) ;

5) promouvoir le développement rural

a) en accélérant l'adaptation des structures agricoles dans le cadre de la réforme de la politique agricole commune (objectif n° 5 a)

b) en facilitant le développement et l'ajustement structurel des zones rurales (objectif n° 5 b).

Le gouvernement allemand a présenté à la Commission, le 19 décembre 1990, le plan de développement régional visé à l'article 2, paragraphe 1, du règlement (CEE) du 4 décembre 1990 relatif aux cinq Länder et à Berlin-Est, appartenant au territoire de l'ancienne RDA et éligibles aux interventions structurelles communautaires. Ce plan devait contenir une analyse aussi détaillée que possible de la situation socio-économique des nouvelles régions allemandes en fonction des informations disponibles, la description -au niveau régional approprié- des axes principaux choisis pour les interventions communautaires ainsi que les actions qui s'y rapportent, les données relatives aux actions menées au titre de l'objectif n°5 a, et les indications sur l'utilisation des concours du Fonds, de la BEI et des autres instruments financiers envisagés pour la réalisation du plan.

En réponse, la Commission a établi un cadre communautaire d'appui (CCA)[932] en concertation avec l'Etat membre et les régions concernées qui décrit la situation économique de la nouvelle région constituée par les 5 nouveaux Länder, les objectifs globaux de développement, les axes prioritaires d'action[933], les moyens financiers, les formes d'intervention et les dispositions de mise en œuvre. Il a été approuvé par la Commission[934] après consultation des autorités fédérales allemandes et des Länder concernés, ainsi que par l'ensemble des Etats membres au sein du comité consultatif pour le développement et la

---

931 Règlement (CEE) n° 2052/88 du Conseil du 24 juin 1988 concernant les missions des Fonds à finalité structurelle, leur efficacité ainsi que la coordination de leurs interventions entre elles et celles de la BEI et des autres instruments financiers existants.

932 Commission, Cadre communautaire d'appui,1991-1993 pour les régions de Berlin-Est, Mecklembourg-Poméranie occidentale, Brandebourg, Saxe-Anhalt, Thringe et Saxe, RFA, Document, Luxembourg: Office des publications officielles des Communautés européennes, 1991, 54 p. Par la suite cité: CCA, 1991-1993.

933 Huit axes prioritaires de développement ont été ainsi définis: la promotion de l'infrastructure économique, l'aide aux investissements productifs, la valorisation du capital humain, la lutte contre le chômage de longue durée, la facilitation de l'insertion professionnelle des jeunes, les mesures de développement de l'agriculture, de la sylviculture et de la pêche (objectif n°5a) et de restructuration de l'industrie des denrées alimentaires, l'amélioration des conditions de vie et de travail dans les zones rurales (y compris l'assainissement des agglomérations rurales et l'infrastructure rurale), et enfin les mesures en faveur de l'agriculture, des forêts et de l'environnement rural.

934 Décision de la Commission du 13 mars 1991.

reconversion des régions, du comité chargé de l'administration du fonds social européen, et du comité des structures agricoles et du développement rural[935].

Les problèmes d'ordre administratif auxquels étaient confrontés les Länder de l'Est ne leur permettaient pas d'assurer la gestion et le suivi des aides communautaires, ce qui a justifié l'inclusion de toutes les interventions du FEDER et de la plus grande partie des financements du FSE et du FEOGA dans des programmes d'envergure nationale : "la Force commune pour la Structure économique régionale et ses équivalents" (*Gemeinschaftsaufgabe Regionale Wirtschaftsstruktur GRW*). Ces programmes restent l'instrument de gestion et de cofinancement des interventions y compris pendant la deuxième période (1994-1999)[936].

Au total, ce ne sont pas moins de 3955 Mio d'ECU qui ont été attribués aux Länder de l'Est pour la période 1991-1993, accordés par un règlement spécial du Conseil au titre des subventions sur le territoire de l'ancienne Allemagne de l'Est[937]. Le FEDER (fonds européen de développement régional) y a contribué à hauteur de 1500 Mio d'ECU, le FSE (Fonds social européen) pour 855 Mio d'ECU et le FEOGA (Fonds européen d'orientation et de garantie agricole) pour 600 Mio d'ECU. A ces chiffres, il faut ajouter les 2303 Mio d'ECU accordés par la BEI aux Länder de l'Est pendant cette même période[938].

La représentation en secteurs des aides communautaires par Länder est la suivante :

Graphique 13

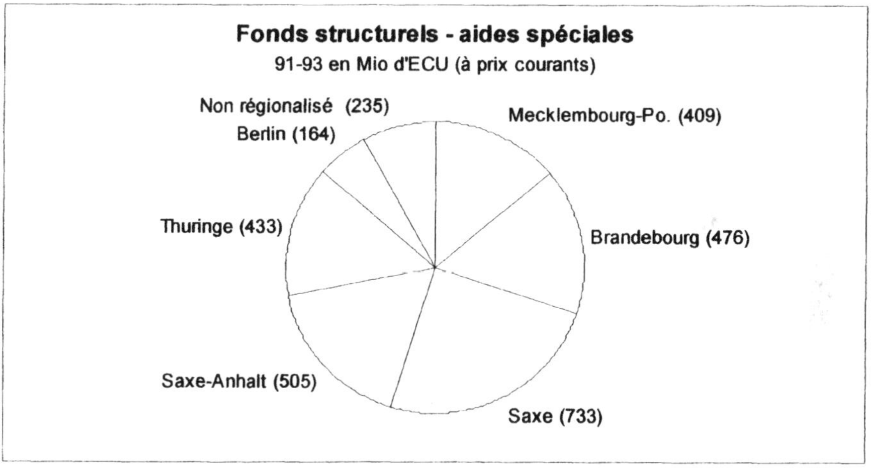

Sources : Commission, L'impact des politiques structurelles... 1989-1999, p. 171

---

[935] CCA 1991-1993, p. 7.

[936] Commission, L'impact des politiques structurelles sur la cohésion économique et sociale de l'Union, 1989-1999, Luxembourg: Office des publications officielles des Communautés européennes, 1997, 197 p. (29). Par la suite, cité: Commision, L'impact des politiques structurelles... 1989-1999

[937] Dans la période 1991-1993, le montant des aides communautaires a été de 65 ECU par habitant. Il reste donc largement inférieur à l'aide accordée dans les autres régions de l'Union européenne éligibles au titre de l'objectif n° 1 (127 ECU en moyenne pour la même période). Cf. Europäisches Parlament, Bericht über die Entwicklungsprobleme und Strukturinterventionen in Deutschland im Zeitraum 1994-1999, 7 janvier 1997, A4 0002/97, 23 p. (9). (cité par la suite : EP, Bericht).

[938] Commision, L'impact des politiques structurelles... 1989-1999, p. 26. Voir également *Sven Hölscheidt*, Regionalpolitik der EG in den neuen Ländern und Ost-Berlin, EuZW 1993, p. 474-478 (477-478).

Ces aides représentent environ 40% des aides publiques puisque dans le même temps la dépense publique nationale s'élève à 4325 Mio d'ECU.

La représentation graphique suivante montre la répartition de la dépense communautaire par grande catégorie d'intervention (infrastructures, environnement productif, ressources humaines et assistance technique). La catégorie « environnement et réhabilitation des sites » est absente, malgré la situation catastrophique des nouveaux Länder dans ce domaine[939]. Les dépenses faites à ce titre ont en fait été intégrées dans toutes les autres catégories, en raison de la difficulté à évaluer les besoins en la matière.

Graphique 14

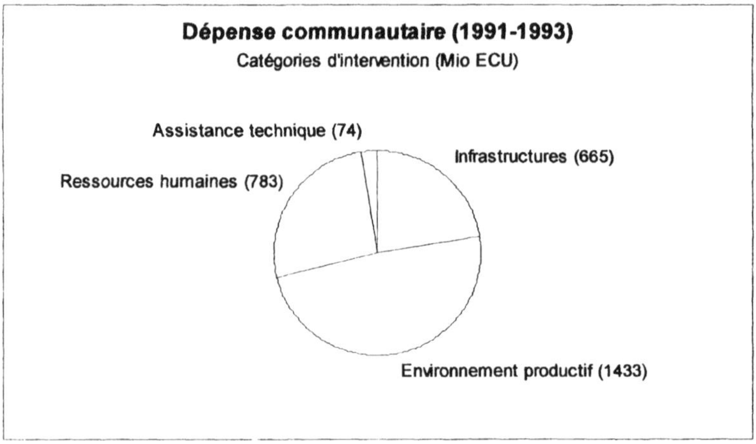

Sources : Commission, L'impact des politiques structurelles... 1989-1999, p. 28

Selon les estimations du gouvernement allemand, les aides communautaires accordées aux nouveaux Länder de l'Est ont permis de créer 122000 emplois et d'en maintenir 102.000[940].

§ 2. Le cadre communautaire d'appui 94-99

Par la suite, tous les Länder de l'Est ont été éligibles à l'objectif n°1 à partir de 1994[941]. La partie occidentale de l'Allemagne a continué à bénéficier des aides accordées dans le cadre des autres objectifs mais sans commune mesure avec les aides des Länder de l'Est : elles représentent près de 70 % de l'ensemble de l'aide communautaire sur le territoire allemand[942].

---

939 Pour un bilan de la situation écologique en ex-RDA, *Cf.* Kommission, Dokument, Deutschland - Neue Länder, Gemeinschaftliches Förderkonzept 1994-1999, Ziel 1 : Förderung der Entwicklung und der strukturellen Anpassung der Regionen mit Entwicklungsrückstand, Luxembourg 1995, 158 p. (14).

940 EP, Bericht, p. 9. Le coût par emploi est de 7500 ECU de fonds publics et de 38000 ECU lorsqu'on y inclut les fonds privés, Commision, L'impact des politiques structurelles... 1989-1999, p. 32.

941 Règlement (CEE) n°2081/93 du Conseil du 20 juillet 1993 modifiant le règlement n°2052/88 concernant les missions des Fonds à finalité structurelle, leur efficacité ainsi que la coordination de leurs interventions entre elles et celles de la Banque européenne d'investissement et des autres instruments financiers existants, JOCE 31/7/93, N° L 193/5.

942 L'ensemble de la dépense communautaire pour la période 1994-1999 représente 19518 Mio d'ECU répartis de la manière suivante. objectif 1: 13640 Mio d'EC ; objectif 2: 156 ; objectifs 3 et 4: 194 ; objectif 5a (pêche):

Les nouveaux Länder bénéficient depuis 1994 d'un nouveau CCA adopté en 1994[943]. Les sept axes prioritaires retenus dans ce nouveau CCA sont les suivants :

1°) le soutien des investissements productifs et des investissements complémentaires dans les infrastructures qui y sont relatives (2430,6 Mio d'ECU ; 17,8%). Cet axe a pour objet la création de filiales, de succursales et de nouvelles entreprises, mais aussi l'aménagement de zones industrielles et artisanales ainsi que les voies de communication locales et les centres technologiques. A la fin de 1996, cet axe avait, selon les estimations, permis la création de 38000 emplois et la sauvegarde de 90000 autres. A cette date, les aides accordées ont permis notamment la réalisation de 56 zones artisanales, de 28 équipements touristiques, de 27 installations de traitement des eaux usées, de 13 établissements à caractère culturel, de 2 projets routiers et d'un centre technologique[944].

2°) les mesures de soutien des petites et moyennes entreprises (2317,9 Mio d'ECU, 17,1%). Cet axe se subdivise en deux volets : les aides destinées aux investissements productifs (création ou agrandissement de PME, rationalisation de la production et reconversion) et celles destinées au service des PME (par exemple création de structures de formation professionnelle, aides au marché et à la gestion d'entreprise). Au titre de cette aide, environ 50000 emplois avaient été créés et 84000 avaient été conservés à la fin de l'année 1996[945].

3°) les mesures de soutien de la recherche, de la technologie et développement ainsi que de l'innovation (613,1 Mio d'ECU, 4,5%). A la fin de 1996, la grande majorité des 650 projets aidés, l'avait été dans le Land de Saxe et à Berlin-Est[946].

4°) les mesures de protection et d'assainissement de l'environnement (1105, 7 Mio d'ECU, 8,1%) . Elles visent essentiellement à soutenir les investissements industriels en faveur de l'environnement, des entreprises offrant des produits et des services dans ce domaine, des infrastructures utiles sur le plan écologique (comme la réhabilitation des friches industrielles, l'épuration des eaux usées,...). La très grande majorité des projets ayant bénéficié de ces aides est située en Saxe (340 sur 764 fin 95)[947].

5°) les mesures pour combattre le chômage et pour promouvoir le potentiel des ressources humaines, la formation professionnelle et l'emploi (3648, 2 Mio d'ECU, 26,7%). Ces mesures visent à améliorer la formation initiale, le perfectionnement et la reconversion, ainsi que la situation de l'emploi. Sur les deux premières années de la seconde période, 800000 personnes ont bénéficié des mesures cofinancées par le FSE : 34% dans le cadre de la formation initiale, 53% dans celui de la formation continue et 13% dans celui des aides à l'emploi. D'après les estimations, le chômage aurait pu culminer à 28% dans les Länder de l'Est sans les mesures financées par le FSE. Il a pu être ramené à 17% à la fin 96[948].

---

7 ; objectif 5 b: 1227. Dans les Länder orientaux, le total des dépenses communautaires pour l'ensemble de la période 1994-1999 représente 4773 ECU, elle n'est que de 63 ECU pour les Länder occidentaux. Sources: Commission européenne, L'impact des politiques structurelles...1989-1999, p. 27 et 29. Comparé aux autres régions communautaires bénéficiant des aides dans le cadre de l'objectif 1, l'aide communautaire pour les Länder de l'Est n'est pas exceptionnelle : elle représente une dépense de 830 ECU par habitant, contre 1600 en Ireland, 1500 au Portugal, et encore inférieure aux 880 ECU par habitant dont bénéficie les régions françaises éligibles à l'objectif n°1, *cf. Klaus Töpfer,* Förderpolitik der Europäischen Union für die Regionen - aus der Sicht der Bundesregierung, *in : Heinrich Siedentopf / Manfred Scholle / Erwin Schleberger,* Europäische Regionalpolitik, Nomos, Baden-Baden, 1997, 113 p. (23).

943 Décision de la Commission du 29 juillet 1994 concernant l'établissement du cadre communautaire d'appui pour les interventions structurelles communautaires dans les régions d'Allemagne concernées par l'objectif n°1, JOCE n° L 250 du 26 septembre 1994, p. 18.

944 Commission, 8ème rapport annuel sur les Fonds structurels (1996), p. 190-191.

945 *Ibid.* p. 191.

946 *Ibid.* p. 191.

947 *Ibid.* p. 191-192.

948 *Ibid.* p. 192.

6°) les mesures pour le développement de l'agriculture, des zones rurales et de la pêche (3224,6 Mio d'ECU). Elles ont également permis de maintenir ou de créer des emplois dans le secteur agricole et dans l'industrie agro-alimentaire. Les mesures de soutien pour le soutien de la pêche concernent essentiellement l'industrie de transformation et la modernisation de la flotte.

7°) l'assistance technique (300,2 Mio d'ECU). Ces actions visent surtout à faciliter la mise en œuvre des programmes opérationnels et en assurer le suivi.

Pour chaque Land, trois programmes opérationnels regroupent, en les coordonnant, les actions menées par le FEDER, le FSE et le FEOGA (dans la partie orientale de Berlin, les interventions des Fonds structurels sont regroupées dans un Programme opérationnel unique intégré)[949].

Pour cette période, le total des fonds structurels s'élève à 13640 Mio d'ECU[950] répartis à hauteur de 6820 Mio d'ECU pour le FEDER (50%), 4092 Mio d'ECU pour le FSE (30%), 2645 Mio d'ECU pour le FEOGA (19,39%) et 84 Mio d'ECU pour l'IFOP (instrument financier de l'orientation de la pêche) (0,61%). La représentation en secteur par Länder est la suivante :

Graphique 15

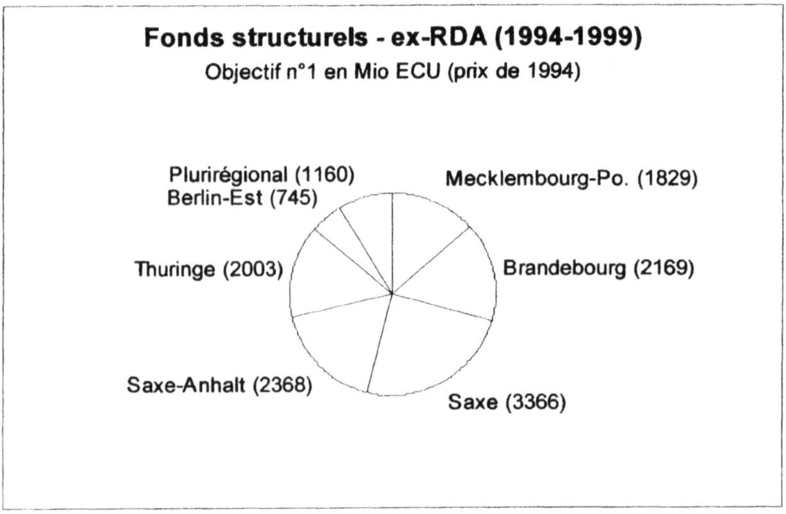

Sources : Commission, L'impact des politiques structurelles... 1989-1999, p. 172

Le dernier rapport annuel sur les fonds structurels (1996) explique que toutes les décisions qui résultent de cette indexation n'ont pas encore été prises en 1996 et que la plupart des programmes bénéficiant de concours FEDER ont été modifiés au cours de cette année. Ainsi, pour le Land de Thuringe, le montant résultant de l'indexation (38,8 Mio d'ECU), a été affecté à l'axe Infrastructures, le Land assurant seul le cofinancement. Pour Berlin, le montant de l'indexation (14 Mio d'ECU) sert à renforcer tous les axes prioritaires de développement dans le cadre du FEDER. Pour le Land de Mecklembourg-Poméranie occidentale, le programme opérationnel à dominante FEDER a été augmenté des crédits

949 *Ibid.* p. 190.

950 Soit 13,920 Mrd d'ECU au prix de 1996, Commission, 8ème rapport annuel sur les Fonds structurels (1996), p. 190.

issus de l'indexation, c'est-à-dire 16,3 Mio d'ECU. En Saxe, ce type de programme a connu trois modifications comprenant l'indexation qui a permis de relever de 3,2 Mio les crédits du FEDER (portés à 2,1 Mrd d'ECU au prix de 1996). Enfin pour le Land de Saxe-Anhalt, les crédits du FSE non engagés en 1995 ont été transférés sur les années à venir jusqu'en 1999, et le montant de l'indexation (66,3 Mio d'ECU) n'a pas encore été affecté, comme pour le Land de Brandebourg à hauteur de 1,7 Mio d'ECU[951].

Le total des aides communautaires sur les territoires de l'ex-RDA représente 58,15% de la dépense publique totale qui s'élève à 23896 Mio d'ECU puisque les dépenses nationales totales s'élèvent à 10256' Mio d'ECU, supportées par la Fédération, les Länder et les communes[952]. Il faut rajouter à ces chiffres les prêts de la BEI pour un montant de 5400 Mio d'ECU. Les moyens mis en œuvre par le secteur privé s'élèvent à 34000 Mio d'ECU. Le total des aides publiques et privées est donc d'environ 58 Mrd d'ECU pour la période 94-99[953]. Grâce à cette politique structurelle communautaire, 700000 emplois devaient être créés et le PIB par habitant devrait passer de 9000 ECU par habitant en 1993 à 14800 en 1998[954].

Tableau 6

Dépenses publiques totales dans les nouveaux Länder - Période 1994-1999 (en Mio d'ECU)

	Union europénne	Fédération	Länder	Communes et autres	Total aide nationale
1994	**1872**	664,1	659,6	181,4	**1505,1**
1995	**2024**	633,2	679,2	205,8	**1518,2**
1996	**2170**	677,5	708,7	226	**1612,2**
1997	**2321**	726,1	769,3	230,2	**1725,6**
1998	**1523**	792,8	828,6	273,3	**1894,7**
1999	**2730**	857,3	885,9	256,7	**1999,9**

Source : Europäisches Parlament, Bericht über die Entwicklungsprobleme und Strukturinterventionen in Deutschland im Zeitraum 1994-1999, 7 janvier 1997, A4 0002/97, 23 p.

La dépense communautaire pour la période 1994-1999 par catégorie d'intervention est retracée à la page suivante.

---

951 *Ibid.*

952 Dans les régions de l'objectif 1, le cofinancement communautaire ne peut excèder 75% du coût total de l'intervention et il doit représenter au minimum 50% des dépenses publiques occasionnées par l'intervention.

953 Kommission, Dokument, Deutschland - Neue Länder, Gemeinschaftliches Förderkonzept 1994-1999, Ziel 1 : Förderung der Entwicklung und der strukturellen Anpassung der Regionen mit Entwicklungsrückstand, Luxembourg 1995, 158 p., (3).

954 EP, Bericht, p. 9.

Graphique 16

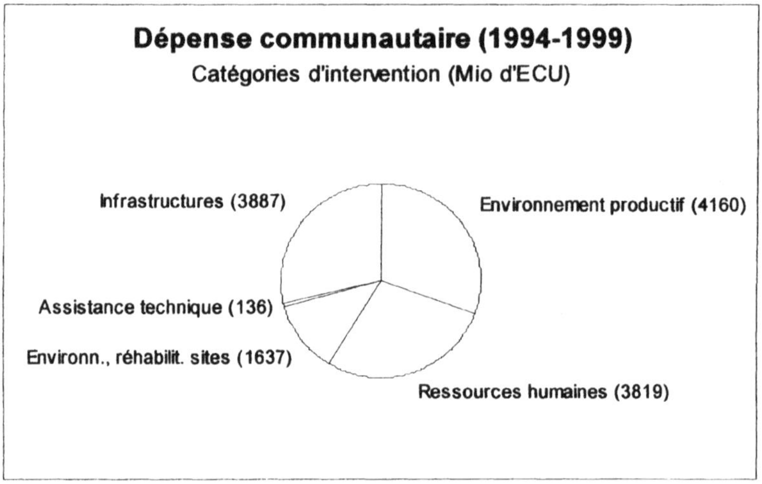

Sources : Commission, l'impact des politiques structurelles... 1989-1999, p. 27.

La deuxième période (94-99) révèle une forte augmentation de l'aide communautaire par rapport à la première période puisque celle-ci a été multipliée par 3,37 pendant que l'aide nationale n'a été multipliée que par 2,1[955]. Selon le principe de l'additionalité des aides communautaires , chaque Etat membre doit maintenir, pour chaque objectif, dans l'ensemble des territoires concernés, ses dépenses structurelles publiques ou assimilables au moins au même niveau que durant la période de programmation précédente, en tenant cependant compte des conditions macro-économiques dans lesquelles s'effectuent ces financements ainsi que certaines situations économiques spécifiques, notamment le niveau extraordinaire de l'effort public structurel et les évolutions conjoncturelles nationales. Pour la période 1994-1999, l'Allemagne a donc bénéficié de dérogations à la règle de l'additionnalité en raison du niveau inhabituel des dépenses publiques éligibles entre 1991 et 1993[956].

L'Allemagne de l'Est rattrape peu à peu son retard et les aides qui lui sont encore accordées le sont de plus en plus selon les mécanismes classiques, déjà en œuvre dans les autres régions européennes en retard de développement, et ne répondent plus à une situation de crise exceptionnelle, justifiant l'importance de l'aide nationale dans un premier temps[957].

II. Le développement du principe de partenariat

Bien que ce principe soit déjà vieux de dix ans, la Commission avoue son impuissance à mesurer avec précision l'impact de celui-ci sur la politique structurelle communautaire en Allemagne. Ce principe constitue, en tout état de cause, un progrès car en associant davantage d'acteurs institutionnels, économiques et sociaux aux décisions sur les fonds structurels, il encourage en même temps une réforme pour une simplification du processus

[955] Commission, impact des politiques structurelles...1989-1999, p. 26.
[956] Commission, impact des politiques structurelles...1989-1999, p. 36.
[957] Par ailleurs, la combinaison des aides nationales et communautaires dans les Länder orientaux entraîne des difficultés pour évaluer les effets propres de la contribution de l'Union, Commission, L'impact des politiques structurelles...1989-1999, p. 31.

décisionnel et va dans le sens d'une plus grande transparence. La mise en œuvre de ce principe n'a toutefois pas été sans mal en raison de la réticence des Länder à élargir le cercle des personnes intervenant en amont et en aval de la décision.

§ 1. Les structures du partenariat

La notion de partenariat constituait l'un des principes novateurs de la réforme de 1988 ; il a été renforcé et développé pour la réglementation applicable à partir de 1994. En Allemagne, ce principe a été développé entre les Länder et la Fédération depuis la réforme de 1969[958].

L'article 4 du règlement-cadre communautaire définit la notion de partenariat[959] :

« (L'action communautaire) s'établit par une concertation étroite entre la Commission, l'Etat membre concerné, les autorités et les organismes compétents - y inclus, dans le cadre des modalités offertes par les règles institutionnelles et les pratiques existantes propres à chaque Etat membre, les partenaires économiques et sociaux- désignés par l'Etat membre au niveau national, régional, local ou autre, toutes les parties étant des partenaires poursuivant un but commun. (...) Le partenariat porte sur la préparation, le financement, ainsi que sur l'appréciation *ex ante,* le suivi *ex post* des actions.

Le partenariat sera mené en plein respect des compétences institutionnelles, juridiques et financières respectives de chacun des partenaires ».

Le partenariat vise à associer le plus grand nombre d'acteurs possible : autorités et administrations nationales, régionales et locales, secteur privé, milieu associatif (associations pour le développement et la reconversion des régions visées, associations de citoyens), organisations professionnelles et chambres de commerce, instituts de formation, centres de recherche, présidents des comités de suivi des interventions structurelles,...[960]

Un suivi des interventions en partenariat au niveau régional est organisé, et celui-ci est entré dans sa phase active en 1995. Dans la mise en œuvre des interventions structurelles, les comités de suivi constituent le principal mécanisme d'exercice de partenariat, que ce soit au niveau national, régional ou infra-régional. Ces comités se réunissent au moins deux fois par an mais la complexité des procédures nationales et communautaires " peut quelquefois décourager la pleine et active participation de tous les partenaires concernés "[961]. Il semble exister pourtant un avis convergent entre la Commission et les différents partenaires pour simplifier la gestion des fonds structurels, sans toutefois nuire à leur contrôle et à leur l'efficacité.

L'avis du Comité des régions[962] au sujet du partenariat régional constate " qu'à peu d'exceptions près, les collectivités locales et régionales sont aujourd'hui davantage impliquées qu'elles ne l'étaient dans la période précédente de programmation " (point 17). Le partenariat ne peut être mis en place sans une volonté politique préalable et " présente les avantages d'une étroite implication des partenaires " (point 36). Selon le Comité des régions, il faudrait en outre " simplifier l'ensemble des règles relatives aux fonds structurels " (point 23). Il avance certaines propositions, comme la cosignature des documents de programmation par les différents partenaires concernés, une meilleure définition des

---

[958] *Angelika Poth-Mögele,* Das Prinzip der " Partnerschaft " in der Strukturpolitik der Europäischen Gemeinschaft, Dargestellt an den Beispielen Bayerns und Schottlands, Verlag Peter Lang, Frankfurt am M., 1993, 234 p. (126 et 173).

[959] Règlement (CEE) n° 2081/93 du Conseil du 20 juillet 1993, JOCE N°L 193/5.

[960] Commission, 8ème rapport annuel sur les fonds structurels (1996), p. 140.

[961] Commission, 7ème rapport annuel sur les fonds structurel (1995), p. 244.

[962] Avis d'initiative n° 234/95 du 20 juillet 1995: "Le rôle des collectivités régionales et locales dans le principe de partenariat des Fonds structurels".

fonctions de partenariat dans les règlements, ce qui permettrait de mieux définir le rôle et les responsabilités de chaque acteur. Le Comité des Régions préconisait en outre une précision supplémentaire dans l'article 4 du règlement (CEE) n° 2052/88 : la mention explicite des collectivités locales et régionales " car celles-ci sont dotées de la légitimité démocratique pour représenter les besoins et les priorités régionaux et locaux ".

En Allemagne, le CCA pour les nouveaux Länder et Berlin-Est est mis en œuvre par un comité de suivi interrégional et plurifonds mis en place le 11 novembre 1994, date à laquelle il a adopté un règlement intérieur. Il est composé d'environ 60 membres représentant le ministère fédéral de l'économie, les ministères concernés des Länder, la Commission européenne et la Banque européenne d'investissement (BEI) mais aucun partenaire économique et social n'y est représenté[963]. Le comité est présidé par le ministre fédéral de l'économie, qui assure également le secrétariat.

Le CCA est également mis en œuvre par des sous-comités de suivi horizontaux où siègent des partenaires économiques et sociaux, et dans chaque Land, par un sous-comité de suivi plurifonds. Ceux-ci n'ont été mis en place que très tardivement (deuxième moitié de l'année 1995). Leur règlement intérieur reprend dans son contenu et sa structure celui du comité de suivi. De la même façon, chaque ministre de l'économie des Länder en assure la présidence et le secrétariat. Ces sous-comités ont une fonction consultative vis-à-vis du comité de suivi.

Le comité de suivi interrégional se réunit deux fois par an pour débattre des problèmes généraux lors de le mise en œuvre du CCA. Il a mis en place les sous comités par Land et adopté les lignes directrices concernant les mesures d'assistance technique.

Dans le cadre de l'objectif 2 (reconversion des régions gravement affectées par le déclin industriel), la Commission s'est heurté à la réticence des Länder à mettre en place des sous-comités. Le compromis accorde finalement une grande flexibilité institutionnelle aux Länder[964]. La Commission a proposé en 1995 de recourir à des sous-comités de Land, impliquant également des partenaires économiques et sociaux, pour les programmes représentant un concours communautaire de plus de 40 millions d'ECU. Tous les comités de suivi sont indifféremment compétents pour les programmes de l'objectif 2 et pour les initiatives communautaires (exception faite des programmes INTERREG)[965]. A la différence des sous comités de suivi dans le cadre de l'objectif 1, le gouvernement fédéral est très peu représenté dans les sous-comités de l'objectif 2[966]. Dans le cas particulier de Berlin, qui bénéficie des programmes dans le cadre de l'objectif 1 pour sa partie orientale et des programmes de l'objectif 2 dans sa partie occidentale, le même sous-comité est compétent, y compris pour les initiatives communautaires fixées pour Berlin[967].

---

[963] *Hellmut Wollmann, Jochen lang, Oliver Schwab,* Partnership Arrangements within EU Structural Fund Programmes - Case Study on Germany, Report, Berlin 31/10/1996, 22 p. (4). Les partenaires économiques et sociaux sont en revanche invités lors des réunions préparatoires. L'article 3 du règlement intérieur en dresse la liste : Bundesverband der Deutschen Industrie, Deutscher Industrie- und Handelstag, Zentralverband des Deutschen Handwerks, Bundesvereinigung der Deutschen Arbeitgeberverbände, Deutscher Gewerkschaftsbund, Deutsche Angestellten-Gewerkschaft, Deutscher Landkreistag, Deutscher Städte- und Gemeindebund, Deutscher Städtetag, Deutscher Bauernverband, Bundesmaktverband der Fischwirtschaft e.V., Umweltstiftung WWF-Deutschland.

[964] *Ibid.* p. 8.

[965] Le Land de Rhénanie du Nord - Westphalie est celui qui bénéficie du plus grand volume de fonds (387140 MECU). C'est aussi celui qui a associé le plus étroitement des partenaires économiques et sociaux. *Cf. Hellmut Wollmann, Jochen lang, Oliver Schwab,* p. 10.

[966] Il y a d'ailleurs un service spécial au sein du ministère fédéral de l'économie chargé de la coordination des fonds structurels dans les nouveaux Länder. *Hellmut Wollmann, Jochen lang, Oliver Schwab,* p. 18-19.

[967] Il ne peut y avoir une initiative communautaire que si le projet présente un intérêt pour l'ensemble de la

La responsabilité de mise en œuvre a été en outre confiée aux Länder en ce qui concerne l'objectif 5b et pour chacun des programmes. En ce qui concerne les interventions " pêche " (Objectif 5a), les Länder sont représentés au sein des deux comités de suivi (neuf Länder pour le comité de suivi de l'objectif 5a, six Länder et Berlin Est pour le comité de suivi de l'objectif 1)[968].

§ 2. Les difficultés de mise en œuvre du principe

Les divers niveaux de concertation, les délais de mise en œuvre et la pluralité des domaines d'intervention n'expliquent pas à eux seuls les difficultés de la mise en œuvre du principe de partenariat.

La Commission a encore constaté en 1997 que « les données concernant le partenariat sont limitées ». Certaines évaluations ont souligné les avantages d'un partenariat horizontal entre les autorités et les partenaires sociaux, mais l'engagement de ces derniers varie selon les Länder. C'est ainsi qu'il existe certains Länder éligibles à l'objectif n°1 pour lesquels l'association des partenaires économiques a été difficile. C'est le cas du Land de Thuringe et de celui de la Saxe qui refusèrent pendant longtemps d'organiser une tel partenariat[969]. Finalement, ce n'est qu'après d'intensives négociations entre la Commission et les gouvernements des Länder que des améliorations dans ce domaine ont été constatées[970]. La raison de ce blocage réside essentiellement dans la crainte des Länder d'être court-circuités par les contacts directs que les autorités locales (communes et groupements de communes) pourraient entretenir avec les administrations de la Fédération et celle de la Commission[971]. La crainte est d'ailleurs identique de la part du gouvernement fédéral mais cette fois à l'encontre des Länder. Par ailleurs la procédure de consultation au sein des comités et sous comités n'emprunte pas les canaux traditionnels du fédéralisme coopératif (gouvernement des Länder et Bundesrat), ce qui constitue un obstacle au développement de nouveaux réseaux de la concertation et de la décision car chaque acteur préfère utiliser les mécanismes déjà en place. Dans la mise en œuvre du principe de partenariat, la Commission se heurte donc à un front commun de la Fédération et des Länder. De leur côté, les acteurs économiques et sociaux ne sont pas toujours en mesure d'articuler de manière cohérente leurs sollicitations et ont du mal à trouver leur place au sein des structures étatiques[972]. L'engagement des partenaires économiques et sociaux varie en outre en fonction de leur structure. Lorsque celle-ci est suffisamment solide, comme par exemple la *Deutsche Industrie und Handelstag (DIHT)*, le représentant peut davantage s'impliquer[973].

Selon la Commission, la coopération entre les ministères au niveau fédéral et les Länder semble bien fonctionner ainsi qu'entre les institutions allemandes et la Commission[974], ce qui ne correspond pas exactement à l'avis formulé dans le rapport du Parlement européen.

Selon la Commission, il existe une difficulté à évaluer l'efficacité des programmes de soutien à certains secteurs et certaines régions particulièrement touchées sur le plan éco-

---

Communauté.

968 Commission, 7ème rapport annuel sur les fonds structurels (1995), 1996, p. 245-246 et 251, dont les développements qui précèdent sont inspirés.

969 Le Land de Brandebourg est au contraire celui où les partenaires sociaux ont été le plus largement associés.

970 EP, Bericht, p. 16.

971 Cette même mauvaise volonté des Länder s'était également manifestée à propos des membres du Comité des régions, voir *supra* p. 150.

972 *Hellmut Wollmann, Jochen lang, Oliver Schwab* p. 20-21.

973 Entretien le 20 octobre 1998 avec M. Bremm (ministère fédéral de l'économie).

974 Commision européenne, L'impact des politiques structurelles...1989-1999, p. 36.

nomique mais cela ne devait pas constituer un frein aux aides communautaires accordées dans le cadre des fonds structurels :

« même avec les difficultés liées à l'affectation et au contrôle des fonds dans les circonstances exceptionnelles de 1991-1993, il était important et juste que la Communauté soutienne la République fédérale qui était confrontée aux conséquences du changement de régime économique dans les nouveaux Länder »[975].

Il semble en effet que la réforme des fonds structurels intervenue en 1993 n'ait pas développé tous ses effets sur le territoire allemand. L'impact des politiques communautaires en la matière est particulièrement difficile à évaluer en raison de la multitude d'aides complémentaires qui peuvent être apportées par le budget des Länder et des communes. Le problème de la péréquation financière entre les Länder constitue une difficulté supplémentaire pour prévoir le montant futur de leurs besoins puisque ceux-ci sont annuellement réévalués. Un tel ajustement rend difficile pour la Commission la définition d'une politique à long terme. Il existe en outre non seulement des procédures administratives différentes pour chaque fonds communautaire, ce qui n'est pas propre à l'Allemagne, mais aussi et surtout en raison d'un nombre important d'acteurs impliqués dans le mécanisme d'attribution des fonds. C'est ainsi que le rapport du Parlement européen souligne l'urgence d'une meilleure coordination entre les différentes directions générales de la Commission et les ministères des Länder concernés afin de développer l'effet de synergie qui peut résulter du couplage des différents fonds. Le même rapport dénonce le manquement au devoir des institutions allemandes de faire connaître le montant des moyens communautaires mis en œuvre aux différents projets de développement, ce qui nuit à la transparence et ne permet pas aux citoyens d'être informés.

La Commission , la Fédération et les gouvernements des Länder doivent se concerter pour trouver des solutions. Celles-ci doivent tout à la fois prendre en considération la spécificité des structures fédérales allemandes et ne pas entraver le fonctionnement de la Commission européenne en tant qu'institution agissant pour l'ensemble de l'Europe communautaire[976].

Les Länder de l'Est ont bénéficié des efforts des Länder occidentaux pour se voir reconnaître des droits de participation plus étendus au processus décisionnel communautaire. Mais le mécanisme nouveau mis en place par l'article 23 LF implique également de nouvelles obligations, de telle sorte qu'il est possible de parler d'une victoire à la Pyrrhus des Länder.

---

[975] *Ibid.*

[976] EP, Bericht, p. 14.

Chapitre 2. La victoire à la Pyrrhus des Länder

L'article 23 LF consacre l'évolution vers un fédéralisme exécutif[977]. Ces deux termes peuvent apparaître contradictoires. En effet, l'une des caractéristiques essentielles du fédéralisme, est que les Etats fédérés conservent un domaine de compétence législative exclusive. L'article 23 LF ne le permet pas puisqu'il entraîne un transfert des techniques du fédéralisme coopératif au processus de la formation de la volonté européenne, ce qui risque de constituer un frein à l'intégration communautaire[978]. Lors de son élaboration, cet article a donc été très largement critiqué. Non seulement sur le fond mais aussi sur la forme en raison de sa longueur et de sa complexité[979]. Ainsi a-t-on pu dire que ses alinéas 2 à 7 étaient les plus mauvais de la Loi fondamentale[980]. Se posait dès lors la question de savoir si le nouvel article 23 LF ne constituait pas pour le gouvernement fédéral un prix trop élevé face à la surenchère du Bundesrat[981]. Compte tenu du risque certain de voir échouer la ratification du Traité de Maastricht en raison de l'opposition du Bundesrat, le gouvernement fédéral était de toute façon prêt à lâcher du lest[982].

Cinq ans après sa mise en œuvre, les craintes de voir la politique européenne de l'Allemagne paralysée par la procédure de formation de la volonté ne se sont pas concrétisées. L'intégration communautaire a donc pu être poursuivie tant sur le plan de l'élargissement avec l'adhésion de l'Autriche, de la Suède et de la Finlande au premier janvier 1995, que sur le plan de l'approfondissement avec la signature du Traité d'Amsterdam le 2 octobre 1997.

Les craintes et les doutes quant à l'application pratique de la nouvelle procédure étaient pourtant largement fondés. C'est essentiellement en raison de la volonté de chacune des parties de ne pas bloquer le processus décisionnel qui explique pourquoi la guerre du 23 LF n'a pas eu lieu. Fédération et Länder avaient pourtant tout l'arsenal pour la déclencher. Et visiblement chacun tente de ne pas provoquer de tension trop forte. Ainsi par exemple, le Bundesrat n'a jamais imposé au gouvernement fédéral un avis à la majorité des deux tiers de ses voix lorsque son avis doit être pris en considération de manière déterminante dans les négociations au niveau européen. De la même manière, jamais la Cour constitutionnelle n'a eu à rendre de décision sur le fondement de l'article 23 LF alors même que les motifs pour rendre une décision de justice sont nombreux.

Il est possible d'interpréter cette situation comme une manifestation supplémentaire du fameux consensus à l'allemande. Il semble qu'il s'agisse plutôt d'une sorte d'équilibre de la terreur. Aucune des parties n'est assurée de remporter la victoire en cas de déclenchement des hostilités (c'est-à-dire en faisant jouer tous les mécanismes prévus par les textes et en ayant, au besoin, recours à la Cour constitutionnelle fédérale). Un mauvais arrangement

---

[977] *Rüdiger Wolfrum*, in: VVDStRL 56, p. 62.

[978] *Kisker* in: VVDStRL 53, p. 140.

[979] La tendance à vouloir régler des questions de procédures dans la Constitution même avait déjà été constatée lors de la révision de la Loi fondamentale relative au droit d'asie (16a LF), ce qui est susceptible de nuire à la clarté des dispositions constitutionnelles. Sans aller jusqu'à prétendre qu'une Constitution doit "courte et obscure" il est préférable que la norme suprême conserve un certain degré d'abstraction sans vouloir régler dans le détail toutes les hypothèses envisageables. *Cf.* par exemple sur ce point *Michael Paul*, Die Mitwirkung der Bundesländer an der Rechtsetzung der Europäischen Gemeinschaften de lege data und de lege ferenda, Frankfurt a. M., Peter Lang 1996, 121 p. (100-101).

[980] *Häberle* in: VVDStRL 53, p. 147.

[981] *Kaiser*, in: VVDStRL 53, p. 144.

[982] Entretien avec M. Sonnenhol (Ministère des affaires étrangères) le 4 juin 1998.

vaut toujours mieux qu'un procès dont l'issue est très incertaine et qui ferait intervenir un tiers. Sur les points litigieux de l'article 23 LF, les arguments juridiques de la Fédération et des Länder sont tout aussi valables, de telle sorte qu'il n'est pas possible de prévoir l'issue d'une éventuelle décision de justice[983]. Chacun évite le plus possible d'engendrer une situation qu'il ne serait plus possible de régler à l'amiable.

Mais si les nouvelles dispositions ont pu ainsi être mises en œuvre sans grandes difficultés, c'est aussi parce que les Länder ont été dans l'obligation de prendre en considération dans leurs revendications les impératifs de l'intégration européenne, car celle-ci est devenue un objectif assigné à l'action de l'Etat[984]. Ils n'étaient, par ailleurs, plus en mesure de s'opposer systématiquement à une procédure de production des normes à laquelle ils étaient associés. Aussi longtemps que les Länder étaient exclus du processus décisionnel communautaire, ils pouvaient afficher leur caractère pro-européen tout en critiquant la politique du gouvernement fédéral. Ceci n'est aujourd'hui plus possible. La plupart des Länder ont même été jusqu'à insérer dans leur propre constitution l'Union européenne en tant qu'objectif assigné à l'action de l'Etat. Ainsi la Sarre a été le premier des Länder à ancrer l'idée européenne dans sa Constitution. Son article 60 II énonce : « Le Land de Sarre soutient l'unification européenne et préconise la participation de régions ayant une identité propre à la formation de la volonté des Communautés européennes et de l'Europe unie ».

Après avoir examiné le mécanisme de transfert de droits de souveraineté à l'Union européenne (Section 1), on pourra étudier les nouveaux droits de participation du Bundesrat (Section 2).

Section 1. Le mécanisme de transfert des droits de souveraineté

La longueur et la complexité du nouvel article 23 I LF contraste avec l'article 24 LF qui avait jusqu'à présent servi de vecteur à l'intégration européenne[985]. L'Union européenne fait désormais partie intégrante de la Loi fondamentale et les mécanismes de transfert aux institutions communautaires font l'objet d'une procédure spéciale. Il faut en outre souligner que le nouvel article 23 ne se substitue pas à l'article 24 LF, qui reste en vigueur. On est donc désormais en présence d'un mécanisme d'intégration " à deux vitesses ". Les transferts de droits de souveraineté à des institutions internationales autres que l'Union européenne restent soumis à une simple loi, mais pour les transferts de droit de souveraineté à l'Union européenne, l'approbation des deux tiers du Bundesrat est requise. Cette situation pourrait être considérée comme paradoxale dans la mesure où l'Union européenne est désormais considérée comme un objectif assigné à l'action de l'Etat alors même que le transfert de droits de souveraineté est soumis à des conditions plus difficiles à réunir. En fait le paradoxe n'est qu'apparent car les compétences présentes de l'Union européenne justifient que tout transfert supplémentaire de droits de souveraineté soit soumis à une procédure plus lourde[986].

Jusqu'à présent exclu de la décision de transférer des droits de souveraineté, le Bundesrat acquiert avec la révision constitutionnelle un rôle prépondérant. L'approbation du Bundesrat est nécessaire à chaque fois qu'il y a transfert de droits de souveraineté, même lorsqu'il s'agit de compétences pour lesquelles les Länder ne sont pas compétents dans

---

[983] Ausschuß für Fragen der EU - Büro- Bericht zur Vorbereitung der auswärtigen Sitzung des EU-Ausschusses am 25./26. April 1996 in Postdam, p. 11 (non publié).

[984] Sur ce point, voir *supra* p. 192.

[985] Pour l'article 24 I LF en tant que levier d'intégration, voir *supra* p. 42 et pour les limites posées par la Cour constitutionnelle fédérale, voir p. 197.

[986] *Georg-Berndt Oschatz & Horst Risse*, DÖV 1995, p. 437-452 (440).

l'ordre interne. C'est une solution symétriquement inverse de la procédure prévue à l'article 24 I LF puisque jusqu'à présent l'approbation du Bundesrat n'était jamais nécessaire. Selon la *Gemeinsame Verfassungskommission*, en raison du niveau d'intégration élevé désormais atteint, tout transfert de compétences a des répercussions sur la structure institutionnelle interne et modifie donc le statut des Länder dans l'Etat fédéral[987]. L'approbation du Bundesrat étant nécessaire, se pose dès lors la question de savoir quand les majorités qualifiées sont requises.

Avec la procédure mise en place à l'article 23 LF, certains défauts de l'article 24 persistent, d'autres voient le jour. C'est ainsi que le mécanisme de transfert permet encore des modifications matérielles de la Loi fondamentale sans modification formelle. Les différentes interprétations possibles posent un problème tout particulier pour les traités d'adhésion.

I. Modification matérielle et modification formelle de la LF

La modification de la Loi fondamentale présente une double caractéristique dans la cadre du nouvel article européen. D'une part, la " cuirasse " constitutionnelle (Verfassungspanzer) présente encore des zones de faiblesse comme par le passé, dans la mesure où des distorsions constitutionnelles restent possibles, d'autre part, c'est le critère d'une modification matérielle de la Loi fondamentale qui va fournir le critère permettant de déterminer les majorités requises.

§ 1. Des distorsions constitutionnelles restent possibles

En ne faisant pas référence à l'article 79 I LF qui précise que « la Loi fondamentale ne peut être modifiée que par une loi qui en modifie ou en complète expressément le texte », la nouvelle procédure permet encore des distorsions constitutionnelles, y compris par le jeu des clauses évolutives.

A. Une anomalie constitutionnelle

La nouvelle procédure n'exige pas systématiquement des révisions formelles de la Loi fondamentale en cas de modifications matérielles induites par le droit communautaire. C'est un point pourtant extrêmement sensible en Allemagne puisque de telles dérives constitutionnelles avaient contribué à la ruine de la République de Weimar[988]. Cette option peut avoir des effets pernicieux car elle entraîne un manque de transparence de la législation européenne[989] ; la modification de la Loi fondamentale exclusivement par des modifications formelles du texte constitutionnel garantit que chaque modification a lieu de manière consciente, publique et contrôlable dans le cadre d'une procédure législative, que l'alternative entre l'ancienne version et la nouvelle est mis en lumière à l'occasion de la procédure parlementaire et que la mise en œuvre et la promulgation de cette modification sont soumises au contrôle et à la publicité qui caractérisent un Etat de droit démocratique[990].

---

[987] BT-Drucks. 12/6000, p. 21.

[988] Voir *Gerhard Anschütz*, Die Verfassung des deutschen Reichs vom 11. August 1919, Hermann Gentner Verlag, Bad Homburg vor der Höhe 1960, unveränderter fotomechanische Nachdruck der 14. Auflage (1933), p. 401-402. L'article 76 de la constitution de Weimar prévoyait, en effet : « La Constitution peut (kann) être modifiée par voie législative », ce qui sous-entendait qu'elle pouvait l'être par d'autres moyens. Dans un arrêt de 1927, le Reichgericht avait décidé: "Pour l'effectivité d'une modification constitutionnelle, il n'est pas indispensable que celle-ci soit désignée comme telle par le législateur ou même que celle-ci soit introduite comme telle dans la Constitution".

[989] *Cf. Hans Heinrich Rupp*, Grundgesetzänderungen durch völkerrechtlichen Vertrag - ein vernachlässigtes Problem des Maastrichter Unionsvertrages, in: Verfassungsrecht im Wandel, p. 499-508 (506-508); *Joachim Wolf*, Die Revision des Grundgesetzes durch Maastricht JZ 1993, p. 594-601 (598).

[990] *Cf. Paul Kirchhof*, Die Identität der Verfassung in ihren unabänderlichen Inhalten, in: HdbStR I, § 19 n° 45.

Si le droit communautaire permet ou rend possible des modifications formelles de la Loi fondamentale, la procédure pour transférer des droits de souveraineté est calquée sur celle utilisée lors d'une modification formelle de la Loi fondamentale. Cela ne signifie toutefois pas qu'une modification matérielle soit obligatoire puisque le nouvel article européen fait uniquement référence à l'article 79 II et III de la Loi fondamentale et non à l'article 79 I LF. Dans un souci de clarté, une telle exigence aurait pourtant été souhaitable car des distorsions entre la Constitution matérielle et la Constitution formelle restent possibles, ce qui permet en revanche d'introduire une certaine souplesse. Cette faille doit toutefois être nuancée car la Cour constitutionnelle fédérale est en mesure de s'opposer à toute évolution qui remettrait en cause les structures essentielles de la Loi fondamentale.

B. Les clauses évolutives de l'Union européenne

Ces clauses évolutives peuvent entraîner des modifications constitutionnelles importantes sans pour autant nécessiter des modifications conventionnelles des textes européens. Ce sont ces clauses, situées entre le droit communautaire primaire et secondaire[991], qui sont visées par la formule « et autres textes comparables » du 23 I 3 LF. Dans la mesure où les compétences de l'Union découlant de ces clauses évolutives impliquent une modification matérielle de la Loi fondamentale, les majorités qualifiées sont requises. On peut prendre par exemple le titre VI du T.U.E pour illustrer ce problème : le titre VI concerne les dispositions sur la coopération dans les domaines de la justice et des affaires intérieures. Si certaines dispositions communautaires relatives aux visas affectent le droit d'asile garanti par la Loi fondamentale au nouvel article 16 a LF (39ème révision du 28 juin 93), les majorités qualifiées sont requises. Dans le cas contraire une majorité simple suffit[992].

§ 2. L'exigence d'une majorité qualifiée

Si l'approbation du Bundesrat est nécessaire pour transférer des droits de souveraineté selon l'article 23 I 2 LF, les majorités qualifiées au Bundesrat et au Bundestag sont-elles requises ?

A. Transfert de droits de souveraineté et modification de l'ordonnancement constitutionnel

Si on considère que tout transfert de droits de souveraineté, quel qu'il soit, entraîne une modification de l'ordonnancement constitutionnel, il y a donc une modification dans la répartition des compétences opérées par la Loi fondamentale et les majorités qualifiées du Bundestag et du Bundesrat sont alors nécessaires, comme le prévoit la troisième phrase.

La formulation de l'article 24 alinéa 1 signifie que le transfert de droits de souveraineté peut avoir lieu par une loi simple (ne nécessitant pas de majorité qualifiée)[993] alors que la disposition correspondante du nouvel article 23 doit être lue comme n'autorisant de tels transferts que par la procédure prévue en cas de modification de la constitution[994]. Une telle conception peut d'ailleurs s'appuyer sur la jurisprudence de la Cour constitutionnelle fédérale :

---

[991] BT-Drs. 12/6000, p. 28.

[992] *Cf. Rupert Scholz*, Europäische Union und deutscher Bundesstaat, NVwZ sept. 93, p.817-824 (822); *Rupert Scholz in*: Maunz-Dürig, Komm. z. GG., Art. 23, p. 101-102.

[993] Voir *supra* p. 42.

[994] Ainsi par exemple: *Paul Wilhem*, Europa und Grundgesetz, Der neue Artikel 23, BayVwbl. 1992, p.705-710 (707).

> « Le transfert de droits de souveraineté entraîne une atteinte et une modification de l'ordonnancement dans la répartition des compétences fixée constitutionnellement, et donc une modification matérielle de la Constitution »[995].

Le Bundesrat avait déjà défendu cette conception lors des délibérations relatives à l'adoption du nouvel article européen[996] et s'en est, en outre, servi lors du conflit avec le gouvernement fédéral à propos de la loi relative à la décision du Conseil du 31 octobre 1994 concernant le système des fonds propres des Communautés européennes. Bien que le gouvernement fédéral reconnaissait que cette loi entraînait un transfert de souveraineté, il justifiait l'application de l'article 23 I 2 et 59 II 1 LF puisqu'il s'agissait de domaines touchant la législation fédérale[997].

B. Transferts de droits de souveraineté sans modification matérielle de la LF

On peut toutefois imaginer des cas de figure où des modifications du Traité de Maastricht n'entraînent pas une modification matérielle de la Loi fondamentale comme par exemple des modifications mineures aux dispositions relatives au système européen de banques centrales et à la Banque centrale européenne n'affectant pas la Loi fondamentale[998].

D'autre part, selon le Gouvernement fédéral, il n'y a transfert de droits de souveraineté et donc exigence des majorités qualifiées que lorsque la Loi fondamentale est complétée ou modifiée, ou encore lorsque de telles modifications ou compléments sont rendus possibles[999].

Ainsi les phrases 2 et 3 du 23 I devraient être considérées ensemble. La deuxième phrase constaterait simplement que des transferts de droits de souveraineté sont possibles alors que la troisième phrase définirait quels sont ceux qui exigent une majorité des deux tiers dans les chambres du Parlement.

La formulation du texte constitutionnel est pour le moins ambiguë : si rien n'indique que l'interprétation gouvernementale est la bonne, rien n'indique non plus qu'il faille comprendre l'article différemment.

L'étude des travaux parlementaires montre toutefois que dans l'esprit de la commission constitutionnelle commune, les phrases deux et trois recouvrent les mêmes hypothèses : « La phrase 2 et 3 règlent les conditions-cadres selon lesquelles la Fédération peut transférer des droits de souveraineté au niveau européen »[1000].

Il y a cependant des indices qui laissent penser que l'article 23 I 3 LF ne se limite pas exclusivement à l'hypothèse d'un transfert de droits de souveraineté. Ainsi la résolution du Bundestag du 29 juin 1994 à l'occasion du vote relatif à la loi d'adhésion des nouveaux membres :

> « Avec l'adhésion, il ne s'agit ni d'un transfert de droits de souveraineté, ni de modifications des fondements conventionnels de l'Union européenne ou de modifications comparables, qui complètent ou modifient la Loi fondamentale ou qui permettent de tels modifications ou compléments »[1001].

---

[995] BVerfGE 58, 1[36] -Eurocontrol, décision du 23 juin 1981.
[996] *Cf.* BR- Dr. 501/92 (Beschluß), p.1.
[997] BR-Drucks. 1102/94 -Entwurf et BR-Drucks. 1102/94 (Beschluß), point 4.
[998] *Cf. Christian Autexier,* Le traité de Maastricht et l'ordre constitutionnel allemand, RFDC 1992, p. 625-641 (634).
[999] BT-Drs. 12/7977, p. 330.
[1000] BT-Drs. 12/6000, p. 20.
[1001] BT Sten. Ber, 237 Sitzung, 29.6.1994, p. 20831 (A).

Le Bundestag fait donc une distinction entre le transfert de droits de souveraineté et les modifications des fondements conventionnels ayant une incidence sur la structure constitutionnelle interne.

Pour résumer les problèmes d'interprétation soulevés et les relations entre le 23 I 2 LF et le 23 I 3 LF, on peut dresser une liste des différents cas de figure envisageables et les présenter dans un tableau

* Les majorités qualifiées sont requises :

- Pour l'institution de l'Union européenne

- Pour les modifications des compétences de l'Union européenne résultant

- d'une modification conventionnelle du Traité entraînant une modification matérielle de la Loi fondamentale

- d'une clause évolutive de compétence entraînant une modification matérielle de la Loi fondamentale.

* Les majorités qualifiées ne sont pas requises

- Pour les modifications des compétences de l'Union européenne résultant :

- d'une modification conventionnelle (mineure) du Traité n'entraînant pas une modification matérielle de la Loi fondamentale,

- d'une clause évolutive de compétence n'entraînant pas une modification matérielle de la Loi fondamentale.

Tableau 7

Les majorités requises selons les différentes hypothèses		
	Sans modification matérielle de la LF	Avec modification matérielle de la LF
Fondements conventionnels de l'UE	Peu probable	Majorités qualifiées
Modifications conventionelles de l'UE	Majorités simples	Majorités qualifiées
Clauses évolutives	Majorités simples	Majorités qualifiées

C'est donc le critère d'une modification au sens matériel de la Loi fondamentale qui détermine l'exigence d'une majorité qualifiée. Les cas dans lesquels les majorités qualifiées ne sont pas requises restent donc plutôt hypothétiques[1002].

Mais le problème le plus pointu se pose lorsque des modifications majeures des textes communautaires n'entraînent pas une modification de la Loi fondamentale, ce qui est le cas lorsque sont signés des traités d'adhésion.

II. Le cas hybride des traités d'adhésion

Du point de vue du droit constitutionnel allemand, l'élargissement de l'Union européenne se trouve à la croisée de deux critères qui sont non seulement sujets à diverses interprétations l'un et l'autre, mais qui en plus sont contradictoires. En effet l'élargissement de l'Union européenne constitue une modification des fondements conventionnels de

[1002] L'opinion selon laquelle l'article 23 I LF règle de manière exhaustive la participation du législateur dans le domaine de l'Union européenne a même été défendue. *Cf. Rudolf Geiger*, Die Mitwirkung des deutschen Gesetzgebers an der Entwicklung der Europäischen Union, JZ 1996, p. 1093-1098 (1093).

l'Union. Cependant cela ne signifie pas nécessairement que les majorités deux tiers au Bundesrat et au Bundestag soient requises : il ne s'agit pas, à proprement parler, d'un transfert de droits de souveraineté. En fait, la difficulté provient du fait que le cas de figure envisagé (une modification majeure du Traité d'Union n'entraînant toutefois pas de transfert de droits de souveraineté) n'est pas expressément prévu dans l'article 23 LF. La solution ne peut donc être déduite que des dispositions de l'article européen ; or plusieurs grilles de lecture sont possibles.

Dans le cadre de l'article 24 I LF, la question ne se posait pas puisque la procédure législative était en quelque sorte unifiée : quelque soit l'hypothèse envisagée, une simple loi selon l'article 59 II LF suffisait pour approuver une modification des traités communautaires[1003].

L'article 23 LF a donc rapidement montré ses limites à l'occasion de l'élargissement de l'Union européenne, même si celles-ci n'ont entraîné aucune conséquence.

§ 1. Un conflit constitutionnel désamorcé

Si la nouvelle procédure prévoit que la Fédération peut transférer des droits de souveraineté par une loi approuvée par le Bundesrat, encore faut-il définir à partir de quel moment un tel transfert est constitué. Illustration des difficultés nouvelles engendrées par le nouvel article européen, cette question s'est posée dès la première mise en œuvre des mécanismes prévus par l'article 23 I à l'occasion des traités d'adhésion de la Suède, de l'Autriche et de Finlande. En effet, lors de la phase législative, une divergence fondamentale s'est manifestée entre le Bundesrat d'une part et le Gouvernement fédéral et le Bundestag d'autre part, qui aurait pu avoir de graves répercussions sur la construction communautaire toute entière[1004]. Ce désaccord a été en fait sans conséquences grâce au large assentiment qui a prévalu lors des votes des assemblées. En effet le Bundestag[1005] approuva le 29 juin 1994 à l'unanimité la loi relative à l'adhésion de nouveaux Etats membres, suivi par le Bundesrat[1006] le 8 juillet 1994 et ce dans les mêmes conditions. Il ne restait plus au président fédéral qu'à ratifier la loi sans renvoi à l'article 79 II afin de ne pas être lié par l'opinion du Bundesrat quant à l'exigence des majorités[1007].

En l'espèce, si le conflit a été désamorcé par les votes à l'unanimité, celui-ci n'a pas été tranché de manière définitive et risque donc de se renouveler lors du prochain élargissement de l'Union européenne. Il est tout à fait possible d'imaginer que cette prochaine étape de l'Union européenne ne rassemblera pas l'unanimité au sein des chambres du Parlement allemand et qu'un problème à la fois constitutionnel et européen puisse se poser[1008].

§ 2. L'enjeu du conflit

L'élargissement de l'Union européenne ne devrait pas être sujette à une incertitude procédurale dans l'ordre interne. Différentes solutions sont donc possibles pour résoudre la crise.

[1003] Voir *supra* p. 42.

[1004] Europäische Zeitung, Juli/August 1994, "EG-Auschuß berät über EU-Beitrittsverträge - Drohende Verzögerung".

[1005] BT-Sten. Ber., 237. Sitzung, 29.6.1994, p. 20835 (B).

[1006] BR-Drs. 680/94 (Beschluß); Sten. Ber., 237. Sitzung, 29.6.1994, p. 20835 (B).

[1007] BGBl. II p. 2022. A noter que la Norvège n'adhèra finalement pas à l'UE.

[1008] Malte, Chypre, la Turquie, la Hongrie et la Pologne ont d'ores et déjà posé leur candidature. Celle de la Turquie a été repoussée entretemps.

A. L'opposition entre le gouvernement fédéral et le Bundesrat

Dans son avis relatif au projet de la loi, le Bundesrat avait déjà défendu l'opinion selon laquelle la loi d'approbation nécessitait son approbation selon le 23 I LF et le 79 II LF car les fondements conventionnels de l'Union se trouvaient modifiés[1009], ce qui justifiait une approbation avec les majorités requises en cas de modification de la Loi fondamentale. Pour le gouvernement fédéral, en revanche, une loi simple selon l'article 59 II 1 était suffisant[1010], le Bundestag s'étant rangé à cet avis[1011] :

> « L'article 23 n'est pas applicable au traité d'adhésion car, par l'entrée d'autres membres dans l'Union européenne selon l'article O du Traité sur l'Union européenne, des droits de souveraineté ne sont pas transférés au sens du 23 I LF. Ce qui est également la condition pour l'application de l'article 23 I 3 LF dans l'hypothèse de modification des fondements conventionnels. Car cette hypothèse doit également être appliquée à la relative "qui modifient ou complètent la présente Loi fondamentale", critère décrivant le transfert de droits de souveraineté, comme la version du projet gouvernemental de la loi relative à l'introduction du nouvel article 23 LF l'a clairement exprimé (BT-Drs. 12/3338). Le sens de cette règle est d'empêcher que la Loi fondamentale puisse être modifiée ou complétée par une simple loi à travers l'édification de l'Union européenne ou des modifications de ses fondements conventionnels ou encore d'autres textes comparables.
>
> La loi exige donc l'approbation du Bundesrat car l'exigence de l'approbation du Bundesrat pour les règlements fondés sur l'article 2 de la loi (de ratification) est exclue[1012]. »

Face à cette divergence d'opinions, il est possible d'avancer différentes hypothèses pour tenter de résoudre le conflit.

B. Les solutions envisageables

Quelle que soit la position défendue, il ne s'agit ici que d'hypothèses sur lesquelles la Cour constitutionnelle aura vraisemblablement à statuer un jour.

1°) Une adhésion déjà approuvée

On peut tout d'abord avancer l'idée que l'élargissement de l'Union européenne avait déjà été " virtuellement " approuvée lors de la procédure parlementaire à l'occasion du vote de la loi de ratification du Traité de Maastricht. En ayant approuvé ce Traité européen selon les majorités requises en cas de révision de la Loi fondamentale, le Parlement allemand aurait approuvé en même temps toutes les conséquences que celui-ci entraîne et donc également l'éventualité d'un élargissement de l'Union européenne, prévue dans le texte du traité lui même à l'article O alinéa 1 phrase 1. Cet article énonce que tout Etat européen peut demander à devenir membre de l'Union. Cette hypothèse ne peut toutefois être sérieusement défendue car le cercle des Etats destinataires (tout Etat européen) est beaucoup trop vague pour admettre que des traités d'adhésion puissent être déjà approuvés sans une nouvelle procédure parlementaire[1013]. Il faut donc se livrer à une analyse de l'article 23 I 3 pour déterminer quelles sont les majorités requises pour la loi de ratification.

[1009] BT-Drs. 12/7977, p. 330.

[1010] Gegenäußerung der Bundesregierung zur Stellungnahme des Bundesrats, BT-Dr ; 12/7977, p. 6, 330.

[1011] BT Sten. Ber., 237 Sitzung, 29.6.1994, p. 20831 (A).

[1012] Cette formule quelque peu énigmatique peut s'expliquer facilement. L'article 2 de la loi de ratification énonce: "Le ministre fédéral de l'intérieur est autorisé à prendre par voie de règlement ne nécessitant pas l'approbation du Bundesrat des dispositions pour éviter les candidatures et les votes multiples lors des élections au Parlement européen". Dans une telle hypothèse, l'approbation du Bundesrat est nécessaire pour la loi elle-même, comme la Cour constitutionnelle fédérale a eu l'occasion de le souligner (BVerfGE 28, 66 [76]).

[1013] *Cf. Sven Hölscheidt, Thomas Schotten,* Die Erweiterung der Europäische Union als Anwendungsfall des neuen Europaartikels des 23 GG ?, DÖV 1995, p. 187-193 (188-189).

2°) L'étude syntaxique du 23 I 3 LF

Du point de vue strictement grammatical[1014], il n'est pas possible de déterminer si le pronom « die » dans la phrase « *durch die dieses Gesetz seinem Inhalt nach geändert...* » se rapporte uniquement à ce qui le précède directement, c'est-à-dire les « *vergleichbare Regelungen* », ou si au contraire ce pronom couvre les trois hypothèses mentionnées dans la principale[1015]. Dans le premier cas, le Bundesrat aurait donc raison car toute modification des fondements conventionnels de l'Union serait soumise à son approbation. En faisant abstraction de ce cas de figure, il faudrait donc lire la phrase comme suit[1016] : « Pour l'institution de l'Union européenne ainsi que pour les modifications de ses fondements conventionnels (...) l'article 79 II et III est applicable ». Dans la mesure où l'élargissement de l'Union européenne constitue bel et bien une modification de ses fondements conventionnels, les majorités des deux tiers seraient donc requises.

L'élaboration du nouvel article européen révèle toutefois que la relative se rapporte également à la deuxième hypothèse, c'est-à-dire aux modifications des fondements conventionnels. Elle était déjà contenue dans le projet de loi du gouvernement qui ne mentionnait que les deux premières hypothèses. Le troisième cas de figure, c'est-à-dire « les textes comparables », ne fut rajouté par le Bundestag qu'au moment des délibérations relatives au projet de loi[1017]. En ce qui concerne le régime applicable aux modifications conventionnelles du Traité d'Union, l'article 23 I 3 LF doit donc être lu de la manière suivante :

> « Pour les modifications des fondements conventionnels de l'Union européenne qui modifient ou complètent la présente Loi fondamentale, ou encore qui rendent possibles de telles modifications ou compléments, c'est l'article 79 II et III LF qui s'applique »[1018].

C'est donc le critère d'une modification nécessaire ou possible de la Loi fondamentale qui constitue l'élément décisif pour déterminer si la loi de ratification exige une majorité des deux tiers au Bundesrat et au Bundestag.

Or, selon le gouvernement fédéral, le critère d'une modification nécessaire ou possible de la Loi fondamentale définit à partir de quel point le transfert des droits de souveraineté est constitué. Autrement dit, ce n'est qu'en cas de transfert de droits de souveraineté que les majorités des deux tiers sont requises. Il faut donc examiner dans quelle mesure l'élargissement de l'Union européenne peut constituer un transfert de droits de souveraineté. Tout dépend donc en fait du contenu que l'on donne aux transferts de droits de souveraineté[1019].

Le problème du transfert des droits de souveraineté est généralement abordé en doctrine sous l'angle de ses limites, plus rarement sous l'angle de son intensité[1020]. La question ici posée est celle de l'influence que la République fédérale d'Allemagne peut conserver au sein des instances internationales. Une modification dans la structure décisionnelle de celle-ci peut-elle être assimilée à un transfert de droits de souveraineté ? On est tenté de répondre non, car une fois que les compétences ont été transférées, la façon dont celles-ci sont mises

---

[1014] On se réfèrera ici à la structure grammaticale de la version allemande: "Für die Begründung der Europäischen Union sowie für Änderungen ihrer vertraglichen Grundlagen und vergleichbare Regelungen, durch die dieses Grundgesetz seinem Inhalt nach geändert oder ergänzt wird oder solche Änderungen ermöglicht werden, gilt Artikel 79 Abs. 2 und 3".

[1015] *Cf. Sven Hölscheidt, Thomas Schotten*, DÖV 1995, p. 189.

[1016] On construit ici la phrase française selon la même structure que la phrase allemande.

[1017] BT-Drs. 12/3896, p. 18.

[1018] Dans la traduction, on utilise ici à nouveau la structure de la phrase allemande.

[1019] *Cf. Sven Hölscheidt, Thomas Schotten*, DÖV 1995, p. 190.

[1020] *Ibid.* p. 191.

en œuvre par l'organe international n'a pas *a priori* d'incidence sur l'étendue des droits transférés. On peut toutefois imaginer l'hypothèse d'un organe international qui abandonne la règle de l'unanimité (qui sous-entend un droit de veto pour chaque Etat membre) pour celle de la majorité. Dans ce cas, l'Allemagne pourrait se voir imposer des décisions qu'elle n'est plus en mesure d'empêcher alors que, dans la situation antérieure, elle pouvait encore déterminer jusqu'à qu'elle point elle pouvait renoncer à transférer certaines compétences. Des modifications horizontales au sein de l'organisation internationale peuvent donc avoir des conséquences verticales sur les transferts des compétences. La Cour constitutionnelle fédérale dans l'arrêt Maastricht y pose donc certaines limites :

> «L'unanimité en tant qu'exigence absolue placerait nécessairement la volonté particulière au-dessus de celle de la communauté interétatique elle-même et mettrait ainsi en cause une telle communauté jusque dans sa structure. Un pareil résultat est étranger à la lettre et à l'esprit des articles 23 et 24 LF[1021]. (...) Toutefois, la règle de la majorité trouve ses limites, conformément à l'impératif de respect mutuel découlant de la loyauté communautaire, dans les principes constitutionnels et intérêts élémentaires des Etats membres[1022]».

En d'autres termes, la Cour constitutionnelle accepte la règle de la majorité aussi longtemps que celle-ci n'est pas susceptible de remettre en cause les traits essentiels de la Loi fondamentale[1023].

Toujours est-il que ces considérations permettent d'évacuer la question de savoir si l'article 23 I 3 LF se limite au transfert de droits de souveraineté ou s'il englobe d'autres modifications conventionnelles touchant la Loi fondamentale. Ainsi entendus, les droits de souveraineté couvrent tous les cas de modification des fondements conventionnels de l'Union européenne ayant une incidence constitutionnelle. L'article 23 I 3 LF n'est donc applicable que s'il est question d'un transfert de compétences. En l'espèce, il faut répondre par la négative car l'élargissement de l'Union européenne ne constitue pas un amoindrissement des prérogatives allemandes dans la mesure où le système institutionnel européen n'a pas été modifié de manière structurelle mais simplement développé linéairement. Ainsi la minorité de blocage reste proportionnellement inchangée, passant de 23 à 26 voix. La perte d'influence de l'Allemagne par un simple accroissement des membres de l'Union ne peut pas être mesurée juridiquement ni même politiquement[1024].

Il est vraisemblable que la Cour constitutionnelle fédérale sera amenée à trancher ce litige de manière définitive. Quelle que soit la décision de la Cour constitutionnelle, celle-ci sera lourde de conséquences pour l'Europe toute entière car si la Cour constitutionnelle soumet l'élargissement de l'Union européenne à une majorité des deux tiers au Bundestag et

---

[1021] BVerfGE 89, 155 [183] C.I.2.a.

[1022] BVerfGE 89, 155 [184] C.I.2.a.

[1023] Pour le Conseil constitutionnel, l'abandon de l'exigence de l'unanimité à partir du 1er janvier 1996 pour la détermination d'une politique commune des visas constitue un motif déterminant pour admettre une atteinte aux conditions essentielles d'exercice de la souveraineté nationale. Alors que dans la décision allemande, c'est la compatibilité des autorisations de transfert avec les droits fondamentaux qui est discutée. La révision constitutionnelle française à la suite du Traité de Maastricht a donc accordé une autorisation d'intégration à cette fin dans le nouvel article 88-2. *A contrario*, le maintien de la règle de l'unanimité semble donc conserver l'exercice des droits de souveraineté. Sur la question des modalités de vote au Conseil, le Conseil constitutionnel n'a toutefois pas une position uniforme puisque, concernant l'Union économique et monétaire, celui-ci a adopté une position très ferme en déclarant contraires à la Constitution des dispositions dans lesquelles le maintien de la règle de l'unanimité était pourtant conservée. Dans ce domaine, la règle de l'unanimité n'était donc pas suffisante aux yeux du Conseil constitutionnel pour préserver la souveraineté de la France. Sur ce point, voir *Constance Grewe* et *Albrecht Weber*, Le traité sur l'Union européenne devant les juridictions constitutionnelles, AIJC 1993, p. 11-30 (19). Egalement *Gaïa*, RFDC 1992, (722-723).

[1024] *Cf. Sven Hölscheidt, Thomas Schotten*, DÖV 1995, p. 190 (192).

au Bundesrat, celui-ci pourrait être remis en cause par un vote ne réunissant pas les majorités requises au parlement. Le deuxième alinéa de l'article O TUE précise en effet :

> «Les conditions de l'admission et les adaptations que cette admission entraîne en ce qui concerne les traités sur lesquels est fondée l'Union font l'objet d'un accord entre les Etats membres et l'Etat demandeur. Ledit accord est soumis à la ratification par tous les Etats contractants, conformément à leurs règles constitutionnelles respectives ».

Après avoir ménagé le suspens quant à l'approfondissement du droit communautaire jusqu'au 12 octobre 1993 par sa décision relative au Traité de Maastricht, la Cour constitutionnelle serait ainsi en mesure de laisser planer le doute quant à l'élargissement de l'Union européenne.

L'hypothèse d'un élargissement de l'Union européenne soumise à des conditions de majorités qualifiées n'est pas condamnable en soi. Cette hypothèse est même plutôt logique car elle permettrait de renforcer le poids du pouvoir législatif face au pouvoir exécutif au moment même où l'on aspire à plus de démocratie dans le processus communautaire. Mais encore aurait-il fallu que le législateur le prévoie expressément et qu'il ne laisse pas ainsi cette importante question ouverte. L'attitude du législateur est d'autant plus incompréhensible que les problèmes d'interprétation du nouvel article européen avaient déjà été soulevés dans la phase préparatoire de la révision constitutionnelle. En voulant temporiser comme il le fait, le législateur se décharge finalement de sa responsabilité pour s'en remettre à l'appréciation du juge constitutionnel. Si le juge, selon Montesquieu, ne doit être que celui qui prononce les paroles de la loi, encore faut-il que celles-ci soient suffisamment claires. Seul le législateur se trouve légitimé directement par l'élection populaire. Sa force de persuasion est donc beaucoup plus grande que celle du juge constitutionnel, dont les décisions peuvent facilement être critiquées. Il faut donc que la légitimité du législateur lui serve à prendre ses responsabilités et non à se décharger sur le juge constitutionnel.

Après avoir posé les conditions dans lesquelles des droits de souveraineté peuvent être transférés aux institutions de l'Union européenne, le nouvel article 23 définit les nouveaux droits de participation du Bundesrat.

Section 2. Les nouveaux droits de participation du Bundesrat

Concrètement, l'article 23 LF a été précisé par les lois du 12 mars 1993 respectivement relatives à la collaboration du gouvernement fédéral et au Bundestag allemand dans les affaires de l'Union européenne[1025] et à la collaboration entre la Fédération et les Länder dans les affaires de l'Union européenne[1026]. Cette dernière loi a en outre donné lieu à un accord entre le gouvernement fédéral et les gouvernements des Länder sur la collaboration dans les affaires de l'Union européenne du 29 octobre 1993[1027] en application du § 9 de celle-ci, complété le 8 juin 1998 à la suite de la ratification du Traité d'Amsterdam[1028].

[1025] BGBl. I, p. 311

[1026] BGBl. I, p. 313.

[1027] Bundesanzeiger Nr. 226 v. 2 Dezember 1993, p. 10425.

[1028] Ces textes sont intégralement traduits en annexe, ce qui permet d'en avoir une vue d'ensemble.

Tableau 8

Tableau de correspondance entre l'article 23 LF, la loi du 12 mars 1993 et l'accord du 29 octobre 1993			
Rôle du Bundesrat	**Aticle 23 LF**	**Loi du 12 mars 1993**	**Accord du 29 octobre 93**
Information du Bundesrat	Art. 23 II 2 LF	§ 2	Première partie
Participation de représentants du Bundesrat à la formation de la volonté	Art. 23 IV LF	§ 4	Deuxième partie
Prise en considération de l'avis du Bundesrat	Art. 23 V 1 LF	§ 5 al. 1	Troisième partie, points 1, 2, 3, 5,6
Prise en considération de manière déterminante de l'avis du Bundesrat	Art. 23 V 2 LF	§ 5 al. 2	Troisième partie, points 4, 6
Transfert des droits de la RFA un représentant des Länder	Art. 23 VI LF	§ 6 al. 2, 3 et 4	Quatrième partie, point 4
Invitation de représentants du Bundesrat dans organes CE	XX	§ 6 al. 1	Quatrième partie, points 1, 2, 3, 4, 6, 7
Recours à la CJCE à la demande du Bundesrat	XX	§ 7	Cinquième partie
Accord du gouvernement fédéral et du Bundesrat pour les projets communautaires fondés sur l'article 235 si approbation du Bundesrat nécessaire dans l'ordre interne ou Länder compétents	XX	§ 5 al. 3	XX

Les différentes hypothèses de participation des droits du Bundesrat au processus législatif communautaire sont résumées dans le tableau suivant[1029].La participation du Bundesrat est croissante en fonction du degré d'intérêt que présente la mesure communautaire envisagée.

Le rôle du Bundesrat ne se limite pas à l'ordre interne, c'est-à-dire influencer plus ou moins fortement la position que défendra le gouvernement fédéral dans les organes communautaires. Le Bundesrat peut, dans certaines circonstances, également prendre directement part au processus décisionnel communautaire mais il est, dans ce cas, soumis à certaines contraintes.

[1029] Toutes les hypothèses envisageabes n'ont toutefois pas été mentionnées dans le tableau dans un souci de meilleure lisibilité. Ainsi en est-il de l'accord devant intervenir entre le Bundesrat et le gouvernement fédéral dans certaines circonstances et de la possibilité de recours devant la CJCE sur demande du Bundesrat.

I. Le rôle du Bundesrat dans l'ordre interne

Le rôle du Bundesrat dans l'ordre interne n'est pas nouveau mais il est désormais ancré dans la Loi fondamentale. Le Bundesrat peut influencer la position du gouvernement fédéral en coopérant avec lui et en pouvant rendre un avis.

§ 1. La coopération avec le gouvernement fédéral

L'invitation de représentants des Länder dans les réunions du gouvernement fédéral permet aux Länder d'être informés assez tôt sur la position du gouvernement fédéral. Cette information est importante dans la mesure où elle permet au Bundesrat de préparer ses arguments lorsque son avis est sollicité. La recherche d'accord entre le Bundesrat et le gouvernement fédéral dans certains cas constitue la deuxième forme de coopération entre le Bundesrat et le gouvernement fédéral.

A. L'invitation des représentants des Länder aux consultations du gouvernement fédéral

La participation de représentants des Länder aux négociations du gouvernement fédéral était déjà une pratique courante dans le passé[1030]. Grâce aux nouvelles dispositions, cette participation devient désormais un droit pour les Länder. La participation du Bundesrat a lieu quelle que soit la nature ou le domaine de la mesure envisagée du moment que le Bundesrat aurait dû y participer dans l'ordre interne. Or le concours du Bundesrat n'est pas seulement requis pour les lois nécessitant son approbation mais aussi pour toutes les lois simples[1031]. Cependant, aux yeux des partenaires européens, la position défendue à Bruxelles est celle du gouvernement fédéral. C'est ainsi que les négociations pour définir la position à adopter sont menées par le gouvernement fédéral.

L'article 23 IV LF précise :

> « Le Bundesrat doit être associé à la formation de la volonté de la Fédération dans la mesure où son concours serait requis dans l'ordre interne pour une mesure analogue ou que les Länder seraient compétents au plan interne. »

Le point 1 de la deuxième partie de l'accord du 29 octobre 1993 précise que c'est au département ministériel compétent au sein du gouvernement fédéral d'inviter les représentants des Länder à des consultations en vue de la fixation de la position du gouvernement fédéral[1032]. Lors de ces consultations, les deux parties doivent également se mettre d'accord sur l'application éventuelle des §§ 5 et 6 de la EUZBLG à un projet communautaire, c'est-à-dire sur la possibilité accordée au Bundesrat de donner un avis, sur l'invitation de représentants des Länder au sein des organes de délibération du Conseil et de la Commission et sur l'éventuel transfert des droits de la RFA à un représentant des Länder. Lorsque le Bundesrat doit donner son avis, la question de savoir si cet avis doit simplement être pris en considération ou pris en considération de manière déterminante doit donc être également abordée.

[1030] Voir *supra* p. 124.

[1031] *Kaiser / Morawitz*, p. 91.

[1032] Il s'agit bien d'une invitation à des consultations et non d'une invitation aux consultations, ce qui signifie que le représentant des Länder désigné par le Bundesrat reste exclu de certaines réunions gouvernementales. *Cf. Rudolf Morawitz*, Die Zusammenarbeit.... p. 93.

Tableau 9

La procédure de participation du Bundesrat et des Länder dans les affaires de l'Union européenne selon l'art. 23 LF, la EUZBLG et l'accord entre la Fédération et les Länder						
	Information du BR par gouv.	Particip. de repr. du BR à formation de la volonté	Invitation de représentants du BR dans organes CE	Prise en cons. de l'avis du BR	Prise en cons. de manière déterminante avis du BR	Transfert des droits RFA à un représentant des L.
intérêts des L. touchés dans domaine de comp. exclusive de la Féd.	23 II LF I accord	23 IV LF § 4 loi * II accord	§ 6 al. 1 loi IV accord	23 V 1 LF § 5 al. 1 loi III accord		
intérêts des L. touchés dans domaine de comp. lég. cadre ou concurrente mais Féd. ayant le droit de légiférer	23 II LF I accord	23 IV LF § 4 loi II accord	§ 6 al. 1 loi IV accord	23 V 1 LF § 5 al. 1 loi III accord		
idem mais Féd. n'ayant pas le droit de légiférer	23 II LF I accord	23 IV LF § 4 loi II accord	§ 6 al. 1 loi IV accord		23 V 2 LF § 5 al. 2 loi III. 4. accord III. 6 accord	
pouvoirs de législation des L. concernés de manière prépondérante	23 II LF I accord	23 IV LF § 4 loi II accord	§ 6 al. 1 loi IV accord		23 V 2 LF § 5 al. 2 loi III. 4. accord III. 6 accord	
organisation des adm. des L. concernés de manière prépondérante	23 II LF I accord	23 IV LF § 4 loi II accord	§ 6 al. 1 loi IV accord		23 V 2 LF § 5 al. 2 loi III. 4 accord III. 6 accord	
procédure adm. des L. concernée de manière prépondérante	23 II LF I accord	23 IV LF § 4 loi II Accord	§ 6 al. 1 loi IV accord		23 V 2 LF § 5 al. 2 loi III. 4. accord III. 6 accord	
Pouvoirs exclusifs de législation des L. concernés de manière prépondérante	23 II LF I accord	23 IV LF § 4 loi II accord	§ 6 al. 1 loi IV accord			23 VI LF; § 6 al. 2, 3, 4 loi; IV. 5. accord

Il faut noter que le représentant des Länder est lié par l'avis du Bundesrat. Si cet avis n'a pas encore été émis, les Länder ont précisé dans l'accord du 29 octobre 1993 au détour d'une note de renvoi qu'il ne s'agissait là que de constatations préalables qui restaient soumises à une décision du Bundesrat. Cette disposition rend les négociations plus difficiles puisque le représentant des Länder est soumis à l'avis du Bundesrat qui peut ne pas avoir encore été rendu et qui ne le sera peut-être jamais puisqu'il ne s'agit pas, pour le Bundesrat d'une obligation de rendre un avis mais seulement d'une faculté[1033]. En fait, ces incohérences n'ont jamais soulevé de difficultés pratiques dans la mesure où elles ont pu être levées de manière consensuelle[1034].

La soumission d'un projet communautaire aux dispositions de la EUZBLG dépend de " contenu concret " et l'attribution des compétences entre la Fédération et les Länder résulte de la répartition des compétences dans l'ordre interne[1035]. La question d'un éventuel désaccord entre les représentants du gouvernement fédéral et ceux des Länder n'est pas réglée. Les Länder avaient bien tenté, lors de l'élaboration législative, de mettre en place un mécanisme de résolution des conflits selon lequel le Bundesrat aurait disposé du dernier mot mais cette solution n'a pas été admise par le gouvernement fédéral. La solution d'un éventuel litige est donc de nature politique mais une décision de la Cour constitutionnelle fédérale pourrait également intervenir[1036]. Fédération et Länder mettent cependant tout en œuvre pour éviter d'en arriver à une telle extrémité.

La septième partie de l'accord du 29 octobre 1993 précisait en outre que les Länder devaient être informés des négociations dans le cadre de la conférence gouvernementale prévue à l'article N TUE et aux négociations en vue d'un élargissement de l'Union européenne, dans la mesure où les intérêts des Länder pouvaient être touchés.

B. La recherche d'un accord avec le gouvernement fédéral

Les Länder n'ont pas accès à tous les mécanismes du droit communautaire pour faire valoir leurs droits dans la mesure où l'accès aux manettes peut être réservé au gouvernement fédéral. Dans ce cas, les Länder doivent tenter de guider le bras qui actionne le levier.

1°) Pour les projets fondés sur l'article 235 CE

Lors de l'élaboration du Traité de Maastricht, les Länder avaient fait connaître leurs revendications dans le cadre des conférences des ministres-présidents des 7 juin 1990 et 20/21 décembre de la même année, ainsi que par une résolution du Bundesrat en date du 24 août 1990 concernant la conférence gouvernementale des Etats membres des Communautés européennes sur l'Union politique et l'Union économique et monétaire[1037].

Les Länder réclamaient la suppression pure et simple de l'article 235 (308) qui ouvre une brèche dans le principe des compétences d'attribution des institutions communautaires car «si une action de la Communauté apparaît nécessaire pour réaliser, dans le fonctionnement du marché commun, l'un des objets de la Communauté, sans que le présent traité ait prévu les pouvoirs d'action requis à cet effet, le Conseil, statuant à l'unanimité sur proposition de la Commission et après consultation du Parlement européen, prend les dispositions nécessaires». La mise en œuvre de cet article est susceptible de porter atteinte aux compétences législatives des Länder et contient le danger potentiel d'une modification matérielle du Traité[1038]. Si les Länder n'ont pas obtenu gain de cause[1039], la nouvelle ré-

---

[1033] *Cf. Scholz* in: Maunz-Dürig, Komm z. GG, Art. 23, p. 127.

[1034] Entretien à Bonn le 3 juin 1998 avec M. von Dewitz (commission du Bundesrat chargée des questions européennes). La question d'une éventuelle application des §§ 5 et 6 EUZBLG est abordée suffisamment tôt pour que d'éventuels désaccords puissent être résolus dans les temps, comme le préconisait l'examen de l'accord sur la coopération dans les affaires de l'Union européenne en date du 3 mai 1996, p. 3 (non-publié)

[1035] Accord du 23.10.93, deuxième partie, point 2 phrase 1.

[1036] *Morawitz,* p. 93, également *Oschatz & Risse,* DÖV 1995, p. 437-452 (447).

[1037] Ces trois documents sont respectivement reproduits in: *Joachim Bauer* (Hrsg.), Europa der Regionen, Aktuelle Dokumente zur Rolle und Zukunft der deutschen Länder im europäischen Integrationsprozeß, Duncker & Humblot, Berlin, unveränd. Auflage, 1992, p. 92, 117 et 95.

[1038] La CJCE, dans sa jurisprudence récente, tend à limiter l'exploitation extensive des potentialités de l'article 235 (308) CE. *Denys Simon,op.cit.* p. 57 et 84. V. Notamment CJCE 1994/11/15, Avis 1/94, Rec. p. 5267; CJCE 1995/03/24, Avis 2/92, Rec. I-52 ; CJCE 1996/03/28, Avis 2/94, Rec. p. 1759. Sur cette question, voir *supra*

daction de l'article 2 CE[1040] qui énumère de façon détaillée et précise les objectifs de l'Union vient limiter la portée de l'article 235 (308)[1041]. L'utilisation de cet article répond en outre à certaines formes de procédure dans l'ordre interne, désormais réglées au § 5 al. 3 de la EUZBLG[1042] :

> « Avant d'approuver des projets fondés sur l'article 235 du Traité CEE, le gouvernement fédéral établit un accord avec le Bundesrat dans la mesure où son approbation serait nécessaire dans l'ordre interne ou si les Länder seraient compétents dans l'ordre interne[1043]. »

L'accord n'est pas nécessaire pour la négociation mais pour l'approbation d'un projet fondé sur l'article 235 CE. A la différence des autres procédures de participation prévues à l'article européen de la Loi fondamentale, l'avis du Bundesrat n'intervient pas en amont mais en aval du processus de la formation de la volonté. Le gouvernement fédéral a cependant tout intérêt à consulter le Bundesrat et à prendre ses éventuelles remarques en considération, et ce suffisamment tôt afin d'éviter de se heurter au refus du Bundesrat au moment du vote.

Lorsque les Länder seraient compétents dans l'ordre interne, le gouvernement fédéral doit établir un accord avec le Bundesrat si l'action communautaire se fonde sur l'article 235 (308) CE. Il s'agit donc de tous les cas pour lesquels une compétence fédérale n'est pas expressément reconnue, ce qui est peu probable dans les domaines de la législation cadre et concurrente. Lorsqu'une compétence communautaire est reconnue, il est vraisemblable qu'elle le soit également au profit de la Fédération et non au profit des Länder[1044]. Des divergences d'appréciation entre le Bundesrat et le gouvernement fédéral sur la question de savoir si l'approbation du Bundesrat serait nécessaire dans l'ordre interne risquent d'avoir des répercussions au niveau communautaire. C'est notamment le cas lorsque l'approbation du Bundesrat serait nécessaire parce que dans l'ordre interne, la mesure envisagée toucherait les compétences administratives des Länder. A la différence de l'article 23 V 2 LF, ce cas de figure n'est pas expressément prévu ici et risque donc d'être une source de conflit entre Bundesrat et gouvernement fédéral.

---

p. 178.

1039 L'extension de l'article 235 (308) lors des négociations relatives au Traité sur l'Union européenne a même été abordée. La non-extension de cet article peut donc être considérée comme une victoitre partielle des Länder. Devant l'impossibilité de supprimer l'article 235 (308), les Länder avaient donc proposé que sa mise en œuvre soit soumise à une procédure dans l'ordre interne équivalente à une modification formelle des Traités, c'est-à-dire à la majorité qualifiée du Bundestag et du Bundesrat. D'autre part certains députés avaient proposé de soumettre les mesures prises dans le cadre de l'article 235 CE à un avis conforme du Bundestag. *Cf. Kaiser / Morawitz*, p. 104.

1040 « La Communauté a pour mission, par l'établissement d'un marché commun, d'une Union économique et monétaire et par la mise en œuvre des politiques ou des actions communes visées aux articles 3 et 3 A, de promouvoir un développement harmonieux et équilibré des activités économiques dans l'ensemble de la Communauté, une croissance durable et non inflationniste respectant l'environnement, un haut degré de convergence des performances économiques, un niveau d'emploi et de protection sociale élevé, le relèvement du niveau et de la qualité de vie, la cohésion économique et sociale et la solidarité entre les Etats membres ».

1041 *Edmund Duckwitz*, Der Vertrag über die Europäische Union - Bewertung unter besonderer Berücksichtigung der Bund-Länder Verhältnisse, herausgegen von P. Dr. Dr. *Ress* und P. Dr. *Torsten Stein*, Vortrag vor dem Europa Institut, Saarbrücken, 1992.

1042 Au total, cette procédure a été mise en œuvre vingt et une fois jusqu'au 31 décembre 1997, Qualifizierte Mitwirkung des Bundesrates in Angelegenheiten der Europäische Union, Sekretariat des Bundesrates, Büro des Ausschusses für Fragen der Europäischen Union, (non publié).

1043 Cette disposition législative est entrée en vigueur le 1er janvier 1993, avant même la ratification du Traité de Maastricht, en application du § 16 de la EUZBLG.

1044 *Cf. supra* p. 214 pour le risque d'interprétation divergente entre la CCF et la CJCE.

L'accord avec le Bundesrat ne doit être établi que dans la mesure où l'approbation du Bundesrat serait nécessaire dans l'ordre interne ou les Länder seraient compétents dans l'ordre interne. Par conséquent, l'accord ne doit pas être recherché sur l'ensemble du projet mais uniquement sur les points du projet où les conditions posées au § 5 al. 3 EUZBLG sont réunies. La scission du projet entre les points qui requièrent l'approbation du Bundesrat et les autres ne pose pas ici de problèmes particuliers.

Il faut enfin noter que l'accord n'est requis que lorsque le gouvernement fédéral a décidé d'approuver le projet fondé sur l'article 235 (308) et non lorsqu'il a décidé de voter contre. Cette caractéristique correspond au souhait des Länder de limiter autant que faire se peut les actes normatifs de l'Union européenne fondés sur l'article 235 (308) CE[1045]. Il existe en revanche une divergence d'appréciation entre les Länder et le gouvernement fédéral lorsque celui-ci a l'intention de s'abstenir et que cette abstention a l'effet d'une approbation. Cette question n'a pas été réglée mais n'a pas entraîné de difficulté pratique depuis la mise en œuvre de la nouvelle procédure[1046].

Cette procédure a été mise en œuvre à l'occasion de la proposition de règlement du Conseil relative au contrôle sur place par la Commission contre les fraudes et autres irrégularités afin de protéger les intérêts financiers des Communautés européennes.

Dans sa décision du 22 mars 1996, le Bundesrat avait refusé la proposition du Conseil. Selon le Bundesrat, cette proposition confiait à la Commission des pouvoirs illimités pour contrôler sur place auprès des acteurs économiques d'éventuelles irrégularités. Il s'agissait donc d'une entorse au principe de proportionnalité inscrit à l'article 3 B (5) al. 3 CE et d'une grave violation du principe de subsidiarité. La position du Bundesrat avait été définie d'un commun accord avec le gouvernement fédéral. Après des négociations où la RFA s'est retrouvée presque totalement isolée, la présidence de la Commission proposa un compromis apportant de substantielles améliorations. Une compétence prioritaire était notamment reconnue aux Etats membres pour lutter, chacun sur son territoire, contre les fraudes, conformément à l'article 209 A (280) CE[1047]. La compétence communautaire ne primant que dans des cas bien définis, notamment lorsque la fraude était organisée au niveau européen.

Le gouvernement fédéral se déclara donc prêt à approuver la proposition de la procédure car il jugeait qu'elle constituait un compromis acceptable mais ce nouveau développement dans les négociations obligea le gouvernement à établir un nouvel accord avec le Bundesrat. Saisies de l'examen de la nouvelle version de la proposition, les différentes commissions spécialisées du Bundesrat ne rendirent pas un avis unanime. Alors que la commission des finances préconisa le refus du nouveau texte, la commission chargée des questions

---

[1045] L'abstention ne fait pas obstacle à la décision, notamment en cas de vote à l'unanimité. *Cf.* art. 148 § 3 (205) CE. Selon *Kaiser et Morawitz*, aucune obligation d'établir un accord avec le Bundesrat ne peut être dérivée du § 5 al. 3 EUZBLG car si un accord ne pouvait être trouvé, le gouvernement serait alors dans l'obligation de voter contre le projet communautaire, ce qui poserait des problèmes du point de vue de la politique d'intégration. Selon les Länder, un accord avec le Bundesrat doit au contraire être également établi en cas d'abstention. *Cf. Kaiser/Morawitz*, p. 105-106.

[1046] *Cf.* L'échange de lettre entre le Chancelier Kohl et Rudolf Scharping (en tant que président de la conférence des ministres-présidents des 29 octobre et 10 novembre 1993, reproduit in: Bundesrat, Handbuch 1997/1998, p. 177-179.

[1047] «Les Etats membres prennent les mêmes dispositions pour combattre la fraude portant atteinte aux intérêts financiers de la Communauté que celles qu'ils prennent pour combattre la fraude portant atteinte à leurs propres intérêts financiers.

Sans préjudice d'autres dispositions du présent Traité, les Etats membres coordonnent leur action visant à protéger les intérêts financiers de la Communauté contre la fraude. A cette fin, ils organisent, avec l'aide de la Commission, une collaboration étroite et régulière entre les services compétents de leurs administrations».

européennes et celle chargée des affaires intérieures recommandèrent au contraire d'approuver l'accord. Le Bundesrat retiendra finalement cette dernière solution dans sa décision du 14 juin 1996[1048].

2°) Pour les procédures devant la CJCE

Selon le droit communautaire, il existe deux catégories de requérants pouvant exercer un recours en annulation (art. 173 [230] CE) ou en carence (art. 175 [232] CE) devant la CJCE et le tribunal de première instance. Il existe en effet une distinction entre requérants privilégiés et les requérants ordinaires. Sont considérés comme requérants privilégiés, les Etats membres, la Commission, le Conseil[1049]. A ce titre, ils ont accès au prétoire communautaire sans devoir apporter la preuve d'un intérêt à agir. Les seconds bénéficient d'une qualité pour agir plus réduite : ils doivent démontrer qu'ils sont les destinataires des décisions ou qu'ils sont directement et individuellement concernés par une décision (ou un acte, qui au-delà des apparences s'apparente à une décision individuelle) adressée à un tiers[1050].

Les Länder font donc partie de la deuxième catégorie et ne bénéficie que d'un droit d'accès limité au prétoire de la CJCE[1051]. Lors des négociations relatives au Traité de Maastricht, les Länder avaient exprimé le souhait d'être élevés au rang de requérants privilégiés au même titre que les Etats membres. Sur ce point, le traité de Maastricht ne fait pas suite à leur requête.

Le gouvernement fédéral s'était toutefois montré disposé à conclure un accord avec les Länder selon lequel la Fédération pourrait engager un recours devant la Cour de justice à la demande des Länder, c'est-à-dire de leur faire bénéficier des droits que la Fédération retire de sa situation de requérante privilégiée[1052]. Cet engagement a trouvé son expression au paragraphe 7 de la EUZBLG qui permet au Bundesrat de demander au gouvernement de faire usage de ses possibilités de recours devant le CJCE :

1048 BR-Druck. 405/96 (Beschluß).

1049 A l'origine, les traités n'avaient pas attribué au Parlement européen le statut de requérant privilégié. Tout d'abord confirmée par la jurisprudence de la CJCE (CJCE 1988/09/27, Parlement européen c/Conseil, aff. 302/87, Rec. p. 5615 [Comitologie]), la Cour est partiellement revenue sur cette position en reconnaissant au Parlement européen un intérêt institutionnel pour agir CJCE 1990/05/22, Parlement c/ Conseil, aff. 70/88, Rec. I-2041, affaire dite du «règlement post-Tchernobyl».

1050 La distinction entre requérant privilégié et requérant ordinaire délimite également les compétences entre la Cour de Justice et le Tribunal de Première instance. C'est le cas par exemple en matière de recours en annulation (art. 173 [230] CE). La compétence de la Cour est, depuis l'entrée en vigueur de la décision 94/149, limitée aux seuls recours formés par un Etat membre ou par une institution communautaire. La notion d'Etat membre ne vise que les seules autorités gouvernementales des Etats membres des Communautés européennes et ne saurait être étendue aux gouvernements des régions ou de communautés autonomes, quelle que soit l'étendue des compétences qui leur sont reconnues. Selon la Cour, admettre le contraire conduirait à porter atteinte à l'équilibre institutionnel prévu par les traités, qui déterminent notamment les conditions dans lesquelles les Etats membres participent au fonctionnement des institutions communautaires. Les Communautés européennes ne peuvent, en effet, comprendre un nombre d'Etats membres supérieur à celui des Etats entre lesquels elles ont été instituées. Dès lors, saisie d'un recours en annulation formé sur le fondement de l'article 33 du traité CECA et par référence à l'article 173 (230) du traité CE, par une personne morale telle qu'une entité régionale fédérée, la Cour de justice est manifestement incompétente pour en connaître et doit, en vertu de l'article 47, deuxième alinéa, de ses statuts CE et CECA, le renvoyer au Tribunal de première instance, *Cf.* CJCE 1997/03/21, Région wallonne contre Commission, Aff. C-95-97, p. 1787.

1051 *Cf. Manfred Dauses,* Die Rolle der Regionen in Direktklagen vor dem EuGH, BayVBl. 1996, p. 582-586 (584-585).

1052 Dans le passé, le gouvernement fédéral s'était déjà montré disposé à former un recours devant la CJCE pour les Länder et avec leur coopération. Il semble que les Länder ne se soient jamais plaints qu'une telle procédure ne garantisse pas suffisamment leurs intérêts. *Cf. Kaiser / Morawitz,* p. 116.

(1) « Nonobstant les droits de recours propres des Länder et à la demande du Bundesrat, le gouvernement fédéral fait usage des possibilités de recours prévues par le Traité sur l'Union européenne dans la mesure où les Länder sont affectés dans leurs droits de législation par une action ou un manquement des organes de l'Union et que la Fédération ne dispose pas du droit de légiférer. Ce faisant, la responsabilité de la Fédération pour l'ensemble de l'Etat doit être préservée, y compris les questions considérées comme relevant de la politique étrangère, de défense et d'intégration.

(2) L'alinéa 1 s'applique par analogie lorsque le gouvernement fédéral a l'occasion de donner son avis dans une procédure devant la CJCE

(3) En ce qui concerne la conduite des procès devant la CJCE dans lesquels la République fédérale d'Allemagne est partie et dans les cas prévus aux alinéas 1 et 2 ainsi que pour les recours en manquement , le gouvernement fédéral établit un accord avec le Bundesrat dans la mesure où des droits de législation des Länder sont affectés et que la Fédération ne dispose pas du droit de légiférer ».

La cinquième partie de l'accord entre les Länder et la Fédération précise les modalités pratiques de la mise en œuvre de cette procédure :

1. Compte tenu des délais de la procédure devant être respectés, le gouvernement fédéral informe sans délais le Bundesrat de tous les documents et informations relatifs aux procédures devant la Cour de Justice et le tribunal de première instance[1053] auxquelles le gouvernement fédéral est partie.

2. Lorsque les conditions du § 7 al. 1 EUZBLG sont réunies et que le gouvernement fédéral, à la demande du Bundesrat, fait usage des possibilités de recours prévues au Traité sur l'Union européenne, il prépare la requête introductive. A cette fin, un avis détaillé relatif à l'affaire doit être mis à disposition par les Länder dans les délais impartis.

3. Le n° 2 s'applique par analogie lorsque le gouvernement fédéral a l'occasion de donner son avis lors d'une procédure devant la Cour de Justice.

Cette réglementation correspond à la délimitation du § 5 EUZBLG mais à la différence de l'alinéa 2 de ce même paragraphe, il suffit que les pouvoirs de législation des Länder soient concernés sans l'être de manière prépondérante. Il ne s'agit pas non plus exclusivement des compétences législatives exclusives des Länder mais il peut également s'agir des compétences législatives cadre et concurrente dans la mesure où la Fédération ne dispose pas du droit de légiférer.

Enfin, si le gouvernement est dans l'obligation de rechercher un accord avec le Bundesrat, la procédure prévue laisse en suspens le cas où les deux parties ne parviennent pas à rechercher un terrain d'entente. Mais ces interrogations restent des hypothèses d'école dans la mesure où cette procédure n'a jamais été mise en œuvre.

3°) Pour les mesures cadres dans le cadre du Traité d'Amsterdam

Le Traité d'Amsterdam met fin à la conférence intergouvernementale qui s'était ouverte le 29 mars 1996 à Turin sur la réforme des institutions communautaires, conformément à l'article N (48) al. 2 du Traité sur l'Union européenne. Il a été signé le 2 octobre 1997 par les ministres des affaires étrangères des 15 et modifie notamment le Traité sur l'Union européenne. Ce traité comportait trois parties.

La première partie relève du droit communautaire au sens strict (premier pilier). Elle comporte notamment les principes et les objectifs de la construction communautaire et les fondements de la Communauté. Le deuxième pilier est consacré à la politique étrangère et de sécurité commune (PESC) et le troisième pilier traite de la coopération dans le domaine

[1053] Le tribunal de première instance a été organisé par une décision du Conseil du 24 octobre 1988 avant d'être "constitutionnalisé" par le traité sur l'Union européenne (art. 168 A CE), *Cf. Denys Simon,* Le système juridique communautaire, p. 143-144.

de la justice et des affaires intérieures. Jusqu'à la signature du Traité d'Amsterdam, les deuxième et troisième piliers ne relevaient pas du droit communautaire au sens strict, mais d'une coopération intergouvernementale classique, même si renforcée sur certains points.

Le deuxième pilier n'a pas été modifié dans sa philosophie générale par le Traité d'Amsterdam. En revanche, il modifie sensiblement le troisième pilier en " communautarisant " le domaine de la justice et des affaires intérieures.

Alors que le Bundesrat n'avait approuvé l'Acte unique européen et le Traité de Maastricht qu'à la condition d'obtenir des mécanismes dans l'ordre interne plus respectueux des droits des Länder, il a approuvé sans difficulté le traité d'Amsterdam le 27 mars 1998. En étant étroitement associé à la préparation du nouveau traité européen grâce aux nouveaux mécanismes de coopération, le Bundesrat a pu imposer un certain nombre de dispositions. Le point 4 de l'article 63 CE (73 K) du Traité CE dans sa version après Amsterdam prévoit notamment la possibilité pour les Etats membres de réintroduire des dispositions dans l'ordre interne qui touchent les mesures de politique d'immigration et les mesures déterminant les droits et les conditions dans lesquels les ressortissants des Etats tiers peuvent séjourner sur le territoire d'un Etat membre. Ces dispositions, qui empêchent finalement toute politique en commun dans ces matières ont été directement dictées par le Bundesrat. De la même façon, le protocole relatif au principe de subsidiarité a été largement influencé par les Länder allemands.

Les Länder n'ont pas seulement réussi à exercer leur influence sur le contenu même du nouveau traité. Ils ont une nouvelle fois obtenu des avancées significatives dans l'ordre interne. C'est ainsi que l'accord du 29 octobre 1993 entre la Fédération et les Länder a été complété le 8 juin 1998 d'un sixième point dans la troisième partie. Cette nouvelle disposition vise à soumettre l'approbation du gouvernement fédéral à l'accord du Bundesrat pour des mesures cadres dans le domaine de la coopération policière et judiciaire en matière pénale.

> « Dans la mesure où les compétences administratives ou législatives des Länder sont affectées de manière prépondérante par des décisions cadres selon l'article 34 al. 2 b TUE, l'opinion du Bundesrat doit être prise en considération de manière déterminante.
>
> Dans tous les autres cas, le § 5 al. 1 EUZBLG s'applique dans la mesure suivante : dans la mesure où l'approbation du Bundesrat serait nécessaire dans l'ordre interne pour une réglementation déterminée, le gouvernement fédéral s'appuie sur l'opinion de celui-ci comme sur l'avis correspondant du Bundestag allemand ; il n'approuvera cette réglementation dans une décision cadre qu'avec l'accord du Bundesrat ; à cet égard, la responsabilité de la Fédération pour l'ensemble de l'Etat doit être préservée, y compris pour les questions devant être considérées comme de politique d'intégration, de politique de défense et de politique étrangère »[1054].

A cette occasion, les effets de la nouvelle réglementation de l'article 23 LF se sont fait sentir. Plus les intérêts des Länder sont en jeu et plus le Bundesrat peut participer au processus législatif communautaire et se trouve donc en mesure de défendre les droits des Länder. Il y a donc un effet d'entraînement des nouvelles dispositions de l'article 23 LF.

L'avis que peut donner le Bundesrat lorsqu'il prend position sur les questions communautaires participe également à ce phénomène.

§ 2. L'avis du Bundesrat

L'article 23 V LF pose le principe selon lequel le Bundesrat peut prendre position sur les projets communautaires. Cette prise de position ne produit cependant pas les mêmes

[1054] Ces nouvelles dispositions n'entreront en vigueur qu'avec l'entrée en vigueur du traité d'Amsterdam, lorsque tous les Etats signataires l'auront ratifié.

effets en fonction du degré d'intérêt que présente la mesure communautaire pour les Länder. Ainsi le gouvernement peut-il simplement prendre en considération la position du Bundesrat ou la prendre en considération de manière déterminante mais dans tous les cas, le gouvernement fédéral se trouve dans l'obligation d'informer le Bundesrat sur tous les sujets qui touchent les intérêts des Länder et sur les contraintes d'emploi du temps des négociations au sein des organes du Conseil. Si tel n'était pas le cas, le gouvernement fédéral pourrait se trouver condamné par la Cour constitutionnelle pour manquement au principe de loyauté fédérale, dans la logique de la décision du 22 mars 1995 à propos de la directive " Télévision sans frontières ".

L'accord du 29 octobre 1993 précise, d'une part, les informations que le Bundesrat doit recevoir et, d'autre part, la date limite à laquelle l'avis du Bundesrat peut encore être pris en considération[1055].

A. Avis simple et avis déterminant du Bundesrat

Parmi la masse d'informations transmises par le gouvernement fédéral sur les projets relatifs à l'Union européenne, le président du Bundesrat choisit celles qui peuvent donner lieu à un débat au Bundesrat et les transmet aux commissions[1056]. La commission pour les questions de l'Union européenne a un rôle particulier puisque c'est elle qui est chargée de coordonner les recommandations formulées par les différentes commissions spécialisées[1057]. En règle générale, c'est le directeur du Bundesrat, à la demande du Président, qui procède à la sélection et à la transmission des informations. Tous les autres documents sont polycopiés au secrétariat du Bundesrat et transmis aux Länder pour information. Chaque Land et chaque commission peut demander que des informations supplémentaires soient transmises aux commissions mais il est rarement fait usage de ce droit[1058], ce qui signifie que les Länder reçoivent une quantité suffisante d'informations pour prendre position[1059].

Bien que la première partie de l'accord entre la Fédération et les Länder précise que le gouvernement fédéral doit rendre accessible aux Länder les banques de données communautaires (pour éviter notamment que les coûts de la recherche de l'information ne soient à

[1055] Sur le contenu même de l'information, voir sous la procédure de participation prévue à la suite de l'AUE (p. 142), puisque l'étendue de l'information n'a pas été modifiée depuis.

[1056] Le § 45 al. 2 GOBR précise que le nombre de commissions saisies doit être limité. Ceci permet de faciliter le travail parlementaire de deux points de vue. D'une part, il n'existe pas de commission saisie au fond, ce qui signifie que le Bundesrat est confronté aux différentes résolutions du Bundesrat. D'autre part, un projet ne peut être soumis à la séance plénière que lorsque toutes les commissions se sont prononcées. Selon le § 45 a al. 3 et 4 GOBR et à la différence de la procédure législative nationale, le travail des commission dans les affaires de l'Union européenne ne prend pas fin avec la décision du Bundesrat, mais seulement lorsque le Conseil de l'Union européenne a pris la mesure examinée, de telle sorte que les commissions non seulement peuvent mais aussi doivent se saisir à nouveau et à tout moment d'un projet déjà examiné mais ayant fait l'objet d'une modification dans les instances européennes. Cela permet aux commissions d'assurer un suivi de ses votes et de s'adapter aux négociations intervenues entretemps. Dans les faits, cependant, la reprise des délibérations sur des sujets pour lesquels les commissions avaient déjà été saisies reste rare (cela a par exemple été le cas pour le programme d'action pour la prévention des catastrophes naturelles: BR-Drucks. 384/94 et 220/95) et la collaboration entre les commissions et les représentants des Länder, pourtant également prévue au § 45a al. 4 n'a pas été satisfaisante. *Cf.* Bundesrat, Compte-rendu en date du 11 septembre 1995, La pratique de la participation du Bundesrat à l'élaboration du droit communautaire dérivé selon le nouvel article 23 LF, sous IV (non publié).

[1057] Bundesrat, Rapport de la commision pour les questions de l'Union européenne en date du 16 avril 1996 (non publié), p. 5. Selon ce rapport, le travail de cette commission pourrait être facilité s'il existait une meilleure communication entre les différentes commissions.

[1058] § 45 a al. 1 GOBR.

[1059] Bundesrat, compte-rendu en date du 11 septembre 1995: La pratique de la participation du Bundesrat à l'élaboration du droit communautaire dérivé selon le nouvel article 23 de la Loi fondamentale, sous II.

la charge des Länder), le ministère des affaires étrangères n'a pas autorisé les Länder à avoir accès à ses serveurs[1060]. Mais les Länder disposent de leur propre serveur informatique puisque presque tous les documents qu'ils se procurent sont numérisés dans la banque de données « *Konkordanzen EG-Vorlagen Parlamentspapiere* » *(KEP)*[1061].

Il peut arriver que le Bundesrat ne soit pas en mesure de rendre un avis dans les délais, c'est-à-dire avant la fixation de la position commune au Conseil. Dans ce cas, le Bundesrat y renonce[1062]. Le Bundesrat peut, en outre, adapter et compléter son avis au cours des consultations qui se déroulent dans les organes communautaires relatives à la mesure communautaire envisagée. Pour ce faire, le gouvernement fédéral est dans l'obligation d'informer constamment le Bundesrat sur les modifications substantielles du projet communautaire.

Il est en outre possible de faire une distinction en ce qui concerne l'avis du Bundesrat en fonction du destinataire. Ainsi lorsque l'avis du Bundesrat s'adresse au gouvernement fédéral, il est soumis aux règles contenues dans l'article 23 V LF. En revanche, lorsque l'avis du Bundesrat s'adresse au représentant des Länder selon les dispositions de l'article 23 VI LF, il a valeur d'instructions.

1°) La simple prise en considération de l'avis du Bundesrat

Cette hypothèse est définie à l'article 23 V 1 LF :

> « Dans la mesure où des intérêts des Länder sont touchés dans un domaine de compétence exclusive de la Fédération ou lorsque la Fédération a, à un autre titre, le droit de légiférer, le gouvernement prend en considération la prise de position du Bundesrat ».

Ce devoir de prendre en considération l'avis du Bundesrat existait déjà avec la procédure prévue par la loi de ratification de l'Acte Unique européen. Les effets de l'avis du Bundesrat sont analogues et le gouvernement fédéral n'est ici pas lié à l'avis du Bundesrat : le gouvernement fédéral garde ici le dernier mot. Il doit donc prendre connaissance des arguments du Bundesrat, les intégrer dans sa décision finale et y réfléchir[1063].

a) L'extension du domaine de la nouvelle réglementation

Les domaines concernés sont toutefois plus vastes puisque selon l'ancienne réglementation, le gouvernement fédéral devait seulement donner l'occasion au Bundesrat de prendre position lorsque les mesures communautaires envisagées affectaient dans l'ensemble ou par des dispositions particulières les matières de législation des Länder ou qui touchaient leurs intérêts essentiels[1064].

Selon la taxinomie de la deuxième partie, point 2 de l'accord entre la Fédération et les Länder, les droits de participation du Bundesrat au processus décisionnel communautaire sont déterminés par les règles de répartition des compétences entre la Fédération et les Länder définies par la Loi fondamentale.

Désormais, ce devoir de prendre en considération l'avis du Bundesrat concerne les domaines de législation exclusive de la Fédération ayant des incidences sur les intérêts des Länder, ou lorsque la Fédération a par ailleurs le droit de légiférer. Il s'agit donc des compétences exclusives de la Fédération énumérées à l'article 73 LF, des compétences

---

1060 Rapport du bureau de la commission du Bundesrat pour les questions de l'Union européenne en date du 16 avril 1996 (non publié), p. 4.

1061 Bundesrat, compte-rendu en date du 11 septembre 1995: La pratique de la participation du Bundesrat à l'élaboration du droit communautaire dérivé selon le nouvel article 23 de la Loi fondamentale, sous I (non publié).

1062 Voir par exemple BR-Drucks. 693/9 ; BR-Drucks. 669/96.

1063 BT-Drucks. 12/3896, p. 20.

1064 Voir *supra* p. 142.

législatives concurrentes de l'article 74 LF, de la législation cadre de la Fédération et les matières relevant de l'administration propre à la Fédération (articles 86 et s. LF). Les pouvoirs législatifs de la Fédération étant fixés par l'article 72 LF, la révision de la Loi fondamentale du 27 octobre 1994 revêt une importance particulière.

Pour déterminer si la Fédération a le droit de légiférer dans l'ordre interne dans les cas de législation concurrente et de législation cadre, il faut examiner s'il existe une nécessité de législation au sens de l'article 72 II LF[1065]. Cette disposition pourrait jouer un rôle non négligeable dans la mesure où cet article constitutionnel a été modifié lors de 42ème révision de la Loi fondamentale du 27 octobre 1994. Jusqu'à cette date, cet article avait permis de légitimer l'extension irréversible du domaine législatif de la Fédération au détriment des Länder. Désormais, la nouvelle rédaction de l'article 93 I point 2 a LF, modifié lors de la même révision constitutionnelle, permet à la Cour constitutionnelle fédérale de statuer en cas de divergence d'opinion sur le point de savoir si une loi satisfait aux conditions de l'article 72 II LF, sur la demande du Bundesrat, d'un gouvernement de Land ou de la représentation du peuple d'un Land. La Cour constitutionnelle est donc en mesure de remettre en cause les interventions législatives de la Fédération en la matière et de briser " l'effet-cliquet "[1066] de l'ancienne rédaction de l'article 72 II LF[1067].

Dans le cadre de l'article 23 LF, qui organise les rapports entre l'ordre juridique national et l'ordre juridique communautaire, la modification de la Loi fondamentale opérée en 1994 est susceptible d'avoir une importance toute relative.

A partir du moment où un besoin de réglementation communautaire se fait sentir, le niveau fédéral serait *a priori* celui qui serait le plus à même de légiférer pour mettre en œuvre la mesure communautaire. En d'autres termes, le gouvernement fédéral pourrait avancer le besoin de réglementation communautaire, donc le besoin d'harmonisation au niveau le plus élevé pour justifier son action dans l'ordre interne. Il répercuterait en quelque sorte le besoin d'harmonisation communautaire sur la nécessité d'harmonisation fédérale, condition de l'article 72 II LF, pour intervenir[1068].

Le rapport de coopération entre les Cours constitutionnelle et communautaire pourrait en outre être remis en cause si d'un côté le juge de Luxembourg avalisait une compétence communautaire, qui dans l'ordre interne allemand, entrerait dans le cadre de la législation cadre ou concurrente alors que de l'autre côté, le juge de Karlsruhe refuserait d'y voir un domaine nécessitant l'intervention de la Fédération. Compte tenu du principe de subsidiarité, on ne voit pas pour quelle raison la Fédération ne pourrait pas intervenir dans un domaine où la compétence communautaire serait justifiée[1069].

Le champ d'application de l'article 23 V 1 LF concerne notamment les domaines dans lesquels la Fédération a renoncé à intervenir de manière législative pour des raisons politiques. C'est par exemple le cas de la politique industrielle[1070]. Les mesures dans le cadre de la politique européenne de la recherche ne requièrent également que l'avis simple du Bundesrat dans la mesure où il s'agit d'une compétence concurrente (art. 74 n° 13 LF). Cette

---

[1065] Accord du 23.10.93, deuxième partie, point 2 phrase 2.

[1066] *Christian Autexier*, Droit public allemand, p. 99.

[1067] *Cf. Markus Kenntner,* Das Subsidiaritätsprinzip als Beweislastumkehrregel, Überlegungen zur Neufassung von Art. 72 II GG und zur Justitiabilität des Subsidiaritätsprinzips, ZPR 1995, p. 367-36 ; *Arndt Schmehl,* Die erneurte Erforderlichkeitsklausel in Art. 72 Abs. 2 GG, DÖV 1996, p. 724-73 ; *Gerold Schmidt,* Die neue Subsidiaritätsprinzipregelung des Art. 72 GG in der deutschen und europäischen Wirtschaftsverfassung, DÖV 1995, p. 657-668.

[1068] En ce sens *Kaiser / Morawitz,* p. 97-98.

[1069] Sur le principe de subsidiarité et le danger qu'il constitue pour les Länder, voir *supra* p. 155.

[1070] *Kaiser / Morawitz,* p. 97.

politique de la recherche peut être étendue au domaine de l'économie et le gouvernement pourrait également s'appuyer sur l'article 74 n° 11 pour justifier la simple prise en considération du Bundesrat.

Ainsi, de proche en proche, on constate que les domaines dans lesquels le Bundesrat est simplement appelé à rendre un avis simple qui ne lie pas le gouvernement fédéral sont très vastes. A titre d'exemple, on peut citer toutes les mesures qui touchent la politique agricole commune, domaine dans lequel le Bundesrat a suivi l'avis du gouvernement selon lequel l'avis du Bundesrat ne devait pas être pris en considération de manière déterminante[1071].

b) Le problème des tâches communes

Les Länder avaient essayé d'aboutir à une réglementation selon laquelle la position allemande dans le domaine de la politique européenne de la recherche ne pourrait être définie qu'après concertation avec le Bundesrat en se fondant sur l'article 91 b LF[1072]. Le gouvernement refusa la demande des Länder en arguant que l'établissement d'une convention n'était qu'une simple faculté du gouvernement fédéral et en aucun cas une obligation. De plus , même si une convention a été passée, cela ne signifie pas que la Fédération ne dispose plus du droit de légiférer en la matière et, par conséquent, l'article 23 V 1 LF reste applicable[1073].

La deuxième partie, point 3 de l'accord entre la Fédération et les Länder du 29 octobre 1993 précise cependant que dans les cas où une coopération entre les Länder et la Fédération est prévue dans l'ordre interne, nonobstant les dispositions de la EUZBLG, il faut tendre à une procédure commune pour la fixation de la position allemande, y compris au niveau communautaire. Dans les consultations qui se sont déroulées avant l'adoption de cet accord, les deux parties étaient d'accord pour reconnaître que cette procédure commune ne devait pas se limiter aux articles 91 a et b LF, relatifs aux tâches communes de la Fédération et les Länder. Cette procédure commune ne joue en revanche que pour la fixation de la position et non pour la direction des négociations[1074] selon le § 6 al. 2 EUZBLG[1075].

Lors de l'adoption du projet communautaire " Leonardo da Vinci ", le Bundesrat estima qu'il s'agissait d'un cas pour lequel une coopération dans l'ordre interne était prévue entre les Länder et le la Fédération dans la mesure où il touchait les compétences de la Fédération par la formation dans l'entreprise et celles des Länder pour la formation professionnelle dans les écoles et les établissements de formation continue. Selon le Bundesrat, une procédure commune devait donc être mise en œuvre, par laquelle il fallait entendre une direction commune des négociations[1076].

Enfin, lorsque le gouvernement fédéral s'écarte de l'avis du Bundesrat, il en communique les raisons déterminantes, sur demande du Bundesrat, après l'adoption de la mesure.

[1071] Rapport du bureau de la commission du Bundesrat pour les questions de l'Union européenne en date du 16 avril 1996 (non publié), p. 6-7.

[1072] "Sur le fondement de conventions, la Fédération et les Länder peuvent coopérer pour la planification de l'enseignement et pour la promotion de centres et de projets de recherche scientifique d'intérêt supra-régional. La répartition des coûts est réglée dans la convention".

[1073] Sur cette question, voir: *Morawitz / Kaiser*, p. 98.

[1074] Par "direction des négociations", il faut entendre le droit d'être présent et de prendre la parole, mais aussi le droit d'influencer la décision finale au nom de l'Etat membre. *Cf. Schede*, p. 160.

[1075] *Kaiser / Morawitz*, p. 98-99.

[1076] BR-Drucks. 110/94 (Beschluß), point 31.

2°) La prise en considération de manière déterminante de l'avis du Bundesrat

Seuls les avis émis par le Bundesrat lient le gouvernement fédéral, à l'exclusion des décisions prises par les conférences des ministres des Länder qui ne développent aucun effet obligatoire pour le gouvernement fédéral[1077].

a) Le Bundesrat dispose en principe du dernier mot

Selon l'article 23 V 2 LF,

> « Lorsque des pouvoirs de législation des Länder, l'organisation de leurs administrations ou leur procédure administrative sont concernés de manière prépondérante, l'opinion du Bundesrat doit être prise en considération de manière déterminante lors de la formation de la volonté de la Fédération ; la responsabilité de la Fédération pour l'ensemble de l'Etat doit être préservée. Dans les affaires susceptibles d'entraîner une augmentation des dépenses ou une diminution des recettes de la Fédération, l'approbation du gouvernement fédéral est nécessaire ».

aa) Les conditions

L'expression " de manière prépondérante " était jusqu'à présent inconnue dans le vocabulaire de la Loi fondamentale. Elle revêt un caractère subjectif et est donc sujette à controverse. Le gouvernement fédéral, dans l'exposé des motifs, a tenté d'y apporter quelques éclaircissements :

> « Bien que les actes normatifs de l'Union européenne soient en général appliqués par les administrations des Länder, et qu'ils aient par conséquent des incidences sur les services et les procédures administratives non-contentieuses, cela ne suffit pas à entraîner l'application de la phrase 2. L'organisation des services ou la procédure administrative non-contentieuse doit être " affectée " (*betroffen*) et pas simplement touchée (*berührt*), c'est-à-dire que la mesure de l'Union européenne doit avoir des incidences importantes sur la structure existante des services ou sur la procédure administrative non-contentieuse »[1078].

C'est ainsi que selon le gouvernement, l'avis du Bundesrat devait simplement être pris en considération à propos du Livre Vert sur la lutte contre le bruit dans la mesure où les aspects centraux des domaines traités touchaient mais ne concernaient pas la procédure administrative des Länder[1079].

Le Bundesrat est désormais étroitement associé à certains domaines qui touchent les matières législatives exclusives de la Fédération (articles 24, 32, 59, 73 n°1, 87 a et 87 b LF)[1080] : à la différence de l'ancienne réglementation, le gouvernement n'a plus la possibilité de s'écarter de l'avis du Bundesrat pour des raisons de politique étrangère, de sécurité ou d'intégration. Dans ces matières, la responsabilité pour l'ensemble de l'Etat vaut aussi bien pour le gouvernement fédéral que pour le Bundesrat, désormais coresponsable pour l'ensemble de la Fédération en tant qu'organe institutionnel fédéral[1081]. Selon le gouvernement fédéral, le préservation de la responsabilité de la Fédération pour l'ensemble de l'Etat est une mise en œuvre du principe de loyauté fédérale. Ainsi, les seize intérêts

---

[1077] *Kaiser / Morawitz*, p. 8 ; *Ingo Winkelmann*, Die Bundesregierung als Sachwalter von Länderrechten, DÖV 1996, p. 1-11 (8). Dans sa décision du 22 mars 1995, la Cour constitutionnelle fédérale, tout en approuvant les procédures de participation du Bundesrat, laisse ouverte la question de savoir dans quelle mesure un Land en désaccord avec la décision majoritaire du Bundesrat pourrait se prévaloir contre le gouvernement fédéral, BVerfGE 92, 203 [234-235].

[1078] BR. Drucks. 501/92, p. 20. La conclusion à la tentative d'explication du gouvernement laisse perplexe: "Finalement, les structures administratives ou la procédure administrative doit être concernée de manière prépondérant ; c'est-à-dire en ayant une vue d'ensemble, que ces domaines doivent constituer le point central ou former principalement le domaine de la réglementation."

[1079] Cf. Erklärung zu Protokoll von Parlantarischem Staatssekretär Unlrich Klinkert (BMU), 708. Sitzung des Bundesrates am 31. Januar 1997, Punkt 43, Anlage 13. BR-Drucks. 918/96.

[1080] *Cf. Scholz*, in: Maunz-Dürig, Komm. z. GG, Art. 23, p. 130.

[1081] BT. Drucks. 12/6000, p. 23.

particuliers des Länder ne doivent-ils pas empêcher le vote allemand au Conseil, ce qui serait susceptible de nuire à l'Etat dans son ensemble[1082].

bb) La confirmation de l'avis du Bundesrat

Le § 5 al. 2 EUZBLG apporte des précisions importantes pour régler un éventuel conflit entre le Bundesrat et la Fédération.

> « La responsabilité de la Fédération pour l'ensemble de l'Etat doit être préservée, y compris pour les questions devant être considérées comme relevant de la politique d'intégration, de défense ou étrangère. Lorsque l'opinion du gouvernement fédéral ne correspond pas à l'avis du Bundesrat, un accord doit être recherché. Pour atteindre cet accord, une nouvelle consultation a lieu avec le représentant des Länder. Si un accord n'est pas réalisé et qu'en conséquence le Bundesrat confirme son opinion par une décision à la majorité des deux tiers de ses voix, l'opinion du Bundesrat est alors déterminante. L'approbation du gouvernement fédéral est nécessaire lorsque des décisions peuvent entraîner une augmentation des dépenses ou une diminution des recettes. »

Lorsqu'une divergence se manifeste entre le gouvernement fédéral et le Bundesrat, celui-là informe le Bundesrat et invite les représentants des Länder désignés par le Bundesrat à une nouvelle consultation dans les délais les plus brefs afin d'aboutir si possible à un accord. Si celui est trouvé, il reste soumis à une nouvelle approbation du Bundesrat. Mais rien n'empêche un Land de demander au Bundesrat de s'en tenir à sa première prise de position[1083]. Un tel cas de figure s'est produit à propos de l'adoption de la directive relative au droit de vote et d'éligibilité des ressortissants communautaires aux élections municipales. Le Bundesrat avait approuvé une demande du Land de Brême tendant à prendre en considération la situation particulière de la ville hanséatique où les représentants de la commune et ceux du Land sont en partie les mêmes. Selon le gouvernement, cette disposition était inconstitutionnelle[1084].

Si aucun accord ne peut être trouvé, le Bundesrat décide à la majorité des deux tiers et dans les délais les plus brefs s'il maintient son avis. Les Länder ont donc du mal à s'opposer à l'avis du gouvernement fédéral, y compris dans les domaines qui relèvent de leurs compétences exclusives, car si la majorité des deux tiers ne peut être réunie, le gouvernement fédéral peut faire prévaloir son opinion. L'abstention d'un tiers des membres du Bundesrat suffit déjà à redonner au gouvernement fédéral sa liberté d'action[1085]. En pratique, le Bundesrat n'a jusqu'à présent jamais fait usage de sa possibilité de maintenir son avis contre le gouvernement fédéral par une majorité des deux tiers[1086].

Le pouvoir du Bundesrat d'avoir le dernier mot n'est pas absolu mais reste soumis à certaines contraintes.

b) Les limites au droit du Bundesrat d'avoir le dernier mot

Même si le Bundesrat parvient à imposer son avis au gouvernement fédéral, ses prérogatives se trouvent limitées en matière financière. L'article 23 V 3 LF reprend le principe énoncé à l'article 113 I LF selon lequel le gouvernement fédéral a la responsabilité de la politique budgétaire et des finances. Cette réserve au profit du gouvernement fédéral s'applique à toutes les formes de participation du Bundesrat[1087]. La question qui se pose est dès lors de savoir si le risque d'une aggravation de la situation financière suffit à justifier le veto du gouvernement fédéral ou si au contraire le Bundesrat est en mesure de se fonder sur

---

1082 BR-Drucks. 501/92, p. 21.
1083 *Oschatz & Risse*, DÖV 1995, p. 437-451 (443).
1084 BR-Drucks. 294/94.
1085 *Cf. Georg-Berndt Oschatz & Horst Risse*, DÖV 1995, p. 437-451 (443).
1086 A la date du 3 juin 1998.
1087 BT-Drucks 12/6000, p. 23.

une projection plausible n'entraînant pas de conséquences néfastes sur la situation des finances. On peut également se demander si une aggravation des finances, même minime, nécessite l'approbation du gouvernement fédéral.

En cas de conflit entre le gouvernement fédéral et le Bundesrat, la Cour constitutionnelle a apporté certains éléments de réponse dans sa décision du 22 mars 1995 à propos de la directive " Télévision sans frontières ". Quand un tel conflit se manifeste, le gouvernement ne doit pas seulement s'abstenir de voter au Conseil car selon l'article 148 al. 3 CE, une abstention ne fait pas échec à une décision du Conseil lorsque l'unanimité est requise. Le gouvernement fédéral devrait donc voter contre le projet communautaire pour empêcher son adoption ou du moins convaincre ses partenaires européens en ayant recours à la loyauté communautaire pour infléchir le projet en question dans le sens souhaité par les Länder[1088]. La difficulté pour le gouvernement fédéral est donc de trouver un juste milieu entre les intérêts des Länder et ceux de l'Union européenne car l'appartenance à l'Union exclut un comportement exclusivement calqué sur les règles nationales. Les membres du Conseil doivent pouvoir conserver une certaine marge d'appréciation[1089].

Selon la jurisprudence de la Cour constitutionnelle fédérale, l'ordonnancement concret de la répartition et de l'équilibre du pouvoir étatique organisé par la Loi fondamentale ne doit pas être contourné par un monisme du pouvoir sous forme d'une réserve générale du parlement faussement dérivée du principe de démocratie. Le principe de la responsabilité parlementaire du gouvernement suppose aussi nécessairement un noyau de propre responsabilité exécutive. Dans un contexte différent, la Cour constitutionnelle expliquait alors que la décision gouvernementale d'autoriser le stationnement des missiles *Pershing* sur le territoire allemand ne constituait pas une violation des droits du Bundestag[1090]. Transposée aux relations entre le gouvernement fédéral et le Bundesrat, cette règle dégagée par le juge constitutionnel pourrait signifier que le gouvernement n'est pas tenu de suivre aveuglément les recommandations du Bundesrat dans la mesure où il conserve une part de propre responsabilité. Ce qui est vrai pour le Bundestag doit l'être également *a fortiori* pour le Bundesrat, puisque ce dernier n'est pas même en mesure de fonder son action sur une légitimité démocratique directe. Il faut cependant souligner que les relations entre le Bundesrat et le gouvernement fédéral ne relèvent pas de la logique parlementaire.

Enfin, les principes dégagés dans la décision " Télévision sans frontières " laissent penser que le gouvernement devrait pouvoir s'écarter de l'avis du Bundesrat s'il est en mesure de s'appuyer sur une interprétation consolidée des traités par la Cour de Justice. En cas de divergence entre le gouvernement fédéral et le Bundesrat, ce serait plutôt elle qui aurait le dernier mot[1091].

B. Les difficultés liées à l'avis du Bundesrat

La nature de l'avis du Bundesrat (simple ou obligatoire) peut être difficile à déterminer. La nouvelle procédure de participation bouscule par ailleurs l'ordonnancement institutionnel, en créant un déséquilibre entre le Bundesrat et le Bundestag.

1°) La difficulté de déterminer la nature même de l'avis du Bundesrat

Certaines difficultés d'interprétation peuvent se poser dans l'appréciation des critères qui permettent de déterminer si l'avis du Bundesrat doit simplement être pris en considé-

---

1088 Voir *supra* p. 232

1089 *Cf. Scholz*, in: Maunz-Dürig, Komm. z. GG, Art. 23, p. 134.

1090 BVerfGE 68, 1 [86-87]. Pour un commentaire en français, *cf. Michel Fromont*, RDP 1987, p.1999-1230 (1222-1225).

1091 *Winkelmann*, Die Bundesregierung als Sachwalter von Länderrechten, DÖV 1996, p. 1-11 (9).

ration ou si, au contraire, cet avis lie le gouvernement fédéral. Il existe essentiellement deux incertitudes qui rendent difficile à déterminer le rôle du Bundesrat : d'une part, un conflit d'interprétation entre l'article 23 V 1 LF et l'article 23 V 2 LF ; d'autre part, une difficulté qui tient au contenu même du projet communautaire en cause.

a) Les difficultés tenant au contenu même du projet communautaire

Selon le point 2 de la deuxième partie de l'accord du 29 octobre 1993, la détermination de la réglementation applicable au projet communautaire dépend de son contenu concret. A ce titre, ce n'est pas l'aspect quantitatif mais l'aspect qualitatif qui prévaut. Cela signifie qu'il faut donc déterminer le centre de gravité du projet communautaire, car celui-ci fixe les droits du Bundesrat.

Certains projets communautaires se trouvent à la lisière des compétences fédérales cadres ou concurrentes et des compétences législatives exclusives des Länder. C'est le cas, par exemple, de l'enseignement supérieur. Ainsi la Fédération est-elle compétente pour les principes généraux relatifs à la reconnaissance des années d'études et des examens passés dans une Université étrangère dans le cadre d'une compétence législative cadre[1092]. Par conséquent, une réglementation communautaire qui aurait un tel objet serait soumise à l'article 23 V 1 LF. Il en irait autrement pour un projet qui aurait pour objet de détailler les critères permettant d'établir l'équivalence des diplômes. Une telle réglementation n'entrerait, dès lors, plus dans la compétence cadre de la Fédération, et nécessiterait l'avis conforme du Bundesrat selon l'article 23 V 2 LF, dans la mesure où les pouvoirs de législation des Länder seraient concernés et la Fédération n'aurait pas le droit de légiférer[1093].

Le caractère obligatoire de l'avis du Bundesrat ne semble pas être absolu et ne jouerait que dans la mesure où les pouvoirs de législation, l'organisation administrative ou leur procédure administrative seraient concernés de manière prépondérante[1094] ; c'est du moins le point de vue défendu par le gouvernement fédéral[1095]. Cette précision entraîne une difficulté supplémentaire car l'avis déterminant du Bundesrat ne s'étendrait pas à l'ensemble du projet communautaire mais seulement aux points du projet qui affectent les pouvoirs de législation des Länder ou la structure de leurs administrations. Il faudrait distinguer, dans le projet communautaire, les points qui ont un caractère obligatoire de ceux qui n'en ont pas[1096]. Cela signifie corrélativement qu'il ne suffit pas qu'une partie du projet concerne de manière prépondérante les pouvoirs de législation des Länder, l'organisation de leurs administrations ou leur procédure administrative pour que l'opinion du Bundesrat soit prise en considération de manière déterminante. Il faut encore que l'essentiel du projet remplisse ces conditions. Ce qui ne fait d'ailleurs que déplacer le problème car des interprétations différentes risquent de se manifester sur ce que constitue l'essentiel du projet. La réserve selon laquelle l'avis du Bundesrat ne doit être pris en considération que dans la mesure où l'une des trois conditions est remplie a donc une portée limitée, puisque si le Bundesrat est en mesure de rendre un avis liant le gouvernement fédéral, cela signifie que l'essentiel du projet concerne les pouvoirs de législation des Länder, l'organisation de leur administration

[1092] § 20 de la loi cadre sur l'enseignement supérieur (Hochschulrahmengesetz).

[1093] *Cf. Kaiser / Morawitz*, p. 99.

[1094] La traduction française ne rend pas cette nuance. On se reportera donc au texte original allemand: "Wenn im Schwerpunkt Gesetzgebungsbefugnisse der Länder, die Einrichtung ihrer Behörden oder ihre Verwaltungsver-fahren betroffen sind, ist bei Willensbildung des Bundes insoweit die Auffassung des Bundesrates maßgeblich zu berücksichtigen" (art. 23 V 2 GG).

[1095] BR-Drucks. 501/92, p. 21-22.

[1096] *Cf. Wilhelm*, Europa und GG, BayVBl. 705-710 (709); *Schmalenbach*, p. 131-13 ; *Kaiser / Morawitz*, p. 9 ; *Schede*, p. 159.

ou leur procédure administrative. Le barrage pour le Bundesrat se situe ici en amont : il doit montrer de quelle façon l'essentiel du projet communautaire le concerne de manière prépondérante mais une fois cette étape franchie, l'avis qu'il adresse au gouvernement fédéral doit être suivi par celui-ci.

Selon cette disposition constitutionnelle, les trois cas de figure dans lesquels l'avis du Bundesrat doit être pris en considération de manière déterminante sont indépendants l'un de l'autre. Autrement dit, il suffit que l'une des conditions soit remplie pour que le Bundesrat puisse rendre un avis que le gouvernement fédéral doit suivre. La condition la plus importante est la première : l'hypothèse où les pouvoirs de législation des Länder sont concernés de manière prépondérante. En effet, les normes communautaires touchant l'organisation des administrations des Länder restent rares ; quant à celles concernant leur procédures administratives, elles sont certes plus nombreuses mais ne constituent que rarement le point central de la réglementation et ne sont donc pas soumises à l'avis déterminant du Bundesrat[1097]. On constate en pratique qu'il n'y a pas une adéquation entre la quantité et la qualité des motifs que le Bundesrat peut avancer pour faire prévaloir son avis. Qualitativement, c'est la première condition qui est la plus importante : le fait que des pouvoirs de législation des Länder soient touchés mais le Bundesrat s'appuie le plus souvent sur les deuxième et troisième conditions pour défendre l'opinion selon laquelle son avis a un caractère obligatoire[1098].

b) Un conflit d'interprétation entre l'article 23 V 1 et 2 LF

Un conflit d'interprétation existe entre l'article 23 V 1 LF et l'article 23 V 2 LF puisque selon la répartition des compétences dans l'ordre interne, deux hypothèses formulées chacune dans chaque phrase sont susceptibles de recouvrir le même cas de figure.

Selon l'article 23 V 1 LF, lorsque la Fédération a, à un autre titre que celui de la compétence législative exclusive fédérale, le droit de légiférer, l'avis du Bundesrat doit simplement être pris en considération.

Selon l'article 23 V 2 LF, lorsque des pouvoirs de législation des Länder sont concernés de manière déterminante, l'opinion du Bundesrat doit être prise en considération de manière déterminante.

Ces deux hypothèses, sous des formules différentes, recouvrent en fait les cas de législation cadre et de législation concurrente des articles 72, 74, 74 a, et 75 LF. Dans ces deux cas, les Länder ont le pouvoir de légiférer aussi longtemps et pour autant que la Fédération n'a pas fait, par une loi, usage de sa compétence législative.

Lorsque le législateur fédéral est déjà intervenu dans ces matières, le problème d'interprétation ne se pose pas en principe. Ces domaines font désormais partie de la législation fédérale, et c'est l'article 23 V 1 qui s'applique. Autrement dit, l'avis du Bundesrat peut seulement être pris en considération de manière non déterminante[1099]. Un problème peut toutefois se poser si la Fédération est déjà intervenue dans un domaine alors que les conditions de l'article 72 II LF n'étaient pas réunies. Si un tel cas se présentait, c'est la Cour constitutionnelle fédérale qui devrait trancher le conflit[1100].

[1097] *Oschatz & Risse*, DÖV 1995, p. 437-452 (444). Selon eux, le domaine de cette disposition constitutionnelle serait donc étroit et ne justifierait pas les craintes de paralysie de la politique européenne allemande. A noter que ces deux commentateurs sont respectivement directeur du Bundesrat et membre du secrétariat du Bundesrat.

[1098] *Cf. Klaus-Dieter Schnapauff*, Der neue Europaartikel in der staatlichen Praxis, ZG 1997, p. 188-194 (192).

[1099] *Scholz*, in: Maunz- Dürig, Komm. z. GG, Art. 23, p. 128.

[1100] Voir *supra* p. 58 et 303.

L'hypothèse de la législation-cadre pose un problème particulier. Selon l'article 75 II LF, des dispositions cadres ne peuvent qu'exceptionnellement contenir des règles allant dans le détail ou directement applicables. Cet alinéa a été ajouté lors de la révision du 27 octobre 1994 pour contrer une législation-cadre de plus en plus détaillée. On peut toutefois imaginer des dispositions communautaires entrant dans le champ des compétences-cadres de la Fédération mais dont la précision extrême irait au-delà de la législation-cadre fédérale. Dans ce cas de figure, l'avis du Bundesrat ne devrait pas simplement être pris en considération mais serait déterminant[1101].

Selon le gouvernement fédéral, dans les domaines où le législateur fédéral n'est pas encore intervenu, en dépit des pouvoirs de législation qui lui incombent en vertu des articles 74 et 75 LF, l'avis du Bundesrat devrait seulement être pris en considération de manière non déterminante, du moins jusqu'au jour où une décision de la Cour constitutionnelle fédérale viendrait remettre en cause l'exercice du droit de légiférer du législateur fédéral, comme l'autorise désormais le nouvel article 93 I 2a LF.

Le problème d'interprétation se pose en fait lorsque le législateur fédéral n'est pas encore intervenu dans ces domaines. Dans ce cas là, faut-il ou non considérer l'avis du Bundesrat comme déterminant ? Sur cette question, le Bundesrat et le gouvernement fédéral s'opposent[1102].

Pour régler ce conflit, deux critères peuvent être retenus. L'un se fonde sur le passé, l'autre sur l'avenir.

Le critère fondé sur le passé a un caractère objectif : la Fédération a-t-elle déjà fait usage de son droit de légiférer ? Si ce n'est pas le cas, on pourrait considérer que le pouvoir de légiférer existe toujours conformément à l'article 70 LF (Les Länder ont le droit de légiférer dans les cas où la présente Loi fondamentale ne confère pas à la Fédération des pouvoirs de légiférer)[1103]. Cette interprétation ne prend pas en compte la politique législative de la Fédération qui peut avoir intérêt à ne pas réglementer certains domaines, même si elle en a le droit[1104].

Le critère fondé sur l'avenir a un caractère hypothétique. Ici, la question ne serait pas de savoir si la Fédération a déjà fait usage de son droit de légiférer conformément aux articles 72, 74, 74a et 75 LF, mais plutôt de savoir si la Fédération serait habilitée à agir à l'aune du critère de l'article 72 II, si elle décidait d'intervenir. Si la Fédération était habilitée à agir selon l'article 72 II LF, l'article 23 V 1 LF serait applicable, ce qui signifie que l'avis du Bundesrat devrait simplement être pris en considération ; dans le cas contraire, l'opinion du Bundesrat serait déterminante[1105].

La EUZBLG semble dissiper le doute en faisant de l'incidence du projet communautaire sur les pouvoirs de législation des Länder et de l'absence du droit de légiférer pour la Fédération deux conditions cumulatives[1106] :

> « Lorsque les pouvoirs de législation des Länder sont affectés de manière prépondérante par un projet communautaire **et** que la Fédération ne dispose pas du droit de légiférer, (...) l'avis du Bundesrat doit être pris en considération de manière déterminante (...) ».

[1101] *Cf. Georg-Berndt Oschatz & Horst Risse*, DÖV 1995, p. 437-451 (442).
[1102] BR-Drucks. 501/92 (Beschluß), p. 2.
[1103] Ainsi: l'avis du Bundesrat BR-Drucks. 501/92 (Beschluß), p. ; *Paul Wilhelm*, Europa im Grundgesetz: Der neue Artikel 23, BayVerwBl. p. 705-710 (709).
[1104] *Scholz* in/ Maunz-Dürig, Komm z. GG, Art. 23, p. 128.
[1105] *Ibid.*
[1106] *Cf. Georg-Berndt Oschatz & Horst Risse*, DÖV 1995, p. 437-451 (442).

Les deux interprétations ne sont pas incompatibles, et il est possible de les combiner, en retenant comme critère de distinction déterminant, le droit pour la Fédération d'agir dans certaines matières.

Tableau 10

	Fédération ayant déjà fait usage de son droit delégiférer	Fédération ayant le droit de légiférer	Avis simple du Bundesrat	Avis déterminant du Bundesrat
Législation fédérale exclusive			X	
Législation cadre et législation concurrente de la Fédération	oui	oui	X	
		non		X
	non	non		X
		oui	X	

2°) Le risque de déséquilibre entre le Bundesrat et le Bundestag

La nouvelle procédure renvoie le Bundesrat et le Bundestag dos à dos puisque ces deux institutions semblent disposer des mêmes droits sans qu'une résolution du conflit soit proposée en cas d'avis divergent du Bundesrat et du Bundestag. Le pouvoir constituant et le législateur ont laissé cette question ouverte[1107].

L'article 23 III énonce en effet :

« Avant de concourir aux actes normatifs de l'Union européenne, le gouvernement fédéral donne au Bundestag l'occasion de prendre position. Dans les négociations, le gouvernement fédéral prend en considération les prises de position du Bundestag. Les modalités seront réglées par une loi[1108]. »

Les § 3 et 5 de la EUZBBG relatif aux prises de positions du Bundestag sont calqués sur les dispositions correspondantes de la EUZBLG[1109], ce qui crée une sorte de symétrie entre les droits du Bundesrat et ceux du Bundestag. Cette situation, marquée par la volonté de

---

1107 *Herdegen, in:* VVDStRL 56, p. 121.

1108 Loi sur la collaboration du gouvernement fédéral et du Bundestag allemand dans les affaires de l'Union européenne du 12 mars 1993, BGBl. I p. 311, (par la suite: EUZBBG).

1109 § 3: « Le gouvernement fédéral informe le Bundestag de façon complète et le plus tôt possible sur tous les projets communautaires dans le cadre de l'Union européenne, qui pourraient intéresser la République fédérale d'Allemagne ».

§ 5 II: Le délai pour rendre l'avis doit être tel que le Bundestag dispose d'assez de temps pour examiner le projet. Le gouvernement prend l'avis pour base de négociation". On peut noter, toutefois, une petite différence dans les formules utilisées respectivement pour le Bundestag et le Bundesrat. Alors que le gouvernement doit prendre en considération l'avis du Bundesrat (berücksichtigen), il prend pour base l'avis du Bundestag (zugrundelegen). Le Bundesrat y voyait une violation de l'égalité de traitement entre ses avis et ceux du Bundestag. Il convoqua donc la commission de conciliation le 18 décembre 1992 (la loi avait été approuvée le 18 décembre par le Bundestag). Le gouvernement et le Bundestag arguèrent que l'expression "prend pour base" dans la loi ne constituait pas une modification du contenu de l'article 23 III 2 LF mais visait simplement à prendre en considération le moment où l'avis est rendu. Le vocable "prend pour base" était donc destiné à décrire le début du processus de la formation de la volonté. Dans ces conditions, la commission de conciliation aboutit à un accord sur le contenu du § 5 EUZBBG.

traiter les deux organes constitutionnels sur un pied d'égalité, est une source de conflit lorsque l'avis du Bundesrat diffère de celui du Bundestag.

Le motif principal de la convocation de la commission de conciliation par le Bundesrat le 18 décembre 1992 était justement d'instaurer un mécanisme de résolution des conflits pouvant survenir entre le Bundesrat et le Bundestag. Le projet de loi approuvé par le Bundestag le 2 décembre prévoyait l'hypothèse d'une divergence entre l'avis du Bundestag et celui du Bundesrat. Dans ce cas, le gouvernement pouvait prendre en considération, de manière privilégiée, l'avis du Bundestag ou celui du Bundesrat, selon que le domaine de législation dans l'ordre interne relevait de manière prépondérante de la Fédération ou des Länder. La commission de conciliation ne conserva pas cette clause, de telle sorte que le gouvernement ne peut pas compter sur cette disposition législative pour trancher un conflit entre le Bundesrat et le Bundestag. Il doit donc exercer un arbitrage entre les différentes opinions et faire prévaloir un avis. Dans les cas prévus à l'article 23 V II LF la question ne se pose pas puisque l'opinion du Bundesrat est pris en considération de manière déterminante et peut donc passer outre l'avis du Bundestag.

Au total, le Bundesrat est donc placé dans une situation plus avantageuse que le Bundestag car celui-ci ne peut jamais être assuré que son avis sera celui dont le gouvernement s'inspire pour définir sa position dans les négociations. Cette situation introduit une perturbation dans l'équilibre institutionnel entre le Bundesrat, le Bundestag et le gouvernement fédéral car celui-ci est responsable uniquement devant le Bundestag, et non devant le Bundesrat. Il serait donc logique, dans le cadre du système parlementaire, que le gouvernement soit plutôt tenu de suivre l'avis de l'organe devant lequel il est responsable.

3°) La controverse entre l'application de l'article 23 LF et l'accord de Lindau

L'article 32 LF donne une compétence de principe à la Fédération pour passer des accords avec les Etats étrangers et délimite les droits des Länder en la matière.

> « La charge des relations avec les Etats étrangers revient à la Fédération.
>
> Avant la conclusion d'un traité touchant la situation particulière d'un Land, ce Land devra être entendu en temps utile.
>
> Dans la mesure de leur compétence législative, les Länder peuvent, avec l'approbation du gouvernement fédéral, conclure des traités avec les Etats étrangers. »

Le pouvoir des Länder pour traiter avec les Etats étrangers dépend donc du gouvernement, qui exerce « un contrôle préventif qui a pour objet d'éviter que les conventions conclues par les Länder soient en contradiction avec les intérêts de la Fédération »[1110]. Cette dernière est la seule responsable sur la scène internationale et les Länder n'ont qu'une personnalité juridique limitée, qui les empêche d'avoir une politique étrangère propre[1111].

Mais des incertitudes demeurent quant aux droits des Länder à négocier avec les Etats étrangers dans le domaine des compétences législatives des Länder, compte tenu de l'article 32 I LF. Les domaines dans lesquels les Länder peuvent intervenir sont également sujets à diverses interprétations. S'agit-il uniquement des domaines de législation exclusive des Länder ou également des domaines dans lesquels les Länder n'ont qu'une compétence concurrente ? L'approbation nécessaire du gouvernement fédéral lui donne un moyen de pression difficilement contrôlable. L'accord de Lindau du 14 novembre 1957[1112], sorte de *modus vivendi* entre la Fédération et les Länder, tente de concilier les arguments de

---

[1110] BVerfGE 02, 347 [370].

[1111] *Cf. Christian Autexier,* Introduction au droit public allemand, p. 155-156.

[1112] Reproduit *in: Laufer/Münch,* Das föderative System der BRD, München 1997, p. 313-314.

chacun[1113]. Si l'efficacité de cet accord est aujourd'hui reconnue, son caractère constitutionnel est toujours controversé[1114].

Le premier point de l'accord précise que les Länder et la Fédération s'en tiennent à leurs conceptions respectives pour les accords de droit international public qui touchent les compétences exclusives des Länder. Le deuxième point reconnaît une compétence exclusive de la Fédération pour certains types de traités. Selon le troisième point, pour les accords internationaux qui touchent, selon l'avis des Länder, leurs compétences législatives exclusives et qui ne sont pas couverts par le point 2, l'accord des Länder doit être trouvé avant que ce traité ne développe des effets obligatoires. Cela signifie que la Fédération doit obtenir l'approbation de chacun des Länder. Autrement dit, chaque Land peut empêcher la conclusion d'un tel traité.

Il y a donc une différence fondamentale entre la procédure de l'article 23 LF et la procédure prévue par l'accord de Lindau. Alors que, dans le premier cas, les Länder exercent leurs droits de participation par l'intermédiaire du Bundesrat, ce qui signifie qu'une décision à la majorité du Bundesrat suffit et que certains Länder peuvent se trouver minoritaires, chaque Land doit individuellement donner son accord dans le second cas[1115]. Cette différence montre une nouvelle fois que le Bundesrat ne représente qu'imparfaitement les intérêts des Länder et que les droits de participation du Bundesrat ne sont qu'un pis-aller pour les atteintes aux droits exclusifs des Länder.

Selon le gouvernement fédéral, la mise en œuvre des nouvelles procédures de l'article 23 LF rend l'accord de Lindau sans objet pour les accords internationaux de l'Union européenne[1116]. Cet avis n'est pas partagé par les Länder, ce qui tend à montrer que dans la participation des Länder par l'intermédiaire du Bundesrat, le gouvernement fédéral trouve son avantage.

Plusieurs cas de figure doivent être distingués pour déterminer les cas dans lesquels l'accord de Lindau ou l'article 23 LF s'applique. En ce qui concerne les accords internationaux de la Communauté[1117], il faut en conclure que l'accord de Lindau n'est pas applicable car c'est la Communauté et non le gouvernement fédéral qui est partie à l'accord. Ces accords sont notamment passés dans le cadre de la politique commerciale commune (article 113 [133] CE) ; Il s'agit également des accords d'association passés avec des Etats tiers ou des organisations internationales (article 238 [310] CE).

Les accords mixtes de la Communauté ont la particularité d'être conclus à la fois par la Communauté et par les Etats membres. Il s'agit, par exemple, des accords de partenariat[1118]. Pour la partie de l'accord où la Communauté est compétente, l'article 23 LF devrait

---

1113 Sur l'accord de Lindau, on pourra voir en langue fraçaise *Jochen A. Frowein, Karin Oellers-Frahm*, Rapport allemand, in : Pierre Michel Eisemann (sous la dir.), L'intégration du droit international et communautaire dans l'ordre juridique national - Etude de la pratique en Europe, Kluwer law international, The Hague/London/Boston, 1996, p. 69-117 (71-72).

1114 La Cour constitutionnelle a déjà mentionné l'accord de Lindau dans sa jurisprudence mais uniquement à titre incident. BVerfGE 42, 103 [113-114] ; BVerfGE 92, 203 [232].

1115 Pour les traités d'Etat entre les Länder, la Cour constitutionnelle a toutefois constaté que la règle de l'unanimité pouvait être atténuée dans certaines circonstances sans que cela ne s'oppose à l'autonomie étatique des Länder (Eigenstaatlichkeit der Länder). BVerfGE 90, 60 [104] - 8. Rundfunkentscheidung (Rundfunkgebühren).

1116 Sur cette question, *cf. Ingo Winkelmann*, Innerstaatliche Kompetenzverteilung bei Vertragsabschlüssen in Angelegenheiten der Europäischen Union - Zur Nichtbeachtlichkeit der Lindauer Absprache im Anwedungsberreich von Art. 23 n. F. GG, DVBl. 1993, p. 1128-1136.

1117 Art. 228 (300) CE.

1118 Sur les accords mixtes, voir la note 124.

s'appliquer alors que pour la partie de l'accord où c'est la RFA qui est compétente, ce devrait être l'accord de Lindau.

Pour les accords passés entre les Etats membres de la Communauté, mais sous la forme d'une simple coopération intergouvernementale (comme par exemple les accords de Schengen), il ne s'agit nullement d'un projet communautaire, ce qui constitue la condition pour mettre en œuvre la procédure de participation de l'article 23 LF. L'accord de Lindau devrait donc s'appliquer[1119].

Un problème particulier se pose pour les clauses évolutives, notamment dans le domaine de la justice et des affaires intérieures et, plus particulièrement, pour l'article K.3 al. 2 c (34 al. 2 d) TUE selon lequel le Conseil peut établir des conventions dont il recommandera l'adoption par les Etats membres selon leurs règles constitutionnelles respectives. Il faut distinguer ici entre les négociations au niveau de l'Union et la procédure d'approbation dans l'ordre interne. Le gouvernement fédéral est d'avis que seul l'article 23 LF est applicable. Les Länder, en revanche, ne reconnaissent l'application de l'article 23 que pour les négociations au niveau communautaire et non pour la procédure décisionnelle dans l'ordre interne, où les règles définies par l'accord de Lindau devraient s'appliquer. Cette question se pose dans les mêmes conditions pour les autres clauses évolutives comme, par exemple, l'article 8 E (22) CE selon lequel le Conseil, statuant à l'unanimité, peut arrêter des dispositions pour compléter les droits relatifs à la citoyenneté de l'Union ou l'article 138 al. 3 (190 al. 4) CE à propos d'une procédure d'élection identique des députés européens[1120].

Les divergences entre le gouvernement fédéral et les Länder sur l'application de l'article 23 LF ou des dispositions de l'accord de Lindau n'ont toutefois pas entraîné jusqu'à présent de difficulté majeure dans la mesure où le gouvernement a accepté de ne ratifier les projets qu'après l'approbation des Landtage de tous les Länder[1121]. Dans certains cas, le gouvernement a même reconnu l'application de l'accord de Lindau[1122].

4°) L'échec de la chambre européenne du Bundesrat

Les impératifs de rapidité et d'efficacité de la nouvelle procédure semblaient incompatibles avec le fonctionnement du Bundesrat. Une chambre européenne a donc été mise en place. Cette chambre européenne n'était pas une nouveauté dans la mesure où elle avait été déjà prévue à partir de 1988 dans le règlement intérieur du Bundesrat[1123]. Elle a désormais un statut constitutionnel puisqu'elle est mentionnée à l'article 52 IIIa LF.

Cette chambre ne peut siéger que dans deux hypothèses. En cas d'urgence, lorsqu'une réunion du Bundesrat en séance plénière n'est plus possible, faute de temps, pour participer aux actes normatifs de l'Union européenne, ou encore pour préserver la confidentialité des débats[1124]. Elle est saisie par son président (désigné par la chambre pour une période d'un an), ou par le directeur du Bundesrat sur délégation du président, qui doit, au préalable, recueillir l'accord du président de la commission chargée des questions européennes[1125].

[1119] *Morawitz/Kaiser*, p. 84.

[1120] Sur les problèmes de compatibilité entre l'accord de Lindau et de l'article 23 LF en fonction des différents cas de figure, *cf. Claus-peter Clostermeyer / Stefan Lehr*, Ländermitwirkung bei völkervertraglichem Handel auf EU-Ebene - Brauchen wir ein "Lindau II"? DÖV 1998, p. 148-154 (151-153).

[1121] Bundesrat, Rapport du bureau de la commission pour les questions de l'Union européenne en date du 16 avril 1996, p. 12 (non publié); Büro des Auschusses für Fragen der EU, Qualifizierte Mitwirkung der Bundesrates in Angelegenheiten der EU, Stand 31/12/97, p. 26 (non publié).

[1122] BR-Drucks. 188/93, Satzung für europäische Schulen.

[1123] Voir *supra*. p. 144

[1124] § 45 d al. 1 GOBR.

[1125] § 45 d al. 4 GOBR.

Pour couper court au crainte des commissions spécialisées du Bundesrat de se voir dessaisies des questions européennes, le § 45 e al. 1 GOBR précise que les séances de la chambre sont préparées dans la mesure du possible par les commissions.

En fait, cette chambre n'a siégé que très rarement jusqu'à présent[1126]. Deux raisons diamétralement opposées peuvent en expliquer les raisons. Cela peut signifier que le Bundesrat, réuni en séance plénière, a presque toujours pu rendre un avis dans les délais sans faire appel à la chambre européenne[1127], mais cela peut aussi signifier que même sa réunion était inutile car la mesure communautaire avait déjà été prise[1128]. Enfin dans certains cas, sa réunion dans les délais aurait été possible mais elle aurait été dans l'incapacité de prendre une décision car la majorité des voix n'aurait pas été représentée, comme l'exige le § 45 h al. 2 du règlement intérieur du Bundesrat. En effet, selon le § 45 h al. 1 du règlement intérieur, seuls le membre de la chambre et ses représentants sont autorisés à voter, et l'emploi du temps chargé des membres du gouvernement des Länder n'est guère compatible avec une réunion à court terme de la chambre européenne, ce qui constitue pourtant l'intérêt d'une telle institution[1129].

La chambre européenne du Bundesrat n'a donc pas montré une grande efficacité. Une réforme pourrait permettre d'améliorer son fonctionnement en lui donnant une plus grande souplesse.

Les mécanismes fédératifs allemands ne développent dorénavant plus exclusivement des effets dans l'ordre interne. Désormais l'onde de choc provoquée par la rencontre des deux ordres juridiques est perceptible au sein même des institutions et des procédures décisionnelles communautaires. L'empreinte fédérale de l'Allemagne y est présente.

II. Le rôle du Bundesrat au niveau communautaire

Le nouvel article 23 LF apporte une innovation importante par rapport à l'ancienne procédure. Cette innovation a été rendue possible par la nouvelle rédaction de l'article 146 CE selon lequel le Conseil est formé par un représentant de chaque Etat membre au niveau ministériel habilité à engager le gouvernement de cet Etat membre. Cet article introduit un élément de souplesse en permettant à un représentant des Länder de représenter le gouvernement fédéral au sein du Conseil mais les Länder peuvent également participer aux nombreux organismes qui gravitent autour de la Commission et du Conseil.

§ 1. L'invitation de représentants des Länder dans les organes communautaires

Cette hypothèse n'est pas mentionnée dans l'article 23 LF mais au § 6 al. 1 EUZBLG :

(1) « Pour un projet pour lequel le Bundesrat aurait dû concourir à une mesure analogue dans l'ordre interne ou pour lequel les Länder seraient compétents dans l'ordre interne, ou encore qui touche les intérêts essentiels des Länder, le gouvernement invite, sur demande, des représentants

---

1126 La chambre européenne du Bundesrat a été réunie 16 fois sur les 769 projets communautaires traités au Bundesrat entre 1987 et 1990 24 fois sur 783 projets entre 1990 et 1994 et 2 fois entre 1994 et juillet 1996. *Laufer/Münch,* Das föderative System der Bundesrepublik Deutschland, Bayerische Landeszentrale für politische Bildungsarbeit, München 1997, 7. neu bearbeitete Auflage, 258 p. (221-222)

1127 *Rüdiger Wolfrum,* VVDStRL 56, p. 66.

1128 Rapport du bureau de la commission du Bundesrat pour les questions de l'Union européenne en date du 16 avril 1996, p. 6 (non publié).

1129 Le cercle des personnes habilitées à voter au sein de la chambre avait été largement discuté entre les Länder. Initialement, la conférence des ministres chargés des questions européennes s'était prononcée favorablement pour l'accorder également à des délégués. Pour des raisons plus politiques que juridiques, il a pourtant été jugé suffisant d'accorder le droit de vote aux seuls membres des gouvernements. Une extension du droit de vote permettrait pourtant d'avoir à la chambre européenne une plus grande efficacité. *Cf. Georg-Berndt Oschatz* et *Horst Risse,* DÖV 1995, p. 437-452 (449).

des Länder aux négociations dans les organes de délibération du Conseil et de la Commission, dans la mesure où cela lui est possible. La direction des négociations revient au gouvernement fédéral ; les représentants des Länder peuvent donner des explications avec l'accord de la direction des négociations. »

A. La nomination des représentants

Les représentants des Länder auprès des organes communautaires sont nommés par le Bundesrat, selon le § 45 i GOBR. Celui-ci a renouvelé le 20 novembre 1996 les nominations des représentants qui étaient en place depuis 1993. Cette nouvelle nomination est entrée en vigueur le 1er janvier 1997[1130].

1°) La procédure de nomination

La nomination est divisée en trois parties (A, B, et C).

Il y a tout d'abord la nomination des représentants dans les organes pour lesquels une participation est possible de manière générale (A).

Par exemple auprès des organes de la Commission et dans le domaine du marché intérieur et de l'économie de marché, une nomination a eu lieu au sein du Comité permanent pour l'harmonisation des dispositions juridiques et administratives dans le domaine des matériaux de construction. Auprès des organes du Conseil et dans le domaine des télécommunications, de l'industrie, de l'information et de l'innovation, le Bundesrat a par exemple procédé à une nomination au sein du Comité spécial institué par l'article 113 (133) CE, chargé d'assister la Commission pour négocier des accords avec un ou plusieurs Etats ou organisations internationales.

Puis le Bundesrat a procédé aux nominations de représentants des Länder dans les organes relatifs à des domaines où une possibilité de participation dépend de l'ordre du jour (B). Par exemple le Comité du fonds social européen dans le domaine du travail, des affaires sociales et de la formation.

Les nominations les plus importantes sont prises selon le § 6 al. 2 (C). Il s'agit des domaines dans lesquels les pouvoirs législatifs exclusifs des Länder sont concernés de manière prépondérante. Ces représentants siègent au Conseil lui-même dans sa formation réunissant les ministres. Les nominations sont intervenues au Conseil des ministres de l'éducation, au Conseil des ministres de la culture et Conseil des ministres de la recherche.

Dans ce dernier cas, et dans la mesure où le Bundesrat n'a pas nommé un représentant des Länder par une décision spéciale pour les Conseils des ministres, est considéré nommé de manière générale le ministre du Land ayant la présidence au sein de la Conférence des ministres spécialisés (par opposition à la Conférence des ministres présidents). Lorsque plusieurs Conférences des ministres spécialisés sont compétents, la représentation est fixée d'un commun accord et au cas par cas.

Selon la quatrième partie, point 2 de l'accord du 29 octobre 1993, le représentant des Länder ne peut pas se substituer au représentant allemand au sein du COREPER. Une note de renvoi précise en effet que les Länder ne peuvent participer qu'aux réunions destinées à préparer les indications qui seront fournies[1131]. Bien que l'article 151 (207) CE ne précise pas expressément que les membres du COREPER doivent être membres du gouvernement, le COREPER est composé de membres permanents, ce qui exclut un transfert ponctuel de l'exercice des droits de la RFA au représentant des Länder. Un tel transfert serait donc non conforme au droit communautaire[1132].

[1130] BR-Drucks. 810/96.

[1131] *Idem* pour Sonderausschuß Landwirtschaft.

[1132] *Schede*, p. 169. Malgré la composition du COREPER, la question avait pu être soulevée, voir: *Ulla*

2°) L'investissement par les Länder des organes communautaires

En pratique, le Bundesrat a fait très largement usage de son droit, puisque ce ne sont pas moins de 400 représentants des Länder qui ont été nommés dans les organes communautaires. Le nombre très élevé de représentants des Länder rend la coordination plus difficile et nuit à la transparence[1133]. L'activité des représentants des Länder ne fait l'objet d'aucun rapport, malgré le § 45i al. 2 GOBR, de telle sorte que l'efficacité des représentants ne peut pas être mesurée[1134].

Le coût élevé pour les Länder a amené ceux-ci à poser de nouveaux principes lors de la 10ème conférence des ministres chargés des affaires européennes, afin de limiter le plus possible les nouvelles nominations et soumettre le travail du représentant à un contrôle de résultat[1135]. Une nomination plus réfléchie des représentants des Länder a permis de diminuer leur nombre d'environ 25%[1136]. On constate ici que la volonté des Länder de participer à tout prix au processus décisionnel communautaire peut se faire à leurs dépens.

B. La coopération avec le gouvernement fédéral

La quatrième partie de l'accord passé entre la Fédération et les Länder précise que lorsque des projets sont discutés au sein du Conseil ou de la Commission pour lesquels le Bundesrat a l'occasion de donner son avis avant la fixation de la position de la négociation, le gouvernement fédéral informe le Bundesrat sans délai sur le lieu, le moment et les objets des réunions de ces organes. Cela vaut également dans la mesure du possible pour les activités préparatoires de la Commission de la Communauté européenne telles que des auditions formelles, des consultations ou des rapports d'expertise.

Les Länder se sont plaints que ce type d'informations ne soit transmis que trop tardivement, contrairement à celles relatives à l'objet des négociations des mesures communautaires. La sixième conférence des ministres des Länder chargés des questions européennes s'est donc rapidement saisie de cette question puisqu'elle soulignait dès le 24 mars 1994 que les nouveaux droits de participation des Länder ne pouvaient être exercés pleinement que si les informations nécessaires étaient transmises dans les délais, ce qui supposait la mise en place des moyens de communication les plus modernes. Dès juin 1994, lors de la 7ème conférence des ministres des Länder chargés des questions européennes, les moyens pour transmettre les documents communautaires par courrier électronique entre les institutions communautaires, la Fédération et les Länder ont été présentés. Ce mode de communication a, par la suite, été généralisé en raison de sa grande efficacité[1137].

Nonobstant les règles législatives du § 6 al. 1 EUZBLG, le gouvernement fédéral et les gouvernements des Länder établissent une liste des organes de négociation auprès de la Commission et du Conseil, dans lesquels des projets sont traités et pour lesquels le Bundesrat aurait participé dans l'ordre interne, les Länder auraient été compétents dans l'ordre interne ou les intérêts essentiels des Länder sont affectés. Cette liste peut être modifiée d'un

---

Kalbfleisch-Kottsieper, Fortentwicklung des Föderalismus in Europa - vom Provinzialismus zur stabilen politischen Perspektive ? DÖV 1993, p. 541-551 (550).

[1133] Bundesrat, rapport du bureau de la commission pour les questions de l'Union européenne en date du 16 avril 1996, p. 8 (non publié).

[1134] Entretien le 4 juin 1998 avec M. Sonnenhol (ministère des affaires étrangères).

[1135] La conférence des ministres des Länder chargés des questions européennes a été constituée en octobre 1992. *Cf. Christoph Schönberg,* Europabeauftragte in den deutschen Bundesländer, DÖV 1998, p. 665-672 (668).

[1136] Bundesrat, rapport du bureau de la commission pour les questions de l'Union européenne en date du 16 avril 1996, p. 9 (non publié).

[1137] Rapport du bureau de la commission du Bundesrat pour les questions de l'Union européenne en date du 16 avril 1996 (non publié), p. 3.

commun accord, sans modification formelle du présent accord. C'est ainsi, par exemple, que cette liste a été étendue aux comités de la Commission pour les programmes communautaires dans le domaine de la santé[1138].

Le gouvernement fera suite à la demande d'inviter au moins un représentant des Länder, deux lorsque les conditions du § 5 al. 2 EUZBLG sont réunies, dans la mesure où cela lui est possible[1139], mais il existe certaines institutions communautaires dont le cercle des personnes admises est restreint. C'est, par exemple, le cas du comité monétaire à caractère consultatif, mentionné à l'article 109 C (114) CE ou encore du comité composé de représentant des Etats membres de l'article 151 (207) CE[1140] (ce dernier ne pouvant par ailleurs pas être considéré comme un comité consultatif).

Le gouvernement et les Länder se mettent d'accord au cas par cas s'agissant de l'invitation de représentants des Länder aux réunions informelles lorsque des pouvoirs exclusifs de législation des Länder sont concernés de manière centrale. Le gouvernement fédéral conserve la direction des négociations mais les représentants des Länder peuvent toutefois faire des déclarations avec l'assentiment de celui-là.

Les § 4 al. 1 et 6 al. 1 de la EUZBLG ne sont pas exclusifs l'un de l'autre. Cela signifie que les représentants des Länder peuvent être à la fois invités aux délibérations afin de déterminer la position allemande dans les négociations et dans les organes de délibérations du Conseil et de la Commission. Cela a été, par exemple, le cas lors de la proposition de règlement du Conseil relatif aux contrôles pour lutter contre les fraudes et préserver les intérêts financiers des Communautés[1141]. En l'espèce, c'est le même représentant qui a été nommé dans la phase de fixation de la position allemande et dans celle de la formation de la volonté au niveau communautaire, à savoir un fonctionnaire du ministère des finances du Land de Rhénanie du Nord - Westphalie[1142].

§ 2. L'exercice des droits de la RFA par un représentant des Länder

En principe, c'est au gouvernement que revient la mission de conduire les négociations dans les instances internationales. L'article 23 VI 1 LF constitue donc une dérogation à ce principe puisque selon cet article,

> « Lorsque des pouvoirs exclusifs de législation des Länder sont concernés de manière prépondérante, l'exercice des droits dont jouit la République fédérale d'Allemagne en tant qu'Etat membre de l'Union européenne doit normalement être transféré par la Fédération à un représentant des Länder désigné par le Bundesrat. »

Cette nouvelle disposition constitutionnelle correspond à l'article 146 (203) al. 1 CE :

> « Le Conseil est formé par un représentant de chaque Etat membre au niveau ministériel, habilité à engager le gouvernement de cet Etat membre ».

A. Le transfert des droits à un représentant des Länder

La Loi fondamentale ne contient aucun article où les pouvoirs exclusifs de législation des Länder sont mentionnés. Ceux-ci ne peuvent être déduits *a contrario* que des compétences législatives exclusives de la Fédération mentionnées à l'article 73 de la Loi

---

[1138] Plan d'action pour la lutte contre le cancer, programme d'action pour la prévention du SIDA et de certaines autres maladies transmissibles, programme d'action pour la promotion, l'éducation et la formation dans le domaine de la santé. *Cf.* BR-Drucks. 119/96 et 119/96 (Beschluß).

[1139] Quatrième partie, point 3 de l'accord.

[1140] "Un comité composé de représentants permanents des Etats membres a pour tâche de préparer les travaux du Conseil et d'exécuter les mandats qui lui sont confiés par celui-ci".

[1141] Le Conseil dispose en effet d'une faculté d'initiative indirecte selon l'article 152 CE.

[1142] BR-Drucks. 59/1/96 (neu).

fondamentale. Il apparaît, dès lors, par soustraction des compétences législatives exclusives de la Fédération, que les pouvoirs législatifs exclusifs des Länder concernent essentiellement les domaines de la formation, de l'éducation, de la police et du droit communal. Ce sont en fait tous les domaines pour lesquels la Loi fondamentale ne prévoit expressément aucun titre de compétence législative au profit de la Fédération[1143]. Il ne suffit pas que soient concernés les pouvoirs exclusifs de législation des Länder, encore faut-il que ceux-ci soient concernés " de manière prépondérante ". Cette expression, pourtant identique à celle de l'article 23 V 2 LF a ici une autre fonction. Dans l'article 23 V 2 LF, l'expression permet de déterminer sur quels points du projet communautaire l'avis du Bundesrat doit prévaloir[1144]. La situation n'est pas la même ici, dans la mesure où la direction des négociations ne peut pas être partagée entre un membre du Bundesrat et un membre du gouvernement fédéral. La réponse à la question de savoir si des pouvoirs de législation des Länder sont concernés de manière déterminante permet donc de déterminer qui va représenter l'Allemagne au sein du Conseil[1145].

La formule " doit normalement " correspond au verbe " *soll* " dans la version allemande qui n'a pas valeur d'impératif (*das " Soll " bedeutet ein "Muß", das Ausnahmen zuläßt*[1146]). Cet élément de souplesse permet d'éviter un transfert automatique de l'exercice des droits dont jouit la RFA en tant qu'Etat membre. C'est une source de conflit supplémentaire entre le gouvernement fédéral et les Länder qui s'est déjà manifestée lors des débats parlementaires à l'occasion de l'adoption de l'article 23 LF. Les exceptions peuvent résulter de l'obligation pour l'Allemagne d'avoir un comportement conforme au droit communautaire. Ce point de vue n'est pas contesté par le Bundesrat. Le gouvernement avait, en revanche, souligné que l'exception au transfert pouvait également avoir des raisons d'opportunité politique ou administrative[1147]. Le transfert peut également ne pas avoir lieu comme le précise le § 6 al. 4 EUZBLG lorsque les questions à l'ordre du jour des sessions du Conseil ont été approuvées sans débat par le Conseil lorsque cette question avait déjà fait l'objet d'une concertation avec le représentant des Länder[1148].

Contrairement à la formule employée à l'article 23 V 2 LF selon laquelle l'avis du Bundesrat doit être pris en considération seulement dans la mesure où des pouvoirs de législation des Länder, l'organisation de leurs administrations ou leur procédure administrative sont concernés de manière déterminante, une telle réserve n'apparaît pas à l'article 23 VI LF car il est impossible de scinder la direction des négociations entre le représentant des Länder et le représentant du gouvernement fédéral. Le transfert a lieu au cas par cas mais de manière globale : à la différence des dispositions de l'article 23 V 2 LF, les compétences du représentant des Länder ne sont pas encadrées par l'adverbe " *insoweit* "[1149]. Il en résulte que le représentant des Länder ne défend pas systématiquement des positions définies par le Bundesrat car les points du projet communautaire qui tombent dans la compétence fédérale sont élaborés par le gouvernement fédéral[1150].

[1143] BT-Drucks. 12/6000, p. 24.

[1144] Voir *supra* p. 305.

[1145] *Schede*, p. 159.

[1146] BR-Druck. 501/92, p. 23. Ces exceptions pourraient par exemple résulter de la personne même du représentant des Länder. Cf. Schmalenbach, p. 139, note 469.

[1147] *Ibid.*

[1148] C'est le cas lorsque les représentants permanents des Etats membres sont déjà parvenus à un accord. *Cf. Schede*, p. 162.

[1149] Cette précision est apportée par *Schmalenbach*, p. 138 mais on sait par ailleurs que la portée de l'adverbe "insoweit" à l'article 23 V 2 LF est limitée (Voir *Supra* à la note 1094).

[1150] *Oschatz & Risse*, DÖV 1995, p. 437-452 (445).

Ce transfert n'est pas applicable aux droits qui reviennent à la RFA lorsqu'elle a la présidence du Conseil. Pour l'exercice de ces droits, le gouvernement se concerte avec le représentant des Länder dans la mesure où des projets affectent de manière centrale les pouvoirs législatifs exclusifs des Länder et qu'en conséquence, la direction des négociations a été transférée au représentant des Länder. De la même façon, le gouvernement conserve l'exercice de ses droits lors des questions de l'ordre du jour des réunions du Conseil approuvées sans débat par le Conseil, lorsque ces questions avaient fait l'objet d'une concertation avec le représentant des Länder[1151].

L'accord du 29 octobre 1993 précise simplement qu'en cas d'empêchement du représentant des Länder, un représentant du gouvernement fédéral ou le représentant permanent assure la conduite des négociations[1152].

Un conflit se manifesta dès la première mise en œuvre de cet article à propos du programme Sokrates, car la Fédération et les Länder étaient incapables de se mettre d'accord sur le point principal du projet[1153]. Une difficulté supplémentaire peut en outre survenir si, au cours des négociations, le centre de gravité du projet se déplace de telle sorte que le transfert des droits de la RFA à un représentant des Länder ne soit plus justifié[1154].

B. Les incertitudes de la nouvelle procédure

Si la nouvelle procédure est une source d'incertitude quant à la légitimité du représentant des Länder et quant à la participation et à la concertation avec le gouvernement fédéral, ces incertitudes n'ont pas empêché la mise en œuvre de cet article, lorsque les conditions en étaient réunies.

1°) La légitimité du représentant des Länder

Le problème de la répartition du pouvoir n'est pas seulement celui de l'attribution du pouvoir à un ou plusieurs titulaires mais aussi du titulaire de la responsabilité : le risque d'une responsabilité combinée par des mécanismes poussés de coopération est de voir la responsabilité diluée entre plusieurs acteurs de telle sorte qu'il n'est plus possible de déterminer le responsable en dernier ressort[1155]. Le problème de la légitimité démocratique du représentant des Länder est étroitement lié à celui de la responsabilité parlementaire, lui même lié à son statut ambigu. Nommé par le Bundesrat, il est le représentant des Länder et membre d'un gouvernement d'un Land, mais non représentant du Bundesrat[1156]. Le Bundesrat n'est pas, en outre, un organe parlementaire. Le représentant des Länder ne peut donc être politiquement responsable devant le Bundesrat. Il ne peut pas davantage être responsable devant le parlement de son Land - du moins dans le cadre de ses fonctions en tant que représentant des Länder - car il représente l'ensemble des Länder et non un Land particulier ; les Länder ne disposent pas, par ailleurs, d'un organe parlementaire commun. Si la légitimité démocratique du Bundesrat est indéniablement plus faible que celle du Bundestag, elle existe néanmoins car le Bundesrat répond au critère que la Cour constitutionnelle avait elle-même posé, à savoir l'existence d'une chaîne de légitimité ininterrompue allant du peuple aux organes étatiques chargés de missions étatiques par

---

[1151] § 6 al. 3 & 4 EUZBLG.

[1152] Cinquième partie, point 5 de l'accord.

[1153] BR-Drucks. 109/94/26 (Beschluß).

[1154] L'inverse peut également se produire: au cours des négociations, le gouvernement fédéral pourrait être amené selon l'article 23 VI LF à transférer l'exercice des droits à un représentant des Länder.

[1155] *Stern*, in: VVDStRL 56, p. 100.

[1156] Si le représentant des Länder doit être membre d'un gouvernement d'un Land, rien n'oblige en revanche ce représentant d'être membre du Bundesrat. *Cf.* BT-Drucks. 12/6000, p. 23. Voir également *Schmalenbach*, p. 138.

l'intermédiaire d'une représentation élue par le peuple[1157]. Une telle chaîne de légitimité existe puisque le Bundesrat peut rapporter son action au peuple par l'intermédiaire du gouvernement et des Landtage. Il y a également un contrôle de l'action du Bundesrat puisque le mandat du gouvernement du Land est limité dans le temps et peut donc être remis en jeu. En revanche, l'opposition au sein de chaque Landtag n'est pas représentée au Bundesrat. Enfin la légitimité du Bundesrat peut se fonder sur la Loi fondamentale elle-même[1158].

La décision de la Cour constitutionnelle fédérale du 12 octobre 1993 est, de ce point de vue, riche d'enseignement par ses non-dits. Il est en effet frappant de constater comment le juge de Karlsruhe met un soin jaloux à ne pas citer le Bundesrat lorsqu'il aborde le problème de la légitimité démocratique en Europe alors même que la décision est par ailleurs amplement motivée : il est soit question des parlements nationaux soit du Parlement européen. Cette décision peut donc être interprétée comme un " désaveu poli " de la nouvelle procédure prévue à l'article 23 LF[1159]. La responsabilité politique du représentant des Länder doit donc être recherchée ailleurs, en posant les principes contenus dans la Loi fondamentale.

La représentation de la RFA sur la scène internationale revient normalement au gouvernement fédéral, responsable devant le Bundestag. On pourrait imaginer que si le gouvernement fédéral délègue sa compétence à un représentant, celui-ci devrait être responsable également devant le Bundestag. Mais selon les principes fédéraux de la Loi fondamentale, le membre d'un gouvernement d'un Land ne peut être responsable devant le Bundestag. Il faut donc en conclure que, dans la mesure où le gouvernement fédéral est responsable devant le Bundestag, il est également responsable de l'action du représentant du Land, bien qu'il ait une influence limitée sur celui-ci. En contrepartie, le représentant des Länder est tenu de respecter les principes de loyauté envers le système fédéral et envers les institutions[1160].

Cette dernière condition est précisée à l'article 23 VI 2 LF, puisque l'exercice de ces droits a lieu avec la participation du gouvernement fédéral et de concert avec lui ; la responsabilité de la Fédération pour l'ensemble de l'Etat devant être préservée. La participation du gouvernement à l'exercice des droits conférés au représentant des Länder s'explique donc d'une double manière : d'une part le gouvernement est le titulaire originaire des droits de représentation de la RFA sur la scène internationale, d'autre part il en est responsable devant le Bundestag. Dans ce jeu à bandes, le gouvernement est certes responsable devant le Bundestag d'une action qu'il n'aura éventuellement pas approuvée mais il doit également pouvoir se retourner contre le représentant des Länder.

2°) La participation et la concertation avec le gouvernement fédéral

Se pose dès lors la question du degré de participation du gouvernement fédéral à l'action du représentant des Länder. La formule " de concert " reste énigmatique et la commission de révision de la Constitution avait tenté d'y apporter quelques explications : " de concert " signifie moins qu'avec l'accord et davantage qu'un simple contact. La commission constitutionnelle commune avait formulé une recommandation, soulignée par le gouvernement fédéral, selon laquelle « la participation de représentants du gouvernement

---

[1157] BVerfGE 83,60 [72-73]; BVerfGE 47, 253 [273]; 77, 1 [40], voir également Böckenförde, in HdbStR. I, 887, 894-4895.

[1158] *Cf. Hartmut Mauer,* Der Bundesrat im Verfassungsgefüge der Bundesrepublik Deutschland, in: Staat und Recht, Festschrift für Günther Winkler, Springer, Wien / New-York 1997, p. 615-637 (636).

[1159] *Christian Autexier, Barbara Genius-Devime,* Turbulences sur le fédéralisme allemand, RBDC

[1160] *Scholz* in/ Maunz-Dürig, Komm z. GG, Art. 23, p. 139.

fédéral et de la représentation permanente à toutes les réunions et les contacts extérieurs formels »[1161]. A ce titre, le § 8 phrase 2 de la EUZBLG précise que le statut de la représentation permanente à Bruxelles, en tant que représentante de la République fédérale d'Allemagne auprès des Communautés européennes, joue de manière illimitée également dans les cas dans lesquels l'exercice des droits qui reviennent à la République fédérale d'Allemagne, en tant qu'Etat membre de l'Union européenne, sont transférés à un représentant des Länder. Le gouvernement conserve donc la direction de la délégation. Elle est exercée par le représentant du gouvernement fédéral en concertation avec le représentant des Länder[1162]. Lorsque l'exercice des droits de la RFA est transféré à un représentant des Länder, la direction de la délégation et celle des négociations ne sont donc pas identiques[1163].

Le représentant des Länder ne doit donc pas simplement informer le gouvernement de son action. Sans rechercher son accord (du moins sur les points du projet où le Bundesrat dispose du dernier mot), il doit tout mettre en œuvre pour trouver un terrain d'entente acceptable par les deux parties.

Le § 6 al. 2 EUZBLG précise que le gouvernement fédéral transfère, dans ce cas, la direction des négociations dans les organes consultatifs de la Commission et du Conseil et lors des sessions du Conseil réunissant les ministres, à un représentant des Länder. L'acte de transfert a lieu par une simple communication à l'administration européenne[1164].

Seul un membre d'un gouvernement d'un Land ayant la qualité de ministre peut être désigné par le Bundesrat. La concertation avec le représentant du gouvernement fédéral concernant la position modifiée lors des négociations a lieu conformément aux règles et critères applicables à la formation de la volonté dans l'ordre interne.

Lorsque la RFA exerce les droits des Länder au Conseil, le Bundesrat dispose en principe du dernier mot. En effet, lorsque les conditions de l'article § 6 al. 2 EUZBLG sont réunies, celles du § 5 le sont également nécessairement[1165]. Les deux parties doivent trouver un terrain d'entente et si ce n'est pas le cas, le Bundesrat ne peut maintenir sa position que par une majorité des deux tiers. Lorsque les négociations évoluent, entraînant une modification des termes de l'accord entre le gouvernement fédéral et le représentant des Länder, une nouvelle concertation doit avoir lieu, comme le prévoit le § 5 al. 2 ph. 4 EUZBLG. Lorsque l'évolution est telle que l'avis du Bundesrat ne peut plus servir de référence dans la négociation, le Bundesrat doit émettre un nouvel avis, compte tenu des nouveaux développements intervenus.

Le droit d'avoir le dernier mot pour le Bundesrat n'est pas absolu. Si le gouvernement estime que la position défendue par le Bundesrat risque de mettre en danger la capacité d'action de la RFA sur la scène européenne, d'autres solutions pourraient être envisagées. Le terme " de concert " doit justement servir à sortir d'une situation de crise et les règles et critères applicables dans l'ordre interne ne sont pas uniquement ceux définis au § 5 al. 2

[1161] BT-Drucks. 12/6000, p. 24.

[1162] Quatrième partie, point 7 de l'accord du 29 octobre 1993.

[1163] L'arrêt de la Cour constitutionnelle fédérale du 22 mars 1995 à propos de la directive "Télévision sans frontières" a eu un effet direct sur la conduite des négociations en vue de la révision de la directive, puisque les Länder s'étaient mis d'accord pour désigner deux représentants dans les instances communautaires. Ce n'est qu'après la décision de la Cour constitutionnelle fédérale que la conduite des négociations a été transférée du gouvernement fédéral aux représentants des Länder, *Cf. Matthias Knothe, Hassan Basbayan,* Die Revision der EG-Fernsehrichtlinie, Ein europäischer Entscheidungsprozeß im Lichte nationaler Kompetenzen, AfP 1997,p. 849-857 (855).

[1164] Art. 3 du règlement intérieur du Conseil,

[1165] Voir *supra* le tableau de la page 294.

EUZBLG, selon lequel le Bundesrat peut confirmer son avis par une majorité des deux tiers. D'autres règles et critères devraient également pouvoir s'appliquer. Le gouvernement pourrait ainsi faire valoir les principes de loyauté fédérale entre les organes institutionnels[1166].

Il n'est pas interdit de penser qu'en cas de conflit irréductible entre le Bundesrat et le gouvernement fédéral, la Cour constitutionnelle donne raison à ce dernier dans le cadre d'un conflit entre les institutions, prévu à l'article 93 I point 1 LF. Le représentant agit pour le compte des Länder et non pour celui du Bundesrat, même s'il est nommé par lui. Or, selon la répartition des compétences dans l'ordre interne, les Länder ne disposent en principe d'aucune compétence pour représenter les intérêts de la RFA sur la scène européenne. L'ensemble de l'Etat est certes composé de la Fédération et des Länder, mais c'est à celle-là que revient l'exercice des droits et obligations dans l'ordre externe. Dans la mesure où un représentant des Länder exerce les droits de l'Allemagne, il agit pour l'ensemble de l'Etat et par conséquent pour la Fédération. Cela correspond également au nouvel article 146 (203) CE : selon cet article, le représentant au Conseil n'est pas nécessairement membre du gouvernement central mais il doit être en mesure d'engager le gouvernement de cet Etat membre. Le représentant des Länder n'a pas une compétence originaire, il exerce des droits revenant normalement au gouvernement fédéral alors même que l'article 23 VI 2 *in fine* LF précise que la responsabilité de la Fédération pour l'ensemble de l'Etat doit être préservée. Pour quelle raison le gouvernement fédéral serait-il dès lors obligé de se soumettre à l'avis du représentant des Länder dicté par le Bundesrat ? Il faut donc distinguer cette situation de celle prévue à l'article 23 V LF. Dans ce dernier cas, le Bundesrat est expressément cotitulaire de la responsabilité pour l'ensemble de l'Etat et peut, à ce titre, donner des avis ayant un caractère obligatoire pour la RFA. En fait lorsque le représentant agit au sein du Conseil, il ne représente pas seulement les Länder mais aussi le gouvernement fédéral. Il exerce donc un double mandat[1167] et les droits et obligations qui découlent de chaque mandat se cumulent[1168].

Le gouvernement fédéral serait même en mesure de révoquer le représentant à condition, toutefois, que son action puisse être analysée comme une voie de fait, compte tenu des principes de loyauté fédérale, de loyauté institutionnelle et de proportionnalité[1169]. Ce pourrait être le cas, par exemple, si le représentant agissait selon des instructions fournies par son propre gouvernement au détriment des intérêts des droits de la Fédération.

Le gouvernement fédéral conserve la responsabilité pour l'ensemble de l'Etat et le représentant des Länder n'est donc pas en mesure d'imposer sa position vis-à-vis du gouvernement fédéral. Le représentant a donc plutôt le rôle d'un porte-parole et doit suivre les instructions étroitement élaborées avec le gouvernement fédéral[1170]. Le transfert de l'exercice des droits de la RFA à un représentant ne l'autorise pas à prendre uniquement en considération les intérêts des Länder.

[1166] Certaines dispositions de la mesure envisagée peuvent, en outre, ne pas répondre aux conditions posées au § 5 al. 2 EUZBLG. Dans ce cas, le gouvernement dispose du dernier mot et peut imposer son avis au représentant des Länder. *Cf. Christian Schede*, p. 172.

[1167] *Christian Schede*, Bundesrat und Europäische Union, p. 178.

[1168] On retrouve ici une sorte de dédoublement fonctionnel. De la même façon que le gouvernement fédéral devait représenter les intérêts des Länder au sein du Conseil, le représentant des Länder doit prendre en considération les intérêts du gouvernement fédéral. Voir p. 219.

[1169] *Scholz* in/ Maunz-Dürig, Komm z. GG, Art. 23, p. 14 ; *Schede*, p. 173.

[1170] *Schede*, p. 173.

Conclusion

Le droit communautaire constitue un danger pour les Länder car il s'étend à leur domaine de compétences législatives exclusives : l'harmonisation des ordres juridiques s'oppose donc à la diversité, qui est une des caractéristiques d'un Etat fédéral. Les effets du droit communautaire ne sont pas seulement perceptibles au niveau des entités infra-étatiques mais aussi au niveau des Etats membres eux-mêmes. On peut donc se demander qui, des Länder ou de la Fédération, a le plus à perdre dans le processus d'intégration européenne[1171]. Dans l'ordre interne, les Länder ont déjà vu fondre une grande partie de leurs prérogatives en dehors même du cadre communautaire en raison d'une évolution centripète et unitaire du fédéralisme. Non seulement le juge constitutionnel ne s'est pas opposé à une telle évolution mais encore l'a-t-il encouragée.

Les pertes de compétences des Länder ont été compensées dans l'ordre interne par la mise en place de mécanismes de coopération qui tendent à associer plus étroitement les Länder au processus de formation de la volonté. Le Bundesrat s'est donc trouvé placé au cœur du dispositif institutionnel allemand puisqu'il est en mesure de s'opposer à toute réforme qui n'emporterait pas son approbation (par exemple la réforme fiscale au cours de l'été 1997). Des circonstances politiques favorables ont, en outre, renforcé ce rôle au cours des dernières années.

Cette institution (qui n'est pas une chambre parlementaire) a donc été en mesure de poser des conditions au gouvernement fédéral pour approuver les grandes étapes de la construction communautaire. On est ainsi passé d'un simple droit d'information avec les traités de Rome en 1957, à un véritable pouvoir de codécision à l'occasion du traité de Maastricht en 1992. Il est donc paradoxal de constater que le Bundesrat a réussi à redonner une place plus importante aux Länder par l'intermédiaire du droit communautaire. Les Länder n'ont toutefois pas retrouvé, grâce au droit communautaire, les compétences qu'ils avaient perdues dans l'ordre interne mais ils ont toutefois réussi à rééquilibrer la balance fédérale en leur faveur : cela signifie qu'ils ont su tirer profit d'une situation qui leur était défavorable[1172].

Néanmoins des atteintes aux compétences législatives exclusives des Länder sont encore possibles mais le juge de Karlsruhe peut s'y opposer.

La Cour constitutionnelle est, en effet, en mesure de défendre les compétences des Länder contre une évolution qui tendrait à leur faire perdre leur qualité d'Etat . La qualité d'Etat des Länder reste garantie par les articles 20 I et 79 III LF car ces articles définissent les éléments essentiels de la Loi fondamentale, dont fait partie le fédéralisme.

Le juge constitutionnel peut accepter des atteintes aux compétences des Länder jusqu'au moment où leur statut constitutionnel est mis en danger. La question est donc de savoir à partir de quel moment l'atteinte marginale supplémentaire aux compétences des Länder ne permet plus à ces derniers d'avoir une autonomie suffisante pour être encore qualifiés d'Etats. En raison de l'intégration progressive du droit communautaire, cette question sera de plus en plus difficile à résoudre pour le juge constitutionnel.

Celui-ci sera, en outre, confronté au fur et à mesure de l'intégration européenne non seulement à la question de la qualité d'Etat des Länder mais aussi à celle de la qualité d'Etat de la République fédérale d'Allemagne elle-même.

Dans le modèle imaginé par *Kelsen* à propos de l'annexion de l'Autriche par le Reich allemand, l'Autriche perdait la qualité d'Etat. Si l'Union européenne constitue un grou-

---

1171 *Meinhard Hilf*, VVDStRL 53 (1993), p. 9.

1172 *Rudolf Hrbek*, Die Auswirkungen der EU-Integration auf den Föderalismus in Deutschland, APZ 1997, p. 12-21 (20).

pement d'Etats, comme la Cour constitutionnelle l'a souligné dans sa décision Maastricht du 12 octobre 1993, elle ne constitue pas elle-même un Etat. Cela signifie que chaque membre de l'Union européenne conserve sa souveraineté et reste "maître des traités". L'Union européenne ne dispose donc pas de la souveraineté : elle n'exerce que des compétences qui sont transférées par les Etats membres. A l'inverse, les Länder allemands disposent d'un pouvoir de souveraineté. Celui-ci est cependant limité dans son objet, comme la Cour constitutionnelle fédérale a eu l'occasion de le rappeler, et ne dérive pas de la Fédération mais est reconnu par elle[1173].

La manifestation la plus radicale de la souveraineté des Etats membres est la possibilité pour chacun d'entre-eux de se retirer de l'ordre juridique communautaire. Ce retrait est non seulement un droit mais aussi une obligation si l'évolution du droit communautaire n'est plus couverte par les éléments de l'article 79 III LF. Les droits fondamentaux, le principe démocratique, le fédéralisme, font partie des éléments structurants de l'Etat allemand, qui reposent sur la Loi fondamentale. Celui-ci ne peut donc juridiquement pas se dissoudre dans un Etat européen car il perdrait sa souveraineté et ne serait dès lors plus "maître des traités".

Une évolution du droit communautaire en dehors du cadre de l'article 79 III LF exigerait d'avoir recours au pouvoir constituant originaire (et pas seulement au pouvoir de révision de la Constitution). Dans le cadre constitutionnel posé par la Loi fondamentale, les Länder se trouvent, par conséquent, protégés par la souveraineté de la Fédération contre l'évolution de l'Union européenne vers un Etat fédéral qui entraînerait, corrélativement, la disparition des Länder dans leur forme actuelle. Cette souveraineté s'exprime exclusivement par le Bundestag, comme la Cour constitutionnelle l'a rappelé dans sa décision relative au traité de Maastricht : le Bundestag est en mesure d'exprimer la souveraineté de l'Etat allemand, à la différence du Parlement européen. Cet aspect a d'ailleurs été souligné dans le protocole annexé au Traité d'Amsterdam sur le rôle des parlements nationaux. Les deux notions de fédéralisme et de parlementarisme, longtemps considérées comme incompatibles avaient été réconciliées sous l'empire de la Loi fondamentale. Le Bundestag se trouve ici élevé au rang de défenseur du fédéralisme, dont l'institution principale reste le Bundesrat. La réforme constitutionnelle du 21 décembre 1992 est donc paradoxale, car elle crée un déséquilibre entre les droits du Bundestag et ceux du Bundesrat au profit de ce dernier.

En dernière analyse, le juge constitutionnel est toujours en mesure de déterminer l'impact du droit communautaire dans l'ordre interne puisqu'il est le gardien de la Loi fondamentale, c'est à dire de la norme suprême. Sa jurisprudence a souvent été critiquée et décrite comme hostile au droit communautaire. Contrairement aux apparences, la jurisprudence de la Cour est plus critiquable sur la forme que sur le fond : pour se déclarer compétente, la Cour constitutionnelle n'a pas hésité à interpréter largement le droit. C'est ainsi par exemple qu'elle assimile les règlements communautaires aux lois allemandes (jurisprudence Solange I) ou encore qu'elle voit dans l'article 38 I LF le droit pour chaque citoyen de voir son bulletin de vote conserver un certain contenu (décision Maastricht).

La relation entre le juge constitutionnel et le juge communautaire mérite sans doute d'être posée en d'autres termes. C'est au juge constitutionnel que revient la mission de défendre et de faire respecter la Loi fondamentale. Reconnaître la primauté inconditionnelle du droit communautaire reviendrait donc pour lui à abandonner son rôle car il n'aurait plus les moyens de remplir sa mission. Il n'en reste pas moins que le juge constitutionnel a souvent été au-delà de ce qui lui était strictement demandé. Il anticipe, en fait, les développements futurs du droit communautaire pour mettre en évidence les éventuelles

[1173] BVerfGE 01, 14 (34) Südwestaat.

incompatibilités entre les deux ordres juridiques. Ce faisant, il évite que celles-ci ne se produisent en les prévoyant, ce qui permet en même temps au droit communautaire de continuer à progresser sans entrer directement en conflit avec la Loi fondamentale. Pour cela, il se trouve dans l'obligation d'interpréter largement sa compétence. Le juge constitutionnel favorise ainsi une meilleure insertion du droit communautaire dans l'ordre interne.

Pour assurer l'insertion harmonieuse d'un ordre juridique issu d'une autre source, le juge constitutionnel peut s'appuyer sur le principe de loyauté. Qu'elle soit fédérale ou communautaire, la loyauté revêt par conséquent une importance toute particulière dans la mesure où chaque niveau décisionnel intervient dans un processus intégré de formation de la volonté. Cette participation est nouvelle pour les Länder qui ne pouvaient qu'influencer la position du gouvernement fédéral au sein du Conseil. La possibilité pour eux de défendre eux-mêmes leurs droits sous-entend également de nouvelles obligations. En participant directement à l'action de l'Etat au niveau communautaire, ils s'engagent en même temps à ne pas s'opposer à l'élaboration et à la mise en œuvre du droit ainsi créé. Ils doivent donc avoir un comportement loyal non seulement envers la Fédération mais aussi envers les institutions communautaires. Depuis le traité de Maastricht, des progrès ont également été réalisés pour une plus grande reconnaissance des Länder au sein du processus décisionnel communautaire. C'est ainsi que le principe de subsidiarité est susceptible de donner un rôle plus grand aux entités infra-étatiques en Europe. Ce principe est issu de la doctrine sociale de l'Eglise mais il était, à l'origine, étroitement associé à la notion de solidarité. Ce n'est pas le cas avec la subsidiarité telle qu'elle est envisagée en droit communautaire[1174]. Le principe favorise même les effets inverses en instituant une concurrence non seulement entre les différents niveaux décisionnels mais aussi entre entités d'un même niveaux. Cet aspect est d'ailleurs renforcé par le protocole sur la subsidiarité, annexé au Traité d'Amsterdam, qui énonce :

> « les raisons permettant de conclure qu'un objectif communautaire peut être mieux réalisé à l'échelon communautaire doivent s'appuyer sur des indicateurs qualitatifs et, chaque fois que c'est possible, quantitatifs ».

Ainsi considéré, le principe de subsidiarité est donc opposé au principe de loyauté. Mais un certain équilibre doit être trouvé entre les deux principes. Par conséquent le renforcement du principe de subsidiarité doit signifier en même temps le renforcement du principe de loyauté. Celui-ci devrait par conséquent à l'avenir jouer un rôle de plus en plus grand entre les différents niveaux décisionnels (Union européenne, Etats membres, entités infra-étatiques) et pas uniquement entre les entités connexes. Cela signifie que l'Union européenne doit respecter les prérogatives des Länder et que ceux-ci ne doivent pas entraver l'élaboration et la mise en œuvre du droit communautaire.

Le principe de loyauté peut aussi être considéré comme un remède aux défauts du fédéralisme allemand. Celui-ci a tout d'abord été décrit comme un système dual en 1949[1175], unitaire en 1962[1176], coopératif avec la réforme de 1969[1177], puis exécutif[1178]. Ces évolutions ont toujours été provoquées par des causes internes : le droit communautaire n'a donc pas

---

[1174] *Cf. Manfred Rotter,* Das Subsidiaritätsprinzip und der Ausschuß der Regionen im Unionsvertrag von Maastricht : Die mißlungen Quadratur des Föderalismus, in : FS für Herbert Schambeck, p. 981-1002 (995-996).

[1175] *Cf. Ossenbühl,* Föderalismus und Regionalismus in Europa, Nomos, Baden-Baden 1988, p. 152.

[1176] *Cf. Konrad Hesse,* Der unitarische Bundestaat, Verlag C.F. Müller, Karlsruhe, 1962, 34 p.

[1177] *Cf. Constance Grewe-Leymarie,* Le fédéralisme coopératif en RFA, Economica, 1981, 233 p.

[1178] *Cf.* par exemple *Heinz Laufer / Ursula Münch,* Das föderative System der Bundesrepublik Deutschland, Bayerische Landeszentrale für politische Bildungsarbeit, 7. neu bearbeitete Auflage, München 1997, 358 p. (58) ou *Dietrich Schindler,* VVDStRL 53, p. 70-85 (84-85).

exercé une pression suffisamment forte pour dévier le fédéralisme allemand de sa trajectoire. Il a, au contraire, amplifié les transformations du fédéralisme allemand en décuplant les effets de celles-ci.

C'est ainsi que les mécanismes du fédéralisme coopératif ont été étendus au système décisionnel communautaire alors même que ce système, après avoir été considéré comme la solution aux problèmes économiques et sociaux, commençait à être dénoncé dans l'ordre interne : manque d'efficacité, lourdeur des procédures décisionnelles (bureaucratisation), déplacement du centre décisionnel dans des organes administratifs (fédéralisme exécutif), dépossession des droits des parlements des Länder, manque de transparence et de possibilité de contrôle[1179]. Cet aspect du droit communautaire constitue donc un danger pour le fédéralisme allemand, car il tend à souligner et amplifier les défauts du système institutionnel et conduit au piège de l'imbrication des politiques (*Politikverflechtung*), même si ces défauts ne trouvent pas leurs causes dans l'intégration communautaire elle-même. C'est donc finalement la légitimité du fédéralisme qui est susceptible d'être remise en cause avec les difficultés de réformer le système (le fameux *Reformstau*).

Le fédéralisme ne présente pas seulement des facettes multiples, il a aussi des facultés d'adaptation beaucoup plus grandes qu'un Etat unitaire et centralisé.

> « C'est un concept dynamique et non statique : il ne se contente pas de décrire une situation fixée dans le droit mais un processus, un mouvement au cours duquel entre l'unité et la multiplicité, se produisent sans cesse des intégrations, des désintégrations et de nouveaux équilibres »[1180].

C'est la raison pour laquelle le fédéralisme allemand est souvent décrit dans une situation de crise[1181]. Mais cette crise doit plutôt être vue comme une situation transitoire lorsque se produit une nouvelle mutation.

Le fédéralisme allemand semble aujourd'hui connaître une évolution nouvelle, dans laquelle la coopération horizontale et verticale est remise en cause. Les manifestations de cette évolution sont perceptibles non seulement dans l'ordre interne mais aussi dans l'ordre communautaire. C'est ainsi que la Bavière est de plus en plus hostile au système de péréquation financière alors qu'elle a bénéficié du système pendant des années. Ce mécanisme, malgré sa vétusté et l'urgence d'une réforme est pourtant l'expression de la solidarité financière entre les Länder riches et les Länder dans le besoin.

Au niveau communautaire, la mise en place des bureaux des Länder, chargés de promouvoir la place économique que constitue chaque Land, renforce la concurrence. Les évolutions du fédéralisme allemand sont donc également perceptibles au niveau communautaire, ce qui montre à quel point les systèmes se trouvent imbriqués.

Le fédéralisme allemand s'orienterait donc vers un modèle plus concurrentiel et plus compétitif. La concurrence s'exercerait tout d'abord entre la Fédération et les Länder, ce qui suppose une meilleure délimitation des tâches de chacun. Un certain nombre de réformes avaient été d'ailleurs proposées par l'ancien ministre des finances *Theo Waigel.* Elles consistaient à séparer clairement les finances des Länder en ne soumettant plus l'approbation du budget fédéral au Bundesrat et en autorisant les Länder à lever certains impôts. De la même façon, la réforme voulait mieux délimiter les compétences de chacun, ce qui remettait finalement en cause la réforme de 1969, qui avait institué le principe de la

---

1179 *Hartmut Klatt*, Interföderale Beziehungen im kooperativen Bundesstaat, VerwArch 78 (1987), p. 187-206.

1180 *Thomas Nipperdey*, Réflexions sur l'histoire allemande, trad. de l'allemand par Claude Orsoni, éd. Gallimard, NRF 1992, p. 81-155 (81) ; Titre original : Nachdenken über die deutsche Geschichte, C.H. Beck'sche Verlagsbuchhandlung, München 1986.

1181 Dernièrement, voir Le Monde, 26.09.1998, p. 6 du supplément : Le fédéralisme allemand est en crise ; *Uwe Volkmann*, Bundesstaat in der Krise ? DÖV 1998, p. 613-623.

coopération institutionnalisée avec la mise en place des tâches communes[1182]. Cette réforme impliquait donc une diminution du rôle du Bundesrat dans l'élaboration de la législation fédérale, ce qui la rendait particulièrement difficile à mettre en œuvre puisque, s'agissant d'une réforme constitutionnelle, celle-ci nécessitait la majorité des deux tiers des membres du Bundesrat[1183]. Une réforme s'impose car le système est bloqué, mais elle est difficile à mettre en œuvre justement pour cette raison...

Les Länder ne seraient pourtant pas les perdants dans une telle réforme puisqu'elle leur permettrait d'opérer un rééquilibrage entre les deux principes que sont la participation et l'autonomie au profit de ce dernier. Mais l'intérêt du Bundesrat et celui des Länder ne se recouvrent pas entièrement. Le Bundesrat constitue donc un obstacle à la réforme.

La concurrence ne s'exercerait pas seulement entre la Fédération et les Länder mais aussi entre les Länder. Pour cela, chaque Land doit être en mesure d'affronter cette situation de concurrence. Cela signifie donc que les Länder doivent avoir un poids comparable, ce qui est loin d'être actuellement le cas. Pour aboutir à une telle situation, une restructuration du territoire des Länder serait nécessaire. Le nombre des Länder pourrait être inférieur à dix car les Länder les plus petits subissent des coûts structurels proportionnellement trop élevés par rapport à leur taille. Les frontières actuelles des Länder ne sont pas le fruit de l'Histoire mais résultent simplement du découpage des zones d'occupation à l'issue de la Seconde Guerre mondiale. Cela n'a pourtant pas empêché le développement d'un sentiment d'appartenance fortement ancré dans la population, ce qui rend également difficile la restructuration du territoire fédéral puisque celle-ci est soumise à une votation populaire selon l'article 29 LF. L'échec du rapprochement entre les Länder de Berlin et de Brandebourg en mai 1996 en fournit une illustration.

Si des interactions se produisent entre les deux ordres juridiques, le fédéralisme allemand ne constitue pas un obstacle au droit communautaire. Les craintes de voir la politique européenne de l'Allemagne paralysée par le rôle accru du Bundesrat et des Länder ne se sont pas concrétisées[1184]. Au contraire, les négociations relatives au Traité d'Amsterdam se sont déroulées dans de bonnes conditions, et la mise en œuvre des nouvelles dispositions par les Länder sera facilitée puisque ceux-ci y ont participé[1185]. La prise en considération des entités infra-étatiques au niveau communautaire constitue donc un progrès notable. En sens inverse, l'influence du droit communautaire sur la structure fédérale allemande a plutôt joué le rôle de catalyseur car elle a renforcé les tendances naturelles du système institutionnel.

Comme le faisait remarquer *Wolfgang Graf Vitzthum*, l'uniformité de l'Europe et la variété de l'Allemagne peuvent se compléter de manière bénéfique car l'Europe a besoin des régions, et les régions ont besoin de l'Europe. Celle-ci a besoin de s'édifier sur des attachements provinciaux et des sentiments ; la forêt n'a pas de racines, ce sont les arbres qui en ont[1186]. Les arbres qui constituent cette forêt ne sont toutefois pas les entités infra-étatiques mais les Etats membres eux-mêmes.

[1182] Le Monde, 26.09.1998, p. 6 du Supplément. Le fédéralisme allemand est en crise.

[1183] *Edzard Schmidt-Jortzig*, Herausforderung für den Föderalismus in Deutschland - Plädoyer für einen neuen Wettbewerbsföderalismus, DÖV 1998, p. 746-751 (750).

[1184] Pour les craintes qui avaient été exprimées, voir par exemple *Michael Paul*, Die Mitwirkung der Bundesländer an der Rechtsetzung der Europäischen Gemeinschaften de lege data und de lege ferenda, Frankfurt a. M., Peter Lang 1996, 121 p. (104-108) ou encore *Rüdiger Breuer*, Die Sackgasse des neuen Europaartikels (Art. 23GG), NVwZ 1994, p. 417-429 (et notamment p. 427-428).

[1185] *Otto Schmuck*, Der Amsterdamer Vertrag aus Sicht der Länder und Regionen, Integration 1997, p. 228-235 (234).

[1186] *Wolgang Graf Vitzthum*, Le fédéralisme allemand, histoire, doctrine et fonctionnement, RRJ 1988-3, p. 615-

L'idée d'une "Europe des régions" ne peut donc pas signifier la disparition pure et simple des Etats membres car, sauf exception, leur Constitution reste la norme suprême. Dans le cadre d'un fédéralisme à trois niveaux, sa mise en œuvre irait à l'encontre de l'idée fédérale puisqu'elle supposerait de donner un statut juridique identique à toutes les entités infra-étatiques de l'Union européenne[1187].

La réflexion de *Wolfgang Graf Vitzthum* doit donc être complétée par l'analyse de *Paul Kirchhof*: celui-ci compare la Loi fondamentale à un arbre dont les feuilles et les branches seraient agitées par le vent du droit communautaire, mais non les racines et le tronc, qui constituent la culture juridique allemande et les éléments essentiels de la Loi fondamentale[1188].

*

*   *

638 (638) ; *Wolgang Graf Vitzthum*, L'intégration de l'Europe et le fédéralisme en Allemagne, RRJ 1989, p.553-568 (568).

1187 *Dietrich Schindler*, VVDStRL 53, p. 70-85 (82). On peut distinguer en Europe au moins quatre modèles de régionalisation : *Cf. Gérard Marcou*, Der Beitrag der Mitgliedstaaten zur europäischen Integration (à paraître).

1188 *Paul Kirchhof*, Rechtsschutz durch Bundesverfassungsgericht und Europäischen Gerichtshof, in : Detlef Merten (Hg.), Föderalismus und Europäischen Gemeinschaften, Duncker & Humblot, Berlin 1990, p. 109-123 (113).

BIBLIOGRAPHIE

I. Articles et documents juridiques

A. En allemand

Ralf von Ameln, Auswirkung des Europäischen Binnenmarktes auf Kommunalpolitik und Kommunalrecht der E.G.-Mitgliedstaaten, *DVBl., 1992, p. 477-484.*

Susanne Ast, Institutionnelle Anpassungsreaktionen im europäischen Mehrebenensystem ? Das Beispiel regionaler Strukturpolitik in Deutschland, *DÖV 1998, p. 535-543.*

Josef Aulehner, Art. 93 I n° 2 a GG - Abstrakte Normenkontrolle oder föderative Streitigkeit ? *DVBl. 1997/16, p. 982-988.*

Peter Badura, Die « Kunst der föderalen Form », Der Bundesstaat in Europa und die europäische Föderation, in : *Festschrift für Peter Lerche, 1993.*

Peter Badura, Das Staatsziel « Europäische Integration » im Grundgesetz, in : *FS für Herbert Schambeck, p. 887-906.*

Peter Badura, Rolle und Funktion der zweiteren Kammer: Der Bayerische Senat, *BayVBl. 1997, Beih. p. I-VIII.*

Dietmar Baetge, Grundzüge des Vertrags von Maastricht, *BayVBl. 1992, p. 711-717.*

Ulrich Battis, Europäische Integration und nationales Verfassungsrecht in der Bundesrepublik Deutschland, in : *Ulrich Battis / Dimitris Th. Tsatsos / Dimitris Stefanou (Hrsg.), Europäische Integration und nationales Verfassungsrecht, Nomos 1995, p. 81-126.*

Hartmut Bauer, Die finanzverfassungsrechtliche Integration der neuen Länder, in : *HdbStR IX, p. 259-304.*

Michael Bauer, Die Verbindungsbüros der deutschen Länder bei der Europäischen Union in Brüssel, *VR 1996, p. 417-420.*

Olivier Beaud, Föderalismus und Souveränität. Bausteine zu einer verfassungsrechtlichen Lehre der Föderation, *Der Staat 1996, p. 45-66.*

Arthur Benz, Perspektiven des Föderalismus in Deutschland, *DÖV 1991, p. 586-598.*

Arthur Benz, Neue Formen der Zusammenarbeit zwischen den Ländern, *DÖV 1993, p.85-95.*

Herbert Bethge, Deutsche Bundesstaatlichkeit und Europäische Union. Bemerkung über die Entscheidung des Bundesverfassungsgerichts zur EG-Fernsehrichtlinie, in : *FS Friauf, p. 55-74.*

Bengt Beutler, Offene Staatlichkeit und europäische Integration, in : *FS für Ernst-Wolfgang Böckenförde, p. 109-124*

Roland Bieber, Beschwerden über die Verfassung als Verfassungsbeschwerden ? Zur verfassungsgerichtlichen Kontrolle des Vertrages über die Europäische Union, *Neue Justiz 1993, p. 241-244.*

Roland Bieber, Die Europäisierung des Verfassungsrechts, in : *Karl F. Kreuzer (Hrsg.), Die Europäisierung der mitgliedstaatlichen Rechtsordnungen in der EU, Baden-Baden, Nomos 1997, p. 71-86.*

Albert Bleckmann, Zur Funktion des Art. 24 Absatz 1 Grundgesetz, *ZaöRV, 1975, 35, p. 79-84.*

Albert Bleckmann, Der Grundsatz Völkerrechtsfreundlichkeit der deutschen Rechtsordnung, *DÖV 1996, p. 137-145.*

Albert Bleckmann, Die Wahrung der « nationalen Identität » im Unions-Vertrag, *JZ 1997, p. 265-269.*

Albert Bleckmann, Stefan Ulrich Pieper, Maastricht, Die grundgesetzliche Ordnung und die Superrevisioninstanz. Die Maastricht-Entscheidung des Bundesverfassungsgerichts, *RIW, 1993, 12, p. 969-977.*

Dieter Blumenwitz, Das Subsidiaritätsprinzip und die Stellung der Länder und Regionen in der europäischen Union, in : *Gedächtnissschrift für Eberhard Grabitz,1995, p.1-15.*

Johann Böhm, Die europäische Union - Gefahr oder Chance für den Föderalismus in Deutschland ? *BayVBl. 1993, p.545-551.*

Armin von Bogdandy, Rechtsfortbildung mit Artikel 5 EG-Vertrag, Zur Zulässigkeit gemeinschaftsrechtlicher Innovation nach EG-Vertrag und Grundgesetz, in : *Gedächtnissschrift für Eberhard Grabitz, 1995, p. 17-28.*

Kurt Bohr et Helmut Albert, Die Europäische Union - das Ende der eigenständigen Kulturpolitik der deutschen Bundesländer ? *ZRP 1993, p. 61-66.*

Steve J. Boom, The European Union after the Maastricht Decision : Will Germany Be the « Virginia of Europe ? », in : *The American Journal of Comparative Law, Spring 1995, p. 177-226.*

Klaus-Dieter Borchardt, Richterrecht durch den Gerichtshof der europäischen Gemeinschaften, in : *Gedächtnissschrift für Eberhard Grabitz, 1995, p. 29-43.*

Michael Borchmann, Bundesstaat und europäische Integration, Die Mitwirkung der Bundesländer an Entscheidungsprozessen der E.G., *AÖR 1987, p. 586*

Michael Borchmann, Auswärtige Aktivitäten des Bundesländer, *VR 1987, p. 1-4.*

Michael Borchmann, Die europäischen Gemeinschaften im Brennpunkt politischer Aktivitäten der Bundesländer, *DÖV 1988, p. 623-633.*

Michael Borchmann, Verbindungsbüros der Länder bei den EG - Berechtigte Interessen Vertretung oder Nebenaußenpolitik ? *NVwZ 1988, p. 218-220.*

Michael Borchmann, Die deutschen Länder und Europa, *VR 1989, p. 124-125.*

Michael Borchmann, Die Souveränität der Bundesländer nach außen, *VR 1989, p. 87-89.*

Michael Borchmann, Doppelter Föderalismus in Europa, EA 1991, p. 340-348.

Michael Borchmann, Die Mitwirkung der deutschen Länder im europäischen Entscheidungsprozeß, *VR 1994, p.149-152.*

Michael Borchmann, Die Maastricht-Entscheidung des Bundesverfassungsgerichts, *Dt. Verwaltungspraxis 1994, p. 51-58.*

Michael Borchmann, Die Mitwirkung der Länder beim europäischen Einigungsprozeß, *Thüringer Verwaltungsblätter 1994, p.8-14.*

Michael Borchmann, Neue Bund-Länder-Vereinbarung über die Zusammenarbeit in Angelegenheiten der Europäische Union, *EuZW 1994, p. 172-173.*

Michael Borchmann, Regierungskonferenz 1996 - das Positionspapier der deutschen Länder, *EuZW 1995, p. 570-573.*

Reimer von Borries, Das Subsidiaritätsprinzip im Recht der Europäischen Union, *EuR 1994, p. 263-300.*

Michael Bothe, Rechtliche Rahmenbedingungen einer hessischen Europapolitik, in : *Hans Eichel & Klaus Peter Möller* (Hrsg.), *50 Jahre Verfassung des Landes Hessen: eine Festschrift Wiesbaden, Westdt. Verl. 1997, 511 p. (400-408).*

Dietmar Braun, Der bundesdeutsche Föderalismus an der Wegscheide. Interessenkonstellation, Akteurs konflikte und institutionnelle Lösungen, *Staatswissenschaft und Staatspraxis 1996, p. 101-135.*

Stephan Breitenmoser, Die Europäische Union zwischen Völkerrecht und Staatsrecht, *ZaöRV 1995, p. 951-992.*

Michael Brenner, Der unitarische Bundesstaat in der Europäischen Union, *DÖV 1992, p ; 903-911.*

Michael Brenner, Das Gesetz über die Zusammenarbeit von Bundesregierung und Deutschem Bundestag in Angelegenheiten der Europäischen Union, *ThürVBl. 1993, p. 196.*

Rüdiger Breuer, Die Sackgasse des neuen Europaartikels (Art. 23GG), *NVwZ 1994, p. 417-429.*

Alwin Brück, Europäische Integration und Ermächtigung des Deutschen Bundestages, *Zeitschrift Parlamentsfragen 1988, p.220-224.*

Adrian Bueckling, Fernsehen ohne Grenzen, *Vorträge, Reden und Berichte aus dem Europa-Institut der Universität des Saarlandes n°60, 1986.*

Bundesrat, Ausschuß für Fragen der Europäischen Union -Büro- Berich vom 16 April 1996 : Die Praxis der Mitwirkung der Länder und des Bundesrates in Angelegenheiten der Europäischen Union nach dem Inkrafttreten des Vertrages von Maastricht am 1. November 1993 (Az 62-0).

Bundesrat (Sekretariat des) , Qualifizierte Mitwirkung des Bundesrates in Angelegenheiten der Europaïschen Union, *Stand : 31. Dezember 1997, Verfasser : Lars v. Dewitz. (non publié).*

Dörte Burghart, Änderung der Bestimmungen über die konkurriende Gesetzgebung - alter Wein in neuen Schläuchen ?, *ZPR 1996, p. 67-69.*

Christian Callies, Das gemeinschaftsrechtliche Subsidiaritätsprinzip als Grundsatz der größtmöglichen Berücksichtigungder Regionen, *AöR 1996, p. 509-543.*

Christian Callies, Die Justitiabilität des Art. 72 al. 2 GG vor dem Hintergrund von kooperativen und kompetetitiven Föderalismus, *DÖV 1997, p. 889-899.*

Dieter Carl, Europäische Integration und bundesstaatlicher Finanzausgleich, *NVwZ 1994, p 947-952.*
Antonis Chanos, Föderalismus - Auflösung oder Zukunft der Staatlichkeit? *DVBl. 1997, p. 815-819.*
Claus Dieter Classen, Maastricht und die Verfassung : kritische Bemerkungen zum neueun « Europa-Artikel » 23 GG, *ZRP 1993, p. 57-61.*
Claus Dieter Classen, Europäische Integration und demokratische Legitimation, *AÖR 1994, p. 238-260.*
Claus Dieter Classen, Strukturunterschiede zwischen deutschem und europäischem Verwaltungsrecht, *NJW 1995, p. 2457-2464.*
Claus Dieter Classen, Die europäisierung des Verwaltungsrechts, in : *Karl F. Kreuzer* (Hrsg.), Die Europäisierung der mitgliedstaatlichen Rechtsordnungen in der EU, *Baden-Baden , Nomos 1997, p. 107-131.*
Claus-Peter Clostermeyer & Stefan Lehr, Ländermitwirkung bei völkervertraglichem Handeln auf EU-Ebene - Brauchen wir ein « Lindau II » ?, *DÖV 1998, p. 148-154.*
Michael Friedrich Commichau, Grundgesetz und Europäische Union. Das Urteil des Bundesverfassungsgerichts über die Verfassungsbeschwerden gegen den Maastricher Vertrag, *Jurist. Arbeitsblätter 1994, p. 600-607.*
Hans-Joachim Cremer, Rügbarkeit demokratiewidriger Kompetenzverschiebungen im Wege der Verfassungsbeschwerde ? *NJ 1995, p. 5-7.*
Hans-Joachim Cremer, Das Demokratieprinzip auf nationaler und europäischer Ebene im Lichte des Maastricht-Urteils des Bundesverfassungsgerichts, *Europa Recht 1995, p.21-45.*
Hans-Joachim Cremer, Europäische Hoheitsgewalt und deutsche Grundrechte, *Der Staat 1995, p. 268-286.*
Manfred Dammeyer, Die Mitwirkung der Länder im Rahmen der Rechtsetzung und Politik der Europäischen Integration, in : *Roland Lhotta, Janbernd Oebbecke, Werner Reh (Hrsg.) : Deutsche und europäische Verfassungsgeschichte : Sozial- und rechtswissenschaftliche Zugänge, Symposium zum 65. Geburstag von Hans Boldt, Nomos, Baden-Baden 1997, 288 p. (25-34).*
Marcus Dannecker et Wolfgang Spoerr, Verfassungs- und Europarechtswidrigkeit landesrechtlicher Stromheizungsverbote - Zur föderalen Kompetenzverteilung in der Energiewirtschaft, *DVBl. 1996, p. 1094-1100.*
Thomas von Danwitz, Die gemeinschaftsrechtliche Staatshaftung der Mitgliedstaaten, *DVBl. 1997, p. 3-10.*
Thomas von Danwitz, Die Eigenverantwortung der Mitgliedstaaten für die Durchführung von Gemeinschaftsrecht - Zu den europarechtlichen Vorgaben für nationale Verwaltungs- und Gerichtsverfahrensrecht, *DVBl. 1998, p. 421-432.*
Christian Dästner, Zur Aufgabenverteilung zwischen Bundesrat, Länderregierungen und Landesparlamente in Angelegenheiten der Europäischen Union, *Nordrhein Westfälische Verwaltungsblätter 1994, p. 1-9.*
Manfred Dauses, Die Rolle der Regionen in Direktklagen vor dem EuGH, *BayVwBl. 1996, p. 582-586.*
Martina Renate Decker, Zur Haftung des Mitgliedstaates bei Verstößen seiner Organe gegen europäische Gemeinschaftsrecht, *EuR 1997, p. 203-236.*
Otto Depenheur, Das soziale Staastsziel und die Angleichung der Lebensverhältnisse in Ost und West, in : *HdbStR IX, p. 149-227.*
Arved Deringer, Europäisches Parlament und Maastricht-Urteil des Bundesverfassungsgericht, in: *Festschrift für Ulrich Everling, 1995, p. 245-262.*
Elisabeth Dette-Koch, Die Rolle des Länderbeobachters im Rahmen der Mitwirkung der Länder an der europäischen Integration, in: *Thüringer Verwaltungsblätter 1997/8,p. 169/171.*
Udo Di Fabio, Der neue Art. 23 des Grundgesetzes, in : *der Staat, 32. Band 1993 Heft 2, Dunckler & Humblot, Berlin, p. 191-217.*
Udo Di Fabio, Produkte als Träger fremder Meinungen, Zum Beschluß des BVerfG Warhinweise auf Tabakverpackungen betreffend, *NJW 1997, p. 2863-2864.*
Armin Dittmann, Föderalismus in Gesamtdeutschland, in : *HdbStR IX, p. 229-258.*
Karl Doehring, Die nationale "Identität" der Mitgliedstaaten der Europäischen Union, in: *Festschrift für Ulrich Everling, 1995, p. 263-271.*

Martin Dorn, Das Verbindungsbüro Nordrhein-Westfalen bei den Europäischen Gemeinschaften, Lukrative Lobby oder latentes Laster ? *VR 1991, p. 332-336.*
Dieter Dörr, Die Maastricht-Entscheidung des Bundesverfassungsgerichts und ihre Auswirkungen auf die Medienpolitik, *Zeitschrift für Urheber und Medienrecht 1995, 1, p. 14-20.*
Edmund Duckwitz, Der Vertrag über die Europäische Union - Bewertung unter besonderer Berücksichtigung der Bund-Länder-Verhältnisse, *herausgegeben von P. Dr. Dr. Georg Ress und P. Dr. Torsten Stein, Vortrag vor dem Europa Institut, Saarbrücken, 1992.*
Rainer Eckertz, Der gesamtdeutsche Finanzausgleich im System des geltenden Verfassungsrechts, *DÖV 1993, p. 281-291.*
Rainer Eckertz, Bundesstaat und Demokratie. Ein Problem politischer Einheit ? in : *FS für Ernst-Wolfgang Böckenförde, p. 13-28.*
Claus- Dieter Ehlermann, Die Einflussnahme der deutschen Länder auf den Entscheidungsprozess in der EG aus Brüsseler Sicht, in : *Die deutschen Länder und die EGen, Rudolf Hrbek, Uwe Taysen (Hrsg.), Baden-Baden 1986, Nomos, p. 139-148*
Claus-Dieter Ehlermann, Zur Diskussion um einen « Solange III » - Beschluß : Rechtspolitische Perspektiven aus der Sicht des Gemeinschaftsrechts, in : *Kirchhof / Ehlermann, Deutsches Verfassungsrecht und Europäisches Gemeinschaftsrecht, Europa Recht, Beiheft 1 / 1991, Nomos Verlagsgesellschaft, Baden-Baden, 83 p. (27-38).*
Dirk Ehlers, Die Einwirkungen des Rechts der EGen auf das Verwaltungsrecht, *DVBl. 1991, p.605-613.*
Horst Ehmke, Das Bundesverfassungsgericht und Europa, *Integration 1998, p. 168-172.*
Frank, Emmert, Die aktuelle Bedeutung des Europäischen Gemeinschaftsrechts für die Entwicklung der deutschen Verwaltungsgerichtsbarkeit, *BayVBl. 1997, Heft 1, p. VI-VIII.*
Christoph Enders, Offene Staatlichkeit unter Souveränitätsvorbehalt - oder : Vom Kampf der Rechtsordnungen nach Maastricht, in : *FS für Ernst-Wolfgang Böckenförde, p. 29-50.*
Klass Engelken, Änderung der Landerverfassung unter der Großen Koalition. Zugleich erste Kommentierung : Europaartikel, Kommunalwahlrecht der Unionsbürger, *VBlBW 1995, p. 217-235.*
Astrid Epiney, Gemeinschaftsrecht und Föderalismus : « Landes-Blindheit » und Pflicht zur Berücksichtigung innerstaatlicher Verfassungsstrukturen, *Europarecht 1994, p. 301-324.*
Wilfried Erbguth, Erosion der Ländereigensaatlichkeit. Art. 30 GG und unitarische Entwicklungen national- wie gemeinschafsrechtlichen Ursprungs, in : *Verfassungsrecht im Wandel 1995,.p. 549-569.*
Europaministerkonferenz am 30. Mai 1996 in Bonn. Überprüfung der Vereinbarung zwischen der Bundesregierung und der Regierungen der Länder über die Zusammenarbeit in Angelegenheiten der Europäischen Union (non publié).
Europaministerkonferenz am 27. Februar 1997 in Bonn. Überprüfung der Bund-Länder Vereinbarung nach § 9 EUZBLG (non publié)
Ulrich Everling, Brauchen wir « Solange III » ? *EuR 1990, p. 195-227.*
Ulrich Everling, Überlegungen zur Struktur der europäischen Union und zum neuen Europa-Artikel des Grundgesetzes, *DVBl. 1993, p. 936-947.*
Ulrich Everling, Das Maastricht-Urteil des Bundesverfassungsgerichts und seine Bedeutung für die Entwicklung der Europäische Union, *Integration 1994, p.165-175.*
Ulrich Everling, Bundesverfassungsgericht und Gerichtshof der europäischen Gemeinschaften nach dem Maastricht-Urteil, in : *Gedächtnissschrift für Eberhard Grabitz, 1995, p. 57-75.*
Thomas Falkenkötter, Der Streit um die sächsischen VW-Beihilfen - Anlaß für grundsätzliche Klärung ? *NJW 1996, p. 2689-2695.*
Ulrich Fastenrath, Länderbüros in Brüssel, *DÖV 1990, p. 125-136.*
Detlef Fechtner, Die Länderbüros in Brüssel, *VR 1992, p. 157-159.*
Udo Fink, Garantiert das Grundgesetz die Staatlichkeit der Bundesrepublik Deutschland ? *DÖV 1998, p. 133-141.*
Fischer, Die Europäische Union im Grundgesetz : der neue Artikel 23, *Zparl 1993, p. 32-49.*
Wolfgang Fischer, Formen unmittelbarer Demokratie im Grundgesetz, *APZ 1993, p. 16-18.*

Hans Georg Fischer, Öffentliche Anhörung des Deutschen Bundestages und des Bundesrates zum «Subsidiaritätsprinzip in der Europäischen Union» am 8. Mai 1996 in Bonn, *DVBl. 1996, p. 1040-1044*.

Wolfgang Fischer, Von Maastricht nach Amsterdam: Die Regierungkonferenz aus der Sicht der deutschen Länder, *Parlamentsfragen, 1998, p. 46-64.*

Nigel Foster, The German Constitution and E.C. membership, *Public law 1994, p. 392-408.*

Walter Frenz, Subjektiv-öffentliche Rechte aus Gemeinschaftsrecht vor deutschen Verwaltungsgerichten, *DVBl. 1995, p. 408-415.*

Walter Frenz, Grundgeseztliche Rechtsschutzgarantie gegen europäische Rechtsakte, *Der Staat 1995, p. 586-605.*

Fromont, Europa und nationales Verfassungsrecht nach dem Maastricht-Urteil, kritische Bemerkung, *JZ 1995, p. 800-803.*

Jochen Abr. Frowein, Das Maastricht-Urteil und die Grenzen der Verfassungsgerichtsbarkeit, *ZaöRV 1994, p.1-16.*

Ulrich M. Gassner, Kreation und Repräsentation, Zum demokratischen Gewährleistungsgehalt von Art. 38 Abs. 1 Satz 1 GG, *Der Staat 1995, p. 429-453.*

Klaus-Eckart Gebauer, Interessenregelung im föderalistischen System, in: Grundrechte, soziale Ordnung und Verfassungsgerichtsbarkeit, *Festschrift für Ernst Benda zum 70. Geburstag, Hrsg. von Eckart Klein. Heidelberg, C.F. Müller 1995, XI 522 p. (p. 67-90)*

Rudolf Geiger, Allgemeine Überlegung zum Begriff der ausschließlichen Gemeinschaftszustandigkeit als Anwendungsgrenze des Subsidiaritätsprinzips, in: Festsschrift für Wolfgang Gitter, Hrsg. *vom M. Heinze, Joachim Schmidt, Wiesbaden: Chmierlorz 1995, p. 267-276.*

Rudolf Geiger, Die Mitwirkung des deutschen Gesetzgebers an der Entwicklung der Europäischen Union, Zur Auslegung des Art. 23 I 2 & 3 GG, *JZ 1996, p. 1093-1098.*

Martin Gellermann, Auflösung von Normwidersprüchen zwischen europäischem und nationalem Recht - Zu den Folgen der Gemeinschaftswidrigkeit der Übergangsvorschrift des § 22 UPVG-, *DÖV 1996, p. 433-443.*

Alexandra Gerber, Staatsrechtliche Auswirkungen der Mitgliedschaft in den Europäischen Gemeinschaften, *Publication de l'Institut suisse de droit comparé, sous la direction de Bertil Cottier, Schulthess Polygraphischen Verlag Zürich 1991, p. 77-154.*

Hubertus Gersdorf, Das Kooperationsverhältnis zwischen deutscher Gerichtsbarkeit und EuGH, *DVBl. 1994, p. 674-685.*

Florian Gerster, Die Eurapaministerkonferenz der deutschen Länder, Aufgaben - Themen - Selbsverständnis, *Integration, 2 (1993), p. 61-67.*

Thomas Giegerich, The european Dimension of German Reunification: East Germany's Integration into the European Communities, *ZaöRV 51 (1991), p. 307.*

Hans-Joachim Glaesner, Übertragung rechsetzender Gewalt auf internationale Organisationen in der völkerrechtlicher Praxis, *DÖV 1959, p. 653-658.*

Volkmar Götz, Das Maastricht-Urteil des Bundesverfassungsgerichts, *JZ 1993, p. 1081-1086.*

Ulrich Goll, Vier Thesen zur Beteiligung der Landesparlamente am EG-Entscheidungsprozeß, *Zparl 1989, p. 587-591.*

Ulrich Goll, Mitwirkung der Landtage bei EG-Vorhaben : Preisgabe von Beteiligungsrechten ? *ZP 1989, p. 258-269.*

Tomas Goppel, Die Bedeutung des Subsidiaritätsprinzip - Der Beitrag Bayerns zur Konkretisierung des Subsidiaritätsprinzips in der EG, *EuZW 1993, p. 367-370.*

Christoph Grabenwarter, Anderungen des österreischischen Bundesverfassung aus Anlaß des Beitritts zur EU, *ZaöRV 55, p. 166-190.*

Eberhard Grabitz, Die Rechtsetzungsbefugnis von Bund und Ländern bei der Durchführung von Gemeinschaftsrecht, *AöR 1986, p. 1-33.*

Eberhard Grabitz, Die deutschen Länder in der EG- Politik : Verfassungsrechtliche Grundlagen, :in : Die deutschen Länder und die EGen, *Rudolf Hrbek, Uwe Taysen* (Hrsg.), *Baden-Baden 1986, Nomos, p.169-180.*

Eberhard Grabitz, Die deutschen Länder in der Gemeinschaft - Das Ratifizierungsgesetz zur Einheitlichen Europäischen Akte aus der Sicht des GG, *EuR 1987, p. 310-312.*
Eberhard Grabitz, Die europäische Gemeinschaft und die Einheit Deutschland - Die rechtliche Dimension, *Integration 2/91, 47-64.*
Wolfgang Graf Vitzthum, Der Föderalismus in der europäischen und internationalen Einbindung der Staaten, *AöR 1990, p. 281-307.*
Wolfgang Graf Vitzthum, Staastszielbestimmungen und Grundgesetzreform, Eine Stellungnahme für die Gemeinsame Verfassungskommission, in : *Gedächtnissschrift für Eberhard Grabitz, 1995, p. 819-849.*
Stefan Griller, Zur demokratischen Legitimation der Rechtsetzung in der EU. Stärkung der nationalen Parlamamente oder Aufwertung des Europäischen Parlaments? *Journal für Rechtspolitik, 1995, p. 164-179.*
Dieter Grimm, Braucht Europa eine Verfassung ? *JZ 1995, p.581-591.*
Jürgen Gündisch, Europa und das Grundgesetz, *Anwaltsbl. 1993, p. 590-594.*
Christop Gusy, Das parlamentarische Regierungssystem und der Bundesrat, DVBl. 1998, p. 917-928.
Evelyn Haas, Die Mitwirkung der Länder bei EG-Vorhaben, *DÖV 1988, p.613-623*
Peter Häberle, Die Zukunft der Landesverfassung der Freien Hansestadt Bremen im Kontextt Deutschlands und Europas, *JZ 1998, p. 57-66.*
Renate Hach, Das Subsidiaritätsprinzip in der Europäischen Union aus des Perspektive des Bundesregierung, in : Rudolf Hrbek (Hrsg.), *Das Subsidiaritätsprinzip in der Europäische Union. Bedeutung und Wirkung für ausgewählte Politik bereiche, Nomos 1995, p. 17-34.*
Ulrich Häde, Solidarität im Bundesstaat, Die Entscheidung des Bundesverfassungsgericht vom 27.5.92 zum Länderfinanzausgleich, *DÖV 1993, p. 461-471.*
Ulrich Häde, Das Bundesverfassungsgericht und der Vertrag von Maastricht, *BB 1993, p. 2457-2463.*
Ulrich Häde, Anmerkung zur Entscheidung des Bundesverfassungsgerichts vom 22.3.1995, *EuZW 1995, p. 284-285.*
Ulrich Häde & Addelheid Puttler, Zur Abgrenzung des Artikel 235 EGV von der Vertragsänderung. Neue Erkenntnisse durch das Gutachten 2/94 des EuGH vom 28.3.1996 ? *EuZW 1997, p. 13-17.*
Georg Haibach, Vorläufiger Rechtsschutz im Spannungsfeld von Gemeinschaftrecht und Grundgesetz, *DÖV 1996, p. 60-70.*
Kay Hailbronner, Die deutschen Bundesländer in der EG, JZ 1990, p. 149-200
Claus Happe, Rückforderung von Zuwendungen nach negativer Kommisionsentscheidung im Beihilfe Verfahren, *NVwZ 1998, p. 26-28.*
Barbara Hartlage-Laufenberg, Die fortschreitende europäische Einigung, eine Existenzfrage für die deutschen Länder, *VR 1994, p. 325-328.*
Katharina Heckel, Der Bundesrat und die Handlung des Bundesstaates im Fortgang der Europäischen Integration, *Jahrbuch zur Staats und Verwaltungswissenschaft 1994, p. 385-405.*
Jan Hecker, Die europäische Integration vor dem Bundesverfassungsgericht und dem Conseil constitutionnel, *AöR 1998, p. 577-605.*
Heidelberg, Juristische Fakultät der Universität (Hrsg.), Das Verhältnis zwischen dem Recht der europäischen Gemeinschaften und dem deutschen Recht in der Sicht des Bundesverfassungsgerichts, *Festakt anläßlich des 20. Gemeinsamen Seminars des juristischen Fakultäten von Montpellier und Heidelberg am 24. Mai 1988, Heidelberg 1989.*
Johannes Hellermann, Offene Staatlichkeit, *DVBl. 1996, p. 193-195.*
Hans-Günter Henneke, Möglichkeiten der kommunalen Selbstverantwortung, *DÖV 1994, p. 705-715.*
Markus Heintzen, Die Beidseitigkeit der Kompetenzverteilung im Bundesstaat, *DVBl. 1997, p. 689-692.*
Hans-Günter Henneke, Finanzierungsverantwortung im Bundesstaat, *DÖV 1996, p. 713-723.*
Matthias Herdegen, Die Belastbarkeit des Verfassungsgefüges auf dem Weg zur Europäischen Union, *EuGRZ 1992, p. 589-594.*
Matthias Herdegen, Maastricht and the German Constitutional Court: Constitutional restraints for an "ever close union", *Common market law rev. vol. 31 1994, p.235-262.*
Roman Herzog, Subsidiaritätsprinzip und Staatsverfassung, *Der Staat 1963, p. 399-423.*
Roman Herzog, Mängel des deutschen Föderalismus, *BayVBl. 1991, p. 513-517.*

Albrecht Hesse, Rundfunk zwischen demokratischer Willensbildung und dem Zugriff der EG, *JZ 1993, p.545-551.*
Joachim Jens Hesse, Das föderative System der Bundesrepublik vor den Herausforderung der deutschen Einigung, *Verwaltungsreform und Verwaltungspolitik 1993, p.431-447.*
Jürgen W. Hidien, Länderfinanzausgleich und föderatives Schwächungsverbot, *DÖV 1998, p. 501-504.*
Jürgen W. Hidien, Länderfinanzausgleich und steuerrechtlicer Halbteilungsgrundsatz, *JZ 1998, p. 607-611.*
Meinhard Hilf, Europäische Union und nationale Identität der Mitgliedstaaten, in : *Gedächtnissschrift für Eberhard Grabitz, 1995, p. 157-170.*
Steffen Himmelmann, Gemeinschaftsrechtliche Vorgaben für die Umsetzung von EG-Recht - Zu den Auswirkungen der neuesten Rechtsprechung von EuGH und Bundesverwaltungsgericht auf die nationale Umsetzungspraxis, *DÖV 1996, p. 145.*
Günter Hirsch, Europäischer Gerichtshof und Bundesverfassungsgericht -Kooperation oder Konfrontation ? *NJW 1996, p. 2457-2466.*
Stefan Hobe, The German State in Europe after the Maastricht Decision of the German Constitutionnal Court, *German yearbook of international law 37, 1994-1995, p.113-136.*
Stefan Hobe, Das Staatsvolk nach dem Grundgesetz, *JZ 1994, p. 191-195.*
Stefan Hobe, Bodo Wiegand, Die Maastricht-Entscheidung des Bundesverfassungsgerichts, *Thüringer Verwaltungsblätter 1994, p. 204-213.*
Hans Hofmann, Grundgesetz und Europäische Einigung. Fortentwicklung der Verfassung im Zuge des europäischen Einigungsprozesses, *APZ 1993, p. 33-39.*
Hans Hofmann & Klaus G. Meyer-Teschendorf, Der Europa-Artikel 23 GG in der staatlichen Praxis, *ZG 1997, 1, p. 81-86.*
Sven Hölscheidt, Regionalpolitik der EG in den neuen Ländern und Ost-Berlin, *EuZW 1993, p. 474-478.*
Sven Hölscheidt, Thomas Schotten, Demokratie in Europa nach der Maastricht-Entscheidung des Bundesverfassungsgerichts, *VR 1994, p. 193-196.*
Sven Hölscheidt , Thomas Schotten, Die Erweiterung der Europäischen Union als Anwendungsfall des neuen Europaartikels 23 GG ? *DÖV 1995, p.187-193.*
Sven Hölscheidt, Thomas Schotten, Zur Rolle des Deutschen Bundestages beim Eintritt in die dritte Stufe der Währungsunion, *ZRP 1997, p. 479-484.*
Hans-Detlef Horn, Grundrechtsschutz in Deutschland - Die Hoheitsgewalt der Europäischen Gemeinschaften und die Grundrechte des Grundgesetzes nach dem Maastricht-Urteil des Bundesverfassunsgerichts, *DVBl. 1995, p. 89-96.*
Hans-Detlef Horn, Nochmals : Die Volksinitiative als Gesetzesinitiative, *BayVwBl. 1996, p. 623-626.*
Rudolf Hrbek, Die Regionen in der Europäischen Union, in : *Heinrich Schneider & Wolfgang Wessels, München 1994, Föderale Union - Europas Zukunft ?, p. 123-144.*
Rudolf Hrbek, Der Vertrag von Maastricht und das Demokratie-Defizit der europäischen Union auf dem Weg zu stärkerer demokratischer Legitimation ? *in : Gedächtnisschrift für Eberhard Grabitz, 1995, p. 171-193.*
Rudolf Hrbek, Die Beteiligung der deutschen Länder an den innerstaatlichen Beratungen und Entscheidungen in EG- Angelegenheiten (insbesondere im Licht von Art.2 EEA-Gesetz und der Bund-Länder Vereinbarung), *Vortrag von dem Europa-Institut der Universität des Saarlandes, Saarbrücken, 1987.*
Rudolf Hrbek, Die Auswirkungen der EU-Integration auf den Föderalismus in Deutschland, *APZ 1997, p. 12-21.*
Rudolf Hrbek, Der Ausschuß der Regionen, *Jahrbuch der europäischen Integration, 1996/1997, 1997, p. 83-88.*
Bernd Huber, Der Finanzausgleich im deutschen Föderalismus, *APZ 1997, p. 22-29.*
Peter Huber, Die Anforderungen der Europäischen Union an die Reform des Grundgesetzes, *Thüringer Verwaltungsblätter 1994, p. 1-8.*
Peter M. Huber, Der Staatenverbund der Europäische Union, in : *Verfassungsrecht im Wandel 1995, p. 349-371.*

Peter Huber, Vom Aufbau der Staats-und Verwaltungsorganisation in Thüringen: Gestaltung zwischen bundesrechtlichen Vorgaben und europarechtlichen Anforderungen, in: *Thüringer Verwaltungsblätter 1997/3, p. 49-53.*

Erich Iltgen, Bundesstaatliche Ordnung und Europäische Union aus der Sicht der (neuen) deutschen Landtage, in : *Detlef Merten (Hrsg.), Die Stellung der Landesparlamente aus deutscher,österreischischer und spanischer Sicht, Duncker & Humblot, 1997, p. 45-54.*

Lotte Incesu, Zwischen Europaoffenheit und Ewigkeitsgarantie des Grundgesetzes. Fragen nach dem Maastricht-Urteil des Bundesverfassungsgerichts, *Recht und Politik 1994, p. 17-94.*

Hans Peter Ipsen, Als Bundesstaat in der Gemeinschaft, in : Probleme des europäischen Rechts, *Festschrift für Walter Hallstein zu seinem 65. Geburstag, Herausgegeben von Ernst von Caemmerer, Hans-Jürgen Schlochauer und Ernst Steindorff, Vittorio Klostermann 1966, Frankfurt am Main.*

Hans Peter Ipsen, Die Bundesrepublik Deutschland in den Europäischen Gemeinschaften, in : *Josef Isensee und Paul Kirchhof (Hrsg), Handbuch des Staatsrechts der Bundesrepublik Deutschland, Band VII, C.F. Müller Juristischer Verlag, Heidelberg 1992, § 181.*

Hans Peter Ipsen, Zehn Glossen zum Maastricht-Urteil, EuR 1994, p. 1-24.

Josef Isensee, Der Föderalismus und der Verfassungsstaat der Gegenwart, *AöR 1990, p.248-279.*

Josef Isensee, Integrationsziel Europastaat ? in : *Festschrift für Ulrich Everling, Band I, p. 567-592.*

Josef Isensee, Vorrang des Europarechts und deutsche Verfassungsvorbehalte - offener Dissens, in : *FS Klaus Stern, p. 1240-1268.*

Hans D. Jarass, Voraussetzungen der innerstaatlichen Wirkung des EG Rechts, *NJW 1990, p. 2420-2425.*

Hans D. Jarass, Richtlinienkonforme bzw. EG-rechskonforme Auslegung nationalen Rechts, *EuR 1991, p. 211-223.*

Hans Dieter Jarass, Konflikte zwischen EG Recht un nationalem Recht vor dem Gerichten der Mitgliedstaaten, *DVBl. 1995, p. 954-962.*

Hans-Dieter Jarass, Die Kompetenzverteilung zwischen der Europäischen Gemeinschaft und den Mitgliedstaaten, *AöR 1996, p. 173-199.*

Günter Jaspert, Der Bundesrat und die europäische Integration, *APZ- Beilage zur Wochenzeitung das Parlament 12/82 vom 27 März 1982, p. 17-32.*

Günter Jaspert, Die Beteiligung des Bundesrates an der europäischen Integration, in : *Siegfried Magiera & Detlef Merten (Hrsg.), Bundesländer und Europäische Gemeinschaft, p. 87-100.*

Gerhard Jooss et *Klaus-Dieter Scheurle*, Die bundesstaatliche Ordnung im Integrationsprozeß - unter besonderer Berücksichtigung der EuGH-Rechtsprechung und der Rechtsschutzmöglichkeiten der Lände., *EuR 1989, p.226-236.*

Otmar Jung, Die Volksinitiative als qualifizierte Petition, *BayVwBl. 1996, p. 618-623.*

Siegfried Jutzi, Gestaltungsräume der Landesverfassung gegenüber Bund und Europa, *Kritische Vierteljahresschrift für Gesetzgebung 1996/2, p. 138-144.*

Rudolf Kabel, Die Mitwirkung des deutschen Bundestages in Angelegenheiten der europäischen Union, Gedanken zur Umsetzung der Art.23 und 45 GG in die Geschäftsordnung des Deutschen Bundestages, in : *Gedächtnisschrift für Eberhard Grabitz, 1995, p. 241-270.*

Wolfgang Kahl, Die Entstehung des Grundgesetzes, *JuS 1997, p. 1083-1087.*

Ulla Kalbfleisch-Kottsieper Fortentwicklung des Föderalismus im Europa - vom Provinzialismus zur stabilen politischen Perspektive ? *DÖV 1993, p. 541-551.*

Ulrich Karpen, Verfassungsänderung und Föderalismus, ZG 1995, p. 356-364.

Ulrich Karpen, Der deutsche Föderalismus nach der Wiedervereinigung, in : *Zum gegenwärtigen Stand der Gesetzgebungslehre in der Bundesrepublik Deutschland : zehn Jahre "Deutsche Gesellschaft für Gesetzgebung" (DGG) und "Zeitschrift für Gesetzgebung (ZG), hrsg. von Ulrich Karpen, Heidelberg 1998, 421 p. (147-150).*

Ulrich Karpenstein, Der Vertrag von Amsterdam im Lichte der Maastricht-Entscheidung des BVerfG, *DVBl. 1998, p. 942-952.*

Werner Kaufmann-Bühler, Deutsche Europapolitik nach dem Karlsruher Urteil : Möglichkeiten und Hemmnisse, *Integration 1/94.*

Hans Kelsen, Die staatsrechtliche Durchführung des Anschlusses Österreichs an das Deutsche Reich, *Zeitschrift für öffentliches Recht 1927, p. 329-352.*

Markus Kenntner, Das Subsidiaritätsprinzip als Beweislastumkehrregel, Überlegungen zur Neufassung von Art. 72 II GG und zur Justitiabilität des Subsidiaritätsprinzips, *ZPR 1995, p. 367-369.*

Markus Kenntner, Grundgesetzwandel - Überlegungen zur Veränderung des Grundgesetzes und seines Bezugsrahmen, *DÖV 1997, p. 450-457.*

Markus Kenntner, Das Subsidiaritätsprotokoll des Amsterdamer Vertrags. Anmerkungen zum Begrenzungscharakter des gemeinschafsrechtlichen Subsidiaritätsprinzip, *NJW 1998, p. 2871-2875.*

Wilhem A Kewenig, Die Europäischen Gemeinschaften und die bundesstaatliche Ordnung der Bundesrepublik Deutschland, *JZ 1990, 458-466.*

Michael Kilian, Wiedererstehen und Aufbau der Länder im Gebiet der vormaligen DDR, *HdbStR VIII, § 186, p. 55-100.*

Paul Kirchhof, Rechtsschutz durch Bundesverfassungsgericht und Europäischen Gerichtshof, in : *Detlef Merten (Hg.), Föderalismus und Europäischen Gemeinschaften, Duncker & Humblot, Berlin 1990, p. 109-123.*

Paul Kirchhof, Deutsches Verfassungsrecht und Europäisches Gemeinschaftsrecht, in : *Kirchhof / Ehlermann*, Deutsches Verfassungsrecht und Europäisches Gemeinschaftsrecht, *EuR, Beiheft I / 1991, Nomos Verlagsgesellschaft, Baden-Baden, 83 p. (11-25).*

Paul Kirchhof, Der deutsche Staat im Prozeß der europäischen Integration, in : *Josef Isensee und Paul Kirchhof (Hrsg), Handbuch des Staatsrechts der Bundesrepublik Deutschland, Band I- VIII, C.F. Müller Juristischer Verlag, Heidelberg 1992, § 183.*

Paul Kirchhof, Deutschland in den Europäischen Union, in : *Bitburger Gespräche, Jahrbuch 1994, p. 1-18.*

Hartmut Klatt, Deutsche Einheit und bundesstaatliche Ordnung, *VerwArch. 1991, p. 430.*

Hartmt Klatt, Europapolitik im föderalstaatlichen System der Bundesrepublik, *Staatswissenschaften und Staatspraxis, 1998, p. 45-84.*

Eckart Klein, Gedanken zur Europäisierung des deutschen Verfassungsrechts, in *: FS Klaus Stern, p. 1301-1315.*

Christoph Knödler, Föderalismus - Auflösung oder Zukunft der Staatlichkeit? *DÖV 1997, p. 635-637.*

Matthias Knothe, Hassan Basbayan, Die Revision der EG-Fernsehrichtlinie, Ein europäischer Entscheidungsprozeß im Lichte nationaler Kompetenzen, *AfP 1997,p. 849-857.*

Eckart Koch, Das deutsche Bundesverfassungsgericht als Europäischer Gerichtshof höchster Instanz ? in : *Ulrich Immenga, Wernhard Möschel/ Dieter Reuter (Hrsg.), FS für Ernst-Joachim Mestmäcker - 1. Aufl. Baden-Baden, Nomos 1996, 1104 p. (397-409).*

Juliane Kokott, Deutschland im Rahmen der EU. Zum Vertrag von Maastricht, *AöR 1994, p. 207-237.*

Julian Kokott, German Constitutional Jurisprudence and European Integration, European public law, Volume 2, issue 2, 1996, p. 237-269 et issue 3, 1996, p. 413-436.

Doris König, Das Urteil des Bundesverfassungsgerichts zum Vertrag von Maastricht - ein Stolperstein auf dem Weg in die europäische Integration, *ZaöRV 1994, p. 17-94.*

Thomas König & Thomas Bräuninger, Wie wichtig sind die Länder für die Politik der Bundesregierung bei Einspruchs- und Zustimmungsgesetzen, *Zeitschrift für Parlamentsfragen 1997, p. 605-628.*

Gerhard Konow, Zum Subsidiaritätsprinzip des Vertrages von Maastricht, *DÖV 1993, p.405-412.*

Gerhard Konow, Maastricht II und die « föderativen Grundsätze », *DÖV 1996, p. 845-852.*

Christian Kirchner und *Joachim Haas*, Rechtliche Grenzen für Kompetenzübertragungen auf die Europäische Gemeinschaft, *JZ 1993, p. 760-771.*

Hartmut Klatt, Interföderale Beziehungen im kooperativen Bundesstaat, *VerwArch 78 (1987), p. 187-206.*

Angelika Kleffner-Riedel, Die Mitwirkung der Länder und Regionen im EU-Rat, *BayVBl. 1995, p.104-108.*

Eckart Klein, Grundrechtsdogmatische und Verfassunprozessuale Überlegungen zur Maastricht-Entscheidung des Bundesverfassungsgerichts, in : *Gedächtnissschrift für Eberhard Grabitz, 1995, p. 271-286.*

Thomas Klindt, Die Zulässigkeit dynamischer Verweisungen auf EG-Recht aus verfassungs- und europarechtlicher Sicht, *DVBl. 1998, p. 373-380.*

Franz Ludwig Knemeyer, Subsidiarität, Föderalismus, Dezentralisation, *DVBl. 1990, p. 449-454.*

Thomas Kreuder, Gestörtes Gleichgewicht : Die Gefährdung der politischen Autonomie von Ländern und Gemeinden durch Kostenverlagerungen, *Aus Politik und Zeitgeschichte 1997, p. 31-36.*

Detlef Kröger & Flemming Moos, Die Erforderlichkeitsklausel gemäß Art. 72 abs. 2 GG n.F. im Spannungsfeld des Bundesstaates, *BayVBl. 1997, p. 705-713.*

Volker Kröning, Reform des bundesstaatlichen Finanzausgleichs, *ZRP 1997, p. 442-444.*

Konrad Kruis, Der neue Artikel 23 GG und das Bund-Länder Verhältnis. Gedanken im Zusammenhang mit dem Urteil zur EWG-Fernsehrichtlinie, in : *Detlef Merten (Hrsg.), Das Verwaltungstaat im Wandel, FS für Franz Knopfle, München, Beck 1996, 432 p. (p. 161-169)*

Philipp Kunig, Mitwirkung der Länder bei der europäischen Integration : Art. 23 des Grundgesetzes im Zwielicht, in : *Verfassungsrecht im Wandel 1995, p. 591-605.*

Ruth Lang, Umweltschutz in Europa sowie auf Bundes- und Landesebene - Bericht über die Umweltrechtslage 1997 am 26. Und 27 August in Düsseldorf, *DVBl. 1998, p. 28-34.*

Carl Otto Lenz, Die Bundesrepublik Deutschland als Glied der europäischen Gemeinschaften, *Vortrag aus dem Europa-Institut, n°68, 1986.*

Carl Otto Lenz, Europa und das Grundgesetz, *Die politische Meinung 1993, p. 19-27.*

Carl Otto Lenz, Der Vertrag von Maastricht nach dem Urteil des Bundesverfassungsgerichts, *NJW 1993 p. 3038.*

Christofer Lenz, Das Grundgesetz und die Verteilung der Sitze im Europäischen Parlament, *NJW 1996, p. 1328-1329.*

Carl Otto Lenz, Ein Grundrechtskatalog für die Europäische Gemeinschaft, *NJW 1997, p. 3289-3290.*

Peter Lerche, « Kompetenz-Kompetenz und das Maastricht-Urteil des Bundesverfassungsgerichts, in : *Verfassungsrecht im Wandel 1995, p. 409-424.*

Peter Lerche, Das Bundesverfassungsgericht und die Vorstellung der « Annäherung » an den verfassungsgewollten Zustand, *DÖV 1971, p. 721-725.*

Peter Lerche, Zur Position der deutschen Länder nach dem neuen Europa-Artikel des Grundgesetzes, in : *FS Herbert Schambeck, p. 753-766.*

Peter Lerche, Konsequenzen aus der Entscheidung des Bundesverfassungsgerichts zur EG-Fernsehrichtlinie, *AfP 1995, p. 632-638.*

Peter Lerche, Der Beitritt der DDR - Voraussetzungen, Realisierung, Wirkungen, *HdbStR VIII, § 194, p. 403-446.*

Barbara Lippert (u.a.), Die Europäische Gemeinschaft und die neuen Bundesländer, eine Erfolgsgeschichte von kurzer Dauer ?, *Integration 1/1993, p.1-18.*

Frank Littwin, Die innerstaatliche Verteilung der Finanzierungslasten aus der Mitgliedschaft der BRD in der EU, *DVBl. 1997, p. 151-157.*

Wolfgang Luthardt, Europäischer Integrationsprozeß, deutscher Föderalismus und Verhandlungsprozesse in einem Mehrebenensystem. Beteiligungsföderalismus als Zukunftsmodell, in: *Staatswissenschaft und Staatspraxis, 1996, 3, p. 293-316.*

Ursula Männle, Grundlagen und Gestaltungsmöglichkeiten des Föderalismus in Deutschland, *APZ 1997, p. 3-11.*

Siegfried Magiera, Die Grundgesetzänderung von 1992 und die Europäische Union, *Jura 1994, p. 1-11.*

Siegfried Magiera, Das Europäische Parlament als Garant demokratischer Legitimation in der Europäischen Union, in : *FS für Ulrich Everling, 1995, p. 789-801.*

Siegfried Magiera, Die Durchsetzung des Gemeinschaftsrechts im europäischen Integrationsprozeß, *DÖV 1998, p. 173-183.*

Herbert Mandelartz, Europäische Integration. Gefährdung und Chancen für die kommunale Selbstverwaltung, in : *FS für Ernst-Wolfgang Böckenförde, p. 163-176.*

Gérard Marcou, Der Beitrag der Mitgliedstaaten zur europäischen Integration (à paraître).

Hartmut Mauer, Der Bundesrat im Verfassungsgefüge der Bundesrepublk Deutschland, in : *Staat und Recht, Festschrift für Günther Winkler, Springer, Wien, New-York 1997, p. 615-637.*

Veith Mehde, Gesetzgebungskompetenz des Bundes zur Aufteilung der Verschuldungsgrenzen des Vertrags von Maaastricht? *DÖV 1997, p. 616-624.*

Gert Meier, Die Europäische Währungsunion als Stabilitätsgemeinschaft und das Grundgesetz, *NJW 1996, p. 1027-1030.*

Gerhard Memminger, Bedeutung des Verfassungsrechtsstreits zur EG-Rundfunkrichtlinie, *DÖV 1989, p.846.*

Detlef Merten, Föderalistische Mitgliedstaaten in einer Europäischen Union, in *FS für L. Adamovich, 1992, p. 446-462.*

Karl M. Meessen, Maastricht nach Karlsruhe, *NJW 1994, p.549-554.*

Andreas Menzel, Kompetenzkonflikt zwischen Bund und Länder in der Gesetzgebung, *DVBl. 1997, p. 640-648.*

Franz Möller, Martin Limpert, p. 21, Informations- und Mitwirkungsrechte des Bundestages in Angelegenheiten der Europäischen Union, *ZParl 1993, p. 21.*

Peter Mombaur et *Hans Gerd von Lennep* Die deutsche kommunale Selbsverwaltung und das Europarecht, *DÖV 1988, p. 988.*

Gerhard Mößlang, Ist der EuGH als gesetzlicher Richter i. S. des Artikels 101 I 2 LF in Frage gestellt ? *EuZW 1996, p. 69-71.*

Mechthild Müller, Die Mitwirkung der Landesparlamente in Bundesrats- und Europaangelegenheiten, *DÖV 1993, p. 103-107.*

Gisela Müller-Brandeck-Bocquet, Perspektiven des deutschen Föderalismus nach der Verfassungsreform, *Die Verwaltung 1996, p. 143-157.*

Peter-Christian Müller-Graff, Europäische Normgebung und ihre judikative Umsetzung in nationales Recht, *DRiZ 1996, p. 259-266; 305-315.*

Dietrich Murswiek, Maastricht und der pouvoir constituant - Zur Bedeutung der verfassunggebenden Gewalt im Prozeß der europäischen Integration, *Der Staat 1993, p. 161-190.*

Martin Nettesheim, Art. 23 GG, nationale Grundrechte und EU-Recht. Besprechung von BVerfG, Beschluß vom 25.1.1995, *NJW 1995, p. 2083.*

Volker Neßler, Europäisches Gemeinschaftsrecht vor deutschen Gerichten, *DVBl. 1993, p. 1240-1246.*

Hans Heinrich Nöll, Die Völkerrechtssubjektivität der Europäischen Gemeinschaften und deren Bindung an das allgemeine Völkerrecht, *Nomos, Baden-Baden 1986, 177p. (EI)*

Karlheinz Oberthür, Die Bundesländer im Entscheidungssystem der Europäischen Gemeinschaft, *Integration 1978, p. 58-65.*

Sebastian Oehlert, Harmonisierung durch EG-Richtlinien. Kompetenz, Legitimation, Effektivität, *Jus 1997, p. 317-322.*

Thomas Oppermann, Die dritte Gewalt in der Europäischen Union, *DVBl. 1994, p. 901-908.*

Thomas Oppermann, Subsidiarität als Bestandteil des Grundgesetzes, *JZ 1996, p. 265-274.*

Georg-Berndt Oschatz, EG-Rechtsetzung und deutscher Föderalismus - Die Europäisierung und ihre Auswirkungen auf das bundesstaatliche und institutionelle Gefüge in des Bundesrepublik Deutschland, in : *Detlef Merten (Hg.), Föderalismus und Europäischen Gemeinschaften, Duncker & Humblot, Berlin 1990, p. 63-80.*

Georg-Berndt Oschatz und Horbert Risse, Europäische Integration und deutscher Föderalismus, *Europa-Archiv 1988, p. 9-16.*

Georg-Berndt Oschatz und Horbert Risse, Bundesrat und Europäische Gemeinschaften, Neue Verfahrenregeln der Bundesrats-Geschäftsordnung für EG-Vorlagen, *DÖV 1989, p. 509-519.*

Georg-Berndt Oschatz, Verfassungsrechtliche Grenzen der Weiterentwicklung Europas, in : Detlef Merten (Hrsg.), *Die Stellung der Landesparlamente aus deutscher,österreischischer und spanischer Sicht, Duncker & Humblot, 1997, p. 33-43.*

Georg-Berndt Oschatz und Horst Risse, Die Bundesregierung an der Kette der Länder ? *DÖV 1995, p. 437-452.*

Fritz Ossenbühl, Maastricht und das Grundgesetz - eine verfassungsrechtliche Wende ? *DVBl. 1993, p. 630-637.*

Fritz Ossenbühl, Europarechtliche Beihilfenaufsicht und nationales Gesetzgebungsverfahren, *DÖV 1998, p. 811-818.*

Eckhard Pache, Die Kontrolledichte in der Rechtsprechung des Gerichtshof der Europäischen Gemeinschaften, *DVBl. 1998, p. 380-387.*

Parlament (Europäisches), Botz Gerhard, Bericht über die Entwicklungsprobleme und Strukturinterventionen in Deutschland im Zeitraum 1994-1999, *7 janvier 1997, A4 0002/97, 23 p.*

Matthias Pechstein, Johannes Cirkel, EuGH-Zuständigkeit für deutsches Verfassungsrecht ? *DÖV 1997, p. 365-371.*

Matthias Pechstein, Amsterdamer Vertrag und Grundgesetz, *DÖV 1998, p. 569-576.*

Ingolf Pernice, Europäische Union : Gefahr oder Chance für den Föderalismus in Deutschland, Österreich und der Schweiz ?, *DVBl. 1993, p. 909-924.*

Ingolf Pernice, Karlsruhe locuta - Maastricht in Kraft, *EuZW 1993, p. 649.*

Ingolf Pernice, Das Ende der währungspolitischen Souveränität Deutschlands und das Maastricht-Urteil des BVerfG, in : *FS für Ulrich Everling 1995, p. 1057-1070.*

Ingolf Pernice, Einheit und Kooperation : Das Gemeinschaftsrecht im Lichte der Rechtsprechung von EuGH und nationalen Gerichten, in : *Gedächtnissschrift für Eberhard Grabitz, 1995, p. 522-550.*

Pernice, Maastricht, Staat und Demokratie, *Die Verwaltung 1993, p. 449.*

Ingolf Pernice, Deutschland in der Europäischen Union, in : *HdbStR VIII, § 191, p. 225-280.*

Wolgang Philipp, Ein Dreistufiger Bundesstaat ? Deusche Einheit zwischen Europa und den Ländern, *ZRP 1992, p. 433-438.*

Bodo Pieroth und Markus Schmülling, Die Umsetzung der Richtlinie des Rates zum Kommunalwahlrecht der Unionsbürger in den deutschen Länder, *DVBl. 1998, p. 365-372.*

Klaus Pöhle, Die Europa-Kommission des Deutschen Bundestages. Ein politisches und geschäftsmäßiges Novum, *Zparl. 1984, p. 352.*

Praß, Die Bundesorgane, *DV 1949, p. 314-324.*

Ulrich K. Preuß, Für einen europäischen Grundrechtskatalog, *Kritische Justiz 1998, p. 1-29.*

Adelheid Puttler, Das BverfG und die Rechte des Deutschen Bundestages bei der Einführung des EURO, *ZRP 1998, p. 168-173.*

Günter Püttner, Gefährdungen des kommunalen Selbstverwaltung, *DÖV 1994, p. 552-558.*

Arnold Rainer, Das Kooperationsverhältnis zwischen Europäischen Gerichtshof und Bundesverfassungsgericht in der Zukunft, in : *Das Bundesverfassungsgericht im Schnittpunkt von Recht und Politik ; Hrsg. von Michael Piazolo. Mainz-München :v. Hase und Koehler 1995, p. 277-290.*

Nobert Reich, Nationale Rechtskontrolle der Unionskompetenz ?, *EuZW 1998, p. 321.*

Hans-Werner Rengeling, Die Garantie der kommunalen Selbstverwaltung im Zeichen der europäischen Integration, *DVBl. 1990, p. 893-903.*

Hans-Werner Rengeling, Europäische Normgebung und ihre Umsetzung in nationales Recht, *DVBl. 1995, p. 945-962.*

Wolfgang Renzsch, Die deutschen Länder und Europa : Landesregierungen zwischen Integrationsfurcht und -hoffnung, *ZParl. 1989, p. 581-586.*

Georg Ress, Die Europäischen Gemeinschaften und der deutsche Föderalismus, *EuGRZ 1986, p. 549-558.*

Georg Ress, Wichtige Vorlagen deutscher Verwaltungsgerichte an den Gerichtshof der Europäischen gemeinschaften, *Die Verwaltung 1987, p. 177-217.*

Georg Ress, Das deutsche Zustimmungsgesetz zur Einheitlichen Europäischen Akte - Ein Schritt zur « Föderalisierung » der Europapolitik, *EuGRZ 1987, p. 361-367.*

Georg Ress, Über die Notwendigkeit der parlamentarischen Legitimierung der Rechtsetzung der Europäischen Gemeinschaften, Überlegungen zum europäischen Gemeinschaftsrecht und deutschen Verfassungsrecht, in: W. Fiedler/ G. Ress (Hrsg.), *Gedächtnisschrift für W.K. Geck (1989), p. 625-684.*

Georg Ress, Verwaltung und Verwaltungsrecht in der Bundesrepublik Deutschland untr dem Einfluß des europäischen Rechts und der europäischen Gerichtsbarkeit, in : J. Burmeister (Hrsg.), *Die verfassungsrechtliche Stellung der Verwaltung in Frankreich und in der Bundesrepublik Deutschland / Le statut constitutionnel de l'administration en France et en RFA, Schriftenreihe Annales Universitatis Saraviensis, 1991, p. 199-228.*

*Georg Ress,*Democratic decision-making in the European Union and the role of the European Parliament, in : *Institutional Dynamics of European Integration, FS. Schermers, Martinus Nijhoff Public., Dordrecht/Boston/London 1994, Bd. II, p. 153-176.*

Georg Ress, The constitution and the Maastricht Treaty - between co-operation and conflict, in : *Constitutional Policy in Unified Germany, German Politics, Special Issue (Hrsg. R. Goetz/P ; Cullen), 1994, Bd. 70/5, p. 107-130.*

Hans-Konrad Ress, Die Beteiligung der deutschen Bundesländer am Rechtssetzung der Europäischen Gemeinschaft - BVerfGE 92,203, *JuS 1998, p. 17-24.*

Hanns-Uwe Richter, Die bundesstaatliche Finanzverfassung des Bonner Grundgesetzes, *JuS 1996, p. 119-120.*

Riegel, Gliedstaatskompetenzen im Bundesstaat und Europäisches Gemeinschaftsrecht, *DVBl. 1979, p. 245-251.*

Hans Christian Röhl, Die Beteiligung der BRD an der Rechtsetzung im Ministerrat der EU. Die Rolle des Ausschuss der Ständiger Vertretung (COREPER) und der Ständigen Vertretung, *EuR 1994, p. 409-444.*

Gerhard Roller, Die Mitwirkung der deutschen Länder und der belgischen Regionen an EG-Entscheidungen, Eine rechtsvergleichende Untersuchung am Beispiel der Umweltpolitik, *AöR 1998, p. 21-59.*

Erich Röper, Das Volk Europas, einig in seinen Völkern und Stämmen, *ZRP 1996, p. 468-471.*

Manfred Rotter, Das Subsidiaritätsprinzip und der Ausschuß der Regionen im Unionsvertrag von Maastricht : Die mißlungen Quadratur des Föderalismus, in : *FS für Herbert Schambeck, p. 981-1002.*

Walter Rudolf, Die Bedeutung der Landesparlamente in Deutschland, in : Detlef Merten (Hrsg.), Die Stellung der Landesparlamente aus deutscher,österreichischer und spanischer Sicht, *Duncker & Humblot, 1997, p. 55-70.*

Matthias Ruffert, Dogmatik und Praxis des subjektiv-öffentlichen Rechts unter dem Einfluß des Gemeinschaftsrechts, *DVBl. 1998, p. 69-75.*

Hans Heinrich Rupp, Maastricht - eine neue Verfassung ? *ZRP 1993, p. 211-213.*

Hans Heinrich Rupp, Grundgesetzänderungen durch völkerrechtlichen Vertrag - ein vernachlässigtes Problem des Maastrichter Unionsvertages, in : *Verfassungsrecht im Wandel 1995, p. 499-508.*

Hans Heinrich Rupp, Ausschaltung des Bundesverfassungsgerichts durch den Amsterdamer Vertrag, *JZ 1998, p. 213-217.*

Hubertus Rybak und Hans Hofmann, Verteilung der Gesetzgebungsrechte zwischen Bund un Ländern nach der Reform des Grundgesetzes, *NVwZ 1995, p. 230-235.*

Wolfram Sandner, Probleme des vorläufigen Rechtsschutzes gegen Gemeinschaftsrecht vor nationalen Gerichten, *DVBl. 1998, p. 262-267.*

Rüdiger Sannwald, Die Reform des Grundgesetzes, *NJW 1994, p. 3313-3320.*

Karl'Albrecht Schachtschneider, Angelika Emmerich-Fritsche et *Thomas Beyer,* Der Vertrag über die Europäische Union und das Grundgesetz, *JZ 1993, p.751-759.*

Karl Albrecht Schachtschneider, Das Maastricht-Urteil. Die neue Verfassungslage der Europäischen Gemeinschaft, *Recht und Politik 1994, p. 1-9.*

Heinz Schäffer, Die Länder-Mitwirkung in Angelegenheiten der Europäischen Integration, in : *FS für Herbert Schambeck, p. 1003-10026.*

Heinz Schäffer, Europa und die österreichische Bundesstaatlichkeit, *DÖV 1994, p. 181-195.*

Heinz Schäffer, Europäische Integration und Föderalismus, *Zeitschrift für schweizer. Recht 1994, p. 155-179.*

Fritz Wilhelm Scharpf, Europäisches Demokratiedefizit und deutscher Föderalismus, *Jahrbuch zur Staats und Verwaltungswissenschaft (92/93) 1994, p. 165-178.*

Dieter Scheuing, Rechtsprobleme bei der Durchsetzung des Gemeinschaftsrechts in der B.R.D., *EuR 1985, p, 229-272.*

Dieter Scheuing, Deutsches Verfassungsrecht und europäische Integration, *EuR 1/97, p. 7-60.*

Dieter Helmut Scheuing, Zur europäisierung des deutschen Verfassungsrechts, in : *Karl F. Kreuzer* (Hrsg.), *Die Europäisierung der mitgliedstaatlichen Rechtsordnungen in der EU, Baden-Baden , Nomos 1997.*

Theodor Schilling, Zur Verfassungsbindung des deutschen Vertreters bei Mitwirkung an der Rechtsetzung im Rate der EU. Die Mitwirkung als Gesetzgebung im Sinne des Grundgesetzes, *DVBl. 1997, 7, p. 458-463.*

Schink, Die europäische Regionalisierung, *DÖV 1992, p. 390.*

Otto Schlecht, Das Bundesverfassungsgericht als ordnungspolitischer Sukkurs: Anmerkung zum Vertrag über die Europäische Union, in: *FS für Ulrich Everling 1995, p. 1249-1263.*

Kirsten Schmalenbach, Der neue Europaartikel 23 des GG im Lichte der Arbeit der Gemeinsamen Verfassungskommission : Motive einer Verfassungsänderung, Berlin, *Duncker & Humblot 1996, 235 p.*

Arndt Schmehl, Die erneurte Erforderlichkeitsklausel in Art. 72 Abs. 2 GG, *DÖV 1996, p. 724-731.*

Gerold Schmidt, Die neue Subsidiaritätsprinzipregelung des Art. 72 GG in der deutschen und europäischen Wirtschaftsverfassung, *DÖV 1995, p. 657-668.*

Eberhard Schmidt-Aßmann, Deutsches und europäisches Verwaltungsrecht, *DVBl. 1993, p. 924-936.*

Edzard Schmidt-Jortzig, Herausforderungen für den Föderalismus in Deutschland - Plädoyer für einen neuen Wettbewerbsföderalismus, *DÖV 1998, p. 746-751.*

Otto Schmuck, Der Amsterdamer Vertrag aus der Sicht der Länder und Regionen, *Integration, 1997, p. 228-235.*

Klaus-Dieter Schnapauff, Der neue Europaartikel in der staatlichen Praxis, *ZG 1997, p. 188-194.*

Hans Peter Schneider, Die bundesstaatliche Ordnung im vereinigter Deutschland, *NJW 1991, p.2448.*

Hans Peter Schneider, Nehmen ist seliger als Geben. Oder : Wieviel "Föderalismus" verträgt der Bundestaat ? *NJW 1998, p. 3757-3759.*

Heinrich Schneider, Die europäische Union als Staatenverbund oder als multinationale « Civitas Europea » ?, in : *Gedächtnissschrift für Eberhard Grabitz, 1995, p.677-723.*

Michael Schneider, Einwirkung der EG-Kommission auf die Zuständigkeiten der Länder, in : Detlef Merten (Hg.), *Föderalismus und europäischen Gemeinschaften, Duncker & Humblot, Berlin 1990, p 233-248.*

Otmar Schneider, Der Vertrag von Maastricht vor dem Bundesverfassungsgericht, *Europa-Blätter 1994, p. 67-79.*

Fernand Schockweiler, Zur Kontrolle der Zuständigkeitsgrenzen der Gemeinschaft, *EuR 1996, p. 123-136.*

Rupert Scholz, Wie lange bis « Solange III » ?, *NJW 1990, p.941-946.*

Rupert Scholz, Grundgesetz und europäische Einigung, *NJW 1992, p. 2593- 2601.*

Rupert Scholz, Europäische Union und deutscher Bundesstaat, *NVwZ 1993, p.817-824.*

Rupert Scholz, Die Gemeinsame Verfassungskommission von Bundestag und Bundesrat, *ZG 1994, p. 1-34.*

Scholz, in : Maunz - Dürig, *Komm z. GG, Art. 23.*

Rupert Scholz, Zum Verhältnis von europäischem Gemeinschaftsrecht und nationalem Verwaltungsverfahrensrecht, *DÖV 1998, p. 261-268.*

Christoph Schönberg, Europabeauftragte in den deutschen Bundesländern, *DÖV 1998, p. 665-672.*

Meinhard Schröder, Bundesstaatliche Erosion im Prozeß der europäischen Integration, *JÖR 1986, p. 83-102.*

Meinhard Schröder, Das Bundesverfassungsgericht als Hüter des Staates im Prozeß der europäischen Integration- Bemerkungen zum Maastricht-Urteil, *DVBl. 1994, p.316-325.*

*Meinhard Schröder,*Die Einwirkung des internationalen Rechts auf das interne Recht am Beispiel der BRD, *Gesetzgebung heute 1994, p. 41-68.*

Werner Schroeder, Alles unter Karlsruher Kontrolle ? Die Souveränitätsfrage im Maastricht-Urteil des Bundesverfassungsgerichts, *Zeitschrift für Rechtsvergleichung 1994, p. 143-157.*

Rainer-Olaf Schultze, Statt Subsidiarität und Entscheidungsautonomie - Politikverflechtung und kein Ende, Der deutsche Föderalismus nach der Vereinigung, *Staatswissenschaften und Staatspraxis 1993, p. 225-255.*

Thomas Schüz, Integration der neuen Bundesländer in den bundesstaatlichen Finanzausgleich, in : Peter Neumann ; Reiner Tillmanns, (hrsg.), *Verfassungsrechtliche Probleme bei der Konstituierung der neuen Bundesländer, Berlin, Verl. A. Spitz, 1997, p. 305-344..*

Hans-Joachim Schütz, Die EG-Kammer - Delegationsbefugnis und Geschäftsordnungsautonomie des Bundesrates, *NJW 1989, p. 2160-2165.*

Ivo Schwartz, Artikel 235 EG-Vertrag nach « Maastricht », in : *Ulrich Immenga, Wernhard Möschel/ Dieter Reuter* (Hrsg.), *FS für Ernst-Joachim Mestmäcker - 1. Aufl. Baden-Baden, Nomos 1996, 1104 p. 467-482.*

Jürgen Schwarze, Europapolitik unter deutschem Verfassungsrichtervorbehalt, *NJ 1994, p. 1-5.*

Jürgen Schwarze, Kompetenzverteilung in der Europäischen Union und föderales Gleichgewicht, *DVBl. 1995, p. 1265-1269.*

Jürgen Schwarze, Die Auswirkung des Vorrangs der Gemeinschaftsrechts auf das deutsche Kartell- und Wettbewerbsrecht, *JZ 1996, p. 56-64.*

Jürgen Schwarze, Europäische Einflüsse auf das nationale Verwaltungsrecht aus der Sicht der einzelnene Mitgliedstaaten, Deutscher Bericht, in: *Das Verwaltungsrecht unter europäischen Einfluß. Zur Konvergenz der mitgliestaatlichen Verwaltungsrechtsordnungen in der EU. Jürgen Schwarze (Hrsg.), Baden-Baden, Nomos 1996, 846 p.*

Michael Schweitzer, EG-Kompetenzen im Bereich von Kultur und Bildung, in : Detlef Merten (Hrsg.), *Föderalismus und Europäischen Gemeinschaften, Duncker & Humblot, Berlin 1990, p. 147-159.*

Lore Seidel, « Fernsehen ohne Grenzen », *NVwZ 1991, p.120.*

Martin Seidel, Probleme der Rechtsetzung der Europäischen Gemeinschaft aus der Sicht der Bundesrepublik Deutschland, *Europäische Integration und Gesetzgebung 1992, p. 31-48.*

Martin Selmayr und Nicola Prowald, Abschied von den « Solange »- Vorbehalten, Die wahre Bedeutung des « Kooperationsverhältnisses » des BVerfG zum EuGH, *DVBl. 1999, p. 269-277.*

Adinda Sinnaeve, Der Kommissionsvorschlag zu einer Verfahrensverordnung für Beihilfenkontrolle, *EuZW 1998, p. 268-273.*

Peter Selmer, Sonderbedarfe und Bedarfe aus Sonderlasten der Länder im bundesstaatlichen Finanzausgleich, in : *FS Friauf, p. 683-703.*

Karl-Peter Sommermann, Die Stärkung der Mitsprache der Länder in Angelegenheiten der Europäischen Union durch die Grundgesetzänderung von 1992, *Landes-und Kommunalverwaltung 1994, p.382-387.*

Karl-Peter Sommermann, Staatsziel « Europäische Union » - zur normativen Reichweite des Art. 23 Abs. 1 S. 1 GG n. F., *DÖV 1994, p. 596-604.*

Rudolf Smend, Ungeschriebenes Verfassungsrecht im monarchischen Bundesstaat, in : Festgabe fü Otto Mayer, J.C.B. Mohr, Tübingen 1916, p. 245-270, réimp. in : *Staatsrechtliche Abhandlungen, Duncker & Humblot, Berlin 1955, 39-59.*

Rupert Stadler, Das Vorabentscheidungsverfahren nach Art. 177 EGV, Vorlagepraxis deutscher Gerichte im Bereich des Wettbewerbsrechts, *Wirtschaft und Wettbewerb 1994, p. 824.*

Karl Starzacher, Europa - Ende des Föderalismus, *VR 1993, p. 217-221.*

Winfried Steffani, Das Demokratie-Dilemna der Europäischen Union. Die Rolle der Parlamente nach dem Urteil des BVG vom 12. Oktober 1993, p. 33-49, in: Demokratie in Europa: Zur Rolle der Parlament. Hrsg. von Winfried Steffani und Uwe Taysen. Unter Mitarb. von Kristin Bergmann - Opladen: Westdt. Verl. 1995, 403p. *(Zeitschrift für Parlamentsfragen Sonderb. 1995, 1.*

Torsten Stein, Die Querschnittsklausel zwischen Maastricht und Karlsruhe, in : FS für Ulrich Everling, *1995, p. 1439-1453.*

Torsten Stein, « Bananen-Split » ? Entzweien sich BVerfG und EuGH über den Bananenstreit ?, *EuZW 1998, p. 261-264.*

Ernst Steindorff, das Maastricht-Urteil zwischen Grundgesetz und europäische Integration, *Europ. Wirtschafts und Steuerrecht 1993, p. 341-346.*

Klaus Stern, Die Konvergenzkriterien des Vertrages von Maastricht und ihre Umsetzung in der bundesstaatlichen Finanzverfassung, in : FS für Ulrich Everling 1995, *p. 1469-1490.*

Klaus Stern, Europäische Union und kommunale Selbstverwaltung, in : FS Friauf, *p. 75-93.*

Fritz Stöger, Aufgaben und Tätigkeit des Beobachters der Länder bei den Europäischen Gemeinschaften, in : *Siegfried Magiera und Detlef Merten, Bundesländer und Europäische Gemeinschaft, Duncker & Humblot, Berlin 1988, p. 101-118.*

Edmund Stoïber, Auswirkungen der Entwicklung Europas zur Rechtsgemeinschaft auf die Länder der Bundesrepublik Deutschland, *EA 1987, p. 543-552.*

Rainer Störmer, Vorabentscheidungsersuchen nach Art. 177 EGV durch Landesverfassungsgerichte, *Neue Justiz 1998, p. 337-341.*

Christian Storlorz, Bedrückende Entwicklungsperspektiven des Föderalismus im Vereinigten Deutschland, *ZParl., 1997/2, p. 311-314.*

Rudolf Streinz, Der Vollzug des Europäischen Gemeinschaftsrechts durch deutsche Staatsorgane, in : *Josef Isensee und Paul Kirchhof* (Hrsg), *Handbuch des Staatsrechts der Bundesrepublik Deutschland, Band VII, C.F. Müller Juristischer Verlag, Heidelberg 1992, § 182.*

Rudolf Streinz, Das Kooperationsverhältnis zwischen Bundesverfassungsgericht und Europäischem Gerichtshof nach dem Maastricht-Urteil, in : *Verfassungsrecht im Wandel 1995, p. 663-679.*

Jörg Stremmel & Wolfgang Wedderkopf, EG-Regionalpolitik und Deutsche Einheit, *ZRP 1990, p. 369.*

Rudolf W. Strohmeier, Möglichkeiten der Einflußnahme auf den Entscheidungsprozeß der Europäischen Gemeinschaften durch die Deutschen Bundesländer nach Einrichtung von Länderbüros in Brüssel, *DÖV 1988, p. 633-637*

*Rita Süssmuth,*Europäische und nationale Kompetenzen, *Die politische Meinung, 301, Dez. 1994, p. 1-14.*

Uwe Thaysen, Die « Eckpunkte » der Bundesländer für den Föderalismus im vereinten Deutschland, Beschluß vom 5. Juli 1990, *ZParl 1991, p. 461-463.*

Willi Thiele, Zur Problematik des Subsidiaritätsprinzips, insbesondere in der Europäischen Union, *DÖD 1997, p. 121-125.*

Werner Thieme, Das Grundgesetz und die öffentliche Gewalt internationales Staatengemeinschaften, *VVDStRL 18 (1960), p.50.*

Christian Tietje, Europäischer Grundrechtsschutz nach dem Maastricher-Urteil, « Solange III » ?, *JUS 1994, p. 197-202.*

Christian Tomuschat, Bundesverfassungsgericht contra EuGH - Friedenschluß in Sicht, *NJW 1980, p. 261.*

Christian Tomuschat, Bundesstaats- und Integrations prinzip in der Verfassungsordnung des GG, in : *Siegfried Magiera & Detlef Merten, Bundesländer und EG, p. 21-43.*

Christian Tomuschat, Die europäische Union unter der Aufsicht des Bundesverfassungsgerichts, *EuGRZ 1993, p. 489-496.*

Christian Tomuschat, Das Endziel der europäischen Integration. Maastricht ad infinitum ? *DVBl. 1996, p. 1073-1082.*

*Thomas Trautwein,*Zur Rechtsprechungskompetenz des BVerfG auf dem Gebiet des Europäischen Gemeinschaftsrechts, *JuS 1997, 10, p. 893-897.*

Robert Uerpmann, Der europarechtliche Rahmen für staatliche Subventionen in Ostdeutschland, *DÖV 1998, p. 226-233.*

Dieter C. Umbach, Bundesverfassungsgericht und Europäische Gerichtshof - der schwerige Weg zur Kooperation oder « Wie lange Solange », in : *Roland Lhotta, Janbernd Oebbecke, Werner Reh* (Hrsg.) : *Deutsche und europäische Verfassungsgeschichte : Sozial- und rechtswissenschaftliche Zugänge, Symposium zum 65. Geburstag von Hans Boldt, Nomos, Baden-Baden 1997, 288 p. (271-288).*

Erwin Vetter, Das Subsidiaritätsprinzip in der Europäischen Union aus der Perspektive der deutschen Länder, in : Rudolf Hrbek (Hrsg.), *Das Subsidiaritätsprinzip in der Europäische Union. Bedeutung und Wirkung für ausgewählte Politik bereiche, Nomos 1995. p. 35-43.*

Erwin Vetter, Kompetenzverteilung zwischen der Europäischen Union und den Mitgliedstaaten aus der Sicht der deutschen Länder, in : *Siegfried Magiera und Heinrich Siedentopf, Die Zukunft der EU, Integration, Koordination, Dezentralizierung, Duncker & Humblot, Berlin 1997, 262 p. (23-36).*

Klaus Vogel, Selbständige Bundesaufsicht nach dem Grundgesetz, besonders bei der Anwendung europäischen Rechts, in : FS Klaus Stern, *p. 819-829.*

Vogel / Waldhoff, Vorbemerkungen zu Art. 104a-115, in :*Bonner Kommentar.*
Neßler Volker, Die neue Ländermitwirkung nach Maastricht, *EuR 1994, p. 216-229.*
Uwe Volkmann, Bundesstaat in der Krise ?, *DÖV 1998, p. 613-623.*
Reimer Voss, Das Maastricht- Urteil und die Folgen, *RIW 1996, p. 324-326.*
Claus Weber, Das Verhältnis der Kompetenzen von europäischen und nationalen Gerichten : neue Konflikte zwischen Europäischem Gerichtshof und Bundesverfassungsgericht, *DÖV 1997, p. 624-629.*
Weber, Die Wirtschafts- und Währungsunion nach dem Maastricht-Urteil, *JZ 1994, p. 53.*
Joseph Weiler, Der Staat "über alles". Demos, Telos und die Maastricht-Enscheidung des Bundesverfassungsgerichts, *JöR 1996, p. 91-135.*
Guido Westerwelle, Auswärtiger Dienst der Länder ? *ZRP 1989, p. 121-125.*
Manfred Wiegandt, Methodische Bedenken zur Entscheidungsfindung des Bundesverfassungsgerichts im Bereich der Außenpolitik. Zu den Urteilen über den Maastricht Vertrag und den Auslandseinsatz der Bundeswehr, *NJ 1996, p. 113-118.*
Paul Wilhem, Europa im Grundgesetz, Der neue Artikel 23, *BayVwbl. 1992, p.705-710*
Klaus Winkel, Die Umsetzung von EG-Richtlinien in deutsches Recht unter besonderer Berücksichtigung der Erfahrung in der Praxis, *ZG 1997, p. 113-126.*
Ingo Winkelmann, Innerstaatliche Kompetenzverteilung bei Vertragsabschlüssen in Angelegenheiten der Europäischen Union, Zur Nichtbeachtlichkeit der Lindauer Absprache im Anwendungsbereich von Art. 23 n. F., *DVBl 1993, p. 1128-1136.*
Ingo Winkelmann, Die Bundesregierung als Sachwalter von Länderrechten, Zugleich Anmerkung zum EG-Fernsehrichtlinien-Urteil des Bundesverfassungsgerichts, *DÖV 1996, p. 1-11.*
Markus Winkler, Zur Auslegung völkerrechlicher Verträge anhand einzelstaatlichen Verfassungsrechts, *NVwZ 1994, p. 450-452.*
Roland Winkler, Das "Alcan"-Urteil des EuGH- eine Katastrophe für den Rechtstaat ? *DÖV 1999, p. 148-152.*
Ralf Wittkowski, Das Maastricht-Urteil des Bundesverfassunsgerichts vom 12.10.93 als « Solange III » - Entscheidung ? *BayVBl. 1994 p. 359-363.*
Joachim Wolf, Die Revision des Grundgesetzes durch Maastricht - Ein Anwendungsfall des Art. 146 GG, *JZ 1993, p. 594-601.*
Hellmut Wollmann, Jochen lang, Oliver Schwab, Partnership Arrangements within EU Structural Fund Programmes - *Case Study on Germany, Report, Berlin 31/10/1996, 22 p.*
Burkhardt Ziemske, Der Senat : Bayerns zukünftige Europakammer ? BayVBl. *1997, p. 428.*
Rüdiger Zuck, Das Gerede vom gerechtlichen Kooperationsverhältnis, *NJW 1994, p. 978-979.*
Rüdiger Zuck, Verfassungsrechtlicher Rechtsschutz gegen Europa, *NJW 1997, p. 1193-1200.*
Rüdiger Zuck, Christofer Lenz, Verfassungsrechtlicher Rechtsschutz gegen Europa. Prozessuale Möglichkeiten vor den Fachgerichten und dem Bundesverfassungsgericht gegen Rechtsakte der Europäische Union, *NJW 1997/18, p. 1193-1200.*
Rüdiger Zuck, Christofer Lenz, Warum die verfassungsbeschwerde gegen den Euro scheitern wird, *NJW 1998, p. 119-1122.*
Rüdiger Zuck, Kooperation zwischen dem Bundesverfassungsgericht und dem Europäischen Gerichtshof, in : Hüter der Verfassung oder Lenker der Politik ? Das Bundesverfassungsgericht im Widerstreit, Bernt Guggenberger... (Hrsg.), *Baden-Baden, Nomos 1998, 320 p. (121-150).*
Manfred Zuleeg, Die Stellung des Länder und Regionen im europäischen Integrationsprozeß, *DVwBl. 1992, p. 1329-1337.*
Manfred Zuleeg, Deutsches und europäisches Verwaltungsrecht - wechselseitige Einwirkungen, *VVDStRL 53, 1993, p. 154-201.*
Manfred Zuleeg, Anmerkung zum Urteil vom 22.3.95 des Bundesverfassungsgerichts (Fernsehen ohne Grenzen) *JZ 1995, p. 673-677.*
Manfred Zuleeg, Die Stellung des Landes Hessen in der EU, in : *Hans Eichel & Klaus Peter Möller (Hrsg.), 50 Jahre Verfassung des Landes Hessen: eine Festschrift Wiesbaden, Westdt. Verl. 1997, 511 p. (383-399).*
Konrad Zumschlinge, Die Informationsbüros der Länder in Brüssel, *Die Verwaltung 1989, p. 217-236.*

Konrad Zumschlinge und Annette Sierigk, Die Auswirkungen der Wiedervereinigung Deutschlands und der Integration Europas auf die Vertretung der deutschen Länder in Bonn, Berlin und Brüssel, *Die Verwaltung 1994, p. 525-545.*

Götz-Eike zur Hausen, Die deutschen Länder als Souffleure auf der Brüsseler Bühne ? -Das Ratifizierungsgesetz zur Einheitlichen Europäischen Akte aus Brüsseler Sicht, *EuR 1987, p. 322-332.*

Thomas Zwissler, Das Bundesverfassungsgericht und die Europäische Währungsunion, *NJW 1997, p. 179-180.*

B. En français

Rainer Arnold, La Loi fondamentale de la RFA et l'Union européenne. Le nouvel article 23 de la Loi fondamentale, *RIDC 1993, p. 673-678.*

Rainer Arnold, L'Union monétaire européenne et la Constitution allemande, *RDP 1998, p. 649-657.*

Jean-François Aubert, RDP 1963, 401-452.

Christian Autexier, Cour fédérale des finances, ordonnance du 16 juillet 1981, *RTDE 1981, p. 779-786.*

Christian Autexier, L'hétérogénéité du droit communautaire dérivé, *Revue internationale de droit comparé, 1982, 337.*

Christian Autexier, Commentaire de l'arrêt du 22 octobre 1986 (Solange II), *Annuaire international de justice constitutionnelle, 1987, p. 419-442.*

Christian Autexier, Mille neuf cent quatre-vingt-dix : la réunification de l'Allemagne sous la Loi fondamentale, *RFDC 1991, p. 589.*

Christian Autexier, Le traité de Maastricht et l'ordre constitutionnel allemand, *RFDC1992, p. 625-641.*

Christian Autexier, Barbara Genius-Devime, Turbulences sur le fédéralisme allemand, *RBDC, n°2, 1994.*

Christian Autexier, Barbara Genius-Devime, La Cour constitutionnelle fédérale, l'ordre constitutionnel allemand et le traité de Maastricht (à propos de la décision du 12 octobre 1993), *RFDC 1994, p.421-432.*

Christian Autexier, La capacité des régions de conclure des accords avec d'autres régions, des Etats ou des organisations internationales, in : *L'Europe et les régions, aspects juridiques, publié sous la direction de Georges Vandesanden, Editions de l'Université de Bruxelles, 1997, p. 135-146.*

Peter Badura, Le cadre constitutionnel, *RFAP 1996, p. 267-277.*

Etienne Bassot, Le Comité des régions - régions françaises et Länder allemand face à un nouvel organe communautaire, *RMCUE 1993, p. 729-739.*

Olivier Beaud, L'apport de la jurisprudence constitutionnelle allemande à la théorie du suffrage, *RFDA 1992, p. 409.*

Olivier Beaud, Fédéralisme et souveraineté, Notes pour une théorie constitutionnelle de la Fédération, *RDP 1998, p. 83-122.*

Christine Bertrand, La responsabilité des Etats membres en cas de non transposition des directives communautaires, *RDP 1994, p 5.*

J. Biancarelli, La dynamique institutionnelle, *AJDA 1991, p.835-845.*

Roland Bieber, Bettina Kahil-Wolff, Laurence Muller, Cours général de droit communautaire, Collected courses of the Academy of European Law, Volume III, Book I, p. 49-179, 1994 Kluwer Academic Publishers.

Albert Bleckmann, Les transformations du droit administratif général en Allemagne sous l'influence du droit européen, in : Les mutations du droit de l'administration en Europe. Pluralismes et convergences, *Gérard Marcou* (sous la dir. de), *L'Harmattan, Coll. logiques juridiques, 1995, p. 247-261.*

Albert Bleckmann, Le processus d'unification de l'Allemagne, Aspects de droit constitutionnel et de droit international public, *Pouvoirs 1993, p. 21-28.*

Bodo Börner, Droits fondamentaux allemands et droit communautaire, in : *Mélanges Dehousse, vol. 2, La construction européenne, Fernand Nathan, Bruxelles 1979, p.193-203.*

Bundesrat, La pratique de la participation du Bundesrat à l'élaboration du droit communautaire dérivé selon le nouvel article 23 de la Loi fondamentale, *Document en date du 11 septembre 1995. Communiqué par le Bundesrat. Non publié.*

Volker Busse, L'administration fédérale, *RFAP 1996, p. 291-304.*

Dominique Carreau, Droit communautaire et droits nationaux : concurrence ou primauté ? La contribution de l'arrêt Simmenthal, *RTDE 1978, p. 381-418.*

Chambre des ententes de la Cour d'appel de Munich, Kartellesenat des Oberlandesgerichts München, 14 décembre 1967, *RTDE 1968, p. 375-386.*

G. Cohen Jonathan, Cour constitutionnelle allemande et règlements communautaires, *CDE 1975, p. 149- 206. Traduction de la décision Solange I et opinion diss. : 149-161 et161-172.*

Patrice Collas, L'atout européen des Länder allemands, *Les petites affiches 1993 N° 69, p. 27-35.*

Vlad Constantinesco, Cour constitutionnelle fédérale, droits fondamentaux et droit communautaire. Une musique nouvelle sur un air ancien, *RTDE 1987, p. 545-553.*

Maurice Croisat, Le fédéralisme d'aujourd'hui : tendances et controverses, *RFDC 1994, p. 451-464.*

Jean Darras et Olivier Pirotte, La Cour constitutionnelle fédérale Allemande a-t-elle mis en danger la primauté du droit communautaire ? *RTDeur. 1976, p. 415-438.*

Fernand Dehousse, Rapport fait au nom de la Commission juridique au PE, Session de mai 1965, *RTDE 1965, p. 212-246.*

Bruno De Witte, Retour à « Costa ». La primauté du droit communautaire à la lumière du droit international, *RTDeur. 1984, 425-454.*

Alexander Egger, L'Autriche - Etat membre de l'Union européenne. Les effets institutionnels (I), *RMCUE 1996, p. 380-387.*

Claus-Dieter Ehlermann, Primauté du droit communautaire mise en danger par la Cour constitutionnelle fédérale allemande, *RMC 1975, p. 10-19.*

Christian Engel et Joseph von Ginderachter, Le pouvoir régional et local dans la Communauté européenne. *Etudes de droit des Communautés européennes, Edition Pedones, octobre 1992, p. 65-72.*

Jacques Ferstenbert, L'application du droit communautaire et la situation du juge national, *RTDE 1979, p. 32-72.*

Martin Frank, L'administration des Länder, *RFAP 1996, p. 305-315.*

Michel Fromont, Cour constitutionnelle fédérale, 29 mai 1974, *RTDE 1975, p. 316-336*

Michel Fromont, Chronique constitutionnelle étrangère, R.F.A., les événements survenus en 1974, *RDP 1976, p. 196.*

Michel Fromont, L'évolution du fédéralisme allemand depuis 1949, in : *Mélanges Burdeau, L.G.D.J. 1977, p. 660-679.*

Michel Fromont, L'Etat de droit en RFA, *RDP 1984, p. 1205-1226.*

Michel Fromont, la justice constitutionnelle en 1986, *AIJC 1986, p. 247.*

Michel Fromont et Heinrich Siedentopf, L'administration de la République fédérale d'Allemagne et l'intégration européenne, in : *Administrations nationales et intégration européenne, sous la direction de Charles Debbasch, Edition du CNRS, Paris 1987, p.15-28.*

Michel Fromont, Les institutions de la R.F.A., *Documents d'études n° 1.11, nov. 88*

Michel Fromont, La jurisprudence constitutionnelle en 86 et 87, *RDP 1989, p. 117*

Michel Fromont et Heinrich Siedentopf, Création de nouveaux Länder et réunification des deux parties de Berlin dans l'Allemagne unie, *AEAP, 1990, p. 469-483.*

Michel Fromont, L'union de l'Allemagne dans la liberté 1989-1990, *RDP 1991, p. 121-148.*

Michel Fromont, Les techniques juridiques utilisées pour l'unification de l'Allemagne, *RFDC 1991, p. 579-588.*

Michel Fromont, RDP 1992, p. 1062.

Michel Fromont, Le constitutionnalisme allemand, *Pouvoirs n ° 66 (1993), p. 5-20.*

Michel Fromont, La jurisprudence constitutionnelle en 1992 et 1993, RDP 1995, p. 322-360.

Michel Fromont, L'Allemagne, in : Le traité d'Amsterdam face aux constitutions nationales, sous la direction de Didier Maus et Olivier Passelecq, La documentation française, 1998, p. 51-57.

Jochen A. Frowein, Karin Oellers-Frahm, Rapport allemand, in : Pierre Michel Eisemann (sous la dir.), L'intégration du droit international et communautaire dans l'ordre juridique national- Etude de la pratique en Europe, Kluwer *law international, The Hague/London/Boston, 1996, p. 69-117.*

Ernst-Werner Fuss, La responsabilité des communautés européennes pour le comportement illégal de leurs organes, *RTDE 1981. p. 1-32.*

Jörg Gerkrath, Le traité sur l'Union européenne devant la Cour constitutionnelle fédérale allemande (à propos de l'arrêt du 12 octobre 1993), *Revue Europe, nov. 1993, p. 4-7.*

Jörg Gerkrath, Le gouvernement allemand, la fidelité fédérale, et la loyauté communautaire. Enseignements de l'arrêt du Bundesverfassungsgericht du 22 mars 1995 sur la directive «télévision sans frontières», *Revue Europe, mai 1995, p. 1-4.*

Jörg Gerkrath, L'arrêt du Bundesverfassungsgericht du 22 mars 1995 sur la directive «télévision sans frontières» - Les difficultés de la répartition des compétences entre trois niveaux de législation, *RTDE. 1995, p. 539-559.*

Serge Gosselin, le fédéralisme allemand, évolution et tendances depuis 1949, *Revue d'Allemagne1989, p.426-434.*

Eberhard Grabitz, Les incidences de l'intégration communautaire sur les institutions budgétaires de la République fédérale d'Allemagne, in *: Les communautés européennes et les finances publiques, Acte des journéesd'études des 11 et 12 octobre 1974, Paris LGDJ.*

Wolgang Graf Vitzthum, Le fédéralisme allemand, histoire, doctrine et fonctionnement, *RRJ 1988-3, p. 615-638.*

Wolgang Graf Vitzthum, L'intégration de l'Europe et le fédéralisme en Allemagne, *RRJ 1989, p.553-568.*

Constance Grewe , L'arrêt de la Cour constitutionnelle fédérale du 12 octobre 1993 sur le traité de Maastricht : l'Union européenne et les droits fondamentaux, *Revue universelle des droits de l'homme 1993, p. 226-231.*

Constance Grewe-Leymarie, Bilan et perspective du fédéralisme in: *Pouvoirs, n°22, p. 29-40.*

Constance Grewe, Albrecht Weber, L'arrêt de la Cour constitutionnelle allemande du 16 mai 1995 relatif au crucifix, *RFDC 1996, p. 183-188.*

Dieter Grimm, Le fédéralisme allemand : développement historique et problèmes actuels in : *Le fédéralisme en Europe, Institut de Ciènces Polítiques, Socials ; Barcelona 1991, p.35- 58.*

Hugo J. Hahn, La Cour constitutionnelle fédérale d'Allemagne et le Traité de Maastricht, *R.G.D.I.P. 1994, p. 107-126.*

Walter Hallstein Intervention dans le débat juridique sur le rapport Dehousse, Primauté du droit communautaire sur le droit des Etats membres, *RTDE 1965, p. 247-253.*

Dominik Hanf, Le jugement de la Cour constitutionnelle fédérale allemande sur la constitutionnalité du traité de Maastricht, un nouveau chapitre des relations entre le droit communautaire et le droit national, *RTDeur. 1993, p. 391-422.*

Guy Héraud, L'interrégional, le supranational et le fédéral, *Archives de philosophie du droit n°6 (1961), p. 180.*

Jutta Hergenhan, Le fédéralisme allemand et la construction européenne, Groupement d'études et de recherches, Notre Europe, Problématiques européennes n° 5, Janvier 2000.

F. Hervouët : Politique jurisprudentielle de la Cour de justice et juridictions nationales. La réception du droit communautaire par le droit interne des Etats membres, *RDP 1992, p. 1257-1292.*

Vincent Hoffann-Martinot et Henrik Uterxedde, Le fédéralisme à l'épreuve, *Pouvoirs 1993, p. 51-66.*

Jean-Paul Jacque, RFA et aspect européen de l'unification allemande, *Revue générale de droit international public, p. 997-1018.*

Olivier Jouanjan, Révision de la constitution et justice constitutionnelle, République fédérale d'Allemagne, *Annuaire international de justice constitutionnelle 1994, p. 229-244.*

Olivier Jouanjan, La forme républicaine de gouvernement, norme supraconstitutionnelle ? in : *La République en droit français, sous la direction de Bertrand Mathieu et Michel Verpeaux, Economica, Coll. Droit positif, 1996, p. 267-287.*

Paul Kirchhof, Protection constitutionnelle et protection internationale des droits de l'Homme : concurrence ou complémentarité ?, *Conseil constitutionnel, IXe Conférence des Cours constitutionnelles européennes, Paris - mai 1993, Volume I, p. 13-93.*

Adolf Kimmel, La cohabitation à l'allemande, *Pouvoirs 1998, p. 177-189.*

Klaus König, Classicisme et modernisme de l'administration allemande, *RFAP 1996, p. 251-266.*

Pierre Koenig, La Constitution financière et économique, *Pouvoirs 1993, p. 29-49.*

Marie-Françoise Labouz, Laurence Burgogue-Larsen, Thierry Daups, Le comité des régions : gardien de la subsidiarité ? *Ed. Techniques, Europe, Octobre 1994, p. 1-4.*

Maurice Lagrange, Les obstacles constitutionnels à l'intégration européenne, *RTDE 1969, p. 243-244.*

Armel Le Divellec, La variante allemande, *Pouvoirs 85, 1998, p. 35-46.*

Peter Malanczuck, Les politiques communautaires et les Länder en RFA, *RFAP 1985, p. 283-301.*

Gérard Marcou, L'évolution récente du fédéralisme allemand sous l'influence de l'intégration européenne et de l'unification, *RDP 1995, p. 883-919.*

Gérard Marcou, L'administration publique en Allemagne et en France. Des systèmes différents, des valeurs communes, *RFAP '1996, p. 357-373.*

Thomas Meindl, Le contrôle de constitutionnalité des actes de droit communautaire dérivé en France - La possibilité d'une jurisprudence *Solange II, RDP 1997, p. 1665-1692.*

J. Mertens de Wilmars, Les enseignements communautaires des jurisprudences nationales, *RTDE 1970, p. 454-468.*

Thomas Nipperdey, Réflexions sur l'histoire allemande, trad. de l'allemand par Claude Orsoni, *éd. Gallimard, NRF 1992. Titre original : Nachdenken über die deutsche Geschichte, C.H. Beck'sche Verlagsbuchhandlung, München 1986.*

Georg-Berndt Oschatz / Horst Risse, Le gouvernement fédéral sous la coupe des Länder ? La participation du Bundesrat aux affaires politiques européennes. *Traduction (partielle) par les services du Bundesrat d'un article paru dans la DÖV 1995, p. 437-452. Non publié.*

Pierre Pescatore, L'application directe des traités européens par les juridictions nationales : la jurisprudence nationale, *RTDE 1969, p. 697-723.*

Georg Ress, Les Länder allemands et l'intégration européenne, *RFDC 1993, p. 657-662.*

Georg Ress, Les incidences du droit constitutionnel de la communauté européenne sur les droits constitutionnels nationaux, en particulier sur la Loi fondamentale allemande, *RUDH 1995, p. 434-444.*

Joël Rideau, Compétences et subsidiarité dans l'Union européenne et les Communautés européennes, *AEAP, 1992, p. 615-661.*

Bernard Rullier, L'application de l'article 88-4 de la Constitution, *RFDC 1997, p. 611-623.*

Jean-Luc Sauron, Le traité d'Amsterdam : une réforme inachevée ? *Rec. Dalloz, 1998, p. 69-78*

Georges Scelle, Le phénomène juridique du dédoublement fonctionnel, in : Rechtsfragen des internationalen Organisation, FS für Hans Wehberg, Walter Schätzel und Hans-Jürgen Schlochauer (éd.), *Vittorio Klostermann 1956, p. 324-342.*

Volker Schlette, Les interactions entre les jurisprudences de la Cour européenne des droits de l'Homme et la Cour constitutionnelle allemande, *RFDC 1996, p. 747-768.*

B. Schloh, L'application en RFA du droit communautaire, *RMC 1968, p. 774-775.*

G. Schmidt, L'unification allemande et la Communauté européenne, *Revue du marché unique européen, 1991, p. 91-118.*

Eberhard Schmidt-Aßman, L'administration et le principe de légalité, *RFAP 1996, p. 279-290.*

Jürgen Schwarze, Le principe de subsidiarité dans la perspective du droit constitutionnel allemand, *RMCeur.1993, p 615-619.*

Jürgen Schwarze, Tendances vers un droit administratif en Europe, *RTDE 1993, p. 235-245.*

Jürgen Schwarze, La ratification du traité de Maastricht en Allemagne, l'arrêt de la Cour constitutionnelle de Karlsruhe, *RMCeur 1994, p. 293-303.*

H.A. Schwarz-Liebermann von Wahlendorf, Une notion capitale du droit constitutionnel allemand : la Bundestreue, *R.D.P. 1979, p. 769-792.*

Sénat, Le contrôle de constitutionnalité des actes communautaires, Allemagne, in : *les documents de travail du Sénat, série législative comparée, octobre 1993, p. 7-11.*

Heinrich Siedentopf, Pour une meilleure compréhension de l'administration allemande, *RFAP, p. 245-250.*

Paul-Bernd Spohn, le fédéralisme financier en R.F.A., *Revue française de finances publiques 1987 n°20, p. 37-55.*

Christian Stark, L'autonomie de gestion des collectivités territoriales et autres personnes morales de droit public dans le cadre du fédéralisme allemand, in: Christian Stark: *La constitution, cadre et mesure du droit, Paris, Economica 1994, p. 141-158.*

Klaus Stern, Le traité « Deux-plus-quatre » : texte de base de droit international en vue de l'unité allemande, *RFDC 1991, p. 615-631.*

Rüdiger Stotz, La primauté du droit communautaire en Allemagne, *RFDA 1990, p. 957-960.*

Maurice Torreli, La Cour constitutionnelle fédérale et le droit communautaire, *RMC 1968, p. 719-723.*

Christian Walter, Le contrôle de constitutionnalité des actes de droit communautaire dérivé par la Cour constitutionnelle fédérale allemande, *RDP 1997, p. 1285-1300.*

Thomas Würtenberger, L'article 146 de la Loi fondamentale : continuité ou discontinuité du droit constitutionnel ? *RFDC 1991, p. 597-613.*

Wolfgang Zeidler, Cour constitutionnelle allemande, *AIJC, 1986, p. 37-57.*

II. Ouvrages

A. En allemand

Carsten Albers, Die Haftung der BRD für die Nichtanwendung von EG Richtlinien, Nomos, Baden-Baden 1995, 265 p.

Gerhard Anschütz, Die Verfassung des deutschen Reichs vom 11. August 1919, Hermann Gentner Verlag, Bad Homburg vor der Höhe 1960, unveränderter fotomechanische Nachdruck der 14. Auflage (1933).

Christian Autexier, Gemeinsame lothringisch-saarländische administrative Einrichtungen und Verfahrensweisen. Rechtsgutachten, Etudes et Documents du CEJF n° 6, Saarbrücken 1993.

Hartmut Bauer, Die Bundestreue, Tübingen, Mohr 1992, 431 p.

Joachim Bauer (Hrsg), Europa der Regionen, Aktuelle Dokumente zur Rolle und Zukunft der deutschen Länder im europäischen Integrationsprozeß, Dunckler & Humblot, Berlin 2. unveränd. Auflage, 1992.

Christopher Baumhof, Die deutschen Bundesländer im europäischen Einigungsprozeß unter besonderer Berücksichtigung der Mitwirkung der Länder an EWG-Vorhaben, München VVF 1991, 171 p.

Bayerische Landeszentrale für politische Bildungsarbeit (Hrsg.), 50 Jahre Bayerische Verfassung - Entstehung, Bilanz, Perspektiven, München 1996, 1. Auflage, 223 p.

Bayerisches Staatsministerium für Bundes und Europaangelegenheiten (Hrsg.), Europa der Regionen : Dokumentation zu den Regierungskonferenz zur Änderung der Gründungsvertrages der EGen, Bonn 1990.

Uwe Berlit, Länder vermögen im Bundesstaat. Die Vermögensverteilung zwischen Bund und ostdeutschen Länder als föderales Problem, Föderalismus-Studien, hrsg. von Hans-Peter Schneider, Bd. 3, Nomos Verlagsgesellschaft, Baden-Baden 1994, 394 p.

Hans Eberhard Birke, Die deutschen Bundesländer in den Europäischen Gemeinschaften, Berlin 1973, Duncker & Humblot, 146 p.

Kurt Bohr, Föderalismus - Demokratische Struktur für Deutschland und Europa, Verlag CH Beck, München 1992, 223 p.

Borkenhagen/Bruns-Klöss/Memminger/Stein (Hrsg.), Die deutschen Länder in Europa, Nomos Baden-Baden 1992, 261 p.

Hans-Joachim Brauns, Wiedervereinigung und europäische Integration, Schriften zum Staats-und Völkerrecht, Peter Lang 1990, Frankfurt am Main, Bern, New-York, Paris, 333 p.

Bundesministerium der Finanzen, Finanzbericht 1998.

Bundesrat (Herausgegeben vom Sekretariat des Bundesrats), Bundesrat und Europäische Gemeinschaften, Dokumente, Bonn 1988.

Bundesrat (Herausgegeben vom Sekretariat des Bundesrats), Bundesrat und Europäische Union, Bonn 1997.

Bundesrat Dokumentation, Stärkung des Föderalismus in Deutschland und Europa sowie weitere Vorschläge zur Änderung des Grundgesetzes, Bericht der Kommission Verfassungsreform des Bundesrates.

Bundesrat (Hrsg.), Handbuch des Bundesrat für das Geschäftsjahr 95/96, Baden-Baden, Nomos 1995.

Wolfgang Burtscher, EG Beitritt und Foderalismus - Folgen einer EG Mitgliedschaft für due bundesstaatliche Ordnung Österreichs ; Wien, Braumüller 1990.

Tobias Busch, Bundesländer und Grundgesetz im Spannungsfeld der europäischen Integration, Centaurus-Verlagsgesellschaft, Pfaffenweiler 1990, 250 p.

Anne Cathaly-Stelkens, Kommunale Selbstverwaltung und Ingerenz des Gemeinschaftsrechts - Insbesondere am Beispiel Frankreichs und Deutschlands, Nomos Verlagsgesellschaft, Baden-Baden 1996, 184 p.

Cédric Chapuis, Die Übertragung von Hoheitsrechten auf supranationale Organisationen, Helbing & Lichtenhahn, Basel und Frankfort am Main 1993, 342 p.

Claus Dieter Classen, Strukturunterschiede zwischen deutschem und europäischem Verwaltungsrecht - Konflikte oder Bereichung ? in.: Rechtswissenschaft im Aufbruch. 1996. Greifswalder Antrittsvorlesungen, Hrsg von Manssen, Köln, Heymann 1996, 202 p.

Michael Friedrich Commichau, Nationales Verfassungsrecht und europäische Gemeinschaftsverfassung. Die Entwicklung des europäischen Gemeinschaftsrechts durch die Rechtsprechung des Europäischen Gerichtshofs und das nationale Verfassungsrecht. Nomos, Baden-Baden 1995, 153 p.

Franz Cromme, Spezifische Verfassungselemente des Staatenverbundes: Bausteine für Europäische Union. Berlin, Köster 1997, 56 p.

Deutschland auf dem Weg in die europäische Union : wieviel Eurozentralismus - wieviel Subsidiarität ? IV. Kongreß « Junge Juristen und Wirtschaft », Essen, 2-4 Juni 1993, Hanns Martin Schleyer Stiftung.

Gunila Dieterich, Rechtsschutz der deutschen Bundesländer vor dem Bundesverfassungsgericht in Angelegenheiten der Europäischen Union, Frankfurt a. M., Lang 1998, 358 p.

Dolzer / Vogel (Hrsg.), Bonner Kommentar.

Hans-Peter Donoth, Die Bundesländer in der EU. Die bundesstaatliche Ordnung in der BRD bei der Verwirklichung der EU - eine Analyse unter besonderer Berücksictigung des neugefaßten Art. 23 GG, Frankfurt a. M., Lang 1996, 412 p.

Peter Dröll, Die deutschen Bundesländer und die europäische Gemeinschaft : Rechte und Pflichten, dargestellt am Beispiel von Umwelt, Bildung und Kultur, Centaurus- Verlagsgesellschaft, Pfaffenweiler 1992, 155 p.

Ole Due, Marcus Lutter, Jürgen Schwarze (Hrsg.), Festschrift für Ulrich Everling, Nomos, Baden-Baden 1995.

Hermann Eicher, Der Machtverlust der Landesparlamente, Berlin 1988, Duncker & Humblot 1988.

Dieter Emrich, Das Verhältnis des Rechts der Europäischen Gemeinschaften zum Recht der Bundesrepublik Deutschland, N.G. Elwert Verlag Marburg 1969, 148 p.

Astrid Epiney, Der Maastricher Vertrag auf dem Prüfstand der deutschen Verfassung. Zu dem Urteil des Bundesverfassungsgerichts 2 BvR 2134/92, 2 BvR 2159/92. Lausanne: Inst. de Hautes Etudes en administration publique 1993.

Tilman Evers, Chancen des Föderalismus in Deutschland und Europa, Föderalismus-Studien, hrsg. von Hans-Peter Schneider, Bd. 2 Nomos Verlag, Baden-Baden 1994. 227p.

Detlef Fechtner, Die deutschen Länder in der Europäischen Union, Frankfurt a. M., Peter Lang 1996, 291 p.

Thomas Flint, Die Übertragung von Hoheitsrechten : zur Auslegung der Art. 23 Abs. 1 Satz 2 und 24 Abs. 1 GG, Berlin, Duncker & Humblot 1998, 252 p.

Hans-Peter Folz, Demokratie und Integration : der Konflikt zwischen Bundesverfassungsgericht und Europäischem Gerichtshof über die Kontrolle der Gemeinschaftskompetenzen ; zum Spannungsverhältnis zwischen demokratischer Legitimation und Autonomie supranationaler Rechtsordnung, Berlin, Springer 1999, 445 p.

Karl Heinrich Friauf und Rupert Scholz, Europarecht und Grundgesetz - Betrachtungen zu materiell- und formalrechtlichen Problemen bei Schaffung und Umsetzung sekundären Gemeinschaftsrechts, Schriften zum europäischen Recht, Band 1, Dunckler & Humblot, Berlin 1990, 111 p.

Doris Fuhrmann-Mittlmeier, Die deutschen Länder im Prozeß der europäischen Einigung, Duncker & Humblot, Berlin 1991, 399 p.

Rudolf Geiger, Grundgesetz und Völkerecht, Die Bezüge des Staatsrecht zum Völkerrecht und Europarecht. Ein Studien, 2. überarb. Auflage, München, Beck 1994.

Martin Gellermann : Beeinflussung des bundesdeutschen Rechts durch Richtlinien der EG, dargestellt am Beispiel des europäischen Umweltrechts. Schriften zum deutschen und europäischen Umweltrecht. Hrsg. von Hans-Werner Rengeling. Bd. 2. Carl Heymanns Verlag KG, Köln/Berlin/Bonn/München 1994, 296 p.

Eberhard. Grabitz, Die deutschen Bundesländer im Entscheidungsystem der Europäische Gemeinschaften, Duncker & Humblot, Berlin 1982, 191 p.

Rolf Grawert, Bernhard Schlink, Rainer Wahl, Joachim Wieland (Hrsg.), Festschrift für Ernst-Wolfgang Böckenförde zum 65. Geburtstag, Offene Staalichkeit, Berlin, Duncker & Humblot 1995, 436 p.

Franz Greß (Hrsg.), Landesparlamente und Föderalismus - Hat das parlamentarische System in den Bundesländern eine Zukunft? , Fachtagung des Hessischen Landtags und der Hessischen Landeszentrale für politische Bildung vom 9 bis 10. November 1988 im Hessischen Landtag, Wiesbaden 1990.

Anette Greulich, Die Landesminister als Vertreter der BRD im Rat der EU: eine Untersuchung des Art. 146 EGV im Lichte des Gemeinschaftsrechts und des deutschen Verfassungsrechts, München VVF 1997, 214 S.

Heinrich A. Große-Sender, Direktor beim Landtag Nordrhein-Westfalen (Hrsg.), Kommission "Erhaltung und Fortentwicklung der bundesstaatlichen Ordnung innerhalb der BRD - auch in einem vereinten Europa, Düsseldorf, 1990.

Ulrich Günther, Die Mitwirkung des Bundestages in Angelegenheiten der Europäischen Union nach Art. 23 GG, Köln, Diss. 1998, 175 p.

Albert Haenel, Studien zum Deutschen Staatsrechte. Die vertragsmässigen Elemente der Deutschen Reichsverfassung, Verlag v. H. Haessel, Leipzig 1873, 283 p.

Hugo J.Hahn, der Vertrag von Maastricht als völkerrechtliche Übereinkunft und Verfassung, Nomos Baden-Baden 1992, 141 p.

Uwe Hartmann, Europäische Union und die Budgetautonomie der deutschen Länder. Haushaltsdiziplin im Rahmen EWWU nach art. 104 c EGV und deren innerstaatliche Umsetzung im Geltungsbereich des GG. Baden-Baden Nomos 1994, 226 p.

Dirk Heckmann et Klaus Meßerschmidt, Gegenwartsfragen des Öffentlichen Rechts, Duncker & Humblot, Berlin 1988, 297 p.

Hengstschläger, Heribert Franz Köck, Karl Korinek, Klaus Stern, Antonio Truyol y Serra (Hrsg.), Festschrift für Herbert Schambeck, Johannes Berlin, Duncker & Humblot 1994, 1097 p.

Klaus Henning, Die deutschen Bundesländer und die Europäische Integration, Die Mitwirkung der Länder am EU-Integrationsprozeß seit dem Vertrag von Maastricht, SH-Verlag, Vierow bei Greifswald 1996, 117 p.

Günther Herbert, Das Leitprinzip Subsidiarität. Was haben die deutschen Länder von Maastricht zu Erwarten? Fachtagung des Hessischen Landtages und der Hessischen Landeszentrale für politische Bildung, Wiesbaden Hess. Landtag 1993, 227 p.

Konrad Hesse, Der unitarische Bundesstaat, Verlag C.F. Müller, Karlsruhe, 1962, 34 p.

Hölscheidt/Schotten, Von Maastricht nach Karlsruhe, Neue Darmstädter Verlag 1993, 143 p.

Sven Hölscheidt, Thomas Schotten, von Maastricht nach Karlsruhe. Der lange Weg des Vertrages über die Europäische Union, Neue Darmstädter Verlangsanst. 1993, 143 p.

Sven Hölscheidt, Zwangsgelder gegen die Bundesrepublik Deutschland wegen der Nichtbeactung von Urteilen des EuGH, BayVBl. 1997, p. 459-454.

Peter Hommelhoff und Paul Kirchhof, Der Staatenverbund der Europäischen Union, Beiträge und Diskussion des Symposions am 21./22. Januar 1994 in Heidelberg, C.F. Müller Juristischer Verlag, Heidelberg 1994, 161 p.

Hoppe / Schink (Hrsg.), Kommunale Selbstverwaltung und europäische Integration, Deutscher Gemeindeverlag, Verlag W. Kohlhammer, Köln, Stuttgart, Berlin, Hannover, Kiel, München 1990, 145 p.

Rudolf Hrbek, Uwe Thaysen (Hrsg.), Die deutschen Länder und die europäischen Gemeinschaften : Referate u. Diskussionsbeiträge d. Dt. Vereinigung für Parlamentsfragen am 20/21 juni 1986 in Stuttgart mit Dokumenten / Baden-Baden 1986, Nomos Verlags gesellschaft.

Peter M. Huber, Maastricht - ein Staatsreich ? Richard Booberg Verlag, Stuttgart, München, Hannover, Berlin, Weimar 1993, 59 p.

Jochen Huhn, Peter-Christian Witt (Hrsg.), Föderalismus in Deutschland, Traditionen und gegenwärtige Probleme, Nomos Baden-Baden 1992, 266 p.

Hans Peter Ipsen, Europäisches Gemeinschaftsrecht, J.C.B. Mohr, Tübingen 1972, 1091 p.

Hans Peter Ipsen, Europäisches Gemeinschaftsrecht in Einzelstudien, Nomos Verlagsgesellschaft, Baden-Baden 1984, 574 p.

Jörn Ipsen, Hans Werner Rengeling, Jörg Manfred Mössner und Albrecht Weber (Hrsg.), *Verfassungsrecht im Wandel*. Wiedervereinigung Deutschlands, Deutschland in der Europäischen Union, Verfassungsstaat und Föderalismus. Zum 180 jähriger Bestehen der Carl-Heymanns-Verlag, Köln 1995, 693 p.

Josef Isensee, Subsidiaritätsprinzip und Verfassungsrecht, Eine Studie über das Regulativ des Verhältnisses von Staat und Geselleschaft, Berlin 1968, Duncker & Humblot, 340 p. (267-268).

Josef Isensee und Paul Kirchhof (Hrsg), Handbuch des Staatsrechts der Bundesrepublik Deutschland, Band I- VIII, 1987-1997, C.F. Müller Juristischer Verlag, Heidelberg.

Jahrbuch des öffentlichen Rechts der Gegenwart, N.F. 1, 1951, Entstehungsgeschichte der Artikel des Grundgesetzes.

Hans Dieter Jarass, Grundfragen der innerstaatlichen Bedeutung des EG-Rechts. Die Vorgaben des Rechts der EG für die nationale Rechtsanwendung und die nationale Rechtsetzung nach Maastricht. Völkerrecht - Europarecht - Staatsrecht, Bd. 14, Carl Heymanns Verlag KG, Köln/Berlin/Bonn/München 1994, 144 p.

Sebastian Jeckel, Die Staatlichkeit Deutschlands in der Europäischen Union aus verfassungsrechtlicher und gemeinschaftsrechtlicher Sicht, Köln, Diss. 1997, 203 p.

Roland Johne, Landesparlamentarismus im Zeichnen der europäischen Integration, Beteiligungschancen und handlungsdefizit der Landtage in der Europapolitik der Länder. Frankfurt am M., Lang 1994, 171 p. (Europ. Hochschulschriften Reihe 31 : Politikwissenschaft 258).

Der Kampf um den Wehrbeitrag, Veröffentlichungen des Instituts für Staatslehre un Politik, Mainz, Isar Verlag München, 1953, p. 545-554.

Hans-Georg Kamann, Die Mitwirkung der Parlamente der Mitgliedstaaten an der europäischen Gesetzgebung : national-parlamentarischen Beeinflussung und Kontrolle der Regierungsvertreter im Rat der EU im Spannungsfeld von Demokratie und Funktionsfähigkeit des gemeinschaftlichen Entscheidungsverfahren, Frankfurt am M., Lang 1997, 366 p.

Kommission, Dokument, Deutschland - Neue Länder, Gemeinschaftliches Förderkonzept 1994-1999, Ziel 1 : Förderung der Entwicklung und der strukturellen Anpassung der Regionen mit Entwicklungsrückstand, Luxembourg 1995, 158 p

Heiderose Kilper, Roland Lhotta, Föderalismus in der Bundesrepublik Deutschland. Eine Einführung. Opladen, Leske Budrich 1996, 287 p.*Otto Kimminich,* Deutschland und Europa, Historische Grundlagen, Gebr. Mann Verlag Berlin 1992, 111 p.

Angelika Kleffner-Riedel, Regionalausschuß und Subsidiaritätsprinzip, die Stellung der deutschen Bundesländer nach dem Vertrag über die Europäische Union, Lang 1993, Frankfurt am M., 294 p.

Dominic Kohnen, Die Zukunft des Gesetzesvorbehalts in der Europäischen Union : zur Rolle des Bundestages in den Angelegenheiten der Europäischen Union, Baden-Baden, Nomos 1998, 193 p.

Harry Andreas Kremer (Hrsg.), Die Landesparlamente im Spannungsfeld zwischen europäischer Integration und europäischen Regionalismus, Bayerischer Landtag, München 1988.

Karl F. Kreuzer (Hrsg.), Die Europäisierung der mitgliedstaatlichen Rechtsordnungen in der EU, Baden-Baden , Nomos 1997.

Paul Laband, Das Staatsrecht des Deutschen Reiches, Band 1, 5. Aufl., Tübingen 1911.

Ruth Lang, Die Mitwirkungsrechte des Bundesrates und des Bundestages in Angelegenheiten der EU gemäß Art. 23 II bis VII GG, Berlin, Duncker & Humblot 1997, 402 p.

Heinz Laufer / Ursula Münch, Das föderative System der Bundesrepublik Deutschland, Bayerische Landeszentrale für politische Bildungsarbeit, 7. neu bearbeitete Auflage, München 1997, 358 p.

*Stefan Lehr,*Einsweiliger Rechtsschutz und Europäische Union, Berlin, Heidelberg,... Springer 1997.

Markus Lemmens, Die Souveränität der BRD und die Integration der EG. Konsequenzen der deutschen Vereinigung für eine künftige Europäische Union im Spiegel der EG-Entwicklung von 1957-1992, Peter Lang, Frankfurt am M. Berlin Bern New-York Paris Wien 1994, 258 p.

Roland Lhotta, Janbernd Oebbecke, Werner Reh (Hrsg.) : Deutsche und europäische Verfassungsgeschichte : Sozial- und rechtswissenschaftliche Zugänge, Symposium zum 65. Geburstag von Hans Boldt, Nomos, Baden-Baden 1997, 288 p.

Barbara Lippert (u.a.), Die Europäische Gemeinschaft und die neuen Bundesländer, eine Erfolgsgeschichte von kurzer Dauer? Bonn, Europa-Union-Verl. 1993, 305 p.

Magiera / Merten (Hrsg.), Bundesländer und EG, Vorträge und Diskussionbeiträge der Verwaltungswissenschaftlichen Arbeitstagung 1987 des Forschungsinstituts für öffentliche Verwaltungswissenschaften Speyer, Dunckler & Humblot, Berlin 1988, 271 p.

Siegfried Magiera und Heinrich Siedentopf, Die Zukunft der EU, Integration, Koordination, Dezentralizierung, Duncker & Humblot, Berlin 1997, 262 p.

Wolfgang März, Bundesrecht bricht Landesrecht, eine staatsrechtliche Untersuchung zu Artikel 31 des Grundgesetzes, Berlin, Duncker & Humblot 1989.

Hartmut Maurer, Allgemeines Verwaltungsrecht, Verlag C.H. Beck, München 1995. (éd. de 1992 partiellement traduite par *Michel Fromont,* Droit administratif allemand, LGDJ 1994).

Stephan Mazan, Das föderative Prinzip in der EU, Zürich 1996, Schulthess Polygraphischer Verlag AG, 177 p.

Ulrich Michel, Regionen, Mitgliedstaaten und Europäische Union - Die Integration der Autonomen Gemeinschaften Spaniens unter vergleichender Heranziehung des deutschen Bundesstaates, Berlin, Heidelberg, usw., Springer 1996, 230 p.

Martin Meißner, Die Bundesländer und die Europäischen Gemeinschaften - Eine Untersuchung zur Garantie des Bundesstaatsprinzip unter Berücksichtigung der Kompetenzkompensation und der Regelung des Art. 23 GG n. F. Nomos, Baden-Baden 1996, 297 p.

Georg Meyer, Gerhard Anschütz, Lehrbuch des Deutschen Staatsrechts, 7. Aufl., München, 1919.

Detlef Merten (Hrsg.), Föderalismus und EGen unter besonderer Berücksichtigung von Umwelt und Gesundheit, Kultur und Bildung, Dunckler & Humblot, Berlin 1990, 367p.

Detlef Merten (Hrsg.), Föderalismus und Europäischen Gemeinschaften, Duncker & Humblot, Berlin 1990.

Detlef Merten (Hrsg.), Die Stellung der Landesparlamente aus deutscher, österreichischer und spanischer Sicht, Vorträge der Verwaltungswissenschaftlichen Arbeotstagung 1995 des Forschungsinstituts für öffentliche Verwaltung bei der Hochschule für Verwaltungswissenschaften Speyer, Duncker & Humblot, Berlin 1997, 146 p.

Klaus Möller, Der EuGH i. S. d. Art. 101 Abs. 1 S. 2 GG im Vorlageverfahren gemäß art. 177 Abs. 3 EWG unter besonderer Berücksichtigung der Vorlagepflichtverletzung durch deutsche Gerichte, Dissertation Köln 1987, 178 p.

Michael Morass, Regionale Interessen auf dem Weg in die Europäische Union. Strukturelle Entwicklung und Perspektiven der Interessenvermittlung österreichischer und deutscher Landesakteure im Rahmen der europäischen Integration. Schriftreihe des Instituts für Föderalismus-Forschung, Band 60. Universitätsverlagsbuchhandlung GmbH, Wien 1994. 565 p.

Rudolf Morawitz, Wilhelm Kaiser, Die Zusammenarbeit von Bund und Länder bei Vorhaben der Europäischen Union, Bonn Europa Union Verlag 1994, 191 p.

Martin Mulert, Die deutschen Bundesländer vor dem Europäischen Gerichtshof, Dunckert & Humblot, Berlin 1996, 318 p.

Stefan Oeter, Integration und Subsidiarität im deutschen Bundestaatsrecht : Untersuchungen zu Bundesstaatstheorie unter dem Grundgesetz, Tübingen, Mohr-Siebeck 1998, 655 p.

Ulf Oetting, Bundestag und Bundesrat im Willensbildungsprozeß der Europäischen Gemeinschaften, Berlin 1973, Duncker & Humblot, 189 p.

Ossenbühl, Föderalismus und Regionalismus in Europa, Baden-Baden.1988, Nomos.

Michael Paul, Die Mitwirkung der Bundesländer an der Rechtsetzung der Europäischen Gemeinschaften de lege data und de lege ferenda, Frankfurt a. M., Peter Lang 1996, 121 p.

Matthias Pechstein, Die Mitgliedstaaten der EG als « Sachwalter des gemeinsamen Interesse », Nomos, Baden-Baden 1988, 232 p.

Elvira Pfrang, Das Verhältnis zwischen Europäischen Gemeinschaftsrecht und deutschem Recht nach der Maastricht Entscheidung des Bundesverfassungsgerichts, Frankfurt a. M, Berlin,... 1997, Peter Lang, 370 p.

Angelika Poth-Mögele, Das Prinzip der « Partnerschaft » in der Strukturpolitik der Europäischen Gemeinschaft, Dargestellt an den Beispielen Bayerns und Schottlands, Verlag Peter Lang, Frankfurt am M., 1993, 234 p.

Werner W. Pommerehne/ Georg Ress (Hrsg.), Finanzverfassung im Spannungsfeld zwischen Zentralstaat und Gliedstaaten, Nomos, Baden-Baden 1996, 161 p.

Präsidentin des Landtages Nordrhein-Westfalen (Hrsg.), Die Landtage im europäischen Integrationsprozeß nach Maastricht, Vorschläge für eine Stärkung der europapolitischen Rolle ; Gutachten für den Landtage von Nordrhein-Westfalen vom Institut für Europäische Politik, Schriften des Landtages Nordrhein-Westphalen, Band 5, Düsseldorf, November 1992, 200 p.

Martin Pröpper, Die Mitwirkung des Bundesrates an der europapolitischen Willensbildung, Gießen Diss. 1997, 366 p.

Albrecht Randelzhofer, Rupert Scholz, Dieter Wilke, Gedächtnissschrift für Eberhard Grabitz, (herausgegeben von) C.H. Beck'sche Verlagsbuchunghandlung, München 1995.

Thomas Remmers, Europäische Gemeinschaften und Kompetenzverluste der deutschen Länder, Verlag Peter Lang 1992, Frankfurt, Berlin, Bern, New-York, Paris, Wien ; 233 p.

Fritz W. Scharpf, Optionen des Föderalismus in Deutschland und Europa, Campus Verlag, Frankfurt/New-York, 1994, 187 p.

Christian Schede, Bundesrat und Europäische Union, Die Beteiligung des Bundesrates nach dem neuen Artikel 23 des GG. Mit dem Gesetz über die Zusammenarbeit von Bund und Länder in Angelegenheiten der Europäischen Union v. 12 März 1993. Frankfurt am M., Lang 1994, 268 p.

Stefan Schmidt-Meinecke, Bundesländer und europäische Gemeinschaft. Entwicklung und Stand der Länderbeteiligung im Europäischen Einigungsprozeß, Forschungsintitut für öffentliche Verwaltung bei der Hochschule für Verwaltungswissenschaften Speyer 1987, 130 p.

Carl Schmitt, Verfassungslehre, 6. Aufl., Duncker & Humblot, Berlin 1928.

Alexander Schmitt Glaeser, Grundgesetz und Europarecht als Elemente europäischen Verfassungsrecht, Berlin, Duncker & Humblot 1996, 283 p.

Heinrich Schneider, Wolfgang Wessels, Föderale Union - Europas Zukunft ? Analysen, Kontroversen, Perspektiven, Schriftenreihe des Bundeskanzleramtes Bd. 15, Verlag CH Beck München 1994, 208 p.

Winfried Schneider, Einflußmöglichkeiten der Landesparlamente auf die Vertretung des Landes im Bundesrat, Diss. Mannheim 1986.

Matthias Schulz, Regionalismus und die Gestaltung Europas, Die konstitutionnelle Bedeutung der Region im europäischen Drama zwischen Integration und Desintegration, Hamburg, Krämer 1993, 305 p.

Hartmut Heinrich Schwan, Die deutschen Bundesländer im Entscheidungssystem der Europäischen Gemeinschaften, Berlin 1982, Duncker & Humblot, 191 p.

Jürgen Schwarze, Die Befolgung von Vorabentscheidung des Europäischen Gerichtshofs durch deutsche Gerichte, Nomos, Baden-Baden 1988, 54 p.

Michael Schweitzer, Staatsrecht III, Staatsrecht, Völkerrecht, Europarecht, 5. neubearbeitete Auflage, Heidelberg 1995.

Barbara Seidel, Die Einbindung der BRD in die EGen als Problem des Finanzausgleichs, Frankfurt am M., Lang 1992, 291 p.

Heinrich Siedentopf (Hrsg.), Europäische Integration und nationalstaatliche Verwaltung, 1991.

Heinrich Siedentopf / Manfred Scholle / Erwin Schleberger, Europäische Regionalpolitik, Nomos, Baden-Baden, 1997, 113 p.

Werner von Simson und *Jürgen Schwarze,* Europäische Integration und Grundgesetz, Maastricht und die Folgen für das deutsche Verfassungsrecht, Walter de Gruyter Verlag, Berlin, New-York 1992.

Karl Peter Sommermann, Staatsziele und Staatszielebestimmungen, Tübingen, Mohr Siebeck, 1997, 592 p.

Festschrift für Klaus Stern, Verfassungstaatlichkeit, *Joachim Burmeister (Hrsg.),* München, Beck 1997.

Rudolf Streinz, Bundesverfassungsgerichtliche Kontrolle über die deutsche Mitwirkung am Entscheidungsprozeß im Rat der Europäischen Gemeinschaften, Dunckler & Humblot Berlin 1990, 94 p.

Olaf Tauras, Der Ausschuß der Regionen : institutionalisierte Mitwirkung der Regionen in der EU, Agenda Verl., Münster 1997, 248 p.

Robert Theißen, Der Ausschuß der Regionen: Einstieg der Europäischen Union in einen kooperativen Regionalismus ? Berlin Duncker & Humblot 1996, 341 p.

Annette Elisabeth Töller, Europapolitik im Bundestag: eine empirische Untersuchung zur europapolitische Willensbildung im EG-Ausschuß des 12. Deutschen Bundestages; Frankfurt am M., Peter Lang 1995, 198 p.
Heinrich Triepel, Völkerrecht und Landesrecht, Verlag von C.L. Hirschfeld, Leipzip 1899, 452 p.
Heinrich Triepel, Unitarismus und Föderalismus im Deutschen Reich : eine staatsrechtliche und politische Studie, Tübingen, Mohr 1907.
Heinrich Triepel, Die Reichaufsicht : Untersuchungen zum Staatsrecht des Deutschen Reiches. Berlin, Springer 1917. 734 p.
Heinrich Triepel, Streitigkeiten zwischen Reich und Ländern. Beiträge zur Auslegung des Artikels 19 der Weimarer Reichsverfassung. Darmstadt : wiss. Buchgesell. 1965, 118 p.
Veröffentlichungen der Vereinigung der Deutschen Staatsrechtslehrer in Zürich vom 3. bis 6. Oktober 1990, Der Verfassungsstaat als Glied einer europäischen Gemeinschaft, Berlin, New-York : de Gruyter, 1991.
Veröffentlichungen der Vereinigung der Deutschen Staatsrechtslehrer in Mainz vom 6. bis 9. Oktober 1993, Europäische Union : Gefahr oder Chance für den Föderalismus in Deutschland, Österreich und der Schweiz ? Berlin, New-York : de Gruyter, 1994.
Veröffentlichungen der Vereinigung der Deutschen Staatsrechtslehrer in Dresden vom 2. bis 5 Oktober 1996, Kontrolle der auswärtigen Gewalt, Berlin, New-York : de Gruyter 1997.
Klaus Vogel, Die Verfassungsentscheidung des Grundgesetzes für eine internationale Zusammenarbeit, Ein Diskussionsbeitrag zu einer Frage der Staatstheorie sowie des geltendes Staatsrechts, J.C.B. Mohr, 1964.
Rüdiger Voigt, Der kooperative Staat : Krisenbewältigung durch Verhandlung, Baden-Baden, Nomos 1995, 297 p.
Kathrin Weber, Die Bildung im Europäischen Gemeinschaftrecht und die Kulturhoheit der deutschen Bundesländer, Baden-Baden Nomos 1993, 194 p.
Manfred Wegner, Die neuen Bundesländer in der EG, Nomos Baden-Baden 1993, 130 p.
Rudolf Wendt (Hrsg.), Festchrift für Karl Heinrich Friauf zum 65. Geburtstag, Staat, Wirtschaft, Steuern, Heidelberg, Müller 1996.
Thomas Wiedemann, Idee und Gestalt der Region in Europa: rechtsvergleichende Untersuchung zur Unitarismus und Föderalismus, unter Berücksictigung des Vereinigten Königsreichs, Frankreichs, Spaniens und Deutschlands, Baden-Baden, Nomos 1996, 382 p.
Ingo Winkelmann (éd.), Das Maastricht-Urteil des Bundesverfassungsgerichts vom 12. Oktober1993, Dokumentation des Verfahrens mit Einführung, Duncker & Humblot 1994, 802 p.
Wissenschaftliche Dienste des deutschen Bundestags, Maastricht : Ratifizierung und Verfassungsprozeß, Nr 123, Materialen, November 1993,

B. En français

Christian Autexier, Jean-François Flauss, Michel Fromont, Constance Grewe, Olivier Jouanjan, Pierre Koenig, Grundgesetz / Loi fondamentale (édition synoptique bilingue), études et documents du Centre juridique franco-allemand n° 3, Universität des Saarlandes, 3. neuarbeitete Auflage, 1996.
Christian Autexier, Introduction au droit public allemand, PUF 1997, Coll. droit fondamental, 379 p.
Olivier Beaud, La puissance de l'Etat, PUF Léviathan 1994, 512 p.
Jean-Claude Béguin, Le contrôle de la constitutionnalité des lois en RFA, Economica, 1982, 311 p..
Thibaut de Berranger, Constitutions nationales et construction communautaire, LGDJ 1995, 464p.
Marc Blanquet, L'article 5 du Traité CEE. Recherche sur les obligations de fidelité des Etats-membres de la Communauté, Paris : Libr.gén. de droit et de jurisprudence 1994. XXIV, 502 p. (Bibliothèque de droit international et communautaire 108).
Bundesverfassungsgericht (Cour constitutionnelle fédérale), BVerfGE 22, 293 Décision du 18 octobre 1967, Traduit in : RTDeur. 1968, p. 203-206.
Capitant David, Les effets juridiques des droits fondamentaux en Allemagne, Thèse 1996, Paris I, 346 p.
Jean-Louis Clergerie, Le principe de subsidiarité, L e droit en question, ellipses 1997, 128 p.

Conseil constitutionnel, Protection constitutionnelle et protection internationale des Droits de l'Homme : Concurrence ou complémentarité, IXe Conférence des Cours constitutionnelles européennes, Paris-mai 1993, Volume I et II.

Léontin-Jean Constantinesco, La résolution des contrats synallagmatiques en droit allemand, publications de l'institut de droit comparé de l'Université de Paris, 1940, Librairie Arthur Rousseau.

Maurice Croisat, Le fédéralisme dans les démocraties contemporaines, éd. Montchrestien, coll. Clefs/politique, 1992, 158 p.

Renaud Dehousse, Fédéralisme et relations internationales, Bruylant, Bruxelles 1991, 284 p.

Pierre-Marie Dupuy, Droit international public, 4ème éd., Précis Dalloz 1999.

Michel Fromont, Alfred Rieg, Introduction au droit allemand. Tome 1. Les fondements, 1977, 252 p. ; Tome 2. Droit public, droit pénal, 1984, 428 p. Ed. CUJAS.

Serge Gosselin, Fédéralisme et Bundesrat en République fédérale d'Allemagne, Montréal/Asnières, Presses de l'Université de Montréal et de la Sorbonne Nouvelle, Paris III, 1994, 510 p.

Constance Grewe-Leymarie, Le fédéralisme coopératif en RFA, Economica, 1981, 233 p.

Constance Grewe, Hélène Ruiz Fabri, Droits constitutionnels européens, PUF 1995, 661 p.

Catherine Haguenau, L'application effective du droit communautaire en droit interne - Analyse comparative des problèmes rencontrés en droit français, anglais et allemand, Thèse, Paris II, 1994.

Institut européen d'administration publique, Les pouvoirs des Länder, cantons, régions et communautés autonomes en matière d'action extérieure et communautaire : cadre législatif / éd. par le Secrétariat général de l'action extérieure du Gouvernement basque - Maastricht, 1996.

Hans Kelsen, Théorie pure du droit, trad. par Charles Eisenmann, Dalloz 1962, 496 p.

K. König, von Oertzen, F. Wagner, L'administration publique en R.F.A., Trad. de l'allemand par, *Christian Autexier,* Economica 1983.

G. Marcou, H. Kirstenmacher, H.-G. Clev, L'aménagement du territoire en France et en Allemagne, La documentation française, 1994.

Chantal Millon-Delsol, L'Etat subsidiaire, PUF 1992, 234 p.

Monique Pereira de Azevedo, Les relations entre les Länder allemands et la Communauté européenne : vers une intégration de régions au sein de l'Europe communautaire, Thèse Paris I, 1993.

Stéphane Rials, Destin du fédéralisme, LGDJ 1986, 78 p.

Joël Rideau, Droit institutionnel de l'Union et des Communautés européennes, L.G.D.J. 1994, 894 p.

Charles Rousseau, Droit international public, 3 Tomes, Sirey 1970.

Joseph Rovan, Histoire de l'Allemagne des origines à nos jours, Editions du Seuil 1994, 921 p.

Carl Schmitt, Théorie de la constitution, PUF 1993, 576 p.

Jürgen Schwarze, Droit administratif européen, Bruxelles, Bruylant 1994, Volume 1 & 2.

Denys Simon, Le système juridique communautaire, Coll. Droit fondamental, PUF 1997, 536 p.

Xavier Volmerange, Le fédéralisme allemand et l'intégration européenne, L'Harmattan 1994, Coll. Logiques juridiques, 176 p.

Bernard Voyenne, Histoire de l'idée fédéraliste, les sources, Presses d'Europe, 1976, 317 p.

Claude Witz, Droit privé allemand, 1. Actes juridiques, droits subjectifs, Litec 1992.

Willy Zimmer, La réunification allemande, contribution à la théorie du pouvoir constituant, Thèse de doctorat, Lille II, 1994.

Elisabeth Zoller, Droit constitutionnel, PUF, Collection droit fondamental, 1998, 629 p.

III. Articles de la presse écrite

HandelsBl., 06.02.1986, « Die Bundesländer entdecken ihr Faible für Europa ».

HandelsBl., 18.02.1986, « Bundesrats-Zustimmung soll Verfassungssatz sein ».

HandelsBl., 24.02.1986, « Eine schwarz-rote Länderkoalition treibt Kohl in die Enge ».

HandelsBl., 23.04.1986, « Landauf und Landab regt sich Unmut ».

F.A.Z., 10.05.1986, « Europäer sein - Deutsche un Bayern bleiben ».

Die Zeit, 15.05.1986, « Das doppelte Lottchen in Brüssel », Rudolf Zundel.

HandelsBl. du 20.05.1986, « Wieder Kleinstaaterei ».
SZ, 18.09.1986, « Kabinett setz Europäische Akte von der Tagesordnung ab ».
SZ, 19.09.1986, « Bayern legt sich bei Europäischer Akte quer ».
F.A.Z., 24.06.1986. « Ausverkauf oder Kleinstaaterei in der EG », Bert Hauser, p.5
Die Zeit, 24.10.1986, p.13, « Bundesstaat im Staatenbund. Bahnt sich ein Verfassungskonflikt an ? ».
F.A.Z., 19.12.1986, « Der Bundesrat und Europa ».
SZ, 27.06.1990, « Les conséquences de l'unité de l'Allemagne pour le système fédéraliste », (traduit in : La tribune d'Allemagne du 08.07.90).
F.A.Z., 10.04.1992, « CDU und CSU wollen neuen Artikel 23 ».
F.A.Z., 08.05.1992, « Über Stdatszielbestimmungen einig ».
F.A.Z., 16.05.1992, « Das Grundgesetz wird um einen Europa-Artikel ergänzt ».
Le Monde, 24.06.1992, p.6, « Accord à Bonn sur le processus de révision constitutionnelle ».
Le Monde, 28-29.06.1992, « Les modifications de la Constitution envisagées suscitent des réserves chez les chrétiens-démocrates ».
SZ 14.10.1992, p. 11, Maastricht - nicht ohne Volksententscheid.
Le Monde , 18.2.1993, p. 1 & 19, « L'Allemagne en panne,. Les discussions sur le « pacte de solidarité » proposé par le chancelier Kohl sont dans l'impasse ».
Le Monde, 2.3.1993, p. 19, « Le financement de la réunification. Les exécutifs des Länder allemands réclamant une augmentation des impôts ».
Le Monde, 8.3.1993,p. 13, « Les Allemands en quête de solidarité ».
F.A.Z. 13.3.1993, p. 13 , « Das Geldgerüst der föderalen Ordnung », par Kurt Schmidt
Le Monde, 13.3.1993, p. 1. « Remise en ordre ».
Le Monde, 16.3.1993, p. 18, Relançant l'espoir d'une baisse des taux d'intérêts de la Bundesbank, l'accord sur le « pacte de solidarité » en Allemagne ne prévoit pas d'augmentation des impôts avant 1995.
F.A.Z., 30.3.1993, p. 16, « gegen Kleinstaaterei in der Ausbildung ».
Le Monde, 19.4.1993, p. 13, Le Bundesrat approuve les grandes lignes du « pacte de solidarité ».
Le Monde, 21 avril 1993, p. 18, « Menaces sur le pacte de solidarité allemand ».
Le Monde, 14.8.1993, « L'Allemagne, la loi et l'après-Maastricht ».
Le Monde, 9.10.1993, p. 4, « Le traité d'Union européenne devant la Cour constitutionnelle de Karlsruhe ».
F.A.Z., 13.10.1993, « Der Vertrag von Maastricht ist keine Preisgabe des Staates Bundesrepublik ».
SZ, 13.10.1993, « Karlsruhe billigt Vertrag von Maastricht ».
SZ, 13.10.1993, « Europa unter Karlsruhe Kontrolle », p. 4.
HandelsBl. 13.10.1993, « Hoffnung in der Krise » ; « Ja zu Europa, aber... » ; « Maastricht schränkt die Wirsamkeit des deutsche Grundgesetz nicht ein ».
Stuttgarter Nachrichten, 13.10.1993, « Wegweiser nach Europa »
Die Welt, 14.10.1993, « Europa nach Karlruhe ».
General-Anzeiger, 14.10.1993 « Karlsruhe hat die Vitalität der Währungsunion gestärkt ».
Die Zeit, 15.10.93, « Die höchsten Hürden stehen noch bevor ».
Frankfurter Rundschau, 15.10.1993, « Neuer Dampf für den Europa-Zug aber auch Stopsignal » ; « Bonn fühlt sich an der Karlsruher Leine wohl ».
Handelsbl. 22/23.10.1993, « Das BVerfG erschwert mit seinem Urteil die Weiterentwicklung der Gemeinschaft ».
Der Spiegel, 42/1993 : Série d'articles sur la décision du 12.10.1993 (Maastricht).
WirtschaftsWoche 42/1993 : Série d'articles sur la décisiondu 12.10.1993 (Maastricht).
SZ 2.11.1993, Interview d'Edmund Stoiber, Trad. in : Documents 1994, n°1 p. 33-36, « Nous ne voulons plus d'un Etat fédéral européen ».
F.A.Z., 22.04.1994, « Der Bund möchte nicht zum abgenagten Knochen werden ».
F.A.Z., 01.07.1994, « Die größte Verfassungsdebatte seit dem Kriege ».
Europäische Zeitung, Juli/August 1994, « Drohende Verzögerung ».
Le Monde, 31.8.1994, p. 6, La reprise économique outre-Rhin. La consommation absorbe une part trop importante des transferts publics vers les Länder de l'Est, estime l'OCDE

Le Monde, 7 novembre 1994, p. 3, L'aménagement du territoire et la concurrence entre les régions. L'exemple allemand. La République fédérale a institué un système de solidarité entre les Länder riches et pauvres.
Le Monde, 3.02.1995, La crue historique du Rhin révèle les failles du fédéralisme allemand.
Le Monde du 25.03.1995, p. 17, « Une magistrale leçon de fédéralisme ».
Le Monde, 15.06.1995, p. 5 Le parti du chancelier Kohl rend publiques ses propositions sur l'Europe.
F.A.Z., 06.03.1996, p. 8, « Ein Ferment für das Zusammenwachsen » ; über die mögliche Rolle der Städte in der künftigen Verfassung Europas muß noch nachgedacht werden, par Bruno Weinberger.
Le Monde, 18.05.1995, p. 2, L'Allemagne veut jouer un rôle majeur dans la construction européenne.
F.A.Z, 27.01.1996, Getrenntes' und vereinigtes Stückwerk - Wie die Deutschen Bundesländer entstanden, Paul Feuchte.
Le Monde, 20.05.1996, p. 10, Les chemins de l'unification allemande.
Le Monde, 24.5.1996, « Le ministre-président de Bavière réaffirme son sceptiscisme sur la monnaie unique ».
Europäische Zeitung, 10.10.1996, Die deutschen Bundesländer und Europa
Le Monde, 17.10.1996, p. 9, L'Europe, la souveraineté et le fédéralisme.
Le Monde, 14.07.1997, p. 4, L'Allemagne use de méthodes comptables peu orthodoxes pour remplir les critères de Maastricht
Le Monde, 31.07.1997, p. 4, La réforme fiscale du siècle pourrait être reportée.
Le Monde 5.8.1997, p. 1,L'échec de la réforme fiscale en Allemagne affaiblit le chancelier Kohl
Le Monde, 5.08.1997, p. 2, Jalouse de sa souveraineté, la Bavière n'hésite pas à croiser le fer avec l'Etat fédéral.
Le Monde, 5.08.1997, p. 2, Les Länder affichent une volonté d'ingérence accrue dans les affaires du pays.
Le Monde, 5.8.1997, p. 2, Des puissances régionales riches, très riches...
Le Monde 2.9.1997, p. 1, L'Allemagne au pied du mur
Le Monde 18.9.1997, L'euro : les intérêts et la responsabilité de l'Allemagne
Le Monde 10.10.1997, p. 6, Les 1000 milliards de marks investis à l'est de l'Allemagne n'ont pas pu endiguer le chômage.
Le Monde 13.11.1997, p. 2, L'Allemagne peine à boucler un budget dans les normes de Maastricht.
Le Monde, 25.11.1997, p. 4, La Bavière ne veut plus payer pour l'Europe.
F.A.Z., 20.12.1997, p.11, Der Beitrag war bedeutsam : die Mitwirkung der Länder bei den Entscheidung zur Wiederherstellung der Einheit Deutschlands, Christian Dästner.
F.A.Z., 11.10.1998, Föderalismus nicht nur in Konkurrenz.
Frankfurter Rundschau, 27.10.1998, p. 10, Warum der Bundesrat zu mächtig geworden ist ?
Le Monde, 26.09.1998, p. 6 du Supplément. Le fédéralisme allemand est en crise.
SZ, 20.08.1999, Nur Bayern hat den Sprung zum Zahlerland geschafft.

ANNEXES

I. Jurisprudence

Cour constitutionnelle fédérale, arrêt du 29 mai 1974 (Solange I), BVerfGE 37, 271 (Extraits)[1].

[278]

« La Communauté, (...), n'est pas un Etat, ni en particulier un Etat fédéral, mais "une Communauté de nature particulière en voie d'intégration progressive", une "institution interétatique" au sens de l'article 24 I de la Loi fondamentale (...) ».

[279]

« L'article 24 de la Loi fondamentale, comme toute règle constitutionnelle présentant un caractère fondamental analogue à cette disposition, doit être entendu et interprété dans le cadre de l'ensemble de la Constitution. Cela signifiequ'il ne permet pas que la structure fondamentale de la Constitution qui confère à celle-ci son identité, soit modifiée sans révision de la Constitution, et notamment par la législation de l'institution interétatique (...) ».

[280]

« En réalité, l'article 24 de la Loi fondamantale n'autorise pas le transfert de pouvoirs souverains, mais ouvre l'ordre juridique national de telle sorte (...) que les pouvoirs souverains exclusifs de la RFA, dans le champ d'application de la Loi fondamentale, se trouvent restreints et que la validité et l'application directes, sur le territoire souverin de l'Etat, d'un droit issu d'une autre source sont rendues possibles (...) ».

[285]

« Aussi longtemps que le processus d'intégration de la Communauté n'a pas atteint un stade suffisamment avancé pour que le droit communautaire comporte également un catalogue de droits fondamentaux arrêté par un Parlement et correspondant au catalogue des droits fondamentaux consacrés par la Loi fondamentale, le renvoi à la Cour constitutionnelle fédérale par une juridiction de la RFA dans le cadre de la procédure de contrôle de la constitutionnalité des lois et des autres normes de l'autorité publique, postérieur à la demande de décision préjudicielle de la CJCE, est recevable et s'impose dès lors que ladite juridiction considère la disposition de droit communautaire, telle qu'interprétée par la CJCE, comme inapplicable au motif que cette disposition est inconciliable avec des droits fondamentaux garantis par la Loi fondamentale ».

Cour constitutionnelle fédérale, arrêt du 22 octobre 1986, (Solange II) BVerfGE 73, 339 (Extraits)[2].

[374]

L'art. 24 I LF permet d'ouvrir l'ordre juridique de la République fédérale d'Allemagne de telle manière que soit retirée la revendication de la République fédérale d'Allemagne à une compétence exclusive pour son domaine de souveraineté et que place soit laissée dans ce domaine de souveraineté pour la validité immédiate et l'application d'un droit issu d'une autre source.

[375]

Toutefois, l'habilitation donée en vertu de l'art. 24 I. LF n'est pas sans limite. Cette disposition n'habilite pas à renoncer, par la voie de la reconnaissance de droits souverains à des institutions internationales, à l'identité de l'ordre constitutionnel en vigueur en République fédérale d'Allemagne, par une effraction dans ses traits fondamentaux, dans les éléments structurels constitutifs

---

[1] Traduction *Michel Fromont,* RTDE 1975, p. 316-336 (avec quelques modifications mineures dans un souci d'harmonisation des traductions).

[2] Traduction *Christian Autexier, in* : AIJC 1987, p. 419.

[387]

« Aussi longtemps que les Communautés européennes, et notamment la jurisprudence de la CJCE, garantiront de façon générale une protection efficace des droits fondamentaux contre le pouvoir souverain des Communautés, d'une manière qui puisse être considérée comme substantiellement égale à la protection des droits fondamentaux que la Loi fondamentale impose de façon indisponible et garantiront notamment de façon générale le contenu substantiel des droits fondamentaux, la Cour constitutionnelle fédérale n'exercera plus sa juridiction sur l'applicabilité du droit communautaire dérivé qui sera invoqué comme fondement du comportement des tribunaux et d'autorités allemandes dans le champ de la souveraineté de la République fédérale d'Allemagne, et par conséquence, elle ne contrôlera plus ce droit dérivé par rapport aux droits fondamentaux de la Loi fondamentale ».

Cour constitutionnelle fédérale, arrêt du 12 octobre 1993, (Maastricht), BVerfGE 89, 155 ; Principes directeurs.

1. Dans le champ d'application de l'art. 23 LF, l'art. 38 LF exclut que la légitimation et l'influence sur l'exercice du pouvoir d'Etat qui découlent de l'élection, puissent être vidées de leur substance par un transfert de compétences du Bundestag tel que serait violé le principe de démocratie, pour autant qu'il est déclaré intangible par l'art. 79 al. 3, ensemble avec l'art. 20 al. 1 et 2 LF.

2. Le principe de démocratie n'empêche pas la République fédérale d'Allemagne d'être membre d'une communauté interétatique organisée de manière supranationale. Mais la condition de cette adhésion est qu'une légitimation et une influence émanant du peuple soient également assurées à l'intérieur de l'association d'Etats.

3. a) Lorsqu'une association d'Etats démocratiques s'acquitte de missions de souveraineté et exerce à cet effet des compétences de souveraineté, ceci doit en premier lieu être légitimé démocratiquement par les peuples des Etats membres, au travers des Parlements nationaux. Ainsi donc la légitimation démocratique découle du rattachement de l'action des organes européens aux Parlements des Etats membres; à cela s'ajoute de plus en plus, au fur et à mesure de l'interpénétration des Nations européennes, dans le cadre institutionnel de l'Union européenne, l'acquisition d'une légitimation démocratique à travers le Parlement européen élu par les citoyens des Etats membres.

b) Il importe que les fondements démocratiques de l'Union soient élargis au rythme de l'intégration et que la démocratie reste vivante dans les Etats membres au moment aussi où progresse l'intégration.

4. Si, comme tel est le cas actuellement, les peuples des Etats confèrent la légitimation démocratique au travers des Parlements nationaux, le principe démocratique fixe les limites à l'extension des missions et compétences des Communautés européennes. Le Bundestag allemand doit conserver des missions et des compétences d'un poids substantiel.

5. L'article 38 LF est violé lorsqu'une loi ouvrant l'ordre juridique allemand à la validité et à l'applicabilité directe de droit des Communautés européennes - supranationales - ne définit pas de manière suffisamment déterminable les droits dont l'exercice est transféré et le programme d'intégration qui est envisagé (cf. BVerfGE 58,1<37>). Ceci signifie également que d'ultérieures modifications substantielles du programme d'intégration inscrit dans le traité sur l'Union et des autorisations d'action qu'il contient, ne seront plus couvertes par la loi d'approbation de ce traité. La Cour constitutionnelle fédérale contrôle si les actes juridiques des institutions et organes européens se maintiennent dans le cadre des droits souverains qui leur ont été reconnus, ou s'ils s'en écartent (cf. BVerfGE 75,223).

6. Lors de l'interprétation de normes de compétence par les institutions et organes européens, on tiendra compte du fait que le traité sur l'Union distingue fondamentalement entre exercice limité de compétences souveraines reconnues et modification du traité, et que l'interprétation ne saurait donc équivaloir à un élargissement du traité; une telle interprétation des normes de compétence ne s'imposerait pas à l'Allemagne.

7. Les actes du pouvoir public particulier d'une organisation supranationale distinct du pouvoir d'Etat des Etats membres, concernent les titulaires de droits fondamentaux en Allemagne. Ils affectent ainsi les garanties de la Loi fondamentale et les missions de la Cour constitutionnelle fédérale qui ont pour objet la protection des droits fondamentaux en Allemagne et pas seulement à l'encontre des

organes d'Etat allemands (divergence d'avec BVerfGE 58,1 <27>). Il est vrai que la Cour constitutionnelle fédérale exerce sa jurisprudence sur l'applicabilité en Allemagne du droit communautaire dérivé dans un "rapport de coopération" avec la Cour de Justice européenne.

8. Le traité sur l'Union fonde une association d'Etats pour créer une Union sans cesse plus étroite entre les peuples d'Europe - organisés en Etats - (Art. A TUE) et non un Etat reposant sur un peuple européen.

9. a) L'art. F al. 3 TUE n'habilite pas l'Union à se procurer de sa propre autorité les moyens financiers et autres moyens d'action qu'elle juge nécessaires pour atteindre ses objectifs.

b) L'art. L TUE n'exclut la compétence de la Cour de Justice européenne que pour celles des dispositions du traité sur l'Union qui ne permettent pas des mesures de l'Union produisant des effets sur un titulaire de droits fondamentaux dans le champ de souveraineté des Etats membres.

c) En ratifiant le traité sur l'Union, la République fédérale d'Allemagne ne se soumet pas à un "automatisme" impénétrable et au fonctionnement non maîtrisable, vers une union monétaire; le Traité ouvre la voie à une poursuite graduelle de l'intégration de la communauté européenne fondée sur le droit, dont chaque nouvelle étape dépend soit de conditions actuellement prévisibles par le Parlement, soit d'une nouvelle approbation du gouvernement fédéral, soumise à l'influence du Parlement. (Traduction *Christian Autexier*)

Cour constitutionnelle fédérale, arrêt du 22 mars 1995 (Télévision sans frontières), BVerfGE 92, 203.

"Lorsque la Communauté européenne revendique une compétence, il appartient à la Fédération de représenter les droits de la République fédérale d'Allemagne face à la Communauté et à ses organes. Lorsque sur le plan interne, la Loi fondamentale réserve le droit de réglementation de la matière pour laquelle la Communauté revendique la compétence au législateur du Land, la Fédération représente également, en tant que gestionnaire (Sachwalter) des Länder, les droits constitutionnels de ces derniers vis-à-vis de la Communauté. Quand il s'agit de l'existence et de la portée d'une telle compétence communautaire, le principe fédéral oblige la Fédération à tenir compte de la position juridique des Länder"[3].

II. Normes de droit

Article 23 de la Loi fondamentale

(1) Pour l'édification d'une Europe unie, la République fédérale d'Allemagne concourt au développement de l'Union européenne qui est attachée aux principes fédératifs, sociaux, d'Etat de droit et de démocratie ainsi qu'au principe de subsidiarité et qui garantit une protection des droits fondamentaux substantiellement comparable à celle de la Loi fondamentale. A cet effet, la Fédération peut transférer des droits de souveraineté par une loi approuvée par le Bundesrat. L'article 79, al 2. et 3 est applicable à l'institution de l'Union européenne ainsi qu'aux modifications de ses bases conventionnelles et aux autres textes comparables qui modifient ou complètent la présente Loi fondamentale dans son contenu ou rendent possibles de tels compléments ou modifications".

(2) Le Bundestag et les Länder par l'intermédiaire du Bundesrat concourent aux affaires de l'Union européenne. Le gouvernement fédéral doit informer le Bundestag et le Bundesrat de manière complète et le plus tôt possible.

(3) Avant de concourir aux actes normatifs de l'Union européenne, le gouvernement fédéral donne au Bundestag l'occasion de prendre position. Dans les négociations, le gouvernement fédéral prend en considération les prises de position du Bundestag. Les modalités seront réglées par une loi.

(4) Le Bundesrat doit être associé à la formation de la volonté de la Fédération dans la mesure où son concours serait requis au plan interne pour une mesure analogue ou que les Länder seraient compétents au plan interne.

[3] BVerfGE 92, 203 [230].

(5) Dans la mesure où des intérêts des Länder sont touchés dans un domaine de compétence exclusive de la Fédération ou lorsque la Fédération a à un autre titre le droit de légiférer, le gouvernement prend en considération la prise de position du Bundesrat. Lorsque des pouvoirs de législation des Länder, l'organisation de leurs administrations ou leur procédure administrative sont concernés de manière prépondérante, l'opinion du Bundesrat doit être pris en considération de manière déterminante lors de la formation de la volonté de la Fédération; la responsabilité de la Fédération pour l'ensemble de l'Etat doit être préservée. Dans les affaires susceptibles d'entraîner une augmentation des dépenses ou une diminution des recettes de la Fédération, l'approbation du gouvernement fédéral est nécessaire.

(6) Lorsque des pouvoirs'exclusifs de législation des Länder sont concernés de manière prépondérante, l'exercice des droits dont jouit la République fédérale d'Allemagne en tant qu'Etat membre de l'Union européenne doit normalement être transféré par la Fédération à un représentant des Länder désigné par le Bundesrat. L'exercice de ces droits a lieu avec la participation du gouvernement fédéral et de concert avec lui; la responsabilité de la Fédération pour l'ensemble de l'Etat doit être préservée.

Loi sur la collaboration de la Fédération et des Länder dans les affaires de l'Union européenne du 12 mars 1993 (BGBl. I, 1993, p. 313)[4]

Le Bundestag a décidé la loi suivante avec l'approbation du Bundesrat:

§ 1

Les Länder concourent aux affaires de l'Union européenne au travers du Bundesrat

§ 2

Le Gouvernement fédéral informe le Bundesrat nonobstant l'article 2 de la loi de ratification aux Traités du 25 mars 1957 instituant la Communauté économique européenne et la Communauté européenne de l'énergie atomique (BGBl. II, p.753), de façon complète et le plus tôt possible sur tous les projets dans le cadre de l'Union européenne qui pourraient intéresser les Länder.

§ 3

Avant la fixation de la position lors de la négociation concernant un projet de l'Union européenne, le Gouvernement fédéral donne à temps au Bundesrat l'occasion de donner son avis dans un délai raisonnable, dans la mesure où des intérêts des Länder sont touchés.

§ 4

(1) Lorsque le Bundesrat aurait dû concourir à une mesure analogue dans l'ordre interne ou lorsque les Länder auraient été compétents dans l'ordre interne, le gouvernement fédéral fait participer les représentants des Länder désignés par le Bundesrat aux délibérations pour la fixation de la position lors de la négociation sur le projet.

(2) L'objet des délibérations prévues à l'alinéa 1 est également l'application des §§ 5 et 6 au projet. A cet égard, un accord entre la Fédération et les Länder doit être recherché.

§ 5

(1)"Lorsque des intérêts des Länder sont touchés dans un domaine de compétence exclusive de la Fédération ou lorsque la Fédération a par ailleurs le droit de légiférer, le Gouvernement prend en considération l'avis du Bundesrat pour la fixation de la position lors de la négociation concernant le projet.

(2) "Lorsque les pouvoirs de législation des Länder sont affectés de manière centrale par un projet et que la Fédération ne dispose pas du droit de légiférer ou lorsque le projet affecte de manière centrale l'organisation des services des Länder, ou leur procédure administrative non-contentieuse, l'avis du Bundesrat doit être pris en considération de manière déterminante pour la fixation de la

---

[4] Gesetz über die Zusammenarbeit von Bund und Ländern in Angelegenheiten der Europäische Union du 12 mars 1993,BGBl. I, p.313.

position par le gouvernement fédéral lors de la négociation; dans les autres cas l'alinéa 1 est applicable. La responsabilité de la Fédération pour l'ensemble de l'Etat doit être préservée, y compris pour les questions devant être considérées comme relevant de la politique d'intégration, de défense ou étrangère. Lorsque l'opinion du gouvernement fédéral ne correspond pas à l'avis du Bundesrat, un accord doit être recherché. Pour atteindre cet accord, une nouvelle consultation du gouvernement fédéral a lieu avec le représentant des Länder. Si un accord n'est pas réalisé, et qu'en conséquence le Bundesrat confirme son opinion par une décision à la majorité des deux tiers de ses voix, l'opinion du Bundesrat est alors déterminante. L'approbation du gouvernement fédéral est nécessaire lorsque des décisions peuvent entraîner une augmentation des dépenses ou une diminution des recettes.

(3) Avant d'approuver des projets basés sur l'article 235 du Traité CEE, le gouvernement fédéral établit un accord avec le Bundesrat dans la mesure où l'avis de celui ci serait nécessaire dans l'ordre interne ou si les Länder seraient compétents dans l'ordre interne.

§ 6

(1) Pour un projet pour lequel le Bundesrat aurait dû concourir à une mesure analogue dans l'ordre interne ou pour lequel les Länder seraient compétents dans l'ordre interne, ou encore qui touche des intérêts essentiels des Länder, le gouvernement invite à la demande du Bundesrat des représentants des Länder aux négociations dans les organes de délibération du Conseil et de la Commission, dans la mesure où cela lui est possible. La direction des négociations revient au gouvernement fédéral; les représentants des Länder peuvent donner des explications avec l'accord de la direction des négociations.

(2) Lorsqu'un projet affecte de manière centrale les pouvoirs exclusifs de législation des Länder, le gouvernement fédéral doit normalement transférer la direction des négociations dans les organes consultatifs de la Commission et du Conseil et lors des sessions du Conseil réunissant les ministres, à un représentant des Länder. Seul un membre d'un gouvernement d'un Land ayant la qualité de ministre peut être désigné par le Bundesrat. L'exercice des droits par le représentant des Länder a lieu avec le concours et de concert avec le représentant du gouvernement fédéral. La concertation avec le représentant du gouvernement fédéral concernant la position modifiée lors des négociations a lieu conformément aux règles et critères applicables à la formation de la volonté dans l'ordre interne.

(3) L'alinéa 2 n'est pas applicable aux droits de la République fédérale d'Allemagne qui lui reviennent lorsqu'elle a la présidence du Conseil. Pour l'exercice de ces droits, le gouvernement fédéral se concerte avec le représentant des Länder dans la mesure où des projets au sens de l'alinéa 2 phrase 1 sont concernés.

(4) L'alinéa 2 n'est pas applicable aux questions de l'ordre du jour des sessions du Conseil approuvées sans débat par le Conseil, lorsque cette question traitée avait fait l'objet d'une concertation avec le représentant des Länder.

§7

(1) Nonobstant les droits de recours propres des Länder, et à la demande du Bundesrat, le gouvernement fédéral fait usage des possibilités de recours prévues par le traité sur l'Union européenne dans la mesure où les Länder sont affectés dans leurs droits de législation par une action ou une carence des organes de l'Union et que la Fédération ne dispose pas du droit de légiférer. Ce faisant, la responsabilité de la Fédération pour l'ensemble de l'Etat doit être préservée, y compris les questions considérées comme relevant de la politique étrangère, de défense et d'intégration.

(2) L'alinéa 1 s'applique par analogie lorsque le gouvernement fédéral a l'occasion de donner son avis dans une procédure devant la Cour de justice des communautés européennes.

(3) En ce qui concerne la conduite des procès devant la Cour de justice des communautés européennes, dans lesquels la République fédérale d'Allemagne est partie et dans les cas prévus aux alinéas 1 et 2 ainsi que pour les recours en manquement, le gouvernement fédéral établit un accord avec le Bundesrat, dans la mesure où des droits de législation des Länder sont affectés et que la Fédération ne dispose pas du droit de légiférer.

§ 8

Les Länder peuvent entretenir des relations permanentes directement avec les institutions de l'Union européenne dans la mesure où cela sert l'accomplissement de leurs pouvoirs étatiques et de leurs tâches prévus par la Loi fondamentale. Les bureaux des Länder n'acquièrent aucun statut diplomatique. Le statut et les missions de la représentation permanente à Bruxelles en tant que représentante de la République fédérale d'Allemagne auprès des Communautés européennes jouent de façon illimitée également dans les cas dans lesquels l'exercice des droits qui reviennent à la République Fédérale d'Allemagne en tant que membre de l'Union européenne, sont transférés à un représentant des Länder.

§ 9

Les dispositions particulières de l'information et de la participation des Länder prévues par la présente loi restent réservées à un accord entre la Fédération et les Länder.

§ 10

Dans les projets de l'Union européenne, le droit des communes et des groupements de communes concernant le règlement des affaires de la communauté locale doit être préservé, et leurs intérêts protégés.

§ 11

La présente loi ne s'applique pas au domaine de la politique étrangère et de sécurité commune de l'Union européenne.

§ 12

La présente loi s'applique également aux projets qui sont destinés aux commissions du Conseil et aux représentants des Etats membres réunis au Conseil.

§ 13

L'accord mentionné au §9 peut prévoir d'autres cas pour lesquels les Länder peuvent concourir conformément à la présente loi.

§ 14

Le gouvernement fédéral propose au Conseil comme membres du comité des régions et de leurs représentants, les représentants désignés par les Länder. Les Länder règlent une procédure de participation pour les communes et les regroupements de communes, qui assure que celles-ci soient représentées par trois représentants au comité régional, sur proposition des regroupements généraux communaux.

§ 15

L'article 2 de la loi du 19 décembre 1986 sur l'Acte unique européen du 28 février 1986 (BGBl. II p. 1102) devient caduque avec l'entrée en vigueur de la présente loi.

§ 16

La présente loi entre en vigueur le jour de l'institution de l'Union européenne. Ce jour doit être publié au Journal officiel. A la différence de la première phrase, le § 5 alinéa 3 entre en vigueur le premier janvier 1993.

Loi sur la collaboration du gouvernement fédéral et du Bundestag allemand dans les affaires de l'Union européenne du 12 mars 1993 (BGBl. I, p. 311)[5].

§ 1

Le Bundestag concourt à la formation de la volonté de la Fédération dans les affaires de l'Union européenne.

§ 2

Le Bundestag met en place une commission pour les affaires de l'Union européenne. Le Bundestag peut autoriser la commission à donner des avis en son nom.

§ 3

Le gouvernement informe le Bundestag de manière complète et le plut tôt possible sur tous les projets dans le cadre de l'Union européenne qui pourraient présenter un intérêt pour la République fédérale d'Allemagne.

§ 4

Le gouvernement fédéral transmet au Bundestag en particulier les projets de directives et de règlements de l'Union européenne et informe en même temps le Bundestag de l'essentiel du contenu et l'objectif, ainsi que de la procédure applicable au sein de l'Union européenne en cas d'édiction de l'acte normatif prévu et la date à laquelle la question doit être abordée au Conseil, notamment la date à laquelle il est prévu que le Conseil prenne la décision. Il informe sans délai le Bundestag de la position qu'il entend défendre, du déroulement des consultations, de l'avis du Parlement européen et de la Commission européenne, des avis des autres Etats membres ainsi que des décisions prises.

§ 5

Le gouvernement donne au Bundestag l'occasion de faire connaître son avis avant de donner son approbation à l'édiction de normes de l'Union européenne. Le délai pour donner son avis doit être calculé de telle sorte que le Bundestag ait suffisamment le temps de traiter le projet. Le Gouvernement s'appuie sur l'avis dans ses négociations ».

§ 6

Dans le domaine de l'article 235 CEE, les dispositions de la présente loi s'appliquent par analogie avant même l'édification de l'Union européenne.

§ 7

La présente loi entre en vigueur au jour de l'édification de l'Union européenne. Ce jour doit être rendu public au Journal officiel. A la différence de ce qui est prévu à la phrase 1, le § 6 entre en vigueur au premier janvier 1993.

Accord entre le gouvernement fédéral et les gouvernements des Länder sur la collaboration dans les affaires de l'Union européennes en application du § 9 de la loi sur la coopération de la Fédération et des Länder dans les affaires de l'Union européenne du 29 octobre 1993[6]

Le gouvernement fédéral et les gouvernements des Länder s'engagent, dans le cadre d'un rapport réciproque de loyauté fédérale, à l'édification d'une Europe unie et au développement de l'Union européenne sur le fondement des traités fondateurs des Communautés européennes, y compris le droit créé depuis, et du Traité sur l'Union européenne ainsi des devoirs d'information et d'action qui en résultent. Ils travaillent étroitement ensemble et dans un esprit de pleine confiance sur le fondement

---

[5] Gesetz über die Zusammenarbeit von Bundesregierung und Deutschen Bundestag in Angelegenheiten der Europäischen Union, BGBl. I, p. 311.

[6] Vereinbarung zwischen der Bundesregierung und den Regierungen der Länder über die Zusammenarbeit in Angelegenheiten der Europäischen Union in Ausführung von § 9 des Gesetzes über die Zusammenarbeit von Bund und Länder in Angelegenheiten der Europäischen Union vom 29. Oktober 1993 (Bundesanzeiger Nr. 226 v.2.Dezember 1993, p. 10425 s.)

de l'article 23 LF et de la loi sur la coopération de la Fédération et des Länder dans les affaires de l'Union européenne (EUZBLG). En application des dispositions organisant une telle coopération, il ont convenu ce qui suit :

I. Information du Bundesrat

"1. Le gouvernement fédéral informe en permanence et en principe par écrit le Bundesrat sur tous les projets dans le cadre de l'Union européenne qui pourraient intéresser les Länder. Cette information a lieu notamment par la transmission par le gouvernement fédéral des :

a) Documents

- de la Commission et de ses services dans la mesure où ils sont destinés au Conseil ou rendus officiellement accessibles au gouvernement fédéral d'une autre manière,
- du Conseil européen, du Conseil, des rencontres ministérielles informelles et des organes du Conseil.

b) Rapports et communications des organes des Communautés européennes concernant les réunions

- du Conseil européen, du Conseil et des rencontres ministérielles informelles;
- du COREPER ainsi que les autres comités ou groupes de travail du Conseil ;
- des organes consultatifs de la Commission ;

c) des rapports de la représentation permanente concernant

- les réunions du Conseil et des groupes du Conseil, les rencontres ministérielles informelles du COREPER ;
- les sessions du Parlement européen et de ses commissions ;
- les décisions de la Commission;

pour ceux-ci, le Conseil veille à ce qu'ils ne soient transmis qu'à un cercle restreint de personnes au sein des autorités administratives suprêmes des Länder respectivement compétentes.

d) Documents et informations sur les initiatives, les avis, les explications formels du gouvernement fédéral destinés aux organes de l'Union européenne.

L'information concerne également les projets qui se rapportent aux décisions des représentants des Etats membres réunis au Conseil.

Du reste, ou de manière complémentaire, l'information a lieu par oral par des contacts permanents.

2. Le gouvernement transmet les documents au Bundesrat dès que possible et par la voie la plus courte.

Dans le cadre des dispositions applicables relatives à la protection des données, les ministres de la Fédération et des Länder ainsi que le Bundesrat s'autorisent réciproquement l'accès aux banques de données des départements ministériels compétents, relatives aux projets dans le cadre de l'Union européenne. Le gouvernement fédéral s'efforcera de rendre accessibles également au Bundesrat et aux gouvernements des Länder les banques de données communautaires dont disposent les gouvernements des Etat membres. Les modalités devront être réglées de manière particulière.

II. Consultations préparatoires

1. Le département ministériel compétent au sein du gouvernement fédéral invite les représentants des Länder aux consultations en vue de la détermination de la position dans les négociations, dans la mesure où le concours du Bundesrat serait requis au plan interne ou les Länder seraient compétents au plan interne. A cet égard, un accord doit être recherché sur l'application des §§ 5 et 6 EUZBLG lors d'un projet[7] .

2. Lors de la soumission d'un projet communautaire aux dispositions de la EUZBLG, le contenu concret du projet communautaire doit être pris en considération. La répartition de la compétence de la Fédération ou des Länder résulte de la dévolution des compétences dans l'ordre interne.

La question de savoir si la Fédération a le droit de légiférer dans le domaine national en cas de législation cadre ou concurrente, doit être résolu à l'aune du critère d'un besoin de législation fédérale au sens de l'article 72 al. 2 LF.

---

[7] Les Länder précisent qu'il ne peut s'agir ici que d'une constatation provisoire qui reste dans toutes hypothèses soumise à une décision du Bundesrat.

Compte tenu de l'objet principal du projet, il faut déterminer si une matière se situe au centre du projet ou constitue le domaine de la réglementation de manière prépondérante. Ceci ne peut pas être déterminé de manière quantitative mais est le résultat d'un appréciation qualitative.

3. Dans les cas pour lesquels une coopération de la Fédération et des Länder est prévue dans l'ordre interne - indépendamment des dispositions de la EUZBLG - une conduite commune doit être recherchée pour fixer la position dans les négociations - y compris au niveau communautaire.

III. Avis du Bundesrat

1. Nonobstant l'information prévue à la première partie du présent accord, le gouvernement fédéral informe le Bundesrat des délais de la négociation dans les organes du Conseil pour tous le projets qui touchent les intérêts des Länder, afin de lui permettre de rendre un avis dans les délais.

En fonction du stade de la négociation, le gouvernement informe également le Bundesrat jusqu'à quel moment un avis peut encore être pris en considération compte tenu des contraintes de temps qui résultent du déroulement de la procédure au sein de l'Union européenne.

2. Le Bundesrat peut adapter et compléter son avis au cours de la négociation du projet au sein des organes de l'Union européenne. A cette fin, le gouvernement informe le Bundesrat grâce à des contacts permanents - dans une forme appropriée à l'affaire - sur les modifications substantielles du projet.

3. Les décisions du Bundesrat sont également celles qui peuvent être rendues par la chambre européenne du Bundesrat (Art. 52 al. 3a LF).

4. Lorsque la position du gouvernement ne correspond pas à l'avis du Bundesrat dans les cas prévus au § 5 al. 2 EUZBLG, celui-là en informe le Bundesrat et invite immédiatement les représentants des Länder nommés par le Bundesrat à de nouvelles consultations afin de parvenir à un accord. Lorsqu'un accord ne peut être trouvé, le Bundesrat décide immédiatement s'il maintient son avis.

5. Lorsque le gouvernement s'écarte de l'avis du Bundesrat, il en communique les raisons déterminantes sur demande du Bundesrat après la conclusion du projet.

6. Dans la mesure ou compétences administratives ou législatives des Länder sont affectés de manière prépondérante par des décisions cadres selon l'article 34 al. 2 b TUE, l'opinion du Bundesrat doit être pris en considération de manière déterminante.

Dans tous les autres cas, le § 5 al. 1 EUZBLG s'applique de la manière suivante: dans la mesure où l'approbation du Bundesrat serait nécessaire dans l'ordre interne pour une réglementation déterminée, le gouvernement fédéral s'appuie sur l'opinion de celui-ci comme sur l'avis correspondant du Bundestag allemand; il n'approuvera cette réglementation dans une décision cadre qu'avec l'accord du Bundesrat, à cet égard, la responsabilité de la Fédération pour l'ensemble de l'Etat doit être préservée, y compris pour les questions devant être considérées comme de politique d'intégration, de politique de défense et de politique étrangère"[8] .

IV. Invitation de représentants des Länder aux négociations dans les organes de l'Union européenne.

1. Lorsque des projets sont traités dans les organes du Conseil ou de la Commission pour lesquels le Bundesrat a l'occasion de donner son avis avant la fixation de la position lors des négociations, le gouvernement fédéral informe sans délai le Bundesrat du lieu, du moment et de l'objet des consultations des réunions de ces organes. Il en va de même si cela est possible pour les activités préparatoires de la Commission de la Communauté européenne telle des auditions informelles, des consultations et des confrontations d'expert.

2. Nonobstant la réglementation législative prévue au § 6 al. 1 EUZBLG, le gouvernement fédéral et les gouvernements des Länder dressent en commun une liste des organes de consultation auprès de la Commission et du Conseil au sein desquels des projets sont traités pour lesquels le concours du Bundesrat serait requis au plan interne, pour lesquels les Länder seraient compétents au plan interne ou pour lesquels les intérêts essentiels des Länder sont concernés. Cette liste peut être modifiée d'un commun accord sans nécessiter une modification formelle du présent accord.

---

[8] Le point 6 a été complété le 6 juin 1998 et les dispositions qui y sont mentionnées entreront en vigueur le jour où le Traité d'Amsterdam entrera lui-même en vigueur.

3. Le Bundesrat nomme auprès du gouvernement fédéral les représentants des Länder ou désigne le département ministériel d'un gouvernement de Land envoyant les représentants. En ce qui concerne les organes mentionnés dans la liste, la nomination peut aussi être valable, conformément à la liste, pour un temps déterminé. Lorsqu'il arrive que des représentants soient choisis en dehors de la liste ou avec une modification des représentants désignés sur la liste, le Bundesrat en est informé avant les négociations.

Le gouvernement fédéral fera suite à la demande d'inviter au moins un représentant des Länder, deux lorsque les conditions posées par le § 5 al. 2 EUZBLG sont réunies, dans la mesure où cela lui est possible.

Le gouvernement fédéral 's'efforcera dans chaque cas de rendre possible l'invitation d'un représentant des Länder.

Dans les cas prévus au § 6 al. 1 EUZBLG, la séance peut exceptionnellement être assurée par un suppléant lorsqu'aucun représentant des Länder n'y prend part ou lorsqu'aucun représentant n'a été nommé par le Bundesrat.

4. Le gouvernement fédéral et les Länder se mettent d'accord au cas par cas sur l'invitation de représentants des Länder aux rencontres informelles dans la mesure ou les pouvoirs de législation des Länder sont affectés de manière centrale.

5. Lors des séances du Conseil réunissant les ministres où des projets sont traités qui concernent les pouvoirs exclusifs de législation des Länder, le Bundesrat nomme, pour ces projets, conformément au § 6 al. 2 EUZBLG des membres des gouvernements des Länder ayant rang de ministre auxquels le gouvernement fédéral doit transférer la conduite des négociations. Les Länder assurent une représentation correspondant aux exigences de l'article 146 CE lors de ces réunions du Conseil. En cas d'empêchement des représentants des Länder, un représentant du gouvernement fédéral ou de la représentation permanente assure la conduite des négociations.

6. Les représentants des Länder sont membres de la délégation allemande. Sur place, ils prennent part aux réunions préparatoires de la délégation qui ont lieu pendant les séances. Des réunions préalables de préparation qui ont pu être suggérées par les représentants des Länder ne sont pas affectées.

7. La direction de la délégation reste auprès du gouvernement fédéral. Elle est exercée par un représentant du gouvernement en accord avec le représentant des Länder, nonobstant la conduite des négociations relatives à des projets particuliers. Dans la mesure où la conduite des négociations n'est pas transférée à un représentant des Länder, celui-ci peut faire des déclarations dans les commissions et groupes de travail avec l'accord du chef de la délégation.

V. Procédure devant les Cours européennes

1. Compte tenu des délais de la procédure devant être respectés, le gouvernement fédéral informe sans délai le Bundesrat de tous les documents et informations relatifs aux procédures devant la Cour de Justice et le tribunal de première instance auxquelles le gouvernement fédéral est partie.

2. Lorsque les conditions du § 7 al. 1 EUZBLG sont réunies et que le gouvernement fédéral, à la demande du Bundesrat, fait usage des possibilités de recours prévues au Traité sur l'Union européenne, il prépare la requête introductive. A cette fin, un avis détaillé relatif à l'affaire doit être mis à disposition par les Länder dans les délais impartis.

3. Le n° 2 s'applique par analogie lorsque le gouvernement fédéral a l'occasion de donner son avis dans une procédure devant la Cour européenne de justice.

VI. Coopération entre la représentation permanente et les bureaux des Länder

Le gouvernement fédéral apporte son soutien aux bureaux des Länder dans les questions particulières en relation avec leurs missions par l'intermédiaire de la représentation permanente et par l'échange de messages dans le cadre des possibilités prévues. Les modalités doivent être éclaircies par des contacts directs entre la représentation permanente et les bureaux des Länder.

VII. Application du présent accord

1. Les dispositions du présent accord sont applicables pour tous les projets dans le cadre du traité sur l'Union européenne - y compris pour les accords dits mixtes et leur préparation ainsi que pour la conclusion des traités internationaux[9] - de la même façon que pour les projets qui trouvent leur fondement dans « l'accord entre 11 Etats membres sur la politique sociale ».

2. Eu égard à la conférence intergouvernementale prévue à l'article N TUE, il convenu ce qui suit :

Le Bundesrat est informé des négociations dans la mesure où les intérêts des Länder pourraient être concernés.

Le gouvernement fédéral prend en considération l'avis du Bundesrat lors des négociations par application analogue du § 5 EUZBLG

Les Länder peuvent participer avec un observateur - au maximum deux lorsque des compétences législatives exclusives des Länder sont concernées - aux réunions des départements ministériels en vue de la préparation de la conférence intergouvernementale ainsi qu'aux conférences intergouvernementales - dans la mesure où cela est possible au cas par cas.

3. Eu égard aux négociations en vue de l'élargissement conformément à l'article O TUE, il est convenu ce qui suit :

Le Bundesrat est informé des négociations dans la mesure où les intérêts des Länder pourraient être concernés.

Le gouvernement fédéral prend en considération l'avis du Bundesrat lors des négociations par application analogue du § 5 EUZBLG

Les Länder peuvent participer avec un représentant des Länder à la coordination ministérielle de la position lors de la négociation ainsi - dans la mesure où cela est possible - au groupe ad-hoc « Elargissement » du Conseil, lorsque le domaine des questions devant être traitées touche la compétence législative exclusive des Länder ou leurs intérêts essentiels.

4. Eu égard aux accords d'association prévus à l'article 238 CEE ainsi que pour les accords prévus à l'article 113 al. 3 CEE, les dispositions de la EUZBLG et du présent accord s'appliquent à une exception près : la participation du représentant des Länder aux négociations dans le groupe du Conseil se limite à la négociation du mandat pour la commission.

VIII. Dispositions finales

1. La loi sur la coopération de la fédération et des Länder dans les affaires de l'Union européenne et le présent accord remplacent la procédure prévue à l'article 2 de la loi du 19 décembre 1986 relative à l'Acte unique européen ainsi que l'accord pris en application de celui-ci entre le gouvernement fédéral et les gouvernements des Länder.

2. Les gouvernements de la Fédération et des Länder prennent les mesures d'organisation et institutionnelles appropriées pour assurer que la capacité d'action de la République fédérale d'Allemagne ainsi qu'une flexibilité dans la direction des négociations au niveau communautaire puissent être assurées.

3. Des formes complémentaires de coopération technique et des contacts techniques doivent se poursuivre conformément à l'article 23 et à la EUZBLG, y compris par exemple dans le domaine culturel et de la formation.

4. Dans les cas du § 5 al. 2 EUZBLG l'approbation du gouvernement fédéral est nécessaire lorsque les décisions peuvent entraîner pour la Fédération une augmentation des dépenses ou une diminution des recettes.

5. L'observateur des Länder a pour tâche d'assister les Länder dans l'exercice de leurs droits selon la EUZBLG. Ses possibilités d'informations et de participation vis-à-vis des institutions et des organes de la Communauté européenne et vis-à-vis du gouvernement sont conservés[10].

---

[9] Sur la question de savoir si et dans quelle mesure une approbation des Länder conformément à l'accord de Lindau pourrait être le cas échéant nécessaire, la Fédération et les Länder ont un avis juridique divergent. La procédure dans ces cas reste soumise à un accord au cas par cas.

[10] La Fédération est disposée à accorder la possibilité d'envoyer des fonctionnaires des Länder au sein de la représentation permanente. Les modalités seront fixées en accord avec les Länder et le gouvernement fédéral, représenté par le ministère des Affaires étrangères. Lors d'une telle réglementation, la Fédération et les Länder

6. Dans les délais et avant l'expiration du mandat, les Länder transmettent au gouvernement fédéral leurs propositions pour les sièges à pourvoir au sein du Comité des Régions.

7. L'accord ne s'applique pas au domaine de la politique étrangère et de sécurité commune de l'Union européenne, conformément au § 11 EUZBLG.

8. L'accord entre en vigueur au jour de l'édification de l'Union européenne. La Fédération et les Länder examine le présent accord au premier juillet 1996 à l'aune de l'expérience accumulée., notamment pour l'application des §§ 5 et 6 EUZBLG dans le domaine de la législation cadre et concurrente.

---

réexamineront le contenu du chiffre 5.

Table de la jurisprudence citée

Table des matières

Collection Logiques Juridiques
dirigée par Gérard MARCOU

Dernières parutions

GAROT Marie José, *La citoyenneté de l'Union européenne*, 1999.
SATCHIVI Francis Amakoué A., *Les sujets de droit*, 1999.
LEVIS Danièle, *Terre des hommes du grand Océan*, 1999.
LASCOMBE Michel, *Droit constitutionnel de la Ve République,* 1999.
BERGUIN Francis, *Le fonctionnaire expatrié*, 1999.
HOURQUEBIE Fabrice, *Les organes spécialisés dans les affaires communautaires des parlements nationaux. Les cas français et allemands,* 1999.
LAURENT Marie-Line, *Les emplois-jeunes : nouveaux contractuels de l'administration,* 1999.
Alette HEYMANN-DOAT, *Génétique et droits de l'homme,* 1999.
Vigile PACE, *L'organisation mondiale du commerce et le renforcement de la réglementation juridique des échanges commerciaux internationaux*, 1999.
Raymond COULON, *Des droits de l'homme en peau de chagrin*, 2000.
Armand MBARGA, *L'indemnisation publique des victimes d'infractions*, 1999.
M.-C. DJIENA WEMBOU et D. FALL, *Droit international humanitaire*, 2000.
Brigitte LHERBIER-MALBRANQUE, *La protection de l'enfant maltraité,* 2000.
Yaya BOIRO, Cheikh Yérim SECK, *La justice en Guinée*, 2000.

534722 - Juillet 2013
Achevé d'imprimer par

1livre.com
du rêve à la réalité !

Made in United States
Orlando, FL
04 November 2026

90201127R00216